근대철학

A New History of Western Philosophy volume 3 :

The Rise of Modern Philosophy

케니의 서양철학사 3권

근대철학

앤서니 케니 지음

김성호 옮김

서광사

이 책은 Sir Anthony Kenny의 *A New History of Western Philosophy* volume 3 : *The Rise of Modern Philosophy* (Oxford University Press, 2006)를 완역한 것이다.

케니의 서양철학사 3권

근대철학

앤서니 케니 지음
김성호 옮김

펴낸이—이숙
펴낸곳—도서출판 서광사
출판등록일—1977. 6. 30.
출판등록번호—제 406-2006-000010호

(10881) 경기도 파주시 회동길 77-12 (문발동)
Tel: (031) 955-4331 / Fax: (031) 955-4336
E-mail: phil6060@naver.com
http://www.seokwangsa.co.kr / http://www.seokwangsa.kr

제1판 제1쇄 펴낸날 · 2014년 1월 20일
제1판 제5쇄 펴낸날 · 2026년 2월 20일

ISBN 978-89-306-1048-3 94160
ISBN 978-89-306-0626-4 94160 (전 4권)

차례

옮긴이의 말

옮긴이가 이전에 번역, 출판했던 케니의 철학사 《고대철학》과 《중세철학》에 이어 3권에 해당하는 《근대철학》을 펴내게 되었다. 마지막 권인 《현대철학》 또한 훌륭한 역자께서 이미 번역을 완성하셔서 《근대철학》과 함께 출판될 예정으로 알고 있다. 이로써 현재 가장 뛰어난 서양철학사 중 하나로 평가받는 케니의 철학사 4권이 모두 우리말로 번역되었다. 옮긴이가 그중 세 권을 번역했다는 사실에 내심 기쁨과 보람을 느낀다.

케니의 철학사가 지닌 형식과 내용상의 특징에 대해서는 이전에 이미 언급했으므로 여기서는 서양 근대라는 시대와 이 시대를 다룬 케니의 《근대철학》에서 드러나는 특징만을 간단히 덧붙이려 한다. 흔히 서양 근대는 '천재 철학자들의 시대'라고 불린다. 비범한 천재성을 지닌 수많은 철학자들이 연이어 등장하여 자신만의 독특한 사상 체계를 제시하고, 다른 체계를 제시한 철학자들과 치열한 논쟁 및 비판을 주고받는 지적인 전쟁터 또는 경기장이 바로 근대라는 시대이다. 이런 경기를 구경하는 관객의 관점에서는 경기가 치열할수록 더 큰 흥미를 느끼겠지만 자칫 세부적인 장면에 집착하다 보면 지금 경기 전체가 어떤 방향으로 진행되고 있으며 어떤 쪽이 더 유리한 위치에 서 있는지 등을 놓치기 쉽다. 이런 점에서 케니의 《근대철학》은 근대라는 무대에서 벌어진 천재 철학자들의 전쟁과 경기 전체를 일목요연하게 정리해 놓은 보고서와 같은 책이다. 우리는 이 책을 통하여 누가 누구와 경기를 벌였는지, 왜 그런 경기를 벌였는지 그리고 대체적인 경기 결과는 어떻게 되었는지 등을 분명히 파악하게 된다.

옮긴이 또한 평소에 적어도 고대나 중세철학보다는 근대철학에 친숙하다고 생각했지만 이 책을 세심하게 읽고 번역하는 동안 정말 많은 것을 새로 배웠음을 고백하지 않을 수 없다. 특히 근대철학자들이 중요하게 다룬 주제들이 어떤 계기에서 등장했으며 이에 대하여 각각의 철학자들이 보인 견해의 공통점과 차이점이 무엇인지 등을 큰 틀에서 분명히 파악할 수 있었다. 이렇게 근대철학의 큰 흐름을 제대로 읽게 만드는 것이 케니의 《근대철학》이 지닌 가장 큰 장점과 미덕이라고 생각된다. 이런 면에서 이 책은 근대의 어떤 인물이나 어떤 분야를 더욱 깊이 탐구하려고 할 때 그에 앞서 반드시 한 번은 읽어 보아야 하는 필독서라고 할 수 있다.

케니의 철학사를 번역하면서 옮긴이가 느낀 또 다른 즐거움은 케니의 탁월한 문장을 계속 접할 수 있었다는 점이다. 케니의 문장은 항상 간결하고 정확하면서도 중후한 품격이 느껴진다. 군더더기가 없이 깔끔하면서도 세련된 그의 문장을 읽으면서 감탄한 적이 한두 번이 아니다. '이런 표현을 이렇게도 할 수 있구나' 하는 생각을 하면서 항상 즐겁게 지금까지 그의 철학사 세 권을 번역해 왔다. 독자들도 이런 즐거움을 함께 느끼기를 진심으로 바라지만 그렇게 하기에는 옮긴이의 능력이 크게 부족한 듯하여 그저 안타까울 뿐이다. 하지만 더욱 노력하여 다음 기회에는 더 나은 번역을 독자들께 선보이겠다는 다짐의 말씀을 드린다.

《근대철학》뿐만 아니라 앞서 두 권의 케니 철학사를 번역하는 동안 여러 가지로 도움을 주신 선후배 여러분께 진심으로 감사의 말씀을 전하며 또한 이미 간행된 케니 철학사를 읽고 다양한 충고와 조언, 날카로운 지적을 해 준 독자들께도 깊이 감사한다. 옮긴이의 게으름 때문에 번역 원고가 늦어져 몹시 애태우셨을 서광사의 모든 분들께도 죄송함과 동시에 깊은 감사의 마음을 전한다. 케니의 철학사가 철학에 흥미와 관심을 지닌 모든 분들께 작은 도움이라도 되기를 진심으로 바라면서 지난 몇 년 동안 나름대로 애정을 가지고 계속해 왔던 케니의 철학사 번역을 이제 마치려 한다. 마지막으로 이렇게 훌륭한 철학사를 남긴 케니에게 깊은 존경을 표하면서 부디 그가 더욱 건강하게 장수를 누리면서(그는 1931년생이다) 지금까지 평생 쌓아 온 철학적 지식과 지혜를 우리에게 계속 전해 주기를 바란다.

2013년 11월
옮긴이 김성호

〈근대철학의 세계〉

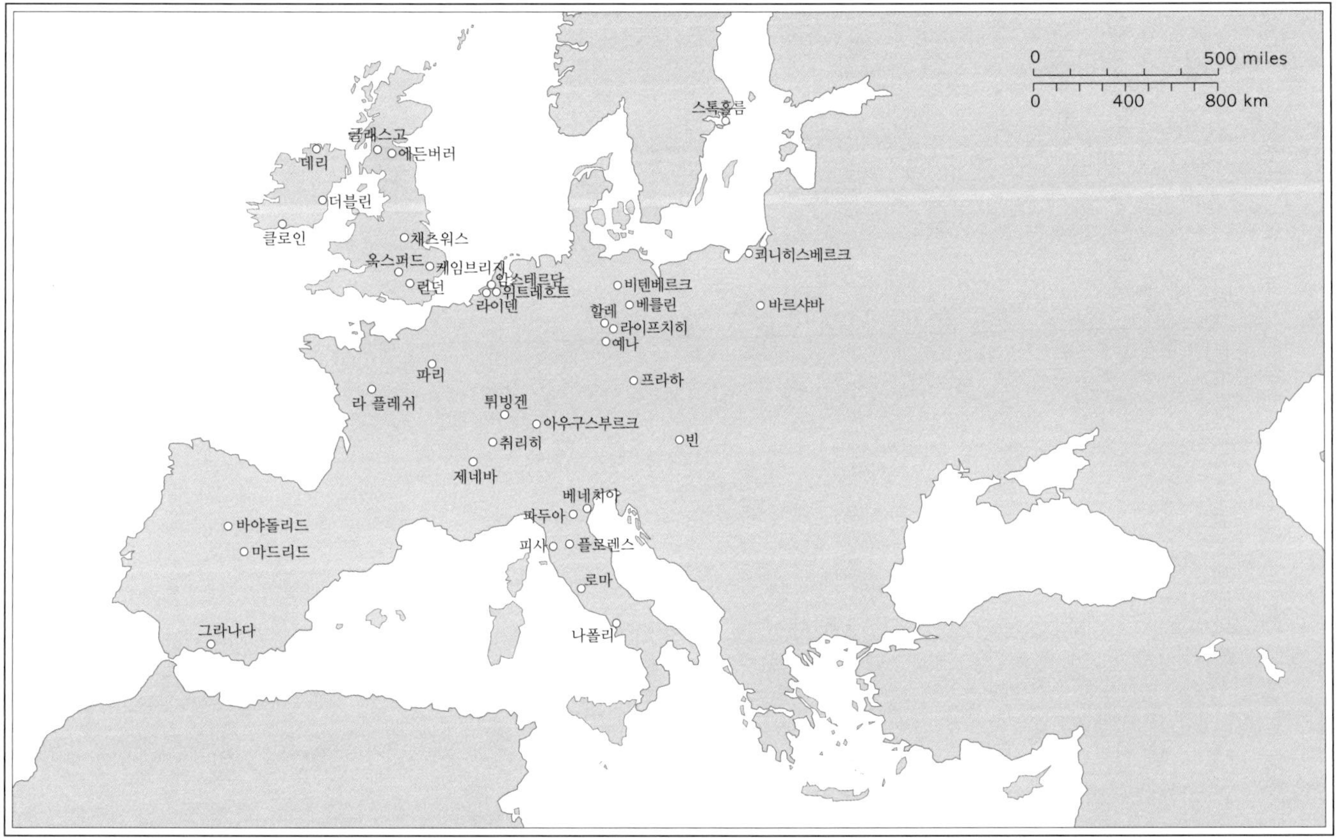

0
500 miles
0
400
800 km
스톡홀름
글래스고
에든버러
데리
더블린
클로인
채츠워스
옥스퍼드
케임브리지
런던
암스테르담
위트레흐트
라이덴
비텐베르크
베를린
할레
라이프치히
예나
쾨니히스베르크
바르샤바
파리
라 플레쉬
튀빙겐
아우구스부르크
프라하
빈
취리히
제네바
베네치아
파두아
피사
플로렌스
로마
나폴리
바야돌리드
마드리드
그라나다

머리말

이 책은 철학의 출발점부터 현대에 이르는 서양 철학사를 모두 네 권으로 다루려 한 기획 중 3권에 해당한다. 1권 《고대철학》(*Ancient Philosophy*, 2004)에서는 고대 그리스와 로마 시대에 전개된 철학의 초기 모습을 다루었다. 2권 《중세철학》(*Medieval Philosophy*, 2005)[1]에서는 아우구스티누스의 개종에서 르네상스 시대의 인문주의에 이르는 철학사를 개관하였다. 이제 이 3권에서는 16세기 초부터 19세기 초까지의 철학사를 살펴보려 한다. 마지막 4권에서는 마르크스(Karl Marx)와 밀(John Stuart Mill)의 시대로부터 현재까지의 철학사를 포괄할 계획이다.[2]

이 책의 구조 또한 앞서 출간된 두 권과 같다. 나는 처음 세 장에서 그 시대에 등장한 철학자들을 연대순으로 살펴보았다. 그 이후의 여러 장에서는 오늘날에도 여전히 중요하게 여겨지는 철학의 다양한 세부 주제에 관한 논의에 그들이 기여한 바를 주제별로 다루었다. 어떤 독자들은 철학사가 과거 사람들과 사회의 모습을 밝혀 주기 때문에 철학사에 관심을 갖는 반면 다른 독자들은 현대의 철학이 탐구하는 주제들을 해명하기 위하여 철학사에 관심을 갖기도 한다. 이 책을 이런 방식으로 구성함으로써 나는 두 유형의 독자들이 요구하는 바를 모두 만족시키려 했다. 주로 역사적 흐름에 관심이 있는

[1] 〔옮긴이 주〕 이 두 권의 우리말 번역은 앤서니 케니, 김성호 옮김 《고대철학》(2008, 서광사), 《중세철학》(2010, 서광사).

[2] 〔옮긴이 주〕 4권도 이미 출간되었다. 《현대철학》(*Philosophy in the Modern World*) (Oxford Uni. Press, 2007).

독자들은 우선 연대순으로 이루어진 접근에 초점을 맞춘 후 이를 확장하는데, 필요한 경우 주제별로 정리된 부분을 읽으면 좋을 듯하다. 반면 주로 철학적 주제에 관심이 많은 독자들은 내 책에서 주제별로 정리된 부분에 먼저 집중한 후 연대순으로 이루어진 접근으로 되돌아와 특정한 주제가 어떤 맥락에서 전개되었는지를 살펴볼 수 있을 듯하다.

나는 대학교 2, 3학년 수준의 학생들을 주된 독자로 예상하고 이 책을 썼다. 하지만 나는 철학사에 관심이 있는 사람들 중에 정식으로 철학 과목을 수강하지 않은 사람도 많다는 사실을 깨달았다. 그래서 독자들이 현대의 철학적 기법이나 전문 용어에 익숙하지 않다는 점을 최대한 가정하고 이 책을 서술했다. 또한 내가 다루려는 시대에 등장한 철학자들이 직접 쓴 원전을 제외하고는 영어 이외의 다른 어떤 언어로 쓰인 저술도 참고문헌에 포함시키지 않았다. 그리고 어떤 교과목을 통과하기 위해서가 아니라 순수하게 자신의 깨달음과 즐거움을 위해 이 책을 읽을 독자들이 철학사를 충분히 즐길 수 있도록 전문 용어의 나열을 피하고 명료하면서도 지나치게 무겁지 않은 태도를 유지하려고 노력했다.

나는 지금까지 철학사의 여러 주제들을 다루면서 특정 분야의 전문가라기보다는 다소 비전문가의 관점에서 글을 썼기 때문에 이런 일이 그리 어렵지 않았다. 지금처럼 과거 철학자들에 대한 학문적인 탐구가 기하급수적으로 증가하는 시대에는 어떤 개인도 이 책에서 논의한 여러 철학자들을 다룬, 최근에 폭발적으로 쏟아져 나온 방대한 이차 문헌의 지극히 일부만을 접하는 데 그친다. 나 자신 또한 근대 초에 등장한 몇몇 위대한 철학자들, 특히 데카르트에 대한 전문적인 논의에 참여하기도 했고, 이 책에서 다룬 몇몇 주제들, 예를 들면 심리철학이나 종교철학에 대한 논문과 저서를 출판하기도 했지만 이 책의 참고문헌을 정리하면서 내가 읽었던 자료에 비하여 읽지 못한 자료가 얼마나 많은지를 새삼 느끼지 않을 수 없었다.

어떤 한 사람의 저자가 철학사 전체를 포괄적으로 쓰려고 시도할 경우 그는 오직 한 사람의 철학자만을 전문적으로 다루는 저서를 쓰는 학자들에 비하여 주제를 상세히 다룰 수 없다는 커다란 불이익에 직면한다는 점을 곧바로 깨닫는다. 하지만 한 사람이 쓴 철학사는 철학사 전반의 특징과 흐름을 더욱 잘 드러낼 수 있는데 이는 다른 저서들의 상세함을 충분히 상쇄할 만한 장점이며, 여러 명의 전문가가 한데 모여 작업한 저서에서는 발견하기 쉽지 않은 점이기도 하다. 비유해서 말한다면 이는 우리가 지상에서는 거의 볼 수 없는 전체 지형을 항공 사진을 통해서 파악하는 것과 마찬가지이다.

고대와 중세철학을 배경으로 삼아 근대 초의 철학에 접근하려는 사람들에게 가장 충격적인 사실 중 하나는 철학의 영역에서 아리스토텔레스가 사라졌다는 점일지 모른다. 하지만 이 책에서 다르는 근대 전반에 걸쳐 모든 학문 기관에서 아리스토텔레스에 관한 연구가 계속되었음은 분명한 사실이며, 옥스퍼드 대학이 문을 연 이후 아리스토텔레스를 가르치지 않았던 적은 단 한 번도 없었다. 또한 근대를 중세나 20세기와 구별 짓는 또다른 놀라운 특징은 근대에는 철학이 대학 안에서가 아니라 대학 밖에서 더욱 활발하게 탐구되었다는 점이다. 17세기와 18세기의 위대한 철학자를 통틀어 볼프와 칸트 이전에는 대학교수였던 사람이 아무도 없었다.

근대철학이 아리스토텔레스로부터 등을 돌렸다는 사실은 좋은 결과와 나쁜 결과를 모두 낳았다. 넓은 의미의 철학에서 — 근대 대부분의 시기 동안 철학은 자연학을 이른바 '자연철학'의 형태로 포함하는 것으로 여겨졌는데 — 아리스토텔레스라는 거장이 주는 압박감을 제거한 것은 진정 대단한 일이었다. 아리스토텔레스의 자연학은 완전히 틀린 것으로 배제되었으며, 이제 근대 철학자들은 아리스토텔레스를 일찍이 6세기 철학자들처럼 선입견 없이 볼 수 있게 되었다. 중세 시대에 그를 옹호하는 데 바쳤던 엄청난 노력은 과학의 발전을 가로막는 커다란 걸림돌이었다. 반면 좁은 의미의 철학 — 당시 대학에서 탐구된 특정한 학문 분과로서의 — 은 아리스토텔레스를 포기함으로써 이익 못지않게 큰 손실을 입게 되었다.

근대철학을 지배한 것은 두 사람의 철학적 거인, 바로 데카르트와 칸트였는데 데카르트는 근대 초에, 칸트는 근대 말에 활동했다. 데카르트는 아리스토텔레스에 반대한 근대 철학자의 전형과도 같은 인물이었다. 데카르트는 형이상학의 영역에서는 잠재성과 현실성의 개념을 부정했으며, 철학적 심리학에서는 정신의 특징을 이성적임에서 의식으로 대체했다. 홉스와 로크는 데카르트의 이성주의에 대응하여 영국 경험주의 학파를 세웠는데, 이들을 서로 갈라서게 만든 논점보다는 이들이 서로 공유하는 가정들이 훨씬 더 중요하다. 경험주의자와 이성주의자 모두가 감성과 오성에 서로 다른 역할을 부여함으로써 이 둘을 분리하고 또 왜곡했는데 이를 다시 통합하여 인간 지성의 철학을 구성한 인물이 칸트라는 천재였다.

데카르트 이원론의 대표적인 특징은 정신과 물체의 분리, 인간의 경우에는 태엽 장치와 같은 육체에서 의식을 분리한 것이었다. 이는 근대 전반에 걸쳐 형이상학적인 체계 구성을 방해하는 거대한 단절로 작용했다. 반면, 사변적인 철학자들은 눈에 보이는 일상의 세계를 쉽게 믿는 평범한 독자들에게 엄청난 부담과 긴장을 부과하는 체계를 선택했다. 아리스토텔레스의 질료형상론이 지닌 결함이 무엇이든 간에 그가 말하는 실체 — 주변의 고양이나 양배추 같은 것들 — 는 최소한 일상의 세계 안에 분명히 존재한다는 장점을 지닌다. 근대의 사변 철학자들은 우리가 결코 인식할 수 없는 실체, 모나드, 본체계, 절대적인 것 등을 마구 도입했다. 반면 더욱 회의적인 방향으로 나아간 철학자들은 아리스토텔레스의 실체적 형상뿐만 아니라 제일성질과 제이성질, 물질적 실체 그리고 결국에는 인간의 정신 자체까지도 부정하는 모습을 보였다.

헤겔은 《철학사 강의》 서문에서 철학사를 단지 수많은 철학적 의견과 오류, 기묘한 견해들만을 계속 나열하는 단조로운 이야기로 만들어서는 안 된다고 경고한다. 그런 이야기에서는 '철학사 전체가 죽은 자들의 뼈로 뒤덮인 전쟁터가 되고 만다. 그곳은 단지 육체적으로 죽어 생명을 잃은 개인뿐만이 아니라 반박당하여 정신적으로 죽은 체계들이 만들어 낸 왕국일 뿐이다. 왜냐하면 그곳에서는 각자가 서로 상대방을 죽여 파묻기 때문이다' (*LHP*, 17).

나는 내가 이 책에서 다룬 근대 이후 철학자들이 근대에 대하여 내린 평가를 충실히 반영하려고 애썼지만 이 책이 헤겔의 검열은 받지 않기를 바란다. 나는 근대 철학자들이 고대와 중세를 거치면서 철학이 스스로 연마했던 가장 중요한 도구 중 일부를 버리는 부담을 감수하면서도 철학에 영속적인 가치를 지니는 수많은 기여를 했다고 믿으며, 주제를 중심으로 접근한 이 책의 여러 장들에서 이런 기여를 확인하고 상세히 설명했다. 나는 독자들이 이 책의 논의를 통하여 근대철학이 얻은 이익과 잃은 손실을 모두 추적할 수 있기를 바란다. 나는 헤겔이 '사상적 영웅들'이라고 부른 인물들의 변덕스럽고 일관되지 않은 생각을 통해서조차도 많은 것을 배울 수 있다고 생각한다. 모든 시대의 위대한 철학자들은 또한 가장 큰 오류를 저지른 인물들이기도 하다. 이들이 빠지지 않을 수 없었던 오류와 혼동을 폭로한다고 해서 이들을 존경하지 않는 것은 결코 아니다.

이 책에서 철학의 여러 주제들을 분류한 방식은 이전의 《고대철학》 및 《중세철학》과 비교해 볼 때 두 가지 차이가 있다. 우선 이 책에서는 논리학과 언어를 다룬 장을 별도로 두지 않았는데 그 까닭은 근대철학자들이 중세철학자나 19, 20세기 철학자들에 비하여 이 분야에서 그리 큰 업적을 남기지 않았기 때문이다. (근대에 한 사람의 천재적인 논리학자, 즉 라이프니츠가 있었음은 분명한 사실이다. 하지만 그의 논리학 저술들은 19세기 이전에는 거의 주목받지 못했다.) 두 번째로 이 책에서는 정치철학을 다룬 장이 처음 등장한다. 현재 우리가 정치철학자들의 통찰에 힘입어 현대의 문제들을 논의하면서 살아가는 것과 충분히 유사한 방식으로 사람들이 당대의 정치 제도에 대하여 본격적으로 논의하기 시작한 일은 마키아벨리와 모어로부터 시작되었다. 자연학을 다룬 장은 이전보다 분량이 줄어들었는데 그 까닭은 뉴턴의 등장과 더불어 자연학의 역사는 더 이상 철학사가 아니라 과학사의 일부가 되었으며, 철학자들은 최소한 상당 기간 동안 공간과 시간의 개념을 추상적으로 다루는 일 정도만을 했기 때문이다.

나는 옥스퍼드 대학 출판부의 몸칠로프(Peter Momtchiloff)와 그의 동료들로부터 그리고 이 책의 초고를 읽어 준 세 익명의 독자들로부터 큰 도움을 받았으며 이에 감사의 뜻을 전한다.

1장

16세기 철학

인문주의와 종교 개혁

이른바 1511년부터 1520년에 이르는 10년 동안은 가히 르네상스의 정점으로 여길 만하다. 바티칸(Vatican)에서는 라파엘르(Raphael)가 교황의 공관 벽면에 프레스코 화를 그리는 동시에 미켈란젤로(Michelangelo)는 시스티나 성당 천장을 자신의 그림으로 장식했다. 피렌체에서는 종교 개혁가 사보나롤라(Savonarola)의 등장 이후 추방되었던 메디치(Medici) 가문이 권좌에 복귀하여 다시 예술가들을 후원하기 시작했다. 이전 피렌체 공화국의 관리였으며 당시 가택 연금 상태에 있었던 마키아벨리(Niccolò Machiavelli)는 이렇게 강요된 여가를 활용하여 정치철학의 고전이 된《군주론》(*The Prince*)을 썼는데 여기서 그는 권력을 획득하고 유지하는 방법에 관하여 통치자들에게 솔직한 충고를 했다. 르네상스의 예술과 사상은 북쪽으로 전파되어 독일과 영국에까지 이르렀다. 미켈란젤로의 동료 중 한 사람은[1] 웨스트민스터 사원 안에 영국 국왕 헨리 7세(Henry VII)의 무덤을 설계했으며, 당대 최고의 학자였던 네덜란드 출신의 에라스무스(Desiderius Erasmus)는 헨리 7세의 아들인 헨리 8세(Henry VIII)의 통치 초기에 케임브리지에서 강의를 했다. 에라스무스는 자주 모어(Thomas More)의 집에

[1] 〔옮긴이 주〕 피렌체 출신의 조각가 토리지아노(Pietro Torrigiano, 1472~1522)이다.

손님으로 머물렀는데 모어는 변호사로 정치 경력을 쌓기 시작했지만 얼마 지나지 않아 영국에서 국왕 다음으로 큰 권력을 차지하게 된 인물이었다.

에라스무스와 모어를 중심으로 이들의 친구들은 15세기 이탈리아에 뿌리를 둔 인문주의 사상을 북유럽에 전파했다. 하지만 당시 '인문주의'는 종교적 가치들을 세속적인 인간 중심의 가치들로 대체하려는 욕구를 의미하지는 않았다. 에라스무스는 당시 매우 널리 읽힌 종교적 저술들을 쓴 성직자였으며, 모어는 후에 종교적 믿음 때문에 순교했다. 당시 인문주의자들은 오히려 그리스어와 라틴어 고전들을 탐구하는 '인문학'(literae humaniores)이 지닌 교육적 가치를 높이 평가한 사람들이었다. 이들은 고전 작가들의 문체를 탐구하고 모방했으며 이와 더불어 많은 고전 작가들의 작품이 재발견되었고, 새로운 인쇄술의 발전에 힘입어 이러한 작품들이 책으로 출판되었다. 인문주의자들은 자신들의 탐구가 고대 이교도들의 저술에 적용된다면 유럽에서 오랫동안 무시되어 왔던 예술과 과학을 부흥시킬 것이고, 성서와 고대 기독교 학자들의 저술에 적용된다면 기독교를 더욱 순수하게 만들고 기독교의 진리를 더욱 정통적으로 파악하는 데 기여하리라고 믿었다.

인문주의자들은 중세 학자들이 몰두했던 전문적인 철학적 탐구보다는 문법, 문헌학, 수사학 등을 훨씬 높이 평가했다. 이들은 키케로(Cicero)나 리비우스(Livy)의 문체와는 동떨어진, 중세 대학의 수준 낮은 공용 라틴어를 경멸했다. 에라스무스는 소르본 대학에서 공부하는 동안 아무런 즐거움도 느끼지 못했으며, 모어는 자신이 옥스퍼드에서 배운 논리학을 비웃었다. 철학과 관련해서 이들 둘은 모두 아리스토텔레스와 그를 추종했던 많은 중세철학자들보다는 플라톤으로 돌아가려 했다.

모어는 1516년 이상 국가를 묘사한 가공의 청사진을 출판함으로써 플라톤에 대한 경의를 표시했다. 플라톤의 《국가》(*Republic*)에서와 마찬가지로 모어의 《유토피아》(*Utopia*)에서도 재산은 공동으로 소유되며 여성도 남성과 함께 군대에 복무한다. 탐험과 발견의 시대에 저술 활동을 했던 모어는 자신

홀바인(Holbein)이 그린 에라스뮈스의 초상화. 루브르 소장

이 생각한 이상 국가가 바다 건너 어떤 섬에 실제로 존재하는 것처럼 묘사했다. 하지만 플라톤처럼 그도 정치철학 이론을 사람들에게 전달하고 당시의 사회를 비판하기 위한 수단으로 가공의 국가를 내세워 이에 관하여 상세히 서술했다.[2]

에라스무스는 플라톤을 정치의 인도자로 채택하는 데 상당히 회의적인 태도를 보였다. 1511년 모어에게 헌정했던 다소 짓궂은 저술 《우신예찬》(*Praise of Folly*)에서 그는 가장 행복한 국가는 철학자인 군주가 다스리는 국가라는 플라톤의 주장을 비웃는다. 그는 과거 역사를 보면 '권력이 취미 삼아 철학을 애호한다고 자처하는 통치자의 손에 들어갔을 경우 국가가 가장 큰 곤경에 빠졌음을' 알 수 있다고 말한다(M, 100). 하지만 모어의 《유토피아》와 같은 해 출판된 《기독교 군주를 위한 가르침》(*Instruction to a Christian Prince*)에서 에라스무스는 플라톤과 아리스토텔레스에게서 이미 발견된 사상들을 반복한 것 외에는 달리 기여한 바가 없다. 이 때문에 정치철학을 다룬 그의 저술은 마키아벨리나 모어의 저술만큼 명성을 누리지 못했다.

에라스무스는 철학보다 신학에 더 큰 관심을 보였으며 사변 신학보다 성서 연구에 더욱 몰두했다. 그는 중세 초기 사상가들이 이미 가시나무가 무성한 숲에 길을 닦아 놓았는데 스코투스(Scotus)나 오컴(Occam) 같은 스콜라 철학자들은 그저 이 길의 잡초 정도를 제거했을 뿐이라고 불평한다. 과거의 위대한 기독교 지도자들 중 그가 가장 마음에 들어 한 인물은 성서를 히브리어와 그리스어에서 라틴어로 번역한 히에로니무스(St. Jerome)였다. 에라스무스는 몇 년 동안 라틴어 성서에 주석을 다는 일에 전념한 후 당시 정본으로 받아들여졌던 성서(이른바 '불가타 성서'(the Vulgate)[3])의 오류를 바로잡기 위하여 자신이 다시 성서를 라틴어로 번역하기로 결심했고 따라서 히

[2] 마키아벨리와 모어의 정치철학은 아래의 9장에서 더욱 상세히 살펴볼 예정이다.

[3] 〔옮긴이 주〕 382년 교황 다마스쿠스(Damascus)가 최고의 성서학자인 히에로니무스에게 당시

에로니무스의 번역을 수정하지 않을 수 없었다 1516년 에라스무스는 새 라틴어 성서를 자신의 주석과 더불어 출판하면서 부록의 형태로 그리스어 신약 성서를 덧붙였는데 — 이는 성서를 그리스어로 출판한 최초의 사례이다. 새로 번역한 라틴어 성서에서 에라스무스는 그리스어 원전에 충실하려고 노력하면서 이미 널리 알려지고 사랑받는 중요한 대목도 서슴지 않고 수정했다. 예를 들면 요한의 복음서 첫머리를 태초에 '말(the Word)이 있었다' 에서 '말씀(the Saying)이 계셨다' 로 바꾸었다.

에라스무스의 라틴어 번역 성서는 널리 받아들여지지는 않았지만 케임브리지 킹스 칼리지(King's College)의 성당 창문에서는 여전히 그중 한 대목을 발견할 수 있다. 하지만 그가 부록으로 덧붙인 그리스어 성서는 16세기에 성서가 각 나라의 언어로 번역되는 커다란 계기를 제공했는데, 이런 작업은 1522년 루터(Martin Luther)가 기념비적인 독일어 번역 성서를 출판함으로써 시작되었다.

에라스무스는 아우구스티누스 수도회의 수사였다가 교황의 특별 허가로 수도원 생활을 그만두었는데 루터 또한 아우구스티누스 수도회 소속의 수사였다. 에라스무스와 마찬가지로 루터도 성서 중 로마인들에게 보낸 바울로의 편지를 깊이 연구했다. 이를 통하여 그는 르네상스 시대에 접어들어 가톨릭이 보인 정신과 윤리적 태도를 근본적으로 의문시하게 되었다. 에라스무스가 새로 번역한 성서를 출판한 다음 해인 1517년 루터는 교황의 권위 남용을 공개적으로 비난하는 글을 비텐베르크 대학에 내걸었다. 여기서 그는 특히 로마에 성 베드로 교회를 새로 짓는 데 헌금하면 그 대가로 죄를 면한다는 (엄밀하게 말하면 죄 때문에 받을 처벌이 면제된다는) 지극히 수치스러운

사용되던 성서의 여러 번역본을 토대로 만족할 만한 라틴어 성서를 출간하라는 명령을 내렸고 이에 따라 383~405년 사이에 히에로니무스가 번역한 성서이다 본문에도 등장하듯이 에라스무스의 시대까지도 성서의 라틴어 정본으로 받아들여졌다. '불가타' 라는 이름은 공동 번역(editio vulgata)을 의미하는 라틴어에서 유래했다.

제안을 강력하게 비난했다.

에라스무스와 모어도 수많은 고위 성직자들의 부패에 대해 루터와 생각을 같이했으며 이들 모두 이런 타락과 부패를 강력히 비난하는 문서를 출판했다. 에라스무스는 교황 율리우스 2세(Julius II)를 날카롭게 풍자했으며, 모어는《유토피아》에서 부패에 대한 경계를 반어적으로 표현했다. 하지만 루터가 가톨릭의 성직과 성례 체계 전반을 비난하고 구원에 필요한 오직 한 가지는 그리스도의 행적에 대한 신앙 또는 믿음이라고 주장하기에 이르면서 루터와 이들 둘의 사이는 멀어졌다. 1520년 교황 레오 10세(Leo X)는 루터의 가르침 중 41가지 항목을 정죄했으며, 뒤이어 루터가 정죄의 교서를 불태워 버리자 그를 파문했다. 영국 국왕 헨리 8세(Henry VIII)는 모어의 도움을 받아《일곱 가지 성사의 옹호》(*Assertion of the Seven Sacraments*)를 출판했고 이 때문에 교황으로부터 '신앙의 수호자' 라는 이름을 부여받았다.

에라스무스는 교황과 루터 사이의 논쟁을 잠재우려 했지만 이는 헛된 시도로 끝났다. 그는 루터를 설득하여 과격한 표현을 피하고 학자들로 구성된 공정한 재판관의 판결을 받아들이도록 유도했다. 다른 한편으로는 루터를 정죄한 교황의 교서가 진정성을 지니는지를 의심하였으며, 신성 로마 제국의 황제 카를 5세(Charles V)를 설득해 1521년 보름스(Worms)에서 열린 의회에 루터를 참석시켜 자신의 견해를 밝히도록 했다. 하지만 루터는 자신의 주장을 철회할 것을 거부했으며 신성 로마 제국에서 추방되는 처지에 놓이게 되었다. 교황 레오 10세가 죽은 후 뒤를 이은 교황은 하드리아노 6세(Adrian VI)였는데 그는 네덜란드인으로 에라스무스의 학창 시절 친구였다. 새 교황은 에라스무스에게 종교 개혁자들을 공격하는 펜을 빼어 들라고 재촉했으며 에라스무스는 마지못해 이를 수락했지만 루터에 반대하는 에라스무스의 책이 출판된 것은 1524년에 이르러서이며 이때는 하드리아노 6세가 이미 세상을 떠난 뒤였다.

죄, 은총 그리고 자유

에라스무스가 루터에 반대하기로 결정하는 데 중요한 계기를 제공한 것은 의지의 자유에 관한 루터의 견해였다. 이는 1517년 루터가 비텐베르크 대학에 내건 반박문 중 하나에도 등장하는 주제였으며, 레오 10세가 정죄한 명제들에는 '인간이 죄를 지은 후 자유 의지는 단지 공허한 명칭에 불과하다'는 것이 포함된다. 이에 대항하여 루터는 자신의 주장을 더욱 강화했다. '자유 의지는 순전히 허구이며 실재가 없는 이름에 불과하다. 왜냐하면 그 어떤 선이나 악을 계획하는 것은 인간의 능력에 속하지 않기 때문이다' (WA VII.91).

《자유의지론》(*Diatribe de Libero Arbitrio*)에서 에라스무스는 구약과 신약 성서 및 교회 박사들의 문헌에서 다양한 자료를 인용한 후 인간이 자유 의지를 지닌다는 점을 보이겠다고 선언한다. 그가 계속 주장하는 바는 만일 선한 행위와 악한 행위를 결정하는 것이 자유 의지가 아니라 필연성이라면 성서에 등장하는 모든 권고, 약속, 명령, 위협, 비난, 저주 등이 의미를 잃게 되리라는 점이다. 성서 해석은 에라스무스의 저술과 이에 대답하기 위해 루터가 쓴 훨씬 더 긴 저술 《노예의지론》(*De Servo Arbitrio*) 모두에서 가장 중요한 문제로 부각된다.

철학적 관점에서 에라스무스의 주장은 단순하다 그는 자유 의지에 관한 발라(Valla)의 대화체 저술을 인용하지만 이보다 더 나아가지는 못한다. 즉 그는 신의 예지와 인간의 자유를 조화시키기에는 부적절한, 과거 수 세기에 걸친 스콜라 철학 시대에 거의 상식으로 통했던 견해를 반복해서 언급할 뿐이다 — 예를 들면 그는 인간도 미래에 일어날 많은 일들, 예컨대 일식과 같은 일을 미리 알 수 있다고 주장한다. 우리가 궤도를 따라 도는 별들보다 자유로울 것이 없다고 주장하는 자유 의지 이론은 루터에 대한 그리 강력한 대답이 되지 못한다. 하지만 에라스무스는 복잡한 철학적 논쟁을 피하는 데 주력한다. 그는 스콜라 철학자들처럼 신의 예지가 우연적인지 필연적인지를 탐구하는 것은 종교와 무관한 호기심에 지나지 않는다고 여긴다.

루터는 스콜라 철학들을 호의적으로 생각하지는 않지만 이런 에라스무스의 주장에 대하여 몹시 화를 낸다. 그는 '만일 이 문제가 종교와 무관하고, 사소한 호기심에 불과하고, 쓸데없는 것이라면 도대체 무엇이 종교와 관련되고, 진지하고, 유용한가?' 라고 묻는다. 그는 신이 아무것도 우연히 미리 알지는 않는다고 주장한다. '신은 자신의 영원불변하는, 오류를 범하지 않는 의지에 따라 모든 것을 미리 알며, 계획하며, 행한다. 이런 신의 번개는 인간의 자유 의지를 거세게 내리치고 내던져 산산조각내고 만다' (WA VII.615).

루터는 콘스탄츠 공의회가 위클리프(Wyclif)의 견해로 여겼던 바, 즉 모든 일은 필연적으로 일어난다는 견해를 받아들인다. 하지만 그는 '필연성' 이 지닌 두 가지 의미를 구별한다. 인간의 의지는 '영원불변하는 필연성' 의 지배를 받는다. 인간의 의지는 악을 향한 자신의 본유적인 욕구를 바꿀 능력이 없다. 하지만 인간의 의지는 다른 형태의 필연성, 즉 강제의 지배를 받지는 않는다. 은총을 받지 못한 인간은 자발적으로 그리고 의도적으로 악을 행한다. 인간의 의지는 무거운 짐을 진 동물과 같다. 신이 올라타면 신이 원하는 곳으로 간다. 사탄이 올라타면 사탄이 원하는 곳으로 간다. 인간의 의지는 무엇이 올라탈지를 선택할 자유를 지니지 않는다.

루터는 '자유 의지' 라는 용어 자체를 아예 사용하지 않는 편을 선호한다. 그의 전후에 등장한 여러 사상가들은 의지의 자발성에 관하여 언급했는데 루터도 자유 의지라는 말이 진정으로 의미할 수 있는 유일한 것이 바로 이런 자발성이라는 점에 동의한다.[4] 루터의 주된 관심은 구원과 저주 사이의 차이를 만드는 문제들에서 자유 의지를 부정하는 것이었다. 다른 경우에는 그도 다양한 행위 방식들 사이에서 어떤 것을 선택할 수 있는 자유를 인정하는 듯

[4] 자발성으로서의 자유와 무관심성으로서의 자유 사이의 구별에 관해서는 이 철학사 1권, 197면 참조 — 우리말 번역은《고대철학》, 323～4면 참조 〔후반부는 옮긴이의 첨가〕.

이 보인다. 인간은 천상에 속하는 것에 관해서는 자유 의지를 지니지 않지만 지상에 속하는 것에 관해서는 자유 의지를 지닌다. 예를 들면 어떤 죄인은 다양한 죄들 중 어떤 죄를 저지를지 선택할 수 있다(WA VII.638).

에라스무스가 상세히 보여 주었듯이 성서에는 인간의 선택이 자유롭다는 점을 암시하는 대목도 많이 등장하며 또한 인간의 운명이 신에 의해서 결정된다고 명백히 주장하는 대목도 많이 등장한다. 수 세기에 걸쳐 스콜라 신학자들은 이들을 세심하게 구별함으로써 서로 모순되는 내용들 사이에서 조화를 발견하려고 애썼다. 이에 대하여 루터는 '신의 선함을 옹호하기 위한 근거를 발견하고 인간 의지의 사악함을 비난하기 위한 많은 노력이 이루어졌다. 이를 통하여 도입된 구별 중에는 신의 일상적인 의지와 절대적인 의지 사이의 구별, 결과의 필연성과 귀결의 필연성 사이의 구별 등이 대표적이고 이외에도 많은 구별이 등장했다. 하지만 무지한 사람들을 속여 겁주는 것 이외에 이들이 이룬 바는 전혀 없다' 고 말했다. 루터는 성서의 서로 다른 대목 사이에서 등장하는 모순을 해소하려는 무의미한 일에 더 이상 시간을 낭비해서는 안 된다고 생각한다. 우리는 극단까지 나아가 자유 의지를 아예 부정하고 모든 것을 신에게로 돌려야 한다.

스콜라 철학이 보인 미묘함과 난해함을 혐오하는 태도를 보인 사람은 루터만이 아니었다. 에라스무스와 모어 또한 이런 태도를 취했다. 모어는 루터를 추종한 영국인으로 성서 번역자이기도 한 틴들(William Tyndale)과 논쟁을 벌임으로써 자유 의지 문제에 관여하게 된다. 모어는 루터의 결정론에 맞서면서 운명에 관한 스토아학파의 논의에까지 거슬러 올라가는 전략을 사용한다.

> 한 무리의 사람들이 독일로 돌아오던 중에 한 사람이 다른 사람의 물건을 훔치는 일이 일어나서 법정에 서게 되었다. 그는 자신의 도둑질을 부인하지는 않았지만 그렇게 하는 것이 자신의 운명이었기

> 때문에 사람들이 자신을 비난해서는 안 된다고 말했다. 사람들 또한 그의 주장에 대해 다음과 같이 답했다. 만일 도둑질하는 것이 당신의 운명이었고 따라서 우리가 당신을 용서해야만 한다면 당신을 목매다는 것 또한 우리의 운명이며 따라서 당신도 우리를 용서해야 한다(More 1931 : 196).

결정론이 참이라면 모든 것을 용서해야 한다는 주장을 루터는 틀림없이 거부했을 것이다. 왜냐하면 그는 어떤 사람이 죄를 범하지 않을 수 없었다 할지라도 신이 그 죄인을 처벌하는 일은 정당하다고 굳게 믿었기 때문이다.

철학적 관점에서 볼 때 자유와 결정론에 관한 초기 종교 개혁가들 사이의 이런 논쟁은 고대와 중세철학에서 상식에 가까웠던 논증들을 반복한 수준에 그친다. 그리고 이런 논쟁은 인문주의 교육의 부정적인 측면을 드러낸다. 스콜라 철학에서 전개된 논쟁은 가끔 무미건조하고 지루하기는 해도 대체로 진지함과 예의를 유지했다. 예를 들면 아퀴나스는 자신의 견해와 일치하지 않는 주장에서도 가능한 최선의 해석을 이끌어 내기 위하여 항상 노력했다. 에라스무스는 아퀴나스의 이런 공존과 관용의 정신을 어느 정도 이어받았다. 반면 모어와 루터는 우아한 라틴어 대신에 자신들의 모국어를 사용하여 거친 독설을 퍼부으면서 서로를 공격했을 뿐이다. 인문주의자들의 논쟁에서 드러나는 호전적인 관행은 종교 개혁자들을 다시 여러 갈래로 나뉘게 만들고 이런 분리를 강화한 요인 중 하나였다.

권위와 양심

자유 의지에 관한 논쟁은 16세기 전반과 그 이후까지 계속되면서 다양한 새로운 문제들을 낳았다. 아래의 여러 장들에서 살펴보게 되듯이 더욱 복잡하고 난해한 문제들을 제기한 여러 학자들이 등장하면서 새롭고 미묘한 관점에서 자유 의지 문제에 철학적으로 접근하려는 시도가 이루어졌다. 현 단계에서 이 논쟁에 새로운 요소를 도입한 가장 중요한 인물은 루터인데 그는 스콜라주의에 대해서뿐만 아니라 철학 자체에 대해서도 전반적으로 적대감을 드러냈다. 루터는 아리스토텔레스를 비난하면서 특히 그의《니코마코스 윤리학》을 '은총에 맞서는 최악의 적'으로 규정했다. 루터는 은총의 도움을 받지 못한 이성 능력을 경멸하는데 이는 아담의 타락 이후 인간 본성은 완전히 부패하여 전적으로 무능해졌다는 그의 믿음이 낳은 결과였다.

한편, 철학적 사변을 회의적으로 생각하는 루터의 태도는 중세 말 스콜라 철학에서 이미 강력하게 등장했던 성향을 이어받은 것이기도 하다. 스코투스의 시대 이후 철학자들은 오직 이성만으로 신의 본질적 속성이나 신이 명령한 내용 또는 인간 영혼의 불멸성을 확실히 파악할 수 있다는 주장을 더욱 꺼리게 되었다.[5] 이렇게 점점 증가하는 철학적 회의에 대항하기 위하여 여러 학자들은 기독교적인 전통과 교황 및 공의회의 여러 선언에서 표현된 교회의 권위를 받아들였다. 이런 태도는 에라스무스의 저술 첫머리에서도 잘 드러난다. '신성 불가침한 성서의 권위와 교회가 결정을 허용하는 문제들에 대하여 내가 회의주의자들의 견해를 선호한다는 주장을 나는 지극히 혐오한다'(*E*, 6).

이런 대항의 시도를 배제함으로써 루터의 종교 개혁은 회의주의 흐름에 새로운 자극을 제공했다. 물론 루터도 성서를 인정하였으며 그것이 지닌 결정적인 권위를 특히 강조했다. 루터는 성서의 가르침과 관련하여 기독교도는 회의적으로 생각할 자유를 전혀 지니지 못한다고 강력하게 주장했다(WA VII.604). 하지만 성서의 내용을 해석하는 일을 더 이상 철학적 훈련을 받은 신학자들의 전문적인 분석에 맡겨서는 안 된다고 여겼다. 루터는 모든 기독

[5] 이 철학사 2권, 247, 274면 참조 — 우리말 번역에서는《중세철학》, 376, 414면 참조〔후반부는 옮긴이의 첨가〕.

교도들이 신앙의 문제에서 무엇이 옳고 그른지를 구별하고 판단할 능력을 지닌다고 말했다. 틴들(Tyndale)은 자신이 번역한 성서를 열심히 읽는다면 나이 어린 소년도 가장 박식한 성직자보다 성서를 더 잘 이해할 수 있으리라고 자랑했다. 훈련받은 지성인들도 은총의 도움이 없다면 도덕적 능력을 제대로 발휘할 수 없다는 비관적 생각은 동시에 훈련받지 못한 사람들도 신앙을 통해서 계몽되면 지적인 능력을 충분히 드러낼 수 있다는 낙관적 생각을 동반하게 되었다. 이런 두 생각 사이의 틈에 끼어 압박을 받게 됨으로써 신교도들 사이에서 철학의 역할은 크게 줄어드는 양상을 보였다.

루터가 지녔던 문제, 즉 보편적 권위의 제약을 받지 않는 개인의 양심 문제나 내키지는 않지만 신앙을 이성의 중재 아래에 두는 문제 등을 통해서 기독교는 다양한 교파로 나뉘기 시작했다. 프랑스와 스위스의 종교 개혁자들, 예를 들면 칼뱅(Jean Calvin)이나 츠빙글리(Ulrich Zwingli)는 교황의 권위를 부정한다는 점에서는 루터에 동의했지만 성찬식에서 그리스도의 임재나 구원할 사람을 선택하는 신의 섭리 등에 관해서는 루터와 의견을 달리했다. 칼뱅은 루터와 마찬가지로 종교적 진리의 궁극적 기준을 개인의 영혼 안에 두었다. 독실한 기독교도라면 누구나 자신 안에서 천상의 계시라는 놀라운 경험을 하게 되는데 이런 계시는 지금까지 이루어진 어떤 추론보다도 더욱 큰 용기와 위안을 준다. 하지만 누가 독실한 기독교도인지를 어떻게 알 수 있는가? 오직 신교도만이 그렇다고 여긴다면 칼뱅의 기준은 논점선취의 오류를 범하게 된다. 다른 한편으로 세례를 받은 모든 사람들이 그렇다고 여긴다면 이는 무질서한 신앙으로 이어지고 만다.

신교도들은 교회의 주장이 성서에 의존하므로 교회가 궁극적인 권위를 지닐 수는 없다고 주장했다. 반면 가톨릭교도들은 아우구스티누스를 인용하여 성서를 받아들일 유일한 근거는 성서가 교회를 통해서 우리에게 주어졌기 때문이라고 주장했다. 종교 개혁 시대 유럽에서 이 문제는 이성적인 논증을 통해서도 내부적인 계몽을 통해서도 해결되지 않았다. 결국 나라별로 서로 정반대되는 해결책을 마련한 후 이를 무력이나 처벌 위주의 법을 통하여 강요했다. 영국에서 헨리 8세는 지루한 결혼 생활을 끝내기 위해 이혼하겠다는 요청을 바티칸이 거부하자 이에 분노하여 로마 교황청과의 관계를 끊고 로마 교황에게 충성한다는 이유로 모어를 처형했다. 그 후 영국의 종교는 헨리 8세가 가톨릭과 결별하면서 스스로 만든 영국 국교회로, 그의 아들 에드워드 6세(Edward VI) 때는 칼뱅주의로, 헨리 8세의 딸인 메리(Mary) 때는 반종교 개혁적인 가톨릭으로 바뀌었다가 결국 메리의 동생인 엘리자베스(Elizabeth)에 이르러 영국 국교회로 정착되었다. 이렇게 종교 문제로 얼룩진 영국 역사는 가톨릭과 신교 양측에서 수많은 순교자들을 낳았다. 하지만 영국은 이후 수십 년에 걸쳐 유럽 대륙을 휩쓸었던 피비린내 나는 종교 전쟁을 겪지는 않았다.

16세기 중반에 이르면 여러 교파의 교리가 어느 정도 정리되어 정형화한 모습을 보이게 되는데 이는 그 후 400여 년 동안 계속 유지되었다. 루터의 부관과 같은 역할을 담당했던 멜란히톤(Melancthon)은 1530년 아우구스부르크에서 정통을 가리기 위한 신앙 고백의 형식을 마련했다. 1555년에는 같은 곳에서 신성 로마 제국에 속하는 각 나라의 통치자들은 자신이 다스리는 국민들이 어떤 종교에 속할지를 결정할 수 있다는 일종의 협정이 맺어졌는데 여기에 적용된 원칙은 후에 '통치자의 종교가 그 지역의 종교'(cuius regio, eius religio)로 알려졌다. 칼뱅의 저술 《기독교 강요》(*Institutes of Christian Religion*, 1536)는 스위스와 프랑스, 후에는 스코틀랜드의 신교도들에게까지 신앙생활의 표준으로 받아들여졌다. 로마에서는 교황 바오로 3세(Paul III, 재위 1534～49)[6]가 종교 개혁에 대항하기 위해 새로 예수회(Jesuits)라는 수도회를 창설하고, 교회 개혁을 위하여 트렌토 공의회를 소집했다. 이 공의회에서는 오직 신앙을 통해서만 신에게 의로운 존재로 인정받을 수 있다는 루

[6] 〔옮긴이 주〕 원서에는 재위 연도가 1534～9년으로 잘못 표시되어 옮긴이가 바로 잡았다.

트렌토 공의회의 마지막 회의 모습. 당시에 만들어진 스페인의 동판화

터의 교리와 사악한 자들이 어떤 죄도 저지르기에 앞서 이미 신이 그들을 지옥에 보내기로 예정해 놓았다는 칼뱅의 교리가 정죄되었다. 또한 트렌토 공의회는 자유 의지가 아담의 타락과 더불어 사라지지 않았다는 교리를 채택했으며 성변화와 전통적인 일곱 가지 성사[7]의 교리를 재확인했다. 하지만 1563년 공의회가 임무를 마치고 폐회되었을 때 루터는 이미 세상을 떠났고

7 〔옮긴이 주〕 가톨릭의 일곱 가지 성사는 곧 견진, 고백, 성세, 병자, 성체, 신품, 혼배 성사를 말한다.

칼뱅은 사경을 헤매고 있었다.

기독교가 이렇게 갈라진 것은 불필요한 비극이었다. 루터와 칼뱅을 가톨릭에서 갈라서게 만든 신학적 문제들은 중세에 이미 여러 차례 논쟁의 대상이 되었던 것들이지만 이런 논쟁이 교파들 사이의 전쟁으로 이어지지는 않았다. 그리고 21세기 현재의 가톨릭교도와 신교도들 중에 전문적으로 신학 연구를 하지 않았다면 16세기를 증오와 저주, 피로 물들인 성찬식, 은총, 예정설 등에 관한 서로 대립하는 이론들 사이의 진정한 차이를 아는 사람은 거의 없을 것이다. 물론 권위와 관련된 문제는 교리에 관한 문제보다 이해하기는 쉽지만 중재를 통하여 해결하기는 훨씬 어렵다. 하지만 기독교의 통합은 로마 교황의 지위를 기독교 총회 아래에 두는 제도를 마련함으로써 해결될 수 있었을지도 모르는데 일찍이 오컴도 이런 제도를 제안한 바 있으며, 15세기에 실제로 이런 제도가 잠시 시행되기도 했고, 심지어 모어조차도 이를 주장했다. 특히 모어는 생애 대부분에 걸쳐 이런 제도가 기독교를 위한 신의 계획에 속한다고 굳게 믿었다.

논리학의 쇠퇴

르네상스와 종교 개혁의 결합은 16세기 전반에 걸쳐 철학의 영역이 대부분 쇠퇴하는 결과를 낳았다. 가장 심각하게 황폐화한 영역은 아마도 논리학인 듯하다. 대학에서 논리학을 계속 가르치기는 했지만 인문주의 학자들은 논리학을 더 이상 참을 수 없는 것으로 여기면서 논리학의 용어들은 야만적이며, 복잡한 내용들은 비열한 협잡에 지나지 않는다고 생각했다. 라블레(Rabelais)는 《팡타그뤼엘》(*Pantagruel*, 1532)에서 논리학자들에 관하여 언급하면서 이들은 진공 안에서 신음하는 키메라가 제일 지향성을 반성하는 의식으로서의 제이 지향성에 몰두할 수 있는지 그렇지 않은지 따위를 문제

랍시고 탐구하는 사람들이라고 조롱했다. 스토아학파와 중세 논리학자들이 이루었던 논리학의 성과들 대부분은 네 세기 동안 흔적 없이 사라졌다. 그 대신 삭제되고 축약된 형태의 아리스토텔레스 논리학이 통속적인 교과서를 통해 초급 수준으로 가르쳐지는 정도에 그쳤다.

16세기 중반에 이르러 라틴어가 아니라 각 지역의 언어로 쓴 책들이 출판되기 시작했다. 영어로 쓴 최초의 철학 저술은 윌슨(Thomas Wilson)의 《이성의 규칙》(*The Rule of Reason*)이었는데 그는 이 책을 1551년 에드워드 6세(Edward VI)에게 헌정했다. 그는 현대 논리학에서 널리 사용되는 용어, 예를 들면 '명제' (proposition)와 같은 용어를 영어로 표현한 최초의 인물이었다. 다른 학자들도 라틴 어 사용을 거부하면서 순수한 영어 단어를 개발하는 데 최선을 다했다. 레버(Ralphe Lever)는 논리학을 '지성의 기법' (Witcraft)으로 불러야 한다고 생각했다. 또한 그는 자신이 쓴 논리학 교재에서 모순 명제란 서로 동일한 주어와 술어, 동사를 지녔지만 하나는 긍정이고 다른 하나는 부정인 두 개의 진술로 이루어진다고 말하면서 이를 근대 초의 영어로 다음과 같이 표현한다. ('Gaynsaying shewsayes are two shewsayes, the one a yeasaye and the other a naysaye, changing neither foreset, backset nor verbe.')[8]

영어로 쓰인 이런 논리학 저술들은 그리 큰 영향을 미치지 못했지만 프랑스에서는 사정이 달랐다. 라무스(Peter Ramus, 프랑스어 이름은 Pierre de la Ramée, 1515~72)는 논리학자로서 남긴 구체적인 업적 때문에 상당한 명성을 누렸다. 그를 둘러싼 전설은 그가 석사 학위 논문에서 아리스토텔레스가 가르친 바는 모두 거짓이라는 주장을 옹호하면서부터 시작되었다. 그는 실제로 아리스토텔레스에 반대하는 몇몇 짧은 논문들을 출판했으며, 왕립 대

[8] W. and M Kneale, *The Development of Logic* (1979), 299면 — 〔이하 옮긴이의 첨가〕 위의 문장에서 gaynsay는 모순, shewsay는 명제 또는 진술, yeasay는 긍정, naysay는 부정, foreset은 주어, backset은 술어, verbe는 동사를 의미한다.

학(Collège Royale)의 교수로 임명된 후에는 이를 더욱 확장하여 모두 20권으로 구성된 아리스토텔레스 비판서를 발표했다. 그의 저술《변증론》(*Dialectic*)은 1555년 프랑스어로, 1556년 라틴어로, 1574년 영어로 출판되었는데 이전의 모든 논리학 교재들을 대신하기에 이르렀다. 그는 자신이 최초로 사람들의 자연스러운 사고를 지배하는 법칙들을 제시했다고 주장했다.

그는 논리학이 잘 논쟁하는 방법을 가르쳐 주는 기술이라고 말한다. 논리학은 발명과 판단의 두 부분으로 나뉘므로 그가 쓴 저술도 이 둘을 각각 나누어 다룬다. '발명'을 다루면서 그는 우리가 옹호하려는 결론을 지지하는 논증을 발견하려 할 때 고려하는 요소 또는 논점으로 아홉 가지를 드는데 이들은 원인, 결과, 주어, 부가, 반대, 비교, 명명, 분할 그리고 정의(定義)이다. 그는 이런 요소들 각각을 고전 학자들로부터 인용한 방대한 내용과 더불어 예시하는데 이렇게 인용한 부분이 그의 저술 전반부의 거의 절반 정도를 차지한다. 예를 들면 라무스는 '부가'를 다음과 같이 정의한다. '어떤 주어에 덧붙여지는 바를 나타낸다. 예를 들면 덕과 악덕은 육체와 정신에 부가되는 속성이다. 간단히 말하면 주어의 본질 외에 주어에 변화를 일으키는 모든 것을 부가라고 부른다.' 뒤이어 그는 키케로의 연설문 중 일부를 길게 인용하여 이를 예시하는데 인용문은 다음과 같이 시작된다.

> 누군가가 머리와 눈썹을 모두 깨끗하게 밀어 깎았다면 이는 그가 심술궂고 지독한 악당이라는 사실을 의미하지 않겠는가? 사람들이 그를 보고 교활한 여우가 나타났다고 외치지 않겠는가? (*L*, 33)

라무스는 겉으로는 아리스토텔레스를 비난했지만 그가 논증을 위하여 제시한 주제들은 대부분 아리스토텔레스의 저술 곳곳에서 인용한 것이며 또한 아리스토텔레스와 유사한 방식으로 정의된다. 그의 논의 중 유일하게 새로운 점은 그의 저술 전반부 끝부분에 등장하는, 그가 '인위적이지 않은 논증'

이라고 부른 것인데 그는 이에 속하는 예로 신탁의 선언과 법정에서 이루어지는 사람들의 증언을 든다.

그의 저술 후반부에서는 논리학의 전통 주제와 더욱 가까운 내용들이 등장한다. 라무스는 다시 한 번 주로 아리스토텔레스에 의존하여 서로 다른 종류의 언명들을 분류하고 서로 다른 형식의 삼단논법을 분석한다. 여기서는 그가 고유 명사를 포함하는 논증에 아리스토텔레스보다 훨씬 더 큰 주의를 기울인다는 점을 혁신적인 요소로 지적할 수 있다. 예를 들면 '카이사르는 조국을 억압했다. 툴리우스(Tullius)[9]는 조국을 억압하지 않았다. 따라서 툴리우스는 카이사르가 아니다' 와 같은 내용이 등장한다(*L*, 37).

논리학사를 연구하는 현대의 학자들은 라무스의 저술에서 그리 큰 공적이나 독창성을 발견하기 어렵다고 여기지만 그가 죽은 지 한참 후에 아리스토텔레스주의자와 라무스주의자들 사이에 격렬한 논쟁이 벌어지기도 했으며, 이들 사이의 타협을 시도한 중간적인 라무스주의자들 집단까지도 등장했다. 1561년 라무스는 칼뱅주의자가 되었는데 1572년 성 바르톨로메오(St. Bartholomew) 축일에 벌어진 신교도 대학살 때 희생되었다. 그가 순교했다는 사실 때문에 그의 저술들은 그 자체만으로는 결코 누릴 수 없을 정도의 대단한 명성을 얻었으며 그의 영향력은 그 후 수 세기 동안이나 이어졌다. 예를 들면 밀턴(John Milton)은 《실낙원》(*Paradise Lost*)을 완성한 5년 후에 라무스의 논리학을 다룬 책을 출판하기도 했다. 라무스의 저술이 인기를 누리면서 논리학은 오랜 침체기로 빠져 들었다. 중세 논리학자들을 사로잡았던 양상 논리와 반사실적 조건문의 영역 등에서 아무런 더 이상의 발전도 이루어지지 않았으며, 중세 학자들의 저술은 대부분 잊혀지고 말았다.

[9] 〔옮긴이 주〕 여기서 툴리우스는 키케로(Marcus Tullius Cicero)를 지칭한다.

신성한 동시에 세속적인 회의주의

오직 가톨릭교도들만이 이교도를 살해한 것은 아니었다. 폐에서 이루어지는 혈액 순환을 발견한 스페인 출신의 의사 세르베투스(Michael Servetus)는 1553년 삼위일체와 그리스도의 신성(神性)을 부정했다는 이유로 칼뱅이 지배했던 제네바에서 화형당했다. 당시 바젤 대학 교수였던 프랑스 출신의 고전학자 카스텔요(Sebastian Castellio)는 세르베투스의 처형 소식을 듣고 충격을 받아 《이교도들은 처형되어야 하는가》(*Whether Heretics are to be Persecuted*, Magdeburg, 1554)라는 제목의 책을 썼는데 이를 통하여 관용을 베풀 것을 간곡히 주장했다. 그의 논변은 주로 권위 있는 원전을 인용하고 그리스도의 예에 호소하는 내용으로 이루어졌다. '오 그리스도여, 당신이 지상에 머무르는 동안 당신보다 관대하고, 자비롭고, 잘못을 인내한 사람은 없었습니다. … 그랬던 당신이 이제는 변하셨습니까? … 오 그리스도여, 만일 당신이 지금의 처형과 고문을 명령하셨다면 더 악한 것으로 무엇을 남기실 수 있겠습니까?'[10] 하지만 이후에 쓴 저술 《회의의 기술》(*The Art of Doubting*)에서 카스텔요는 이보다 더욱 인식론적인 논변을 발전시켰다. 성서 해석이 어렵고 기독교의 교파들 사이에 서로 다른 다양한 의견이 등장하기 때문에 종교 문제를 결정할 때는 매우 신중해야 한다. 우리가 결코 회의할 수 없는 몇몇 진리들, 예를 들면 신이 현존하며 선하다는 것과 같은 진리들이 분명히 존재한다. 하지만 다른 종교적 주제와 관련해서는 어느 누구도 충분히 확실한 결론을 내릴 수 없기 때문에 다른 사람을 이교도로 몰아 죽이는 일은 결코 정당화될 수 없다. 당시에 이런 목소리를 낸 사람은 오직 카스텔요뿐이었다. 하지만 이후 관용을 지지한 사람들은 그를 선구자로 기리게 되었다.

[10] O. Chadwick, *The Reformation* (Harmondsworth: Penguin, 1964), 402면에서 재인용.

카스텔요가 종교에 관하여 지나치게 회의적인 태도를 보인다고 여겼던 몇몇 동시대인들은 점차 종교와 무관한 영역에서는 회의주의가 상당히 매력적인 이론임을 느끼기 시작했다. 16세기 중반 중세에는 완전히 잊혀졌던 고대 그리스의 회의주의자 섹스투스 엠피리쿠스(Sextus Empiricus)의 저술이 재발견되면서 이런 분위기는 크게 강화되었다. 섹스투스의 회의주의 논변들은 프랑스 귀족 출신인 몽테뉴(Michel Eyquem de Montaigne, 1533~92)에 의해 널리 알려졌다. 회의주의를 소개한 그의 글은 원래 그가 아버지의 부탁으로 번역한, 백여 년 전에 쓰인 자연신학 저술에 대한 주석이었다. 그가 명확하고 재치 넘치는 프랑스어 산문으로 서술한 《레몽 세봉을 위한 변명》(*Apology for Raymond Sebond*, 1569)은 근대적 회의주의를 드러낸 고전이 되었다.[11]

이 책은 고대의 회의주의 논변을 다시 소개하는 수준에 그치지 않으며 그보다 훨씬 더 많은 내용을 포함한다. 회의주의 논변을 소개하기에 앞서 몽테뉴는 적절한 정도의 지적인 겸손을 갖추도록 독자들을 설득하기 위해 무척 노력한다. 인간은 자신을 피조물들 중 최고의 존재라고 여기려는 성향이 강하다. 그러나 과연 인간이 지구상에서 함께 살아가는 다른 동물들보다 우월한가? 몽테뉴는 다음과 같이 묻는다. '내가 고양이와 놀 때 내가 고양이와 함께 시간을 보낸다고 생각하는 것과 마찬가지로 고양이도 나와 함께 시간을 보낸다고 생각하는 것이 아닌지를 누가 알겠는가?' (ME, 2, 119).

여러 종류의 다른 동물들이 우리보다 훨씬 예민한 감각을 지닌다. 동물은 재빠른 직관을 통하여 정보를 얻지만 인간은 이를 위하여 오랜 시간과 노력을 기울여야 한다. 동물도 인간과 같은 욕구와 감정을 지니며, 인간이 자랑스럽게 여기는 특성과 덕들을 자주 상당히 폭넓게 드러내기도 한다. 몽테뉴는 충직하고 용기 있는 개나 은혜를 갚는 훌륭한 사자의 이야기 등을 늘어놓

[11] 몽테뉴의 회의주의 논변은 아래의 4장에서 살펴볼 예정이다. 또한 이 철학사 1권, 175면 참조 — 우리말 번역에서는 《고대철학》, 290면 참조 〔후반부는 옮긴이의 첨가〕.

은 후 이들을 인간의 잔인무도함이나 배반과 대조한다. 그는 이런 탁월한 동물에 관한 예들을 대부분 그리스어나 라틴어 원전에서 인용하는데 그중 널리 알려진 논리적 개의 이야기를 소개하면 다음과 같다. 어떤 개가 냄새를 따라가다가 세 갈래로 나누어진 길에 이르렀다. 코를 킁킁거리며 두 길의 냄새를 맡은 개는 이 두 길에 냄새의 흔적이 없다는 사실을 깨닫자마자 더 이상 냄새를 맡지 않고 바로 세 번째 길로 달려갔다는 것이다. 또한 몽테뉴는 자신이 직접 겪은 일도 자주 인용하는데 맹인을 인도하는 안내견을 예로 들기도 한다. 그는 동물을 도구로 사용하는 몇몇 예를 제시하는데 오늘날 과학 발전을 위한 여러 단체들이 발표하는 글들에 비추어 보더라도 그의 예가 그리 크게 잘못되지는 않은 듯하다.

몽테뉴는 특히 철새와 태어난 곳으로 회귀하는 물고기를 보고 무척 강한 인상을 받았다.

> 흔히 보이는 제비들은 봄이 되어 돌아오면 우리 집을 구석구석 샅샅이 살펴본다. 이들이 과연 수많은 장소 중에 어디가 살기에 가장 편한지를 판단하지 않고도 탐색하며 분별력이 없이도 선택하는가? 놀랄 만큼 아름다운 제비집을 짓는 과정을 보면 제비들은 둥글기보다는 각진 모서리를, 직각보다는 둔각의 모서리를 선택한다. 이들이 적절한 조건과 결과를 모르고서도 이렇게 할 수 있는가? (ME, 2, 121)

몽테뉴는 참치가 기하와 산술에서 인간 못지않게 뛰어나며 천문학에서는 오히려 인간을 능가한다고 확신한다. 참치는 완벽한 정육면체를 형성하는 거대한 무리를 이루어 헤엄치며, 동지가 되면 마치 죽은 듯이 이동을 멈추고 한곳에 계속 머물다가 춘분이 되면 다시 이동을 시작한다(ME, 146).

몽테뉴는 동물들이 이런 일들을 능숙하게 수행한다는 사실은 그들의 머리 안에서 인간과 같은 사고 작용이 이루어진다는 점을 증명해 준다고 굳게 믿는다. 여우는 얼어붙은 강을 건널 때 가장 안전한 길을 찾기 위해 귀를 쫑긋 세우고 주의 깊게 소리를 듣는다. '따라서 우리의 머릿속에서 진행되는 사고 과정, 즉 감각으로부터 어떤 결론에 이르는 추론과 똑같은 것이 여우의 머릿속에서도 진행된다고 판단할 만한 근거가 충분하다. 이 추론은 다음과 같이 진행된다. 소리가 나는 곳에는 어떤 움직임이 있다. 움직이는 것은 얼지 않은 것이다. 얼지 않은 것은 액체 상태이다. 액체 상태인 곳으로 가면 강물에 빠진다' (ME, 127).

인간들이 오직 자신에게만 주어진 고유한 선물이라고 특히 자랑하는 두 영역은 종교와 철학이다. 몽테뉴는 오직 인간만이 종교적 숭배의 능력을 지니는 것은 아니라는 점을 증명하려는 대담한 시도를 하면서 개미들이 장례식을 치른다든지 코끼리가 태양을 숭배하는 의식을 행한다는 예를 든다. 그는 이보다 더욱 확신에 찬 태도로 인간이 종교적 믿음을 지니고 또 그런 활동을 한다고 해도 서로 모순되는 다양한 교리들이 난무하고 자주 종교적 실천의 본성에 대한 논쟁이 벌어지는 것을 보면 이는 조금도 자랑스러운 일이 아니라고 주장한다. 철학과 관련해서 그는 어떤 지금까지 다른 여러 철학자들의 비판을 버텨 낸 철학 체계를 제시한 철학자는 아무도 없었다는 점을 보이는 데 전혀 어려움을 겪지 않는다. 이후 등장한 많은 철학자들과 마찬가지로 그는 키케로의 격언을 활용한다. '무언가가 너무나 터무니없어서 아직 이런저런 철학자들 중 아무도 그것에 대하여 언급하지 않았다는 말은 성립하지 않는다' (ME, 211).

몽테뉴가 《레몽 세봉을 위한 변명》에서 인간의 본성을 낮게 평가한 것은 미란돌라(Pico della Mirandola)가 1486년 펴낸 저술 《인간의 존엄성에 관하여》(*On the Dignity of Man*)에서[12] 인류를 미화한 것에 대한 반박이다. 고

[12] 이 철학사 2권, 109면 참조 — 우리말 번역에서는 《중세철학》, 178면 참조 〔후반부는 옮긴이의 첨가〕.

대의 고전이 재발견되고 르네상스 시대 피렌체에서 시각 예술이 만발한 결과로 등장한 낙관주의는 종교 전쟁의 상처로 반종교 개혁의 분위기가 강했던 프랑스에서는 비관주의에 길을 내주지 않을 수 없었다. 몽테뉴는 많은 교육을 받아 문명화한 유럽 여러 나라의 시민들과 이들이 겪는 불편함을 당시 막 발견된 신세계에 사는 사람들의 단순함 및 고결함과 대비했다.

하지만 인간 지성의 한계를 강조한 몽테뉴의 견해가 가톨릭의 진리들이 진정으로 확실하다는 주장에 방해가 되지는 않는다. 이와 정반대로 그는 철학을 회의함으로써 바울로(St. Paul)가 '고린토인들에게 보낸 첫째 편지'에서 걸었던 길을 따를 수 있게 된다. '하느님께서 이 세상의 지혜가 어리석다는 것을 보여 주시지 않았습니까? 세상이 자기 지혜로는 하느님을 알 수 없습니다. 이것이 하느님의 지혜로운 경륜입니다. 그래서 하느님께서는 우리가 전하는 소위 어리석다는 복음을 통해서 믿는 사람들을 구원하시기로 작정하셨습니다.'[13] 이런 바울로의 원전은 '진정 확실한 것은 오직 아무것도 확실하지 않다는 것뿐이다'와 같은 섹스투스로부터의 인용문과 더불어 몽테뉴의 연구에 특유한 광채를 더한다.

자신의 회의주의와 자신이 선택한 종교적 정통설을 조화시키기 위해 몽테뉴는 지금까지 자신이 공격한 바가 스스로의 노력만으로 진리에 도달한 체하는 인간의 지성이었음을 강조한다. 하지만 신앙은 지성이 도달할 수 있는 일종의 성취가 아니라 신의 자유로운 선물이다.

> 우리가 종교에 귀의하는 일은 추론이나 지성을 통해서가 아니라 천상으로부터 온 권위와 명령을 통해서 이루어진다. 종교와 관련해서는 우리가 내리는 판단의 나약함이 강건함보다 더 큰 도움이 되며, 또한 우리의 눈먼 상태가 또렷한 시각보다 더 큰 도움이 된다. 우리

[13] 〔옮긴이 주〕《성서》, '고린토인들에게 보낸 첫째 편지' 1장 20~21절. 이 책에서 《성서》로부터 인용한 대목이 등장할 경우 공동 번역 개정판의 번역에 따랐다.

가 신의 지혜와 더불어 현명하게 되는 일은 우리의 지식이 아니라 무지를 통해서 이루어진다(ME, 166).

반종교 개혁의 철학

이성을 배제하고 계시를 높이 평가한 몽테뉴의 태도가 — 이는 이후 '신앙주의'로 불리게 되었는데 — 반종교 개혁주의자들의 전유물은 아니었다. 인간의 지성과 의지가 아담이 지은 죄에 의해서 완전히 타락했다는 루터의 주장에 반대하여 가톨릭 진영의 논쟁가들은 기본적인 종교적 진리가 다른 도움을 받지 않은 인간 지성의 영역 안에 속하며, 신앙 자체도 이성의 지지와 옹호를 필요로 한다는 점을 강조하는 경향을 보였다.

이런 반종교 개혁적인 공격의 선봉에 선 것은 새로 형성된 예수회(Society of Jesus)에 속한 수사들이었다. 스페인 출신의 전직 군인이었던 로욜라(Ignatius Loyola)가 세운 이 교단은 1540년 교황 파울루스 3세로부터 인가를 받았다. 모든 교단의 구성원들이 서약한 청빈과 정결, 순종에 더하여 예수회 수사들은 교황에 대한 절대 충성을 맹세했다. 예수회 회원들은 곧 세계 각지에서 교육과 선교 사업에 단연 두각을 나타냈다. 유럽에서 이들은 반종교 개혁주의자들에 의한 순교의 위험을 기꺼이 감수했으며, 아메리카와 인도, 중국 등지에서는 구교나 신교의 다른 많은 교파의 기독교 선교사들보다 각 지역의 토착 종교에 더욱 공감하는 태도를 보였다. 또한 이들은 곧 대학의 철학과 신학 강의에서 이미 오랜 전통을 확립한 교단들, 예를 들면 프란체스코 수도회나 도미니크 수도회와 경쟁 관계에 놓이게 되었다. 예수회는 새롭고, 스스로 더욱 발전된 형태로 여긴 스콜라 철학을 전개했다.

중세 스콜라 철학자들은 아리스토텔레스의 저술이나 롬바르드(Peter Lombard)의 《신학명제집》과 같은[14] 표준적인 원전에 기초한 강의를 진행한

로마의 성 이냐시오(S. Ignazio) 성당 천장화는 포초(Andrea Pozzo)의 작품인데 예수회 창설자가 신의 영광을 받는 모습을 묘사한다.

반면 예수회 학자들은 대학에서 주석 중심의 강의 대신 독자적인 철학과 신학 강의를 시작했다. 17세기 초에는 프란체스코 수도회나 도미니크 수도회 소속의 학자들도 이런 강의 방식을 채택하기에 이르렀으며, 이는 철학과 신학이 이전보다 더욱 뚜렷하게 구별되는 결과를 낳았다. 대학 강의에서 독자적인 교과서를 사용함으로써 철학을 개혁하려는 움직임의 선구자는 스페인 출신의 예수회 소속 학자 수아레스(Francisco Suarez)였는데 그가 쓴 《형이상학 논쟁》(*Disputationes Metaphysicae*, 1597)은 스콜라 철학의 형이상학을 체계적으로 다룬 최초의 저술이었다.

1548년 그라나다에서 태어난 수아레스는 1564년 예수회에 가입했으며, 평생 대학교수로 지내면서 스페인의 여섯 대학과 로마의 예수회 대학에서 강의했다. 그는 신앙심 깊은 박학한 인물로서 순전히 지적인 능력으로만 본다면 충분히 16세기의 가장 뛰어난 철학자라는 평가를 받을 만하다. 하지만 그는 철학사에서 자신의 재능에 걸맞은 지위를 누리지 못하는데, 그 이유는 다음 두 가지이다. 첫째, 그의 저술은 대부분 중세의 주제들을 다시 언급하면서 세련되게 재구성한 수준에 그치며 어떤 새로운 영역을 개척하지는 못했다. 둘째, 저술가로서 그는 무려 28권에 이르는 방대한 저술을 남긴 다작가였지만 동시에 그의 저술은 상당히 지루하고 장황하다. 그가 이후 철학에 영향을 미쳤다면 그것은 그 자신의 저술이 아니라 이를 더욱 짧고 읽기 쉬운 형태로 변형한 다른 학자들의 저술을 통해서였다.

하지만 사실상 그는 형이상학과 정치철학의 두 영역에 상당한 영향을 미쳤다. 그는 아퀴나스를 진심으로 존경했지만 형이상학적 측면에서는 아퀴나스보다 이븐 시나(Avicenna)와 스코투스(Duns Scotus)의 뒤를 따랐다. 하지만 역설적으로 17, 18, 19세기에 걸쳐 토마스주의로 받아들여진 것은 아퀴나스의 저술 《반이교도대전》에 등장하는 내용보다는 수아레스의 형이상학에

[14] 이 철학사 2권, 56면 참조 — 우리말 번역에서는 《중세철학》, 91면 참조 〔후반부는 옮긴이의 첨가〕.

더욱 가까웠다.[15] 정치철학에 크게 기여한 책으로 1621년에 출판된 수아레스의 저술《법에 관하여》(*De Legibus*)가 있다. 여기에는 그보다 훨씬 널리 알려진 철학자들의 사상으로 전해지는 많은 사상의 원천이 등장하는데 이런 사실이 제대로 인정되지 않았다. 그의 생전에 그를 가장 유명하게 만든 사건은 제임스 1세(James I)와[16] 왕권신수설에 관해 논쟁을 벌인 일이었다. 이 논쟁에서 수아레스는 세속적 군주가 신으로부터 직접 통치권을 부여받았다는 이론을 공격했으며 제임스 1세는 그의 저술들을 공개적으로 불태웠다.[17]

16세기에 구교와 신교 진영이 가장 첨예하게 대립한 철학적 주제는 인간의 자유 의지 문제였는데 이 문제는 트렌토 공의회에서 루터의 결정론과 칼뱅의 예정은총설에 반대한다는 선언이 이루어지면서 심화되었다. 예수회 학자들은 자신들이 인간의 자유를 가장 적극적으로 옹호하는 선봉에 서 있다고 생각했다. 수아레스와 그의 예수회 동료인 몰리나(Luis de Molina)는 자유로운 행위를 행위 과정에서 여러 대안들을 활용할 수 있다는 — 이후 '무관심성의 자유'로 알려지게 되는 — 측면에서 정의했다. '어떤 행위자가 자유롭다고 불리는 것은 행위를 위한 모든 필요조건들이 마련된 상황에서 어떤 행위를 하거나 하지 않을 수도 있을 경우 또는 어떤 행위를 하거나 그와 정반대되는 행위를 할 수 있을 경우이다.'

이런 정의는 인간 자신의 선택과 이것이 다른 사람에 대하여 져야 하는 책임을 제대로 인정한다. 하지만 자유를 더욱 제한적인 것으로 보는 다른 설명과 비교해 보면 이런 정의는 인간의 자유로운 행위를 미리 아는 신의 예지

15 〔옮긴이 주〕 이 책 전체에서 Thomas Aquinas, St. Thomas 등을 모두 아퀴나스로 번역했다. 하지만 그의 사상 체계 전반을 의미하는 Thomism은 이미 철학에서 일반적으로 통용되는 용어이므로 이 경우에만 '토마스주의'로 번역했다.

16 〔옮긴이 주〕 제임스 1세(1566~1625)는 스코틀랜드와 잉글랜드의 국왕으로 스튜어트 왕가 출신 최초로 잉글랜드 왕위에 오른 인물이다.

17 수아레스의 형이상학은 아래의 6장에서, 그의 정치철학은 9장에서 더욱 상세히 살펴볼 예정이다.

를 몹시 설명하기 어렵게 만드는데 신의 예지는 구교와 신교가 모두 인정하는 바였다. 몰리나는 널리 알려진 저술《조화》(*Concordia*)에서[18] 이 문제에 대한 정교한 해법을 제시했다. 그에 따르면 신의 포괄적인 지식은 모든 가능세계에서 모든 가능한 인간의 행위에 관한 지식을 포함한다.[19] 그의 해법은 매우 독창적이고 정교했지만 신교도뿐만 아니라 동료 구교도 사이에서도 거의 받아들여지지 않았다.

도미니크 수도회 소속의 학자들 중 예수회에 대하여 가장 큰 반대 목소리를 냈던 인물은 토마스주의자였던 바네스(Domingo Banez, 1528~1604)였는데, 그는 예수회 신학자들이 인간의 자유를 과대평가함으로써 신의 권능을 훼손한다고 생각했다. 두 교단 사이의 논쟁이 격화되자 1605년 교황 클레멘스 8세(Clement VIII)는 이 문제를 해결하지 않은 채 양측 모두 침묵할 것을 명령했다. 역설적으로 신교 진영 내부에서도 라이덴(Leiden) 출신의 아르미니우스(Arminius)라는 신학자가 등장하여 다소 덜 정교하지만 몰리나와 거의 유사한 견해를 제시했다. 1619년 도르트 교회회의(Synod of Dort)에서 아르미니우스의 견해는 칼뱅주의 정통설에 어긋난다는 선언이 채택되었다.

브루노

16세기 후반 구교의 관점에서든 아니면 신교의 관점에서든 정통설의 경계에서 크게 벗어난 주장을 폄으로써 파란만장한 삶을 살았던 철학자로 브루노(Giordano Bruno, 1548~1600)를 들 수 있다. 그는 나폴리 근처에서 태어나 1565년 그곳에서 도미니크 수도회에 들어갔으나 1576년 이미 이단설을

18 〔옮긴이 주〕 이 저술의 전체 제목은《은총의 선물과 자유 의지의 조화》(*Concordia liberi arbitrii cum gratiae donis*)이며 1588~89년에 출판되었다.

19 몰리나의 '중간 지식'(middle knowledge) 이론은 10장에서 더욱 상세히 살펴볼 예정이다.

주장한다는 혐의를 받고 교단에서 추방되었다. 그는 북쪽 제네바로 도피했지만 그곳에서도 칼뱅주의자들과 갈등을 빚었다. 그는 프랑스에서는 다소 성공을 거두어 툴루즈와 파리에서 연구와 강의를 했으며 잠시 동안이기는 하지만 국왕 앙리 3세(Henri III)의 호의를 사기도 했다.

브루노의 첫 번째 주요 저술은 《관념의 그림자에 관하여》(*On the Shadows of Ideas*)인데 여기서 그는 정교한 신플라톤주의 형이상학 체계를 기억법에 관한 실용적인 충고와 결합했다. 관념들 사이에는 일종의 위계질서가 존재하는데 가장 낮은 단계는 인간의 관념이며 가장 높은 단계는 신의 정신 안에서 통일성을 형성하는 신성한 관념이다. 우리는 신성한 관념을 그 자체로는 파악할 수 없다. 하지만 이 관념은 자연을 통해서 표현되며, 자연은 곧 신이 산출한 보편적인 결과이다. 우리가 살아가는 지상 세계의 모습보다는 천상 세계의 모습이 더욱 신에 가깝다. 따라서 천상 세계를 체계적으로 떠올릴 수 있는 방식으로 우리의 지식을 조직화하기를 원한다면 황도를 이루는 열두 개의 별자리에 따라 정신적인 사고를 배열해야 한다.

1583년 브루노는 잉글랜드로 건너가 옥스퍼드를 방문하고 그곳에서 몇 개의 강의를 맡았다. 하지만 거기서도 그는 성공을 거두지 못했다. 그가 옥스퍼드 대학에서 허풍쟁이나 돌팔이 취급을 당한 최후의 대륙 출신 철학자는 아니었지만 결국 그는 그곳에서 사상보다는 언변에 관심이 많은 사람 정도의 평가를 받고 돌아왔다. 그는 더욱 폭넓은 철학적 관심과 더불어 옥스퍼드의 현학자들을 경멸하는 내용을 담은 일련의 대화편들을 썼는데 1584년 출판된 《재의 수요일 성찬》(*La cena de le ceneri*)이 첫 작품이었다. 그는 아마도 런던에서 프랑스와 잉글랜드 모두를 위해 비밀 임무를 수행하는 이중간첩 활동을 하면서 대화편들을 쓴 듯하다.

브루노의 대화편들은 읽기가 쉽지 않다. 여기에는 마치 바그너(Wagner)의 작품에 등장하는 여러 신이나 톨킨(Tolkien)이[2] 만들어 낸 여러 등장인물처럼 대단한 능력을 지녔지만 근거를 알 수 없는 신비에 둘러싸인, 거의 전능한 힘과 인간이 알 수 없는 동기에 따라 행동하는 수많은 존재들이 난무한다. 이들은 고전 작품에 등장하는 신의 이름으로 불리기는 하지만 호메로스(Homer)나 베르길리우스(Vergil)의 작품에 등장하는 신들과는 상당한 거리가 있다. 예를 들어 메르쿠리우스(Mercury)라는 라틴어 이름의 신은 그리스 신화의 헤르메스(Hermes)뿐만 아니라 이집트 신화의 토트(Thoth)와도 일치한다. 브루노는 자주 그 당시에 유행했던 헤르메스 교단의 가르침을 반영하기도 한다. 헤르메스 교단은 당시 막 발견된, 그 기원이 모세(Moses) 시대의 이집트까지 거슬러 올라간다고 여겨진 문서들에 기초하여 세워졌다. 브루노는 헤르메스 교단이 기독교보다 우월하므로 언젠가는 기독교의 자리를 빼앗게 되리라고 생각했다.

브루노의 여러 대화편에서 제시된 체계에 따르면 우리가 관찰하는 현상은 자연에 생명을 불어넣음으로써 자연을 하나의 생명체로 만드는 세계영혼이 낳은 결과이다. 자연계는 무한하므로 어떤 경계나 표면, 한계도 없다. 하지만 세계의 무한성은 신의 무한성과 다른데 그 까닭은 세계는 무한하지 않은 부분들로 구성되는 반면 신은 전체 세계에도 완전하게 내재하고 세계를 이루는 각각의 부분에도 완전하게 내재하기 때문이다. 이런 차이는 어쩌면 브루노의 견해를 범신론과 구별하기에 충분할지 몰라도 그의 견해에서 신과 세계 사이의 관계는 모호한 채로 남는다. 이 관계는 신은 자연을 만드는 자연(*natura naturans*)이며 우주는 자연에 의해서 만들어진 자연(*natura naturata*)이라는 브루노의 대담한 주장에 의해서도 제대로 해명되지 않는다.

역사가와 과학자들은 브루노의 체계에서 드러나는 두 가지 특징에 주목했는데 그중 하나는 그가 코페르니쿠스의 가설을 채택한다는 점이며 다른 하나는 그가 다수의 우주를 요청한다는 점이다. 브루노는 태양이 지구의 둘레를 도는 것이 아니라 지구가 태양의 돈다는 사실을 받아들였다. 그는 계속

[20] 〔옮긴이 주〕 톨킨(John Ronald Reuel Tolkien, 1892~1973)은 영국의 영문학자 겸 작가로서 1960년대 발표한 《반지의 제왕》 3부작으로 유명하다.

해서 코페르니쿠스의 생각을 대담하고 극적인 방식으로 발전시켰다. 그에 따르면, 지구는 우주의 중심이 아니며 태양이 우주의 중심도 아니다. 우리가 보는 태양은 수많은 별들 중 하나일 뿐이며, 무한한 우주 공간에는 수많은 태양계가 존재한다. 우리의 태양도 다른 어떤 별도 우주의 중심일 수가 없는데 그 까닭은 모든 별들의 위치가 상대적이기 때문이다.

우리의 지구와 태양계는 어떤 고유한 특권도 전혀 누리지 못한다. 모두 잘 알듯이 우주 안에는 우리와는 다른 시대, 다른 장소에 지적인 생명체가 존재할 가능성이 충분하다. 여러 태양계들이 생겨났다가 사라지는데, 현재의 상황은 유일한 무한한 존재가 잠시 모습을 드러낸 것이며 이 존재의 영혼이 바로 세계영혼이다. 우주 안에서 각각의 지적인 존재는 의식적이고 불멸하는 원자인데 그 자체로 창조 과정 전체를 반영한다. 신과 자연을 동일시한 브루노의 견해가 스피노자를 예견하게 한다면 또한 이성적 원자에 관한 그의 설명은 라이프니츠를 예견하게 한다.

헤르메스 교단을 지지한 브루노의 태도와 다수의 우주가 존재한다는 그의 이론은 신이 오직 그리스도를 통해서 인간의 육신으로 태어났으며 기독교는 명확한 신의 계시라는 정통 교리에 대한 도전으로 받아들여졌다. 하지만 그는 잉글랜드를 떠난 후 잠시 동안 비텐베르크(Wittenberg)에서 루터교 신자로 인정받았으며 1591년에는 취리히에서 강의를 하기도 했다. 1592년 그는 어리석게도 베네치아 총독의 초대를 받아들여 그곳으로 간 후 바로 종교 재판소의 감옥에 갇히게 되었다. 그다음 해 로마의 종교 재판소 감옥으로 옮겨진 후 거의 7년에 걸친 지루한 재판을 거쳐 1600년 이단의 죄로 로마의 꽃의 광장(Campo dei Fiori)에서 화형당했는데 지금 그곳에는 그의 동상이 서 있다.

브루노가 자신의 저술에서 표현한 사상이 기독교의 정통설에 어긋난다는 점은 의심의 여지가 없다. 그의 재판에서 주목할 만한 점은 그가 일관되게 자신의 사상을 옹호했으며 이 때문에 이단 심문관이 그를 이단자로 판결하는 데 그토록 오랜 기간이 걸렸다는 점이다. 다수의 우주가 존재한다는 이론이 오늘날 우주과학자들 사이에서 다시 한 번 크게 유행하지만 브루노를 과학의 순교자로 보는 견해는 잘못이다. 그의 사상은 관찰과 실험이 아니라 신비주의 전통 및 경험과 무관한 철학적 사변에 기초하였다. 그리고 그는 코페르니쿠스의 체계를 지지했다는 이유가 아니라 마법을 행하고 그리스도의 신성을 부정했다는 이유로 이단의 판결을 받았다.

갈릴레오

종교 재판에 넘겨져 고통받은 또 한 사람의 이탈리아 철학자 갈릴레오(Galileo Galilei)에게로 눈을 돌리면 브루노와는 전혀 다른 상황을 발견한다. 브루노보다 12살 아래였으며 셰익스피어와 정확하게 동시대를 살았던 갈릴레오는 피사(Pisa)에서 태어나 그곳의 대학에서 공부한 후 1589년 마침내 그 대학의 수학 교수가 되었다. 1592년 그는 파도바 대학으로 자리를 옮겨 18년 동안 교수 생활을 했는데 아마도 이 시기가 그의 생애 중 가장 행복했던 때였을 듯하다.

갈릴레오는 이미 젊은 시절에 여전히 당대를 지배했던 아리스토텔레스의 자연학을 비판하기 시작했는데 브루노처럼 신플라톤주의 형이상학에 근거한 것이 아니라 실험과 관찰 결과에 기초하여 비판했다. 그는 피사 시절에 한 가지 관찰과 한 가지 실험을 한 것으로 널리 알려져 있는데 관찰은 실제로 행했지만 실험은 실제로 행하지 않았을 가능성이 높다. 그는 성당 천장에 매달린 커다란 등의 운동을 관찰한 후 추가 한번 진동하는 데 걸리는 시간은 오직 추가 매달린 줄의 길이에 좌우될 뿐 추의 무게나 진동의 크기와는 무관하다는 사실을 발견했다. 또한 그가 피사의 사탑에서 서로 무게가 다른 쇠공을 떨어뜨려 무거운 물체가 가벼운 물체보다 빨리 낙하한다는 아리스토텔레스의 주장이 잘못임을 증명하려 했다는 이야기가 전해지는데 그가 이런 실험을 실제로 하지 않았음은 거의 확실하다. 그와 같은 시대에 활동한, 아리스토텔레스에 반대하는 다른 어떤 학자가 이와 유사한 실험을 실제로 행했는데 그 결과는 아리스토텔레스의 주장보다 갈릴레오의 예측에 훨씬 가까웠다. 즉 100파운드의 쇠공이 1파운드의 쇠공보다 조금 빨리 낙하했는데 그 차이를 거의 알 수 없을 정도였다.

갈릴레오가 저항이 없을 경우 서로 다른 무게의 물체가 주어진 거리를 낙하하는 데 동일한 시간이 걸리며, 두 물체에 작용하는 가속도가 일정하다는 사실을 실제로 확인한 실험 — 쇠공을 경사면에서 굴리는 — 은 파도바에서 이루어졌다. 또한 그의 실험은 아리스토텔레스의 자연학에 기초한, 외부의 어떤 원인으로부터 영향을 받지 않는 한 어떤 물체도 운동하지 않는다는 원리가 잘못임을 보이기 위한 것이기도 했다. 갈릴레오는 이와 정반대로 운동하는 물체는 예를 들면 마찰과 같은, 반대 방향으로 작용하는 힘의 영향을 받지 않는 한 운동을 계속한다고 주장했다. 이런 주장을 통하여 그는 운동력(impetus)의 개념을 불필요한 것으로 만들었는데 이 개념은 일찍이 중세에 아리스토텔레스를 비판하였던 필로포누스(Philoponus)와 같은 학자들이 던져지거나 발사된 물체의 지속적인 운동을 설명하기 위해 도입한 것이었다.[21] 또한 이 이론은 후에 데카르트와 뉴턴이 언급한 관성의 원리, 즉 운동하는 물체는 외부로부터 영향을 받지 않는 한 일정한 속도로 직선 운동을 계속한다는 원리를 예견하게 한다. 하지만 갈릴레오 자신은 이 원리에 도달하지 못했는데 그 까닭은 행성의 궤도를 설명하기 위해 관성 운동이 기본적으로 원형을 그린다고 가정해야 했기 때문이다.

역학을 다룬 저술 자체만 놓고 보더라도 그는 위대한 과학자의 반열에 오르기에 부족함이 없지만 그는 또한 유체 정역학의 분야에서도 중요한 사실

[21] 이 철학사 2권, 180면 참조 — 우리말 번역에서는 《중세철학》, 279면 참조 〔후반부는 옮긴이의 첨가〕.

들을 발견했다. 하지만 그에게 명성과 더불어 큰 시련을 안겨 준 것은 천문학 연구였다. 그는 자신이 성능을 크게 향상시킨, 당시 새로 발명한 망원경을 사용해 목성의 네 위성을 관찰한 후 토스카나의 코시모 2세 대공(Grand Duke Cosimo II)을 기리는 의미에서 이 위성들을 '메디치 가문의 별들'이라고 명명했다. 또한 그는 달에도 산이 있으며 태양 표면에 계속 변화하는 흑점이 있다는 사실을 발견했는데 이들은 아리스토텔레스의 생각처럼 천체가 동일한 성질을 지닌, 투명한 제5원소로 이루어진 것이 아니라 우리가 사는 지구와 같은 종류의 재료로 형성되었음을 보여 주는 발견이기도 하다. 그는 이런 발견들을 묶어 1610년 《별들의 소식》(*Sidereus Nuncius*)이라는 제목의 책으로 출판하였다. 그는 이 책을 코시모 대공에게 헌정했으며 대공은 바로 갈릴레오를 토스카나 궁정의 종신 철학자 겸 수학자로 임명했다.

이런 일이 있은 직후 갈릴레오는 금성이 가로지른 행성이 달의 위상과 유사한 위상을 보인다는 사실을 관찰했다. 그는 금성이 지구가 아니라 태양을 중심으로 회전할 경우에만 이 사실을 설명할 수 있다고 결론지었다. 그리고 이는 코페르니쿠스의 가설을 지지하는 강력한 근거를 제공했다. 하나의 행성으로서 자신의 궤도에 따라 운동하는 목성의 주위를 도는 위성이 발견되었다는 사실은 이미 태양 중심설에 반대하는 가장 강력한 논거 중의 하나, 즉 오직 지구가 고정되어 있을 경우에만 달이 지구의 둘레를 회전할 수 있다는 논거를 제거해 버렸다.

처음에 갈릴레오는 자신이 천문학적 발견을 통해서 얻은 결론을 공개적으로 발표하는 데 매우 신중한 태도를 취했다. 하지만 로마의 교무 위원회가 그의 주요한 관찰에 대하여 공식적인 지적을 한 이후부터 그는 태양 중심설에 기초한 여러 견해를 동료들에게 폭넓게 전파하기 시작했다. 1613년 그는 마침내 태양의 흑점을 다룬 한 책의 부록에서 자신이 코페르니쿠스를 지지한다고 선언했다. 그러자 피렌체에서 도미니크 수도회 소속의 한 성직자가 사도행전 1장 11절을('갈릴리 사람들아, 왜 너희는 여기에 서서 하늘만 쳐다 보고 있느냐?') 주제로 설교하면서 태양 중심설을 성서에 어긋나는 것으로 비난했는데 그 성직자는 해가 움직이지 않고 같은 자리에 머무르면 이스라엘 군대가 필리스티아 군대를 완전히 무찌를 수 있으리라는 여호수아의 말을[22] 근거로 들었다. 이에 갈릴레오는 로마로 가서 자신의 신학적 견해를 해명하기로 결정했다.

로마로 떠나기 전에 갈릴레오는 당시 막강한 권력을 지녔던 예수회 출신의 추기경 벨라르미노(St. Robert Bellarmine)에게 편지를 써서 태양이 운동한다고 말한 성서 저자들의 언급은 기하학을 가르치기 위한 것이 아니라 단지 널리 사용된 관용적 표현에 지나지 않는다고 주장했다. 벨라르미노는 이 문제를 종교 재판소 위원회에서 논의한 후 태양이 우주의 중심이라는 의견은 이단이며, 지구가 움직인다는 의견은 최소한 오류를 범한 것이라는 결정을 내렸다. 당시 교황 바오로 5세(Paul V)의 훈령에 따라 벨라르미노 추기경은 갈릴레오에게 두 의견 중 어떤 것도 주장하거나 옹호해서는 안 된다고 명령했다. 추기경은 갈릴레오의 친구 중 한 사람에게 만일 태양 중심설을 진정으로 증명할 만한 증거가 존재한다면 그 이론과 모순되는 성서 구절을 재검토 해야겠지만 현재 상태에서는 코페르니쿠스의 이론도 아직 증명되지 않은 가설에 불과하다고 말했다. 사실 갈릴레오 자신의 태양 중심설 체계는 비록 특정 현상과 더욱 잘 들어맞기는 했지만 그를 적대시한 학자들의 지구 중심설과 거의 같은 정도로 복잡했으며 주전원(epicycle)[23]에 계속 호소하기는 매한가지였다.[24] 즉 그가 발견한 증거들은 자신이 주장한 이론을 확실하게 정당화하지는 못했다.

[22] 〔옮긴이 주〕 여호수아 10장 12절 참조.

[23] 〔옮긴이 주〕 주전원(周轉圓)은 그리스 천문학자 프톨레마이오스가 천구상에서 행성들의 역행과 순행을 설명하기 위해 제시한 행성의 운동 궤도를 의미한다.

[24] 갈릴레오는 행성들이 타원 궤도로 운동한다는 케플러의 발견을 받아들이지 않았다. 그런데 케플러의 발견은 태양 중심설을 단순화하여 적절한 이론으로 만드는 데 반드시 필요한 것이었다.

이렇게 서로 의견을 주고받는 과정에서 벨라르미노는 당시 가장 위대한 과학자보다도 더욱 건전하게 과학철학을 파악했으며, 갈릴레오는 당시 가장 유명한 신학자보다도 더욱 건전하게 성서를 해석했음을 드러낸다고 말하는 사람들이 많다. 이들 둘 사이의 대립은 수긍할 만한 것이지만 논쟁 과정에서 양측의 주장이 진정으로 공정하게 반영되었다고 보기는 어렵다. 사정이 어찌 되었든 간에 중요한 점은 갈릴레오가 자신의 저술이 정죄 받지 않은 그 후 몇 년 동안 침묵을 지켰다는 것이다.

1624년 갈릴레오는 다시 한 번 로마로 갔다. 당시 바오로 5세와 벨라르미노 추기경은 이미 세상을 떠났으며 우르바누스 8세(Urban VIII)가 새로 교황의 자리에 오른 뒤였다. 바르베리니(Barberini) 추기경이 전하는 바에 따르면 새 교황은 갈릴레오의 천문학적 발견을 열렬히 옹호한 인물이었다. 갈릴레오는 태양 중심설을 선호하지 않고 두 우주관을 공정하게 다룬다는 조건으로 프톨레마이오스와 코페르니쿠스의 우주관을 다룬 체계적인 저술을 써도 좋다는 허락을 받았다.

1632년 갈릴레오는 교황청 검열관의 승인을 얻은 후 《두 가지 중요한 세계 체계에 관한 대화》(*Dialogue on the Two Chief World Systems*)를 출판했다. 이 책에서 대화를 나누는 등장인물 중 한 사람인 살비아티(Salviati)는 코페르니쿠스의 체계를 대변하며, 다른 한 사람인 심플리키우스(Simplicius)는 전통적인 지구 중심설을 옹호한다. 아리스토텔레스주의의 옹호자에 '심플리키우스'라는 이름을 붙인 것은 적절한 일이었다. 이 이름은 아리스토텔레스의 저술에 주석을 단 가장 뛰어난 그리스 학자의 이름에서 유래하였기 때문이다. 하지만 이 이름은 또한 '바보'(simpleton)의 의미로 해석될 수도 있기 때문에 교황은 심플리키우스의 입을 통해서 자신이 말한 바가 그대로 전해지는 것을 발견하고 격노했다. 교황은 갈릴레오가 프톨레마이오스보다 코페르니쿠스의 체계를 훨씬 호의적으로 다루었으며 따라서 갈릴레오가 출판 허가 조건을 어겼다고 결론지었다. 1633년 갈릴레오는 로마로 소환되어 종교 재판소의 재판에 회부되었고 태양 중심설을 취소하지 않으면 고문을 당하리라는 위협까지 받았다. 결국 그는 종신형 판결을 받았고, 이는 그가 사망한 1642년까지 계속 유지되었지만 실제로 감옥에 갇히지는 않았다. 처음에는 여러 각별한 친구들의 집에서, 결국에는 피렌체 근교 벨로스구아르도(Bellosguardo)에 있는 자신의 집에서 가택 연금 상태로 지냈다.

가택 연금 상태였지만 방문객을 맞이하는 일은 허용되었다. 방문객 중 한 사람이었던 밀턴(John Milton)은 《아레오파지티카》(*Areopagitica*)에 다음과 같이 기록했다. '나는 유명한 갈릴레오를 방문하고 종교 재판소의 죄수로 갇혀 있는 그가 상당히 늙었음을 발견했다. 하지만 그는 프란체스코 수도회나 도미니크 수도회의 검열관들이 생각하는 것과는 다른 천문학을 구상하고 있었다.' 당시 미국 매사추세츠 주에 새로 세워진 하버드 대학교에서[25] 갈릴레오에게 초빙교수직을 제안했지만 그는 이를 정중히 사양했다. 그는 눈이 점점 멀어갔지만 저술 활동을 멈추지 않았으며 필생의 대작인 《새로운 두 과학에 관한 논의와 수학적 증명》(*Discourses and Mathematical Demonstrations Concerning Two New Sciences*)을 결국 완성했다. 이 책은 1638년 레이덴(Leiden)에서 출판되었으며 그의 저술 중 가장 큰 영향을 미친 것이 되었다.

갈릴레오는 브루노를 비롯한 다른 많은 종교 재판소의 죄인들에 비해 훨씬 인간적인 대우를 받았지만 그에 대한 유죄 판결은 전 유럽에 걸쳐 심각한 결과를 낳았다. 우선 이탈리아에서 과학적 탐구가 쇠퇴하기 시작했다. 밀턴까지도 '그곳에서는 최근 몇 년 동안 아첨과 허풍 외에는 아무것도 등장하지 않았다고' 불평할 정도였다. 심지어 개신교가 지배했던 네덜란드에서조차 데카르트가 갈릴레오의 운명을 보고 자신의 과학적 우주론을 출판하는 일을 몇 년이나 미루는 일이 발생했다. 1992년 교황 요한 바오로 2세는 가톨릭교회가 갈릴레오에게 잘못을 저질렀음을 공식적으로 인정하고 사과했다. 이

[25] 〔옮긴이 주〕 하버드 대학교는 미국 최초로 1636년에 설립되었다.

사과는 무려 350년이나 지난 후에 이루어졌다.

베이컨

갈릴레오와 같은 시대에 영국에서 활동했던 베이컨(Francis Bacon)은 갈릴레오와 마찬가지로 아리스토텔레스에 대하여 반감을 품었지만 과학적 방법의 실천보다는 그것에 대한 이론에 더 큰 관심을 보였다. 1561년 런던에서 태어난 그는 케임브리지의 트리니티 칼리지를 졸업한 후 그레이스 인(Gray' s Inn) 법학원에서 법률을 공부했다. 1584년 의회에 진출했으며 뒤이어 당시 영국 여왕 엘리자베스의 총애를 받던 에섹스 백작(the Earl of Essex)의 변호인이 되었다. 하지만 1598년 에섹스 백작이 반역을 일으키자 베이컨은 그를 반역죄로 기소하는 데 앞장섰다. 그 후 제임스 1세가 즉위하자 베이컨은 법무 차관이 되었고 작위도 받았다. 1606년 그는 중요한 철학적 저술 중 최초의 것인 《학문의 진보》(*The Advancement of Learning*, 이하 《진보》로 약칭)를 출판했는데 이 책에서 그는 과학의 여러 분야를 체계적으로 분류하려는 시도를 한 것으로 보인다.

베이컨의 생애 중 전성기는 1618년 베룰람 경(Lord Verulam)이라는 호칭과 함께 대법관에 임명된 때였다. 동시에 그는 《위대한 부활》(*Instauratio Magna*)이라는 제목의 방대한 저술을 계획했는데 이 책의 목표는 모든 지식을 각자의 적절한 영역에 배정하려는 것이었다. 하지만 오직 두 부분만이 완성되었는데 첫 번째 부분은 《진보》를 개정한 것이었고, 두 번째 부분은 《새로운 오르가논》(*Novum Organum*)이었는데 이는 그의 과학적 방법을 다룬 대표적 저술이다. 1621년 의회의 조사가 진행되면서 그는 뇌물을 받았다는 사실을 시인하고 유죄 판결을 받았다. 그는 모든 명예를 잃고 잠시 감옥에 갇히기도 했다. 하지만 그는 과학과 역사에 관한 저술을 계속했으며 또한 여

베이컨의 《학문의 진보》 옥스퍼드 판 (1640) 속표지

러 수필을 쓰기도 했는데 오늘날에도 많은 사람들에게 수필의 저자로 기억된다. 그는 1626년 런던 북쪽 하이게이트에서 세상을 떠났는데, 냉동 실험을 하다가 결국 생명까지 잃은, 말하자면 과학의 순교자라는 이야기가 전해진다. 이에 따르면 그는 냉기가 고기의 부패를 막는지 살펴보려고 닭을 눈으로 채우는 실험을 하다가 심한 감기에 걸려 세상을 떠났다고 한다.

베이컨은《진보》2권에서 다음과 같이 말한다. '인간에 관한 학문에는 크게 세 분야가 있는데 이들은 각각 인간 지성의 세 부분과 관련된다. 즉 역사학은 인간의 기억력과, 시가는 인간의 상상력과, 철학은 인간의 이성과 관련된다' (《진보》, 177). 시가에는 단지 시뿐만 아니라 산문체의 소설까지 포함되는데 베이컨은 이를 그저 건성으로 다루는 데 그친다. 그가 가장 칭찬하는 유형의 시가는 이솝 우화와 같은, 도덕적 교훈을 전하는 이야기이다. 반면 그는 역사학과 철학에 관해서는 상당히 길게 언급하며 이들을 다음과 같이 더욱 세분한다.

역사학의 가장 중요한 부분은 자연사와 시민사이다. '시민사' (Civil history)는 현재 우리가 역사학이라고 부르는 것이다. 베이컨 자신은 헨리 7세의 통치를 서술함으로써 이에 기여했다. '자연사' 는 더욱 넓은 영역을 다루는 분야로서 다시 세 부분으로 나뉜다. 즉 '정상 경로에 따르는 자연을 다루는 역사학, 정상 경로를 벗어난 다양한 자연을 다루는 역사학, 변화하거나 변형된 자연을 다루는 역사학으로' 나뉜다. 그렇다면 자연과학 저술들, 특이하고 놀라운 일에 대한 기록들, 기술에 관한 서적들이 각각의 부분에 속하게 될 것이다. 베이컨 자신은 두 가지 탐구 자료, 즉 바람의 역사 및 삶과 죽음의 역사에 관한 자료를 편집함으로써 자연사에 기여했다. 그는 '정상 경로를 벗어난 자연의 역사' 에는 미신이 낳은 결과와 자연적인 원인이 낳은 결과가 얼마나 큰 차이를 보이는지 확인하기 위해 마법과 요술에 관한 미신적인 이야기를 기록한 내용이 포함되어야 한다고 생각했다. 하지만 자연철학적인 면에서 가장 중요하고 유용한 것은 세 번째 분과인 '만들어진 또는 가공된'

자연의 역사인데 베이컨은 이것의 가치가 특히 실용적인 적용과 효용에서 드러난다고 생각한다.

철학을 분류하면서 베이컨은 우선 '신에 관한 철학' 또는 자연신학을 한쪽으로 제쳐 두면서 이는 무신론을 반박하기에는 충분할지 몰라도 종교에 관하여 알려 주지는 않는다고 말한다. 그런 후에 그는 철학을 자연에 관한 철학과 인간에 관한 철학으로 나눈다. 자연에 관한 철학은 사변적일 수도 실천적일 수도 있다. 사변적 영역에는 자연학과 형이상학이 포함되며, 실천적 영역에는 역학과 마법이 포함된다. 역학은 자연학을 현실에 적용한 것이며, 마법은 형이상학을 현실에 적용한 것이다.

이렇게 철학을 과감하고 도발적인 방법으로 분류한 시도는 겉보기만큼 명확하지는 않으며, 베이컨이 서로 다른 다양한 분야에 붙인 명칭은 매우 기묘한 방식으로 사용되었다. 그는 '자연적 마법'이 연금술이나 점성술 같은 '사람을 속이는 미신적인 억지 주장'과 명백히 구별되어야 한다고 말한다. 그런데 그가 무슨 생각에서 이런 말을 했는지는 전혀 분명하지 않다. 그는 자연적 마법의 영역에 속하는 대표적인 사례로 뱃사람의 나침반을 드는 듯이 보인다. 왜 나침반이 '역학'이 아니라 '마법'에 속하는 문제인가?

이에 대한 대답은 자연학이 사물의 동력인과 질료인을 다루는 반면 형이상학은 목적인과 형상인을 다룬다는 대목에서 저절로 드러난다. 따라서 배를 운동하게 하는 항해는 자연학의 영역에 속하는 작용이지만 배의 방향을 인도하는 나침반은 형이상학의 영역에 속하는 작용이다. 베이컨은 자신이 '형이상학'이라는 용어를 새로운 방식으로 사용한다는 점을 솔직히 인정한다. 다른 학자들이 형이상학이라고 부르는 바를 그는 '제일철학' 또는 '개괄적 철학'이라고 부른다. 그러면서 그는 이 철학이 어떤 개별 분과에서도 배제되지 않는 보편적 원리들을 다루는 영역이라고 말한다. (이런 원리의 예로 '서로 같지 않은 양쪽에 서로 같은 것을 더하면 이 결과로 얻어지는 양쪽은 서로 같지 않다'는 것을 드는데 베이컨은 이것이 수학뿐만 아니라 법률에도 적용되는 공리라고 생각한다.)

하지만 아리스토텔레스의 사원인설을 기초로 하여 자연학과 형이상학을 구별한 시도는 그 자체로 이미 잘못된 것이다. 베이컨의 도식 중 자연적 마법의 영역에는 목적론이 차지할 공간이 전혀 없다. 베이컨은 '목적인에 관한 탐구는 불모지와 마찬가지여서 자신을 신에게 바친 처녀처럼 아무것도 생산하지 못한다' 고 말한다. 또한 형상에 관하여 언급하면서 그는 아리스토텔레스의 실체적 형상 — 예를 들면 사자의 형상이나 물의 형상 — 을 생각하지 않는다. 베이컨은 이런 형상들은 너무나 다양하고 복잡하여 발견하기 어렵다고 믿는다. 따라서 이런 형상들을 탐구하는 대신에 더욱 단순한 형상, 즉 글자들이 결합하여 단어를 형성하듯이 서로 결합하는 단순한 형상에 주목해야 한다. 형이상학의 임무는 개별적인 글자에 해당하는 더욱 단순한 형상을 탐구하는 것이다.

> 감각, 자발적 운동, 섭생, 색채, 무거움과 가벼움, 밀집과 희박, 열기와 냉기를 비롯한 다른 모든 본성과 성질의 형상을 탐구해야 한다. 이들은 알파벳처럼 그 수가 많지 않을 뿐만 아니라 바로 이들이 현존하는 모든 피조물들의 (물체를 통해서 드러나는) 본질을 형성하기 때문이다(《진보》, 196).

베이컨이 말하는 기본적 형상들은 갈릴레오가 세계라는 책을 쓰는데 사용된 알파벳이라고 명백히 밝힌 수학적 도형이나 기호와 비교해 볼 때 특징이 상당히 모호하다. 그가 형상에 관하여 언급하면서 사물들이 드러내는 현상과 운동의 배후에 숨겨진 물질적 구조를 염두에 두었다는 설명이 가장 그럴 듯하다.

철학의 또 다른 중요 분과인 인간에 관한 철학도 자연에 관한 철학과 마찬가지로 두 영역으로 나뉜다. 베이컨은 그중 하나는 '인간을 분리하여' 고찰하는 영역이고 다른 하나는 '인간을 통합하여' 고찰하는 영역이라고 말한다. 전자에 속하는 분야는 해부학, 생리학, 심리학 등이며, 후자에 속하는 분야는 오늘날 사회과학으로 불리는 학문들이다. 다시 이 아래에 속하는 세부 분과들을 지정하면서 베이컨은 제멋대로 혼란스럽게 여러 학문들을 나열한다. 신체를 다루는 과학에는 의학을 필두로 '화장술', '체육', 재담으로 다른 사람을 웃기는 '오락술' 등이 포함된다. 영혼의 본성에 관한 탐구는 신학에 속하는 문제이지만 영혼의 작용을 다루는, 인간에 관한 학문도 존재한다. 이 학문은 다시 두 분야로 나뉘는데 하나는 판단 작용을 하는 지성 또는 이성을 다루는 분야이며, 다른 하나는 행위 또는 실행 작용을 하는 의지 또는 욕구를 다루는 분야이다. 그렇다면 베이컨이 인간의 능력을 분류하면서 처음에 매우 중요한 지위를 부여했던 상상력은 어떻게 되는가?

> 상상력은 이성과 의지라는 두 영역, 즉 재판관처럼 판결하는 영역과 관리처럼 집행하는 영역 사이를 연결하는 전령의 역할을 수행한다. 먼저 감각이 상상력에 전달된 뒤에야 이성은 판단할 수 있으며, 먼저 이성이 상상력에 전달된 뒤에야 판단은 행위로 옮겨질 수 있기 때문이다. 이런 의미에서 상상력은 항상 자발적 운동에 선행한다. 상상력은 야누스(Janus)처럼 서로 다른 두 얼굴을 지닌다. 이성을 향한 얼굴은 진리라는 인상을 띠지만 행위를 향한 얼굴은 선이라는 인상을 띤다(《진보》, 217).

하지만 베이컨은 상상력이 단지 다른 능력들의 시중을 드는 하인의 역할만을 하는 것은 아니라고 주장한다. 상상력이 이성에 승리를 거두기도 하는데 종교적 믿음의 경우에 이런 일이 일어난다.

베이컨이 인간의 정신을 마치 권력이 분리되어 각자 자신의 역할을 수행하는 국가처럼 서로 다른 능력들이 적절하게 배열된 일종의 내적인 사회로 여겼다는 점은 명백하다. 사회과학 자체를 다루면서 그는 이를 다시 한 번 세 영역으로, 즉 우정, 사업 그리고 정부와 관련하는 영역으로 나눈다. 정치 이론은 시민에 관한 철학의 일부인데 이 철학은 인간에 관한 철학의 한 분과로서 인간이 사회생활을 함으로써 얻는 이익을 다루는 영역이다.

분류 작업을 마친 후 베이컨은 '나는 이른바 지적인 세계의 작은 우주를 만들어 냈다고' 자랑한다(《진보》, 299). 하지만 그가 제시한 방대한 목록에 포함된 다양한 학문들이 같은 수준으로 발전하지는 못했다. 그는 어떤 학문은 거의 완벽한 수준에 도달한 반면 다른 학문은 상당히 부족한 수준을 보이며 또 다른 학문은 아직 거의 등장하지도 않았다고 생각한다. 가장 수준이 떨어지는 학문 중 하나는 바로 논리학인데, 논리학의 결함은 다른 학문들도 약화시킨다. 논리학의 문제는 과학적 발견에 관한 이론이 없다는 점이다.

> 비록 서인도 제도는 광대한 지역이고 나침반은 아주 작은 장치에 불과하지만 뱃사람들이 나침반을 먼저 발견하지 않았다면 서인도 제도 또한 결코 발견되지 않았을 것이다. 따라서 지금까지 발명과 발견의 기법 자체가 소홀히 여겨져 왔음을 감안한다면 새로운 지식의 발견에서 별 진척이 없었던 것도 그리 이상한 일은 아니다(《진보》, 219).

베이컨은 논리학의 이런 공백을 메우려는 작업에 착수하며 이를 통하여 과학적 탐구를 인도하기 위한 나침반을 제공하려 한다. 그리고 이것이 《새로운 오르가논》의 목표였다.

탐구 방법에 관한 이론을 도입하려는 베이컨의 계획은 소극적인 면과 적극적인 면을 모두 포함한다. 탐구자의 첫 번째 임무는 소극적인 것으로서 자신의 관찰에 선입견을 도입하는 요소에 대한 경계를 늦추지 않는 것이다. 베이컨은 이런 선입견으로 네 가지를 지적하면서 이들을 '우상' 이라고 부르는

데 그 까닭은 이들이 진리의 추구를 가로막는 맹목적인 숭배의 대상이기 때문이다. 베이컨은 종족의 우상, 동굴의 우상, 시장의 우상, 극장의 우상을 지적한다. 종족의 우상은 인류 전체가 빠지기 쉬운 고질적인 유혹인데 사물을 표면적인 현상만 가지고 판단하려는 성향, 대중적인 믿음에 쉽게 동조하려는 성향, 자연을 의인화하여 해석하려는 성향 등이 이에 속한다. 동굴 또는 소굴의 우상은 객관성을 저해하는 개인의 기질적 특성을 의미한다. 예를 들면 어떤 사람은 지나치게 보수적인 반면 다른 사람은 너무 성급하게 새로운 것들에 집착한다. 각 개인은 '자신만의 개인적인 동굴을 지니는데 이는 자연의 빛을 가리고 왜곡하는 결과를 낳는다.' 시장의 우상은 (또는 '법정의 우상' (*idola fori*)이라고 부를 수도 있는데) 우리가 사용하는 언어에 숨어 있는 함정을 말하며 우리의 언어에는 무의미하고, 애매하고, 잘못 정의된 단어들이 수없이 많다. 마지막으로 극장의 우상은 가식적인 무대 연기보다 조금도 나을 것이 없는 그릇된 철학 체계를 의미한다. 아리스토텔레스의 체계처럼 '궤변적이든', 당시의 연금술사처럼 '경험적이든' 아니면 철학과 신학을 혼동한 신플라톤주의자처럼 '미신적이든' 간에 이들은 모두 극장의 우상에 속한다.

탐구자의 적극적인 임무는 바로 귀납, 즉 특수한 경우들을 체계적으로 검토함으로써 자연법칙을 발견하는 것이다. 귀납이 자연의 부적절한 사례에 기초한 성급한 일반화의 오류에 빠지지 않기 위해서는 주의 깊게 체계화된 절차가 반드시 필요하며, 이를 통하여 특수한 경우들로부터 점차 증가하는 일반성을 지니는 공리들에 이르는 방법을 보여야 한다. 베이컨은 이런 절차를 소개하기 위한 일련의 상세한 규칙들을 다음과 같이 제시한다.

> 우리가 어떤 현상 X를 보고 그것의 진정한 형상이나 그것에 대한 설명을 발견하려 한다고 가정해 보자. 우리는 우선 존재표 — 말하자면 X가 발생할 때 함께 나타나는 성질 A, B, C D …의 목록 — 를

> 만들어야 한다. 그 다음에는 부재표, 즉 X가 발생할 때 나타나지 않는 성질 E, F, G, H …의 목록을 만들어야 한다. 세 번째로는 정도표, 즉 X가 강력한 정도로 발생할 때 마찬가지로 강력하게 나타나고 X가 약한 정도로 발생할 때 마찬가지로 약하게 나타나는 성질 J, K, L, M…을 기록하는 목록을 만들어야 한다.

이는 단지 귀납적 방법의 예비 단계에 지나지 않는다. 귀납의 진정한 역할은 X의 형상을 설명하는 후보들을 제거하는 과정을 시작할 때 드러난다. 성공적인 후보가 되려면 어떤 성질은 존재표에 포함된 모든 경우들에서 나타나야만 하며, 부재표에 포함된 모든 경우들에서는 나타나지 않아야 한다. 베이컨은 열기를 예로 들어 자신의 방법을 설명한다. 우선 열기가 발생하는 경우(예를 들면 태양 광선이나 부싯돌의 불꽃)와 열기가 발생하지 않는 경우(예를 들면 달이나 별의 광선)의 목록을 작성한다. 부재표의 목록에 속한 경우에도 빛은 존재하므로 빛을 열기의 형상으로부터 제거할 수 있다. 이런 방식으로 몇 차례 제거 과정을 거치고 정도표(예를 들면 동물들이 더 활발한 활동을 할수록 더 체온이 높아진다는 사실)를 활용함으로써 베이컨은 열기가 특별한 종류의 운동이라는 결론에 도달한다('열기는 물체를 이루는 소립자들 사이의 팽창 운동인데 저지와 반발이 동시에 일어나는 운동이다').

베이컨은 자신이 《새로운 오르가논》에서 목표로 삼았던 일련의 지침을 결코 완성하지 못했으며 따라서 그의 체계가 '귀납 논리'에 이르렀다고 말하기는 어렵다. 하지만 그는 자연법칙을 형성하는 과정에서 적극적인 사례보다도 소극적인 사례가 더욱 큰 의미를 지닌다는 매우 중요한 논점을 지적했다. 20세기 철학자들은 자연법칙이 결정적으로 검증될 수는 없지만 결정적으로 반증될 수는 있다는 점을 지적한 최초의 인물이라는 영예를 그에게 서슴지 않고 부여한다.

엄밀하게 반복되는 관찰이 중요하다는 베이컨의 주장은 자연과학이 오직 대규모의 공동 연구를 통해서만 발전할 수 있다는 점을 인정한 것과 맥을 같이한다. 베이컨이 죽은 후 미완성의 단편 형식으로 출판된 저술《새로운 아틀란티스》(*New Atlantis*)에 등장하는 한 선원은 남태평양을 항해하다가 어떤 섬에 상륙했는데 그곳에서 샐로먼의 집(Salomon's House)라고 불리는 주목할 만한 기관을 발견한다. 이는 일종의 연구 기관으로 인류의 향상을 목표로 삼아 자연을 지배할 수 있을 정도까지 인간의 능력을 확장하려는, 베이컨의 공리주의적 이상을 실현하기 위해 많은 과학자들이 함께 연구하는 곳이었다. 이들의 연구 주제에는 전화기, 잠수함, 비행기를 만들려는 계획까지도 등장한다. 이 기관의 대표자는 자신의 목표를 다음과 같이 밝힌다.

> 우리 기관의 목적은 원인에 관한 지식, 사물들의 은밀한 운동 등을 탐구하고 인간 제국의 경계를 확장하여 결국 모든 일을 가능하게 만드는 것이다(*B*, 480).

샐로먼의 집은 베이컨이 상상으로 만들어 낸 유토피아였다. 하지만《새로운 아틀란티스》가 출판된 지 35년 후에 다음 세대를 이은 베이컨의 동료들이 런던에 왕립 학회(the Royal Society)를 창설함으로써 그의 상상은 현실 세계에서 실현되었다.

2장

데카르트에서 버클리까지

데카르트

우선 16세기와는 달리 17세기에는 많은 천재 철학자들이 등장하여 활약했다. 그들 중 자주 근대철학의 아버지라고 불리는 인물은 데카르트(René Descartes)이다. 그는 셰익스피어가 《햄릿》을 쓸 무렵이었던 1596년 프랑스의 투렌(Touraine)이라는 마을에서 태어났는데 지금 이곳은 그를 기리는 의미에서 라 에 데카르트(La-Haye-Descartes)로 불린다. 어린 시절 그는 병약했기 때문에 학교에서 이른 아침 수업을 면제받았는데 이 때문에 침대에서 사색에 잠기는 평생의 습관을 얻었다고 한다. 열한 살부터 열아홉 살까지 그는 라 플레슈(La Flèche)의 예수회 학교에서 고전과 철학을 공부했으며, 평생 가톨릭 신자였지만 성인이 된 이후 삶의 대부분을 개신교가 지배했던 네덜란드에서 보냈다.

그는 1616년 푸아티에(Poitiers)에서 법학 학위를 받은 후 잠시 동안 공부에서 손을 놓았다. 유럽을 분열시켰던 종교 전쟁 와중에 그는 구교와 신교 진영 모두에 입대했다. 처음에는 신교도인 오라녜 공(Prince of Orange)의 군대에서 보수를 받지 않는 지원병으로 생활하다가 후에는 구교도인 바이에른의 막시밀리안 공작(Duke Maximilian of Bavaria)의 군대에서 근무했는데 막시밀리안 공작은 당시 영국 국왕 제임스 1세의 양자였던 팔라틴 선제후 프리드리히(Palatine Elector Frederick)와 전쟁 중이었다. 군대를 떠난 후 데카르트는 뚜렷한 직업을 갖지 않았으며 중세의 위대한 철학자들과는 달리 종교적인 면과 학문적인 면 모두에서 어떤 직위에도 오르지 않았다. 그는 대학에서 강의한 적이 한 번도 없으며, 평생 상당한 재산을 지닌 신사로서 개인적인 삶을 살았다. 그는 가장 유명한 저술을 당시 학술계의 공식 언어인 라틴어가 아니라 지극히 평범한 프랑스어로 썼으므로 그의 표현대로 '여성들도' 얼마든지 읽고 이해할 수 있을 정도였다.

군대에 머무르는 동안 데카르트는 자신의 소명이 철학 연구에 있다는 점을 확신하게 되었다. 1619년 어느 겨울날 그는 난로 옆에 앉아 사색에 열중하다가 모든 학문 분야를 하나의 놀라운 과학의 성과들로 드러낼 수 있는, 인문학의 개혁을 혼자 힘으로 이루어 보겠다는 생각에 사로잡혔다. 이런 소명에 대한 그의 확신은 바로 그 날 밤에 꾼 세 가지 꿈 때문에 더욱 강해졌는데 그는 이 꿈을 일종의 예언으로 여겼다. 하지만 그 후 몇 년 동안 이런 결심을 확고히 실현하여 철학 연구에 전념하지는 않았다.

그는 1620년부터 1625년까지 독일, 네덜란드, 이탈리아 등지를 여행했으며, 1625년부터 1627년까지는 파리에서 사교적인 삶에 몰두하여 도박에 빠져들기도 하고, 연애 사건 때문에 결투를 벌이기도 했다. 현존하는 그의 초기 저술들을 보면 역학과 수학의 문제들에 큰 관심이 있었으며, 음악에 관한 짧은 글을 쓰기도 했다. 1627년 그는 파리의 대규모 대중 강연에서 벌어진 논쟁에서 깊은 인상을 받아 이에 개입하였는데, 강연에 참석했던 한 추기경은 그에게 철학의 개혁에 헌신하라고 강력히 권고했다.

데카르트는 그 다음 해 네덜란드로 떠나 죽기 직전인 1649년까지 그곳에서 살았다. 그가 네덜란드를 선택한 까닭은 온화한 기후와 널리 알려진 관용의 정신 때문이었다. 그는 도시의 산만함으로부터 벗어나고 쓸데없이 찾아오는 사람이 없는 평온한 삶을 원했다. 네덜란드에서 살았던 21년 동안 무려 13번이나 거처를 옮겼는데 친한 친구들 외에는 누구에게도 주소를 알려 주지 않았다. 신교의 분위기에서 살면서도 그는 가톨릭고도의 삶을 계속 유지했다.

데카르트는 편지를 통하여 다른 학자들과 접촉했다. 그와 주로 편지를 주고받은 인물은 프란체스코 수도회의 성직자였던 메르센 신부(Father Marin Mersenne)였는데 메르센은 당시 학술계에서 국제적인 연결망의 중심 역할을 담당했다. 메르센은 데카르트의 학문적인 대리인으로 활동하면서 저술의 출판을 담당하고 최근의 과학적 발견을 그에게 알리는 일을 했다. 데카르트의 표준판 전집은 모두 열 권으로 구성되는데 이 중 그의 편지가 다섯 권을 차지한다. 그의 편지들은 사상적 발전 과정을 살펴보는 데 매우 중요한 자료이다.

데카르트는 네덜란드에서 안락하고 평온하게 살았다. 다른 사람들과 적절한 친분 관계도 유지했으며, 1635년에는 사생아인 딸 프랜신(Francine)을 얻었는데 딸은 다섯 살을 넘기지 못하고 세상을 떠났다. 데카르트는 파리에서 몇 권의 책을 가지고 왔는데 그중에는 아퀴나스의 《신학대전》도 포함되어 있었다. 하지만 그는 책을 거의 읽지 않았다고 스스로 고백한다. 그는 고전 언어들을 그리 높이 평가하지 않았으며, 20년 동안 스콜라 철학의 교과서들은 단 한 번도 펼쳐본 적이 없다고 자랑했다. 한 방문객이 서재를 보여 달라고 부탁하자 그는 반쯤 해부한 송아지를 가리켰다고 한다. 그는 푸줏간에서 해부를 위한 동물의 사체를 사들였을 뿐만 아니라 광학 실험을 위해 직접 렌즈를 갈기도 했다. 그는 이론보다는 실험을 신뢰했지만 무엇보다도 자신의 철학적 성찰을 가장 크게 신뢰했다.

네덜란드에서 보낸 처음 몇 해 동안 그는 주로 수학과 자연학에 관한 저술을 썼고, 해석 기하학의 기초를 다졌다. 모든 학생들이 직교 좌표(Cartesian coordinates)를 배우는데 이 명칭은 데카르트의 라틴어식 이름인 카르테시우스(Cartesius)에서 유래했다. 그는 굴절을 연구하여 사인(sine) 법칙을 제시했는데 이는 광선과 눈의 본성을 주의 깊게 이론적으로 또한 실험적으로 탐구한 결과였다. 그는 또한 기상학도 연구하여 무지개의 진정한 본성이 무엇인지를 확인하려 했다.

1632년에 이르러 데카르트는 '빛을 발산하는 태양과 항성, 빛을 전달하는 하늘, 빛을 반사하는 행성과 혜성 그리고 지구, 어떤 색을 띠거나 투명하거나 아니면 빛을 내는 지구상의 모든 물체, 그리고 빛을 관찰하는 인간과 관련하여 빛의 본성'을 설명하기 위한 중요한 저술을 출판하려고 마음먹었다. 그런데 이 저술에서 그가 선택한 우주의 체계는 태양 중심설이었으며 그는 지구를 태양의 주위를 도는 행성으로 여겼다.

이 저술의 제목은 《세계》(*The World*)였는데 거의 출판 준비를 마쳤을 무렵 데카르트는 갈릴레오가 코페르니쿠스의 체계를 지지했다는 이유로 유죄 판결을 받았다는 소식을 전해 들었다. 가능하면 교회 당국과 마찰을 피하기 위하여 데카르트는 이 저술의 출판을 포기했다. 이 저술은 그의 생전에 출판되지 않았지만 내용 중 많은 부분이 12년 후에 데카르트가 일종의 교과서로 쓴 《철학의 원리》(*Principles of Philosophy*)에 포함되어 등장한다.

자신이 생각한 우주의 체계를 출판하는 대신 1637년 데카르트는 '자신의 방법을 적용한 몇몇 예들을,' 즉 자신의 굴절 광학과 기하학, 기상학을 공개하기로 결심했다. 그리고 이들에 대한 서문으로 '이성을 인도하고 여러 학문에서 진리를 탐구하기 위한 올바른 방법에 관한 서설'을 썼다. 현재 세 편의 과학 논문은 오직 과학사 전문가들만이 읽는 데 그치지만 《방법서설》(*Discourse on Method*)은 모든 철학 고전을 통틀어 가장 널리 읽히는 책이다. 그리고 이 책이 지니는 중요성은 플라톤의 《국가》나 칸트의 《순수이성비판》에 필적할 정도지만 이 책은 《국가》나 《순수이성비판》보다 훨씬 짧으며 훨씬 쉽게 읽고 이해할 수 있다는 장점까지 지닌다.

《방법서설》은 우선 재치 넘치고 세련된 자서전의 성격을 지니는데 다음과 같은 대목에서 이 점이 잘 드러난다.

> 양식(good sense)은 이 세계에서 가장 공평하게 분배된 것이다. 왜

냐하면 사람들은 누구나 자신이 양식을 충분히 갖추었다고 생각하여 다른 모든 것과 관련해서는 좀처럼 만족하지 않는 사람도 양식만큼은 자신이 이미 지니는 것 이상을 바라지 않기 때문이다. …

나는 스승들의 통제로부터 벗어나는 것이 허락되는 나이에 이르자마자 학교 공부를 완전히 집어치워 버렸다. 그리고 나 자신 안에서 또는 세계라는 큰 책에서 발견할 수 있는 학문 외에는 다른 어떤 학문도 탐구하지 말자고 다짐했다. … 그래서 나는 9년 동안 세상을 떠돌면서 행위자가 아니라 관망자로서 삶의 모든 즐거움을 바라보려 했다.

여기서[네덜란드에서] 나는 매우 부지런하고 남의 일에 호기심을 드러내기보다는 오직 자신의 일에 열중하는, 수많은 위대한 국민들과 더불어 대도시가 주는 편리함을 충분히 누리면서도 마치 가장 동떨어진 사막에 머무르는 듯이 유유자적하는 은둔의 삶을 살 수 있었다(AT VI. 2, 9, 31 ; CSMK I. 111, 115, 126).

하지만 《방법서설》은 데카르트의 지적인 자서전을 훨씬 뛰어넘는 중요한 의미를 지닌다. 여기에는 그의 철학 체계와 학문 방법을 요약한 섬세한 모형이 등장한다. 데카르트는 복잡한 철학 이론들을 매우 우아하고 세련되게 표현하여 그의 저술을 처음 읽어도 무슨 말인지 충분히 이해하도록 만들 뿐만 아니라 가장 전문적인 철학자들에게도 사색의 자료를 제공하는 탁월한 재능을 지녔다. 그는 사람들이 자신의 저술을 '마치 소설처럼' 읽을 수 있으리라고 자부했다.

《방법서설》에서 제시되고 그 이후 여러 저술을 통해서 더욱 상세히 언급되는 데카르트의 핵심 사상은 두 가지이다. 첫째, 인간은 사고하는 실체이다. 둘째, 물체는 운동 중인 연장성이다. 그의 철학 체계 안의 모든 것은 바로 정신과 물체의 이원론이라는 관점에서 설명된다. 현재 우리는 정신과 물체를 우리가 살아가는 세계의 두 부분, 즉 서로 배타적이며 서로 철저히 구별되는 두 요소로 여기려는 자연스러운 성향을 지니는데 이는 바로 데카르트 때문이다.

데카르트는 체계적인 회의의 방법을 적용함으로써 이런 결론에 이른다. 거짓의 함정에 빠지지 않기 위해 철학자는 의심할 수 있는 것은 무엇이든 의심하는 데서 출발해야 한다. 감각은 가끔 우리를 속인다. 수학자도 가끔 잘못을 저지른다. 우리는 자신이 깨어 있는지 아니면 잠들어 있는지를 결코 확신할 수 없다. 따라서

> 나는 지금까지 내 정신 안에 들어온 모든 것은 꿈에서 등장하는 환상보다 조금도 참되지 않다고 여기기로 결심했다. 그러나 이렇게 내가 모든 것이 거짓이라고 생각하는 동안에도 이렇게 생각하는 나 자신은 반드시 무언가로 존재해야 한다는 점을 바로 깨닫게 되었다. 그리고 '나는 생각한다, 그러므로 나는 존재한다'는 진리는 매우 확고하고 확실한 것으로서 회의주의자들이 제기하는 가장 터무니없는 억측에 의해서도 결코 흔들리지 않는다는 점에 주목하여 나는 이것을 내가 추구했던 철학의 제일원리로 받아들이는 데 조금도 주저할 필요가 없다고 판단했다(AT VI. 32; CSMK I. 127).

이것이 그 유명한 '나는 생각한다, 그러므로 존재한다'(*Cogito, ergo sum*)는 원리가 도출되는 과정인데 이 원리를 통하여 데카르트는 철학자의 두 번째 임무, 즉 체계적인 회의가 회의주의에 이르는 것을 막는 임무를 완수한다. 더 나아가 데카르트는 이로부터 자신의 철학 체계를 떠받치는 원리들을 계속 이끌어 낸다. 만일 내가 사고하지 않는다면 나는 내가 존재한다고 믿을

어떤 근거도 지니지 못할 것이다. 따라서 나는 오직 사고하는 것만을 본질로 삼는 실체이다. 따라서 내가 육체를 지닌다는 점은 나의 본질과 전혀 무관하다. 이와 같은 논증이 다른 모든 사람에게도 적용된다. 이를 통하여 위에서 언급한 첫 번째 주장이 확립된다.

과연 무엇이 '나는 생각한다, 그러므로 존재한다'는 원리가 옳다는 점을 보증하는가? 오직 내가 이 원리가 참이라는 점을 명석하게 인식한다는 사실이 그렇게 한다. 내가 무언가를 명석, 판명하게 인식할 때마다 나는 그것이 참이라는 점을 확신한다. 하지만 물질적 대상으로 눈을 돌리면 그런 대상의 모든 속성들 중 명석, 판명하게 지각되는 바는 오직 대상의 형태와 크기 그리고 운동뿐이라는 점을 알게 된다. 따라서 데카르트는 위에서 언급한 두 번째 주장, 즉 물체는 운동 중인 연장성이라는 주장을 확보한다.

하지만 무엇이 내가 명석, 판명하게 인식하는 모든 것은 참이라는 원리를 보증하는가? 오직 우리를 속이지 않는 신의 본성이 이 원리를 보증한다. 그리고 나는 이런 신에 의존하여 사고하는 존재로서 현존한다. 따라서 신의 존재를 확립하는 일은 데카르트의 체계에서 반드시 필요한 부분이다. 데카르트는 신이 존재한다는 사실을 두 가지 방식으로 증명한다. 첫째, 나는 내 자신 안에서 완전한 존재의 관념을 발견하는데, 오직 그 자체로 완전한 존재만이 내가 이 관념을 갖도록 만드는 원인일 수 있다. 둘째, 완전한 존재가 되기 위해서는 자신 안에 모든 완전성을 포함해야만 한다. 그런데 현존은 일종의 완전성이므로 완전한 존재는 반드시 현존해야만 한다.[1]

베이컨과 마찬가지로 데카르트도 지식을 나무에 비유했는데 데카르트는 나무의 뿌리를 형이상학, 줄기를 자연학, 열매가 달린 가지를 도덕을 비롯한 유용한 학문들로 보았다. 《방법서설》 이후에 그가 쓴 저술들 또한 이런 질서에 따름을 잘 보여 준다. 1641년 그는 형이상학을 다룬 《성찰》을 썼으며,

[1] 데카르트의 자연신학에 관해서는 10장에서 더욱 상세히 검토할 예정이다.

1644년 《세계》에 포함된 자연학 체계를 요약하여 제시한 《철학의 원리》를, 1649년에는 넓은 의미에서 윤리학 저술이라 할 수 있는 《정념론》을 썼다.

《성찰》(*Meditations*)에는 《방법서설》에서 간략하게 언급된 체계가 더욱 완전한 모습으로 제시된다. 이 저술을 출판하기에 앞서 데카르트는 원고를 메르센에게 보내 많은 학자와 사상가들이 회람하고 이를 평가하도록 했고, 그 결과 모두 여섯 종류의 반박이 제기되었다. 《성찰》의 초판은 1641년 여섯 종류의 반박과 이에 대한 데카르트 자신의 답변을 상당히 긴 부록의 형태로 추가하여 출판되었는데 이는 전문가에 의한 평가를 함께 수록한 역사상 최초의 저술이기도 하다. 반박을 제기한 학자들은 다양한 특징을 드러내는데, 여기에는 메르센 자신뿐만 아니라 네덜란드의 이웃에 살았던 스콜라 철학자, 파리에서 활동했던 아우구스티누스주의 신학자, 아르노(Antoine Arnauld), 원자론을 주장한 철학자 가상디(Pierre Gassendi), 영국의 유물론자인 동시에 유명론자 홉스(Thomas Hobbes) 등이 포함되었다.

《성찰》에 대한 비판은 출판 이후에도 계속 이어졌는데 비판적 반응은 단지 학문적인 차원에 그치지 않았다. 위트레흐트 대학의 총장이었던 보에티우스(Gisbert Voetius)는 데카르트를 무신론을 선전하는 위험한 인물로 여겨 치안 판사에게 고발했으며, 레이덴 대학은 펠라기우스주의 이단설을 주장한다는 이유로 데카르트를 고소했다. 데카르트는 자신이 정통설을 옹호한다는 점을 밝히기 위한 두 편의 소논문을 썼는데 이들은 오늘날까지 전해진다. 하지만 사실상 그가 구속되거나 그의 책이 불태워지지 않은 까닭은 상당한 영향력을 지닌 여러 친구들이 적극 개입한 덕분이었다.

데카르트를 가장 열렬하게 지지했던 인물 중 한 사람은 엘리자베스 공주(Princess Elizabeth)였는데 그녀는 한때 데카르트가 반대 진영의 군대에 속하기도 했던 선제후 프리드리히의 딸이었다. 데카르트는 1643년부터 죽을 때까지 그녀와 편지를 주고받으면서 자신의 저술에 대한 그녀의 날카로운 비판에 답했다(어떤 때는 답하지 못하기도 했다). 그는 그녀에게 다양한 의

보헤미아의 엘리자베스 공주. 그녀는 데카르트의 저술을 가장 먼저 읽을 수 있었던 인물 중 한 사람이었으며 동시에 가장 예리한 비판자이기도 했다.

학적, 도덕적 충고를 했으며, 그녀의 숙부인 영국 국왕 찰스 1세(Charles I)가 처형당하자 그녀를 위로하기도 했다. 데카르트는《철학의 원리》를 그녀에게 헌정했다. 이 저술의 1부는《성찰》에서 제시한 형이상학을 요약한 내용이며, 나머지 2부에서 4부까지는 주로 자연학을 다루면서 운동 법칙을 제시하고 무게, 열, 빛의 본성을 설명한 내용으로 구성된다. 특히 태양계에 관한 설명은 태양 중심설을 암시하며, 진화론을 조심스럽게 전제한다. 이에 대하여 데카르트는 자신이 세계가 실제로 어떻게 형성되었는지가 아니라 신이 보기에 좋은 세계가 되려면 신이 세계를 달리 어떻게 창조했을지를 기술한다고 설명한다.

데카르트는 엘리자베스 공주와 주고받은 편지를 계기로 정신과 육체 사이의 관계에 대하여 더욱 깊이 생각하게 되었으며, 고대의 스토아학파와 유사한 윤리적 체계를 구성하게 되었다. 그는 이런 생각들을 《정념론》(*The Passions of Soul*)에서 더욱 발전시켰다. 하지만 데카르트는 이를 출판하면서 엘리자베스 공주가 아니라 철학에 깊은 관심을 보였던 또 다른 왕실 가문의 여성, 즉 스웨덴의 크리스티나 여왕(Queen Christina of Sweden)에게 헌정했다. 이에 깊이 감동한 여왕은 데카르트를 자신의 궁정 철학자로 초청하면서 그를 네덜란드에서 데려오기 위한 전투선과 해군 제독을 파견했다. 데카르트는 자신의 평온한 삶이 방해받을 것을 염려했지만 여왕의 초청을 마지못해 받아들였다. 하지만 이는 재앙에 가까운 결과를 낳았다. 스웨덴에서 그는 깊은 고독을 느꼈으며 전혀 그곳에 적응하지 못했다. 그는 여왕을 위해 발레곡을 써야 했으며, 여왕에게 철학을 가르치기 위하여 새벽 다섯 시에 일어나야 했다.

데카르트는 자신의 능력을 확고히 신뢰했고, 자신이 발견한 방법은 훨씬 더 확고히 신뢰했다. 그는 자신이 몇 년만 더 살 수 있고 충분한 연구 자금이 주어진다면 생리학의 주요 문제들을 모두 해결하고 이를 바탕으로 모든 질병을 치료할 수 있으리라고 생각했다. 하지만 이런 생각을 한 바로 그 순간 그는 스웨덴의 혹독한 겨울 날씨의 희생양이 되었다. 그는 아픈 친구를 간호하다가 폐렴에 걸렸으며 1650년 2월 11일 스웨덴에서 사망했다. 데카르트가 자신의 묘비명으로 선택한 문구를 보면 묘한 어울림이 느껴진다.

> 아무도 죽음 때문에 해를 입지는 않으리니,
> 온 세상에 너무나 잘 알려졌지만
> 아직 자기 자신을 알지 못하는 사람들 제외하고는.

데카르트는 다방면에 천재성을 지닌 비범한 인물이었다. 그러나 생리학, 자연학, 천문학에 관한 그의 사상은 채 한 세기도 지나지 않아 다른 사상으로 대체되었다. 데카르트는 아리스토텔레스의 체계를 대신할 체계를 제시하려 했지만 그의 체계는 아리스토텔레스의 체계보다 훨씬 짧게 통용되다가 사라져 버렸다. 하지만 대수학과 기하학을 다룬 데카르트의 저술은 수학의 영역에서 불변하는 위대한 유산이 되었으며, 그의 철학 사상은 — 긍정적이든 부정적이든 간에 — 오늘날까지 막대한 영향을 미친다. 그가 모든 시대를 통틀어 가장 위대한 철학자 중 한 사람이라는 사실은 아무도 의심하지 않는다.

하지만 데카르트 자신이 내린 평가를 곧이곧대로 받아들여서는 안 된다. 《방법서설》에서 그는 한 개인이 만든 체계가 여러 사람이 모인 공동체가 만든 체계보다 선호되는 경향이 있다고 주장한다.

> 통상 여러 부분으로 구성되고 여러 장인의 손으로 만들어진 작품은 한 사람이 혼자 만들어 낸 것보다 완전성이 떨어지는 듯하다. 따라서 한 사람의 건축가가 시공하여 완성한 건물이 원래 다른 목적으로 세워졌던 낡은 성벽을 활용해서 여러 사람들이 개조한 건물보다 더 아름답고 잘 정돈된 듯이 보인다. 또한 애초에는 성곽 마을에 지나지 않았지만 세월이 흐르면서 큰 도시로 바뀐 오래된 도시는 한 사람의 건축가가 자신의 구상대로 평지에 건설한, 일정한 유형에 따라 세워진 도시에 비하여 대체로 균형감이 떨어진다(AT VI. 11; *CSMK* I. 116).

이는 단지 고딕 건축물보다 고전적인 건축물을 선호하는 취향을 표현한 것에 그치지 않는다. 계속해서 데카르트는 한 사람의 입법자가 하나의 법전으로 제정한 법률이 더 훌륭하다고 말한다. 마찬가지로 그는 진정한 철학 체계는 한 사람의 철학자가 창조할 수 있다고 생각했으며, 오직 자신만이 이런 체계의 창조자가 될 자격을 갖추었다고 굳게 믿었다.

데카르트가 새로운, 개인주의적인 유형의 철학을 시작했음은 분명한 사실이다. 중세 철학자들은 대체로 자신들이 웅대한 지식 체계를 전달하는 역할을 한다고 생각했다. 이런 전달 과정에서 자신들이 약간의 개선과 향상에 기여할 수도 있지만 이는 어디까지나 전통이 설정한 한계 안에서 이루어져야 한다고 보았다. 르네상스기의 철학자들은 자신들이 사라진 고대의 지혜를 재발견하여 다시 보급한다고 생각했다. 고대 이래 자기 자신을 완전히 새로운 철학을 제시한 인물로 여긴 최초의 철학자는 바로 데카르트였다. 그는 자신을 인간과 인간을 둘러싼 세계에 관한 진리를 최초로 제시한 특권을 누린 인물로 여겼다. 이후 철학자들은 데카르트가 걸었던 길을 따랐다. 로크, 흄, 칸트는 각각 자신의 철학을 최초로 건전한 과학적 원리에 따라 구성된 새로운 창조물로 여겼다. '내 저술을 읽어라, 이전 사람들의 저술은 내다 버려라' — 이것이 17, 18세기 사상가와 철학자들의 한결같은 주장이었다.

아퀴나스나 스코투스, 오컴 등의 중세철학자를 공부하는 학생은 이들이 당시에 이루어진 위대한 혁신과 얼마나 밀접하게 관련되는지를 염두에 두고 이들의 저술을 읽어야 한다. 즉 새 포도주를 오래된 병에 옮겨 담으려면 항상 세심한 주의를 기울여야 한다. 반면, 데카르트를 비롯한 그 이후 철학자들을 탐구하면서는 정반대의 어려움에 직면한다. 우리는 이들이 독창적인 통찰이라고 주장하는 내용 중 많은 부분이 사실은 이전 철학자들의 언급에서 발견된다는 점을 깨닫기 위해 이들의 원전을 외부에서 검토해야 한다. 물론 자신이 이전의 스콜라 철학자들로부터 아무것도 배운 바가 없다는 데카르트의 거듭된 주장의 진정성을 의심할 필요는 없다. 데카르트가 결코 표절자는 아니었지만 그는 자신이 성장한 지적 분위기로부터 얼마나 많은 것을 배웠는지를 제대로 인식하지 못했다.

데카르트는 모든 것을 회의하려 했지만 그가 의문시하지 않은 것이 하나 있는데 그것은 바로 그가 혼자만의 성찰을 진행하면서 사용한 단어들의 의미이다. 만일 그가 이것까지 회의했더라면 그는 우리가 혼잣말을 하면서 사용하는 단어의 의미조차도 우리의 언어를 낳은 사회적 공동체로부터 도출되며 따라서 혼자만 지니는 개인적인 관념을 기초로 자신의 철학을 형성하는 일은 사실상 불가능하다는 점을 깨달았을 것이다. 또한 데카르트는 자신이 자연의 빛을 통해서 배운 명제들은 — 즉 자신의 체계를 구성하는 데 기본적인 요소로 작용하는 명석, 판명한 지각들은 의심할 수 없다고 생각했다. 하지만 앞으로 더욱 상세히 살펴보게 되듯이 그가 우리 영혼 안의 자연의 빛을 통해서 배운 바라고 말하는 내용은 무척 자주 자신이 라 플레슈의 예수회 학교에서 배운 이론을 재현한 것에 지나지 않는다.

데카르트가 그 자신이 살았던 시대부터 현재까지 계속 큰 영향을 미친다는 점에는 의심의 여지가 없다. 하지만 그와 근대철학 사이의 관계는 아버지와 아들의 관계도, 건축가와 궁전의 관계도, 도시 계획 입안자와 그에 따라 건설된 도시의 관계도 아니다. 오히려 철학사에서 그의 위치는 모래시계의 잘록한 허리 부분과 유사하다. 모래시계에서 위쪽의 모래가 오직 위와 아래를 연결하는 좁은 관을 통해서만 아래쪽으로 떨어지듯이 중세에 뿌리를 둔 여러 사상들은 오직 좁은 여과 장치를 거쳐서만 근대 세계에 도달했다. 그리고 이 여과 장치는 바로 데카르트라는, 다방면의 재능이 압축된 천재였다.

홉스

1641년 데카르트의 《성찰》을 읽고 평가해 달라는 요청을 받은 인물 중에는 당대 최고의 영국 철학자 홉스(Thomas Hobbes)도 포함되었다. 홉스는 영국 함대가 스페인의 무적함대(Spanish Armada)를 격파한 1588년에 태어났으므로 이런 요청을 받았을 당시 53세였다. 그는 옥스퍼드 대학에서 공부한 후 캐번디시(Cavendish) 가문의 가정 교사와 베이컨의 서기로 일했다. 1629년 홉스는 투키디데스(Thucydides)의 《펠로폰네소스 전쟁사》를 영어로 번역하여 출판했다. 1630년대에는 파리에 머물면서 데카르트의 친구였던 프란체스코 수도회의 메르센 신부를 만나기도 했는데 홉스는 메르센을 '철학의 모든 분야에 능통한 탁월한 학자'라고 기록했다. 1640년 홉스는 영어로 쓴 저술 《자연법과 정치적인 법의 기초》(*Elements of Law, Natural and Political*)를 출판했는데 여기에는 인간의 본성과 인간이 구성한 사회에 대한 그의 핵심적인 철학 원리들이 잘 드러난다. 같은 해 그는 장기 의회(Long Parliament)의[2] 활동으로 내전이 일어날 것을 예상하고 파리로 도피했다. 그는 10년 이상 그곳에 머무르면서 당시 망명 중이던 영국 왕위 계승자의 개인 교사로 생활했는데 이 왕위 계승자는 후에 왕위에 올라 찰스 2세가 되었다. 1642년 그는 《법의 기초》에 등장했던 많은 사상들을 재구성하여 라틴어 저술 《시민론》(*De Cive*)을 출판했는데 이를 통하여 프랑스에서 상당한 명성을 얻었다.

데카르트에 대한 홉스의 평가를 보면 홉스가 《성찰》을 거의 이해하지 못했음이 드러난다. 그리고 이 두 철학자는 전통적으로 서로 정반대되는 철학의 양극단에 서 있다는 평가를 받아왔다. 하지만 사실상 이 둘은 여러 가지 면에서 서로 유사하다. 예를 들면 이들은 모두 수학에 대한 열정을 불태웠다. 다소 수다스럽기는 하지만 홉스의 삶을 가장 생생하게 기록한 전기 작가 오브리(John Aubrey)는 홉스가 기하학을 처음 접한 순간을 다음과 같이 묘사한다.

> 40세가 되어서야 홉스는 우연한 계기로 기하학에 관심을 갖게 되었다. 한 신사의 서재에 유클리드의 《기하학 원론》이 펼쳐져 있었는데 그 대목은 1부의 정리 47이었다. 홉스는 그 정리를 읽었다. '이에 의하여 …' 그리고 그는 '이것은 불가능해'라고 말했다. 그 다음 그는

[2] 〔옮긴이 주〕 영국 왕 찰스 1세가 1640년 11월 소집한 의회를 의미한다. 같은 해 4~5월에 소집되었던 단기 의회(Short Parliament)와 구별되어 이와 같은 이름으로 불린다. 장기 의회의 회기는 의회에 잔류하던 의원들이 크롬웰의 군대에 의해 강제로 축출당한 1653년 4월까지 또는 의원들의 지위가 마침내 회복되어 의회 해산을 위한 법안을 통과시켰던 1660년 3월까지로 간주된다.

그것에 대한 증명을 읽고 원래의 정리로 되돌아가 그것을 다시 읽었다. 이런 일을 반복하면서 그는 마침내 그 정리가 참이라는 사실을 논증적으로 확신하게 되었다. 이 일을 통해서 그는 기하학을 사랑하게 되었다(Aubrey 1975 : 158).

하지만 그는 데카르트의 해석 기하학이 지닌 중요성을 인식하지 못하고 그런 기하학은 '정합성이 부족하다고' 생각했다. 그는 데카르트의 철학은, 특히 자연학과 자연철학은 훨씬 더 형편없다고 생각했다. 오브리는 다음과 같이 전한다. '홉스 씨는 만일 데카르트가 전적으로 기하학에만 전념했다면 세계 최고의 기하학자가 될 수 있을지 몰라도 그의 두뇌는 철학에는 적합하지 않다고 말하곤 했다.' 여기서는 묘한 역설이 발견된다. 왜냐하면 만년에 홉스는 기하학 연구에 진지하게 몰두하여 원과 동일한 넓이의 정사각형을 작도하는 무익한 문제를 놓고 옥스퍼드의 수학 교수들과 몇 년 동안 논쟁을 벌이기도 했기 때문이다.

이외에도 데카르트와 홉스 사이에서는 많은 공통점이 발견된다. 이들은 모두 아리스토텔레스를 경멸했고 당시의 대학에서 아리스토텔레스주의가 판을 치는 현실을 비난했다. 또한 둘은 삶의 한창 때를 망명 생활로 보낸 고독한 사상가였다 — 둘 모두는 잠시 동안이기는 하지만 당시 왕좌에서 추방되었던 스튜어트 왕가의 후원을 받았다. 이들은 모두 책이 별로 없었으며, 책을 통해서 배우는 것을 경멸했다. 홉스는 단지 독서에만 의지하는 사람들은 '그저 자신의 책들을 뒤적거리며 시간을 낭비하는데 이는 굴뚝을 통해서 집 안으로 들어온 새가 자신이 갇힌 것을 알고 빠져나가려 하지만 유리창의 가짜 빛을 보고 그 앞에서 날개를 퍼덕이는 것과 같다. 새에게는 자신이 어떤 길을 통해서 실내로 들어왔는지를 생각할 지혜가 없다' (*L*, 24). 데카르트와 마찬가지로 홉스 또한 모국어로 글을 쓰는 능력이 대단했으며, 이들은 전문 학술서뿐만 아니라 대중을 위한 책도 썼다.

이 두 철학자가 서로 일치된 의견을 보인, 철학적으로 가장 중요한 논점은 이들이 각각 물질세계는 오직 운동의 측면에서 설명되어야 한다고 확신한 점이다. 홉스는 '일반적인 사물의 원인은 (최소한 어떤 원인이라도 갖는 한에서) 저절로 드러나거나 아니면 (사람들이 일반적으로 말하듯이) 사물의 본성을 통해서 알려진다. 따라서 어떤 방법도 전혀 필요하지 않다. 왜냐하면 사물은 모두 오직 하나의 보편적인 원인, 바로 운동이라는 원인을 갖기 때문'이라고 말한다(《물체론》 VI.5). 데카르트와 마찬가지로 홉스 또한 색이나 소리, 열 등의 제이성질, 사실상 모든 우연적 속성들이 객관적으로 실재한다는 점을 부정한다. '우리가 감각 때문에 그 어떤 우연적 속성 또는 성질들이 세계 안에 실재한다고 생각하든 간에 이들은 결코 세계 안에 실재하지 않으며 단지 외관이나 환영에 지나지 않는다. 설령 우리가 없더라도 이 세계에 진정으로 존재하는 것은 이런 외관의 원인이 되는 운동이다'(《법의 기초》 I.10). 다시 한 번 데카르트와 마찬가지로 홉스도 광학이 감각의 진정한 본성을 이해하는 열쇠가 되는 과학이라고 생각했다.

홉스는 데카르트 철학의 절반, 즉 물체에 관한 철학과는 상당히 유사한 견해를 보이지만 나머지 절반, 즉 정신에 관한 철학에 대해서는 강력하게 반대했다. 사실 홉스는 데카르트가 생각한 것과 같은 의미의 정신이 존재한다는 사실 자체를 부정한다. 홉스는 연장성을 지니지 않으며 운동하지도 않는 비물질적인 실체 따위는 전혀 존재하지 않는다고 생각한다. 인간의 것이든 아니면 천사나 신의 것이든 간에 비물질적인 정신은 결코 존재할 수 없다. 홉스는 '비물질적인 정신'이라는 표현 자체가 '둥근 직사각형'이라는 표현처럼 아예 성립할 수 없다고 본다. 철학사가들은 홉스의 유물론이 신의 존재를 완전히 부정했는지 아니면 신을 무한하고 눈에 보이지 않는 어떤 물체로 여겼는지를 놓고 서로 다른 의견을 드러낸다. 그가 무신론자였을 가능성은 별로 없는 듯하다. 하지만 그는 인간이 정신과 물체라는 두 요소로 구성된다는 이원론은 확실히 거부했다.

데카르트와 홉스는 수많은 철학적 태도와 선입견들을 서로 공유했지만 홉스는 유물론을 선택함으로써 데카르트에 반대하는 대표적 인물로 널리 알려졌다. 하지만 유물론과 이원론이라는 형이상학적 차이에 더하여 철학사가들은 자주 이 둘을 인식론에서 서로 반대되는 두 학파, 즉 영국 경험론과 대륙 합리론의 창시자로 여긴다. 아래의 4장에서 나는 이 두 학파 사이의 차이가 표면상 드러나는 것만큼 크지 않다는 점을 주장하려 한다.

홉스는 데카르트보다 거의 30년을 더 살았지만 1650년 데카르트가 세상을 떠난 후에는 프랑스에 오래 머물지 않았다. 그는 파리에서 신교도로 사는 일이 편하지 않음을 느꼈고 그를 구교도로 개종시키려는 메르센의 시도에 저항했다. 또한 생명을 위협할 정도의 큰 병을 앓으면서는 영국 성공회의 의식에 따르겠다고 고집하기도 했다. 파리에서 지낸 마지막 해에 그는 자신의 이름을 철학사에 영원히 남게 한 저술《리바이어던 또는 교회 국가 및 시민 국가의 내용과 형식 그리고 권력》(*Leviathan, or the Matter, Form and Power of a Commonwealth Ecclesiastical and Civil*)을 썼다.

어떤 국가 조직도 없는 자연 상태라는 전제로부터 출발하여 이런 자연 상태는 오직 만인에 대한 만인의 전쟁 상태에 지나지 않음을 보임으로써 홉스는 사람들이 합리적인 자기이익의 원리에 따라 자신에게 부여된 무제한의 자유를 포기하고 결국 다른 사람들에 의해서 부과되는, 누구에게나 동일하게 적용되는 제한을 받아들이게 된다고 주장한다. 자기 이익의 원리에 따라 사람들은 자기방어의 권리를 제외한 다른 권리들을 중앙의 권력에게 양도함으로써 이 권력이 처벌을 통하여 법률을 강요할 수 있도록 만든다. 모든 사람들이 다른 모든 사람들과 맺은 계약을 통하여 최고 통치자가 등장하는데 그 자신은 계약에 참가하지 않았으므로 위반할 계약 자체가 없다. 이런 통치자는 법률과 재산권의 근원이 되며, 국가를 구성하기 위한 최초의 계약뿐만 아니라 국민들이 서로 맺은 개별적인 계약을 지키도록 강제하는 것이 바로 통치자의 임무이다.[3]

이는 《리바이어던》의 초판 속표지에 등장하는 그림인데 아마도 홉스 자신이 그린 듯하다. 통치자의 몸은 자신이 다스리는 국민들로 구성되는데 그는 칼과 주교의 지팡이로 상징되는 시민 사회와 교회의 권력을 모두 소유한다.

《리바이어던》은 1651년 런던에서 출판되었다. 이 저술에는 절대 왕정을 세련되게 지지하는 내용이 등장하지만 이 저술이 영불 해협을 건너 프랑스에 보급되었을 때 당시 프랑스에 망명 중이었던 찰스 2세는 이를 그리 달갑게 여기지 않았다. 당시 파리에 있었던 찰스 2세의 궁정에서 추방당하고 가장 친했던 구교도 친구들도 세상을 떠나자 홉스는 영국으로 돌아오기로 결심했는데 그때 영국은 찰스 1세의 처형 이후 호국경(Protector) 크롬웰(Oliver Cromwell)의 통치 아래 있었다.

크롬웰의 통치 기간 동안 홉스는 조용히 런던에 머물면서 정치철학에 관한 어떤 저술도 쓰지 않았다. 그 대신 홉스는 자신의 자연철학을 《물체론》(*De Corpore*)이라는 제목으로 1655년에는 라틴어로, 1656년에는 영어로 출판했다. 또한 그는 밀턴의 《실락원》에 등장하는 구절, 즉 사탄들이 '섭리, 예지, 의지 그리고 운명을 / 절대 불변의 운명, 자유 의지, 예지로 고정하는 데' 몰두했다는 구절을 주제로 데리의 주교 브램홀(Bishop Bramhall of Derry)과 논쟁을 벌이게 되었다. 이 논쟁은 《실락원》의 사탄들이 '출구를 찾지 못한 채 미로 안에서 길을 잃고 헤매었듯이' 어떤 결론에도 이르지 못했다.[4] 1658년 홉스는 라틴어로 쓴 《인간론》(*De Homine*)을 출판했는데 이 또한 이전의 《시민론》과 마찬가지로 《법의 기초》에 등장했던 몇몇 사상들을 영어권 외부의 독자를 위해서 다시 쓴 것이었다.

홉스는 1660년 찰스 2세가 영국으로 돌아와 왕위에 복귀하면서 왕의 호의를 회복했다. 홉스는 연금을 받게 되었으며 궁정에서도 환영받았지만 다른 신하들로부터 괴롭힘을 당하기도 했다. 왕이 홉스를 보고 '여기 우리가 사로잡아야 할 곰이 온다'고 말했다는 기록도 있고, 이 시기에 홉스가 재치와 기지를 더하여 자신의 재능을 마음껏 발휘했다는 말도 들린다. 하지만 《리바이어던》은 여전히 심각한 의혹의 대상이 되었다. 오브리의 기록에 따르

3 홉스의 정치철학은 9장에서 더욱 상세히 살펴볼 예정이다.

4 〔옮긴이 주〕《실락원》에서 인용한 구절은 2권 559~61행 참조.

면 '왕이 복귀한지 얼마 되지 않아 의회에서 몇몇 주교들이 나이 든 훌륭한 신사였던 홉스를 이교도의 죄를 물어 화형하려는 움직임이 포착되었다는 보고를 받았다.'

1660년부터 세상을 떠날 때까지 홉스는 런던과 채츠워스(Chatsworth), 하드윅(Hardwick) 등지의 데번셔(Devonshire) 백작 가문의 저택에 주로 머물렀다. 그는 더 이상 철학에 관한 저술을 쓰지 않고 《일리아스》와 《오디세이아》의 번역에 몰두하였으며, 영국 내전의 역사를 《베헤못》(*Behemoth*)[5]이라는 제목의 저술로 출판하려 했지만 왕의 만류로 이를 포기했다. 그는 1679년 12월 91세의 나이로 하드윅 홀에서 세상을 떠났는데 말년에는 파킨슨병에 걸렸지만 여전히 활기찬 삶을 유지했다고 한다. 그는 자신이 노년에도 원기 왕성한 삶을 산 비결로 세 가지를 꼽았다. 75세까지 규칙적으로 테니스를 즐겼고, 60세 이후에는 포도주를 끊었으며, 큰 소리로 노래 부르는 일을 계속했다고 한다. 오브리의 기록에 따르면 '홉스는 한밤중에 잠자리에 누운 채로, 문을 굳게 잠그고, 듣는 사람이 아무도 없는지 확인한 후, 건강을 위하여 큰 소리로 노래를 불렀다(그는 목소리가 썩 좋지는 않았다). 그는 이렇게 하는 것이 폐에 큰 도움이 되어 장수로 이어진다고 굳게 믿었다.'

홉스가 철학사에서 명성이 높은 까닭은 주로 그가 정치철학에 크게 기여했기 때문이다. 하지만 그 자신은 언어철학에 큰 중요성을 부여했다. 그는 인쇄술의 발명이 글쓰기의 발명에 비하면 하찮은 것에 지나지 않으며, 글쓰기의 발명 또한 언어의 발명에 비하면 사소한 것에 그친다고 주장하면서 언어는 우리를 야수와 구별해 주며, 언어가 있기 때문에 학문을 추구할 수 있다고 역설한다. 만일 언어가 없었다면 '마치 사자나 곰, 늑대 사이에서처럼 사람들 사이에서도 국가나 사회, 계약이나 평화가 전혀 성립할 수 없었을 것

[5] 〔옮긴이 주〕 베헤못은 구약 성서 중 욥기 40장 18절에 등장하는 괴물로 유대의 전설에 따르면 베헤못과 리바이어던이 큰 싸움을 벌인다고 한다. 홉스는 이전의 저술 《리바이어던》과 대비하기 위하여 이런 제목을 선택한 듯하다.

이다' (*L*, 20).

언어의 목적은 우리의 사고 과정을 연속된 단어로 바꾸는 것인데, 언어는 다음과 같은 네 가지 용도로 사용된다.

> 첫째, 기록하는 데 사용된다. 우리가 심사숙고를 거쳐 발견한, 과거와 현재의 모든 것들의 원인 또는 현재나 과거의 것들이 낳을 수 있는 결과를 기록하는 데, 간단히 말하면 이런 기록의 기법을 얻는 데 사용된다. 둘째, 우리가 얻은 지식을 다른 사람들에게 드러내는 데 사용된다. 즉 서로 상의하고 가르치는 데 사용된다. 셋째, 우리의 의도와 목적을 다른 사람들에게 알리는 데 사용된다. 이를 통하여 우리는 서로 도울 수 있게 된다. 넷째, 우리 자신과 다른 사람들을 기쁘고 즐겁게 하는 데 사용된다. 우리는 즐거움 또는 화려한 장식을 위하여 아무 악의 없이 재미있는 말장난을 하기도 한다(*L*, 21).

하지만 언어의 이런 네 가지 효용과 대비되는 네 가지 악용의 사례로 있는데 이런 악용을 피하려면 대단한 수고가 필요하다. '언어는 마치 돈과 같다. 현명한 사람들은 오직 계산을 할 때만 이를 적절히 사용하지만 바보들은 이를 무턱대고 써 버린다' (*L*, 21).

홉스는 철저한 보편명목론자이다. 그에 따르면 모든 단어들은 이름인데, 이름은 오직 개체들을 지시한다. 이름은 '피터' 처럼 어떤 고유한 것을 지시하기도 하고, '말(馬)' 처럼 보편적인 것 아니면 '삶' 이나 '길이' 처럼 추상적인 것을 지시하기도 한다. 이름은 심지어 '《일리아스》를 쓴 사람' 처럼 무언가를 기술하기도 한다(홉스는 이 경우를 '완곡한 서술' 이라고 부른다). 하지만 이름이 어떤 형태를 취하든 간에 그것은 하나 또는 다수의 개체 이외의 어떤 것도 결코 지시할 수 없다. '인간' 또는 '나무' 와 같은 보편적인 이름은 세계 안에 존재하는 어떤 보편적인 사물이나 우리 정신 안에 있는 관념을 지시하는 것이 아니라 수많은 개체들을 지시할 뿐이다. '이 세계에서 이름을 제외하면 보편적인 것은 아무것도 없다. 왜냐하면 보편적인 이름은 그것에 속하는 모든 개별적인 개체들을 지시하기 때문이다.'

홉스는 이름들이 한데 모여 문장을 만든다고 생각한다. 만일 '소크라테스는 정의롭다' 고 말한다면 '정의롭다' 는 단어와 소크라테스라는 개인 사이의 의미론적인 관계는 '소크라테스' 라는 단어와 소크라테스라는 개인 사이의 관계와 정확히 동일하다. 두 단어는 모두 이름인데, 이 문장에서 술어 명사는 주어 명사와 같은 방식으로 소크라테스라는 개인을 나타낸다. 어떤 문장에 포함된 두 이름이 모두 동일한 것을 지시하는 이름일 경우 그 문장은 참이 된다. '인간은 살아 있는 피조물이다' 라는 문장은 '살아 있는 피조물' 이 '인간' 이라는 단어가 나타내는 모든 것에 대한 이름이므로 참인 문장이다. 반면 '모든 인간은 정의롭다' 는 문장의 경우 인간 대부분이 오히려 '정의롭지 않다' 는 이름에 합당하기 때문에 '정의롭다' 는 단어가 모든 인간의 이름이 아니며 따라서 이 문장은 거짓이다(*L*, 23 ; G, 38).

홉스의 두 이름 이론은 소박한 형태의 의미론에 해당하지만 이에 대하여 이미 중세부터 등장했고 특히 19세기에 프레게(Gottlob Frege)의 저술을 통해서 제기된 심각한 논리적 비판을 견디지 못했다. 홉스식의 이론은 중세에 이 이론을 주도했던 오컴이 제시한 것과 비교하면 매우 미숙한 수준에 그친다.[6] 하지만 홉스의 이론은 영국 경험론자들 사이에서는 상당한 영향력을 유지했으며 이들 중 대다수는 자신이 오컴과 홉스의 전통을 이어받았다고 생각했다.

[6] 오컴의 이론에 관해서는 이 철학사 2권, 127~8면 참조 — 우리말 번역은《중세철학》, 205~8면 참조 〔후반부는 옮긴이의 첨가〕.

케임브리지 플라톤주의자들

17세기 중반 홉스 및 데카르트와 다른 견해를 보이는 여섯 명의 영국 철학자들이 등장했다. 이들 중 가장 중요한 인물인 커드워스(Ralph Cudworth, 1617~88)를 비롯한 다섯 명은 케임브리지의 에마누엘 칼리지를 졸업했으며, 다른 한 명인 모어(Henry More, 1614~87)는 크라이스트 칼리지를 졸업했는데 커드워스는 이 칼리지에서 30년 동안 교수 생활을 하기도 했다.[7] 이들은 모두 플라톤과 플로티노스(Plotinus) 그리고 초기 교부 중 이 둘의 추종자들을 존경하고 찬양했다. 따라서 이 그룹은 흔히 '케임브리지 플라톤주의자들' 이라는 이름으로 불린다.

이들은 모두 케임브리지 출신이었지만 당시 영국 내전 동안 케임브리지 지역과 대학을 지배했던 청교도주의에 대하여 적대적이었다. 이들은 칼뱅의 예정은총설을 부정하면서 인간의 자유를 인정하고 종교적 관용이 지닌 장점을 역설했다. 하지만 이들이 무신론자들에게까지 관용을 베풀지는 않았으며, 특히 홉스를 향하여 강한 적대감을 드러내면서 홉스의 유물론이 결국에는 무신론에 이르리라고 보았다. 찰스 1세의 통치 기간 동안 청교도들은 영국 성공회를 중심으로 한 계층 질서에 대하여 강한 반감을 표시했으며 이는 결국 찰스 1세의 퇴위와 처형으로 이어졌다. 케임브리지 플라톤주의자들은 '주교가 없이는 왕도 없다' 는 정치 구호를 철학적으로 변형하여 '정신이 없이는 신도 없다' 고 외치면서 유물론자인 동시에 유신론자가 될 수는 없다고 주장하였다.

이 점과 관련하여 케임브리지 플라톤주의자들은 데카르트의 편에 서서

[7] 〔옮긴이 주〕 저자 케니는 나머지 네 명이 누구인지 분명히 밝히지 않는다. 흔히 케임브리지 플라톤주의자로 분류되는 철학자들로는 위의 두 명 외에도 휘치코트(Benjamin Whichcote, 1609~83), 스테리(Peter Sterry, 1613~72), 스미스(John Smith, 1618~52), 컬버웰(Nathaniel Culverwell 1619~51), 워딩턴(John Worthington 1618~71) 등을 들 수 있다.

홉스에 반대하는데 특히 정신과 물체의 구별을 강조한다. 모어의 《무신론에 대한 해독제》(*Antidote against Atheism*)와 《영혼의 불멸성》(*The Immortality of the Soul*), 커드워스의 《우주의 진정한 지적 체계》(*True Intellectual System of the Universe*) 등의 저술을 보면 이들이 인간 영혼의 불멸성과 정신적인 신의 현존을 증명하는 데 얼마나 몰두했는지를 잘 알 수 있다. 모어는 인간이 '감각과 이성 그리고 지상의 여러 가지를 인간에게 적합하게 조직할 수 있는 능력을 부여받은, 정신적인 피조물'이라고 보았다.[8] 커드워스는 데카르트와 마찬가지로 우리 안에 신의 관념이 존재하므로 신의 현존이 증명된다고 주장한다. '만에 하나 신이 존재하지 않았다면 절대적이고 무한하게 완전한 존재의 관념은 정치가나 시인이나 철학자 또는 다른 어느 누구에 의해서도 결코 만들어지거나 상상될 수 없었을 것이다.' 신의 관념은 일관성을 지니므로 '실제적이거나 아니면 가능적인 어떤 실재를 필요로 함에 틀림없다. 그런데 만일 신이 존재하지 않는다면 신의 존재는 가능적이 아니다. 따라서 신은 실제로 반드시 현존한다.'[9]

케임브리지 플라톤주의자들은 데카르트와 마찬가지로 본유 관념의 존재를 믿었다. 이들에 따르면 정신은 감각이 무언가를 써 나가는 텅 빈 백지가 아니라 닫혀 있는 책과 같은데 감각은 단지 이 책을 여는 역할을 할 뿐이다. 모어는 음악가가 풀밭에 누워 잠을 자는 동안에도 그의 정신 안에는 다양한 선율이 들어 있듯이 우리 정신 안에도 이런 방식으로 본유 관념이 들어 있다고 말한다(《무신론에 대한 해독제》, 17). 인간의 정신에 직접 명확하게 드러나는 본유 관념들 중에는 근본적이고 부정할 수 없는 도덕 원리들이 포함되는데, 모어는 1668년에 펴낸 한 소책자에서 이런 원리를 무려 23개나 제시한다. 커드워스는 정의와 불의가 단지 인간이 맺은 계약의 결과로 등장한다는 홉스의 생각은 전혀 잘못된 것이라고 주장한다. 커드워스에 따르면 개인들

8 《영혼의 불멸성》(1659), 1부, 8장.

9 《우주의 진정한 지적 체계》(1678), II. 537, III. 49～50.

자신이 삶과 죽음의 권한을 갖고 있지 않으므로 이를 통치자에게 양도할 방법 따위는 성립하지 않는다.

케임브리지 플라톤주의자들은 근본적인 도덕 원리들의 근거를 설명하면서 데카르트와 의견을 달리 한다. 커드워스는 도덕을 비롯한 다른 영원한 진리들이 신의 전능한 의지에 의존하며 따라서 원리상 변화할 수 있다는 생각은 매우 잘못된 것이라고 비판한다. 그는 1647년 하원에서 행한 설교에서 다음과 같이 말했다. '따라서 피조물인 인간에게서 드러나는 덕과 신성함은 신이 이들을 사랑하여 선하다고 여기기 때문에 선하게 되는 것이 아니다. 오히려 이들이 오직 그 자체로 선하기 때문에 신은 이들을 사랑할 뿐이다.'[10]

케임브리지 플라톤주의자들은 물체의 세계에 대한 데카르트의 설명을 접한 후 그와 더욱 날카롭게 대립하게 되었다. 이들은 당시 과학의 새로운 발전에 반대하지는 않았지만 — 커드워스와 모어는 모두 왕립 학회 회원이었다 — 다양한 현상을 물체와 운동의 관점에서 기계론적으로 설명할 수 있다는 사실을 거부했다. 데카르트와 달리 이들은 동물도 의식과 감각적 영혼을 지닌다고 믿었으며, 심지어 무거운 물체의 낙하 운동을 설명하는 데에도 비물질적인 원리의 작용이 필요하다고 생각했다. 이것이 신이 모든 것을 직접, 말하자면 순전히 자신의 손을 가지고 행함을 의미하지는 않으며 오히려 신이 물리적 세계에 일종의 매개체로서 규칙적이고 목적론적으로 작용하는, 세계영혼과 유사한 '균형 잡힌 세계를 형성하는' 임무를 맡겼음을 의미한다. 데카르트처럼 목적론을 부정하는 사람들은 단지 '기계론적인 유신론자'에 지나지 않으며 이들은 홉스 같은 유물론자보다 조금도 나을 것이 없다.

[10] C. Taliaferro, *Evidence and Faith* (Cambridge: Cambridge University Press, 2005), 11에서 재인용.

로크

홉스는 근대 경험론의 선구자였지만 그의 명성은 그보다 훨씬 탁월한 의사 출신의 철학자 로크(John Locke)의 등장과 더불어 쇠퇴하고 말았다. 로크는 영국 내전 당시 의회파 기병대 소속으로 싸웠던 소지주의 아들로 1632년 서머싯(Somerset)에서 태어났다. 그는 웨스트민스터 학교에서 그리스어와 라틴어뿐만 아니라 히브리어까지 배운 후 옥스퍼드 대학의 크라이스트 처치 칼리지에 진학했고 1658년 여기서 석사 학위를 받았다. 로크는 1660년 찰스 2세의 복위 후에 성공회의 정통성을 옹호하는 몇몇 라틴어 소책자를 쓰기도 하고 대학에서 그리스어를 가르치기도 하다가 칼리지의 개인 지도 교수가 되어 다양한 직책을 담당했다. 그러던 중 화학과 생리학에 관심을 갖고 의사 자격을 얻기 위해 몇 해 동안 공부했다.

1667년 로크는 옥스퍼드를 떠나 애슐리(Anthony Ashley Cooper)의 주치의 겸 정치 고문이 되었는데 애슐리는 당시 찰스 2세의 내각 구성원이었으며 곧 샤프츠버리 백작(Earl of Shaftesbury)이 되었다. 런던을 떠난 직후 로크는 짧은 저술《관용론》(*Essay on Toleration*)을 썼는데 여기서 그는 젊은 시절의 견해와는 반대로 로마 가톨릭을 제외한 모든 교파에 대하여 교리상의 규제를 없애야 한다고 주장했다. 1676년에서 1678년까지 로크는 프랑스에 머물면서 수많은 데카르트 추종자들을 만났고 자신의 철학을 진지하게 탐구했다.

찰스 2세는 통치가 계속되면서 점차 인기를 잃게 되었는데 특히 그의 동생이며 왕위 계승자인 요크 공작 제임스(James Duke of York)가 가톨릭으로 개종한 일이 큰 영향을 미쳤다. 1679년 개신교도들의 불만은 극에 달하여 이들은 가톨릭교도들이 국왕을 살해하고 동생을 왕으로 추대하려 했다는 이른바 가톨릭 음모 사건(Popish Plot)을 조작했고 수많은 가톨릭교도들이 이에 연루되어 고소당하고 처형되었다. 샤프츠버리 백작은 휘그당(the Whig

Party)의 지도자가 되어 제임스의 왕위 계승권을 박탈하려 했다. 1681년 샤프츠버리는 이런 내용을 담은 배제 법안(Exclusion Bill)을 통과시키려 했지만 찰스 2세가 의회를 해산하여 이 계획은 무산되었다. 1682년 그는 왕실의 형제를 제거하려 했다는 음모와 연루되어 네덜란드로 도피했고 1683년 그곳에서 사망했다.

로크는 샤프츠버리의 계획에 가담했다는 혐의가 충분했으므로 찰스 2세의 통치 말기 토리당이 권력을 차지한 기간과 제임스가 왕위에 올라 제임스 2세로 통치했던 짧은 기간 동안(1685~8) 네덜란드로 망명하지 않을 수 없었다. 가톨릭 음모 사건과 배제 법안으로 인한 위기 무렵에 로크는《정부에 관한 두 논고》(*Two Treatises on Government*)를 썼다. 첫 번째 논고에서 그는 왕권신수설을 옹호한 필머(Sir Robert Filmer)의 저술을 통렬하게 공격했으며, 두 번째 논고에서는 자연 상태를 — 홉스가 제시한 것보다는 훨씬 낙관적인 상태로 — 설명하고 정부와 국가는 개인의 재산을 보호하기 위한 사회계약에 의해서 형성된다고 주장했다. 그는 만일 어떤 정부가 전횡을 일삼고, 정부의 한 부분이 다른 부분의 역할을 침해한다면 그런 정부는 해체되어야 하고 혁명은 정당화된다고 주장했다.[11]

네덜란드에 머무르는 동안 로크는 자신의 가장 위대한 철학적 저술《인간지성론》(*Essay Concerning Human Understanding*, 이하《지성론》으로 약칭)을 쓰는 데 몰두했다. 이 저술의 초고는 이보다 훨씬 전인 런던 시절부터 작성되기 시작했지만 저술 자체는 1690년에 이르러서야 출판되었고 로크의 생전에 4판까지 출간되었다.

《지성론》은 4권으로 구성된다. 분량이 가장 적은 1권의 제목은 '본유 관념에 관하여'인데 여기서 로크는 이론적이든 실천적이든 간에 어떤 본유적 원리도 우리의 정신 안에 존재하지 않는다고 주장한다. 우리의 모든 관념은

[11] 로크의 정치철학은 9장에서 더욱 상세히 살펴볼 예정이다.

직접 받아들여지든 아니면 결합이나 반성을 통해서 형성되든 간에 오직 경험으로부터 얻어진다. 기하학과 같은 경험과 무관한 학문의 경우조차도 우리가 수용하는 관념은 본유적이지 않다. 《지성론》의 2권은 모두 33장으로 구성되는데 여기서는 관념이 철저히 탐구된다. 로크는 '관념'이라는 용어를 우리의 정신적 능력과 정신이 형성하는 개념을 모두 특징짓는 상당히 포괄적인 의미로 사용한다.

> 인간이라면 누구나 자기 자신을, 자신이 사고한다는 사실을 그리고 사고하는 동안 자신의 정신이 무엇에 몰두하는지를 의식하는데 이럴 경우 정신 안에 관념이 등장한다. 인간은 정신 안에 다양한 관념을 지니는데 **흰(Whiteness), 단단함, 달콤함, 사고, 운동, 인간, 코끼리, 군대, 취기** 등을 비롯한 다른 단어들에 의해서 표현되는 것을 예로 들 수 있다(*E*, 104).

로크는 관념들을 다양한 방식으로 분류한다. 관념들은 단순 관념과 복합 관념으로 나뉘며, 명석 판명한 관념과 모호하고 혼동된 관념으로도 나뉘고, 감각적 관념과 반성적 관념으로도 나뉜다. 단순 관념을 다루면서 로크는 물체에서 드러나는 성질들을 두 범주로 나누는데 제일성질에는 단단함, 운동, 모양 등이 있다. 이들은 '우리가 지각하든 지각하지 않든 간에' 물체에 속하는 성질이다. 대표적인 제이성질로는 색을 들 수 있는데 이는 '대상 자체에는 전혀 없는 것으로서 단지 대상의 제일성질을 통하여 우리 안의 다양한 감각을 생성하는 능력에 지나지 않는다.' 반성적 관념들 중에 가장 중요한 것은 지각적 관념인데 그 까닭은 이것이 우리의 정신에 관념을 형성하는 최초의 과정이기 때문이다. 지각은 순전히 수동적인 경험이며, 지각이 무엇인지는 자신의 내부를 들여다봄으로써 누구나 알 수 있다. 따라서 지각이라는 수동적 경험은 로크 철학 전체를 떠받치는 기초의 역할을 한다.

《지성론》의 2권에는 정신과 의지에 대한 경험주의 철학이 제시되지만 이 외에도 많은 내용이 등장한다. 예를 들면 시간과 공간, 수에 관한 고찰, 인간 정념의 목록 등도 등장한다. 또한 인과 관계를 비롯한 다른 관계들도 다루어지며 개인의 동일성이 무엇인지에 관한 정교하고 이후에 큰 영향을 미친 논의도 전개된다.

로크는 우리가 단순 관념들을 다른 도움 없이도 스스로 충분히 인식할 수 있고, 만일 그렇게 하지 못한다면 어떤 단어도 그렇게 하는 데 도움이 되지 않으리라고 믿으면서도 관념을 표현하는 단어들을 통해서 자신이 말하는 관념을 실제로 확인하려고 하지는 않는다. 그는 '우리가 지닌 추상적 관념들과 보편적인 단어들 사이에는 서로 확고한 관련이 있으므로 우선 언어의 본성과 용법 그리고 의미를 검토하지 않고서는 모두 명제로 구성되는 우리의 지식을 명석, 판명하게 말하는 것이 불가능하다는 점에' 동의한다(*E*, 401).

뒤이어 그는 이 주제를 3권에서 다룬다. 3권에서 가장 유명한 부분은 추상 관념과 실체 이론을 논의하는 절들이다. 로크는 우리의 정신이 자연적 대상들 사이에서 유사성을 관찰한 후 이것을 추상적인 보편 관념으로 분류하고 여기에 보편적인 이름을 붙인다고 말한다. 그리고 이런 보편 관념들은 주목할 만한 성질을 지닌다. 예를 들어 삼각형의 보편 관념은 '기울지도 않았고 직각도 아니며 또한 등변도, 등각도, 부등변도 아니어야 한다. 그것은 이런 성질들을 모두 지녀야 하며 동시에 이들 중 어떤 것도 지녀서는 안 된다.' 이 세계의 실체들은 다양한 성질과 능력을 지니는데 우리는 이를 활용하여 서로 다른 종류의 사물들을 정의한다. 하지만 우리가 내리는 정의는 사물들의 진정한 본질을 드러내지 못하며 단지 '명목상의 본질을' 언급할 뿐이다. 실체 일반에 대하여 우리가 지닐 수 있는 유일한 관념은 '그것이 어떤 고유한 속성들을 지니는지 우리가 알지 못하는 무언가'라는 관념뿐이다.

《지성론》 전반에 걸쳐 인식론적인 고찰이 이루어진다는 점은 분명하지만 특히 4권에서는 지식이라는 주제가 전면에 부각된다. 우리는 사물들의 진정한 본질을 알 수 없기 때문에 자연 세계의 존재들에 관한 진정한 학문을 구성할 수 없으며 단지 그럴 듯한 믿음만을 지닌다. 반면 우리는 우리 자신의 현존과 신의 현존에 관해서는 진정한 지식에 이를 수 있다. 그리고 현실적인 감각의 한계 안에만 머무른다면 다른 사물들의 현존에 관한 지식도 얻을 수 있다. 진리를 진정으로 사랑한다면 우리가 얻을 수 있는 증거보다 더 큰 확실성을 주장하는 어떤 명제도 받아들여서는 안 된다. '이렇게 우리가 동의할 수 있는 수준을 넘어서려는 사람은 누구든지 진리를 사랑해서 진리를 받아들이거나 진리를 그 자체로 사랑하는 사람이 아니라 다른 어떤 목적을 추구하려는 사람임에 틀림없다' (*E*, 697).

로크가 네덜란드에 망명 중이었던 1685년 즈음에 프랑스 국왕 루이 14세가 당시까지 프랑스 개신교도들에게 종교적 관용을 베풀었던 낭트 칙령(Edict of Nantes)을 폐기하자 로크는 자신이 이전에 영어로 출판했던《관용론》의 내용, 즉 기독교도들은 다양한 형태의 신앙적 교리를 받아들일 수 있다는 내용을 전 유럽의 독자를 위하여 라틴어로 번역하여《관용에 관한 편지》(*Epistola de Tolerantia*)라는 제목으로 출판했다. 1688년 영국에서 '명예혁명' (Glorious Revolution)이 일어나 제임스 2세가 왕위에서 물러나고 네덜란드 출신의 개신교도인 오라녜 공 빌렘(William of Orange)이 왕위를 계승하자 영국에서는 권리장전(Bill of Rights)을 기초로 한 새로운 법체계가 마련되었고 의회의 역할이 크게 강화되었다. 사정이 이렇게 되자 로크는 자유롭게 영국으로 돌아와 이전에는 위험한 내용 때문에 출판하지 못했던 저술들을 마음대로 펴낼 수 있게 되었다. 1689년과 1690년에 걸쳐 로크는《정부에 관한 두 논고》,《지성론》의 초판,《관용에 관한 편지》의 영어 번역을 출판했다. 관용을 둘러싼 논쟁에 대응하면서 로크는 관용에 관한 편지를 두 편 더 출판했는데 세 번째 편지는 1692년에 등장했다.

로크는 1684년 찰스 2세에 의해서 크라이스트 처치 칼리지에 머물 자격을 박탈당했으므로 망명 생활을 마치고 영국에 돌아온 후에는 거의 런던에 머물렀다. 그는 많은 공직을 맡았는데 특히 상무부의 수장으로 일하기도 했다. 그는 시간이 날 때마다 저술을 계속하여 《교육에 관한 몇 가지 단상》(*Some Thoughts on Education*, 1693), 화폐의 본질에 관한 두 편의 논문(1691년과 1695년), 《기독교의 합리성》(*The Reasonableness of Christianity*, 1695) 등을 출판했다. 로크가 합리적이라고 여겼던 기독교는 매우 자유주의적인 형태의 것으로서 로크는 이를 비판하는 보수주의자들에 맞서 자신의 저술을 옹호하기 위하여 다시 두 편의 논문을(1695년과 1697년) 쓰지 않을 수 없었다. 1696년에서 1698년 사이에 로크는 《지성론》이 너무나 이성주의적이므로 종교적 평안함을 찾기 어렵다고 주장하는 우스터의 스틸링플리트 주교(Bishop Stillingfleet of Worcester)와 논쟁을 벌였다. 로크는 시빗거리가 될 만한 저술들은 대부분 익명으로 출판했다. 그의 주요 저술들 중 그가 살아 있는 동안 이름을 밝혀 출판한 것은 《지성론》이 유일하다.

1691년 이후 로크는 에식스의 오츠(Oates)에 있는 매셤 경(Sir. Francis Masham)의 저택에 자주 머물렀다. 매셤 경은 다마리스(Damaris)와 결혼했는데 그녀는 케임브리지 플라톤주의자인 커드워스의 딸이었다. 시간이 흐를수록 로크는 오츠에서 더 많은 시간을 보냈으며 1700년부터 1704년 세상을 떠날 때까지는 아예 그곳에서 살았다. 그는 삶의 마지막 몇 해 동안 건강이 안 좋아져 활발한 활동을 할 수 없었기 때문에 다소 비판적이기는 했지만 독실한 태도로 바울로의 사도행전에 주석을 다는 작업을 주로 했다. 그는 1704년 10월 28일 매셤 부인이 읽어 주는 시편을 들으며 눈을 감았다.

파스칼

홉스와 로크는 자신들을 데카르트에 반대하는 인물로 여겼는데 홉스는 데카르트가 살아 있는 동안에, 로크는 데카르트가 죽은 후 그렇게 생각했다. 하

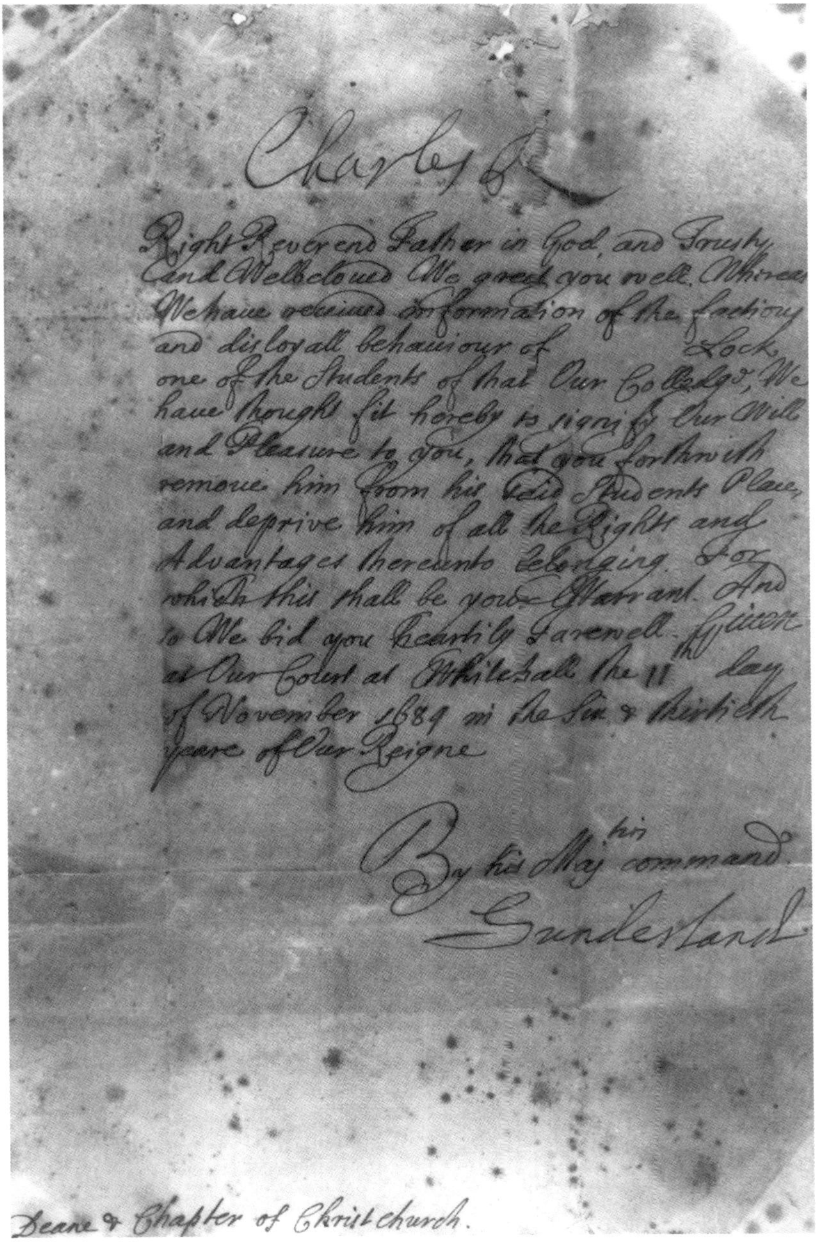

Charles R

Right Reverend Father in God, and Trusty and Welbeloved We greet you well. Whereas We have received information of the factious and disloyall behaviour of Lock, one of the Students of that Our Colledge, We have thought fit hereby to signify Our Will and Pleasure to you, that you forthwith remove him from his said Students Place, and deprive him of all the Rights and Advantages thereunto belonging. For which this shall be your Warrant. And so We bid you heartily Farewell. Given at Our Court at Whitehall the 11th day of November 1684 in the Six & thirtieth yeare of Our Reigne

By his Maj^ties command.
Sunderland

Deane & Chapter of Christchurch.

찰스 2세가 크라이스트 처치 칼리지의 학장과 참사회에 보낸, 로크가 그곳에 머물 자격을 박탈하라는 내용의 교서지만 내가 이 장과 뒤이은 장들에서 보이려 하듯이 사실상 이들은 수많은 기본 가정들을 데카르트와 공유한다. 이와 똑같은 일이 데카르트 다음 세대의 프랑스 철학자들 사이에서도 일어났는데 이들이 자신을 데카르트의 비판자로 여기든 아니면 계승자로 여기든 사정은 마찬가지였다. 데카르트의 비판자로 자처했던 인물 중 가장 뛰어난 철학자는 파스칼(Blaise Pascal)이었으며, 계승자로 자처했던 인물 중 가장 뛰어난 철학자는 말브랑슈(Nicholas Malebranche)였다.

파스칼은 1632년 오베르뉴(Auvergne)에서 왕실 공무원의 아들로 태어났다. 그는 어린 시절 무척 조숙했기 때문에 집에서 교육을 받았는데 16세 때 이미 원뿔 곡선 기하학에 관한 책을 출판했고, 아버지의 세금 계산을 돕기 위하여 초보적인 계산기를 발명하기도 했다. 그는 데카르트가 원리상 불가능하다고 주장했던 진공이 실제로 가능함을 증명하는 일련의 실험에 크게 고무되었다. 이후 그는 확률이라는 수학 분야의 발전에 중요한 역할을 담당하기도 했고 또한 게임 이론의 창시자 중 한 명으로 여겨지기도 한다.

하지만 그 자신의 마음 안에서는 수학과 자연학 연구가 가장 중요한 문제는 아니라는 생각이 싹트기 시작했다. 1654년 그는 신학을 주된 관심 대상으로 삼아 신학에 헌신하도록 그를 이끈 종교적 체험을 했다. 그는 포르루아얄(Port Royal) 수녀원을 중심으로 활동한 금욕주의자들과 긴밀한 관계를 유지했는데 1652년 그의 누이 자클린(Jacqueline)은 이 수도원의 수녀가 되었다. 이 모임의 구성원들은 '얀센주의자들'(Jansenists)로 불렸는데 그 까닭은 이들이 아우구스티누스에 관한 유명한 저술을 통하여 비관주의적이고 엄숙주의적인 형태의 가톨릭을 옹호했던 네덜란드 출신의 주교 얀센(Jansen)을 추종했기 때문이었다. 얀센주의는 인간의 본성이 타락했음을 강조하면서 사람들 중 오직 소수만이 구원의 희망을 품을 수 있다고 주장했다. 현재 우리의 상태를 놓고 볼 때 심지어 이 세계에서 최선의 의지를 지닌 사람조차도 신의 명령 중 일부에는 따르는 것이 불가능하다. 자유 의지가 설 자리는 거의 없다. 왜냐하면 한편으로 죄는 피할 수 없는 것이며, 다른 한편으로 은총은 저항할 수 없는 것이기 때문이다.

1653년 교황 인노켄티우스 10세(Innocent X)는 이런 가르침을 정죄했지만 얀센주의자들은 오랜 저항을 계속했으며 이는 파스칼에게도 매우 큰 영향을 미쳤다. 타락한 인간의 본성이 지닌 능력을 그리 높이 평가하지 않는 이들의 주장에 따라 파스칼은 철학의 능력, 특히 신을 인식할 수 있는 능력을 회의했다. 그는 '철학의 진정한 길은 철학하는 데 시간을 낭비하지 않는 것'이라고 썼고, 데카르트에 대해서는 '쓸모없고 불확실한 인물'이라고 말했다(*P*, 445, 671). 얀센주의자들은 의지의 자유를 인정하지 않았으므로 이를 옹호하는 대표적인 가톨릭교도인 예수회와 계속 논쟁을 벌이지 않을 수 없었다. 파스칼은 《시골 친구에게 보낸 편지》(*The Provincial Letters*)라는 저술을 씀으로써 이 논쟁에 뛰어들었는데 여기서 그는 예수회의 도덕신학이 죄인들에게 지나치게 너그럽고 관대하다고 공격했다.[12] 1662년 파스칼이 세상을 떠났을 때 그의 외투 안쪽에 꿰매진 종이가 발견되었는데 거기에는 '철학자와 학자들의 신이 아니라 아브라함(Abraham)의 신, 이삭(Isaac)의 신, 야곱(Jacob)의 신'이라고 쓰여 있었다.

파스칼은 죽으면서 일련의 간략한 언급들을 모은 원고를 남겼는데 이는 1670년 《팡세》(*Pensées*, 단상들)라는 제목으로 출판되었다. 그는 경구의 대가였으며, 그가 남긴 많은 문구가 무척 자주 인용된다. '이 무한한 공간의 영원한 침묵이 나를 두렵게 한다', '클레오파트라의 코가 조금만 낮았더라면 세계 전체의 모습이 변했을 것이다', '우리는 홀로 죽는다.' 가장 인상적인 대목 중 하나는 다음과 같다.

> 인간은 자연에서 가장 나약한 갈대에 지나지 않는다. 하지만 인간은

[12] 《시골 친구에게 보낸 편지》에 등장하는 도덕철학은 9장에서 논의할 예정이다.

> 생각하는 갈대이다. 그를 파괴하기 위하여 전 우주가 무장할 필요는 없다. 한 줄기 바람과 한 방울의 물도 그를 죽이기에 충분하다. 하지만 설령 우주가 그를 파괴한다 해도 그는 여전히 그를 죽이는 존재보다 고귀하다. 왜냐하면 그는 자신이 죽어간다는 사실과 우주가 자신을 능가한다는 사실을 알기 때문이다. 반면 우주는 이런 사실을 전혀 모른다(*P*, 231).

그의 많은 언급들은 기독교에 대한 호교론의 일부를 형성하고, 신앙이 없는 사람들을 전향하며, 세속에 물든 신자들을 개혁하기 위한 것이었다. 하지만 그의 이런 계획은 결코 실현되지 못했으며, 그가 어떤 형태의 개혁을 원했는지에 대해서는 전문 학자들 사이에서도 의견이 엇갈린다. 하지만 현존하는 단편들에 비추어 볼 때 두 가지 주제만은 반복해서 등장하는데 그것은 신이 없는 인간의 비참함과 종교적 삶이 보장하는 행복이다.

> 현재 우리의 상태가 비참하다는 점은 회의주의자와 이성주의자 사이의 철학적 논쟁을 통해서 명확히 드러난다. 회의주의자는 우리가 지금 깨어 있는지 아니면 잠자고 있는지조차도 확신할 수 없다는 옳은 주장을 편다. 이성주의자는 우리가 결코 회의할 수 없는 어떤 자연적 원리들이 존재한다는 옳은 주장을 편다. 하지만 이런 원리들이 참인지 거짓인지, 선한 신으로부터 왔는지 아니면 사악한 악마로부터 왔는지 우리는 알지 못한다. 또한 우리는 신앙이 없이는 신이 존재하는지 그렇지 않은지조차도 알지 못한다. 자연은 신이 존재한다는 데 대한 만족스러운 증명을 제공하지 않는다. 그렇다면 우리가 할 수 있는 최선은 설령 계시를 받아들이지 않는다 할지라도 신이 존재한다는 쪽에 내기를 거는 것이다[13](*P*, 38, 42).

우리가 잘 알듯이 인간의 본성은 모순 덩어리이다. 우리는 진리라는 이상을 추구하지만 실제로는 오직 거짓에만 머문다. 우리는 행복을 열망하지만 행복에 이르지는 못한다. 인간은 알 수 없는 그 무엇이다. '혼란스럽고, 모순적이고, 기괴하다. 모든 것의 판단자인 동시에 분별없는 지렁이이다. 진리의 보고인 동시에 오류의 소굴이다. 우주의 영광인 동시에 쓰레기이다.' 파스칼은 포프(Pope)의 《인간론》(*Essay on Man*)을 예견하듯 다음과 같이 말한다.

> 사고와 정념의 혼돈, 모든 것이 혼란스럽다.
> 여전히 스스로 잘못을 저지르고 또 바로잡기도 한다.
> 절반은 상승하고 절반은 추락하도록 창조된 존재
> 모든 것의 위대한 주인이면서 모든 것의 먹이도 되는 존재
> 진리의 유일한 판단자이지만 끝없는 오류에 내던져진 존재 —
> 세계의 영광, 웃음거리, 수수께끼인 인간이여! (*P* II, 13)

이 수수께끼를 풀 열쇠는 인간의 타락에 관한 기독교 교리에서 발견된다. 인간이 처한 상황이 이중적이라는 점은 명약관화하다. 만일 인간이 타락하지 않았더라면 인간은 죄가 없는 상태에서 진리와 행복을 모두 누렸을 것이다. 만일 인간이 오직 타락하기만 했더라면 인간은 진리와 행복이라는 개념 자체를 결코 지닐 수 없었을 것이다. 우리 자신을 이해하는 열쇠가 되는 인간의 타락은 기독교의 모든 가르침 중에 이성적인 관점에서 보기에 가장 충격적인 것이다.

> 우리의 하찮은 정의의 법칙에 비추어 볼 때 스스로 죄를 저지르려는 의지가 전혀 없는 어린이가 자신이 태어나기 5천 년 전에 일어난 일

[13] 파스칼의 내기 논증은 10장에서 검토할 예정이다.

> 에 거의 관여하지 않았음에도 이 때문에 영원한 저주를 받는다는 것보다 더 불합리한 일이 어디 있겠는가? 확실히 이보다 더 충격적인 교리는 없다. 하지만 이 교리를 받아들이지 않는다면 모든 신비로운 것들 중 가장 파악할 수 없는 존재인 우리 자신을 결코 파악할 수 없다(*P*, 164).

설령 이성이 타락의 관념에 대항하려 해도 이성 또한 이 관념이 진리라는 점을 확립할 뿐이다. 그 출발점은 다름 아닌 인간의 비참함이다.

> 인간의 위대함은 너무나도 명백하여 심지어 인간의 비참함으로부터도 추론될 수 있을 정도이다. 왜냐하면 동물에게는 자연스러운 일도 인간에게는 비참하다고 여겨지기 때문이다. 이를 통하여 우리는 현재 인간의 본성이 마치 동물의 본성과 유사함을, 인간의 본성이 이전에는 더 나았는데 타락하여 현재와 같이 되었음을 인식한다. 이전에 왕이었던 사람이 아니고서는 지금 왕이 아니라고 해서 불행한 사람이 누가 있겠는가? (같은 곳)

철학적 저술들에서 파스칼은 오직 신앙만이 우리를 구원의 진리로 이끌고 오직 은총만이 우리에게 영원한 행복을 줄 수 있다고 주장하지만 자주 그렇게 여겨지는 것만큼 이성에 적대적이지는 않았다. 물론 가장 널리 알려진 그의 경구 중 하나는 '마음에는 이성이 전혀 알지 못하는 나름대로의 이유가 있다'는 것이지만 그가 사용한 '마음'(heart)이라는 단어를 검토해 보면 그는 감정을 이성 위에 놓으려 한 것이 아니라 직관적인 추론과 연역적인 추론을 대비하려 했음 — 즉 어떤 수식을 '암기해서'(by heart) 익히라고 말할 때와 같은 의미로 사용했음 — 을 알 수 있다. 이런 사실은 우리에게 기하학의 기초를 가르쳐 주는 것이 마음이라는 그의 언급에서 명확히 드러난다. 이를 보면 그가 데카르트의 이성주의와 전혀 대립하지 않았음을 알 수 있다.

말브랑슈

말브랑슈는 데카르트가 《방법서설》을 출판한 1638년 루이 14세 아래서 장관을 지낸 인물의 아들로 태어났다. 1664년 26세의 나이로 그는 데카르트의 후원자였던 베륄르(Berulle) 추기경이 세운 프랑스 오라토리오 수도회에서 사제 서품을 받았으며, 같은 해 데카르트 사후에 출판된 저술 《인간론》(*Treatise on Man*)을 우연히 접했다. 말브랑슈의 전기 작가가 전하는 바에 따르면 그는 이 책을 읽고 완전히 넋을 잃어 '너무나 강력한 심장의 고동을 멈추기 위하여 책을 계속 읽지 못하고 자주 쉴 수밖에 없었다' 고 한다. 그는 가장 열정적인 데카르트주의자가 되었으며 이후 명석, 판명한 관념을 추구하는 데 평생을 바쳤다.

1674~5년 사이에 말브랑슈는 자신의 가장 중요한 철학적 저술 《진리의 탐구》(*De la recherche de la Vérité*)를, 1688년에는 자신의 체계를 요약한 《형이상학에 관한 대화》(*Entretiens sur la Metaphysique*)를 출판했다. 그의 다른 저술들은 대부분 신학적 논쟁에 관한 것인데 1680년 《자연 및 은총론》(*Treatise on Nature and Grace*)을 필두로 출판되기 시작했다. 그는 당시를 대표하는 여러 신학자들과 충돌했는데 예를 들면 아르노와는 은총에 관해서, 페넬롱(Fénelon)과는 신을 사랑하는 올바른 방법을 두고 논쟁을 벌였다. 그의 《자연 및 은총론》은 1690년 금서 목록에 올랐다. 1715년 죽기 직전에 그는 자신이 로크 사후에 출판된 한 대화체의 저술에서 대표적인 공격 대상으로 등장한다는 사실을 발견했다.

말브랑슈의 저술에 제시된 감각, 상상력, 지성, 의지 등에 대한 설명은 본질적으로 데카르트의 설명과 동일하다. 그가 새롭게 도입한 중요한 내용은 관념들의 연합을 두뇌 안 섬유 조직의 연결망으로 설명한 것이다. 우리는 이런 연결망 중 일부를 타고난다. 예를 들면 태어날 때부터 가파른 절벽의 관념에 대응하는 두뇌 섬유는 죽음의 관념에 대응하는 두뇌 섬유와 연결된다. 다른 연결망들은 경험에 의해서 만들어진다. 예를 들어 어떤 역사적인 사건을 직접 보았다면 그때 참석했던 사람들, 시간, 장소를 서로 연결하는 두뇌의 연결망이 만들어진다(*R de V* 2.1, 5).

말브랑슈는 데카르트의 이원론을 받아들였다. 정신은 사고하는 실체이며, 물체의 본질은 연장성이다. 하지만 그는 정신과 육체 사이의 관계에 대한 데카르트의 설명, 즉 오랫동안 데카르트의 체계 중 가장 취약한 부분으로 여겨졌던 설명을 개선하려 하였다. 말브랑슈는 데카르트보다 더욱 일관되게 만일 정신이 순수한 사고이고, 물체가 순수한 연장성이라면 이들 중 어떤 것도 상대방에게 작용할 수 없으리라고 주장한다. 그런데 정식과 육체는 서로 나란히 나아가면서도 상호 작용을 주고받지는 않는다. '내가 보기에 정신적 존재의 의지가 이 세계의 가장 작은 물체라도 움직일 수 없다는 사실은 매우 명확한 듯하다. 예를 들어 내 팔을 움직이려는 의지와 내 팔의 실제 움직임 사이에 어떤 필연적인 연결도 없다는 점은 명백하다.' 분명히 내 팔은 내가 **원할 때** 움직이지만 내가 **원하기 때문에** 움직이는 것은 아니다. 만일 내 팔을 움직이는 존재가 진정 나 자신이라면 나는 내가 어떻게 그렇게 하는지를 알 것이다. 하지만 나는 내가 어떻게 내 손가락을 움직이는지조차도 전혀 설명할 수 없다.

내가 내 팔을 움직이는 것이 아니라면 과연 누가 그렇게 하는가? 바로 신이 그렇게 한다고 말브랑슈는 대답한다. 오직 신만이 유일한 진정한 원인이다. 태초부터 신은 모든 일들이 언제 어떻게 일어나기를 원했다. 따라서 신은 내 의지 작용과 동시에 내 팔이 움직이기를 원했다. 따라서 내 의지는 원인이 아니며 단지 신이 그런 일을 일으킬 기회를 제공할 뿐이다. (이 때문에 말브랑슈의 체계는 '기회원인론' 으로 불린다.) 정신만 물체에 작용할 수 없는 것이 아니라 어떤 물체도 다른 물체에 작용할 수 없다. 설령 두 물체가 충돌하여 서로 튕겨 나간다고 해도 실제로 일어나는 일은 신이 이 두 물체가 적절한 순간에, 적절한 장소에 있기를 바란다는 것이다. '한 물체가 다른 물체를 움직일 수 있다고 말한다면 모순이 발생한다'(*EM*. 7. 10).

정신이 물체에 작용할 수 없으며, 물체 또한 다른 물체에 작용할 수 없다 할지라도 물체는 정신에 작용할 수 있는가? 우리는 흔히 우리의 정신이 감각을 통하여 세계로부터 계속 정보를 받아들인다고 생각한다. 하지만 말브랑슈는 어떤 물체에 대한 우리의 관념이 그 물체 자체로부터 생겨나거나 우리 자신이 관념을 만들어 낸다는 생각을 거부한다. 관념들은 신으로부터 직접 생겨나며 오직 신만이 우리의 지성에 인과적으로 작용할 수 있다. 만일 내가 손가락을 바늘에 찔린다면 내가 느끼는 고통은 바늘로부터 생기는 것이 아니다. 이 고통은 신이 직접 일으킨 것이다(*EM*. 6). 우리는 모든 것을 신 안에서 파악한다. 신은 정신이 그 안에서 살아가는 환경과 같은 존재인데 이는 공간이 물체가 그 안에 위치하는 환경인 것과 마찬가지이다. 그런데 이것이 특히 로크를 분개하게 만들었던 주장이었다.

아우구스티누스 이후로 많은 기독교 사상가들은 인간이 어떤 방식으로 신의 정신 안에 있는 관념을 관조함으로써 영원한 진리와 도덕 법칙을 파악한다고 주장해 왔다. 이런 주장을 편다면 말브랑슈는 더욱 강력한 권위를 확보할 수 있었을지 모른다. 하지만 그는 변화하는 물질적 세계에 대한 우리의 지식이 신의 직접적인 조명에 의존한다는 새로운 주장을 편다. 신 자신은 결코 물질적이거나 변화하는 존재가 아니다. 신 안에 존재하는 듯이 보이는 것은 오직 감각이 아니라 지성을 통해서만 파악되는 연장성의 순수한 관념일 뿐이다. 그렇다면 신 안에 존재하는 연장성의 불변하는 원형을 관조함으로써 어떻게 우리 주변 세계에 존재하는, 운동하고 변화하는 물체들의 우연적인 내력에 관한 어떤 지식이라도 얻을 수 있는가?

이에 대한 말브랑슈의 대답은 우리가 연장성의 원형을 파악하면서 물질세계의 운동을 지배하는 데카르트 자연학의 모든 법칙들을 함께 인식한다는 것이다. 이런 설명이 우주의 실제 운행을 예측하기에 충분하려면 우리가 인식하는 법칙은 두 조건을 만족시켜야 한다. 즉 단순한 법칙이어야 하고 일반적인 법칙이어야 한다. 그리고 이것이 말브랑슈가 《자연 및 은총론》에서 다룬 주제이다.

> 자신의 지혜라는 무한한 보고에서 무한히 많은 가능 세계를 발견하는 신은 (자신이 확립할 수 있는 운동 법칙이 낳는 필연적 결과로서) 가장 단순한 법칙에 의해서 형성되고 보존되는, 즉 형성과 보존에 필요한 방법의 단순성과 관련하여 가장 완전해야만 하는 세계를 창조할 것을 스스로 결정한다(*TNG*, 116).

말브랑슈에 따르면 두 가지의 단순한 운동 법칙만 있으면 모든 자연 현상을 설명하기에 충분하다 — 첫째, 운동 중인 물체는 직선 방향으로 운동을 계속하려 한다. 둘째, 두 물체가 충돌하면 이들의 크기에 비례하여 운동이 각각의 물체에 분배된다.

하지만 단순하고 일반적인 기본 법칙이 존재한다는 말브랑슈의 믿음은 외부 세계에 대한 우리의 지식과 관련된 인식론적인 문제뿐만 아니라 선한 신이 창조한 피조물들 사이에 악이 존재한다는 도덕적 문제까지도 해결한다. 신은 현재의 세계보다 더욱 완전한 세계를 창조할 수도 있었다. 예를 들면 신은 대지를 풍요롭게 만드는 비가 경작지에만 규칙적으로 내리고 아무 소용이 없는 바다에는 잘 내리지 않는 세계를 창조할 수도 있었다. 하지만 이렇게 하려면 신은 단순한 법칙을 변경해야만 한다. 더욱이 신이 한번 법칙을 확립한 후에 이를 어설프게 땜질하듯 고친다면 이는 신의 권위를 떨어뜨리는 일이 되고 만다. 법칙은 모든 장소뿐만 아니라 모든 시대에 걸쳐 일반적이어야 한다.

> 어떤 곳에는 비가 내리고 다른 곳에는 해가 내리쬔다 할지라도, 곡식이 자라기 좋은 날씨 뒤에 우박이 떨어져 곡식을 망친다 할지라도, 한 어린이가 머리와 가슴이 달라붙은 커다란 장애를 가지고 이 세상에 태어난다 할지라도 신이 특정한 의지를 가지고 이런 일들을 원한 것은 결코 아니다. 이런 일들이 일어나는 까닭은 신이 운동을 서로 연결하는 법칙을 확립했기 때문이며, 이런 일들은 이 법칙이 낳은 필연적인 결과이다(*TNG*, 118).

신이 인간의 장애를 좋아하거나 이런 일들을 낳는 자연법칙을 고안했기 때문에 이런 일들이 생기는 것이 아니다. 이는 단지 신이 단순한 법칙을 가지고 더욱 완전한 세계를 만들 수 없었기 때문에 일어나는 일이다. 악의 문제를 해결하는 열쇠는 신이 특정한 의지 작용이 아니라 일반 법칙을 통해서 작용한다는 점을 깨닫는 것이다.

여기서 다시 한 번 우리는 후에 포프의 《인간론》에서 등장하는 생각을 발견한다. 포프는 우리가 자연이 우리 자신의 이익을 위하여 설계되었다는 생각을 하기 쉽다고 말한다. 그러나 포프는 이런 생각에 반대하면서 자신의 대답을 제시한다.

> 하지만 인간의 우아한 목적에서 볼 때, 인간을 위해 타오르는 태양에서 볼 때
> 창백한 죽음이 인간을 습격하고, 지진이 인간을 삼키고, 폭풍우가 인간을 쓸어 버려
> 마을들을 하나의 무덤으로 만들고, 모든 나라를 깊은 수렁에 빠뜨린다면
> 자연이 잘못하는 것이 아닌가?
> '그렇지 않다' (이것이 대답이다) '최초의 전능한 원인은

> 특정한 법칙이 아니라 일반 법칙을 통해서 작용한다.' (I. 140~5)

신이 특정한 섭리 작용이 아니라 일반적인 자연법칙을 통해서 작용한다는 말브랑슈의 가르침은 당시의 신학자들을 몹시 화나게 만들었으며 신학자들은 그의 주장이 기적의 발생에 관한 성서의 전통적인 설명과 양립할 수 없다고 여겼다. 당대 최고의 설교자였던 보쉬에(Bossuet) 주교는 1683년 루이 14세의 왕비인 마리 테레즈(Maria Theresa)의 장례 추도사에서 말브랑슈의 견해를 가장 사악한 오류로 비난할 정도였다.

스피노자

다른 한편으로 개신교의 세력 아래에 있었던 네덜란드에서는 한 유대인 철학자가 데카르트의 사상을 말브랑슈보다 훨씬 대담한 방식으로 발전시켰다. 스피노자(Baruch Spinoza)는 1632년 암스테르담에서 태어났는데, 16세기 말에 포르투갈에서 네덜란드로 이주한 부유한 상인 가문 출신이었다. 그의 아버지 미하엘 스피노자(Michael Spinoza)는 유대인 공동체에서 존경받는 인물이었는데 그를 지역의 유대교 율법 학교에 보내 히브리어를 익히고 성서와 탈무드를 배우도록 이끌었다. 1654년 아버지가 세상을 떠나자 그는 동생과 함께 아버지가 세운 무역 회사의 운영권을 넘겨받았지만 철학과 신학 연구에 더 큰 관심을 보였다. 어린 시절부터 포르투갈어와 스페인어, 네덜란드어를 할 줄 알았던 스피노자는 기독교도이면서 의사였던 반 덴 엔덴(Francis Van den Enden)에게서 라틴어를 배웠는데 그는 스피노자에게 데카르트의 저술을 소개함으로써 스피노자의 사상 발전에 상당한 영향을 미쳤다.

스프랫(Thomas Sprat)이 쓴 《왕립 학회사》(*History of the Royal Society*)의 속표지 그림

10대 후반부터 스피노자는 유대교 신학에 대하여 회의를 품기 시작했고, 성년이 되면서는 유대교의 관습을 대부분 거부했다. 1656년 그는 유대교 공동체에서 파문당했는데 경건한 유대교도는 그와 말해서도, 글을 주고받아서도, 한 지붕 아래 머물러도 안 된다는 명령이 내려졌다. 그는 렌즈를 깎는 기

술을 배워 안경을 비롯한 다른 광학 기구들을 제작했다. 이를 직업으로 삼음으로써 그는 과학적 사색과 연구를 할 시간과 기회를 얻게 되었다. 또한 그는 고대 이래 자신의 손으로 직접 노동을 함으로써 생계를 유지한 최초의 철학자가 되었다.

1660년 스피노자는 암스테르담을 떠나 레이덴 근처의 라인즈뷔르히(Rijnsburg)라는 마을로 이사했다. 같은 해 런던에서 왕립 학회가 창립되었는데 창립 직후 학회 이사였던 올덴버그(Henry Oldenburg)는 스피노자에게 편지를 보내 데카르트와 베이컨의 체계에 관한 철학적 서신 교환에 참가하라고 초대했다. 그 편지에서 올덴버그는 스피노자에게 왕립 학회는 '우리가 최대한 활기차게 실험과 관찰에 몰두함으로써 역학적 기법들의 역사를 함께 써 나가도록 만드는' 철학적 대학이라고 소개한다(*Ep*, 3).

1661년 라인즈뷔르히를 방문했던 한 네덜란드 여행자는 스피노자를 다음과 같이 묘사한다.

> 그곳에서 이전에 유대교도에서 기독교도로 개종했다가 지금은 거의 무신론자에 가까운 한 인물을 만났다. 그는 구약 성서를 중요시하지 않았다. 그는 신약 성서와 코란, 이솝 우화를 거의 같은 정도로 여기는 듯했다. 이 점만 제외하면 그는 매우 예의 바르게 행동하고, 다른 사람에게 아무런 해도 끼치지 않는 인물이었으며, 망원경과 현미경을 만드는 데 전념했다.[14]

스피노자가 유대교에서 파문당한 후에 기독교도가 되었다는 증거는 없다. 하지만 그는 종교에 관한 저술들에서 예수에게 히브리인 예언자라는 지위를 부여한다.

[14] *CCS*, 25면, W. N. A. Klever의 논문에서 재인용.

이 당시 스피노자는 이미 지성의 개선을 주제로 삼은 자신의 첫 번째 저술 《지성개선론》(*Tractatus de intellectus emendatione*)을 쓰기 시작한 상태였다. 하지만 이 저술은 완성되지 못했으며 그가 죽은 후에야 출판되었다. 이 저술은 지적인 전환을 상세히 설명하고 탐구의 과정을 밝힌다는 점에서 《방법서설》과 상당히 유사하다. 또한 스피노자가 몇몇 지인들에게 돌리기 위하여 《신, 인간 그리고 행복에 관한 소론》(*Short Treatise on God, Man, and Happiness*)을 쓴 것도 이 시기인 듯한데 이 저술은 1851년에 이르러서야 발견되었다.

1663년 스피노자는 데카르트의 《철학의 원리》를 '기하학적 형식으로' 진지하게 해설한 저술을 출판했다. 데카르트 자신도 정의와 공리로부터 진리를 연역해 내는 기하학적 방법의 장점을 높이 평가했으며, 자신의 《성찰》에 대한 두 번째 반박에 대답하면서 열 개의 정의와 다섯 개의 요청, 열 개의 공리를 제시하면서 이들을 가지고 신의 현존 및 정신과 물체의 진정한 구별을 확립하는 네 개의 정리를 증명했다(AT VII. 160~70; *CSMK* II. 113~19). 스피노자가 이 저술을 계획한 까닭은 개인적으로 돌본 한 학생에게 데카르트의 철학을 가르치기 위해서이기도 했고 또 친구였던 레이덴 대학 메이어 박사(Dr. Lodewijk Meyer)의 요청도 있었기 때문이었다. 스피노자는 《철학의 원리》 중 처음 두 권을 완벽하게 정리한 후 여기에 자신의 주석을 덧붙이는 방식으로 이 저술을 구성했다.

스피노자는 데카르트가 제시한 일련의 정의와 공리들을 이어받은 후 이를 확장하여 모두 58개의 정리를 증명했는데 그중 첫 번째 정리는 '우리는 자신이 현존한다는 사실을 알지 못하는 한 아무것도 결코 확신할 수 없다'는 것이며, 마지막 정리는 '만일 특정한 물체 A가 아무리 작은 힘에 의해서라도 어떤 방향으로든 운동하게 된다면 그 물체의 주변을 둘러싼 물체들도 모두 반드시 동일한 속도로 운동하게 된다'는 것이다. 스피노자의 설명은 대체로 《철학의 원리》에 등장하는 내용을 충실히 따르지만 스피노자의 저술에 대한 서문을 쓴 메이어는 스피노자 자신의 견해가 모든 면에서 데카르트의 견해와 일치한다고 생각해서는 안 된다고 경고한다. 예를 들면 스피노자는 데카르트의 심리철학에서 벗어났다. 즉, 스피노자는 지성과 의지가 서로 구별된다고 생각하지 않으며, 데카르트가 지성과 의지에 속한 것으로 여겼던 자유를 인간이 누릴 수 있다고 생각하지 않는다(*Ep*, 8). 또한 스피노자 자신의 철학적 전개를 분명히 드러내는 수많은 논점들이 이 저술의 부록에 해당하는, 기하학적인 방식으로 서술된 '형이상학에 관한 고찰'(Thoughts on Metaphysics)이라는 제목의 글에서 등장한다.

1663년 스피노자는 헤이그 근처의 푸르뷔르히(Voorburg)로 이사했는데 1665년 천문학자인 호이헨스(Christiaan Huygens)가 그를 방문하여 현미경과 망원경 그리고 목성의 관찰에 관하여 함께 논의했다. 1665년 스피노자는 자신이 유대교를 떠난 것을 정당화하기 위한 일종의 해명을 쓰기로 결심했는데 이런 생각은 점점 확대되어 결국 성서 비평과 정치 이론까지 포함하는 훨씬 폭넓은 저술《신학정치론》(*Tractatus Theologico-Politicus*)을 낳았고 이는 1670년 익명으로 출판되었다.

《신학정치론》에서 스피노자는 성서 원전을 상세히 검토한 후 지금 우리가 보는 히브리어 성서는 그보다 더욱 오래된 자료들을 편집한 것이며, 아무리 거슬러 올라가도 기원전 5세기 이후에 만들어졌다는 결론을 내린다. 마카베 가문(the Maccabees)[15]이 활약했던 시대 이전에는 성서의 공인된 정전이 없었으므로 모세를 모세 오경의 실제 저자로 또는 다윗을 시편의 저자로 여기는 것은 지극히 어리석은 일일 뿐이다(*E* I. 126, 146). 성서의 저자들 또한 무지한 인간에 불과하고, 이들도 그 시대와 지역이 낳은 산물이며, 다양한 종류의 편견으로 가득 차 있었음은 명백한 사실이다. 어떤 예언자가 농부였다면 황소에 대한 예언을 했을 것이고, 궁정의 신하였다면 왕좌에 대한 예언

[15] 〔옮긴이 주〕 기원전 2세기에 활동한 유대 지도자의 일족이며, 이 가문의 전투를 기록한 내용이 구약 성서의 외전인 마카베아서로 전해진다.

을 했을 것이다. '신은 어떤 특별한 방식으로 말하지 않는데 예언자의 학식과 능력에 따라 신은 세련된 존재가 되기도 하고 다니면 압축된, 가혹한, 무지한, 장황한 또는 모호한 존재가 되기도 한다'(*E* I. 31).

예언자들에게 결함이 있어도 자신의 임무를 수행하는 데에는 아무런 지장을 받지 않는다. 왜냐하면 이들의 임무는 진리를 가르치는 것이 아니라 우리의 복종을 조장하는 것이기 때문이다. 성서가 과학적 정보를 알려 준다는 생각은 매우 어리석을 뿐이다. 이렇게 생각하는 사람은 태양이 지구의 둘레를 돌며, 원주율 값이 3이라고 믿을 것이다. 과학과 성서는 서로 다른 역할을 하며, 이들 중 어떤 것도 다른 것보다 우월하지 않다. 신학이 이성을 돕는 것으로 제한되어서는 안 되며, 이성 또한 신학을 돕는 것으로 제한되어서는 안 된다(*E* I. 190). 성서에 등장하는 구절이 무엇을 의미하는지는 성서의 맥락 자체를 검토함으로써 결정되어야 한다. 성서의 어떤 언급이 불합리하다고 해서 그것은 은유적인 의미를 지님에 틀림없다고 결론지어서는 안 된다. 신은 오직 성서의 기본적인 교훈 — 무엇보다도 신을 사랑하고 이웃을 자신처럼 사랑하라는 — 을 전했다는 의미에서 성서의 저자라 할 수 있는데 이런 교훈이야말로 진정한 종교이며, 구약과 신약 성서에 공통되는 내용이기도 하다. 유대인들은 이전에 특별한 형태의 나라를 이루어 이스라엘에 살았던 동안에만 신이 선택한 민족이었을 따름이다. 현재 '유대인들이 다른 민족보다 우위에 있다고 오만하게 주장할 근거는 전혀 없다'(*E* I. 55).

만일 우리가 성서에 등장하는 모든 이야기를 곧이곧대로 믿으면서 그것이 전하는 교훈을 깨닫지 못한다면 차라리 소포클레스(Sophocles)의 작품이나 코란을 읽는 편이 나을 것이다. 다른 한편으로 성서에 대하여 전혀 모르면서도 참되고 올바른 삶을 사는 사람이 있다면 그는 '완벽하게 축복받은 사람이고 그리스도의 정신을 자신 안에 진정으로 소유한 사람이다'(*E* I. 79). 하지만 성서가 방해물이 되어서는 안 되므로 성서를 제대로 읽는 법을 배워야 한다. 스피노자는 유대인들이 이차적인 원인은 언급하지 않고 모든 것을 신에게로 돌린다고 말한다. 예를 들어 상거래를 통해서 돈을 벌면 이들은 신이 돈을 주었다고 말한다. 성서에서 신이 하늘의 창문을 열었다는 말이 등장하면 이는 단지 매우 거센 비가 내렸다는 사실을 의미할 뿐이다. 그리고 신이 노아(Noah)에게 구름 사이에 무지개를 둘 것이라고 말할 때[16] '이는 태양 광선이 물방울에 비침으로써 굴절과 반사가 일어난다는 사실을 다른 방식으로 표현한 것에 지나지 않는다' (*E* I. 90).

《신학정치론》은 세심한 논증과 고상한 표현을 통하여 문학의 한 유형으로서의 성서 비평을 주목하게 만든 훌륭한 저술이다. 여기서 스피노자는 단지 19세기에 독실한 개신교도가 말한 바나 ('성서는 다른 모든 책들과 똑같은 방식으로 읽어야 한다') 20세기에 독실한 가톨릭교도가 말한 바를 (성서 해석자는 '지금으로부터 오래 전 동방의 정신으로 돌아가야 한다') 예견했을 뿐이었다. 하지만 이 저술은 구약 성서에 대한 개방적인 해석 때문에 엄청난 후폭풍을 불러와 유대교도뿐만 아니라 네덜란드의 칼뱅주의자들까지도 이에 강력하게 항의했으며 몇몇 교회 회의에서는 금서 처분을 내렸다. 하지만 다른 동시대인들은 이 책을 크게 칭찬했으며, 이 책의 저자가 스피노자라는 것이 널리 알려지면서 그는 국제적인 명성을 얻게 되었다.

이를 계기로 1673년 팔라틴 선제후는 스피노자에게 하이델베르크 대학의 철학 교수직을 제안했다. 선제후의 비서는 스피노자에게 보내는 편지에 '귀하는 철학을 가르치면서 가장 폭넓은 자유를 보장받을 것이며, 선제후께서는 귀하가 이 자유를 공식적으로 확립된 종교를 혼란에 빠뜨리는 데 남용하지 않으리라 굳게 믿고 계십니다' 라고 썼다. 하지만 스피노자는 신중하게 생각한 끝에 이 제안을 정중히 거절했다.

첫 번째로 만일 내가 제안을 받아들여 젊은 학생들을 가르치는 일에

16 〔옮긴이 주〕 구약 성서 창세기 9장 13절 이하 참조.

> 시간을 할애한다면 나 자신의 철학 연구를 포기하지 않을 수 없으리라 생각합니다. 두 번째로 만일 내가 공식적으로 확립된 종교를 혼란에 빠뜨리는 모든 일을 피해야 한다면 나의 철학 연구가 어떤 한계 안에 갇힐지도 모른다고 생각합니다(*Ep*, 48)

스피노자는 어떤 학문적인 지위도 맡지 않았고, 결혼하지도 않았다. 그는 겉으로 드러나지 않는 평온한 삶을 살면서 가끔 그에게 존경을 표하기 위해서 찾아오는 학자들을 맞이했는데 1676년에는 라이프니츠가 그를 방문하기도 했다. 그는 묵묵히 자신의 주저인 《기하학적인 방식으로 논증된 에티카》(*Ethics Demonstrated according to the Geometrical Order*)를 쓰는 일을 계속했다. 1675년 이를 완성한 스피노자는 출판을 위하여 원고를 암스테르담으로 가져갔지만 여러 친구들은 만일 이 책을 출판한다면 무신론자로 몰려 처형당할지도 모른다고 경고했다. 그는 원고를 다시 가져와 책상 안에 넣어 둔 채로 《정치론》(*Political Treatise*)을 쓰기 시작했지만 그의 다른 몇몇 계획과 마찬가지로 이 저술 또한 그가 죽을 때까지 완성되지 못했다. 그는 1667년 폐결핵으로 세상을 떠났는데 자주 렌즈를 갈면서 먼지를 들여 마신 일이 병의 원인이 된 듯하다. 그의 유작들 — 《에티카》, 《정치론》, 초기 저술인 《지성개선론》을 비롯하여 많은 편지들 — 을 한데 묶은 책이 그가 사망한 해에 출판되었다. 하지만 채 일 년도 못되어 이 책은 네덜란드에서 금서가 되었다.

《에티카》는 스피노자가 자신의 체계를 이전에 데카르트의 체계를 설명했던 방식, 즉 유클리드의 기하학을 전형으로 삼아 설명한 저술이다. 《에티카》는 모두 5부로 구성되는데 각 부의 제목은 '신에 관하여', '정신의 기원 및 본성에 관하여', '정서의 본성 및 기원에 관하여', '인간의 굴레에 관하여', '인간의 자유에 관하여'이다. 각 부는 일련의 정의와 공리로부터 출발하여 다양한 정리들에 대한 형식적 증명으로 이어지는데, 각각의 정리에는 정의와 공리로부터 도출되지 않은 내용은 아무것도 없다는 식으로 진행되며 모든 증명은 증명 끝(QED)[17]이라는 문구와 더불어 마무리된다. 하지만 기하학적인 방법이 스피노자의 체계를 제시하는 데 그리 성공적이었다고 보기는 어렵다. 그의 증명들은 자주 결론을 이해하는 데 아무런 도움도 주지 못하며, 기껏해야 《에티카》에 등장하는 다른 문구와의 연결점에 관한 정보를 전하는 수준에 그친다. 또한 그의 철학적 요점은 자주 주석, 귀결, 참조 부분에 등장하기도 한다.

하지만 스피노자가 《에티카》에서 자신의 철학을 철저히 투명하게 제시하기 위해 최선을 다했다는 점에는 의심의 여지가 없다. 그는 어떤 가정도 숨기지 않으며 오직 한 정리에서 다음 정리로 나아가는 논리적 연결점만을 보이려 한다. 자주 유클리드적인 방식이 다소 퇴색되기도 하지만 이 저술은 더욱 깊은 의미에서 여전히 기하학적이다. 즉 이 저술은 기초적인 기하학을 배운 학생이라면 누구나 충분히 터득할 수 있는 개념들과 그들 사이의 관계라는 관점에서 세계 전체를 설명하려 한다. 설령 이런 계획이 실패한다 해도 이는 철학자의 잘못이 아니라 철학의 본질 자체의 잘못 때문이다.

여러 부의 제목에서 잘 드러나듯이 《에티카》는 윤리학 외에도 많은 주제들을 다룬다. 1부에는 형이상학뿐만 아니라 자연신학도 등장한다. 여기서는 실체의 본성이 설명되는 동시에 신의 현존에 대한 존재론적 증명도 제시된다. 데카르트는 두 종류의 기본적인 실체, 즉 정신적 실체와 물질적 실체를 인정했던 반면 스피노자는 ('신' 또는 '자연'이라 불릴 수 있는) 오직 한 종류의 실체만을 인정하는데, 이 실체는 사고라는 속성과 연장성이라는 속성을 모두 지닌다. 따라서 인간의 정신과 육체는 서로 다른 두 세계에 속하는 것이 아니다. 《에티카》의 2부에서 설명되듯이 정신은 사고라는 속성의 관점에서 바라본 인간이며, 육체는 연장성이라는 속성의 관점에서 바라본 인간이다. 정신과 육체는 결코 서로 분리될 수 없으며, 사실상 인간의 정신은 인

[17] 〔옮긴이 주〕 QED는 라틴어 *quod erat demonstrandum*의 약자로, 직역하면 '이상이 증명되어야 할 내용이었음'을 의미한다.

간의 육체에 대한 관념에 지나지 않는다. 이를 기초로 스피노자는 세 단계의 지식, 즉 표상지, 이성지, 직관지가 존재한다는 인식론을 형성한다.[18]

《에티카》라는 제목에 어울리는 윤리적 논의는 3부에서 등장하기 시작한다. 다른 모든 존재들과 마찬가지로 인간은 자신의 현존을 유지하려고 노력하며 자신을 파괴하려고 위협하는 모든 것들에 대하여 저항한다. 이런 충동에 대한 의식이 인간에게는 욕구로 드러나는데, 이 충동이 자유롭게 발산될 때 우리는 쾌락을 느끼며 반대로 방해받을 때 고통을 느낀다. 인간의 모든 복합적인 정서들은 욕구에서 파생되는 두 가지 기본 감정, 즉 쾌락과 고통으로부터 등장한다. 선과 악에 대한 우리의 판단, 따라서 우리의 행위도 우리의 욕구와 혐오에 의해서 규정된다. 하지만《에티카》의 마지막 두 부에서 스피노자는 우리가 극단적인 정념에 의한 노예 상태에서 (인간의 굴레에서) 벗어나 정념을 지성적으로 파악할 수 있는 (인간의 자유를 누리는) 방법을 제시한다.

이 과정에서 핵심이 되는 것은 능동적 정서와 수동적 정서 사이의 구별이다. 두려움이나 분노와 같은 수동적 정서는 외부의 힘에 의해서 만들어지는 반면 능동적 정서는 정신이 인간이 처한 상황을 스스로 파악함으로써 등장한다. 우리가 수동적 정서에 대한 명석, 판명한 관념을 지니기만 하면 이 정서는 능동적인 것으로 바뀐다. 그리고 수동적인 정서를 능동적인 정서로 대체하는 것이 바로 정서의 영향에서 벗어나는 길이기도 하다. 무엇보다도 우리는 두려움이라는 정념에서, 특히 죽음에 대한 두려움이라는 정념에서 벗어나야 한다. '자유인은 죽음을 전혀 생각하지 않는다. 그의 지혜는 죽음이 아니라 삶을 성찰한다' (*Eth*, 151).

역설적이게도 모든 것의 필연성을 인정함으로써 우리는 도덕적 해방에 이른다. 다른 사람들의 행위가 그들의 본성에 의해서 결정된다는 사실을 깨

[18] 스피노자의 형이상학은 6장에서, 자연신학은 10장에서, 인식론은 4장에서 각각 더욱 상세히 검토할 예정이다.

달음으로써 우리는 그들에 대한 증오를 멈추게 된다. 증오를 증오로 되갚는다면 증오가 증가할 뿐이다. 증오에 사랑으로 답할 때 증오는 사라진다. 우리는 신과 같은 관점을 택하여 모든 것들이 이루는 필연적이고 자연적인 체계를 '영원의 모습에 비추어' 바라보아야 한다.[19]

스피노자의 독특한 체계는 철학사의 흐름에 따라 몇몇 서로 다른 방식으로 해석되었다. 원한다면 그의 실체 이론을 로크의 이론과 관련되는 것으로 이해할 수 있다. 로크와 스피노자는 모두 아리스토텔레스적인 실체 개념을 제거하려 했다. 로크는 개별적인 실체를 사실상 무(無)로 만들어 버리며, 스피노자는 실체를 엄청나게 확장하여 유일한 실체가 세계 전체를 포함하도록 만든다. 반면 스피노자를 데카르트와 비교하는 관점을 택하면 데카르트의 가정이 암시하는 바를 명확히 이끌어 냄으로써 스피노자는 말브랑슈를 넘어섰다고 말할 수 있다. 말브랑슈는 신이 이 세계 안의 유일한 행위자라는 결론에 이르렀다. 스피노자는 이보다 더 나아가 신이 유일한 실체라고 주장한다. 하지만 이 유일한 실체가 '신 또는 자연'이라는 스피노자의 말은 그가 범신론자 또는 무신론자임을 의미하는가? 스피노자는 이른바 '신'이라는 단어를 자연 세계의 질서를 나타내는 암호명처럼 사용하며, 과학자들이 '자연'에 관하여 언급할 때 이들이 사실은 항상 신에 관하여 언급한다고 주장함으로써 과학자들을 범신론자 또는 무신론자로 여겨 왔다.

철학에서 17세기는 아리스토텔레스에 대한 반란이 일어난 시대였다. 스피노자는 이런 반란을 극단으로 몰고 갔다. 아리스토텔레스주의적인 스콜라 철학의 특징은 일종의 구별을 도입하고 인간과 물질세계를 설명하는 데 이 구별이 어떻게 작용하는지를 보이는 개념 쌍을 제시한다는 점이다. 현실성과 잠재성, 형상과 질료, 성향과 활동, 지성과 의지, 자연적 능력과 이성적 능력, 목적인과 형상인이 모두 이런 개념 쌍에 해당한다. 그런데 스피노자는

[19] 스피노자의 윤리학은 8장에서 더욱 상세히 검토할 예정이다.

이런 모든 구별을 무너뜨렸다. 스피노자는 아리스토텔레스가 제시한 구별 중에는 실체와 우연성 사이의 구별만을, 스콜라 철학의 여러 장치 중에서는 본질과 현존의 구별만을 받아들인다. 하지만 이런 구별도 오직 단 한 번 유한한 존재와 무한한 존재 사이의 관계를 특징짓는 데에만 적용한다. 스피노자의 체계는 아퀴나스로 대표되는 중세 아리스토텔레스주의에서 가장 멀리 떨어진 세계관이라 할 수 있다.

하지만 역설적으로 스피노자와 아리스토텔레스는 한 지점에서 만나는데 — 이 지점은 인간이 도달할 수 있는 최고점이기도 하다. 스피노자가 《에티카》의 5부에서 제시한, 인간이 행할 수 있는 최고 수준의 행위로서의 신에 대한 지적인 사랑은 아리스토텔레스가 《니코마코스 윤리학》 10권에서 주장한, 삶을 잘 사는 인간을 구성하는 궁극 요소로서의 신적인 것에 대한 즐거운 관조와 매우 유사하다. 하지만 이들 직후에 등장한 철학자들조차도 이들이 인간을 지복의 상태로 이끈다고 주장한 이런 행위가 과연 무엇인지는 쉽게 파악하지 못했다.

스피노자의 철학은 자주 합리론을 지나치게 확장한 형태의 것으로 여겨지기도 한다. 그가 자신의 체계를 유클리드의 용어를 사용하여 기하학적으로 제시한 까닭은 다양한 주제들 사이의 논리적 관계를 해명하기 위해서 뿐만이 아니라 논리적 연속성이 세계 전체에 적용된다고 생각했기 때문이다. 그는 논리적 연결과 인과적 연결을 서로 구별하지 않았다. 그는 관념들의 질서 및 연결이 사물들의 질서 및 연결과 동일하다고 생각하였다. 이런 극단적인 합리론의 체계는 이후 낭만주의 시대에 큰 영향을 미쳤다. 독일의 낭만주의 시인 노발리스(Novalis)는 스피노자를 '신에 도취한 사람'으로 묘사했으며, 후에 키르케고르(Kierkegaard) 또한 이 표현을 사용하여 스피노자를 기렸다. 영국의 시인 워즈워드(Wordsworth)와 콜리지(Coleridge)는 1797년 서머싯에서 스피노자의 철학에 관해 논의하곤 했는데 이 때문에 이들은 거의 체포당할 위험에 처하기도 했다. 당시 영국 정부는 이 두 시인이 프랑스 혁명을 지지하는 이야기를 나누는지 감시하기 위하여 첩보원을 보냈는데 그가 이들의 대화를 엿듣다가 스피노자를 스파이 노지(Spy Nozy)로 잘못 알아들었기 때문이다.[20]

신과 자연을 동일시한 스피노자의 사상은 이 두 시인이 당시에 쓴 시에도 흔적을 남겼다. 자연의 숭배자로 자처한 워즈워드가 1798년에 쓴 유명한 시 '틴턴 수도원 근처에서' (Lines above Tintern Abbey)에는 다음과 같은 대목이 등장한다.

> 나는 느꼈다
> 고양된 사상의 환희로
> 내 마음 설레게 하는 한 존재를, 한층 더 깊이
> 스며든 그 존재의 숭고한 느낌을.
> 그 존재는 저무는 태양빛 안에,
> 둥근 대양과 살아 있는 대기에
> 푸른 하늘에, 그리고 인간의 마음 안에 머문다.
> 그 존재는 하나의 운동, 하나의 정신,
> 모든 사고하는 것을, 모든 사고의 모든 대상을 이끌며,
> 모든 것을 관통한다.

같은 해 콜리지는 '한밤중의 서리' (Frost at Midnight)라는 시에서 자신의 어린 아들이 모래톱이 있는 호수와 우뚝 솟은 바위산의 아름다움 가운데 살기를 바라면서 아들에게 다음과 같이 말한다.

> 그러므로 너는 보고 들으리라

[20] 콜리지, 《문학 평전》(*Biographia Literaria*), 10장.

너의 신이 말씀하시는 저 영원한 언어의
사랑스런 모습과 이해할 수 있는 소리를.
신은 태고 적부터 가르치고 계신다
모든 것에 그가 있고 그의 안에 모든 것이 있음을.

라이프니츠

라이프니츠(Gottfried Wilhelm Leibniz)는 17세기와 18세기의 경계선에 걸쳐 앉은 철학자이다. 그의 70년의 생애 중 54년은 17세기에 속하지만 그는 중요한 철학적 저술들을 거의 18세기에 쓰고 출판했다. 사실 그의 대표적인 저술들은 대부분 그가 죽은 뒤에, 때로는 한참이나 지난 뒤에 출판되었다. 그는 체계적인 저술가가 아니었기 때문에 여러 철학사가들은 그가 남긴 짧은 소논문과 임시로 쓴 메모들, 단편적인 조각글로부터 일관되고 종합적인 체계를 이끌어 내기 위하여 많은 노력을 해 왔다. 하지만 그가 지녔던 천재적인 능력을 의심한 사람은 아무도 없으며, 이후 등장한 수많은 철학자들이 그로부터 큰 영향을 받았음을 스스로 인정했다.

라이프니츠는 라이프치히(Leipzig)에서 철학 교수의 아들로 태어났는데, 그의 아버지는 그가 6세 때인 1652년 세상을 떠났다. 그는 어린 시절 대부분을 아버지가 남긴 서재에서 자신의 나이에 어울리지 않는 어려운 책들을 닥치는 대로 읽으면서 보냈다. 성인이 된 후에도 그는 자신이 지금까지의 모든 철학자들 중 가장 책을 많이 읽은 철학자라고 자부했다. 그는 문학, 역사, 법률, 수학, 자연학, 화학, 신학 등에 폭넓은 관심을 보였다. 하지만 13세 때부터 주로 논리학과 철학에 정열을 쏟았다. 자신의 고백에 따르면 그는 10대 초반부터 수아레스(Suarez)의 저술을 소설만큼 쉽게 읽었으며, 걸어서 여행하는 중에도 마음속으로는 아리스토텔레스주의와 데카르트주의의 상대적인 장점을 서로 비교했다고 한다.

1661년 라이프니츠는 라이프치히 대학에 입학했다. 1663년 개체화 원리에 관한 스콜라 철학적인 논문으로(G IV. 15~26) 학사 학위를 받은 후 처음에는 수학을 연구하기 위해서 예나(Jena)로, 그 다음에는 법률을 연구하기 위하여 알트도르프(Altdorf)로 이주했다. 그러던 중 그는 19세 때 논리학을 다룬 소논문 《결합법에 관하여》(*De Arte Combinatoria*)를 출판했는데 여기서 그는 표준적인 아리스토텔레스의 삼단 논법을 발전시키고, 기하학적 개념들을 산술적인 방식으로 표현하는 방법을 제시했다. 그는 복합적인 용어를 단순한 것으로 분해하는 자신의 방법이 당시까지 논리학자들이 파악하지 못했던, 연역적인 발견의 논리를 낳기를 기대했다(G IV. 27~102).

1667년 라이프니츠는 '법률에서 난해한 사례들'에 관한 논문을 제출하여 알트도르프에서 박사 학위를 받았다. 그는 교수직 제의를 받았지만 귀족 궁정의 관리와 외교관으로 일하는 쪽을 선택했다. 그는 신성 로마 제국 황제의 선출권을 지닌 선제후 중 한 명인 마인츠(Mainz) 대주교 아래로 들어갔다. 그리고 몇몇 학문적 저술들을, 예를 들면 독일법의 합리화 방안과 법학 교육의 새로운 방법에 관한 저술 등을 대주교에게 헌정했다. 대주교의 제안으로 스콜라 철학을 비판한 15세기 저술을 다시 출판했는데 여기에 데카르트에 반대하여 아리스토텔레스를 옹호하는 자신의 저술을 덧붙이기도 했다(G I. 15~27, 129~76). 가톨릭이 지배하는 궁정에서 개신교도로 살면서 그는 기독교의 통합을 주장하는 여러 저술을 썼는데 이들은 주로 모든 기독교 교파들이 공통적으로 인정하는 교리들에 초점을 맞추고 있다(G IV. 105~36).

1672년 라이프니츠는 이집트를 향한 십자군 원정에 나서도록 루이 14세를 설득하라는 비밀 임무를 띠고 파리로 갔다. 그의 여행은 외교적으로는 아무 성과가 없었지만 철학적으로는 큰 결실을 낳았다. 그는 아르노와 말브랑슈를 만났으며, 이를 계기로 데카르트와 가상디의 저술을 진지하게 읽기 시작했다. 그는 잠시 동안 가상디의 원자론과 유물론에 매력을 느꼈지만 후에 이를 후회했다. 1716년에 쓴 글에서 그는 '내가 젊었을 때 원자와 빈 공간의 덫에 빠진 적이 있지만 이성이 나를 되돌렸다' 고 말한다(G VII. 377).

다음 해에 라이프니츠는 다시 외교적인 일로 런던을 방문하여 보일(Boyle)과 올덴버그(Oldenburg)를 알게 되었다. 그는 계산기 모델을 왕립학회의 다른 회원들에게도 보였는데 이들은 깊은 인상을 받고 라이프니츠를 바로 학회의 회원으로 초대했다. 그는 파리로 되돌아와 1676년까지 그곳에 머물렀는데 바로 이 해에 미분법을 발견했다. 하지만 뉴턴이 이보다 먼저 미분법을 발견했지만 아직 출판하지 않았다는 사실은 모르고 있었다. 독일로 돌아오는 길에 그는 암스테르담의 스피노자를 방문하여 《에티카》의 초고를 읽고 중요한 논평을 쓰기도 했다. 《에티카》가 출판된 후 스피노자가 맹렬한 비난의 대상이 되자 라이프니츠는 이전에 스피노자와 친밀한 관계였음을 부정하기도 했다.

1676년부터 죽을 때까지 라이프니츠는 하노버(Hanover)를 다스렸던 귀족 가문을 위해서 일했는데 도서관 사서에서 광산 기술자에 이르는 많은 직책을 맡았다. 그는 마인츠에서 시작했던 기독교 통합의 노력을 이어 나가 교파를 초월한 기독교 호교론을 쓰기 시작했는데 이를 위하여 아르노의 조언을 구하기도 하고 바티칸 교황청의 승인을 얻으려고도 했다. 1677년 그는 가명으로 책 한 권을 썼는데 여기서 특히 전 유럽의 기독교 국가를 하나의 연방으로 통합하여 황제는 세속적인 통치를, 교황은 정신적인 지주 역할을 맡아야 한다고 주장했다.

기독교 통합 계획을 후원했던 선대 공작이 1680년 사망하자 이 계획은 궁지에 빠졌다. 라이프니츠가 새로 모시게 된 인물은 브라운슈바이크 공작(Duke Ernst August of Brunswick)이었는데 공작부인 소피아(Sophia)는 제임스 1세의 손녀로 데카르트와 친분을 나누었던 엘리자베스 공주와 자매 사이였다. 공작은 라이프니츠에게 공작 가문의 역사를 편찬하는 임무를 맡겼는데 이는 독일과 오스트리아, 이탈리아의 문서 보관소까지 뒤지는 방대한 작업이었다. 라이프니츠는 이 임무를 너무 진지하게 받아들여 하노버를 중심으로 한 지역 일대의 역사를 선사 시대까지 거슬러 올라가 추적했다. 그가 죽을 때까지 이 작업의 일부만이 완성되었는데 이는 작센(Saxony) 지역의 토양과 광물에 관한 예비적인 서술로 공작 가문의 계보라기보다는 지질학에 가까웠다.

1685년 겨울 라이프니츠는 그의 저술 중 이후 계속해서 많이 읽히고 영향력을 발휘한 최초의 책인 《형이상학 논고》(*The Discourse on Metaphysics*)를 쓰기 시작했다. 그는 이 저술을 완성하자마자 요약본을 메르센에게 보냈는데 이에 대한 메르센의 반응은 싸늘했다. 아마도 이 때문에 라이프니츠는 이 저술을 전혀 발표하지 않고 있다가 10년이나 지난 후에 출판한 듯하다. 그는 이를 자신의 성숙한 철학 체계를 언급한 최초의 저술로 여겼다. 짧지만 명료하게 쓰인 이 저술은 오늘날에도 라이프니츠 철학 체계에 대한 가장 훌륭한 입문서로 평가되며, 그의 철학이 지닌 많은 특징을 잘 보여 준다.

이 저술에 맨 처음 등장하는 주장은 우리가 모든 가능 세계 중 최선의 세계에, 즉 항상 이성에 따라 질서 잡힌 방식으로 작용하는 신이 자유롭게 선택한 세계에 산다는 것이다. 스피노자의 생각과는 달리 신만이 유일한 실체는 아니며 창조된 개체들 또한 존재한다. 각각의 개체는 자신의 내력을 통해 자신에 대해 참인 많은 술어들을 얻게 되는데, 이런 술어들 전체가 그 실체가 어떤 존재인지를 정의한다. 이런 실체들은 각각 '자신의 방식에 따라 세계를 표현하며', 특정한 관점에서 세계를 요약한다. 인간은 바로 이런 종류의 실체이다. 인간의 행위는 필연적이 아니라 우연적이며 자유 의지에 의존한다. 우리의 선택에는 어떤 근거가 있지만 이것이 우리를 강제하는 원인은 아니다. 창조된 실체들은 서로에게 직접 작용할 수는 없지만 한 실체에게 일어나는 일이 다른 모든 실체에게 일어나는 일에 대응되도록 신이 이렇게 배열해 놓았다. 결국 각각의 실체는 분리된 하나의 세계와 같으며, 신을 제외한 다른 어떤 존재에게도 의존하지 않는다.

인간의 정신은 애초부터 모든 것들의 관념을 포함한다. 신을 제외한 어떤 외부적 대상도 우리의 정신에 영향을 미치지 못한다. 하지만 우리의 관념은 우리 자신의 것이지 신의 것이 아니다. 우리의 의지 작용도 이와 마찬가지여서 신은 우리를 강제하지 않으면서 이끈다. 신은 우리를 지속적으로 존재하게 보존하지만 우리의 사고는 자발적이고 자유롭게 이루어진다. 정신과 육체는 서로 상호 작용을 주고받지는 않지만 사고와 육체적 사건은 서로 대응해서 일어나기 마련인데 그 까닭은 이들이 우리를 사랑하는 신의 섭리에 의해서 연결되기 때문이다. 신이 모든 것을 이렇게 질서 지었으므로 세계에서 가장 고귀한 존재인 정신은 영원히 완전한 자기의식을 지니며, 신은 자신을 사랑하는 사람들을 위하여 상상을 넘어서는 지복을 대비했다.

이런 짧은 요약만 보더라도《형이상학 논고》에는 아리스토텔레스의 형이상학과 전통적인 기독교가 배경에 깔려 있으며, 이 들이 서로 조화를 이루도록 주의 깊게 변형하려는 당시 대륙 철학자들의 시도가 드러남을 충분히 알 수 있다. 여기서 등장하는 핵심 사상은 1695년 한 학술지에《자연 및 실체의 상호 작용에 관한 새로운 체계》(*New System of Nature and of the Interaction of Substance*)라는 제목의 글로 출판되었다. 많은 학자들이 이를 비판했는데 라이프니츠 또한 이런 비판에 대해 강력하게 반박했다. 뒤이어 1698년 그는 다른 학술지에 '자연 자체에 관하여' (On Nature itself)라는 논문을 실었는데 여기서 그는 자신의 체계가 지닌 특징을 데카르트, 말브랑슈, 스피노자의 체계와 대비하여 명확히 제시하면서 자신이 이들을 종합했다고 주장했다.

(1686년 다양한 기독교 교파의 공통적인 근거를 제시한《신학의 체계》(*Systema Theologicum*)를 발표했지만) 가톨릭과 개신교 사이의 화해를 이끌어 내는 데 실패한 라이프니츠는 이보다 다소 쉽게 보이는 임무를 선택하여 다시 칼뱅주의 개신교도와 루터주의 개신교도 사이의 화해를 모색했다. 하지만 이 또한 자신의 논증 능력이나 설득 능력을 넘어서는 일임이 드러나고 말았다. 이어서 그는 유럽의 기독교 국가들을 하나의 연방으로 통합하려는

원대한 계획을 세웠지만 프랑스의 루이 14세나 러시아의 표트르 대제(Peter the Great)의 관심을 이끌어 내지 못했다. 하지만 기독교 세계를 하나로 통합하려는 그의 열정은 사라지지 않았으며 만년에 이르러서도 그는 가톨릭과 중국 유교의 전통적인 신앙 및 제사 사이에 조화를 모색하려는 예수회 선교사들을 격려했다. 그 자신은 평생 개신교도로 남았지만 가끔 가톨릭의 묵주를 지니기도 했는데 이는 이교도 요나(Jonah)가 폭풍이 치는 아드리아 해에 던져진 것과 같은 위험한 상황에서 그를 구하기도 했다.

로크가 《지성론》에서 본유 관념을 부정한 사실에 크게 자극받은 라이프니츠는 경험론에 대한 전면적인 공격에 나서기로 결심한다. 이를 위하여 쓴 저술은 1704년 완성되었지만 바로 그 해에 로크가 사망하자 라이프니츠는 출판을 단념한다. 이 저술은 라이프니츠가 사망한 후 거의 50년이 지난 후에 《신인간지성론》(*New Essay on Human Understanding*)이라는 제목으로 빛을 보게 되었다. 라이프니츠가 생전에 출판한 저술 중 가장 긴 것은 프로이센의 샤를로트(Charlotte) 왕비에게 헌정한 《변신론》(*Essays in Theodicy*)인데 그 내용은 세계의 현실적인 악에 직면해서도 신은 여전히 정의롭다는 주장을 정당화하려는 시도이다. '변신론'이라는 용어는 그리스어를 원용한 신조어로 신이 인간에게 행한 일들을 정당화하려는 기획을 의미한다. 이 책에서 라이프니츠는 악으로 보이는 여러 현상에도 우리가 실제로 여러 가능 세계 중 최선의 세계에 산다고 주장한다. 이런 주장을 포프는 《인간론》에서 다음과 같이 요약했다.

> 고백하건대 가능한 많은 세계들 중
> 무한한 지혜를 지닌 신은 최선의 세계를 만들었음이 분명하니 …
> 인간의 관점에서 악이라 부르는 모든 것도
> 전체와 관련해서는 틀림없는 선일지니 …
> 모든 자연은 우리가 알 수 없는 예술이며,

리처드슨(Jonathan Richardson)이 그린 포프의 초상화. 포프의 《인간론》은 영어로 쓴 것 중 가장 철학적인 장편시임에 틀림없다.

모든 우연은 우리가 파악하지 못하는 한 방향을 향하고,
모든 불화는 우리가 이해 못하는 조화이고,
모든 부분적인 악은 전체적인 선이라네.
인간의 교만과 잘못을 저지르는 이성에도
하나의 진리만은 분명할지니, '존재하는 모든 것은 **선하도다**.'

포프가 이 시를 쓴 것은 1734년인데 이보다 25년이 지난 후 볼테르는 리스본에서 발생한 대지진을 경험하고 나서 이런 식의 낙관주의에 크게 충격을 받아 자신의 풍자 소설 《캉디드》(*Candide*)에서 이를 강력하게 비판했다. 이 소설에서 라이프니츠주의자인 팡글로스 박사는 계속되는 불행과 재앙을 겪을 때마다 주문처럼 다음과 같이 말한다. '모든 것은 모든 가능 세계 중 최선의

세계에서 최선을 위한 것이다.' 이에 캉디드는 '이것이 최선의 세계라면 다른 세계는 도대체 어떻다는 말인가?' 라고 반문한다.

1714년 라이프니츠는 그리 길지는 않지만 가장 중요한 두 저술《모나드론》(*Monadology*)과《자연 및 은총의 원리》(*The Principles of Nature and Grace*)를 출판했다.《모나드론》에서는《형이상학 논고》에서 암시되었던 체계가 더욱 발전되고 세련된 형태로 등장한다. 이 체계에 따르면 모든 복합적인 것은 단순한 것들로 구성되며, 모든 단순한 것은 연장성을 지니지 않는다. 단순한 것이 연장성을 지닌다면 더 이상 분할될 수 있기 때문이다. 그런데 모든 물질적인 것은 연장성을 지니므로 단순하고 비물질적인 어떤 요소가 반드시 존재해야만 한다. 라이프니츠는 영혼과 유사한 이 실재를 모나드라고 부르는데 — 앞선《형이상학 논고》에서는 '개별적 세계' 라고 표현되었다. 스피노자는 정신과 연장성을 모두 속성으로 지니는 유일한 실체가 존재한다고 생각했던 반면 라이프니츠는 오직 정신적인 속성만을 지니는 무한히 많은 실체들이 존재한다고 생각한다.

말브랑슈와 마찬가지로 라이프니츠는 피조물이 다른 피조물로부터 인과적인 영향을 받을 수 있다는 점을 부정한다. 라이프니츠는 '모나드에게는 창문이 없으므로 그 무엇도 드나들 수 없다' 고 말한다. 모나드는 정신적 상태 또는 지각의 연속으로 이루어지는데 외부 세계가 이런 지각의 원인이 되지는 않는다. 모나드는 세계를 비추는 거울이기도 한데 이렇게 되는 까닭은 세계가 모나드에 비치기 때문이 아니라 신이 미리 모나드가 세계의 변화와 동시에 변화하도록 만들어 놓았기 때문이다. 훌륭한 시계 제조 장인은 완벽하게 같은 시간을 가리키며 영원히 같은 순간에 종을 쳐서 시간을 알리는 두 시계를 만들 수 있다. 모든 피조물과의 관계에서 신은 바로 이런 장인과 같다. 창조의 최초 순간부터 신은 세계의 조화를 예정해 놓았다.

라이프니츠가《모나드론》을 쓴 바로 그 해 영국의 앤(Anne) 여왕이 세상을 떠났다. 1701년 제정된 왕위 계승법에 따라 영국 왕위는 하노버 선거후

소피아(Sophie)를 거쳐 그의 아들인 선거후 루트비히(Georg Ludwig)에게 계승되어 루트비히는 영국 왕 조지 1세(George I)가 되었다. 자신이 모시던 선거후가 영국 왕이 되었지만 라이프니츠는 런던에 따라가지 못하고 하노버에 남았다. 당시 라이프니츠는 미분법을 누가 먼저 발견했는지를 두고 뉴턴과 논쟁 중이었으므로 영국에 갔더라도 그리 환영받지는 못했을 것이다. 이 논쟁에는 결국 왕립 학회가 개입하여 1712년 뉴턴이 먼저 발견했다는 판정을 내렸다.

라이프니츠는 1716년 세상을 떠났는데 엄청난 분량의 미출판 원고와 수많은 미완의 계획을 남겼다. 이런 계획 중 가장 야심 찬 것은 광범위한 인간 지식의 백과사전을 만들려는 것이었다. 이를 위해서는 베네딕트 수도회나 예수회 같은 종교 단체와 당시 막 설립되기 시작했던 영국의 왕립 학회, 프랑스 학술원, 라이프니츠 자신이 초대 원장을 맡았던 프로이센 학술원 등의 공동 작업이 필요했다. 이런 계획과 관련된 아무것도 실현되지 않았으며, 심지어 이제 그가 세상을 떠난 지 300여년이나 지났지만 독일 학술원은 그가 남긴 모든 저술을 포함한 전집을 출판하려는, 1923년에 시작된 사업을 아직 채 반도 완수하지 못했다.

버클리

라이프니츠가 만년에 이른 몇 해 동안 한 젊은 천재적인 철학자가 몇몇 주목할 만한 저술을 출판했는데 그가 바로 버클리(George Berkeley)였다. 버클리는 1685년 아일랜드의 킬케니(Kilkenny) 근처에서 태어났는데 그는 9세기 인물인 에리우게나(John Scotus Eriugena)이래[21] 이 섬이 낳은 가장 뛰어난 철학자였다. 15세에 더블린의 트리니티 대학에 입학하여 1704년 학사 학위를 받은 후 강한 인상을 남긴 두 편의 수학 논문을 써서 이 대학의 연구원이 되었다. 라이프니츠와 달리 버클리는 가장 큰 영향을 미친 철학 저술들을 무척 젊은 시절인 24세에서 28세 사이에 썼다.

《새로운 시각 이론에 관한 시론》(*An Essay towards a New Theory of Vision*)은 1709년에 출판되었다. 여기서 그는 우리가 거리나 크기 또는 눈에 보이는 대상들을 어떻게 판단하게 되는지를 설명한다. 그에 따르면 거리는 그 자체로 볼 수 있는 대상이 아니라 '그 양끝이 우리의 눈으로 향하는 직선'이다. 우리는 눈에 보이는 현상이 얼마나 뚜렷하게 보이는가에 따라 또한 최적의 시각을 얻기 위하여 눈을 조절하면서 받는 느낌에 따라 거리를 판단한다. 크기에 대한 시각적 지각을 고려할 경우 우리는 시각적 크기와 촉각적 크기를 구별해야 한다. '시각을 통해서 파악되는 대상에는 두 종류가 있는데 이들 각각은 뚜렷한 크기 또는 연장성을 지닌다 — 그중 하나는 고유하게 촉각적인 것으로서 촉각에 의해 지각되고 측정되므로 시각 기관의 영향을 직접 받지 않는다. 다른 하나는 고유하게, 직접적으로 시각적인 것인데 이것을 매개로 하여 촉각적인 것들이 눈에 들어오게 된다.' 예를 들면 달의 시각적 크기는 달이 지평선에서 얼마나 떨어져 있는가에 따라 달라지지만 달의 촉각적 크기는 변하지 않는다. 하지만 우리는 일반적으로 시각적 크기를 통해서 촉각적 크기를 판단한다. 크기와 거리의 경우에 관한 논의 모두를 통하여 버클리는 경험주의적 결론에 이른다. 즉 우리의 시각적 판단은 감각들 사이의 연결로 이루어지는 경험에 기초한다.

> 우리는 거리를 보는 것과 똑같은 방식으로 크기를 본다. 그리고 우리는 어떤 사람의 용모를 보고 부끄러움이나 분노를 느끼는 것과 같은 방식으로 거리나 크기를 본다. 이런 정념들 자체는 눈에 보이지 않지만 시각의 직접적인 대상인 색깔과 표정의 변화와 함께 눈을 통

[21] 에리우게나에 관해서는 이 철학사 2권, 30~3면 참조 — 우리말 번역은 《중세철학》, 64~70면 참조 〔후반부는 옮긴이의 첨가〕.

> 해서 들어오게 된다. 그리고 색깔과 표정의 변화는 오직 그런 정념을 수반하는 것으로 관찰되어 왔다는 이유만으로 그런 정념을 의미하게 되었다. 경험이 없다면 우리는 얼굴 붉힘을 기쁨의 표시로 여길 수 없듯이 부끄러움의 표시로도 여길 수 없을 것이다(*BPW*, 309).

시각으로 판단한 형태와 촉각으로 판단한 형태를 서로 연결하는 일은 오직 경험을 통해서만 배울 수 있다. 본질상 둥글게 보이는 것과 둥글게 느껴지는 것 사이에는 아무런 공통점도 없다. 따라서 시각을 잃은 채 태어난 사람이 촉각을 통해서 정육면체와 구를 구별하는 법을 배웠다 할지라도 어느 날 갑자기 시각을 회복한다면 자신 앞에 놓인 두 대상을 단지 바라보기만 해서는 어떤 것이 정육면체이고 어떤 것이 구인지를 구별할 수 없을 것이다. 로크와 마찬가지로 버클리도 이렇게 생각한다.

《새로운 시각 이론》은 심리철학뿐만 아니라 실험심리학에도 크게 기여했다. 예를 들면 방금 언급한 것과 같은 주장은 개념적 분석의 일부가 아니라 실험을 통해서 검증될 수 있는 주장이다.[22]

버클리의 그 다음 저술은 1710년에 출판된 《인간 지식 원리론》(*Principles of Human Knowledge*)인데 여기에는 전혀 다른 내용이 등장한다. 즉 물체와 같은 것은 존재하지 않는다는 놀라운 주장이 제시되고 정교하게 옹호된다. 이 책이 출판되자마자 읽었던 라이프니츠조차 다소 충격을 받아 다음과 같이 논평했다. '이 책의 많은 내용들은 옳은 듯이 보인다. 하지만 이들은 상당히 역설적인 형태로 표현되었다. 물체는 아무것도 아니라고 말할 필요까지

[22] 1963년 실제로 이런 실험이 이루어졌고 이 주장은 거짓으로 판명되었다. 당시 각막 이식 수술을 통해 시각을 회복한 환자는 주머니에 넣고 다니는 시계의 바늘을 만져서 시간을 알았던 과거의 경험에 비추어 시계를 눈으로 보고도 시간을 정확히 말했다. R. L. Gregory, *The Oxford Companion to the Mind* (Oxford: Oxford University Press, 1987), 95면.

는 없는 듯하다. 물체는 무지개와 같은 현상이라고 말하는 정도로도 충분했을 것이다.'[23]

버클리의 비물질주의는 1713년에 출판된《하일라스와 필로누스의 세 대화편》(*Three Dialogues between Hylas and Philonous*)에서도 다시 등장한다. 이 저술은 그리 길지 않지만 영어로 쓰인 철학 저술 중 가장 매력적인 작품 중 하나로 손꼽힌다. 이 대화편에서 정신을 지지하는 하일라스는 물체의 신봉자인 필로누스와 논쟁을 벌여 승리를 거둔다. 하일라스의 논증은 네 단계로 진행되는데 첫 단계에서는 모든 감각 가능한 성질들은 관념이라는 주장이 등장한다. 두 번째에서는 스스로 운동하지 않는 물체의 개념은 유지될 수 없다는 주장이, 세 번째에서는 신이 존재한다는 증명이 이어진다. 마지막 단계에서는 일상 언어를 비물질주의 형이상학과 일치하도록 재해석하는 작업이 이루어진다. 이를 통하여 하일라스는 마침내 나무와 의자 등은 신이 우리의 정신 안에 만들어 낸 관념들의 다발에 지나지 않으며, 오직 이런 관념들에 대한 신 자신의 지각만이 이들을 계속 현존하도록 만드는 유일한 것이라고 주장한다.

이론 철학을 다룬 버클리의 마지막 저술은 1721년에[24] 출판된, 운동에 관한 라틴어 논문이었다. 당시 그는 이미 2년째 아일랜드의 개신교 성직자로 일하는 중이었다. 그는 가끔 런던을 방문했는데 그곳에서 포프와 친구가 되었고, 스위프트(Jonathan Swift)를 통해서 왕실을 찾기도 했다. 1714년 버클리는 유럽 대륙을 여행했는데 한겨울에 지붕이 없는 마차를 타고 알프스 산맥을 통과하는 길을 택했다. 그는 몽스니(Mont Cenis) 고개를 넘어가면서 꽤 무서움을 느꼈던지 '이 고개는 높고, 바위투성이고, 가팔라서 가장 용감

[23] 라이프니츠가 소장했던 버클리의《원리론》여백에 등장한다. S. Brown, *Leibniz* (Brighton: Harvester Press, 1984), 42면에서 재인용.

[24] 〔옮긴이 주〕 원문에는 1712년으로 표기되었지만 이는 명백히 잘못 표기된 것이므로 옮긴이가 바로잡았다.

한 사람의 심장조차도 녹아내리게 한다' 고 썼다.

1724년 그는 데리(Derry)의 주교가 되면서 트리니티의 연구원을 그만두었다. 그런 직후에 그는 버뮤다(Bermuda)에 대학을 세워 아메리카 본토에서 태어난 영국 출신 식민지 이주자들의 자손과 아메리카 원주민들을 교육시키고 종교적인 가르침을 베풀려는 계획을 세웠다. 그는 문명 세계의 지도력이 언젠가는 아메리카에까지 이르리라고 예견하였다. '아메리카에 예술과 학문을 전할 전망에 관하여' 라는 시에서 그는 다음과 같이 썼다.

> 제국이 서쪽으로 길을 잡은 후
> 처음 네 막은 이미 지나갔고
> 다섯 번째 막에서 연극은 절정으로 끝나티니
> 시대의 가장 고귀한 자손들이 마지막에 등장하리라.

버클리는 대학 설립 인가를 얻었고 의회로부터 이만 파운드의 보조금도 약속받았다. 1728년 대서양을 건너 아메리카로 갔다. 로드아일랜드(Rhode Island)의 뉴포트(Newport)에 도착한 그는 이곳이 대학을 세우기에 더욱 적절한 장소라고 생각했다. 하지만 약속한 보조금은 지급되지 않았으며 그는 아무런 성과도 얻지 못하고 1731년 영국으로 돌아왔다. 그후 미국인들은 자신들의 선조를 교육시키려 했던 버클리의 배려를 잊지 않고 예일(Yale)의 한 대학과 캘리포니아의 대학 도시에 그의 이름을 붙였다.

1734년 버클리는 클로인(Cloyne)의 주교로 임명되었다. 그는 주교직을 성실하게 수행했지만 성직자로서의 임무가 그리 과중하지 않았으므로 타르 수용액(tar-water)을 만병통치약으로 선전하는 데 열중하기도 했다. 타르 수용액은 소나무 껍질에서 얻은 액체인데 그는 아메리카에 머무르는 동안 천연두를 치료하기 위해 이를 사용한 적이 있었다. 그는 타르 수용액을 다룬 저술 《시리스》(*Siris*)에서 '그것의 성질은 너무나도 부드럽고 온화하며 인간을 구성하는 성분과 정확히 비례하기 때문에 열나지 않으면서도 몸을 따듯하게 만들고, 취하지 않으면서도 기분 좋게 만든다' 고 썼다. 후에 시인 쿠퍼(Cowper)는 차의 미덕을 칭찬하면서 이 대목을 그대로 인용하기도 했다.

1749년 버클리는《현자에게 전하는 말》(*A Word to the Wise*)을 썼는데 여기서 그는 자신과 같은 교구에 속한 로마 가톨릭 성직자들에게 아일랜드 사람들이 대대로 물려받은 게으름에서 벗어나 열악한 경제 상황을 개선할 수 있도록 이끄는 운동에 함께 나서자고 촉구했다. 삼년 후 정부는 버클리에게 더욱 부유한 아일랜드 지역의 교구를 맡기려 했지만 버클리는 이를 거부하고 은퇴하여 옥스퍼드에서 살았다. 만년에 그는 홀리웰 가의 검소한 집에서 살았다. 그는 1753년 초에 부인이 읽어 주는 성서의 한 대목을 들으면서 세상을 떠났다. 그는 크라이스트 교회 예배당에 안장되었는데 지금도 그곳에는 그를 기리는 기념비가 남아 있다.

버클리는 자신의 역설적인 주장, 즉 물체는 현존하지 않으며 이른바 물리적 대상으로 불리는 것은 신과 우리가 공유하는 관념에 지나지 않는다는 주장 때문에 철학자들 사이에서 뿐만 아니라 일반인에게도 오랫동안 기억되었다. 존재는 피지각(esse est percipi)이라는 그의 문구는 폭넓게 인용되었으며 자주 조롱의 대상이 되기도 했다. 존슨 박사(Dr. Samuel Johnson) 같은 사람은 그의 이론을 믿지 않았으며, 시인인 클러프(Arthur Huge Clough) 같은 사람은 그의 이론이 우리의 삶에 어떤 진정한 변화도 일으키지 않는다고 생각했다.

보즈웰(James Boswell)은 한 교회 앞마당에서 존슨 박사와 버클리의 비물질주의에 관해서 나누었던 대화를 다음과 같이 기록했다. '나는 우리가 버클리의 이론이 참이 아니라는 점은 충분히 수긍하지만 그것을 반박할 수가 없다고 말했다. 그러자 존슨이 이에 대답하면서 보인 민첩한 행동을 나는 결코 잊을 수 없을 것이다. 그는 자신이 반동으로 튕겨 나올 때까지 온 힘을 다해 큰 바위를 걷어차면서 "나는 그의 이론을 **바로 이렇게** 반박하네"라고 말

했다.'

클러프의 장시 《딥시커스》(*Dipsychus*)에 등장하는 젊은 영웅은 신과 단독으로 영적 교감을 주고받는 엄숙한 이상을 신봉한다. 그와 대화를 나누는 세속적 지혜의 목소리는 그런 이상을 진지하게 추구하기는 어렵다는 것을 밝힌다.

그토록 현명하고 현학적인 이런 지적들은
　　말브랑슈나 버클리에게 어울리는데
나 또한 이에 비웃음으로 답하지만
　　그것이 죄는 아니라고 믿는다.
이 맛있는 고기와 이 빛나는 포도주도
　　실제 있는 것이 아니라 단지 현상일지 모른다.
오직 — 나의 내면에서만 좋게 느껴지는
　　특별한 조화인지도 모른다.
이 사랑스러운 여인의 타오르는 매력도
　　모두 환상일지 모르며, 나는 이를 의심하지 않는다.
하지만 내가 그녀를 팔에 안을 때
　　어쩐지 내게는 그런 생각이 사라지고 만다.

(《시집》(Oxford: Oxford University Press, 1974), 241면).

3장

흄에서 헤겔까지

흄

버클리가 더블린에서 경험론의 형이상학을 세상에 선보인 직후에 경험론의 원칙을 형이상학에 반대하는 극단까지 밀고 나간 철학자가 에든버러(Edinburgh)에서 태어났는데 그가 바로 흄(David Hume)이다. 흄은 1711년 스코틀랜드의 작은 귀족 가문에서 막내아들로 태어났다. 아버지가 일찍 세상을 떠났기 때문에 그는 스스로 자신의 삶을 개척해 나가야 했다. 12살에서 15살까지 에든버러 대학에서 문학과 철학을 배웠는데 그는 자신이 두 학문과 사랑에 빠졌다고 말한다. 뒤이어 법률가가 되기 위한 준비를 했는데 곧 이를 포기하고 만다. 그 자신의 표현을 빌리면 '철학과 폭넓은 배움을 추구하는 것 이외의 다른 모든 일에 대하여 참을 수 없는 혐오를' 느꼈기 때문이라고 한다.

그는 잠시 브리스톨(Bristol)의 설탕 회사에 취직하기도 했다. 넉 달 정도 서기로 일한 뒤에 그는 이런 일이 자신과는 맞지 않는다고 확신하게 되었고, 물려받은 적은 유산을 가지고 검소한 삶을 살기로 작정한 그는 프랑스로 건너가 생활비가 많이 들지 않는 작은 마을에서 살았다. 1734년부터 37년까지 그는 앙주(Anjou)의 라 플레슈에서 살았는데 이곳은 이전에 데카르트가 예수회 학교에 다니면서 공부했던 곳이었다. 그곳의 학교 도서관을 이용하여 흄은 첫 번째 저술인 동시에 가장 중요한 저술이기도 한 《인간 본성에 관한

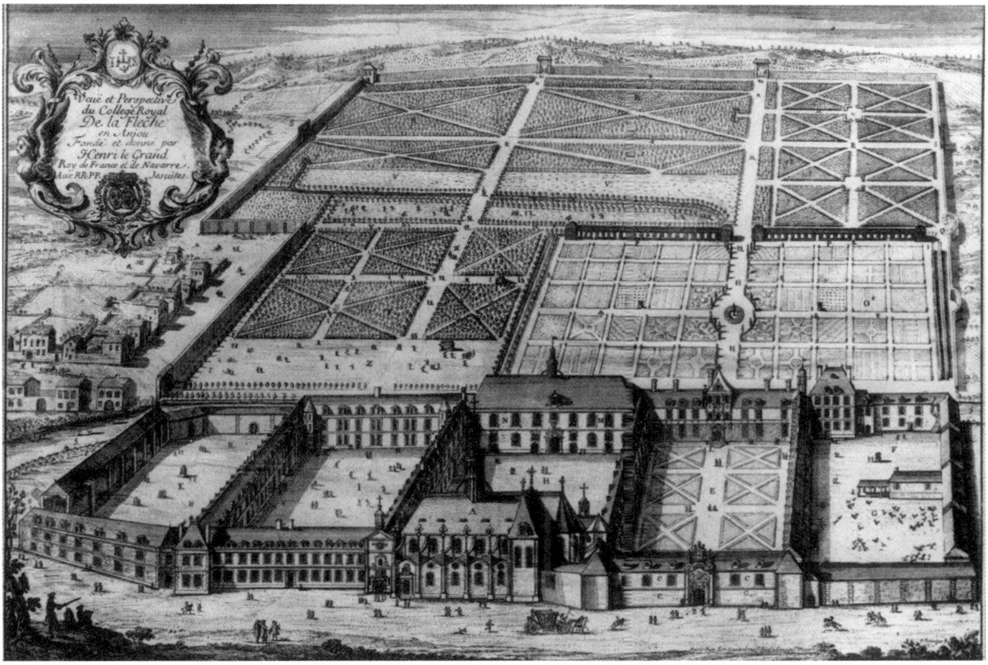

라 플레슈 학교의 전경을 보여 주는 17세기 동판화

논고》(*Treatise of Human Nature*)를 썼다.

영국으로 돌아온 후 그는 이를 출판하는 데 어려움을 겪었으며, 출판 후 반응을 보고 더욱 실망했다. 그는 자서전에 다음과 같이 썼다. '나의 논고보다 더 불행한 책은 결코 없을 것이다. 그 책은 **인쇄기로부터 죽은 채 태어나** 사라졌다.' 하지만 흄이 세상을 떠난 후 이 책은 대단한 명성을 얻었다. 18세기 독일의 관념론자들과 19세기 영국의 관념론자들은 모두 이 책을 경험론을 비판하기 위한 공격 목표로 여겼다. 그들은 이 책을 몹시 혐오하면서도 동시에 높이 평가했다. 20세기 영국 경험론자들은 이를 영어로 쓴 철학 저술 중 가장 위대한 것이라고 격찬했다. 후에 이 책은 흄이 이 책에 포함된 여러 사상을 대중을 위해 쉽게 풀어쓴 다른 저술들과 더불어 데카르트 이후 다른 어떤 철학자의 저술보다도 큰 영향을 미쳤다. 라 플레슈라는 작은 마을은 자신이 철학에 기여한 바를 충분히 자랑해도 좋을 듯하다.

《논고》는 모두 세 권으로 구성되는데 처음 두 권은('지성에 관하여', '정념에 관하여') 1739년에, 3권은('도덕에 관하여') 1740년에 출판되었다. 이 책의 목표는 초판의 부제에 언급된 대로 **실험적인 추론 방법을 도덕적 주제들에 도입하려는 시도**이다. 흄은 실험적 방법을 도덕적 주제들에 적용함으로써 뉴턴이 물리학에서 행한 바를 자신은 심리학에서 행한다고 생각했다. 그는 물체들 사이의 만유인력에 비견될 수 있는 관념들 사이의 관계를 설명하려 했다. 그리고 형이상학자들이 지금까지 혼란스럽게 잘못 해석해 온 인과성이나 의무 등의 개념을 자신이 처음으로 확실히 해명한다고 생각했다. 모든 학문은 우리에게 이익을 준다. 이제 우리는 지식의 변방에서 작은 요새를 지키는 대신 '이런 학문들의 중심 또는 중앙을 향하여, 인간 본성 자체를 향하여 직접 행진할 수 있게 될 것이다' (*T*).[1]

《논고》의 1권은 정신의 내용물을 ('지각'을) 경험론적으로 분류하는 작업과 더불어 시작된다. 여기에는 로크 및 버클리의 인식론에서 사용된 것과 동일한 근거가 많이 등장하지만 흄은 지각을 오직 두 종류로, 즉 인상과 관념으로 나눈다. 인상은 관념보다 더욱 강렬하며 생생하다. 인상에는 감각과 감정이 포함된다. 반면 관념은 사고와 추론을 포함하는 지각이다. 흄은 기억과 상상력의 관념 및 관념들 사이의 연상을 상세히 다룬다. 그는 로크의 추상 관념에 대한 버클리의 비판을 지지하고 더욱 강화한다.

《논고》의 1권 2부에서 공간과 시간의 관념을[2] 다룬 후 흄은 '지식과 개연성에 관하여'라는 제목의 절에서 이후 가장 큰 영향을 미친 자신의 독창적인 사상을 전개한다. 여기서 흄은 감각이 직접 전하는 바를 넘어서서 확장된 모든 지식은 원인과 결과의 관념에 의존한다고 주장한다. 우리가 과거에 무엇

[1] [옮긴이 주] 원서에는 인용 출처가 (*T*)로만 표시되었는데 이 대목은 《논고》의 서문, 여섯 번째 단락에 등장한다.

[2] 이에 관해서는 4장 참조.

이 일어났는지를 발견하고 또 미래에 무엇이 일어날지를 추측하는 일은 모두 이 두 관념을 통해서 이루어진다. 따라서 이 두 관념의 근원을 면밀히 검토할 필요가 있다.

그는 인과성의 관념이 본래 대상에 속하는 그 어떤 성질로부터도 생겨날 수 없다고 말한다. 왜냐하면 서로 전혀 다른 종류의 대상들이 원인과 결과가 될 수 있기 때문이다. 그 대신 우리는 대상들 사이의 관계를 살펴보아야 한다. 그러면 원인과 결과가 서로 근접해서 발생해야 하며, 원인이 시간상 결과에 앞서야 한다는 점을 발견한다. 만일 서로 다른 두 종류의 대상이 항상 연결된다는 사실을 발견하지 못한다면 근접성과 연속성만으로는 두 대상을 원인과 결과로 선언하기에 충분하지 않다. 하지만 그런 사실마저도 충분한 것은 아니다. 우리는 어떤 원인으로부터 결과를 추론하려면 원인과 결과 사이에 어떤 필연적인 연결이 반드시 존재해야 한다고 생각한다.

몇 페이지에 걸쳐 뛰어난 논증을 펼친 후에 흄은 우리를 깜짝 놀라게 하는 결론에 도달한다. 우리의 추론이 원인과 결과 사이의 필연적 연결에 의존하는 것이 아니라 필연적인 연결이 우리가 원인으로부터 결론을 이끌어 내는 추론에 의존한다. 원인과 결과 사이에 필연적 연결이 존재한다는 우리의 믿음은 추론이 아니라 습관의 산물이다. 그리고 흄은 이와 반대되는 주장으로부터 우리를 격리하기 위하여 믿음과 그 근거 사이의 관계에 관한 자신의 고유한 분석을 제시한다. 그는 자신의 새로운 회의주의가 고대와 근대에 등장한 다른 형태의 회의주의와 관련하여 어떤 위치를 차지하는지를 논의하면서 지성에 관한 부분을 마무리 짓는다. 특히 이 부분의 끝머리에는 흄이 이전 철학자들이 생각해 온 자아가 현존한다는 사실을 부정하는 유명한 논의가 등장한다.[3]

[3] 인과성에 관한 흄의 논의는 6장에서, 자아에 관한 논의는 아래의 7장에서 더욱 상세히 검토할 예정이다.

《논고》 2권에서 정념 또는 감정에 관하여 탐구함으로써 흄은 데카르트와 스피노자의 행보를 따른다. 하지만 이 주제는 합리론 철학자들보다 흄에게 훨씬 더 큰 중요성을 지닌다. 왜냐하면 흄의 심리철학은 합리론 철학자들이 이성의 활동으로 여겼던 수많은 작용을 정념의 역할로 돌리기 때문이다 — 인과적 추론은 이에 속하는 많은 예들 중 가장 놀라운 것에 지나지 않는다.

흄의 언급에 따르면 정념은 특별한 종류의 인상이다. 지각을 인상과 관념으로 나눈 후에 흄은 다시 인상을 원초적 인상과 이차적 인상으로 분류한다. 감각적 인상과 육체적 쾌락과 고통은 원초적 인상인 반면 정념은 이차적 인상에 해당하는데 이것이 바로 2권의 주제를 형성한다. 여기서 흄은 교만과 겸손, 사랑과 미움 등의 개별적인 정념에 관하여 매우 상세히 논의한다. 2권의 가장 충격적인 결론은 지금까지 수없이 논의되어 온 정념과 이성 사이의 대립과 갈등이 사실은 형이상학자들이 만들어 낸 신화에 지나지 않는다는 것이다. 흄에 따르면 이성 자체는 어떤 행위도 산출할 수 없다. 모든 자발적인 행위는 정념에 의해서 동기가 부여된다. 이성은 결코 정념을 이길 수 없으며 오직 상반되는 정념만이 정념을 이긴다. 다음과 같은 주장을 보고 당황해서는 안 된다. '이성은 정념의 노예이며 또한 노예여야만 한다. 그리고 이성은 정념에 봉사하고 복종하는 것 이외의 다른 어떤 임무도 탐내서는 안 된다' (*T* II. 3. 3).

2권 끝부분을 보면 흄의 윤리 체계가 모든 전통적인 도덕철학과 다른 모습을 보이리라는 점이 이미 명백히 예상된다. 이성은 우리를 행위하게 만들 수 없기 때문에 도덕 판단은 이성의 산물일 수 없다. 왜냐하면 도덕 판단의 목표는 오직 우리의 행위를 인도하는 것이기 때문이다. 이성은 관념들 사이의 관계나 사실의 문제에만 관여할 뿐인데 이들 중 어떤 것도 우리를 행위로 인도하지 않는다. 오직 정념만이 이런 일을 할 수 있는데 이성은 우리의 정념에 원인을 제공하지도 않으며 정념을 평가할 수도 없다. '내 손가락을 살짝 긁히는 편보다 전 세계의 멸망을 택한다 할지라도 이는 전혀 이성에 어긋나지 않는다.' 이성이 할 수 있는 일은 기껏해야 정념이 추구하는 목표의 실현 가능성을 규정하고 그 목표에 도달하는 최선의 방법을 제시하는 것뿐이다. 흄은 이성과 정념에 관한 논의를 다음과 같은 유명한 대목으로 마무리 짓는다.

> 내가 지금까지 접했던 모든 도덕 체계들에서 항상 주목하였던 바는 각 체계의 저자들이 어느 정도까지는 일상적인 방식으로 추론을 진행하다가 느닷없이 신의 존재를 확립하고 인간사에 관한 여러 가지를 관찰한다는 점이다. 그리고 도덕 체계에서는 명제의 일반적인 계사인 **이다와 아니다** 대신에 **해야만 한다와 해서는 안 된다**로 연결되지 않은 명제가 없다는 사실을 발견하고 나는 매우 놀랐다. 이러한 계사의 변화는 부지불식간에 이루어지지만 매우 중요하다(*T* III. 1. 1).

'해야만 한다'는 '이다'로부터 도출될 수 없으며 우리가 이끌어 내야 하는 결론, 즉 선과 악, 옳고 그름 사이의 구별은 이성이 아니라 도덕감의 산물이다.

이를 기초로 삼아 흄은 《논고》의 3권 2부에서 정의(正義)와 불의(不義)에 관하여 논의하며, 3부에서는 자비심이나 정신의 위대함 같은 인간 본성의 덕들을 다룬다. 그는 도덕적 구별의 주요 원천이 다른 사람들에 대한 공감(sympathy)의 감정이라고 결론짓는다. 정의가 칭찬받는 까닭은 공공의 이익에 기여하기 때문이다. 그런데 우리가 공감의 감정을 통해서 공공의 이익에 관심을 갖지 않는다면 그것은 우리에게 아무 의미도 지니지 못할 것이다. '덕은 어떤 목적에 대한 수단으로 여겨진다. 그런데 오직 그 목적이 가치 있을 경우에만 수단 또한 가치를 지니게 된다. 그리고 낯선 사람들의 행복은 오직 공감을 통해서만 우리에게 영향을 미친다'(*T* III. 3. 6).

《논고》는 한 인물이 20대에 쓴 것이라고는 믿기지 않을 만큼 대단한 저술이며, 흄이 이 책에 대한 반응에 실망한 것도 충분히 납득할 만하다. 그는 이런 실망 상태에서 벗어나 이 책의 잘못은 내용이 아니라 표현 방식이라는 결론을 내렸다. 따라서 그는 1740년 특히 인과성 이론을 중심으로 한 이 책의 요약본을 익명으로 출판했다. 그는 두 권으로 구성된 《도덕 및 정치 소론집》(*Essays Moral and Political*, 1741~2)을 다시 익명으로 출판했는데 이는 호평을 받았다. 그 후 그는 《논고》의 내용을 대부분을 대중을 위하여 쉽게 다시 썼다. 《논고》 1권에 해당하는 《인간 지성에 관한 탐구》(*An Enquiry Concerning Human Understanding*)는 1748년 (지금과는 다소 다른 제목으로[4]) 처음 출판되었으며 1751년 (완전한 결정판으로) 다시 출판되었다. 이 책에서는 《논고》의 내용 중 공간과 시간에 관한 부분이 제외된 반면, 기적을 다룬 장이 추가되었는데 성서를 정통적으로 해석하는 사람들은 이에 크게 반발하였다. 마찬가지로 1751년에 흄은 《도덕 원리에 관한 탐구》(*An Enquiry Concerning the Principles of Morals*)를 출판했는데 이는 《논고》 3권을 요약하고 개정한 것이다.

1745년 흄은 에든버러 대학의 교수직에 지원했지만 성공하지 못했다. 하지만 이를 계기로 젊은 애넌데일 후작(Marquis of Annandale)의 개인 교사직을 얻게 되었다. 그 후에 그는 먼 사촌인 클레어 장군(General St. Clair)의 수행원으로 오스트리아의 왕위 계승권 문제로 발생한 전쟁 동안 브르타뉴에 파견된 원정 함대에서 일했다. 이 전쟁이 막바지에 이른 1747년 그는 외교 임무를 띠고 빈과 토리노를 방문한 장군을 수행했다. 이런 과정을 통하여 그는 마침내 경제적 안정을 얻었다. 그는 스스로 천 파운드를 모았다고 자랑했으며, 주변 사람들은 그를 '거북까지도 삼켜 버리는 총독'으로 묘사했다. 1751년 그는 에든버러 대학 법률학과의 도서관 사서가 되었으며, 누이동생과 함께 에든버러 시내에 집을 지었다.

[4] 〔옮긴이 주〕 1748년 판의 제목은 《인간 지성에 관한 철학적 소론》(*Philosophical Essays Concerning Human Understanding*)이었다.

1750년대에 접어들면서 흄의 철학 저술들은 잘 팔리기 시작했으며 그는 상당한 명성 또는 최소한 악명이라도 얻게 되었다. 그는 '한해에 두세 번 나를 존경하는 사람들 또는 올바르게 평가하여 존경하는 사람들로부터의 반응을 듣게 되었다' 고 말한다. 하지만 그 자신의 저술 활동은 새로운 전환점을 맞이했다. 1754년에서 61년 사이에 그는 여섯 권으로 구성된 영국사를 썼는데 열렬한 토리당(Tory) 지지자의 관점을 드러냈다. 생전에 그는 철학자라기보다는 역사가로 훨씬 더 유명했다.

1763년 7년 전쟁(the Seven Year War)이 끝날 무렵에 흄은 파리 주재 영국 대사관의 비서가 되었는데 전임 대사와 후임 대사의 공백기 6개월 동안 대리 대사로 일하기도 했다. 그는 파리의 환경을 마음에 들어 하면서 디드로(Diderot)나 달랑베르(d' Alembert) 등의 철학자들과 사귀기도 하고, 부플레르 백작 부인(Comtesse de Boufflers)과 우아한 사랑에 빠져 영국으로 돌아온 후에도 은밀하게 연애편지를 주고받기도 했다. 그는 런던으로 돌아올 때 당시 유럽 대륙에서 처형당할 위험에 처했던 스위스 출신의 철학자 루소(Jean-Jacques Rousseau)와 함께 왔다. 흄은 루소와 친구가 되어 그를 보호하기 위해 온갖 노력을 다했지만 이는 루소의 까다로운 성미 때문에 수포로 돌아갔다. 1767년 두 철학자는 널리 알려진 다툼을 벌이고 결별했다.

흄은 1767년에서 69년까지 2년 동안 그래프턴 공작(Duke of Grafton) 아래서 영국 북부의 행정 차관을 지내는 것으로 공직 생활을 마쳤다. 그는 은퇴 후 에든버러로 돌아와 1776년 세상을 떠날 때까지 그곳에서 살았다. 그는 때로 《자연종교에 관한 대화》(*Dialogues Concerning Natural Religion*)의 원고를 수정하면서 시간을 보냈는데 자연신학에 대한 철학적 공격을 담고 있는 이 책은 사후인 1779년 출판되었다. (흄이 죽기 전 병든 모습을 상세히 기록했던) 보즈웰(James Boswell)은 실망했을지 모르지만 흄은 종교적인 위로를 정중히 거절하고 평온하게 눈을 감았다. 흄은 짧은 자서전을 남겼는데 이는 1777년 친구였던 유명한 경제학자 아담 스미스(Adam Smith)에 의해

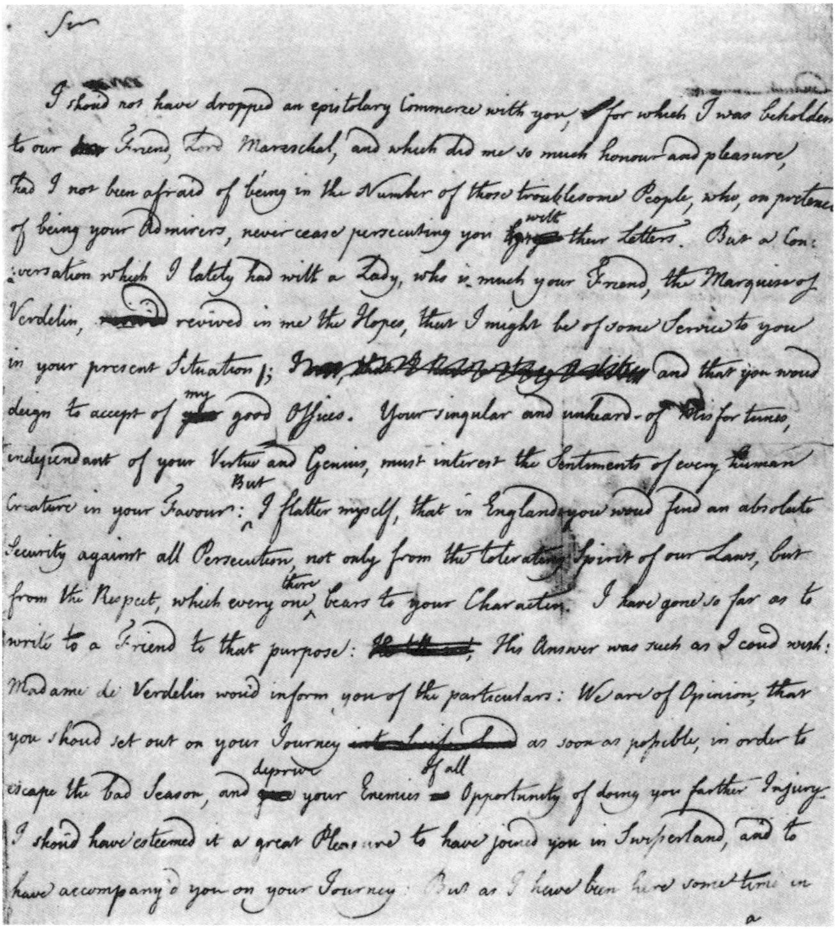
Sir

I shoud not have dropped an epistolary Commerce with you, for which I was beholden to our Friend, Lord Mareschal, and which did me so much honour and pleasure, had I not been afraid of being in the Number of those troublesome People, who, on pretence of being your Admirers, never cease persecuting you with their letters. But a Conversation which I lately had with a Lady, who is much your Friend, the Marquesse of Verdelin, revived in me the Hopes, that I might be of some Service to you in your present Situation; and that you woud deign to accept of my good Offices. Your singular and unheard-of Misfortunes, independant of your Virtue and Genius, must interest the Sentiments of every human Creature in your Favour: But I flatter myself, that in England you woud find an absolute Security against all Persecution, not only from the tolerating Spirit of our Laws, but from the Respect, which every one there bears to your Character. I have gone so far as to write to a Friend to that purpose: His Answer was such as I coud wish: Madame de Verdelin woud inform you of the particulars: We are of Opinion, that you shoud set out on your Journey as soon as possible, in order to escape the bad Season, and deprive your Enemies of all Opportunity of doing you farther Injury. I shoud have esteemed it a great Pleasure to have joined you in Switzerland, and to have accompany'd you on your Journey: But as I have been here some time in a

흄이 루소를 영국으로 초청하기 위하여 그에게 직접 쓴 편지

서 출판되었다. 스미스 자신은 흄에 대해서 다음과 같이 썼다. '대체로 그가 살아 있을 때나 세상을 떠난 후에나 그를 생각하면 항상 나약한 인간의 본성이 허락하는 한에서 가장 완벽하게 현명하고 덕이 있는 인간의 모습이 떠오른다.'

스미스와 리드

아담 스미스는 철학사보다는 경제학사에서 훨씬 더 큰 비중을 차지하는 인물이다. 하지만 그는 글래스고 대학의 논리학 및 도덕철학 교수였으며, 1759년 《도덕감정론》(*Theory of Moral Sentiments*)을 출판했다. 이 책에서 그는 우리의 도덕 판단에 대한 기초를 제공하는 요소로서 공감을 강조했던 흄의 견해를 발전시켜 공감 자체 및 공감과 도덕의 관계에 대한 더욱 상세한 분석을 제시한다. 흄은 공감을 본질적으로 쾌락과 고통을 다른 사람과 공유하는 능력으로 보았던 반면 스미스는 공감을 더욱 넓은 영역으로 확장하여 어떤 감정을 공유하는 경우에도 공감이 등장할 수 있다고 본다. 따라서 우리가 정의에 대한 관심을 갖게 되는 까닭은 손해를 입은 희생자의 분노에 우리가 공감하기 때문이다. 우리가 자비심을 칭찬하는 까닭은 자비를 베푸는 사람의 관대함과 이로부터 도움을 받는 사람의 감사하는 마음에 공감하기 때문이다. 공감이 도덕 판단을 산출하는 역할을 하기 때문에 행위의 결과보다는 동기가 더욱 중요하다. 따라서 효용은 경제학에서는 가장 중요한 요소일지 몰라도 도덕의 궁극 기준일 수는 없다. '정신의 어떤 성향이라도 그것이 유용하기 때문에 우리가 그것을 시인하고 칭찬하는 경우는 거의 없다. 칭찬이라는 정서는 항상 효용의 지각과는 분명히 구별되는 어떤 의미의 올바름을 포함한다' (*TMS*, 189).

스미스는 도덕 판단이 본질상 일종의 사회적 구성물이라고 주장한다. 외딴 섬에서 혼자 자란 사람은 '자신의 성격에 대하여 자신의 정서와 행위가 지닌 올바름과 결함에 대하여, 자신의 얼굴에서 드러나는 아름다움과 추함보다는 자신의 정신에서 드러나는 아름다움과 추함에 대하여 거의 생각할 줄 모를 것이다' (*TMS*, 110). 우리 자신이 어떤지를 알려면 사회라는 거울이 필요하다. 자기 자신과 어느 정도 거리를 두지 않는다면 우리는 자신의 정서와 동기에 대하여 어떤 판단도 내릴 수 없을 것이다. 따라서 다음과 같은 작업이 필요하다.

> 나는 나 자신을 말하자면 두 사람으로 분리해야 한다. … 첫 번째는 관망자인데 이를 통하여 나는 나 자신을 그의 상황에 놓고 그의 특수한 관점에서 내 행위가 어떻게 보일지를 고려함으로써 나의 행위를 낳은 정서를 밝히려고 노력하게 된다. 두 번째는 행위자인데 이는 진정으로 나 자신이라고 부를 수 있는 것으로서 그의 행위에 대하여 나는 관망자의 관점 아래서 어떤 의견을 형성하려고 노력하게 된다(*TMS*, 113).

이를 통하여 스미스는 공평한 관망자라는 관점을 윤리학에 도입했는데 이는 이후 도덕철학자들의 저술에서 자주 등장하는 개념이 되었다.

아담 스미스는 흄을 높이 평가하고 그의 철학 사상 중 일부를 우호적인 태도로 발전시킨 반면 스미스의 뒤를 이어 글래스고 대학의 도덕철학 교수직을 맡았던 리드(Thomas Reid, 1710~96)는 흄뿐만 아니라 그가 속했던 경험론적 전통 전체에 대한 최초의, 가장 격렬한 비판자였다. 1764년 리드는 흄의 《논고》에 대응하여 《상식의 원리에 기초한 인간 정신 탐구》(*Inquiry into the Human Mind on the Principles of Common Sense*)를 출판했으며 뒤이어 1780년대에도 인간의 지적 능력과 행위 능력을 다룬 두 편의 논문집을 출판했다. 흄의 탐구가 낳은 역설적인 결론을 보고 리드는 흄이 출발점으로 삼은 원리들, 특히 영국 경험론자들과 대륙의 데카르트주의자들이 모두 받아들였던 관념의 체계를 의심하기 시작했다.

> 데카르트에서 버클리 주교에 이르는 가장 뛰어난 철학자들이 물질세계가 현존함을 증명하기 위한 논증을 발견하려 애썼지만 검증을 견뎌낼 만한 어떤 것도 발견하지 못했음을 지켜보면서, 이 시대의

> 가장 예리한 형이상학자인 버클리 주교와 흄이 우주 안에는 어떤 물체도 없으며 — 해, 달, 별들, 우리가 사는 지구, 우리 자신의 육체, 우리 친구들의 육체 등이 단지 우리 정신 안의 관념에 지나지 않으며 오직 우리의 사고 안에서만 존재한다고 주장하는 것은 지켜보면서, 또한 육체도 정신도 없으며 — 본성상 이런 것들은 관념과 인상일 뿐이며 — 심지어 수학의 공리에서조차 어떤 확실성도, 어떤 개연성도 존재하지 않는다는 최근의 주장을 지켜보면서, 나는 다음과 같이 말하려 한다. 이런 주제를 다룬 수많은 예리한 학자들의 이렇게 터무니없는 주장을 고려할 때 이런 주장은 모두 단지 자신의 두뇌가 만들어 낸 거미줄로 자기 자신을 얽어맨 공상가의 꿈에 불과하다는 생각을 하지 않을 수 없다.

이를 통하여 리드는 당시의 철학 전체가 그릇된 제일원리에서 출발한다면 아무리 지적인 사람도 오류를 범할 수 있음을 보여 준다고 주장한다.

리드는 데카르트와 로크가 범한 기본적인 오류가 '관념'이라는 단어의 애매함 때문에 발생했다고 정확히 지적한다. 일상어에서 '관념'은 정신의 작용을 의미한다. 무언가에 대한 관념을 지닌다는 것은 그것을 생각한다는 것이며 그것에 대한 개념이 있다는 것이다. 리드는 철학자들이 관념이라는 단어에 이와는 다른 의미를 부여해 왔다고 말한다. 철학자들이 부여한 의미에 따르면 '관념은 우리가 사고 또는 개념이라고 부르는 정신의 작용이 아니라 어떤 사고 대상을 지시한다.' 처음에는 사물을 대신하는 초라한 상으로 도입된 관념은 결국 자신이 나타내는 바를 대신하게 되고 따라서 자신을 제외한 다른 모든 것을 서서히 파괴한다. '관념은 본성상 다른 것들의 현존에 우호적이지 않은 무언가를 지니는 듯이 보인다.'

철학적 의미의 — 즉 정신과 세계 사이의 매개체로서 — 관념은 리드의 관점에서는 순전한 허구에 지나지 않는다. 물론 우리는 많은 것들에 대한 개념을 지닌다. 하지만 개념은 일종의 상이 아니며, 어떤 경우에도 개념이 우리의 지식을 구성하는 기본 요소의 역할을 하지는 않는다. 그런 역할을 하는 것은 명제이다. 로크의 추종자들은 지식이 순수한 개념과 ('단순한 파악'과) 더불어 시작되며 이들이 모여 믿음과 판단을 형성한다고 생각한다. 하지만 이는 우리가 사물을 보는 방식을 잘못 제시한 것이다. '단순한 파악을 한데 모아 서로 비교함으로써 믿음 또는 지식에 이른다고 말하는 대신 자연적이고 원초적인 판단을 분해하고 분석함으로써 단순한 파악을 얻게 된다고 말해야 한다' (*I*. 2, 4). 논리적인 측면에서 명제가 개념에 선행하며, 명제를 분석함으로써 개념이 도출된다는 주장은 20세기 몇몇 분석철학자들 사이에서 유행한 이론을 예견한 것으로 평가된다.

리드의 논증은 다음과 같이 진행된다. 내가 나무 한 그루를 볼 때 나는 단지 나무의 관념만을 받아들이지 않는다. 내가 나무를 보는 행위는 그 나무가 어떤 형태와 크기, 자세로 현존한다는 판단을 포함한다. 정신이 지니는 최초의 내용은 서로 분리된 일련의 관념이 아니라 일련의 '원초적이고 자연적인 판단'이다. 그리고 이것이 리드가 '인류의 상식'이라고 부르는 바를 구성한다. 리드 이전에 철학자들은 일반적으로 '상식' (common sense)이라는 용어를 서로 다른 외부적인 감각으로부터 얻어진 감각적 자료들을 식별하고 결합하는, 이른바 내적 감각을 지칭하는 것으로 사용했다. 이 표현에 현재 통용되는 의미, 즉 모든 사람이 공통적으로 공유하는, 추론에 의해서 얻어지지 않은 원리들의 집합이라는 의미를 부여한 사람은 리드이다. 리드는 대부분의 사람들에게서 이성이라는 더욱 높은 수준의 능력은 잘 드러나지 않지만 상식은 신이 부여한 보편적인 선물이라고 말한다.

리드가 추론의 기초로 여기는 상식적인 원리들 중에는 영국 경험론자들이 의문시했던 많은 내용들이 포함된다. 리드는 버클리에 반대하여 크기나 형태, 운동 등은 물질적 실체의 고유한 속성이라고 주장한다. 리드는 로크에 반대하여 제이성질 또한 물체의 진정한 성질들이라고 주장한다. 내가 보는 색이 그것에 대한 나의 감각과 같지 않을 수도 있지만 그 색은 내 감각의 원인이 된다. 흄에 반대하여 리드는 우리가 의식적인 사고를 하려면 '정신이라고 불리는 주관이 반드시 필요하다' 고 주장한다. 그리고 리드는 무엇이든 간에 현존하려면 그것을 만들어 내는 원인이 반드시 있어야 한다는 원리를 재확인한다(《인간 정신의 행위 능력에 관한 시론》(*Essays on the Active Powers of the Human Mind*), 8.3, 6).

흄의 저술에는 이른바 '일반인들이' 지니는 믿음 — 예를 들면 우리가 지각하지 않을 때에도 대상이 계속 현존한다는 — 을 상당히 경멸하는 대목이 자주 등장한다. 리드는 철학자들이 일반인들의 믿음을 경멸하려면 상당한 위험을 감수해야 하는데 그러면서도 철학자들이 일반인들의 믿음을 무시하는 까닭은 오직 철학자들이 단어의 의미를 몰래 바꾸었기 때문이라고 생각한다. '일반인들은 날마다 접해서 잘 아는 것들에 나름대로 이름을 붙일 당연한 권리를 지닌다. 철학자들이 이런 상식적인 단어의 의미를 아무런 경고도 없이 바꾸려 한다면 이는 언어의 남용으로 비난받아 마땅할 것이다.'

리드는 '상식과 철학 사이의 불공평한 경쟁에서 철학은 항상 불명예와 손실을 뒤집어 쓴 채 떨어져 나가고 말 것' 이라고 말한다(*I*. 1, 4). 이것이 과학 기술에 반대하는 무지한 일반인의 언급으로 여겨져서는 안 된다. 리드를 선구자로 여기는 현대 일상언어학파의 철학자들처럼 리드 또한 일반인들이 결정권을 지니는 영역은 명제의 참과 거짓이 아니라 오직 단어의 의미라고 생각하였다. 그리고 그가 '상식' 이라는 용어를 통하여 의미한 바는 자연에 관한 통속적인 믿음이나 수다스러운 노파들의 세상 이야기가 아니라 다른 철학자들이 이성의 직관으로 여겼던 자명한 원리들이다. 과학 자체는 단순한 상식의 문제가 아니라 상식의 빛 안에서 진행되는 이성적인 탐구이다. 그리고 과학적 탐구의 결과는 당연히 일반인들의 개인적인 선입견을 이길 수 있다.

리드 자신은 실험을 중시하는 과학자였으며 가시적 대상을 다루는 기하학에서 독창적인 성과를 낳기도 했는데 이들 중 일부는 비유클리드 기하학의 발전을 예견한 것으로 평가된다. 그가 자신의 철학을 통하여 보이려 했던 바는 일반인들의 실재론이 최소한 합리론자와 경험론자들의 지나치게 복잡한 또는 궤변에 가까운 철학과 같은 정도로 과학의 추구와 양립할 수 있다는 사실이었다.

계몽주의

아담 스미스와 리드는 이후 스코틀랜드 계몽주의로 알려진 사상적 흐름을 대표하는 두 인물이었다. 18세기 전 유럽의 지식인들은 자신들이 무지와 미신으로 어두워진 세계에 이성의 빛을 밝히는 역할을 한다고 생각했다. 그런데 프랑스 사상가들뿐만 아니라 다른 나라 사상가들도 프랑스를 계몽주의의 진정한 고향으로 여겼다. 프랑스 계몽주의는 1750년대와 60년대에 걸쳐 디드로(Denis Diderot)와 달랑베르(d' Alembert)가 편집한, 모두 17권으로 이루어진 《백과전서, 또는 과학, 예술, 기술에 관한 체계적인 사전》(*Encyclopedie, ou dictionnaire raisonne des sciences, des arts et des metiers*)이 출판되면서 정점에 이르렀다. 하지만 반세기 이상에 걸쳐 이런 위대한 업적의 토대를 마련한 다른 프랑스 사상가들이 있었다.

벨(Pierre Bayle, 1647~1706)은 《역사와 비판 사전》(*Dictionnaire historique et critique*)을 출판했는데 여기서 그는 성서와 역사의 등장인물들을 상세히 탐구함으로써 자연신학과 계시신학에 수많은 모순점과 부조화가 있음을 폭로했다. 그의 도덕 사상의 개요는 오직 폭넓은 관용을 동반할 경우에만 종교적 신앙이 유지될 수 있으며, 윤리적 가르침은 종교적 교훈과 무관해야 한다는 것이었다. 인간의 영생과 신의 현존 등은 덕이 있는 삶을 사는데 필요하지 않다.

많은 학자들이 벨의 회의주의를 반박했는데 가장 유명한 예로는 라이프니츠의 《변신론》을 들 수 있다. 하지만 종교적 권위를 부정하는 벨의 태도는 프랑스뿐만 아니라 독일의 계몽주의 사상가들에게까지 큰 영향을 미쳤다. 하지만 계몽주의의 긍정적인 요소는 — 예를 들면 인간이 처한 사회적, 정치적 상황을 더욱 과학적으로 파악하려는 태도는 — 벨보다 더욱 체계적인 사상을 제시한 다른 어떤 인물, 즉 몽테스키외(Charles de Secondat, Baron de Montesquieu, 1689~1755)로부터 더 큰 영향을 받았다.

몽테스키외의 위대한 저술 《법의 정신》(*The Spirit of the Law*, 1748)은 방대한 역사학적, 사회학적 지식에 기초하여 국가의 본질에 관한 이론을 구성한다. 이에 앞서 두 권의 저술 — 프랑스 사회를 풍자한 《페르시아인의 편지》(*Persian Letters*, 1721)와 고대 로마의 위대함과 쇠망의 원인이라는 다소 무거운 주제를 다룬 — 을 내놓은 후 몽테스키외는 오랜 집필 기간을 거쳐 《법의 정신》을 출판했다.[5]

몽테스키외는 상당 기간을 영국에서 보냈으며 영국의 정치 체제를 크게 칭찬했다. 영국을 찬미한 그의 열정은 이후 계몽주의 철학자들에게까지 이어졌고, 이들은 자신들이 데카르트나 스피노자, 라이프니츠보다는 베이컨과 로크, 뉴턴의 사상을 계승했다고 여겼다. 볼테르(Voltaire, 1694년에 태어났으며 본명은 프랑수아 마리 아루에(François Marie Arouet)였는데)가 출판한 최초의 철학적 저술 《철학 서간》(*Philosophical Letters*, 1734)은 영국의 정치 제도와 교회 조직에서 드러나는 비교적 자유롭고 온건한 분위기를 크게 칭찬하는 내용으로 가득 차 있다. 그는 영국의 관용적 태도를 진심으로 칭찬했는데 1726년 영국으로 추방되기 이전에도 이미 고위 귀족을 비방하는 괴문서를 만들었다는 이유로 처벌받아 두 차례나 바스티유 감옥에 갇힌 적이 있었기 때문이다.

[5] 몽테스키외의 정치철학에 관해서는 9장에서 더욱 상세히 살펴볼 예정이다.

볼테르는 《철학 서간》 중 열세 번째 편지에서 근대 초기의 철학자들이 엮어 낸 낭만주의적 공상에서 벗어나 인간 영혼에 관한 제대로 된 설명을 제시한 최초의 철학자로 로크를 든다. '로크는 훌륭한 해부학자가 인간 신체의 기관들을 설명하듯이 인간 이성을 우리에게 드러내 보여 주었다.' 《백과전서》가 출판되기 몇 해 전에 볼테르는 영국의 과학과 철학을 소개하는 활발한 홍보 담당자를 자처하면서 1738년 《뉴턴의 철학》(*Philosophy of Newton*)을 출판했다. 《백과전서》를 만들려는 생각 자체도 영국의 영향을 받은 것인데 영국에서는 1728년 체임버스(Ephraim Chambers)라는 인물이 두 권으로 구성된 《백과사전, 또는 예술과 과학에 관한 보편적인 사전》(*Cyclopaedia : or, an Universal Dictionary of Arts and Sciences*)을 출판했다.

《백과전서》의 두 편집자는 서로 전혀 다른 재능과 성격을 지닌 인물이었다. 달랑베르는 뛰어난 재능을 타고난 수학자로서 유체 역학을 다룬 독창적 저술을 업적으로 남겼다. 그는 산술학과 기하학이 지닌 확실성과 정확성을 모든 학문으로 확산하려는 목표를 세웠으며, 하나의 거대한 통일 과학이라는 이상을 제시한 초기 인물이었다. 그는 《백과전서》의 서문에서 '세계란 그것을 하나의 관점에서 받아들이는 방법을 아는 모든 사람들에게는 오직 하나의 사실이며 하나의 위대한 진리'라고 말한다. 그는 물리학보다는 생물학과 사회과학에 더 큰 관심을 보였다. 달랑베르가 학술계에서 환영받았던 반면 디드로는 세계 안에 신의 설계가 존재하는지를 의문시했던 《맹인에 관한 편지》(*Letter on the Blind*)라는 저술 때문에 상당 기간을 감옥에서 보냈다. 달랑베르와 디드로 두 사람은 과학적 진보를 피할 수 없다는 믿음, 기독교가 인간의 삶 향상에 큰 방해물이 된다는 생각 그리고 근본적으로 인간 본성에 대한 유물론적 견해에 동의했다. 이들은 같은 생각을 지닌 한 무리의 학자들을 모아 《백과전서》의 집필진을 구성했는데 여기에는 앞서 소개한 몽테스키외와 볼테르 외에도 당시 막 《인간기계론》(*L'Homme Machine*)을 출판한 의사 라메트리(La Mettrie), 호사스러운 철학 살롱을 주름 잡았던 무신론자 돌

볼테르와 동료 계몽주의 철학자들의 저녁 식사 장면을 묘사한 위베르(Hubert)의 동판화

바크(Baron d' Holbach), 인간에게는 감각과 구별되는 지적 능력이 없다는 주장을 담은 책으로 악명 높았던, 결정론을 지지한 심리학자 엘베시우스(Claude Helvétius) 등이 포함되었다.

계몽주의 철학자들은 모두 반성직주의자였지만[6] 그렇다고 해서 모두 무신론자는 아니었다. 예를 들면 볼테르는 시계를 보면 시계 제작자의 존재를 알 수 있듯이 뉴턴이 설명한 세계를 보면 신의 존재를 확인할 수 있다고 생각했다. 볼테르는 1764년 자신의 《철학 사전》(*Philosophical Dictionary*)을 펴내면서 무신론 항목에서 다음과 같이 썼다.

[6] 〔옮긴이 주〕 반성직주의(Anti-clericalism)는 기본적으로 성직자들이 정치, 사회 문제에 영향력을 행사하거나 엄격한 교리를 강요하면서 자신들의 특권과 부를 추구하는 데 반대하는 태도를 의미한다. 반성직주의적인 주장은 이미 12~13세기부터 유럽에서 등장했지만 특히 프랑스 혁명 이후 큰 호응을 얻었다.

> 통치자들이 무신론을 택하는 것은 엄청난 악이며 지식인들도 마찬가지이다. 설령 지식인들이 죄 없는 삶을 산다 할지라도 이들의 이론이 공직에 있는 사람에게 영향을 미칠 수 있기 때문이다. 그리고 설령 광신적 행위만큼 해롭지는 않다 할지라도 무신론은 항상 도덕에 치명적인 결과를 낳는다. … 철학을 모르는 수학자는 목적인을 부정하지만 진정한 철학자는 그것을 수용한다. 그리고 널리 알려진 어떤 학자가 말했듯이 교리문답서가 어린아이들에게 신을 알려 준다면 뉴턴은 학자들에게 신을 증명해 준다(*PD*, 38).

볼테르는 널리 알려진 한 대목에서 만일 신이 존재하지 않는다면 신을 발명할 필요가 있었을 것이다 — 그렇지 않으면 도덕 법칙이 아무런 의미도 지니지 못할 것이기 때문이라고 말했다. 하지만 그 자신은 세계를 자유롭게 창조한 신의 존재를 믿지 않는다. 그런 신은 1755년 리스본을 강타한 지진과 같은 천재지변 때문에 생긴 악에 대하여 책임져야 할 것이다. 세계는 신이 자유롭게 창조한 것은 아니지만 신의 현존이 낳은 필연적이고 영원한 결과이다. 무신론에 가해지는 모든 비난을 거부하기 위하여 볼테르는 자신을 '유신론자' 라고 불렀다. 하지만 그와 같은 유형으로 신을 믿는 사람들을 지칭하는 표준적인 철학 용어는 '이신론자' 이다.

계몽주의 철학자들은 자주 프랑스 혁명의 선구자로 여겨지기도 하지만 그들이 반드시 급진적이거나 더 나아가 민주적인 것은 결코 아니었다. 디드로는 러시아의 여제였던 예카테리나 2세(Catherine the Great)의 후원을 받았으며, 볼테르는 3년 동안 프로이센의 황제 프리드리히 2세(Frederick II)의 궁정에서 생활했다. 이들이 생각했던 자유의 개념은 1789년 프랑스 혁명보다는 1688년 영국 명예혁명에서 등장했던 개념에 더욱 가깝다. 이들이 가장 소중히 여겼던 자유는 표현의 자유였으며, 이들은 원리상 귀족 정치에 전혀 반대하지 않았지만 각각 자신들이 선택한 전제 군주가 기대만큼 계몽적이지 않음을 아쉽게 여겼을 뿐이다. 모국에서 이들은 모두 정부의 권력 남용에 저항하기 위하여 기꺼이 큰 위험을 감수했다. 하지만 이들은 어떤 근본적인 정치적 변화도 요구하지 않았다. 특히 이들은 일반인들 — 볼테르가 즐겨 쓴 표현으로는 '오합지졸의 군중들' — 이 권리를 얻게 되는 일을 전혀 원하지 않았다.

루소

《백과전서》에서 음악과 관련되는 몇몇 항목의 글을 썼던 인물은 훨씬 더 멀리까지 나아가려 했는데 그가 바로 루소(Jean-Jacques Rousseau)였다. 1712년 제네바에서 시계공의 아들로 태어난 그는 칼뱅주의자로 성장했지만 16세 때 도제 일을 하다가 도망쳐 토리노에서 가톨릭으로 개종했다. 이는 바랑 남작부인(Baronne de Warens)의 권유로 이루어졌는데 루소는 1729년부터 1740년까지 그녀와 함께 살다가 헤어지기를 반복했다. 짧은 기간 동안 성악 교사와 가정교사 등의 일을 한 후 그는 1743년 베니치아 주재 프랑스 대사의 비서직을 얻었다. 하지만 대사에게 복종하지 않는다는 이유로 해고된 후 그는 파리로 가서 디드로와 친해졌으며 디드로가 감옥에 갇힌 동안에도 정기적으로 면회를 했다. 루소는 잠시 동안 달랑베르나 볼테르와도 좋은 관계를 유지했지만 1750년 예술과 과학의 진보가 도덕에 유익한 결과를 낳았는지를 묻는 현상 응모에 루소가 부정적인 대답을 한 논문을 써서 출판하자 계몽주의 철학자들은 큰 충격을 받았다. 루소는 4년 후 자신의 생각을 더욱 확장하여 《인간불평등기원론》(*Discourse on the Origin and Foundation of Inequality among Man*)을 발표했다. 이 두 저술의 주제는 인간성이 원래는 선하지만 사회 제도에 의해서 타락한다는 것이었다. 루소는 '고상한 원시인'이 이상적인 인간이라고 생각하면서 그의 단순한 선함이 문명인들을 부끄럽게 만들

것이라고 주장했다. 이런 생각은 과학적, 사회적 진보를 신봉하는 백과전서파 철학자들의 견해와 당연히 정반대되는 것이었다. 볼테르는《인간불평등 기원론》을 '인류에 반하는 책' 이라고 불렀다.

루소는 세탁소 여종업원 테레즈 르바쇠르(Therese Levasseur)와 오랫동안 함께 생활함으로써 현실적인 삶을 통해 당시 사회적 관행을 경멸하는 모습을 보였다. 루소는 그녀와의 사이에서 다섯 명의 자식을 낳았는데 이들을 차례로 고아원에 맡겼다.《마을의 점쟁이》(*Le Devin du village*)라는 오페라를 작곡하여 퐁텐블로에서 루이 15세(Louis XV)가 참석한 가운데 상연한 후 1754년 루소는 제네바로 돌아와 시민권을 얻기 위하여 다시 칼뱅교도로 개종했다. 당시 볼테르도 베를린에서 돌아와 제네바에 정착했지만 두 철학자는 서로 좋은 이웃이 될 운명이 아니었다. 1756년 루소가《섭리에 관한 편지》(*Letter on Providence*)를 출판하면서 모든 사람이 이들 둘 사이가 앙숙 관계라는 것을 알게 되었다. 1757년 달랑베르가 어떤 백과사전의 제네바 항목에서 이 도시가 희극의 상연을 금지한 것을 개탄하자 루소는《달랑베르에게 보내는 편지》(*Letter to d'Alembert*)를 출판했다. 여기서 루소는 플라톤의《국가》와 같은 대화편의 형식으로 연극 상연이 도덕의 타락에 영향을 미친다고 주장했다. 당시 루소는 둘 사이의 신뢰를 누설한 문제를 놓고 이미 디드로와 다툼을 벌인 상태였다. 1761년《도덕에 관한 편지》(*Lettres Morales*)를 출판함으로써 루소는 백과전서파 철학자들과 완전히 결별했다.

프랑스의 작은 시골 마을에 은거한 1758년부터 1761년까지는 루소에게 매우 생산적인 시기였다. 이때 그는 소설《신 엘로이즈》(*La Nouvelle Héloïse*)를 썼는데 1761년 파리에서 출판되자마자 곧바로 베스트셀러가 되었다. 또한 그는 두 권의 철학 저술도 썼는데 그중 하나는 교육철학을 다룬《에밀》(*Émile*)이며 다른 하나는 정치철학을 다룬《사회계약론》(*The Social Contract*)이다.《에밀》에서는 일종의 실험으로 다른 아이들과 분리되어 교육받은 아이의 삶이 묘사되며,《사회계약론》은 '인간은 자유롭게 태어났지만 어디서나 사슬에 묶여 있다'는 유명한 말로 시작된다.[7] 이 두 저술은 모두 1762년에 출판되었는데 이들에 포함된 자극적이고 선동적인 주장 때문에 곧바로 큰 소동을 일으켰다. 《에밀》은 파리 대주교와 시의회에 의해서 금서 처분을 받았으며, 《사회계약론》은 제네바에서 불태워졌다. 두 도시 모두에서 체포 영장이 발부되자 루소는 스위스로 도피했다(당시 제네바는 스위스에 속하지 않았다). 유럽 대륙의 여러 도시에서 도피처를 찾던 중 그는 흄의 호의로 영국에 건너가게 되었다. 흄은 그에게 국왕 조지 3세(George III)의 연금을 보장하기까지 했다. 하지만 거의 편집증에 가까운 그의 배은망덕한 태도 때문에 흄은 그에게서 등을 돌렸으며 그는 프랑스로 돌아와 말년의 삶을(1770~8년) 파리에서 보냈다. 이 시기에 그가 남긴 가장 큰 업적은 자서전에 해당하는 《고백록》(*Confessions*)을 쓴 것인데 이 책은 그가 죽고 몇 해가 흐른 후 출판되었다.

1778년은 또한 볼테르가 세상을 떠난 해이기도 하다. 만년에 접어들면서 루소의 저술은 더욱 반기독교적인 경향을 보였다. 그는 제네바 근처 페르네(Ferney)의 안전한 피난처에서 상당히 불경스러운 내용을 담은 《간편 철학 사전》(*Pocket Philosophical Dictionary*, 1765)과 《유신론자의 신앙 고백》(*The Professions of Faith of Theists*, 1768)을 출판했다. 그는 또한 역사학 저술과 희곡을 쓰기도 했다. 그는 대단한 성공을 거둔 자신의 희곡 《이렌》(*Irène*)의 파리 초연을 보러 갔다가 돌아온 직후 세상을 떠났다. 평생의 논적이었던 루소와 볼테르는 지금은 프랑스의 위대한 인물들이 묻히는 파리의 팡테옹 지하 묘지에 나란히 잠들어 있다.

많은 사람들은 프랑스의 계몽주의 철학자들 그리고 특히 루소가 이들이 죽은 직후 프랑스와 유럽을 휩쓴 혁명의 격동에 상당한 영향을 미쳤다고 생각해 왔다. 《프랑스 혁명》(*The French Revolution*)의 저자인 칼라일(Thomas

[7] 루소의 정치철학에 관해서는 9장에서 더욱 상세히 논의할 예정이다.

이 풍자화를 그린 화가와 마찬가지로 루소 또한 여성은 철학이 아니라 감정에 좌우된다고 주장했다.

Carlyle)은 언젠가 한 사업가로부터 지나치게 이념에만 관심을 보인다는 비판을 들었다. 이에 칼라일은 다음과 같이 답했다. '전에 루소라고 불린 인물이 있었다. 그가 쓴 책에는 이념 말고는 아무것도 없었다. 하지만 그의 책 재판은 초판을 비웃었던 사람들의 가죽으로 장정되었다.'[8]

볼프와 레싱

독일에서 계몽주의는 기존의 정치 체제를 덜 위협하는 형태로 등장했는데 — 그 까닭이 부분적으로 1740년에서 1786년까지 프로이센 국왕이었던 프리드리히 대제(Frederick the Great) 때문이었음은 의심의 여지가 없다. 18세기 전반 독일 철학을 주도한 인물은 볼프(Christian Wolff, 1679~1754)였다. 그는 할레 대학 수학 교수가 됨으로써 학문적인 활동을 시작했는데 이 교수직은 라이프니츠의 추천에 의한 것이었다. 그가 과감하게 철학으로 방향을 전환하자 당시 경건파 루터주의자들은 강한 적대감을 드러냈으며 당시 국왕이었던 프리드리히 빌헬름 1세(Friedrich Wilhelm I)에게 압력을 넣어 볼프의 교수직을 빼앗고 프로이센에서 추방하도록 만들었다. 이런 박해의 경험이 볼프와 프랑스 계몽주의 철학자들 사이에 거의 유일한 공통점이다. 이들과는 달리 볼프는 근엄했고, 학구적이었고, 체계적이었고, 엄밀했고, 박식한 인물이었다. 볼프의 이성주의는 루소의 낭만주의와 대척점에 서 있었다.

볼프는 17년 동안 마르부르크(Marburg)의 칼뱅주의 대학에서 강의를 하다가 프리드리히 대제가 왕위를 물려받자 할레 대학의 교수직을 회복했으며 죽을 때까지 그 자리를 유지했다. 이후 그는 할레 대학의 부총장이 되었으며 신성 로마 제국의 남작 작위도 받았다. 그의 철학 체계는 고전적인 아리스토

[8] 이 대목은 Alasdair MacIntyre, *A Short History of Ethics* (London: Routledge, 1976), 182면에서 재인용했다.

텔레스주의, 중세 스콜라 철학, 데카르트의 이성주의, 라이프니츠의 형이상학에서 등장하는 여러 요소를 포함하는 광범위한 절충설의 형태를 보인다. 그는 라이프니츠로부터 충족이유율을 받아들인 후 이를 동일률과 결합하여 형이상학의 기초로 삼았다. 이 세계가 현존하는 충족 이유는 초월적인 신에게서 발견되는데, 신이 현존한다는 사실은 전통적인 존재론적, 우주론적 논증에 의해서 확립된다. 우리가 사는 세계는 신의 지혜를 통해서 자유롭게 선택된, 모든 가능 세계 중 최선의 것이다.

볼프의 철학에는 그가 이전의 여러 철학자들의 사상을 빌려 와 일종의 체계를 세웠다는 점을 제외하면 거의 독창적인 내용을 발견하기 어렵다. 예를 들면 그는 아리스토텔레스의 형이상학에서 혼란스럽게 보이는 바에 질서를 부여하는 것을 자신의 임무로 여겼다. 그는 철학의 서로 다른 분과를 조직적으로 분류했는데 그가 제시한 자연신학과 일반 형이상학(말하자면 '존재론') 사이의 구별은 널리 받아들여졌다. 사실 이런 구별은 중세의 논의에서는 등장하지 않는다. 그는 존재론을 '모든 가능한 것들을 이들이 가능한 한에서 다루는 학문'으로 정의했는데 현실적인 존재보다는 가능한 본질에 강조점을 둠으로써 자신이 이븐 시나(Avicenna)와 둔스 스코투스(Duns Scotus)로부터 시작된 사상적 흐름에 따른다는 점을 드러낸다. 또한 그는 자연학(이 세계의 우연적인 자연법칙을 다루는, 실험에 기초한 탐구)과 우주론(모든 가능한 물질세계에 대한, 경험과 무관한 탐구) 사이의 새로운 구별을 도입하기도 했다.

데카르트와 마찬가지로 볼프도 자기의식을 지닐 수 있는 단순 실체인 인간 영혼이 존재한다는 점을 받아들인다. 하지만 정신과 육체 사이의 관계는 라이프니츠의 예정조화설에 의지하여 설명한다. 볼프의 윤리 체계에서 핵심 개념은 완전성이다. 선은 완전성을 증가시키는 것이며, 악은 완전성을 감소시키는 것이다. 인간이 지니는 기본적인 동기는 자기완성인데 여기에는 공동의 선을 증진하는 일과 신의 영예를 드높이는 일이 포함된다. 인간의 육체를 포함하여 모든 생명체의 육체는 일종의 기계지만 우리는 자유 의지를 지닌다. 이성적인 선택은 감각의 모든 압박을 극복할 수 있으며 또 그래야만 한다.

현재 영미권에서 볼프의 저술을 읽는 사람은 거의 없다. 철학사에서 그가 차지하는 중요성은 독일에서 이성주의 형이상학의 전형으로 받아들여진 체계를 형성했으며 이후 독일 철학자들이 자신들의 관점을 그의 관점에 비추어 설정했다는 정도에 그친다. 이런 점은 특히 칸트에게서 잘 드러나는데 칸트는 널리 알려진 형이상학 비판에서 자주 볼프의 이론을 자신의 관점에서 직접 평가하는 모습을 보인다.

프랑스와 영국적인 분위기의 계몽주의와 가장 가까웠던 독일 사상가는 레싱(Gotthold Ephraim Lessing, 1729~81)이었다. 루터파 목사의 아들로 태어난 그는 처음부터 성직자가 될 운명을 타고났지만 문학을 위하여 신학을 포기하고 브라운슈바이크 공작 가문의 사서로 활동하면서 스스로 생계를 유지했다. 프랑스의 계몽주의 철학자들과 마찬가지로 그 또한 전문적인 학술서보다는 문학적인 글과 희곡을 통하여 자신의 사상을 표현했다. 그가 처음 출판한 작품은 유대인 철학자 멘델스존(Moses Mendelssohn)과 함께 쓴 《포프는 형이상학자이다!》(*Pope a Metaphysician*!)라는 제목의 글이었다. 여기서 그는 부분적으로 포프의 《인간론》에서 드러나는 라이프니츠의 견해를 공격함과 동시에 철학과 시를 날카롭게 구별하여 이들이 서로 전혀 다른 정신적 활동임을 주장했다. 1776년에 쓴 《라오콘》(*Laocoon*)에서도 이와 유사하게 시와 시각 예술을 구별하는 근거를 제시한다. 라오콘의 죽음을 묘사한 베르길리우스(Virgil)의 시가 낳는 예술적 효과는 바티칸 박물관에 소장된 유명한 그리스 고전 시대 조각상을 보고 느끼는 효과와 전혀 다르다. 이들을 비교하면서 레싱은 아리스토텔레스의 《시학》을 (레싱은 《시학》을 '유클리드의 《기하학원론》만큼이나 오류가 없는 저술로' 평가하는데) 출발점으로 삼아 시인이 지닌 특별한, 거의 예언자와 같은 역할을 설명한다. 이를 통하여 그는 낭만주의의 핵심 주제 중 하나를 예시한다.

낭만주의자들과 마찬가지로 레싱은 스피노자를 무척 높이 평가했다. 레싱은 세계를 하나로 통일된 체계로 여기면서 세계의 구성 요소들은 신의 정신 안에 있는 관념들과 동일하다고 보았다. 그는 결정론이 참이며 자유는 환상에 불과하다는 생각을 기꺼이 받아들였다. 하지만 다른 한편으로는 세계의 우연성을 기꺼이 인정하며 따라서 신의 관념 중에도 일부 우연적인 것이 있음을 인정한다. 그는 격정에서 해방되는 것이 벗어날 수 없는 운명을 받아들이는 유일한 길임을 제시하였다는 점을 들어 스피노자를 크게 칭찬한다. 그는 '나를 최선임에 틀림없는 필연성 아래 놓은 나의 신에게 감사한다'고 말한다.

레싱의 저술 중 철학적으로 가장 중요한 것은 《인류의 교육》(*The Education of the Human Race*, 1780)이다. 개인으로서의 인간과 마찬가지로 인류 또한 여러 단계를 거치는데 각 단계에 적합한 서로 다른 종류의 교육이 요구된다. 어린아이를 양육하는 데는 육체적 보상과 처벌이 필요하다. 인류에게 어린아이의 단계는 구약 성서 시대였다. 젊은이에게 교사들은 올바른 행위를 하면 더욱 정신적인 보상을 제공한다. 즉 불멸하는 영혼이 영원한 보상과 처벌을 받는다고 가르친다. 이는 인류의 역사에서 기독교가 지배한 시대에 해당한다. 하지만 레싱이 신약 성서에 대한 수많은 비판적인 연구를 통하여 보이려고 노력했듯이 기독교가 신으로부터 출발했다는 증거는 그리 확실하지 않다. 레싱의 계속되는 주장에 따르면 우연적 사실에 대한 가장 강력한 역사적 증거조차도 신의 문제에 관한 어떤 결론을 필연적 진리로 정당화할 수는 없다.

따라서 기독교는 인류를 교육하는 과정에 등장한 한 단계에 지나지 않으며 기독교의 교리 또한 단지 상징적인 가치만을 지닐 뿐이다. 앞으로 다가올 시대에 인류는 기독교에서 사람들 사이에 보편적인 형제애가 존재한다는 믿음을 도출해야 하며, 현세든 내세든 간에 어떤 보상을 위해서가 아닌 오직 그 자체를 위한 도덕적 가치를 추구해야 한다(레싱은 영혼의 윤회를 죽은 후 다시 어떤 육체를 가지고 태어나는 것으로 막연히 생각하는 듯하다). 프랑스 계몽주의의 대표적 인물들과 마찬가지로 레싱은 종교적 관용을 열렬히 옹호했다. 그는 이런 태도를 자신의 희곡《현자 나탄》(*Nathan the Wise*, 1779)에서 가장 잘 표현한다. 레싱이 관용의 근거로 드는 것 중 하나는 개인의 가치라는 것이 그의 믿음이 참인지 그렇지 않은지가 아니라 그가 진리에 도달하기 위하여 얼마나 많은 어려움을 겪었는지에 의존한다는 사실이다. 이런 새로운 논증은 자주 인용되는 다음의 대목에서 생생하게 드러난다.

> 만일 신이 오른손에는 모든 진리를, 왼손에는 진리를 추구하려는 영원한 욕구를 들고서 나에게 둘 중 하나를 고르라고 말한다면 설령 왼손을 택하여 내가 항상 그리고 영원히 잘못에 빠진다 할지라도 나는 왼손을 택하면서 다음과 같이 말할 것이다. 신이시여, 내게 왼손의 것을 허락해 주십시오. 절대적인 진리는 오직 당신에게 속하는 것입니다(《전집》, ed. Lachmann and Muncker, XIII. 23).

칸트

칸트는 삶 전체를 오직 절대적 진리를 추구하는 데 바친 인물이다. 사실 이런 추구를 제외하고 나면 그의 생애에 관하여 할 말이 별로 없다. 1724년 당시 동프로이센에 속했던 쾨니히스베르크(Königsberg)에서 태어난 그는 평생을 그곳에서만 살았다. 1755년부터 1770년까지 쾨니히스베르크 대학에서 강사 생활을 했고, 1770년부터 1804년 사망할 때까지 논리학과 형이상학 교수직을 담당했다. 그는 단 한 번도 여행하지 않았고, 결혼하지 않았으며, 어떤 공직도 맡지 않았기 때문에 그의 생애에 관한 이야기는 오직 그의 사상에 관한 이야기뿐이다.

칸트는 루터주의 경건파 가정에서 자랐지만 후에는 자유주의적인 신학적 견해를 보였다. 하지만 종교 의식에는 빠지지 않고 참석했다. 그는 항상 엄격하게 정해진 삶을 살면서 평생 습관을 지켰는데 그 정확성과 엄밀함은 악명 높을 정도였다. 그는 아침 다섯 시에 일어나고, 밤 열 시에 잠자리에 들었다. 오전 일곱 시에서 여덟 시까지 강의를 한 후 계속 글을 쓰다가 다소 늦게 잘 차린 점심을 먹었다. 쾨니히스베르크 시민들은 그가 오후에 산책에 나서면 그를 보고 시계를 맞출 정도라고 농담을 했다. 대학에서 그는 볼프의 이론을 배웠지만 젊은 시절에는 철학보다 과학에 더 큰 관심이 있었다. 강사 생활을 하면서 그는 논리학과 형이상학뿐만 아니라 인간학, 지리학, 광물학에 이르는 다양한 주제를 강의했다. 그가 초기에 펴낸 저술들 또한 과학적 주제를 다루었는데 가장 유명한 저술은 《보편적 자연사와 천체 이론》(*General History of Nature and Theory of the Heavens*, 1755)이다.

칸트는 1760년대부터 진지하게 철학에 전념하기 시작했다. 하지만 그 후 20년 동안 그가 출판한 저술은 신중하게 여러 가능성을 모색하는 것이거나 아니면 관례상 반드시 써야 하는 것들이었다. 1762년 그는 전통적인 삼단 논법에서 습관적으로 드러나는 불필요한 교묘함을 (논문의 제목에서 'die falsche Sptizfindigkeit' 로 표현되듯이) 비판하는 짧고 다소 피상적인 논문을 썼다. 같은 해 그는 《신 존재 증명의 가능한 유일한 근거》(*The Only Possible Ground for a Demonstration of God's Existence*)를 썼는데 여기서 전통적인 세 가지 신 존재 증명 방식을 모두 거부하면서 볼프와 둔스 스코투스의 정신을 이어받아 만일 어떤 가능적 존재라도 실제로 존재한다면 이런 가능성의 근거를 제공하는 완전한 존재 또한 반드시 존재해야만 한다는 주장을 폈다.

1763년 베를린 학술원은 '형이상학의 진리가 기하학의 진리와 같은 정도로 확실하게 증명될 수 있는가' 를 주제로 현상 논문을 모집했다. 이에 응모하기 위하여 쓴 논문에서 (당선되지는 못했지만) 칸트는 수학적 방법과 철학적 방법 사이의 많은 결정적인 차이에 주목한다. 수학자들은 명확한 정의에서 출발하여 개념을 형성하고 이를 발전시켜 나가는 반면 철학자들은 혼란스러운 개념에서 출발하여 정의에 이르기 위하여 개념을 분석한다. 영리한 수학자들보다 오히려 형이상학자들이 뉴턴의 방법에 따라야 하며 이 방법을 물리적 세계가 아니라 인간의 내적 경험이라는 현상에 적용해야 한다.

여기서 칸트가 철학자들을 위하여 제시한 방법은 흄이 자기 자신에게 적용했던 방법과 매우 유사하다. 후에 칸트는 실제로 자신이 라이프니츠와 볼프의 철학에 빠져 있던 시기에 흄이 자신을 '독단의 잠'에서 깨웠음을 인정한다. 칸트가 언제부터 흄을 진지하게 탐구하기 시작했는지는 분명하지 않지만 1760년대부터 칸트는 과학적 형이상학의 성립 가능성에 대하여 점점 회의하게 된다. 1766년에 익명으로 발표한 다소 어수선한 저술《어떤 시령자의 꿈》(*Dreams of a Ghost Seer*)에서 칸트는 형이상학적 사변을 신비주의자 스베덴보리(Immanuel Swedenborg)가 봤다는 비밀스러운 환상에 비유한다. 흄에 의해서 독단의 잠에서 깨어난 후 칸트는 다른 무엇보다도 인과 관계가 오직 경험을 통해서만 인식될 수 있으며 결코 논리적 필연성의 문제는 아니라는 점을 강조한다. 하지만 1770년 교수 취임 논문《감성계와 지성계의 형식 및 원리에 관하여》(*On the Form and Principles of The Sensible and Intelligible World*)에서도 여전히 라이프니츠에게서 큰 영향을 받았음을 드러낸다.

교수로 취임한 후 11년 동안 칸트는 자신의 독창적인 체계를 발전시키는 데 전념했고 이 결과가 1781년《순수이성비판》(*The Critique of Pure Reason*)으로 출판되었다. 이를 통하여 칸트는 비판기 이전 저술들을 단번에 뛰어넘어 근대의 가장 위대한 철학자 중 한 사람이라는 지위를 확립했다. 뒤이어 그는 자신의 사상을 더욱 간략하고 대중적인 표현으로 서술한《미래의 형이상학을 위한 프롤레고메나》(*Prolegomena to any Future Metaphysics*, 1783)를 선보였고, 1787년에는《순수이성비판》의 재판을 출판했다.

칸트의 비판철학이 추구한 목표는 처음으로 철학을 완전히 과학화하려는 것이었다. 수학은 이미 수 세기에 걸쳐 과학화하였으며, 과학적 물리학은 충분히 발전했다. 하지만 가장 오래된 분야인 형이상학, 즉 '설령 다른 모든 분야가 모든 것을 파괴하는 야만의 나락으로 빠져들어 사라진다 할지라도 여전히 살아남을' 형이상학만은 아직 전혀 성숙하지 못했다. 형이상학적 호기심은 인간 본성에 원래 내재한다. 인간은 형이상학의 세 가지 핵심 주제인 신과 자유, 영혼 불멸성에 관심을 갖지 않을 수 없다. 하지만 형이상학은 진정한 과학이 될 수 있는가?

앞서 살펴보았듯이 흄을 비롯한 다른 철학자들은 물체들 사이의 만유인력과 관념들 사이의 심리적인 연상 작용을 대비함으로써 뉴턴이 물체의 철학에서 행했던 바를 정신의 철학에서 행하려고 시도했다. 형이상학을 과학화하려는 칸트의 계획은 훨씬 더 큰 규모로 진행된다. 그는 우주의 중심에서 지구를 들어내고 그 자리에 태양을 놓은 코페르니쿠스(Copernicus)가 이룩했던 것과 같은 혁명이 철학에도 필요하다고 믿는다. 코페르니쿠스는 우리가 태양이 지구의 둘레를 도는 운동을 관찰한다고 생각할 때 실제로 우리가 보는 바는 지구가 태양의 둘레를 회전한 결과라는 점을 보였다. 칸트의 코페르니쿠스적 혁명은 코페르니쿠스가 우리의 시각에 대하여 편 주장을 우리의 이성에 대하여 펴는 것이다. 즉 우리는 어떻게 우리의 지식이 대상과 일치할 수 있는지를 묻는 대신 대상이 우리의 지식과 일치함에 틀림없다는 전제로부터 출발해야 한다. 오직 이런 방법을 통해서만 우리가 필연적이고 보편적인 지식을 지닌다는 형이상학적 주장을 정당화할 수 있다.

칸트는 지식을 두 종류로, 즉 아프리오리(a priori)한 지식과 아포스테리오리(a posteriori)한 지식으로 구별한다.[9] 우리가 경험을 통해서 어떤 진리

[9] [옮긴이 주] 넓은 의미에서 '아프리오리'는 '경험과 무관함'을, '아포스테리오리'는 '경험에 의존함'을 의미하는데 이 두 용어를 우리말로 번역하지 않고 그대로 음역하여 사용했다. 그리고 칸트의 용어 'transcendental'은 '선험적'으로 번역했다.

를 인식한다면 그것은 아포스테리오리하다. 반면 어떤 진리를 모든 경험과 무관하게 인식한다면 그것은 아프리오리하다. 칸트는 로크에 동의하여 우리의 모든 지식이 경험과 더불어 시작된다고 생각한다. 하지만 모든 지식이 경험으로부터 등장한다고 생각하지는 않는다. 우리가 아프리오리하게 인식하는 것들이 있는데 단지 경험의 일반화를 통해서 얻을 수 없는 가장 기본적인 진리들이 이에 속한다. 칸트는 우리가 아프리오리하게 내리는 판단 중에 어떤 것은 분석적이고 또 어떤 것은 종합적이라고 말한다. '모든 물체는 연장성을 지닌다'와 같은 분석 판단에서는 이미 주어 개념에 포함되어 있는 바가 술어를 통하여 더욱 명확히 드러날 뿐이다. 반면 종합 판단에서는 술어가 주어의 내용에 새로운 무언가를 더한다. 칸트는 종합 판단의 예로 '모든 물체는 무게가 있다'는 것을 든다. 아포스테리오리한 명제는 모두 종합적이며,

칸트가 《순수이성비판》을 출판한 무렵의 모습을 새긴 동판화

분석 명제는 아프리오리하다. 그렇다면 종합적이면서도 아프리오리한 명제가 존재할 수 있는가? 칸트는 존재한다고 생각한다. 그는 바로 수학이 아프리오리한 종합적 진리의 예를 제공한다고 믿는다. 가장 중요한 것은 형이상학을 진정한 학문으로 만드는 일이 어떻게든 가능하려면 아프리오리한 동시에 종합적인 명제가 반드시 존재해야 한다는 점이다.

철학자의 첫 번째 임무는 인간이 지닌 정신적 능력의 본성과 한계를 분명히 밝히는 것이다. 이전의 중세 철학자나 합리론 철학자들과 마찬가지로 칸트는 감성과 지성을 뚜렷하게 구별한다. 하지만 그는 자신의 새로운 구별을 도입하여 지성을 다시 오성(*Verstand*)과 이성(*Vernunft*)으로 나눈다. 오성은 인간의 지식을 형성하기 위하여 감각들을 결합하는 작용을 한다. 대상은 감각을 통하여 우리에게 주어지며 오성을 통하여 사고된다. 경험은 감각을 통해서 주어지는 내용과 오성이 규정하는 형식을 지닌다. 오성과는 대조적으로 이성은 오성이 도달할 수 있는 바를 넘어서려는 지성의 노력이라 할 수 있다. 이성은 경험과 분리될 경우 '순수 이성' 이 되는데 이것이 바로 칸트가 비판하려는 대상이다.

칸트는 《순수이성비판》에서 순수 이성에 관하여 언급하기 전에 감성과 오성을 체계적으로 탐구한다. 감성에 관한 탐구는 '선험적 감성론' 이라는 제목의 절에서, 오성에 관한 탐구는 '선험적 논리학' 이라는 절에서 이루어진다. 칸트는 '선험적' (transcendental)이라는 용어를 무척 즐겨 사용한다. 이 용어는 몇 가지 서로 다른 의미로 사용되지만 이들 모두에 공통되는 바는 (좋든 나쁘든 간에) 현실적 경험이 전하는 바를 넘어선 또는 그 배후에 있는 무언가라는 개념이다.

선험적 감성론은 대체로 공간과 시간에 관한 탐구이다. 칸트는 감성이 재료(또는 내용)와 형식을 지닌다고 말한다. 공간은 외부적 감각의 형식이며, 시간은 내부적 감각의 형식이다. 공간과 시간은 우리의 정신이 발견하는 세계 안에 실재하는 것이 아니다. 이들은 감성이 경험을 형성하면서 부여하는 일종의 틀이다. 선험적 감성론을 통하여 칸트는 '공간과 시간은 실재하는가?' 라는 오래된 질문에 대한 새로운 대답을 제시한다.[10]

이제 선험적 감성론에서 선험적 논리학으로 눈을 돌리면 이 부분 또한 둘로 나누어지는데 칸트는 그중 하나를 **선험적 분석론**으로, 다른 하나를 **선험적 변증론**으로 부른다. 분석론에서는 오성을 경험에 타당하게 적용하기 위한 기준들이 제시되며, 변증론에서는 이성이 분석론에서 설정된 한계를 넘어서서 작용하려 할 때 발생하는 환상이 폭로된다. 분석론에서 칸트는 자신이 '범주들' 이라고 부르는 일련의 아프리오리한 개념들과 '원칙들' 이라고 부르는 일련의 아프리오리한 판단들을 제시한다. 따라서 분석론은 다시 핵심적인 두 부분으로 나뉘어 '범주들의 연역' 과 '원칙들의 체계' 로 구성된다.

분석론 중 첫 번째 절에서는 범주들의 연역 또는 정당화가 논의된다. 범주는 특별한 종류의 기본 개념인데 칸트는 '원인' 과 '실체' 의 개념 등을 범주의 예로 든다. 칸트는 이런 범주들이 없다면 우리는 단편적이고 무질서한 대부분의 경험을 개념화하거나 파악할 수 없으리라고 주장한다. 여기서 칸트의 목표는 경험론자 자신의 근거에 기초하여 경험론자의 도전에 맞서는 것이다. 칸트는 우리의 모든 지식이 경험과 더불어 시작된다는 경험론자의 주장에 동의한다. 하지만 모든 지식이 경험으로부터 등장한다는 주장은 거부한다. 칸트는 흄이 제거하려 했던 형이상적 개념들이 없이는 흄 자신이 제시한 기본적인 요소들, 즉 경험, 인상, 관념 등이 모두 완전히 붕괴되고 만다는 점을 보이려 한다.

분석론 중 두 번째 절에 해당하는 원칙들의 체계에서는 경험에 관한 수많은 아프리오리한 종합 명제들이 등장한다. 칸트의 주장에 따르면 경험은 두 종류의 크기를 지녀야 한다 — 즉 연장으로서의 크기(예를 들면 두 점 사이의 거리와 같은)와 밀도로서의 크기(예를 들면 열기가 나타내는 특정한 온

[10] 공간과 시간에 대한 칸트의 설명은 5장에서 더욱 상세히 살펴볼 예정이다.

도)를 지녀야 한다. 더욱이 칸트는 우리의 지각들이 서로 필연적으로 연결될 경우에만 경험이 가능하다고 주장한다. 흄은 우리가 사건들 사이의 시간적 연속성을 먼저 지각하고 그 다음에 어떤 것을 원인으로, 다른 것을 결과로 여긴다고 주장했는데 이는 잘못이다. 이와는 정반대로 원인과 결과 사이의 관계를 먼저 확립하지 않는 한 우리는 객관적인 시간의 연속성을 결코 확보할 수 없다.[11]

칸트는 경험론을 비판하는 정도에 못지않게 합리론에 대해서도 공격적인 태도를 취한다. 분석론의 끝머리에서 칸트는 범주들이 자신의 적용 가능성을 스스로 규정할 수 없으며, 원칙들이 자신의 진리를 스스로 확립할 수 없다고 주장한다. 단지 오성만으로는 실체와 같은 것이 존재한다거나 모든 변화에는 원인이 있다는 사실 등을 확립할 수 없다. 우리가 아프리오리하게 확립할 수 있는 바는 오직 만일 경험이 가능하려면 이런저런 조건들이 적용되어야 한다는 점뿐이다. 하지만 경험이 가능한지 그렇지 않은지를 미리 확립할 수는 없다. 경험의 가능성은 오직 현실적인 경험 자체에 의해서 드러날 뿐이다.

칸트는 분석론을 통하여 어떤 범주에도 포섭되지 않고 어떤 규칙에 의해서도 예시되지 않는 순수한 현상이나 감각적 대상의 세계가 존재할 수 없다는 점을 보인다. 하지만 이로부터 오직 지성에 의해서만 확립되는 비감각적 세계가 존재하지 않는다는 결론을 내릴 수는 없다. 오직 순수 이성을 사용하여 탐구할 수 있는, 감각을 넘어서는 대상들의 존재를 받아들이는 것은 환상의 영역으로 들어가는 것인데 칸트는 '선험적 변증론'에서 이런 환상의 세계를 탐색한다.

앞서 말했듯이 '선험적'이라는 용어는 현실적 경험이 전하는 바를 넘어선 또는 그 배후에 있는 무언가를 의미하는데 변증론에서 칸트는 세 가지,

11 시간과 인과성에 대한 칸트의 설명은 6장에서 논의할 예정이다.

즉 형이상학적 심리학과 형이상학적 우주론 그리고 형이상학적 신학을 주요 공격 대상으로 삼는다. 그는 '순수 이성은 영혼에 관한 선험적 이론, 세계에 관한 선험적 과학, 마지막으로 신에 관한 선험적 지식을 위한 이념을 제공해 왔다' 고 말한다. 결국 그는 비물질적이고 불멸하는 영혼, 개괄적인 세계 전체, 절대적으로 필연적인 존재의 개념을 무너뜨릴 수 있는지를 검토한다.

데카르트에서 시작된 이성주의 심리학은 '나는 생각한다' 는 전제를 출발점으로 삼아 비물질적이고, 파괴되지 않고, 개인적이고, 불멸하는 실체가 존재한다는 결론에 이른다. 칸트는 이런 논증의 전개가 다양한 오류를 범한다고 주장한다 — 그는 네 가지 오류를 지적하면서 이들을 '순수 이성의 오류 추리' 라고 부른다. 이런 오류 추리는 우연히 등장한 것이 아니다. 원리상 경험적 심리학을 넘어서려는 모든 시도는 오류에 빠지기 마련이다.

아프리오리한 우주론을 무너뜨리기 위하여 칸트는 네 가지 이율배반을 제시한다. 이율배반은 상반되는 결론에(즉 정립과 반정립에) 이르는 한 쌍의 서로 대립하는 논증으로 구성된다. 네 개의 이율배반 중 첫 번째 것을 보면 정립은 '세계에는 시간상 출발점이 있으며 공간상 제한된다' 이며 반정립은 '세계에는 시간상 출발점이 없으며 공간상 제한이 없다' 이다. 칸트는 이 두 명제 모두에 대한 증명을 제시한다. 물론 이것이 서로 모순되는 두 결론이 모두 참이라는 점을 의미하지는 않는다. 이로부터 얻는 교훈은 이성에게는 전체로서의 '세계' 에 관하여 언급할 권리가 전혀 없다는 사실이다.

각각의 이율배반에서 정립은 어떤 연속적인 것이 완전히 멈추게 된다고 주장하며 반정립은 그것이 영원히 계속된다고 주장한다. 두 번째 이율배반은 분할 가능성과 관련되며, 세 번째는 인과성, 네 번째는 우연성과 관련된다. 각각의 경우에서 칸트는 일련의 연속적인 실재들이 다른 무언가에 의해서 제한된다는 점을 — 칸트의 표현에 따르면 예를 들어 결과는 원인에 의해서 '제한된다' — 제시한다. 각각의 이율배반에서 정립은 무제한적이고 절대적인 것에 이르는 논증을 결론으로 드러낸다. 어쨌든 칸트는 각각의 이율배반에서 정립과 반정립이 모두 오류에 빠진다고 생각한다. 정립은 독단론의 오류에, 반정립은 경험론의 오류에 빠진다. 칸트가 이율배반을 제시한 까닭은 경험적 탐구의 영역과 순수 이성이 인식할 수 있다고 자부하는 바가 서로 일치하지 않는다는 점을 드러내기 위해서이다. 정립은 우리의 사고보다 작은 세계가 (즉 우리는 그 세계 너머를 사고할 수 있다는 점이) 전제되는 반면 반정립에서는 우리의 사고보다 큰 세계가 (즉 우리는 그 세계의 끝까지 사고할 수 없다는 점이) 전제된다. 따라서 우리는 세계에 대한 우리의 관념이 경험적 탐구와 적절하게 어울리도록 정리함으로써 사고와 세계를 일치시켜야 한다.[12]

네 번째 이율배반에서 칸트는 필연적 존재의 현존에 찬성하고 반대하는 논증들을 제시하고, 《순수이성비판》의 뒤이은 절에서는 자연신학에서 주장하는 신의 개념을 계속 검토한다. 그는 신 존재 증명을 세 가지의 기본 유형으로 분류한 후 각각의 증명이 모두 실패할 수밖에 없음을 보인다. 칸트는 설령 신이 우리의 사고와 삶에서 어떤 위치를 차지한다 할지라도 신은 이성적인 증명을 통해서 존재가 확립되는 그런 실재가 아니라고 생각한다.

《순수이성비판》은 결코 읽기 쉬운 책이 아닌데 그 까닭은 그것이 다루는 주제가 무척 난해하거나 칸트의 생각이 독창적이기 때문만은 아니다. 칸트는 (이미 앞에서 드러났듯이) 새로운 전문 용어들 도입하는 것을 지나칠 정도로 좋아했으며, (앞으로 이 책의 다른 부분에서도 밝혀지겠지만) 자신의 사상을 엄밀한 도식의 체계로 제시하기를 너무나 갈망했다. 하지만 이런 어려움을 이겨 내고 《순수이성비판》을 읽어 낸 독자들은 누구나 큰 철학적 보상을 누릴 것이다.

60대에 접어들면서 칸트는 윤리학과 미학으로 관심을 돌려 철학사에 획을 그은 세 권의 저술을 출판했는데 이들은 《도덕 형이상학 기초》(*Funda-*

[12] 이율배반에 관한 더욱 상세한 설명은 5장에서 제시할 예정이다.

mental Principles of the Metaphysics of Morals, 1785), 《실천이성비판》(*The Critique of Practical Reason*, 1788) 그리고 《판단력비판》(*The Critique of Judgement*, 1790)이다. 앞의 두 저술에서 칸트는 《순수이성비판》에서 이론 이성의 아프리오리한 종합적 원리들을 제시한 것과 마찬가지로 실천 이성의 아프리오리한 종합적 원리들을 비판적으로 제시하는 것을 목표로 삼는다.

칸트 도덕 이론의 출발점은 무조건적으로 선한 유일한 것은 오직 선의지뿐이라는 사실이다. 재능, 성격, 행운 등은 나쁜 목적을 위해서 사용될 수도 있으며 심지어 행복조차 부패하기도 한다. 선의지는 무엇을 성취하는가와는 전혀 무관하다. 설령 선의지의 노력이 좌절될지라도 선의지는 오직 그 자체만으로 선하다. 의지를 선하게 만드는 바는 그것의 동기가 바로 의무라는 사실이다. 의무로부터 행위하는 것은 어려움에 직면했을 경우 선의지를 드러내는 것이다. 어떤 사람은 선을 행하는 것을 즐길지도 모르며, 선을 행함으로써 이익을 얻을지도 모른다. 하지만 한 사람이 지닌 특성의 가치는 자신의 성향이 아니라 오직 의무로부터 선을 행할 때에만 드러난다.

의무로부터 행위하는 것은 도덕 법칙을 존중하여 이에 따라 행위하는 것이며, 도덕적 명령에 복종하여 행위하는 것이다. 명령에는 두 종류가 있는데 하나는 가언 명령이며 다른 하나는 정언 명령이다. 가언 명령은 만일 당신이 어떤 목적을 성취하기 원한다면 이런저런 방식으로 행위하라고 말한다. 정언 명령은 당신이 성취하려는 목적이 무엇이든 간에 이런저런 방식으로 행위하라고 말한다. 인간이 추구할 수 있는 수많은 서로 다른 목적이 존재하므로 이에 따라 수많은 가언 명령이 존재하는 반면 정언 명령은 오직 하나뿐인데 그것은 다음과 같다. '오직 동시에 보편 법칙이 될 것을 원할 수 있는 그런 준칙에 따라서만 행위하라.' 당신이 어떤 방식으로 행위하려 할 때마다 — 예를 들면 돈을 갚을 마음이 전혀 없이 돈을 빌리려 할 경우 — 만일 모든 사람이 이런 방식으로 행위한다면 어떻게 될지를 항상 자문해 보아야 한다.

칸트는 정언 명령의 또 다른 정식을 제시한다. '당신 자신의 인격이나 다른 모든 사람의 인격 안의 인간성을 단지 수단으로서가 아니라 항상 동시에 목적으로 대우하도록 행위하라.' 칸트에 따르면 한 인간으로서 나는 나 자신이 목적 자체일 뿐만 아니라 목적의 왕국, 즉 공통적인 법칙에 따르는 이성적 존재들이 모인 단체의 구성원이기도 하다. 목적의 왕국에서 우리 모두는 입법자인 동시에 그 법칙에 따르는 존재이다. 이성적 존재는 '오직 자신이 만든, 그러면서도 보편적인 법칙에만 따른다.'[13]

세 번째 비판서인 《판단력비판》에서 칸트는 자신이 이전 비판서들에서 과학적, 윤리적 개념에 적용했던 것과 같은 종류의 분석을 아름다움이나 숭고함과 같은 미학적 개념에 적용하려 한다. 미적 취미 판단은 감정에 의존하지만 보편적 타당성을 지닌다. 하지만 칸트는 이런 판단이 어떤 객관적인 보편과 관련된다는 생각은 잘못이라고 주장한다. 우리가 보편적으로 공유하는 바는 오히려 상상력과 오성 사이의 특수한 내적 관계인데 이것이 또한 관조적인 취미 판단의 특징이기도 하다.

1790년대에 접어들어 비판철학이 확고히 자리 잡았지만 칸트는 반드시 철학적 접근이 필요하지는 않은 영역으로 나아가는 모험을 감행한다. 1793년 그는 기독교의 몇몇 주요 교리를 재해석한 《이성의 한계 안에서의 종교》(*Religion within the Bounds of Reason Alone*)를 출판했으며, 1795년에는 프랑스 혁명 때문에 발생한 전쟁의 와중에 《영원한 평화를 위하여》(*On Perpetual Peace*)를 썼다. 특히 《이성의 한계 안에서의 종교》는 당시 새로 왕위에 오른 프로이센 국왕 프리드리히 2세(Frederick II)의 심기를 건드렸는데 국왕은 이 책이 성서의 권위를 부당하게 공격한다고 여겼다. 이에 칸트는 자신의 견해를 철회하지는 않았지만 더 이상 종교적인 주제에 관하여 글을 쓰거나 강의하지 않겠다고 약속했다. 칸트는 1798년까지 이 약속을 지켰지만 국왕이 사망하자 신학과 철학 사이의 관계를 다룬 《학부들 사이의 논쟁》(*The*

[13] 칸트의 도덕철학은 8장에서 더욱 상세히 논의할 예정이다.

Conflict of the Faculties)을 출판했다. 1797년 그는 자신의 도덕 체계를 더욱 확대하여 《도덕 형이상학》(*The Metaphysics of Morals*)을 펴냈다. 이 저술은 두 부분으로 나뉘는데 한 부분에서는 개인적인 덕이, 다른 부분에서는 법 이론이 논의된다. 이 저술은 앞선 《도덕 형이상학 기초》보다 중요한 내용을 포함하지만 그에 비하여 그리 큰 영향을 미치지는 못했다.

칸트는 1804년 세상을 떠났다. 그의 묘비에는 《실천이성비판》의 결론 부분에 등장하는 유명한 문구가 새겨져 있다. '내가 그것에 대하여 더욱 자주 그리고 계속해서 생각하면 할수록 점점 더 새롭고 더욱 큰 경탄과 외경으로 내 마음을 채우는 것이 두 가지 있다. 그것은 내 위에 있는 별이 빛나는 하늘과 내 안에 있는 도덕 법칙이다.'

피히테와 셸링

칸트는 만년에 이르러서도 자신의 철학적 체계를 구축하려는 야심찬 시도를 계속했는데 그 내용은 그가 죽은 후 (《유고》(*Opus Postumum*)로) 출판되었다. 이를 보면 그가 만년에 이르러 《순수이성비판》에서 제시했던 체계에 등장하는 몇몇 요소를 불만스럽게 여기기 시작했음이 드러난다. 이런 불만은 칸트를 가장 열렬히 지지했던 인물과 제자들에게 칸트를 비판할 계기를 제공했다. 이들 중 가장 뛰어난 인물은 피히테(Johann Gottlieb Fichte)였는데 그는 칸트가 사망했을 때 42세였고 자신의 철학 활동을 가장 활발하게 전개하는 중이었다.

피히테는 가난한 집안에서 태어나 어릴 때부터 거위를 돌보는 일을 했다. 하지만 탁월한 지적 재능을 드러내어 자선 사업을 하는 어떤 남작의 주목을 받게 되고 그의 후원으로 예나 대학에서 철학과 신학을 공부할 수 있었다. 그곳에서 그는 레싱과 스피노자, 칸트의 숭배자가 되었다. 그가 처음 출판한 책은 칸트와 비슷한 문체로 쓴 《모든 계시에 대한 비판》(*Critique of All Revelations*, 1792)이었는데 많은 사람들이 잠시 동안 칸트의 저술로 여길 정도로 성공을 거두었다.[14] 칸트는 곧 자신이 이 책의 저자가 아님을 밝혔지만 책 자체에 대해서는 매우 호의적인 논평을 남겼다. 피히테는 괴테(Goethe)의 추천에 힘입어 1794년 예나 대학의 교수로 임명되었으며 이곳에서 위대한 시인인 동시에 극작가인 실러(Friedrich Schiller)와 동료로 지내게 되었다.

피히테의 강의는 처음에는 큰 인기를 끌었지만 곧 학생들로부터는 너무 엄격하고 딱딱하다는 이유로, 교수들로부터는 충분히 종교적이지 않다는 이유로 비판의 대상이 되었다. 그는 1799년 예나 대학을 떠나지 않을 수 없었는데 이때부터 1810년 새로 생긴 베를린 대학의 철학부 학장이 될 때까지 어떤 학문적인 지위도 맡지 못했다. 그는 나폴레옹이 유럽을 지배하는 동안 독일 민족주의를 부활하는 데 전념했다. 그는 《독일 국민에게 고함》(*Addresses to The German Nation*, 1808)에서 워털루(Waterloo) 전투에서 나폴레옹에게 패배한 원인이 된 독일인들 사이의 분열을 강력하게 비난했으며, 1812년 프랑스에 맞선 저항군에 지원 입대하기도 했다. 그는 1814년 종군 간호사였던 아내로부터 전염된 발진 티푸스로 세상을 떠났다.

피히테의 철학적 명성은 그가 1804년에 발표한 《지식학》(Wissenschaftslehre)에 주로 의존한다. 여기서 그는 철학의 임무를 칸트의 용어로 표현하여 경험의 기능성에 대한 선험적 설명을 제공하는 것으로 보았다. 이런 설명은 순수한 객관(즉 물자체)으로부터 출발할 수도 있고 자유로운 주관(즉 '자아')으로부터 출발할 수도 있다. 전자는 독단론의 길을, 후자는 관념론의 길을 걷게 될 것이다. 피히테는 칸트의 문제에 대한 칸트 자신의 해결책을 거부하고, 그 어떤 물자체의 개념도 부정하였다. 그는 의식 전체를 사고하는 주체의 자유로운 경험으로부터 이끌어 내려 했으며, 이를 통하여 자

[14] 〔옮긴이 주〕《모든 계시에 대한 비판》은 초판을 인쇄하면서 출판업자가 순전히 실수로 저자 이름과 서문을 빠뜨려 익명으로 출판되었다.

피히테는 난해하고 까다로운 문체와 정반대로 강의할 때는 자유분방한 모습을 보였다.

신을 독일 관념론의 확고한 창시자로 만들었다.

모든 것을 자신으로부터 이끌어 내는 이 자아란 무엇인가? 이는 개인의 내면을 상세히 검토함으로써 드러나는가? 피히테는 '이런저런 행위를 하면서 나 자신의 자기의식에 대한 지적인 직관이 없다면 나는 걸어갈 수도, 손이나 발을 움직일 수도 없을 것' 이라고 말한다. 설령 그의 이론이 개인적 자아가 물질세계 전체를 창조할 수 있다는 주장을 편다 할지라도 이는 곧바로 설득력 없고 별로 내키지 않는 유아론(solipsism)에 빠지는 듯이 보인다. 하지만 피히테는 이런 해석은 잘못이라고 주장한다. '현상적인 자아를 포함한 모든 현상을 창조하는 것은 개인이 아니라 하나의 직접적이고 정신적인 생명이다'(《전집》, ed. I. H. Fichte (Berlin, 1845~6), II. 607).

이는 마치 신에 관하여 언급하는 듯이 들리는데 후에 더욱 대중적인 저술에서 피히테는 실제로 다음과 같이 말한다. '모든 철학의 기초를 제공하는 것은 현존하는 유한한 자아가 아니라 신적인 이념이다. 인간이 스스로 행하는 바는 모두 헛되다. 현존하는 모든 것은 살아 있으며 그 자체로 활동적이다. 존재가 아닌 생명이 없으며, 신이 아닌 존재가 없다.' 하지만 다른 곳에서는 도덕적 질서를 넘어서는 신적인 존재를 믿는 것은 그 존재가 무엇이든간에 미신에 지나지 않는다고 말한다. 명백히 그는 유신론자라기보다는 범신론자에 가깝다.

피히테의 종교철학은 스피노자와 상당히 유사한데 이는 피히테의 이론을 가장 열렬히 지지한 셸링(F. W. J. Schelling)이 지적한 바이기도 하다. 셸링은 1798년 23세의 젊은 나이로 예나 대학 교수로 임명됨으로써 피히테의 동료가 되었다. 셸링은 피히테의 철학이 스피노자가 독단적인 형태로 제시했던 이론을 비판적인 형태로 바꾼 것이라고 주장했다. 셸링은 계속 자신의 철학 체계를 발전시켜 비교적 덜 강경한 형태의 관념론인 '자연철학'을 제시했는데 이에 따르면 최초의 절대적인 것이 서로 나란히 존재하는, 서로 동등한 두 세계를 만들어 내는데 그중 하나는 정신적인 의식이며 다른 하나는 물리적 자연이다. 여기서 다시 한 번 우리는 스피노자의 환영을 만나게 된다. 즉 셸링은 최초의 절대적인 것이 무언가를 만들어 내는 자연이며, 물질적 자연의 체계는 이렇게 만들어진 결과로서의 자연이라고 여긴다.

셸링의 체계는 풍부하지만 난해하다. 현재 영어권에 속하는 나라들에서 그의 저술을 읽는 독자는 거의 없다. 영국에서 그는 콜리지(Samuel Taylor Coleridge)에게 영향을 미친 인물로 널리 알려졌다. 콜리지는 셸링의 저술을 표절했다는 의심을 받을 정도로 셸링을 높이 평가했고 모방했다.[15] 대부분의 철학사에서 셸링은 피히테와 헤겔(G. W. F. Hegel)의 관념론 사이에서 가교 역할을 했다는 평가를 받는데 실제로 셸링과 헤겔은 1802~3년 사이에 예나에서 철학 저널의 편집자로 함께 일하기도 했다.

헤겔

헤겔이 쓴 최초의 저술은 실제로 피히테와 셸링의 철학을 비교한 것이었다(1801). 1770년에 태어난 헤겔은 튀빙겐 대학에서 신학을 공부한 후 1801년 예나 대학에 자리를 잡음으로써 위의 두 철학자와 함께 지내게 되었다. 헤겔은 1806년 프로이센 군대가 나폴레옹에게 대패하여 예나 대학이 폐쇄될 때까지 그곳에서 계속 가르쳤다. 대학이 문을 닫은 직후 헤겔은 상당히 곤궁한 상태에서 기념비적인 저술 《정신현상학》(*Die Phänomenologie des Geists*)을 출판했다.

헤겔은 1816년에 이르러서야 하이델베르크 대학 교수가 되었다. 그러면서 중요한 저술 《논리학》(*The Science of Logic*)을 출판했고 이어서 바로 다음 해에는 일종의 철학 백과사전에 해당하는 — 논리학, 자연철학, 정신철학 등

[15] 하지만 콜리지는 피히테를 높이 평가하지는 않았다. 콜리지는 자신이 쓴 시의 한 대목에서 피히테의 관념론을 다음과 같이 풍자했다.

> 자아, 자아! 자아, 자아 자체!
> 형상과 실체, 존재와 그 이유
> 시간과 장소, 높고 낮음
> 안과 밖, 땅과 하늘
> 나, 너 그리고 그 또한 그, 너 그리고 나
> 모든 영혼과 모든 물체가 자아 자체, 자아이다!
> 　모든 자아는 자아 자체!
> 　(바보들! 이렇게 시작되어 잠시 머무를 뿐!)
> 　모든 내 자아! 모든 내 자아!
> 그는 터무니없는 헛소리만 지껄인 이교도 개일 뿐!

(《문학평전》(*Biographia Literaria*), 9장)

을 포괄한 — 《철학강요》(*Encyklopadie der philosophischen Wissenschaften im Grundrisse*)를 출판했다. 1818년 그는 베를린 대학 교수로 초빙되어 1831년 콜레라로 사망할 때까지 교수직을 계속 유지했다. 베를린 대학 교수로 지내는 동안 그는 많은 저술을 출판하지 않았지만 그가 행한 강의 내용을 편집한 강의록이 그의 사후에 출판되었다. 그의 강의록에는 철학사뿐만 아니라 미학, 종교철학, 역사철학 등이 있는데 이들은 그가 정식으로 출판한 난해한 저술보다 훨씬 쉽게 읽히며, 그가 매우 독창적이고 폭넓은 지성을 소유한, 충실한 학자였음을 드러낸다.

헤겔이 사상사에 가장 크게 기여한 바는 철학에 역사적 요소를 도입한 것이다. 물론 그가 최초의 철학사가는 아니며 이런 명예를 누리는 인물은 아리스토텔레스이다. 또한 그가 최초의 역사철학자도 아니다. 그가 저술 활동을 할 당시는 역사철학을 다룬 두 권의 고전적인 저술이 이미 출판된 후였는데 그중 한 권은 비코(Giambattista Vico)의 《새로운 과학》(*Scienza Nuova*, 1725)이었으며, 다른 한 권은 헤르더(J. G. Herder)의 《인류사의 철학에 대한 이념》(*Ideen zur Philosophie der Geschichte der Menschheit*, 1784)이었다. 이 두 권은 모두 역사 탐구 방법을 검토하고 인간의 형성 과정에서 진화론적 발전을 강조했다. 하지만 철학 안에서 역사에 특별한 지위를, 역사 서술에서 철학자에게 특별한 지위를 부여한 인물은 헤겔이었다.

헤겔은 철학자가 역사에 대하여 일반적인 역사학자들은 지닐 수 없는 특별한 통찰을 지닌다고 생각한다. 오직 철학자만이 이 세계를 지배하는 것은 이성이며, 세계사는 이성의 전개 과정이라는 점을 진정으로 이해한다. 이런 이해에 도달하는 방법은 두 가지인데 하나는 형이상학적 체계를 탐구하는 것이며 다른 하나는 역사 자체를 귀납적으로 탐구하는 것이다. 역사가 이성의 전개라는 믿음은 신의 섭리에 대한 종교적 신앙과 대응한다. 하지만 형이상학적 이해가 신학적 이해보다 더욱 깊은 것인데 그 까닭은 일반적인 섭리로 구체적인 역사의 본질을 설명하는 것은 부적절하기 때문이다. 오직 철학자만이 세계의 궁극적인 운명과 그것의 실현 방법을 인식한다.

헤겔에 따르면 세계사는 정신(*Geist*)이 전개되는 이야기로 구성된다. 정신의 내적 발전은 구체적인 실재를 통하여 자신을 드러낸다. '태초로부터 하늘과 땅에서 일어난 모든 일과 신의 삶 그리고 시간이 만들어 낸 모든 것들은 오직 자신을 인식하고 발견하려는 정신의 투쟁일 뿐이다' (*LHP* I. 23). 정신은 사전에 완벽하게 완성된 형태로 주어지는 무언가가 아니다. 그것은 잠재성에서 현실성으로 나아가며, 잠재성을 실현하려는 정신의 충동이 역사를 움직이는 동인이 된다. 보편사는 '정신이 잠재적으로 존재하는 바에 관한 인식을 점차 드러내어 현실화하는 과정이다.'

헤겔은 정신의 존재는 논리학과 관련되는 주제라고 주장하면서 '논리학'이라는 용어를 자신만의 특별한 의미로 사용한다. 그는 역사를 논리의 현시로 여기는 동시에 논리학을 역사적인, 사실상 대립 및 투쟁과 관련되는 용어로 여기는 경향을 보인다. 두 명제가 서로 모순을 이룰 경우 헤겔은 이를 두 명제 사이의 대립으로 표현한다. 두 명제가 서로 싸움을 벌여 한쪽은 승리를 거두고 다른 쪽은 패배한다. 이것이 바로 '변증법', 즉 한 명제('정립')가 다른 명제('반정립')와 싸움을 벌이고 결국 이들 모두를 극복한 제 삼의 명제('종합')가 등장하는 과정이다.

정신에 이르기 위해서는 두 단계의 변증법을 거쳐야 한다. 우리는 실재들의 총체인 절대적인 것, 즉 이전 철학자들이 주장한 존재와 유사한 것에서 출발한다. 우리가 출발점으로 삼는 최초의 정립은 절대적인 것이 순수한 존재라는 사실이다. 그런데 어떤 성질도 지니지 않는 순수한 존재는 무와 같으므로 '절대적인 것은 무'라는 반정립에 이르게 된다. 종합은 정립과 반정립을 극복한다. 존재와 무의 결합은 생성이므로 결국 '절대적인 것은 생성'이라는 종합에 이른다.

생성, 생명 그리고 절대적인 것은 다시 두 번째 단계의 변증법을 제공한다. 우선 절대적인 것을 사고의 주체로, 즉 보편적인 사고의 주체로 여김으로써 논의를 시작할 수 있다. 헤겔은 이를 '개념'이라고 부르는데 이는 지성이 사고를 통하여 산출하는 모든 개념의 총체를 의미한다. 또한 절대적인 것을 사고의 대상으로 여길 수도 있다. 헤겔은 이를 '자연'이라고 부르는데 이를 통하여 그는 지성이 탐구할 수 있는 대상의 총체를 의미한다. 절대적인 것이 자신을 의식할 때 개념과 자연은 서로 결합되어 사고의 주체인 동시에 대상이 된다. 이렇게 자기의식이라는 종합을 통해서 드러나는 것이 바로 정신이다.

헤겔이 생각한 정신의 개념은 처음 접할 경우 몹시 당황스럽다. 이에 대한 설명이 아래의 다른 장들에서도 등장하겠지만 우선 헤겔이 의미하는 바가 무엇인지 감을 잡을 필요가 있다. 어쩌면 누군가는 헤겔이 말하는 정신이 신 — 특히 스피노자의 경우처럼 자연과 동일시되는 — 이라고 생각할지도 모른다. 아니면 '정신'을 개인으로서의 인간이 지닌 정신을 다소 오해를 일으키는 방식으로 과장해서 말한 것으로 생각할 수도 있다. 이런 방식은 중세 교과서에서 삶을 영위하는 개인을 '생활자'(the liver)라고 표현하는 경우와 유사하다. 하지만 이런 생각 중 어떤 것도 완전히 옳지는 않다.

이들보다는 인류에 관해서 언급한다고 생각하는 것이 더 나은 출발점을 제공하는 듯하다. 어떤 특정한 형이상학 이론을 전제하지 않고도 우리는 기꺼이 인류가 진보해 왔다거나 퇴보해 왔다고 또는 이전에 몰랐던 바를 많이 배웠다고 말할 수 있다. 헤겔은 '정신'이라는 용어를 이와 유사한 의미로 사용하지만 두 가지의 형이상학적인 요소를 더한다. 첫째, 그는 인간의 역사뿐만이 아니라 전 세계의 역사에 관하여 언급한다. 둘째, 그는 세계를 세밀하게 나타나는 나름대로의 생활 주기를 지니는 유기적 전체로 여긴다.

헤겔은 우리가 자연의 구체적인 유기체를 볼 때처럼 세계도 그렇게 볼 것을 요청한다. 식물은 가지를 뻗고, 잎을 내고, 꽃을 피우고, 열매를 맺는 발달 과정을 거친다. 식물은 자신의 종에 고유한 유형에 따라 이렇게 한다. 헤겔은 의도적으로 플라톤의 용어를 빌려 와 이를 식물의 이념(the Idea)이라

헤겔이 생각한 식물의 이념은 식물학자가 그린 위의 그림에서 나타나는, 여러 단계를 동시에 거치는 발달과 유사하다.

고 부른다. 식물은 당연히 자신의 이념을 의식하지 못한다. 하지만 어린아이는 육체적 능력이 발달하고 지적인 기법을 습득하면서 점차 자기 자신과 자신의 본성 또는 이념을 의식하게 된다(*LHP* I, 29). 정신이 진보함으로써 이런 발달 과정은 세계를 포괄하는 규모로 재현된다.

> 정신은 단지 개인적이고 유한한 의식으로 여겨져서는 안 되며 그 자체로 보편적이고 구체적인 정신으로 간주되어야 한다. … 자기 자신에 대한 정신의 지적인 파악은 동시에 진화하는 총체적 실재의 진보이기도 하다. 이런 진보는 어떤 개인의 사고를 통해서 진행되는 것으로 여겨지거나 그 자체로 하나의 의식을 드러낸다고 생각되어서는 안 된다. 왜냐하면 이런 진보는 가장 풍부한 형태로 세계사 안에서 자신을 드러내는 보편적 정신에 의해서 이루어지기 때문이다 (*LHP* I. 33).

따라서 세계사는 끊임없이 성장하는 정신의 자기의식이 전개되는 역사이다. 세계적 이념의 서로 다른 단계들은 서로 다른 인종을 통하여, 서로 다른 시대에 자신을 드러낸다. 정신은 사람들 사이에서 자유에 대한 의식이 성장하는 것과 발맞추어 자유의 의식을 통하여 진보한다. 고대 동양의 폭군 아래 살았던 사람들은 자신이 자유로운 존재라는 사실을 몰랐다. 고대 그리스인과 로마인들은 자신들이 자유롭다는 사실은 알았지만 노예 제도를 허용함으로써 인간이 그 자체로 자유롭다는 점은 알지 못했음을 드러냈다. '기독교의 영향 아래 있는 독일 민족은 인간이 인간으로서 자유롭다는 점을, 따라서 인간의 본질은 바로 정신의 자유라는 점을 깨달은 최초의 사람들이다.'

정신의 자유는 정신을 물체와 구별하는 근거가 되는데, 물체는 만유인력과 같은 필연적인 법칙의 제한을 받지 않을 수 없다. 세계의 전개는 정신이 자신의 자유를 확장하고 의식해 나가는 과정이다. 자기 이익을 추구하는 개인이나 민족은 세계의 전개에 작용하는 정신의 역할을 제대로 의식하지 못한 도구에 지나지 않는다. 이들은 하나의 민족 국가를 형성할 경우에만 세계사라는 극적인 무대에서 자신의 역할을 의식하게 된다. 국가는 '자유의 실현, 즉 절대적인 최종 목표의 실현이며 따라서 오직 그 자체를 위하여 존재한다.' 국가가 시민을 위해서 존재하는 것이 아니라 이와는 정반대로 시민은 오직 국가의 구성원이 됨으로써만 가치를 소유하게 된다 — 이는 눈이 살아 있는 신체의 일부일 경우에만 가치를 지니는 것과 같다.

어떤 국가를 구성하는 민족의 정신이 어떤가에 다라 서로 다른 국가들이 서로 다른 특징을 드러낸다. 서로 다른 시대에 서로 다른 민족정신이 세계정신의 진보를 주도하게 되므로 이 민족에 속한 사람들이 그 시대의 세계를 지배하게 된다. 각 민족에게 한 번의, 오직 한 번의 기회가 주어지는데 헤겔은 자신이 살았던 당시에 이런 기회가 독일 민족에게 주어졌다고 굳게 믿었다. 즉 프로이센 왕국이 지상에서 이상 국가에 가장 근접한 국가라고 생각했다.[16]

하지만 정신이 자신을 드러내는 가장 중요한 요소는 정치 제도가 아니라 철학 자체에서 드러난다. 절대적 존재의 자기의식은 인간에 대한 철학적 반성을 통해서 현존하게 되며, 철학사를 통하여 절대적 존재는 자기 자신을 직접 마주보게 된다. 헤겔은 철학이 진보한다고 굳게 믿었다. 그는 '최근의, 가장 현대적이고, 가장 새로운 철학이 가장 발전되고, 풍부하고, 깊이 있는 철학' 이라고 말한다(*LHP* I. 41). 그는 철학사 강의에서 이전의 다양한 철학들을 차례대로 점차 독일 관념론의 방향으로 나아가는 변증법적인 발전에 굴복하는 것으로 묘사한다.

[16] 헤겔의 정치철학은 9장에서 더욱 상세히 검토할 예정이다.

4장

지식

몽테뉴의 회의주의

이제 16세기에 접어들면서 회의주의를 새로 유행하게 만드는 데 기여하는 다양한 요소들이 등장했다. 유럽에서 서로 다른 여러 기독교 교파들이 충돌하고, 대양 건너에 유럽과 전혀 다른 문화와 종교를 지닌 사람들이 살고 있다는 사실이 발견되면서 개종의 강요와 박해가 급증했던 당시 상황에 직접 영향을 미쳤다. 이런 사실을 접한 몇몇 진지한 사상가들은 진리를 주장할 수 있는, 인간의 유일한 신념 체계가 과연 존재하는지를 의문시하게 되었다. 또한 섹스투스 엠피리쿠스(Sextus Empiricus)를 비롯한 고대 회의주의자들의 저술이 재발견되면서 지식인들은 인간 인식 능력의 신뢰 가능성에 대하여 맹공을 퍼붓는 논증들에 주목하게 되었다. 새로운 회의주의를 가장 세련된 형태로 드러낸 저술로는 몽테뉴의 《레몽 세봉을 위한 변명》(*Apology for Raimond Sebond*)을 들 수 있다.

몽테뉴는 섹스투스와 마찬가지로 극단적인 형태의 회의주의를 선호했는데 이런 회의주의는 알렉산드로스 대왕 시절에 아무것도 인식될 수 없다는 가르침을 폈다는 회의주의의 창시자 피론(Pyrrho of Elis)의 이름을 따서 (피론이 창시자라는 주장은 거의 반쯤은 전설에 불과하지만) 피론주의적 회의주의로 불린다. 몽테뉴는 감각과 지성의 오류 가능성을 보이기 위한 많은 예를 드는데 이들은 섹스투스의 저술에서 인용한 것이다. 하지만 그가 논증을 진행하면서 사용하는 고전적인 인용문은 섹스투스가 아니라 루크레티우스(Lucretius)의 철학시 《사물의 본성에 관하여》(*On the Nature of Things*)에 등장하는 것이다. 루크레티우스는 에피쿠로스를 추종한 로마의 학자로 그의 저술 또한 르네상스 시대에 재발견된 위대한 고대 저술 중 하나이다.

고전 로마 시대에 가장 큰 영향력을 발휘한 두 철학 체계는 에피쿠로스학파와 스토아학파였다. 몽테뉴에 따르면 에피쿠로스학파는 만일 감각을 신뢰할 수 없다면 지식과 같은 것은 결코 성립하지 않는다고 주장한다. 반면 스토아학파는 만일 지식과 같은 것이 어떤 식으로든 성립한다면 이는 감각으로부터 등장한 것이 아니라고 주장한다. 왜냐하면 감각은 전혀 신뢰할 수 없기 때문이다. 몽테뉴는 섹스투스와 마찬가지로 감각의 오류 가능성을 보이는 데는 스토아학파의 논증을 사용하고, 경험과 무관한 지식의 불가능성을 보이는 데는 에피쿠로스학파의 논증을 사용한다. 두 학파의 부정적인 논증을 사용하여 이들 두 학파 모두에 반대함으로써 몽테뉴는 진정한 지식 따위는 결코 존재하지 않는다는 점을 보이려 한다.

몽테뉴는 감각이 우리를 잘못된 길로 인도한다는 점을 보이면서 이미 익숙한 논증을 다시 언급한다. 네모난 탑이 멀리서는 둥글게 보이고, 안구에 가해지는 압력 때문에 시각이 왜곡되고, 황달에 걸리면 사물이 노랗게 보이고, 배 위에서 산을 보면 마치 산이 우리를 거쳐 지나가는 듯이 보인다. 또한 두 감각이 서로 충돌할 경우 이들의 차이를 해결할 방법이 없다. 몽테뉴는 루크레티우스의 유명한 대목을 인용한다.

> 귀가 눈에게 판결을 내릴 수 있는가?
> 촉감이 귀에게, 맛이 촉감에게 거짓말했다는 판결을 내릴 수
> 있는가?

하지만 몽테뉴는 루크레티우스와는 달리 감각들이 오류에 빠져 있다는 결론

에까지 나아가지는 않는다. 루크레티우스는 다음과 같이 말한다.

> 감각이 우리에게 전하는 바가 참이 아니라면
> 이성적인 자아 또한 거짓 외에는 아무것도 아니라네.[1]

몽테뉴는 이 조건문에 동의한다. 하지만 그는 감각이 참을 전한다는 결론이 아니라 오히려 이성도 똑같이 거짓에 지나지 않는다는 결론을 내린다(*ME* II. 253).

감각과 이성은 서로 협력하여 지식을 산출하는 것이 아니라 오히려 각각 상대방에게 거짓만을 일으킨다. 우리가 높은 협곡에서 아래를 내려다 볼 때 무서움을 느낀 감각은 좁은 판자로 만든 다리를 건너가지 말라고 말하는 반면 이성은 판자 다리가 충분히 넓기 때문에 얼마든지 건너갈 수 있다고 말한다. 다른 한편으로 우리의 의지에 속하는 정념은 우리가 감각을 통해서 지각하는 바에 영향을 미치기도 한다. 분노와 사랑은 지금 존재하지 않는 것도 보이게 만든다. 몽테뉴는 '우리가 잠잘 때도 우리의 영혼은 더도 덜도 아니고 깨어 있을 때와 똑같이 살아서 활동하며 자신의 모든 능력을 발휘한다.' 잠잘 때와 깨어 있을 때 사이의 차이는 낮과 밤의 차이에도 미치지 못한다(*ME* II. 260~1).

따라서 우리가 지니는 변화무쌍하고 서로 충돌하는 인상과 신념들을 구별하기 위한 어떤 기준이 필요한데 그런 기준은 성립 불가능하다. 예를 들어 가톨릭과 개신교 사이의 차이에 대하여 어떤 판결을 내리기 위해 공정한 심판자를 구하려 해도 심판자 또한 이미 둘 중 어떤 쪽에 속해 있을 것이기 때문에 심판자를 구할 수 없는 것과 마찬가지로 어느 누구도 젊은이와 늙은이, 건강한 사람과 아픈 사람, 잠자는 사람과 깨어 있는 사람이 겪는 경험들 사

[1] 《사물의 본성에 관하여》 4.484~7; 이 철학사 1권, 166면 참조 — 우리말 번역은 《고대철학》, 276면 참조 〔후반부는 옮긴이의 첨가〕.

이의 충돌을 해결할 방안을 제시하지 못한다.

> 우리가 대상으로부터 받아들인 현상을 판단하려면 판단의 도구가 필요하다. 그런 도구의 눈금을 정하려면 실험이 필요하다. 실험을 검증하려면 다른 어떤 도구가 필요하다. 따라서 우리는 계속 뱅뱅 도는 악순환에 빠지고 만다(*ME* II. 265).

몽테뉴는 고대의 회의주의가 축적한 업적에 몇몇 새로운 자료를 더한다. 그는 자신이 가장 선호하는 주제로 되돌아가 몇몇 동물과 새들이 인간보다 더 예민한 감각을 지닌다는 사실을 지적한다. 어쩌면 그들은 우리가 전혀 갖고 있지 않은 감각을 지니는지도 모른다. (수탉이 시간 맞춰 우는 것을 이런 감각이라고 할 수 있을까?) 우리가 지닌 다섯 가지 감각은 실제로 지닐 수 있는 감각의 최소한에 불과할지도 모른다. 그렇다면 세계에 대한 우리의 지식은 참된 지식과 비교해 볼 때 태어날 때부터 눈이 먼 사람이 지니는 지식을 시각이 완전한 사람이 지니는 지식과 비교하는 경우에 못지않게 불완전한 것이다.

데카르트의 대응

데카르트는 《성찰》에서 철학을 16세기에 전개된 회의주의의 위협으로부터 벗어나게 하는 것을 자신의 임무로 삼는다. 이렇게 하기 위하여 그는 우선 자신이 거부하려 하는 회의주의적 관점이 어떤 것인지를 명백히 밝힌다. '제일성찰'에서 데카르트는 몽테뉴의 예를 그대로 따르지만 몽테뉴보다 더욱 생생하고 정돈된 형태의 논증을 제시한다. 처음에는 감각이 우리를 속일지도 모른다는 사실로부터 감각이 전달하는 바를 의문시하는 논증이 등장하며, 그 다음에는 꿈으로부터의 논증이 이어진다.

> 내가 지금까지 진정으로 참이라고 받아들인 것들은 감각으로부터 또는 감각을 통해서 얻은 것들이다. 그런데 이제 나는 감각이 때로 나를 속인다는 사실을 경험한다. 한 번이라도 나를 속인 것은 전적으로 신뢰하지 않는 편이 현명한 일이다.
>
> 하지만 비록 감각이 매우 작은 것과 멀리 떨어져 있는 것과 관련해서 우리를 속인다 할지라도 감각을 통해서 알게 된 것들 가운데는 결코 의심할 수 없는 것들도 많다. 예를 들면 내가 지금 여기 있다는 점, 겨울 외투를 입고 있다는 점, 이 종이를 손에 쥐고 있다는 점 등이 이에 속한다.
>
> 훌륭한 논증이다! 하지만 나도 밤에는 으레 잠을 자는데 꿈속에서는 사람들이 깨어 있을 때 받아들이는 것과 똑같은 인상을 (또는 이보다 더 생생한 인상을) 받아들인다! 꿈을 꾸면서 — 실제로는 옷을 벗고 침대에 누워 있으면서 — 내가 지금 여기 있으며, 외투를 입고 있고, 불 옆에 앉아 있다고 굳게 믿은 것이 어디 한두 번이던가! (AT VII.19; *CSMK* II.13)

하지만 꿈조차 실재로부터 이끌어 낸 요소들로 구성된다는 점이 분명하다.

> 내가 지금 꿈꾸고 있다고 가정하자. 그래서 내가 눈을 뜨고 있다는 점, 머리를 움직여 본다는 점, 두 손을 뻗어 본다는 점 등과 같은 개별적인 것들이 사실이 아니라고 가정하자. 심지어 내게 그런 손이나 신체가 아예 없다고 가정하자. 그렇더라도 내가 꿈을 꾸면서 보는

> 것들은 채색된 상과 유사하다는 점에 어느 정도든 동의하지 않을 수 없다. 이런 상들은 실재하는 대상과 유사성을 지니지 않는다면 결코 형성될 수 없었을 것이다. 따라서 최소한 일반적인 종류의 사물들, 눈, 머리, 손, 신체 등은 상상적인 것이 아니라 실재하는 대상이어야만 한다(AT VII.20 ; *CSMK* II.14).

어쩌면 이런 대상들도 결국 상상이 만들어 낸 복합체일지도 모른다. 하지만 이런 물체를 구성하는 더욱 단순한 구성 요소들 — 즉 연장성, 형태, 크기, 수, 장소, 시간 등 — 은 반드시 실재해야만 한다. 만일 그렇다면 이런 대상들을 다루는 산술학과 기하학은 신뢰하지 않을 수 없다. '내가 잠자든 깨어 있든 간에 둘에 셋을 더하면 다섯이며, 사각형에는 네 변이 있다. 이런 명백한 진리를 거짓이라고 의심하는 것은 불가능한 듯이 보인다' (같은 곳).

하지만 수학조차도 데카르트의 회의 대상에서 벗어날 수 없다. 이는 수학자들도 가끔 오류를 범한다는 말이 아니라 수학의 체계 전체가 일종의 망상일지도 모른다는 말이다. 신은 전능하기 때문에 우리가 둘에 셋을 더할 때마다, 사각형의 변을 셀 때마다 잘못을 저지르도록 만들 수 있다. 하지만 선한 신은 결코 이런 일을 하지 않을 것이다! 그렇지만 다음과 같이 생각해 보자.

> 나는 진리의 근원이 되는 최고로 선한 신이 아니라 최고로 강력하고 교활한 악령이 존재하며 그가 온 힘을 다해 나를 속이려 든다고 가정하려 한다. 또한 나는 하늘, 공기, 땅, 빛깔, 소리를 비롯한 모든 외부적인 대상들이 쉽게 모든 것을 믿는 나를 농락하기 위하여 악령이 사용하는, 꿈과 같은 망상일 뿐이라고 가정하려 한다. 나는 나 자신을 손도, 눈도, 살도, 피도, 어떤 감각 기관도 없는데 단지 이런 것들을 모두 지니고 있다고 잘못 생각하는 존재로 여기려 한다(AT VII.23 ; *CSMK* II.15).

데카르트는 '제이성찰' 에서 '나는 생각한다, 그러므로 존재한다' 는 논증, 즉 그가 자신의 존재를 증명하는 유명한 논증에 도달함으로써 이런 회의를 끝낸다. 아무리 전능한 악령이 그를 속이려 한다 할지라도 악령은 그가 존재하지 않는데 존재한다고 생각하도록 속일 수는 없다.

> 설령 악령이 나를 속인다 할지라도 나는 분명히 존재한다. 악령에게 온 힘을 다해 나를 속이라고 해 보아도 내가 나 자신이 무언가라고 생각하는 동안 악령은 결코 내가 아무것도 아니게 만들 수는 없다. '나는 존재한다' 는 생각은 내가 그것을 생각하는 동안에는 결코 참이 아닐 수 없다. 나는 그것을 생각하지 않고서는 결코 그것을 의심할 수 없다. 따라서 '나는 존재한다' 는 참일 뿐만 아니라 의심할 수 없는 것이다. 왜냐하면 내가 그것을 의심하려 할 때마다 나는 그것이 참임을 발견하기 때문이다(AT VII.25 ; *CSMK* II.17).

'나는 생각한다, 그러므로 존재한다' 는 데카르트의 인식론을 떠받치는 확고한 기초이다. 하지만 그가 살았던 당시부터 현대에 이르기까지 수많은 비판자들은 이것이 보기만큼 확고한 진리인지를 계속 의문시해 왔다. '나는 생각한다, 그러므로 존재한다' 가 타당한 논증이라는 점에는 의심의 여지가 없으며 이것의 타당성은 언뜻 보기에도 당연한 듯하다. 하지만 '나는 걸어간다, 그러므로 존재한다' 는 논증도 똑같이 타당한 듯이 보인다. 그렇다면 '나는 생각한다, 그러므로 존재한다' 가 지닌 특별한 점은 과연 무엇인가? 이에 대하여 데카르트는 '나는 걸어간다' 는 회의할 수 있는 전제인 반면 (내게 육체가 없을지도 모르기 때문에) 회의하는 것 자체가 이미 생각하는 것이므로 '나는 생각한다' 는 회의할 수 없는 전제라고 답한다. 그런데 다른 한편으로 '나는 내가 걸어간다고 생각한다, 그러므로 나는 존재한다' 는 완벽하게 받아들일 수 있는 형태를 띤다. 즉 전제에서 언급된 생각이 나는 존재한다는, 자신의 존재에 관한 반성적인 생각일 필요는 없으며 어떤 종류의 생각이라도 무방한 듯이 보인다.

이보다 더욱 심각한 문제는 '나는 생각한다'에서 등장하는 '나'와 관련된다. 일상생활에서 일인칭 대명사는 그 대명사를 발언하는 사람의 육체와 연결되어 의미를 얻게 된다. 자신에게 육체가 있는지 그렇지 않은지를 회의하는 사람이 독백을 하면서 '나'라는 대명사를 사용할 자격을 지니는가? 어쩌면 데카르트는 단지 '사고가 계속된다'고 말할 자격 밖에 없는지도 모른다. 이와 유사한 의문이 '나는 존재한다'에서 등장하는 '나'와 관련해서도 제기된다. 어쩌면 결론은 단지 '존재가 계속된다'는 것에 그칠지도 모른다. 비판자들은 회의 중인 데카르트에게는 지속적인 실체로서의 자아가 존재한다는 결론을 이끌어 낼 권리가 없다고 계속 주장해 왔다. 어쩌면 그는 차라리 잠시 동안 사고하는 일시적인 주체가 존재한다거나 아니면 심지어 어느 누구에게도 속하지 않는 사고만이 존재할 수 있다고 결론지어야 했는지도 모른다. 방법적 회의에 의해서 드러나는 '나'가 그런 회의를 하는, '르네 데카르트'라는 이름에 상응하는 인물과 동일한 개인이라는 점이 과연 확실한가?

심지어 데카르트 자신의 표현을 빌리더라도 '나는 생각한다, 그러므로 존재한다'는 데카르트라는 인간 전체의 존재를 증명하지 못한다. 그 자체로 그것은 오직 그의 정신이 존재한다는 점을 증명하는 데 그친다. '나는 생각한다, 그러므로 존재한다'에 이른 이후에도 데카르트는 계속해서 자신에게 육체가 있는지를 회의하며, 더 이상의 상당한 추론이 진행된 후에야 비로소 자신이 진정으로 육체를 소유한다는 결론에 도달한다. 그가 항상 의식하는 바는 정신의 내용이며, 그는 이로부터 과학을 재구성하려 한다. 데카르트는 '나는 생각한다, 그러므로 존재한다'로부터 자신의 존재 이외에도 많은 것들을, 예를 들면 자신의 본질, 신의 존재, 진리의 기준 등을 이끌어 낸다. 하지만 현재 논의의 목적에 비추어 중요한 것은 그가 어떻게 '나는 생각한다, 그러므로 존재한다' 라는 아르키메데스적인 기초로부터 회의주의 논변을 무너뜨릴 만한 인식 체계를 재확립하는 데로 나아가는지를 살펴보는 일이다.

의식에 관한 데카르트의 견해

우리 정신의 내용은 사고들이다. 데카르트는 '사고' 라는 용어를 매우 폭넓은 의미로 사용한다. 정신이 행하는 수리적 계산, 성적인 환상, 심한 치통, 마테호른의 경치, 오래된 포도주의 맛 등이 모두 사고에 포함된다. 데카르트는 지적인 성찰뿐만 아니라 의지 작용, 감정, 쾌락과 고통, 정신적인 상 그리고 감각도 모두 사고로 여긴다. 이런 요소들이 모두 공유하는 특징, 즉 이들을 사고로 만드는 특징은 바로 이들이 의식의 대상이라는 점이다. '나는 사고라는 용어를 우리가 무언가를 직접 의식한 결과로 우리 안에 생겨난 모든 것을 포함하는 것으로 사용한다. 따라서 의지, 지성, 상상력 그리고 감각 능력의 모든 작용이 사고에 속한다' (AT VII.160; *CSMK* II.113). '설령 감각 능력과 상상력의 대상이 외부에 현존하지 않는다 할지라도 내가 감각과 상상이라고 부르는 사고의 양태는, 이들이 오직 사고의 양태인 한에서 확실히 내 안에 존재한다' (AT VII.35; *CSMK* II.34). 따라서 이런 사고는 데카르트 인식론의 기본 자료가 된다.

데카르트가 어떻게 '사고' 라는 용어를 모든 종류의 의식적 경험에 대하여 적용하는지는 다음 대목에서 매우 놀라운 방식으로 설명된다.

> 감각 기관을 통해서 감각하거나 또는 이른바 물질적인 대상을 지각하는 존재는 바로 나이다. 따라서 나는 지금 빛을 보며, 소리를 듣고, 뜨거움을 느낀다. 만일 내가 잠자고 있다면 이런 대상들은 실재하지 않는다. 하지만 최소한 나는 보고, 듣고, 뜨거움을 느끼는 듯이

> 보인다. 이 사실은 실재적이 아닐 수 없다. 그리고 바로 이것이 내가 엄밀하게 나의 감각이라고 부르는 바이다. 정확히 이런 의미로 이해된 감각은 오직 사고 작용일 뿐이다(AT VII.29; CSMK II.19).

육체가 없어도 가능한 이런 명백한 감각은 이후 철학자들이 '감각적 자료들'(sense-data)이라고 부른 것이다. 데카르트 체계의 유지 여부는 이 개념에 일관된 의미를 부여할 수 있는지 그렇지 않은지에 따라 결정된다.[2]

'제삼성찰'에서 데카르트는 사고의 여러 유형 중 중요한 하나를 추려 내어 이를 '관념'이라고 부른다. '나의 사고들 중 일부는 대상의 모습과 같은 듯한데 오직 이들만이 적절하게 '관념'으로 불릴 수 있다 — 예를 들면 내가 인간에 관하여 또는 키메라나 하늘, 천사, 신 등에 관하여 사고할 때 관념을 지니게 된다'(AT VII.37). 현재 '관념'이라는 용어는 일상 언어에서도 흔히 이런 의미로 사용되지만 데카르트가 이를 인간 정신의 내용을 체계적으로 분류하여 지칭하는 데 사용한 것은 당시로서는 새로운 시도였다. 이전 철학자들은 일반적으로 이를 플라톤의 형상이나 신의 정신 안에 있는 원형을 지칭하는 데 사용하였다. 그리 엄밀하지 않게 말한다면 데카르트의 관념은 단어에 대응하는 정신적 요소라고 할 수 있다. '어떤 단어가 의미하는 바에 대한 관념이 내 안에 있다는 점을 확신하지 못하면서 너가 말한 바를 이해하려 한다면 나는 아무것도 단어로 표현할 수 없을 것이다'(AT VII.160).

데카르트는 관념을 세 종류로 분류한다. '나의 관념들 중 일부는 본유적이고, 일부는 획득한 것이고, 또 다른 일부는 내 자신이 만들어 낸 것으로 보인다.' 데카르트는 본유 관념의 예로 **사물, 진리 그리고 사고**의 관념을 든다. 데카르트가 어떤 소리를 듣거나, 태양을 보거나, 불의 뜨거움을 느낄 때 발생하는 관념은 외부적 대상에서 생겨난 관념들이다. 반면에 바다의 요정 사

[2] 8장 참조.

이렌(siren)이나 말의 몸에 독수리의 머리와 날개를 지닌 전설상의 동물 히포그리프(hippogriff)의 관념 등은 데카르트 자신이 만들어 낸 듯이 보인다. 인식론적 행보를 시작하는 현 단계에서 이런 분류는 단지 임의적인 것에 지나지 않는다. 아직 데카르트는 자신의 정신 안에 형성된 이런 관념들의 근원이 무엇인지를 전혀 알지 못한다. 특히 그는 '획득' 관념들이 외부의 대상으로부터 생겨난 것인지를 확신하지 못한다. 설령 이들이 외부의 대상으로부터 생겨났다 할지라도 그는 관념을 일으킨 대상이 관념과 유사한지를 확신할 수 없다.

하지만 데카르트의 정신 외부에서 생겨난 듯이 보이는 관념이 한 가지 있는데 그것은 바로 신의 관념이다. 그는 '영원하고, 무한하고, 전지하고, 전능하고, 자신을 제외한 다른 모든 것을 창조한' 신의 관념을 지닌다. 데카르트가 지닌 관념들 대부분은 — 사고나 실체, 지속, 수 등의 관념은 — 당연히 자신의 내부에서 생겨난 것일지 몰라도 무한, 독립, 최고의 지성과 권능 등의 속성은 그 자신과 같은 제한적이고, 의존적이고, 무지하고, 무능한 피조물에 대한 반성으로부터는 결코 도출될 수 없다. 그가 지닌 신의 관념과 결합된 완전성은 그 자신 안에서 발견되는 다른 어떤 것에 비해서도 너무나 우월하기 때문에 신의 관념은 결코 그 자신이 만들어 낸 허구일 수 없다. 그런데 어떤 관념의 원인은 반드시 그 관념 자체보다 더욱 실재적이어야 한다. 따라서 데카르트는 세계 안에 오직 그 자신만이 존재하는 것이 아니라 신의 관념에 대응하는 신이 실재한다는 결론을 이끌어 낸다. 신 자신이 신의 관념의 근원이며, 신은 데카르트가 태어날 때 이런 관념을 그의 정신 안에 심어 놓았다.

> 따라서 이런 논증의 설득력은 오직 다음과 같은 사실에 놓여 있다. 만일 실제로 신이 존재하지 않는다면 나 자신이 현재와 같은 본성을 지닌 존재로, 즉 신의 관념을 부여받은 존재로 현존할 수 없다는 사

> 실을 나는 깨달았다. 여기서의 신은 내가 그에 대한 관념을 지니는 바로 그런 신이며, 비록 내가 그의 모든 완전성을 파악할 수는 없지만 어느 정도는 생각할 수 있는 완전성을 소유한 신이며, 어떤 결함도 지니지 않는 신이다(AT VII.52 ; *CSMK* II.35).

그렇다면 신은 데카르트가 자신의 정신 외부에 존재한다고 인정하는 최초의 실재로서, 이후 그가 인식론의 체계를 재구성하는 데 결정적인 역할을 담당한다. 데카르트에 따르면 신은 결함이 없기 때문에 우리를 속이지 않는다. 속임이나 기만은 항상 속이려 드는 자가 지닌 어떤 결함에 의존하기 때문이다. 신은 우리를 속이지 않는다는 원리는 데카르트를 회의주의의 미로에서 벗어나도록 인도하는 실마리의 역할을 한다.

매우 명석, 판명하여 우리의 정신이 이들에 초점을 맞출 때마다 우리를 속이지 않는 몇몇 진리들이 있다. 하지만 우리는 오랫동안 어떤 하나의 주제에만 집중하지 못하며, 자주 우리는 단지 명석, 판명하게 지각한 특정한 명제만을 기억한다. 그러나 이제 신이 우리를 속이지 않는다는 점을 인식했으므로 우리가 명석, 판명하게 지각하는 모든 것은 참이라고 결론지을 수 있다. 따라서 이제는 우리 자신의 존재에 대한 직접적인 직관과 같은 순간적인 직관뿐만 아니라 산술이나 기하학과 같은, 경험과 무관한 학문 전체를 확신할 수 있게 된다. 데카르트는 이런 학문들이 우리가 깨어 있든 잠을 자든 간에 항상 참이고 확실하다고 주장한다. 그는 이론상 아직 자신이 육체를 지니는지 또는 외부 세계가 존재하는지를 확신하지 못하는 상황에서 이런 학문들을 그의 인식론 체계에서 매우 중요한 위치를 차지하는 것으로 여긴다. 즉 그는 삼각형의 형태를 지닌 무언가가 이 세계에 존재하는지를 아직 알지 못하면서도 삼각형에 관하여 많은 것들을 인식할 수 있게 된다(AT VII.70 ; *CSMK* II.48).

데카르트는 '제육성찰'에 이르러서야 비로소 물질적 사물들이 존재하며 자신이 육체를 지닌다는 점을 나름대로 만족스럽게 확립한다. 그러면서 그는 지성과 상상력의 차이에 주의를 기울일 것을 요구한다. 기하학은 지성의 산물로서, 기하학을 통하여 우리는 예를 들면 천 개의 변을 지닌 다각형과 백만 개의 변을 지닌 다각형을 구별한다. 하지만 상상력을 가지고는 어떤 노력을 하더라도 삼각형이나 사각형의 정신적인 상을 떠올리는 것과 같은 방식으로 천각형이나 백만각형의 정신적인 상을 뚜렷하게 떠올리지 못한다. 상상력은 지성에 추가되는 여분의 능력인 듯하며 오직 지성만이 정신의 본질적 능력이다. 이런 여분의 능력으로서의 상상력을 설명하는 방법 중 하나는 정신과 밀접하게 연관된 어떤 육체적인 실재를 요청하는 것이다. 상상력과 순수 지성의 차이는 다음과 같은 것인 듯하다. '지성이 작용할 때 정신은 자기 자신에게로 향하여 자신 안에 포함된 어떤 관념을 고찰하는 반면 상상력이 작용할 때 정신은 물체로 향하여 자신이 이해한 관념과 유사한 무언가를 물체 안에서 바라본다.' 하지만 이는 현 단계에서 그럴 듯한 가정 정도에 그친다(AT VII.73; *CSMK* II.50).

그렇다면 물체의 존재를 확립하는 것은 과연 무엇인가? 데카르트는 자신 안에서 감각적 인상을 받아들이는 수동적 능력을 발견한다. 이 수동적 능력에 대응하여 이런 인상들을 만들어 내거나 산출하는 어떤 능동적 능력이 존재해야만 한다. 이론상 이런 인상들은 신 자신에 의해서 만들어질 수 있지만 데카르트는 이를 암시하는 최소한의 실마리도 제공하지 않는다.

> 신은 나에게 관념들의 근원을 추적할 수 있는 능력을 전혀 부여하지 않았으며 오히려 이런 관념들이 물질적 대상에서 유래한다고 믿는 강력한 성향을 부여했다. 따라서 만일 관념들이 물질적 대상이 아닌 다른 어떤 것으로부터 유래한다면 나는 신은 기만자가 아니라는 말의 의미를 전혀 이해할 수 없을 것이다. 따라서 물질적 대상은 반드시 현존해야만 한다(AT VII.80; *CSMK* II.55).

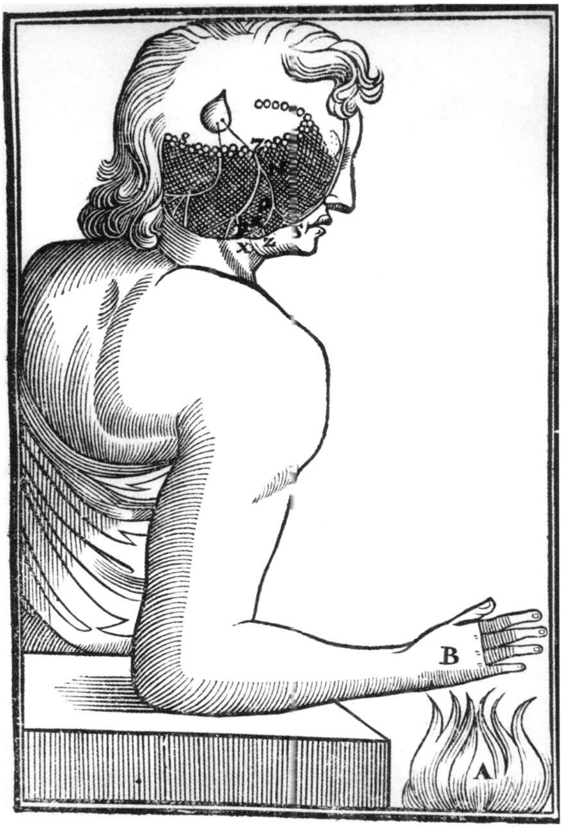

데카르트는 옆의 그림에서 정신과 육체 사이의 관계를 해명한다. 불에 덴 손에서 발생한 운동이 신경을 거쳐 송과선으로 전달되는데 송과선에서 정신은 이 운동을 고통으로 지각한다.

신은 자연의 창조자이고 신은 우리를 속이지 않으므로 자연이 가르쳐 주는 모든 것은 참이다. 그리고 자연은 두 가지의 중요한 사실을 우리에게 가르쳐 준다.

> 자연이 가르쳐 주는 것 중 내가 육체를 지닌다는 사실, 즉 상처를 입으면 고통을 느끼고 배고픔이나 목마름을 느낄 때 음식이나 물을 필요로 하는 육체를 지닌다는 사실보다 명확한 것은 없다 …

> 더욱이 자연은 나의 육체가 다른 물체들에 둘러싸여 있는데 이들 중 어떤 것은 추구해야 하지만 다른 것은 피해야 한다는 사실을 가르쳐 준다. 그리고 나는 무척 다양한 색, 소리, 냄새, 맛, 단단함의 정도 등을 감각하는데 나는 이런 다양한 감각적 지각을 일으키는 물체들 안에는 내가 감각하는 다양성과 유사하지는 않지만 이에 상응하는 다양성이 있다는 결론을 확실하고 정당하게 내릴 수 있다.

하지만 우리에게 자연스럽게 보이는 모든 것이 실제로 자연이 가르쳐 준, 따라서 신의 성실성에 의해서 보증되는 것은 아니다 — 바로 이 때문에 위의 인용문 중 마지막 문장에서 '유사하지는 않지만' 이라는 경고가 등장한다. 오직 우리가 명석, 판명하게 지각하는 바만이 자연이 진정으로 가르쳐 준 것이며 따라서 진리에 이르기 원한다면 우리는 이런 경계 안에 속하는 바만을 믿도록 세심한 주의를 기울여야 한다. 이렇게 할 경우에만 물질적 대상에 대한 건전한 과학을 구성하여 아리스토텔레스가 확립했던, 시대에 뒤떨어진 자연학을 대신할 수 있을 것이다.

현대의 많은 철학자들은 데카르트의 인식론을 전혀 설득력이 없는 것으로 여기는데 그 까닭은 이들이 데카르트가 정당화해야 하는 평범한 과학적 진리보다 신의 존재를 훨씬 더 의문스러운 것으로 생각하기 때문이다. 반면 데카르트와 동시대 철학자들은 어느 누구도 신의 존재 자체를 문제시하지 않았지만 데카르트가 신의 존재를 증명한 방식에 대해서는 기꺼이 도전하면서 그를 비판했다. 데카르트는 신의 성실성에 기초하여 과학의 체계를 세우려는 자신의 방법을 옹호하기 위해서는 다음과 같은 두 가지 중요한 반박에 답하지 않을 수 없었다.

첫째, 만일 신이 우리를 속이지 않는다면 내가 끊임없이 오류에 빠지는 일을 어떻게 설명할 것인가? 내가 지닌 능력은 성실한 신으로부터 부여받은 것이다. 이런 능력이 어떻게 나를 잘못된 길로 인도할 수 있는가? 이에 대한 데카르트의 대답은 다음과 같다. 우리의 능력을 적절하게 사용한다면 결코 잘못된 길로 빠지지 않는다. 나는 지성이라는 능력을 지니는데 이는 사물과 진리에 대한 지각을 제공한다. 나는 의지라는 또 다른 능력도 지니는데 이를 통하여 나는 어떤 명제가 참인지 거짓인지를 판단한다. 내가 지성이 제공하는 명석, 판명한 지각의 경우에 대해서만 의지의 판단을 적용한다면 나는 결코 잘못된 길로 빠지지 않을 것이다. 내가 명석, 판명한 지각에 이르기 전에 성급한 판단을 내릴 경우에만 오류가 발생한다. 《성찰》에 등장하는 모든 지적인 훈련은 명석, 판명함에 이르지 못한 경우에는 어떤 판단도 내려서는 안 된다는 점을 독자들에게 알리기 위하여 주의 깊게 마련된 것이다.

데카르트의 방법에 대한 두 번째 반박은 이른바 '데카르트의 순환 논증'이라는 이름으로 널리 알려졌다. 이 반박을 제기한 사람은 《성찰》에 대한 네 번째 반박을 쓴 아르노(Antoine Arnauld)인데 그는 데카르트가 신에게 호소하여 명석, 판명한 지각을 보증하는 과정에 명백한 순환 논증이 포함된다는 점을 처음 지적하였다. '우리가 신이 존재한다는 사실을 확신할 수 있는 까닭은 오직 그 사실을 명석, 판명하게 지각하기 때문이다. 따라서 신이 존재한다는 사실을 확인하기에 앞서 우리가 명석, 판명하게 지각하는 모든 것은 참이라는 점을 먼저 확인할 필요가 있다' (AT VII.245; *CSMK* II.170).

이런 반박에 대답하면서 데카르트는 한편으로는 특수한 명석, 판명한 지각에, 다른 한편으로는 우리가 명석, 판명하게 지각하는 모든 것은 참이라는 일반 원리 사이의 구별에 의존한다. 개별적인 지각이 참이라는 점을 확인하는 데는 신의 성실성에 호소하는 일이 필요하지 않다. 나는 존재한다든가 둘에 셋을 더하면 다섯이 된다는 직관은 내가 이들을 명석, 판명하게 계속 지각하는 한 결코 회의할 수 없는 것들이다. 비록 내가 지금 여기에 무언가로 존재한다는 점이 명석, 판명하게 지각된다는 사실을 회의할 수 없다 할지라도 — 신의 존재를 확립하게 이전에는 — 내가 명석, 판명하게 지각하는 모든 것은 참이라는 일반 명제는 회의할 수 있다. 또한 개별적인 직관들도 일단 과거의 것이 되어 버리면 얼마든지 회의의 대상이 될 수 있다. 나는 '제이 성찰'을 읽는 동안 명석, 판명하게 지각했던 바에 어떤 진리라도 포함되어 있었는지를 사후에 의심해 볼 수 있다.

우리의 정신이 단순한 직관들을 지니는 동안에는 이들을 회의할 수 없기 때문에 이들을 확립하기 위한 어떤 논증도 필요하지 않다. 실제로 데카르트는 논증보다 직관을 진리에 이르는 우월한 방법으로 여긴다. 개별적인 직관들은 내가 방금 설명한 간접적인 방식으로만 회의될 수 있다. 즉 이들의 내용을 언급하는 어떤 방식을 통해서도 이들을 회의할 수 없다. 신의 성실성에 호소하는 일이 필요한 경우는 오직 일반 원리와 관련되는 경우 그리고 개별적인 지각을 간접적인 방식으로 회의하는 경우뿐이다. 따라서 데카르트의 주장은 순환 논증에 빠지지 않는다. 하지만《성찰》에서 정신이 자기 자신을 정당화하는 데 사용된다는 점은 명백하다. 그러나 이런 종류의 순환 논증은 피할 수 없는 것이며 유해하지도 않다.

홉스의 경험론

철학사가들은 자주 17, 18세기의 철학을 영국철학과 대륙철학으로 대비하여 설명한다. 대륙철학자들은 이성의 사변을 신뢰한 합리론자들이며, 영국철학자들은 감각 경험을 지식의 기초로 여긴 경험론자들이라고 여긴다. 영국과 대륙의 인식론이 실제로 얼마나 다른지를 제대로 평가하기 위해서는 영국 경험론의 창시자라는 영예를 누리는 홉스의 주장을 더욱 자세히 살펴볼 필요가 있다.

홉스의《리바이어던》은 '감각에 관하여'라는 제목의 장으로 시작되는데 여기서 홉스는 이후 큰 반향을 불러일으킨 주장을 제시한다. '인간의 정신 안에 있는 개념 중 전체적으로든 부분적으로든 감각 기관에 의해서 얻어지지 않는 것은 없다'(*L*, 9). 기억, 상상, 추론 등과 같은 정신의 다른 작용들도 전적으로 감각에 의존한다. 상상과 기억은 같은 것으로서 쇠퇴하는 감각을 의미한다.

> 공간상 멀리 떨어져 있는 것은 희미하게 보여서 작은 부분들까지 구별하기 쉽지 않고, 멀리서 들려오는 목소리 또한 점점 약해지므로 알아듣기 어렵다. 이와 마찬가지로 과거의 심상도 시간이 많이 흐른 뒤에는 희미해져서 (예를 들면) 우리가 보았던 도시나 많은 길거리의 모습, 그 당시의 행동이나 많은 상황을 모두 잊고 만다(*L*, 66).

홉스는 추론이란 우리의 사고를 표시하고 표명하기 위하여 합의된 일반 명사들의 연결 관계를 계산하는 것일 뿐이라고 말한다. 그리고 사고란 항상 감각으로부터 도출된 (명칭 또는 사물에 대한) 정신적 심상이라고 생각한다. '사고는 하나씩 놓고 볼 때 우리 외부에 있는 물체의 어떤 성질 또는 우연적 속성에 대한 표상 또는 현상이다'(*L*, 66).

홉스에 따르면 지식에는 두 종류가 있다. 그중 하나는 사실에 관한 지식이며, 다른 하나는 연결 결과에 관한 지식이다. 후자는 무엇이 무엇으로부터 도출되는가에 관한 지식으로서 우리의 사고가 끊임없이 연속되고 연결되는 과정에서 질서를 유지하는 지식이다. 이는 조건적인 법칙으로, 즉 '만일 A라면 B이다'라는 형식으로 표현된다. 사실에 관한 지식은 — 우리가 증인에게 요구하는 종류의 지식인데 — 감각과 기억을 통해서 주어진다. 과거에도 그랬고 미래에도 그렇듯이 단지 추론이나 토론을 통해서는 결코 사실에 관한 절대적인 지식에 이를 수 없다(*L*, 42).

경험론자들이 주장하듯이 어떤 수준에서 우리의 감각적 지각 능력을 발휘하지 않고서는 직접적이든 간접적이든 간에 우리를 둘러싼 세계에 관한 정보를 결코 얻을 수 없다는 점은 분명한 사실이다. 영국 경험론의 약점은

홉스의 후원자였던 데번셔 공작의 저택인 하드윅 홀에 소장된 홉스의 초상화

실제로 무엇이 감각적 지각을 구성하는가에 관한 설명이 그리 엄밀하지 않거나 만족스럽지 못하다는 점이다. 홉스가 특히 거부했던 아리스토텔레스주의 전통을 이어받은 철학자들은 우리의 감각이 정확한 구별의 능력이라는 점을 강조해 왔다. 즉 어떤 색을 다른 색과 구별하여 말하고, 서로 다른 소리와 맛 등을 구별하는 능력으로 여겼다. 이들은 또한 경험 과정에서 감각의 능동적인 역할을 강조했다. 어떤 개별적인 감각도 (예를 들면 설탕 한 조각의 단맛을 느끼는 감각도) 세계 안에 존재하는 요소와 (설탕의 속성과) 지각하는 사람의 능력 (맛을 느끼는 능력) 사이의 상호 작용으로 보았다. 반면 홉스와 그의 후계자들은 감각을 수동적인 사건, 즉 정신 안에 심상 또는 환상이 생기는 일로 본다.

홉스도 감각에 능동적인 요소가 있다는 점을 인정한다. 하지만 이 요소는 실재하는 세계 안의 진정한 성질들을 구별하는 것이 아니라 세계에 환상적인 요소를 투사하는 것과 관련된다.

> 감각의 원인은 외부의 물체 또는 대상이다. 이 대상이 각각의 감각 기관을 압박하는데 이런 압박은 미각이나 촉각처럼 직접적인 경우도 있고 시각이나 청각, 후각처럼 간접적인 경우도 있다. 이런 압박이 신경과 근육, 신체의 각막이나 점막 등을 거쳐 신체 내부로 들어와 두뇌와 심장에 전달되면 이에 대한 저항 또는 반대 압력, 즉 이에 맞서려는 마음의 노력이 생긴다. 이런 노력은 **외부를 향하기** 때문에 외부에 있는 어떤 물체인 듯이 보인다. 이런 듯이 **보이는 것** 또는 이런 **환상**이 바로 우리가 **감각**이라고 부르는 바이다. 이 감각은 눈에는 **빛**이나 **색깔**, 귀에는 **소리**, 코에는 **냄새**, 혀와 입에는 **맛** 그리고 신체의 나머지 부분에는 **뜨거움, 차가움, 단단함, 부드러움** 등의, 우리가 **촉감**으로 구별하는 성질들로 나타난다. **감각 가능하다고** 불리는 이런 모든 성질들은 감각을 일으키는 대상 자체에 속하지만 감각은 물체의 수많은 다양한 운동이 우리의 감각 기관을 여러 가지 방식으로 압박할 때 생겨난다(*L*, 9).

경험론자인 홉스가 제시한 감각에 대한 설명은 합리론자인 데카르트의 설명과 정확하게 일치한다. 이들 둘은 모두 색깔이나 맛과 같은 성질들이 우리를 속이는 경험, 즉 순전히 개인적인 의식에 속하는 것일 뿐이라고 생각하여 홉스는 이를 '환상', 데카르트는 '사고한 바'라고 부른다. 홉스는 이런 제이성질들이 주관적이라는 점을 주장하기 위하여 우리가 보는 색깔은 반사 작용에 의한 것이라든지 눈에 큰 충격을 받으면 별이 보인다든지 등의 예를 들면서 데카르트와 유사한 논거를 제시한다. 데카르트와 마찬가지로 홉스 또한 우리의 감각 경험과 정신적 심상 그리고 꿈의 내용 사이에 본질적인 차이는 없다고 생각한다. 데카르트가 설령 자신에게 육체가 없으며 외부 세계가 존재하지 않더라도 자신이 사고하는 내용을 확실히 알 수 있다고 주장했던 것과 마찬가지로 홉스도 우리의 모든 심상은 세계가 완전히 사라지더라도 여전히 동일하게 유지된다고 주장한다(*L*, 22).

우리가 감각을 통해서 받아들이는 성질들이 객관적이지 않다는 데카르트-홉스의 공격은 하나의 공통적인 오류를 범하는데 그것은 상대성과 주관성을 혼동한 것이다. 감각적 성질들이 상대적이라는 점은 분명한 사실이다. 즉 이런 성질들은 감각적 지각을 하는 사람과의 관계에 의해서 규정된다. 어떤 실체가 맛을 지니려면 인간이나 다른 동물에게 어떤 결과를 산출하는 능력이 있어야 한다. 그리고 그 실체가 낳는 특수한 결과는 수많은 조건에 따라 크게 달라진다. 하지만 맛이 상대적인 속성이라는 사실이 곧 맛이 객관적인 속성이 아님을 의미하지는 않는다. '지구보다 크다' 는 것은 상대적인 속성이지만 태양이 지구보다 크다는 것은 명백한 객관적 사실이다.

홉스와 데카르트의 차이는 홉스가 상상력과 지성을 제대로 구별하지 못한 데에 있다. 그리 엄밀하지 않게 말해서 지성이 언어를 사용하고 이해하는 능력이라면 이는 정신 안에 어떤 심상을 떠올리는 능력과는 전혀 다른 무언가이다. 데카르트는 '제육성찰' 에 등장하는 탁월한 한 대목에서 지성과 상상력을 명확히 구별한다.

> 나는 삼각형을 상상하면서 그것이 세 변으로 둘러싸인 도형임을 이해할 뿐만 아니라 동시에 내 정신의 눈앞에 세 변을 떠올린다. 바로 이것이 내가 상상이라고 부르는 바이다. 그러나 이제 내가 천각형에 관하여 생각한다면 나는 삼각형은 세 각을 지닌 도형임을 이해하는 것과 마찬가지로 천각형은 천 개의 각을 지닌 도형이라는 점을 이해한다. 하지만 같은 방식으로 천 개의 각을 상상하거나 내 앞에 떠올리지는 못한다(AT VII.71 ; *CSMK* II.50).

홉스는 어디서도 이와 유사한 구별을 하지는 않으며 체계상 정신을 데카르트가 상상력이라고 부르는 것과 동일시한다. 하지만 홉스는 지적 활동에서 언어가 차지하는 역할을 잘 알고 있었으며 인간이 언어를 지님으로써 다른 동물보다 우월한 특권을 누린다고 생각했다. 예를 들면 그는 다음과 같이 말한다.

> 우리는 명칭(name)을 사용하는 덕분에 학문을 할 수 있지만 동물들은 명칭을 사용할 수 없기 때문에 학문 또한 할 수 없다. 만일 명칭을 사용하지 않는다면 우리도 학문을 할 수 없을 것이다. 동물에게는 순서를 나타내는 명칭, 즉 우리가 수라고 부르는 하나, 둘, 셋 등이 없기 때문에 동물들은 많은 새끼들 중에 한두 마리를 잃어버려도 이를 알지 못한다. 인간 또한 수를 나타내는 단어를 입으로 또는 마음으로 반복해서 세지 않는다면 자신 앞에 얼마나 많은 돈이나 다른 것들이 있는지를 헤아릴 수 없게 된다(*L*, 35~6).

하지만 홉스는 우리의 정신을 통과하는 일련의 심상들이 사물이라기보다는 명칭에 대한 심상으로 구성되기 때문에 지성의 작용 안에 환상이 끼어들기에 충분하다는 듯이 말한다. 그러나 사실상 정신적 심상과 관련된 어떤 설명도 홉스가 추론의 전형으로 즐겨 사용하는 가장 단순한 산술에 관한 지식도 제대로 해명하지 못한다. 내가 97에 62를 더하려 할 경우 나는 각각의 수에 대한 어떤 정신적 심상도 떠올리지 못하며, 내가 정신적인 능력을 발휘하여 산술 계산법을 오랫동안 끈기 있게 배우지 않는 한 숫자에 대한 정신적 심상 자체는 이런 계산에 아무런 도움도 되지 않는다. 심상의 발생에 관한 논의는 이런 과정을 전혀 설명하지 못하며, 심상이 산술적인 계산이라는 목표에 유용하다는 사실은 단지 이런 과정이 낳은 결과일 뿐이다.

로크의 관념

홉스가 제시한 다소 세련되지 못하고 거친 형태의 경험론이 옹호되는 일은 거의 없으므로 이제 그보다 훨씬 잘 알려지고 일반적으로 높은 평가를 받는 로크의 경험론에로 눈을 돌리려 한다. 로크와 데카르트는 자주 경험론과 합리론이라는, 서로 다른 두 학파를 대표하는 인물로 대비되기도 하지만 사실 이들은 수많은 공통적인 전제들을 공유한다. 로크의 체계는 '관념들'에 기초하는데 그의 '관념'은 데카르트의 '사고'와 매우 유사하다는 점이 드러난다. 두 철학자는 모두 직접적인 의식에 호소함으로써 논의를 시작한다. 관념과 사고는 우리 자신의 내부를 들여다 볼 때 만나게 되는 것들이다. 또한 이들은 모두 핵심 용어에서 치명적인 애매함을 제거하지 못했는데 이는 이들의 인식론과 심리철학이 상당히 손상되는 결과를 낳았다.

로크의 경우 예를 들면 '관념'이라는 용어가 대상을 (지각되거나 사고되는 바를) 의미하는지 아니면 활동을 (지각이나 사고 작용을) 의미하는지를 구별하기가 몹시 어렵다. 로크는 관념이 '사고 과정에서 정신에 등장하는 모든 것'을 의미한다고 말한다. 여기서 결정적으로 애매한 문구는 '정신에 등장하는 것'인데 이는 정신이 사고하는 것을 (대상을) 의미할 수도 있고 정신이 참여하는 바를 (작용을) 의미할 수도 있다. 로크가 녹색임(greenness)이 세계 안의 대상인가 아니면 정신의 창조물인가와 같은 질문을 고려할 때 이런 애매함은 더욱 해로운 요소로 작용한다.

로크는 자주 데카르트에 반대하는 견해를 드러내지만 많은 철학적 주제들을 데카르트에서 빌려 와 그와 동일한, 다음과 같은 질문을 던진다. 동물은 일종의 기계인가? 영혼은 항상 사고하는가? 물질이 없는 공간이 존재할 수 있는가? 본유 관념이 존재하는가?

이들 중 마지막 질문은 자주 결정적인 질문으로 간주된다. 즉 이 질문에 대하여 어떤 대답을 하는가에 따라 철학자는 합리론자 또는 경험론자로 분류된다. 하지만 이는 결코 단순한 질문이 아니다. 또한 여기서 관념이라는 용어가 지니는 서로 다른 의미 사이의 차이를 극복한다면 로크와 데카르트의 관점이 생각처럼 서로 크게 다르지 않다는 사실도 발견할 수 있다.

우선 '어머니의 배 안에 있는 태아도 사고할 수 있는가?' 라는 질문을 던질 수 있다. 데카르트뿐만 아니라 로크도 아직 태어나지 않은 태아가 고통이나 따듯함의 느낌과 같은 단순한 사고 또는 관념을 지닌다고 믿었다. 로크는 사과가 불이 아니라는 사실을 아는 어린아이가 논리학의 무모순의 원리에 동의한다는 식의 생각을 비웃는다(*E*, 61). 데카르트도 로크와 마찬가지로 어린아이가 철학적인 복잡한 사고를 할 수 있다고는 전혀 생각하지 않는다. 하지만 어린아이도 통풍에 걸리기 쉬운 성향을 유전적으로 타고나는 것과 정확하게 같은 방식으로 자명한 원리들에 대한 본유 관념을 지닌다(AT VIII.357 ; *CSMK* I.303).

이와 같은 설명에 비추어 위의 질문을 사고 활동이 아니라 단지 사고 능력에 관한 것으로 여길 수 있다. 그렇다면 인간만이 고유하게 타고나는, 지성이라는 일반적인 능력이 존재하는가? 데카르트와 로크 모두 이런 능력이 존재한다고 생각한다. 로크의 《인간지성론》은 인간을 감각 능력을 지닌 나머지 존재들보다 우위에 서게 만드는 것은 바로 지성이라는 언급과 더불어 시작된다(*E*, 43).

로크는 지성이라는 일반적 능력보다는 어떤 특정한 명제, 예를 들면 '1 더하기 2는 3' 이라든지 '어떤 동일한 것이 존재하는 동시에 존재하지 않을 수는 없다' 는 명제에 동의하는 문제에 초점을 맞춘다. 우리가 이런 진리에 동의하는 일은 경험에 의존하는가? 데카르트는 그렇지 않다고 대답하며 이런 진리는 우리가 본유적으로 인식하는 것으로 본다. 로크 또한 이들이 경험에 의존한다고 생각하지는 않지만 일단 형성된 우리의 동의를 확실하게 보장하기 위해서가 아니라 이들을 구성하는 개념을 얻기 위해서 경험이 필요하다고 주장한다. '인간은 일단 단어를 이해한 후에는 이들을 의심의 여지없는 진리로 인정하는 데 결코 실패하는 일이 없다'(*E*, 56). 반면 데카르트는 모든 본유 관념들이 이해하기만 하면 바로 동의하게 되는 원리는 아니라고 주장한다. 이들 중 일부는 힘들게 심사숙고한 다음에야 명석, 판명해지며 따라서 동의할 수 있게 된다.

로크는 본유 관념에 관한 논의의 대부분을 이론적이든 실천적이든 간에 우리가 보편적으로 동의할 수 있는 어떤 원리가 존재하는가라는 질문에 답하는 데 할애한다. 그는 어린아이와 미개인을 포함하여 모든 인간이 받아들일 수 있는 이론적 원리는 존재하지 않는다고 생각한다. 실천적 원리로 눈을 돌려서도 그는 문명화한 모든 기독교인들이 당연하게 여기는 도덕 규칙을 — '부모는 자녀를 보호하고 소중히 여겨야 한다'는 가장 기본적인 것을 포함하여 — 어기는 일이 다른 문화권에서는 얼마나 많이 일어나는지를 보이는 수많은 예를 나열한다(*E*, 65~84). 설령 보편적으로 인정되는 진리가 있다 할지라도 보편성만으로는 그것이 본유적임을 증명하기에 충분하지 않다. 왜냐하면 그것에 대한 설명이 공통적으로 학습된 것일 수도 있기 때문이다.

데카르트도 보편적 동의가 본유적임을 함축하지 않는다는 사실은 받아들이지만 동시에 그는 본유적인 것도 보편적 동의를 함축하지 않는다고 응수한다. 어떤 사람들, 사실상 대부분의 사람들이 편견과 게으름 때문에 정신 안에 잠재해 있는 본유적 원리들에 동의를 표시하지 못한다는 점은 그의 방법에서 기본 전제로 작용한다.

본유 관념이라는 주제를 다루면서 로크와 데카르트가 제시한 논변은 대체로 상대방에게 큰 영향을 미치지 않는다. 데카르트는 본유적 요소가 없이는 경험이 과학적 지식의 근거가 되기에 충분하지 않다고 주장하며, 로크는 경험이 없이는 본유 관념이 세계에 관한 우리의 지식을 설명하지 못한다고 주장한다. 두 주장 모두 얼마든지 옳을 수 있다.

로크는 합리론자들의 논변이 '색, 소리, 맛, 형태 등에 대한 우리의 모든 관념을 본유적이라고 가정함으로써 이성 및 경험과 반대되는 것은 그 무엇도 존재할 수 없다고 생각하도록' 만든다고 주장했다(*E*, 58). 데카르트는 어떤 특정한 사과의 색이나 맛에 관한 우리의 지식이 본유적이라고 생각하지는 않았다. 하지만 그는 붉음이나 달콤함이라는 일반적 관념이 본유적이라는 생각은 아무런 문제도 일으키지 않는다고 보았다 — 그리고 바로 이것이 로크 자신도 이런 성질들에 대한 우리의 관념이 순전히 주관적이라는 주장을 받아들인 이유이기도 하다. 여기서 다시 한 번 합리론과 경험론 사이의 논쟁이 단지 표면적일 뿐이며 근본적으로는 의견의 일치를 보인다는 점이 드러난다.

색이나 맛과 같은 성질들이 주관적이라는 주장에 대한 로크의 논변은 '오직 하나의 감각을 통해서 우리의 정신에 형성되는' 관념과 '하나 이상의 감각을 통해서 정신에 전달되는' 관념을 구별함으로써 시작된다. 소리, 맛, 냄새 등은 전자에 속하는 예이다. 또한 '희고, 빨갛고, 노랗고, 파란 색들 그리고 색의 다양한 명도와 음영 및 혼합, 예를 들면 초록이나 주홍, 보라, 청록을 비롯한 나머지 색들도' 여기에 속한다. 하나 이상의 감각을 통해서 얻는 관념의 예로 로크는 연장성, 형태, 운동 및 정지 등을 든다 — 이들은 우리가 시각과 촉각을 통해서 감지하는 것들이다.

이런 두 종류의 관념 사이의 구별에 대응하여 물체에서 발견되는 성질들 사이의 구별도 이루어진다. 우리는 정신의 지각으로서의 관념을 구별하는 동시에 이런 지각을 일으키는 물체가 변형된 것으로서의 관념 또한 구별해야 한다. 또한 우리는 관념이 관념을 일으키는 물체 안의 무언가에 대한 정확한 상이라고 당연시해서는 안 된다. 로크는 우리 안에 관념을 낳는 능력을 '성질들'이라고 부르는데 하나 이상의 감각을 통해서 지각되는 성질을 '제일성질', 오직 하나의 감각을 통해서 지각되는 성질을 '제이성질'이라고 부른다. 하지만 이런 구별을 그가 처음 도입한 것은 아니다. 아리스토텔레스 이래로 '공통적 감각'(=제일성질)과 '적절한 감각'(=제이성질) 사이의 구별은 이미 하나의 관행이었다(*E*, 134~5). 로크는 적절한 감각의 객관성을 부정함으로써 아리스토텔레스와 결별했다. 이는 또한 데카르트가 예견했던 바이기도 한데 그는 지각에 대한 과학적 설명을 시도할 경우 오직 제일성질에만 호소해야 한다고 주장했다. 그는 엄밀하게 말한다면 뜨거움이나 색, 맛 등은 오직 정신적인 실재일 뿐이며, 뜨거운 물체에 뜨거움에 대한 나의 관념과 일치하는 무언가가 존재하며 녹색인 물체에 녹색에 대한 나의 감각과 일치하는 녹색이 존재한다는 생각은 잘못이라고 여겼다(AT VII.82; *CMSK*, II.56). 우리가 무언가를 보거나, 듣거나, 맛보는 일의 원인이 되는 물체의 사건은 단지 어떤 형태를 지닌 물질의 운동에 지나지 않는다. 이런 결론을 지지하기 위하여 로크는 데카르트와 동일한 근거를 제시하는데, 더욱 설득력 높은 형태의 논변으로 제시한다.

우선 로크는 오직 제일성질만이 그런 성질을 지닌 대상과 분리될 수 없다고 주장한다. 냄새나 맛이 전혀 없는 물체는 존재할 수 있지만 형태나 크기가 없는 물체는 결코 존재할 수 없다. 만일 한 알의 밀을 계속 잘게 부순다면 원래의 색과 맛이 사라질지 모른다. 하지만 연장성과 형태, 운동 가능성 등은 그대로 유지된다. 데카르트는 오직 연장성만이 물체의 본질을 구성한다는 점을 증명하기 위해 밀이 아니라 돌을 예로 들어 이와 유사한 논변을 펼쳤다.

이제 어떤 물체의 관념, 예를 들면 돌의 관념에 집중하여 이에 관하여 우리가 아는 모든 것 중 물체의 진정한 본성에 속하지 않는 것을 제거해 나가기로 하자. 우리는 우선 단단함을 제거한다. 돌이 녹아서 액체가 되거나 매우 고운 가루로 변한다면 단단함이라는 성질은 사라지지만 돌은 여전히 물체 상태를 유지할 것이기 때문이다. 그 다음으로 색을 제거한다. 가끔 우리는 색이 전혀 없는 투명한 돌을 발견하기도 한다.

이런 논변을 통하여 무엇을 발견할 수 있는가? 물체는 반드시 이런저런 형태를 지녀야 하지만 어떤 특정한 형태를 얼마든지 잃을 수도 있다. 데카르트 자신이 다른 대목에서 지적하듯이 한 조각의 밀랍은 정육면체에서 구체로 형태가 변할 수 있다. 로크가 제이성질에 관하여 말한 바는 제일성질 중 일부에 대해서도 적용될 수 있다. 운동은 제일성질이지만 물체는 운동하지 않을 수도 있다. 만일 로크의 생각처럼 운동과 정지를 제일성질에 속하는 한 쌍으로 여긴다면 물체는 항상 두 성질 중 하나를 지니지 못함에 틀림없다.

제일성질의 영구성에 관한 논변은 이런 성질들에 대한 포괄적인 관점에 의존하는 듯이 보인다. 물체는 어느 정도의 길이나 폭, 높이를 지니지 않을 수 없다. 반면 제이성질의 비영구성에 관한 논변은 이런 성질들에 대한 개별적인 관점에 의존하는 듯이 보인다. 물체는 특정한 색이나 냄새, 맛을 잃을 수도 있다. 물체가 아무 맛이나 냄새가 없거나 보이지 않을 수는 있지만 모든 연장성을 잃을 수는 없다는 점은 명백한 사실이다. 하지만 이런 성질들이 물체의 본질에 속하는 성질이 아니라고 해서 이들이 물체의 진정한 성질이 아니라고 볼 수는 없다. 이는 현재 어떤 물체가 정육면체의 형태를 유지하는데도 정육면체의 형태를 잃을 수 있다고 해서 그런 형태가 그 물체의 진정한 성질이 아니라고 말할 수는 없는 것과 마찬가지이다.

로크는 제이성질이 우리 안에 감각을 산출하는 능력에 지나지 않는다고 말한다. 설령 이를 당연시하거나 아니면 최소한 사실에 가까운 것으로 여기더라도 이런 사실만으로는 제이성질이 이런 성질을 지닌 듯이 보이는 대상의 진정한 속성이 아니라 단지 주관적인 것에 지나지 않는다는 점을 보일 수 없다. 이와 유사한 경우를 예로 들면 독이 있다는 것은 생물체에 어떤 영향을 미칠 능력이 있다는 것을 의미한다. 하지만 무언가가 어떤 유기체에 독성을 미치는지 그렇지 않은지는 객관적인 문제, 즉 명백히 확인할 수 있는 사실이다. 데카르트나 홉스에서도 그랬듯이 여기서 다시 한 번 상대성과 주관성을 혼동하는 일이 일어난다. 어떤 속성은 상대적이면서도 완벽하게 객관적일 수 있다. 어떤 열쇠가 자물쇠에 들어맞는지 그렇지 않은지는 명백한 사실의 문제인데, 로크와 동시대 인물인 보일(Robert Boyle)이 지적했듯이 제이성질은 특정한 자물쇠에 들어맞는 열쇠이며 자물쇠는 바로 인간이 지닌 서로 다른 감각들이다.

로크의 언급에 따르면 '불 또는 눈의 일부에 해당하는 특정한 크기, 수, 형태 그리고 운동은 누군가가 이들을 감각적으로 지각하든 그렇지 않든 간에 실제로 이런 대상에 속한다.' 반면에 밝음, 뜨거움, 흰 색깔, 차가움 등은 진정으로 이런 물체에 속하는 것이 아닌데 이는 질병이나 고통이 복통을 일으키는 음식물 자체에 속하지 않는 것과 마찬가지이다. '물체에서 감각을 제거해 보자. 눈이 빛이나 색을 보지 못하게, 귀가 소리를 듣지 못하게, 혀가 맛을 보지 못하게, 코가 냄새를 맡지 못하게 해 보자. 그러면 특정한 관념에 해당하는 모든 색과 맛, 냄새와 소리가 사라지고 멈추게 될 것이다' (*E*, 138). 하지만 이런 논변은 로크가 방금 언급했던 내용, 즉 제이성질은 우리 안에 감각을 불러일으키는, 대상이 지닌 능력이라는 주장과 일치하지 않는다. 이런 능력은 당연히 감각 기관이 있을 경우에만 발휘된다. 하지만 능력 자체는 설령 발휘되지 않는다 할지라도 계속 존재해야 한다. (우리들 대부분은 '세 마리 눈먼 쥐' 라는 동요를 부를 능력을 지니지만 이를 발휘할 기회는 흔하지 않다.)

로크는 우리 안에 제이성질의 관념을 낳는 것이 오직 그런 능력을 지닌 대상의 제일성질일 뿐이라고 주장한다. 예를 들면 열에 대한 감각은 우리 신체의 미세한 부분의 운동을 증가시키거나 감소시키는 다른 어떤 물체의 입자에 의해서 발생한다. 하지만 설령 이것이 어떻게 열에 대한 감각이 발생하는지에 대한 올바른 설명이라 할지라도 왜 감각 자체가 '우리 신경의 미립자 안에서 일어나는 일종의 운동이며 그것의 정도에' 지나지 않는다는 결론을 내려야만 하는가? 이런 결론의 유일한 근거는 유사한 것은 유사한 것을 낳는다는 낡은 원리인 듯이 보인다. 하지만 로크 자신이 든 예를 보아도 아무 질병도 없는 실체가 얼마든지 질병의 원인이 될 수 있다.

로크는 흰색이나 차가움이 진정으로 대상에 속한다는 주장을 부정하는데 그 까닭은 우리 정신 안의 관념과 물체의 성질 사이에는 어떤 유사성도 없다고 말했기 때문이다. 그런데 이런 언급은 앞서 관념에 대한 논의를 시작하면서 지적했던 애매함에 기인한 것이기도 하다. 만일 파란색의 관념이 파란색을 지각하는 활동에 속하는 한 경우라면 이 관념이 실제의 색과 유사하다고 기대할 아무런 근거가 없다. 이는 바이올린을 연주하는 일이 바이올린 자체와 유사하다고 기대할 수 없는 것과 마찬가지이다. 반면 파란색의 관념이 지각된 바라면 내가 짙은 파란색의 꽃을 보면서 받아들이는 관념은 파란색의 심상이 아니라 파란색 자체이다. 로크는 오직 자신이 증명하려는 바를 전제할 경우에만 이를 부정할 수 있다.

로크가 마지막으로 제시하는 논변은 지각과 느낌 사이의 유비이다.

> 불에서 일정한 거리만큼 떨어져 있을 경우 따듯함의 감각을 느끼는 사람이 같은 불에 더 가까이 다가가면 이전과는 전혀 다른 고통의 감각을 느끼게 된다. 그 이유가 무엇인지를 숙고해 본다면 그는 불에 의해서 자신 안에 생겨난 따듯함의 관념은 실제로 불에 속하는 것인 반면 같은 방식으로 같은 불이 만들어 낸 고통의 관념은 불에 속하지 않는 것이라고 말할 수밖에 없다(*E*, 137).

하지만 이 유비는 잘못 적용된 것이다. 불은 뜨거울 뿐만 아니라 고통을 일으킨다. 불이 고통을 일으킨다는 말이 실제로 누군가가 고통을 느낀다는 말은 결코 아니다. 마찬가지로 불이 뜨겁다는 말이 누군가가 뜨거움을 느낀다는 사실을 의미하지는 않는다. 로크의 이런 논변은 그 자신의 주장을 반박하는 것이 되고 만다. 그 자신이 든 예를 택하여 내가 내 신체의 일부를 자르는 경우를 생각해 보자. 이때 나는 고통뿐만 아니라 칼의 감촉도 느낀다 — 그렇다면 이는 운동 또한 제이성질임을 의미하는 것이 아닌가?

로크는 친근한 예들을 통해서 동일한 대상에 의해서 생겨난 감각들이 주변 환경에 따라 서로 달라진다고 주장한다.(미지근한 정도의 물이 찬 손에는 뜨겁게, 뜨거운 손에는 차갑게 느껴진다든지 우리가 보는 큰 바위의 색이 그것에 비치는 빛의 강도에 따라 달라진다는 예를 든다.) 하지만 이런 예로부터 얻는 바는 제이성질이 객관적이 아니라는 점이 아니다. 잔디는 당연히 녹색이다. 하지만 '녹색'은 로크의 생각과는 달리 말로 표현할 수 없는 개인적인 경험을 부르는 명칭이 아니며, 녹색을 띤다는 것은 단순한 속성이 아니라 어떤 빛의 조건 아래에서는 파란색으로 보인다는 것과 같은 여러 속성을 포함하는 복잡한 속성이다.

지식의 단계에 관한 스피노자의 견해

스피노자의 체계에서 인식론은 로크의 체계처럼 중요한 역할을 하지는 않지만 수많은 미묘한 특성을 드러낸다. 초기 저술인 《지성개선론》(*Improvement of the Understanding*)에서 스피노자는 지식 또는 지각을 네 단계로 분류한다. 첫째는 소문에 의한 지식인데 이는 내가 어릴 때 부모로부터 들어서 아는 것과 같은 지식이다. 둘째는 '엄밀하지 않은 경험으로부터의' 지식인데 스피노자는 물이 불을 끈다든지 언젠가는 나도 죽을 것이라는 등의 귀납적인 결론이 이에 속한다고 생각한다. 셋째로 '다른 사물의 본질로부터 추론된, 어떤 사물의 본질에 대한 지식이지만 그리 적절하지 않은' 종류의 지식이 있다. 이런 정의는 다소 모호하지만 스피노자는 태양이 보기보다 크다는 것을 이에 속하는 지식의 예로 든다. 마지막으로 사물의 본질에 의해서 인식되는 지식이 있는데 기하학을 통해서 얻는 원에 대한 지식이 이에 속한다. 바로 이 네 번째 종류의 지식이 사물을 적절하고 오류가 없이 파악하도록 이끄는 유일한 지식이다(E II.11). 비록 스피노자가 이런 형태의 지식을 모두 '지각'이라고 부르기는 하지만 순수한 감각적 지각 자체는 지식의 종류 중 하나로 포함되지 않는다는 점을 지적할 필요가 있다.

THE ELEMENTS
OF GEOMETRIE
of the moſt aunci-
ent Philoſopher
EVCLIDE
of Megara.
Faithfully (now firſt) tran-
ſlated into the Engliſhe toung, by
H. Billingſley, Citizen of London.
Whereunto are annexed certaine
Scholies, Annotations, and Inuenti-
ons, of the beſt Mathematici-
ens, both of time paſt, and
in this our age.
With a very fruitfull Præface made by M. I. Dee,
ſpecifying the chiefe Mathematicall Sciēces, what
they are, and wherunto commodious: where, alſo, are
diſcloſed certaine new Secrets Mathematicall
and Mechanicall, vntill theſe our daies, greatly miſſed.

스피노자는 기하학을 지식의 전형으로 여겼다. 그는 유클리드의 《기하학 원론》(*Elements*)과 같은 형식으로 자신의 체계를 제시했다.

후기 저술인 《에티카》(*Ethica*)에서 스피노자는 지식을 네 종류가 아닌 세 종류로 분류한다. 소문에 의한 지식은 더 이상 등장하지 않는데 이는 대부분의 철학자들이 소홀히 취급한 중요한 주제이기도 하다 — 이를 제대로 다룬 예외적인 경우로 18세기의 흄, 19세기의 뉴먼(Newman), 20세기의 비트겐슈타인을 들 수 있다. 이제 스피노자가 제시한 세 종류의 지식은 이른바 상상적 지식, 이성적 지식 그리고 직관적 지식이다. 소문에 의한 지식은 상상적 지식 아래 속하게 되는데 상상적 지식은 이전의 분류에서 두 번째 지식에 해당한다. 이성적 지식과 직관적 지식은 이전 분류의 마지막 두 단계에 대응된다.

데카르트나 로크와 마찬가지로 스피노자는 지식을 우리 정신 안의 관념과 관련해서 설명하며, 또한 이들과 마찬가지로 '관념'이라는 용어 안에 개념(즉 삼각형**에 대한** 관념)과 명제(즉 삼각형은 세 각을 **지닌다**는 관념)를 모두 포함시킨다. 그는 이런 종류의 개념과 명제를 서로 분리할 수 없다고 주장한다. 나는 삼각형의 개념이 없는 상태에서는 삼각형이 세 각을 지닌다는 점을 긍정할 수 없다. 그리고 나는 삼각형이 세 각을 지닌다는 점을 긍정하지 않고서는 삼각형의 개념을 지닐 수 없다(*Eth*, 63).

스피노자가 'X의 관념'이라고 말할 때 자주 일종의 모호함이 발견되기도 한다. 여기서 소유격 '의'가 주격인지 아니면 목적격인지가 불분명하다. 말하자면 X의 관념은 X가 지니는 관념인가 아니면 그 내용이 X인 관념인가? 스피노자가 신의 관념이 신의 본질과 이로부터 필연적으로 도출되는 모든 것을 포함한다고 말할 때 그는 분명히 신이 지니는 관념, 즉 다른 사람이나 내가 신에 대하여 지닐 수 있는 관념이 아니라 신이 소유한 관념에 관하여 말하고 있다(*Eth*, 33). 하지만 '신의 관념'이라는 표현이 모든 경우에 이처럼 명확하지는 않다. 이에 상응하는 모호함이 인간의 정신은 인간 신체의 관념이라는 스피노자의 언급에서도 드러난다.[3]

하지만 스피노자는 데카르트와 로크의 저술을 읽을 때 자주 곤란을 일으키는 '관념' 이라는 용어의 모호함을 명백히 배제하려고 노력한다.

> 참된 관념은 — 우리는 실제로 이를 지니는데 — 관념의 대상(ideatum)과는 다른 무언가이다. 따라서 원과 원의 관념은 서로 별개의 것이다. 원의 관념은 원이 실제로 지니는 원주와 중심을 지니는 무언가가 아니다. 또한 신체의 관념은 신체 자체와는 다른 무언가이다(E. II.12).

피터라는 사람은 실재하는 무언가이다. 피터의 관념 또한 실재하는 것이기는 하지만 피터 자신과는 서로 다르다. 또한 우리는 피터의 관념에 대한 관념을 지닐 수도 있는데 이는 무한히 계속된다.

스피노자의 주장에 따르면 만일 우리가 무언가를 인식한다면 우리는 우리가 그것을 인식한다는 사실을 인식하며, 우리가 그것을 인식한다는 사실을 인식한다는 사실도 인식한다. 우리가 어떤 지식을 지닐 경우 철학자들은 어떻게 그것을 인식했는가를 물으면서 지식을 단순한 믿음과 구별해 주는 어떤 기준을 찾으려 한다. 철학자들은 이렇게 하지 않으면 결코 확실성에 이를 수 없다고 생각한다. 하지만 스피노자는 이것이 잘못된 목표를 향한 출발점이라고 말한다. 우리가 인식한다는 사실을 인식하기 위해서는 우선 인식해야만 한다. 그리고 확실성에 이르는 데는 적합한 관념을 지니는 것을 넘어서는 어떤 특별한 요소가 필요하지 않다. 참된 관념을 지닌 사람은 이 자체만으로 자신이 참된 관념을 지녔다는 사실 또한 인식하며, 관념이 참임을 의심할 수 없다(*Eth*, 58). 철학자들은 '어떻게 우리가 자신의 관념이 관념의 대상에 대응한다고 확신할 수 있는가?' 라고 묻는다. 이에 스피노자는 다음과 같이 대답한다. '우리의 인식은 오직 실제로 대상에 대응하는 관념을 지닌다

[3] 7장 참조.

는 사실로부터 생긴다. 바꾸어 말하면 진리에는 그 자체의 기준이 있다'(*Eth*, 59).

지식의 서로 다른 단계는 서로 다른 속성을 지니는 관념들에 대응한다. 어떤 관념이 적합하지 않으면서도 참일 수 있고, 또한 명석, 판명하지 않으면서도 적합할 수 있다. 우리의 신체가 다른 대상과 접촉하는 경험을 통하여 우리는 피터와 같은 개체에 대한 관념뿐만 아니라 인간, 말 또는 개 등에 대한 일반 관념도 얻는다. 스피노자는 이런 일반 관념의 근원을 다음과 같은 방식으로 설명한다.

> 일반 관념은 우리가 상상력을 지나치게 발휘하여 — 하지만 완벽하게 발휘하지는 못하고 정신이 개체들 사이의 사소한 차이와 (즉 색이나 크기 등의 차이를) 이들이 실제로 몇 개인지를 구별하지 못할 정도로 발휘하여 — 동시에 인간에 대한 수많은 심상들을 형성한다는 사실로부터 생긴다. 정신은 신체가 개체들로부터 영향을 받는 한에서 오직 개체들이 공통적으로 지닌 것만을 판명하게 상상한다 — 왜냐하면 각각의 개체들은 바로 이런 공통점을 통하여 주로 영향을 미치기 때문이다. 그리고 정신은 이 공통점을 인간이라는 명칭으로 표현하며 이를 무한히 많은 개체들의 속성으로 부과한다(E II.112).

다른 관념들은 기호로부터, 우리가 어떤 단어를 읽거나 들음으로써 형성된다. 이런 관념들은 참이기는 하지만 혼란스럽고 체계가 없다. 이런 관념들의 목록이 첫 번째 종류의 지식, 즉 '의견' 또는 '상상적 지식'으로 불리는 바를 형성한다.

하지만 모든 사람들이 공통적으로 지니는 몇몇 관념이 있는데 이들은 사물의 속성을 적합하게 반영한다. 대표적으로 연장성과 운동의 관념이 이에 속한다. 스피노자는 적합한 관념을 '대상과의 관련이 없이 오직 그 자체만으로 고려하는 한에서 참된 관념의 모든 속성 또는 본질적 특징을 지니는 관념' 이라고 정의한다(*Eth*, 32). 하지만 이런 정의가 참된 관념은 자신이 진리라는 특징을 드러낼 필요가 없다는 이전의 언급과 어떻게 조화될 수 있는지는 그리 명확하지 않다. 이에 대하여 스피노자가 단지 적합한 관념은 자명한 진리를 표현하며 다른 진리로부터의 연역에 의해서 도출되지 않는다는 점을 의미한다고 생각하기 쉽다. 하지만 사실상 적합한 관념들은 서로 논리적으로 연결되어 필연적 진리의 체계를 형성한다. 이것이 바로 이성적 지식(*ratio*)이며 두 번째 종류의 지식을 형성한다(*Eth*, 57). 그렇다면 두 번째와 세 번째 종류의 지식은 모두 참되고 적합한 관념을 우리에게 제공한다.

스피노자는 세 번째 종류의 지식을 '직관적 지식' 이라고 부르는데 이것이 가장 높은 수준의 지식이라는 점은 명백하다. 하지만 이것의 본성이 무엇인지를 이해하는 데 도움이 될 만한 단서는 거의 발견하기 어렵다. 이성이 단계적으로 작용한다는 사실은 분명하다. 반면 직관은 정신이 직접 단번에 파악하는 것이다. 더욱 중요하게도 직관은 사물의 본질을 파악한다. 즉 직관은 사물의 보편적 특징과 그것이 세계 전체의 인과적 질서에서 차지하는 위치까지 파악한다. 이성을 통해서 태양이 눈에 보이는 것보다 크다는 사실을 알 수 있을지 모른다. 하지만 왜 그런지를 완전하게 파악하도록 만들어 주는 것은 바로 직관이다. 하지만 직관적 지식에 대한, 다음과 같은 형식적 정의는 해결해야 할 수많은 문제를 낳는다. '이런 종류의 지식은 신의 어떤 속성이 지닌 형식적 본질에 대한 적합한 관념으로부터 사물의 본질에 관한 적합한 지식으로 나아간다' (*Eth*, 57). 어쩌면 《에티카》에 등장하는 철학적 체계 전체에 완전히 정통할 경우에만 이런 지식에 이를 수 있을지 모른다.

스피노자는 세 단계 지식 이론을 두 차례 예를 들어 설명하는데 그중 하나는 다음과 같다. 그는 두 개의 수 a와 b 사이에 비례 관계가 성립하는데 어떤 주어진 수 c에 대하여 이와 동일한 비례 관계가 성립하는 수 x를 발견하는 문제를 생각해 보라고 권한다. 상인들은 경험에서 얻었거나 암기를 통해서 배운 3수법, 즉 비례 관계에서 외항의 곱은 내항의 곱과 같다는 법칙을 아무 어려움 없이 적용할 것이다. 수학자라면 유클리드의 《기하학 원론》 7권의 정리 19를 적용할 것이다. 이런 예를 통해서 첫 번째 종류와 두 번째 종류의 지식은 매우 선명하게 구별된다. 그러나 이 문제를 해결하는 직관적 방법은 여전히 제대로 해명되지 않는다. 어쩌면 스피노자는 이런 문제를 계산하지 않고 순간적으로 푸는 인도 수학자들의 수준과 같은 것을 생각했는지도 모른다.

스피노자의 인식론이 답해야 할 마지막 질문이 하나 남아 있다. 그는 그 어떤 관념의 내용에도 그것이 참이라는 점 이외에 다른 어떤 적극적인 요소도 존재하지 않는다고 주장한다(*Eth*, 53). 하지만 어떤 관념이 거짓이 될 수 있는 어떤 적극적인 요소도 그 관념 안에 존재하지 않는다면 오류는 도대체 어떻게 발생하는가? 데카르트는 오류를 다음과 같이 설명하였다. 즉 오류란 그릇된 판단인데, 판단은 지성이 아니라 의지의 작용이다. 따라서 의지가 지성이 충분히 해명하지 않은 바에 대하여 판단을 내릴 때 오류가 발생한다. 스피노자는 이런 방식의 설명을 제시할 수 없는데 그 까닭은 그가 의지와 지성을 서로 구별하지 않기 때문이다. 따라서 그는 오류를 피하기 위하여 지성이 명석, 판명한 관념을 제시하지 못하면 판단을 유보해야 한다는 식의 충고를 할 수 없다.

이에 대하여 스피노자는 오류란 전혀 적극적인 것이 아니라고 대답한다. 오류는 — 첫 번째 단계의 지식에서 발생하는 것으로서 — 어떤 관념이 존재하기 때문이 아니라 반드시 존재해야 할 다른 어떤 관념이 존재하지 않기 때문에 발생한다.

> 우리는 태양을 보면서 그것이 우리로부터 약 200피트 정도 떨어져 있다고 상상한다. 이런 상상이 그 자체로 오류를 일으키지는 않는다. 우리의 오류는 오히려 우리가 이런 상상을 하면서 태양과 우리

> 사이의 진정한 거리와 우리가 하는 상상의 원인을 알지 못한다는 사실 때문에 발생한다(같은 곳).

판단의 유보와 관련하여 스피노자는 그것이 가능하기는 하지만 의지의 어떤 자유로운 작용에 의해서도 이루어지지 않는다고 생각한다. 누군가가 판단을 유보한다고 말할 때 이는 단지 그가 논의 중인 문제에 대하여 적합한 지각에 이르지 못했음을 스스로 파악했다는 사실을 의미할 뿐이다. 우리는 자신이 꿈꾸고 있다는 꿈을 꿀 경우 심지어 꿈에서조차도 판단을 유보할 수 있다(*Eth*, 66).

라이프니츠의 인식론

스피노자의 인식론에는 우리가 지식과 경험에 관하여 자연스럽게 말하고 생각하는 바를 자신의 형이상학적 주장, 즉 정신의 관념과 신체의 운동이 단지 신인 동시에 자연이기도 한 유일 실체가 드러내는 개별적인 요소의 두 측면에 지나지 않는다는 주장과 적절하게 조화시키려는 다양한 시도들이 등장한다. 이와 유사하게 라이프니츠의 인식론 또한 일상적인 말과 사고를 일종의 형이상학적 체계와 일치시키려는 시도이다 — 하지만 그의 체계는 스피노자의 체계와 정반대되는 것으로서 그의 체계에서는 관념과 운동이 본질상 결코 서로 동일한 것이 아니며, 둘 사이에는 아무런 상호 작용도 없고, 서로 전혀 다르며 완전히 독립적인 일련의 사건으로 간주된다. 그런데 이 둘은 신의 정신 안에 들어 있는 예정 조화에 따라 서로 연결된다

라이프니츠의 표준적인 모나드론에 따르면 일반적인 의미에서 어떤 형태의 인식론이라도 성립할 수 있는지를 파악하기가 몹시 어렵다. 예를 들면 정신과 외부 세계 사이의 어떤 관련도 없는 상태에서 도대체 어떻게 감각적 지

각을 설명할 수 있는가? 또한 모든 단순 관념이 오직 정신 내부의 산물이라는 그의 주장을 전제할 때 우리의 본유 관념과 획득 관념을 둘러싼 논쟁에 무슨 관심을 보일 수 있는가? 하지만 사실상 라이프니츠의 저술 중 가장 중요한 것은 바로 인식론을 다룬 저술《신인간지성론》(*New Essays on Human Understanding*)인데 여기서 그는 로크의 경험론적 지식 이론을 철저히 상세하게 비판한다.《신인간지성론》에서는 500페이지에 이르는 방대한 분량에 걸쳐 로크의 견해를 대변하는 필랄레테스(Philalethes)와 라이프니츠의 견해를 표명하는 테오필루스(Theophilus) 사이의 논쟁이 펼쳐진다. 이 저술에서 각각의 장은 로크의《인간지성론》에 등장하는 장들과 정확하게 대응되며, 로크의 주장을 조목조목 반박한다.

《신인간지성론》에서 라이프니츠가 옹호하는 수많은 견해들, 그가 사용하는 수많은 논변들은 사실상 훨씬 더 상식적인 형이상학을 지닌 철학자도 얼마든지 채택할 수 있는 것들이다. 라이프니츠도 이 점을 잘 알고 있었으므로 자신이 마치 물체가 정신에 작용한다는 듯이 말하는 까닭은 오직 설명을 위한 것이며 이는 코페르니쿠스를 지지하는 철학자도 해가 뜨고 진다는 표현을 계속 사용하는 것과 마찬가지라고 말함으로써 스스로를 옹호한다(G V.67). 사실《신인간지성론》에 등장하는 모든 내용을 라이프니츠의 표준적인 형이상학 체계와 조화를 이루도록 구성하기란 몹시 어려운 일이다. 하지만 이 때문에 모나드론보다 인식론에 더 큰 관심이 있는 사람에게는 이 저술이 더욱 큰 흥미를 불러일으킨다.

경험론자들은 감각 안에 없는 것은 지성 안에도 없다고 주장한다. 이에 대하여 라이프니츠는 '지성 자체를 제외하고는' 그렇다고 답한다. 우리의 영혼은 존재이며, 실체이고, 단일체이며, 그 자신과 동일하고, 원인이며, 관념과 추론이 위치하는 장소이다. 따라서 존재와 실체 등의 관념은 오직 영혼이 자신에 대하여 반성할 경우에만 얻을 수 있다(G V.45, 100~1). 그렇다면 이런 관념들은 가장 완전한 의미에서 본유적이다. 이것이 갓 태어난 어린아

계몽주의 시대 찬미자들이 기억하는 라이프니츠의 모습

이가 이런 관념들에 대하여 사고한다는 말은 아니다. 하지만 어린아이도 단지 이들을 배울 능력 이상의 무언가를 지닌다. 즉 이들을 파악할 성향을 지닌다. 우리가 정신을 처음에는 아무 그림도 그려지지 않은 캔버스로 여기려 한다면 얼마든지 그럴 수 있다. 하지만 정신은 앞으로 그려 나갈 그림의 밑그림이 수(number)에 의해서 이미 연필로 표시된 캔버스이다(G V.45, 132).

이런 의미에서 본유적이라고 할 수 있는 관념의 예로 라이프니츠는 논리학과 산술, 기하학의 원리들을 든다. 그렇다면 '붉은색은 녹색이 아니다', '단맛은 쓴맛이 아니다' 등의 진리는 어떻게 되는가? 이에 대하여 라이프니츠는 '사각형은 원이 아니다'는 본유적인 반면 '단맛은 쓴맛이 아니다'는 이런 의미에서 본유적이 아니라고 말한다. 그는 달거나 쓴 느낌은 감각으로부터 온다고 생각한다(G V.79). 그렇다면 어떻게 이를 외부 세계는 정신에 아무런 작용도 하지 못하며, 영혼의 모든 사고와 행위는 내부에서 발생한다는 주장과 조화시킬 수 있는가?

이에 답하려면 라이프니츠가 인간 영혼을 모나드들의 위계질서에서 가장 높은 위치를 차지하는 상위의 모나드로, 즉 인간 신체의 서로 다른 부분과 기관에 대응하는 살아 있는 실재로 여겼음을 기억해야 한다. 모나드의 관점에서 재해석하면 감각으로부터 정신에 어떤 느낌이 생긴다는 말은 상위의 모나드가 지닌 관념 중 일부는 하위의 모나드로부터 발생한다는 점을 의미한다. 하위 모나드들의 지각은 통각, 즉 상위 모나드의 자기의식에 의해서 명확해진다. 라이프니츠는 모나드는 창이 없으므로 외부 세계로부터 아무것도 받아들이지 못한다고 말한다. 하지만 모나드들은 일종의 텔레파시 같은 것을 통하여 서로 연결되는 듯하다.[4]

라이프니츠는 이런 생각을 의식의 단계에 관한 탐구로 전환하는데 이는 그의 인식론에서 가장 흥미로운 부분이기도 하다. '우리 안에 끊임없이 수많은 지각이 발생한다고 생각하도록 이끄는 요소들은 너무나도 많다. 하지만 이런 지각은 통각과 반성이 없이 이루어진다' (G V.46). 방앗간이나 폭포 근처에 사는 사람은 곧 이들이 내는 소음을 알아차리지 못하게 된다. 해변을 따라 걸을 경우 우리는 파도가 몰려오면서 내는 소리를 듣는다. 하지만 각각의 파도가 내는 소리를 구별하지는 못한다. 우리의 의식이 지니는 경험 중 대부분은 이와 같이 수많은 매우 작은 지각들로 구성되는데 우리는 이런 지각에 대하여 판명한 관념을 갖지 못한다. 하위 모나드들이 지니는 지각의 특징은 혼란스러운 관념이다. 상위 모나드의 통각은 우리의 관념에 명석, 판명함을 부여한다. 감각적 지각이 외부로부터 들어오는 듯이 보이는 까닭은 바로 이것이 혼란스럽기 때문이다.

라이프니츠는 의식의 단계 사이의 구별을 본유 관념에 대한 전형적인 반박, 즉 우리가 논리학의 기본 법칙을 인식하기 훨씬 이전에 개별적 진리부터 배우기 시작한다는 반박에 답하는 데 사용한다. 그는 다음과 같이 말한다. '일반 원리들은 우리의 사고 안으로 들어와 영혼의 각 부분을 형성하고 이들을 서로 연결한다. 설령 우리가 이런 원리들에 대하여 생각하지 않더라도 마치 걷기 위해서 근육과 힘줄이 필요하듯이 이들은 항상 필요하다.' 정신은 항상 논리에 의지하지만 논리 법칙을 확인하고 구체적으로 드러내기 위해서는 노력이 필요하다. 중국인들도 유럽인들과 마찬가지로 말할 때 정확하게 발음하지만 중국인들은 발음을 제대로 표현할 알파벳을 발명하지 못했다(G V.69~70).

로크는 지식을 형성하는 기본 요소가 감각을 통해서 얻는 단순 관념이라고 생각했다. 라이프니츠는 단순 관념이라는 개념 자체를 일종의 환상으로 여긴다.

> 나는 누군가가 어떤 감각적 관념을 단순하다고 말할 수 있는 까닭은

[4] 지각과 통각에 관해서는 354면 참조.

> 바로 그것이 혼란스럽기 때문이라고 생각한다. 이런 관념은 자신의 내용을 확인할 수 있는 여지를 정신에 제공하지 않는다. 이는 우리가 멀리 떨어져 있는 대상의 모서리나 각을 확인할 수 없기 때문에 그것에 대한 몇몇 혼란스러운 관념을 받아들여 그 대상을 둥글다고 생각하는 경우와 유사하다. 예를 들면 녹색이 파란색과 노란색을 한데 섞은 것이라는 점은 명백하다 — 따라서 녹색의 관념이 이들 두 색의 관념으로 구성된다고 생각하기 쉽다. 하지만 녹색의 관념은 파란색이나 따듯함의 관념과 마찬가지로 단순하다. 그렇다면 파란색이나 따듯함의 관념 또한 단지 외견상 단순하게 보일 뿐이라고 생각해야 한다(G V.109).

라이프니츠는 색과 같은 제이성질은 주관적이며, 형태와 같은 제일성질은 객관적이라는 로크의 구별 또한 거부한다. 라이프니츠는 제일성질과 제이성질이 모두 현상일 뿐이라고 생각한다. 이 문제에 관한 그의 견해는 이후 버클리에 의해서 더욱 완전한 현태로 발전된다(라이프니치는 버클리의 초기 저술들을 읽고 크게 칭찬했다).

성질과 관념에 관한 버클리의 견해

《하일라스와 필로누스 사이의 대화》에서 버클리는 우선 로크의 주장에 동조하여 제이성질이 주관적이라는 점을 논증한다. 하지만 곧이어 로크에게서 등을 돌려 이와 유사한 논증을 통하여 제일성질 또한 주관적이라고 주장한다. 그리고 그는 어떤 관념도, 심지어 제일성질의 관념조차도 대상과 유사하지 않다고 결론짓는다.

대화가 전개되면서 유물론자인 하일라스는 우리가 물질적 대상 자체가 아니라 오직 대상의 감각 가능한 성질들만을 지각한다는 로크의 전제를 아무 의심 없이 받아들임으로써 물체의 존재를 옹호하는 데 어려움을 겪는다. 그는 다음과 같이 말한다. '감각 가능한 것이라는 말을 통해서 나는 오직 감각을 통해서 지각되는 바만을 의미한다. 그리고 사실상 감각은 자신이 직접 지각하는 바가 아닌 그 무엇도 지각하지 않는다. 왜냐하면 감각은 추론을 행할 수 없기 때문이다' (*BPW*, 138). 물질적 대상은 추론될 수 있을지는 몰라도 지각되지는 않는다. 감각 가능한 대상은 사실상 감각 가능한 수많은 성질들에 지나지 않는다. 하지만 이런 성질들은 정신과 무관하다.

대화에서 관념론자로 등장하는 필로누스는 감각 가능한 성질들이 객관적이라는 하일라스의 믿음을 무너뜨리기 위하여 뜨거움이 주관적임을 보이는 로크의 논증을 통하여 하일라스를 반박한다. 뜨거움의 모든 정도는 감각을 통해서 지각되는데 그 정도가 높을수록 더 선명하게 지각된다. 하지만 매우 높은 정도의 뜨거움은 동시에 큰 고통이기도 하다. 물질적 실체는 고통을 느낄 수 없으므로 매우 높은 정도의 뜨거움은 물질적 실체 안에 존재할 수 없다. 뜨거움의 모든 정도가 똑같이 실재하는데 매우 높은 정도의 뜨거움은 외부의 대상 안에 존재하는 무언가가 아니라면 그것은 결코 뜨거움이 아니다.

이 논변은 오류로 가득 차 있는데 버클리는 이를 교묘하게 감춘다. 여러 논변에서 잘못된 진행은 필로누스가 아니라 하일라스의 말에 내재한다. 필로누스는 단지 중요한 질문을 던지기만 하며, 하일라스는 어떤 구별을 해야 할 경우 '그렇다'와 '아니다'로만 대답한다. 이제 몇 가지 예를 살펴보자.

필로누스 그렇다면 뜨거움이란 감각 가능한 것인가?

하일라스 확실히 그렇다네.

필로누스 감각 가능한 것이 실재한다는 점은 지각을 통해서 알게 되는가? 아니면 그것은 지각된다는 사실과 구별되는 무언가로서 정신과는 아무 관련이 없는가?

하일라스 실제로 존재한다는 것과 지각된다는 것은 서로 별개의 문제라네.

이제 우리가 뜨거움을 물리적인 관점에서 정의되는 힘의 한 형태가 아니라 지각 가능한 성질로 보고 이에 관하여 논의한다고 가정해 보자. 실제로 존재한다는 것과 지각된다는 것이 서로 같지 않다는 하일라스의 말은 옳다. 벽난로에서 타오르는 불은 뜨거울지 몰라도 가까이에서 뜨거움을 느끼는 사람이 아무도 없을 수 있다. 하지만 하일라스는 — 위의 대화에서처럼 — '지각된다는 사실과 구별된다는 점' 과 '정신과 아무 관련이 없다는 점' 을 동일시하는 필로누스의 등식을 받아들이면 안 된다. 성질의 객관성을 더욱 철저히 옹호하려면 성질이 지각과 어떤 관련을 맺는다는 사실에는 동의해도 좋지만 실제로 존재하는 성질이 현실적으로 지각되는 바와는 분명히 구별된다는 점을 계속 강력히 밀고 나가야 한다. 또 다른 예를 보자.

필로누스 가장 격렬하고 강력한 정도의 뜨거움은 매우 큰 고통이 아닌가?

하일라스 아무도 그것을 부정할 수 없네.

필로누스 지각 능력이 없는 것에게 쾌락이나 고통의 능력이 있는가?

하일라스 결코 그럴 수는 없네.

필로누스 자네가 말하는 물질적 실체는 감각 능력이 없는 존재인가 아니면 감각과 지각 능력을 지닌 존재인가?

하일라스 감각 능력이 없다는 점이 명백하네.

필로누스 그렇다면 그 실체는 고통의 주체가 될 수 없겠지?

하일라스 절대로 될 수 없네.

첫 번째 질문에 대하여 하일라스는 일종의 구별을 제시하면서 대답해야만 했다. 즉 가장 강한 정도의 뜨거움이 큰 고통을 **일으킨다**는 점에는 동의하지만 뜨거움이 그 자체로 큰 고통이라는 점은 부정해야 했다. 감각 능력이 없는 것이 고통의 능력은 있는가라는 질문에 대해서도 이에 상응하는 구별을 해야만 했다. 즉 고통을 **느낄** 능력은 없지만 고통을 **일으킬** 능력은 있다고 답해야 했다. 또한 그는 물질적 실체가 감각 능력이 없다는 점에도 결코 동의하면 안 된다. 어떤 것은 (예를 들면 바위는) 감각 능력이 없지만 다른 것은 (예를 들면 고양이는) 그런 능력을 지닌다. 하지만 여기서 비난의 대상이 되는 바는 당연히 물질적 실체가 감각을 지닐 수 없다고 주장하는 로크의 논변이다. 왜냐하면 물질적 실체도 감각을 지니기 때문이다.

하일라스가 뜨거움뿐만 아니라 맛, 냄새, 소리, 색 등이 객관적이라는 점을 부정하는 교묘한 논변의 덫에 걸려드는 과정을 상세히 살펴볼 필요까지는 없을 듯하다. 대화가 반쯤 진행되면 하일라스는 제이성질들이 정신의 외부에 존재하지 않는다는 점을 인정한다. 하지만 그는 제일성질들은 물체 안에 실제로 존재한다는 로크의 견해를 여전히 옹호하려 한다. 이에 필로누스는 로크가 제이성질의 객관성을 부정하면서 사용한 논변들이 제일성질의 객관성에 반대하는 주장을 펴는 데에도 똑같이 사용될 수 있다는 강력한 견해를 표명한다.

로크는 인간에게는 역겨운 냄새를 풍기는 대상이 동물에게는 달콤하게 느껴지기도 한다는 점을 들어 냄새가 실재하는 속성이 아니라고 주장했다. 그렇다면 우리가 거의 식별할 수 없을 정도로 작은 대상이 이보다 더 작은 어떤 동물에게는 거대한 산처럼 보인다는 점을 들어 크기 또한 실재하는 속성이 아니라고 주장할 수 있지 않은가(*BPW*, 152)? 만일 같은 물이 한 손에는 뜨겁게, 다른 손에는 차갑게 느껴지기 때문에 뜨거움과 차가움이 물에 속하는 속성이 아니라고 주장한다면 이와 똑같이 어떤 동일한 대상이 가까이 있는 사람의 눈에는 크고 각진 것으로 보이지만 멀리 있는 사람의 눈에는 작고 둥글게 보인다는 점을 들어 이 세계에 어떤 크기나 형태도 실재하지 않는다고 주장할 수 있다(*BPW*, 153).

첫 번째 대화의 마지막 부분에서 하일라스는 물질적 대상 자체를 지각할 수 없다는 점을 받아들이면서도 여전히 이런 대상이 관념을 통하여 지각된다고 주장한다. 하지만 필로누스는 이를 비웃는다. 실재하는 대상 자체를 볼 수 없는데 어떻게 그것이 색을 띨 수 있는가? 하일라스는 오직 관념만이 관념처럼 보일 수 있으며, 정신이 없다면 관념 또한 존재할 수 없다는 점에 동의하지 않을 수 없게 된다. 따라서 그는 관념이 정신 외부의 그 어떤 것에 관한 그 어떤 정보라도 우리에게 제공한다는 주장을 옹호할 수 없게 된다.

버클리가 자신의 형이상학적 비물질주의를 확립하려는 시도를 드러내는 두 번째와 세 번째 대화의 전개 과정에 대해서는 이 책의 다음 장에서 살펴볼 예정이다. 하지만 그의 인식론에 대한 설명을 완성하기 위해서는 그가 감각적 관념에 관하여 언급한 바뿐만 아니라 전통적으로 지성의 영역으로 여겨져 온 보편 관념에 관하여 언급한 바를 반드시 검토해야 한다. 로크는 일반 관념을 형성하는 능력이 인간과 동물 사이의 가장 중요한 차이라고 주장했다. 동물들과는 달리 인간은 언어를 사용한다. 언어에 등장하는 단어들은 관념을 나타내는 의미를 지니는데, 주어를 분류하는 술어와 같은 일반적 단어들은 추상적인 일반 관념에 대응된다. 《인간 지식 원리론》에서 버클리는 로크의 추상화 이론에 대하여 전면적인 공격을 퍼붓는다. 버클리는 로크가 추상 관념을 다음과 같은 방식으로 설명했다고 말한다.

> 우리의 정신은 피터와 제임스, 존 등을 관찰한 후 이들 각각이 형태를 비롯한 다른 성질에서 어떤 공통적인 요소를 지니므로 서로 유사하다고 생각한다. 그 다음에 피터나 제임스 또는 다른 어떤 특정한 인간이 각각 특유하게 지닌 바를 나타내는 복합 관념은 제쳐 두고 오직 모두에게 공통되는 바만을 유지하여 인간에 대한 추상 관념을

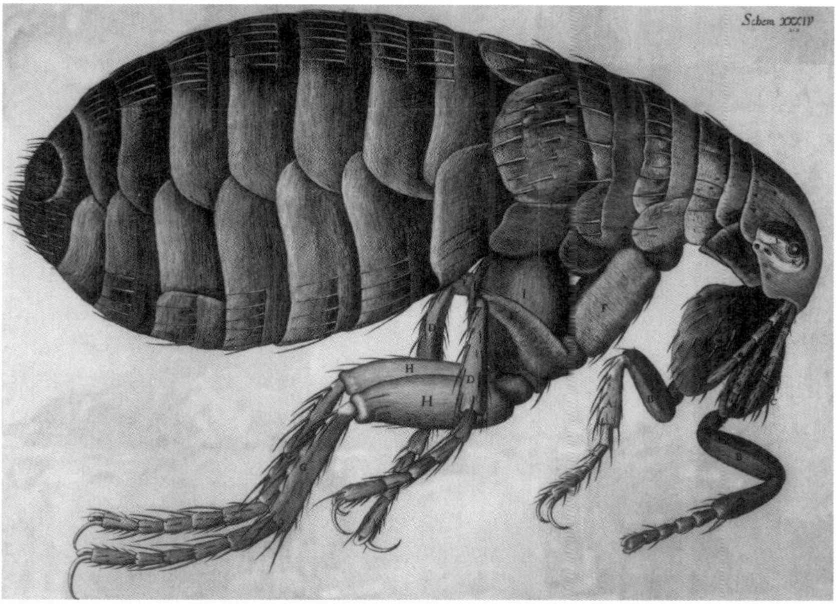

버클리는 제일성질의 객관성을 회의하는 데 현미경을 통해서 발견된 카를 사용하기도 했다(위의 그림은 훅(Hooke)이 현미경으로 본 벼룩을 그린 것이다).

> 형성한 후 모든 개별적 인간들이 이에 포함된다고 생각한다. 이 과정에서 각 개인의 존재를 규정할 수도 있는 모든 상황이나 차이는 완전히 무시되거나 제거되고 만다. 이런 방식을 거친 후에 우리는 인간에 대한 추상 관념에 도달했다고 말한다(*BPW*, 48).

따라서 인간에 대한 추상 관념은 색을 포함하지만 어떤 특정한 색을 띠지는 않으며, 어느 정도의 신장을 포함하지만 어떤 특정한 신장을 규정하지는 않는다.

버클리는 이를 불합리한 생각으로 일축한다. '나 자신이 형성하는 인간의 관념에는 백색이나 흑색 또는 황갈색 등의 피부색 등이 똑바르거나 아니면 굽은 형태, 크거나 작거나 아니면 중간 정도인 키 등이 반드시 포함된다. 나는 그 어떤 노력을 기울여 생각을 해 보아도 추상 관념을 떠올릴 수 없다.' 하지만 여기서 버클리는 명백한 잘못을 저지른다. '관념' 이라는 용어가 개념을 의미한다면 '인간' 의 개념이 피부색이나 신장과 무관하게 모든 인간에게 적용된다는 점에는 의심의 여지가 전혀 없으며, 인간의 개념을 소유한 사람은 누구든지 이 사실을 알고 있다. 이 대목에서 버클리는 관념을 일종의 심상으로 여기는 듯한데 설령 그렇다 하더라도 그는 여전히 오류를 피할 수 없다. 정신적 심상은 심상의 대상이 지닌 모든 속성을 포함할 필요는 없다. 아브라함(Abraham)에 대한 나의 정신적 심상은 그의 키가 큰지 작은지를 포함하지 않는다. 내게는 그의 키에 대한 아무런 관념도 없다. 버클리는 정신적 심상을 대상의 실제 모습이 지닌 형태에 크게 의존하는 것으로 생각하는데 설령 이를 허용한다 할지라도 그는 오류에서 벗어나지 못한다. 캔버스에 그린 초상화가 대상이 되는 인물의 모든 특징을 구체적으로 드러낼 필요는 없으며, 실제로 모든 옷은 어떤 특정한 색을 띠기 마련이지만 옷의 형태가 반드시 어떤 구체적인 색을 포함할 필요는 없다.

한 대목에서 로크는 삼각형에 대한 일반 관념을 형성하기 위해서는 상당한 기술이 필요하다고 말한다. '왜냐하면 그 관념은 기운 것도 기울지 않은 것도 아니며, 등변도 부등변도 아니어야 하며, 이들 모두인 동시에 이들 모두가 아니어야 하기 때문이다.' 이는 순전히 허튼소리에 지나지 않는다는 버클리의 지적은 옳다. 하지만 그는 어떤 종류의 심상을 지니더라도 그것이 우리가 개념을 획득했다는 사실을 설명하기에 충분하다는 식으로 로크를 공격해야 했지만 그러지는 못했다. 로크의 언어 이론에서 잘못된 바는 바로 이 점이며 그가 잘못된 심상을 선택했거나 심상을 자기모순적인 용어로 서술한 점이 결코 아니다.

X를 반영하는 심상이나 형태를 사용하기 위해서는 X의 개념을 미리 지녀야 한다. 심상은 자신이 반영하는 바를 규정하는 그 무엇도 표면적으로 드러내지 않는다. 예를 들면 참나무 잎에 대한 심상은 참나무 잎을 그린 그림

과 마찬가지로 잎이나 참나무, 나무 일반, 보이 스카우트 활동, 군대의 계급을 비롯한 많은 것들을 반영할 수 있다. 그리고 개념은 단지 심상에서 구체적 특성들을 제거함으로써 얻어지지 않는다. 어떤 심상에서 푸른색을 제거한다고 해서 그 심상이 색의 심상이 될 수 있는가? 어쨌든 간에 어떤 심상과도 대응하지 않는 개념도 있는데, '약간의', '아니다' 또는 '만일' 등에 대응하는 논리적 개념이 이에 속한다. 또한 결코 심상으로부터 명확하게 도출될 수 없는 다른 개념들도 있는데 수학적 개념을 이런 예로 들 수 있다. 그리고 하나의 동일한 심상이 네 다리나 한 마리 말을 반영하기도 하고, 일곱 그루 나무나 작은 숲을 반영하기도 한다.

로크에 반대하여 언어에 숙달하는 일과 추상적인 일반 관념을 지니는 일을 분리한 버클리의 생각은 옳았다. 하지만 정신적 심상이 언어의 핵심 요소라는 생각은 그대로 유지했다. 그는 일반 명사가 하나의 추상적인 심상이 아니라 '수많은 특수한 심상들을 서로 구별 없이' 지시한다고 여겼다. 그러나 개념의 소유를 심상의 남발과 일단 구별하기만 하면 정신적 심상은 언어철학이나 심리철학에서 그리 큰 중요성을 지니지 못한다. 심상이 사고의 핵심이 아님은 삽화가 책의 핵심이 아님과 마찬가지이다. 우리의 심상이 개념을 지닌다는 사실을 설명하는 것이 아니라 우리의 개념이 심상에 의미를 부여한다.

관념과 인상에 관한 흄의 견해

사고와 심상을 동일시하려는 경험론자의 태도는 흄의 철학에서 가장 극단적인 지점까지 나아간다. 하지만 흄은 모든 지각을 '관념'으로 부르는 대신 인상과 관념이라는 두 종류로 구별함으로써 로크와 버클리의 주장을 개선하려 한다. 흄은 모든 사람이 감정과 사고의 차이를 안다고 말한다. 감정은 인상,

즉 감각 및 정서와 관련된다. 반면 사고에는 관념이 포함된다. 관념은 예를 들면《논고》를 읽을 때 우리의 머리에 떠오르는, 그런 종류의 것이다(*T*, 1).

여기서 흄이 말하는 '관념'이 정신적 심상이라는 점은 매우 명확하다. 그는 관념이 인상과 유사하지만 단지 덜 강력하고 덜 생생할 뿐이라고 말한다. 더욱이 단순 관념은 인상의 모사라고 생각한다. 언뜻 보기에 이는 '관념'에 대한 정의인 듯하지만 흄은 이를 옹호하기 위하여 경험에 호소한다. 때로 그는 독자들에게 정신의 내면을 들여다봄으로써 자신의 기본 주장을 검증해 보고 또 반례를 제시함으로써 자신을 반박해 보라고 권유한다. 그는 눈이 먼 채로 태어나 색의 관념이 없는 사람의 이야기를 들려줌으로써 자신이 원리를 옹호한다. 하지만 색의 관념과 관련하여 그 자신이 일종의 반례를 제시하기도 한다. 다른 모든 색은 경험했지만 파란색의 특정한 한 색조만을 경험하지 못한 사람이 있다고 가정해 보자.

> 이제 파란색 중에 그가 접하지 못한 한 가지 색조를 제외한 나머지 색조들을 전부 가장 짙은 것부터 가장 옅은 것 순으로 그의 앞에 늘어 놓아 보자. 그러면 그는 당연히 특정한 색조가 빠져 있는 빈자리를 지각하며, 인접한 색들 사이에서 그 자리가 다른 자리에 비하여 색조의 차이가 크다는 사실을 감지할 것임이 분명하다. 이제 다음과 같이 물어보자. 그 특정한 색조가 감각을 통해서 그에게 전달된 일이 결코 없음에도 과연 그는 빠져 있는 색조를 자신의 상상력으로 보충하여 스스로 그 색조의 관념을 떠올릴 수 있는가? 나는 그가 그 색조의 관념을 떠올릴 수 없다는 의견을 제시할 사람은 거의 없으리라고 믿는다(*E* II.17).

이런 사고 실험을 통하여 그는 모든 관념이 인상으로부터 도출된다는 자신의 원리에 대한 예외를 제시하고 이를 받아들이는 듯이 보인다. 하지만 그는 뒤이어 '이런 사례는 무척 드물기 때문에 이를 세심하게 관찰할 만한 가치가 거의 없고 또한 오직 이것 때문에 우리의 일반적 원칙을 변경할 필요까지는 없다' 고 덧붙인다. 이렇게 제멋대로 반례를 무시하는 것을 보면 정신을 탐구하는 데 '실험적 방법' 을 도입한 흄의 진정성을 의심하지 않을 수 없다. 어쨌든 그는 '앞선 인상이 없다면 관념 또한 없다' 는 원리를 형이상학을 공격할 때마다 적극적으로 활용한다.

생생함의 정도를 사용하여 관념과 인상을 구별하는 기준을 제시한 후 흄은 다시 생생함에 근거하여 서로 다른 두 종류의 관념, 즉 기억에 의한 관념과 상상에 의한 관념을 구별한다. 그는 '기억에 의한 관념이 상상에 의한 관념보다 훨씬 생생하며 강력하다는 점과 상상력을 동원한 어떤 경우보다도 기억이 관념의 대상을 더욱 명확하게 그려 낸다는 점은 언뜻 보기에도 분명하다' 고 말한다. 자신의 일반 원리에 따라 흄은 두 종류의 관념 모두 관념에 대응되는, 자신에 선행하는 인상을 지녀야 한다고 말하지만 기억에 의한 관념과는 달리 상상에 의한 관념은 원래의 인상이 지닌 시간과 공간의 질서에 얽매이지 않는다는 점을 지적한다.

그렇다면 기억에 의한 관념과 상상에 의한 관념을 구별하는 두 가지 기준이, 즉 생생함과 질서정연함이 마련된다. 하지만 이런 기준들을 어떻게 활용해야 하는지는 그리 선명하게 드러나지 않는다. 이들을 통해서 진정한 기억과 공상적 기억을 구별할 수 있음은 명백하다('나는 내가 편지를 실제로 보낸 사실을 기억하는가 아니면 단지 그렇게 했다그 상상하는가?'). 두 번째 기준을 통해서도 어떤 구별을 할 수 있는 듯하지만 이는 회의의 경우에는 결코 적용될 수 없다. 회의하는 사람은 첫 번째 기준을 사용할 수 있지만 이 또한 그리 신뢰할 만한 것은 아니다. 왜냐하면 공상이 기억보다 더 강력하게 우리를 압박하기도 하기 때문이다.

흄은 기억이 정신 안에 일련의 과거 사건들을 되살리는 것이라고 생각한다. 하지만 헤이스팅스(Hastings) 전투가 시작된 날짜를 기억하는 것과 오믈

렛을 만드는 방법을 기억하는 것 그리고 런던에서 옥스퍼드까지 가는 길을 기억하는 것은 서로 전혀 다른 문제이다. 따라서 서로 다른 수많은 종류의 기억이 존재한다. 이와 마찬가지로 '상상'이라는 단어 또한 공상을 펼치는 정신의 자유로운 활동보다 훨씬 더 많은 것을 포괄한다. 상상은 착각('누가 문을 실제로 두드리는가 아니면 내가 단지 그렇게 상상할 뿐인가?'), 가정('만일 모든 사람이 그런 방식으로 행위한다면 세상이 어떻게 될지 상상해 보라!'), 창조적 독창성('《반지의 제왕》은 놀라운 상상으로 가득 찬 작품이다') 등을 모두 포함한다. 흄은 기억과 상상 안에 무척 다양한 정신적 사건과 능력, 활동을 모두 포함시켜 다루려 하지만 이들 모두를 오직 경험론이라는 하나의 관점에서 바라볼 것을 강요하는 잘못을 저질렀다.

동시에 흄의 설명이 제대로 맞아떨어지는 듯이 보이는 경우도 있다. 나는 새소리를 들은 후 그것의 선율을 나의 정신 안에서 재현하기도 한다. 나는 벽지의 무늬를 본 후 눈을 감고 그것의 잔상을 머릿속에 떠올리기도 한다. 하지만 이런 경우에조차도 흄은 상황을 잘못 이해했다. 언뜻 보기에 새와 벽지는 나의 외부에 속하는 것인 반면 마음속으로 흥얼거리는 선율과 잔상은 나의 내부에 속하는 사건이기 때문에 인상과 관념 사이의 차이가 발생하는 듯하다. 하지만 흄은 우리가 알 수 있는 것은 오직 우리 자신의 지각뿐이라는 경험론의 주장을 받아들인다. 내가 새소리를 듣는 일은 나 자신과 새 사이의 상호 관계가 아니라 새가 내는 듯이 보이는 생생한 소리를 내가 접한 결과이다. 흄은 모든 사람의 삶은 내적 감각의 연속일 뿐이라고 생각한다.

그렇다면 기억과 상상 사이의 차이 또한 내적 감각을 통해서 밝혀져야 한다. 누군가는 이들 사이의 차이가 믿음이라는 관점에서 가장 잘 드러난다고 생각할지도 모른다. 만일 내가 p를 기억한다고 여긴다면 나는 p가 사실이라고 믿는 셈이 된다. 하지만 나는 이런 믿음이 없이도 얼마든지 p를 상상할 수 있다. 흄 자신도 우리가 스스로 믿지 않는 많은 것들을 상상한다고 말한다. 하지만 정신적인 상태를 이런 방식으로 분류한다면 흄은 믿음에 적절한 지위를 부여하기 어렵게 된다.

단순히 p를 생각하는 것과 실제로 p를 믿는 것 사이의 차이가 내용의 차이일 수는 없다. 흄이 표현하듯이 믿음은 우리가 믿는 **바를** 구성하는 관념 또는 관념들에 어떤 특별한 관념을 더함으로써 형성되지는 않는다. 이를 지지하는 논변 중 하나는 우리가 자신이 원하는 어떤 관념이라도 자유롭게 더할 수 있지만 우리가 원하는 바를 선택해서 믿을 수는 없다는 사실에 근거한다. 이를 지지하는 더욱 설득력 높은 근거는 만일 특별한 관념을 더함으로써 믿음이 형성된다면 누군가는 카이사르(Caesar)가 침대에서 세상을 떠났다고 믿고, 누군가는 카이사르가 침대에서 세상을 떠났다고 믿지 않는다는 사실이 서로 전혀 충돌하지 않을 것이라는 사실이다. 왜냐하면 이 두 사람은 동일한 명제를 고려하는 것이 아니기 때문이다(*T*, 95)

《인간 지성에 관한 탐구》에서 흄은 믿음이 '그저 느슨한 공상이나 몽상과는 다른, 어떤 감정이나 정서를 동반하는' 개념이라고 말한다. 하지만 이런 감정은 틀림없이 일종의 인상인 듯하다. 그러나 《논고》의 부록에서 흄은 이런 생각이 경험과 정면으로 배치되는 것이라고 강력하게 주장한다 — 믿음은 오직 관념들로만 구성된다. 하지만 그는 여전히 '관념은 허구적인 관념과는 구별되는 감정에 동의한다고' 고집하면서 이런 감정을 다양한 용어로, 예를 들면 '강력함, 생생함, 견고함, 확고함, 견실함' 등의 용어로 표현한다. 결국 그는 '이런 감정 또는 태도의 개념을 완벽하게 설명하기란 불가능하다고' 고백하면서 논의를 마친다(*T*, 692). 하지만 그는 (우리가 사실적이라고 믿는) 역사서를 읽을 때 (우리가 허구임을 잘 알고 있는) 소설을 읽을 때보다 훨씬 더 큰 생생함을 느낀다는 거의 설득력 없는 근거를 제시하면서 자신의 설명을 받아들이라고 종용한다.

믿음의 특징을 생생함으로 설명하려는 흄의 시도는 그의 체계 안에서도 난점을 일으킨다. 이와 관련하여 흄은 명백한 관념도 아니고 명백한 인상도 아닌 지각을 발견하고 상당히 놀라는 모습을 보인다. 우리는 카이사르가 침대에서 세상을 떠났다는 믿음과 카이사르가 침대에서 죽는 모습에 대한 기억을 어떻게 구별할 수 있는지를 의심할 수 있다. 왜냐하면 두 경우 모두 생생함을 드러내기 때문이다. 흄의 난점은 단지 체계 내부의 것에 그치지 않는다. 결정적인 문제는 믿음이 상상을 포함할 필요가 전혀 없다는 점이다(의자에 앉으면서 나는 의자가 나를 지지할 것이라고 믿는다. 하지만 이 상황에 대한 어떤 심상이나 사고도 나의 정신 안에 등장하지 않는다). 그리고 믿음에 상상이 포함될 경우 강박적인 공상(예를 들면 배우자의 부정에 대한 공상)이 실제 믿음보다 더욱 생생할 수도 있다.

흄은 뉴턴이 물리학에서 행한 바를 인식론에서 행하기 위하여 관념의 연상을 도입했는데 여기저기 흩어진 매우 적은 언급만으로 이를 해결하려는 흄의 착각에는 다소 안쓰러운 면이 있다. 하지만 그의 철학적 심리학이 너무나 빈약하다는 이유로 그를 비난한다면 이는 공정하지 않다. 그는 17세기의 철학자들로부터 상당히 부실한 심리철학을 물려받았지만 자주 이들보다 훨씬 솔직하게 경험론 전통의 허점과 모순을 인정했다. 그를 위대한 철학자로 만든 통찰은 이전 철학자들의 심리학적 문제들을 해결하는 계기를 제공했으며 계속해서 연구 대상이 되었다. 인과성, 자아, 도덕 그리고 종교 등에 관한 흄의 견해는 아래의 적절한 장에서 각각 살펴볼 예정이다. 그가 인식론에 가장 크게 기여한 바는 새로운 형태의 회의주의를 제시한 점이다.

그의 회의주의는 관념들 사이의 관계를 표현하는 명제와 사실을 표현하는 명제 사이의 구별로부터 출발하는데 이전에도 몇몇 철학자들이 이런 구별을 시도하였다. 흄은 어떤 사실이라도 부정할 수 있다고 말한다. 왜냐하면 그렇게 하더라도 결코 모순이 발생하지 않기 때문이다. 내일 해가 떠오르지 않을 것이라는 명제는 내일 해가 떠오를 것이라는 긍정 명제와 마찬가지로 이해 가능한 것이고 논리적 가능성도 지닌다. 그렇다면 왜 우리는 전자가 아니라 후자의 명제를 믿는가(*E* II.25~6)?

흄은 사실의 문제에 관한 우리의 모든 추론이 원인과 결과의 관계에 기초한다고 주장한다. 하지만 우리는 어떻게 인과 관계를 인식할 수 있는가? 감각 가능한 대상의 속성들은 자신을 산출하는 원인도, 자신이 낳는 결과도 우리에게 전혀 알려 주지 않는다. 그저 화약을 바라보는 것만으로는 그것이 폭발하리라는 사실을 결코 알 수 없다. 불이 주변 사물들에 옮겨 붙는다는 사실을 알려면 경험이 필요하다. 가장 단순한 자연의 규칙성도 경험이 없이는 확립되지 않는다. 왜냐하면 원인과 결과는 서로 전혀 다른 사건이며 전자로부터 후자를 추론할 수는 없기 때문이다. 우리는 한 당구공이 다른 공을 향하여 운동하는 것을 보면서 전자의 운동이 후자에게 전달되리라고 예상한다. 하지만 왜 그런가? '두 당구공이 모두 완전히 정지해서는 안 되는가? 첫 번째 공이 두 번째 공에 맞은 후 직선으로 되돌아오거나 아니면 어떤 방향으로든 튀어 오르리라고 예상해서는 안 되는가? 이런 모든 가정은 충분히 생각할 수 있는 것이며 어떤 모순도 일으키지 않는다' (*E* II.30).

이에 대한 명확한 대답은 우리가 경험을 통해서 자연의 규칙성을 배운다는 것이다. 하지만 흄은 이에 대한 고찰을 계속해 나간다. 그는 설령 우리가 원인과 결과의 작용을 경험한 후라 할지라도 경험으로부터 이런 결론을 이끌어 낼 근거가 과연 이성 안에 존재하는지를 묻는다. 경험을 통해서 우리는 단지 과거의 대상과 현상에 관한 정보만을 얻는다. 왜 이런 정보가 미래와 미래의 대상에까지 확장되어야 하는가? 우리는 미래의 대상이 과거의 대상과 유사하리라고 단지 현상적으로 어렴풋이 짐작할 뿐이다. 과거에 내게 영양을 공급했던 빵이 미래에도 계속 그러리라고 믿을 만한 근거는 과연 무엇인가?

> **나는 어떤 대상이 항상 어떤 결과를 동반한다는 사실을 깨달았다**는 명제와 **나는 현상적으로 그 대상과 유사한 다른 어떤 대상이 유사한 결과를 동반하리라고 예상한다**는 명제는 서로 전혀 다른 것이다. 당신이 원한다면 나는 후자의 명제가 전자의 명제로부터 정당하게 도

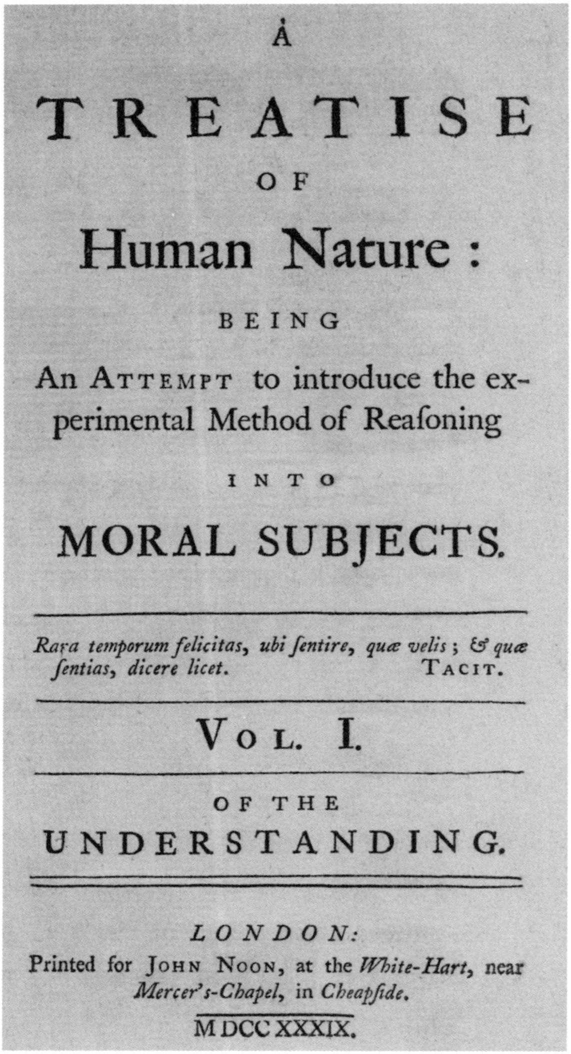

A
TREATISE
OF
Human Nature:
BEING
An ATTEMPT to introduce the experimental Method of Reaſoning
INTO
MORAL SUBJECTS.

Rara temporum felicitas, ubi ſentire, quæ velis; & quæ ſentias, dicere licet. TACIT.

VOL. I.

OF THE
UNDERSTANDING.

LONDON:
Printed for JOHN NOON, at the *White-Hart*, near *Mercer's-Chapel*, in *Cheapſide*.
MDCCXXXIX.

흄이 '인쇄기로부터 죽은 채 태어난 책'이라고 말한《논고》초판의 속표지

출될 수 있음을 허용하려 한다. 사실 나는 이런 방식의 도출이 항상 이루어진다는 점을 알고 있다. 그러나 만일 당신이 이를 엄밀한 연쇄적 추론으로 여기려 한다면 당신에게 그런 추론을 제시해 보라고 말하고 싶다(*E* II.34).

어떤 논증을 통해서도 이를 증명할 수 없다. 다음번에 내가 주전자를 난로 위에 올려놓았을 때 물이 끓지 않으리라는 가정은 아무런 자기모순도 포함하지 않는다. 경험에 근거한 어떤 논증도 불가능하다. 왜냐하면 자연의 진행이 변화할 수도 있다는 가능성을 허용한다면 경험을 신뢰할 만한 인도자로 여길 수 없기 때문이다. 미래가 과거와 유사하리라는 점을 증명하려는 어떤 시도도 명백한 순환 논증에 빠지고 만다. 따라서 미래가 과거와 유사하리라고 믿도록 만드는 바는 결코 추론이 아니다.

그렇다면 엄밀한 논증의 수준에서는 회의주의가 승리를 거두는 듯하다. 하지만 흄은 이런 발견 때문에 낙담할 필요는 없다고 말한다. 우리는 추론보다 더욱 강력한 원리를 통해서 자연의 규칙성을 믿게 된다. 그리고 이 원리는 바로 습관이다. 인과적 능력은 감각을 통해서 관찰할 수 있는 무언가가 아니기 때문에 어느 누구도 하나의 경험으로부터 인과 관계를 추론할 수는 없다. 하지만 유사한 대상 또는 사건이 항상 서로 연결되는 것을 관찰함으로써 우리는 한 종류의 사건으로부터 다른 종류의 사건을 바로 이끌어 낼 수 있게 된다. 하지만 어떤 결론을 이끌어 내는 과정에서 한 가지 경우보다 백 가지 경우가 더욱 강력한 근거를 제공하지는 않는다. '두 가지 대상이 — 예를 들면 뜨거움과 불꽃이, 무게와 단단함이 — 서로 항상 연결되는 것을 본 후에 우리는 하나의 현상이 다른 현상으로부터 등장하리라고 오직 습관적으로 기대할 뿐이다' (*E* II.43). 인간의 삶은 주로 추론이 아니라 습관에 의해서 인도된다.

칸트의 아프리오리한 종합

흄은 결국 우리의 경험에 시간을 넘어선 어떤 추론적인 질서가 존재한다는 점을 철저히 부정하는 충격적인 결론에 이르렀기 때문에 많은 독자들은 이런 결론을 몹시 불편하게 여겼다. 흄의 이런 회의주의적인 도전을 가장 두렵게 여겼던 인물은 칸트였으며, 이런 도전에 맞서 우리의 지각에 질서를 부여하는 지성의 역할을 재확립하기 위하여 가장 분투한 인물 또한 칸트였다.

흄이 사실의 문제와 관념들 사이의 관계를 대비함으로써 자신의 논변을 시작한 것과 마찬가지로 칸트 또한 서로 다른 종류의 명제를 구별함으로써 자신의 주장을 펼쳐 나간다. 하지만 칸트는 한 가지가 아닌 두 가지의 구별을 제시하는데 이 중 하나는 인식론적인 구별이며 다른 하나는 논리학적인 구별이다. 우선 칸트는 두 종류의 지식을 구별한다. 경험으로부터 도출된 지식을 아포스테리오리(*a posteriori*)한 지식이라고, 어떤 경험과도 무관한 지식을 아프리오리(*a priori*)한 지식이라고 부른다. 그 다음에 그는 두 종류의 판단, 즉 분석 판단과 종합 판단을 구별한다. 그는 'A는 B이다' 라는 형식의 판단이 둘 중 어디에 속하는지를 구별하는 방법을 다음과 같이 제시한다.

> 술어 B가 주어 A에 속하는, 즉 (은연중에라도) A의 개념에 포함되는 경우가 있고 비록 술어 B가 A에 부가되기는 하지만 A의 개념에서 완전히 벗어난 경우도 있다. 나는 전자의 경우를 분석 판단, 후자의 경우를 종합 판단이라고 부른다(A, 6).

그는 분석 판단의 예로 '모든 물체는 연장적' 이라는 것, 종합 판단의 예로 '모든 물체는 무겁다' 는 것을 든다. 그러면서 연장성은 '물체' 개념의 일부인 반면 무게는 그렇지 않다고 설명한다.

칸트가 제시한, 분석 명제와 종합 명제 사이의 구별이 충분히 만족스럽지는 않다. 이 구별은 당연히 모든 종류의 명제에 보편적으로 적용될 수 있어야 하는데 모든 명제가 칸트의 정의에 등장하는 것처럼 단순한 주어-술어의 형식을 지니지는 않는다. 또한 정의에 등장하는 '포함된다' 는 개념이 다소 은유적으로 사용되었기 때문에 이 정의가 분명히 논리학적인 것으로 의도되었음에도 때로 칸트는 마치 이것이 심리학의 문제인 듯이 언급하기도 한다. 이후에 등장한 어떤 철학자들은 이 구별을 더욱 엄밀하게 만들려 했고, 다른 철학자들은 이를 폐기하려고 했다. 어쨌든 이 구별은 이후의 철학적 논의에서 계속 중요한 위치를 차지한다.

그렇다면 **아프리오리/아포스테리오리라는** 인식론적 구별과 **분석적/종합적이라는** 논리학적 구별 사이의 관계는 무엇인가? 칸트에 따르면 이런 두 구별은 서로 다른 기초 위에서 형성된 것이며, 적용 방식이 서로 일치하지도 않는다. 모든 분석 명제는 아프리오리하지만 모든 아프리오리한 명제가 분석적이지는 않다. 아프리오리한 종합 명제라는 개념에는 어떤 모순도 발생하지 않으며 실제로 이런 명제의 예를 얼마든지 들 수 있다. 우리의 수학적 지식은 아프리오리하다. 왜냐하면 수학적 진리는 보편적이고 필연적인 반면 경험으로부터의 어떤 일반화도 이런 속성을 지닐 수 없기 때문이다. 동시에 산술과 기하학의 수많은 진리들은 분석적이 아니라 종합적이다. '두 점 사이의 최단 거리는 두 점을 잇는 직선이라는 명제는 종합적이다. 왜냐하면 내가 지닌 **직선**의 개념에는 크기의 개념은 전혀 없고 오직 성질의 개념만이 포함되기 때문이다' (B, 16). 물리학 또한 아프리오리한 종합적 원리를, 예를 들면 질량 보존의 법칙 등을 포함한다. 마지막으로 만일 우리가 종합적 진리를 아프리오리하게 인식하지 못한다면 순수 형이상학은 아예 불가능할 것이다.

아프리오리한 종합 판단이 과연 어떻게 가능한가는 철학의 주요 문제이다. 우리는 감성과 오성의 작용이 결합하여 인간의 지식이 형성하는 방식을 심사숙고함으로써만 이에 대한 대답을 발견할 수 있다. 우리에게 대상을 제시하는 것은 감성이다. 대상에 대하여 사고할 수 있도록 만드는 것은 오성이다. 감성은 경험의 내용을, 오성은 경험의 구조를 규정한다. 내용과 구조를 더욱 선명하게 대조하기 위하여 칸트는 '질료'와 '형식'이라는 아리스토텔레스의 용어를 사용한다. 예를 들면 감각의 질료에는 파란색 얼룩과 녹색 얼룩 또는 바이올린 소리와 트럼펫 소리를 구별하도록 만드는 바가 포함된다.

만일 감각으로부터 오성에 속하는 모든 요소를 분리한다면 순수한 감성의 두 가지 직관 형식인 시간과 공간만이 남을 것인데 이들은 우리의 지각을 규정하는 공통적인 구조이기도 하다. 하지만 실제 삶에서 인간은 결코 순수한 감성적 직관만을 지니지는 않는다.

인간의 지식은 감성과 오성을 모두 필요로 한다.

> 이 두 능력 중 어떤 것도 다른 것에 우선하지 않는다. 감성이 없다면 어떤 대상도 우리에게 주어지지 않을 것이며, 오성이 없다면 어떤 대상도 사고되지 않을 것이다. 내용이 없는 사상은 공허하고, 개념이 없는 직관은 맹목적이다. … 오성은 아무것도 직관할 수 없으며, 감성은 아무것도 사고할 수 없다. 오직 이 둘이 결합함으로써 지식이 생겨난다(A, 51).

인간의 경험에서 모든 감각의 대상은 사고의 대상이기도 하다. 경험된 바는 모두 분류되고 체계적으로 정리되기 마련이다. 바꾸어 말하면 오성은 경험된 바를 하나의 또는 여러 개념 아래로 옮기는 역할을 한다.

칸트는 인간이 오성에 더하여 판단력도 지닌다고 말한다. 오성이 개념을 형성하는 능력이라면 판단력은 개념을 적용하는 능력이다. 오성의 작용은 개별적인 단어들을 표현하는 데서 드러나는 반면 판단력의 작용은 전체 문장을 통해서 드러난다. 개념이란 어떤 종류의 판단을 형성하는 능력일 뿐이다.(예를 들어 '식물'의 개념을 지닌다는 것은 '식물'이라는 단어 또는 이와 동의어를 포함하는 문장으로 표현되는 판단을 형성할 수 있는 능력을 지닌다는 것이다.)

서로 다른 수많은 종류의 판단이 있다. 예를 들면 전칭 또는 특칭, 긍정 또는 부정 판단이 있을 수 있다. 하지만 칸트가 직접 예를 들어 설명하듯이 이보다 더욱 중요한 것은 정언 판단('완벽한 정의가 존재한다')과 가언 판단

('만일 완벽한 정의가 존재한다면 계속 악행을 저지르는 사람은 천벌을 받을 것이다.') 그리고 선언 판단('세계는 맹목적인 우연을 통해서 또는 내부적 필연성을 통해서 아니면 외부적 원인을 통해서 현존한다.') 사이의 구별이다. 서로 다른 종류의 판단에 대응하여 서로 다른 기본적인 개념의 유형이 존재한다.

개념과 판단은 경험적일 수도, 아프리오리할 수도 있다. 아프리오리한 판단은 원리로, 아프리오리한 개념은 범주로 불린다. 매우 정교하기는 하지만 다소 납득이 가지 않는 부분도 발견되는 '범주들의 연역'을 통하여 칸트는 각각의 범주들을 서로 다른 종류의 판단과 연결한다. 예를 들면 그는 실체의 범주를 정언 판단과, 원인의 범주를 가언 판단과, 상호 작용의 범주를 선언 판단과 연결한다. 이런 구체적인 연결이 설득력을 지니는지 그렇지 않은지와 무관하게 만일 무언가를 오성의 작용으로 여기려 한다면 어떤 개념들이 반드시 필요하다는 칸트의 일반적인 주장이 무척 중요하다는 점은 결코 부정할 수 없다. 하지만 과연 이 주장은 참인가?

이 질문을 언어와 관련된 형태로 표현한다면 더욱 쉽게 답할 수 있을 듯하다. 충분히 발달한 모든 언어에서 그것에 대한 표현이 발견되어야 하는 어떤 개념이라도 존재하는가? 이에 대하여 아무리 우리에게 낯선 언어를 사용하더라도 진정한 언어 사용자라면 부정(否定)의 개념이나 '모든', '약간의'와 같은 한량 언어를 사용할 능력을 지녀야 하는 듯이 보인다고 답할 수 있다. 이런 개념들은 칸트가 제시한 긍정 판단과 부정 판단 사이의 구별, 전칭 판단과 특칭 판단 사이의 구별에 대응된다. 또한 이성적인 언어 사용자라면 누구라도 전제로부터 결론을 이끌어 내는 능력을 필요로 하는데 이런 능력을 갖추려면 '만일', '그렇다면', '따라서' 등의 표현을 적절히 사용할 줄 알아야 한다. 이런 표현은 칸트가 분류한 가언 판단과 관련된다. 따라서 우리가 범주들의 선험적 연역에 포함된 세부 내용을 어떻게 생각하든 간에 개념과 판단을 연결하고, 몇몇 개념들이 모든 사람들의 오성에 근본적으로 존재해야 한다고 주장하는 칸트의 견해는 옳은 듯이 보인다.

칸트는 계속해서 우리가 경험에 의미를 부여하는 데 반드시 필요한 아프리오리한 개념들뿐만 아니라 '원리들' 이라고 불리는 아프리오리한 판단들도 존재한다고 주장한다. 이런 원리들 중 일부는 분석적이지만 진정으로 흥미로운 바는 종합 판단의 근거에 놓여 있는 원리들이다.

이런 원리들 중 하나는 모든 경험이 연장성을 지닌다는 것이다. 우리가 경험하는 바는 모두 연장성을 지닌다 — 바꾸어 말하면 공간상이든 시간상이든 간에 다른 부분과 구별되는 부분을 지닌다. 기하학에서 등장하는 아프리오리하고 종합적인 공리, 예를 들면 두 점 사이의 최단 거리는 두 점을 잇는 직선이라는 공리가 가능하도록 만드는 기초를 제공하는 것은 바로 이 원리이다.

이에 속하는 또 다른 원리로는 모든 현상에서 감각의 대상은 강도의 크기를 지닌다는 것을 들 수 있다. 예를 들어 우리가 어떤 강도의 뜨거움의 느낀다면 우리는 이보다 더 뜨겁거나 덜 뜨거운 것도 느낄 수 있으리라는 점을 스스로 깨닫는다. 이때 우리는 두 방향으로 펼쳐진 강도의 단계에서 어떤 한 지점을 느끼는 셈이다. 마찬가지로 색도 어떤 스펙트럼 상의 한 지점에 위치한다는 본성을 지닌다. 내가 무언가를 감각할 때 나는 동일한 강도의 단계에 속하는 다른 지점도 감각할 수 있다는 사실을 아프리오리하게 인식한다. 칸트는 이를 '지각의 예견' 이라고 부르는데 이런 표현은 다소 부적절하다 — 이를 통하여 칸트가 의미한 바는 우리가 이후에 무엇을 감각할지를 미리 알 수 있다는 사실이 아니다. 칸트 자신도 언급하듯이 '감각은 예견할 수 있는 요소가 아니다.' 따라서 '예견' 보다는 '예상' 이 더 나은 표현인 듯하다.

실재론 대 관념론

아래의 여러 장들에서 칸트가 《순수이성비판》 중 '선험적 논리학' 부분의 논의를 진행하면서 이끌어 낸 다른 많은 범주와 원리들을 더욱 상세히 검토할 예정이다. 하지만 우리의 경험에서 드러나는 아프리오리한 요소들에 관한 칸트의 탁월한 설명은 다음과 같은 인식론적 문제를 불러일으킨다. 만일 우리가 지각한 바의 대부분이 이렇게 우리의 정신이 만들어 낸 바라면 과연 우리는 정신의 외부에 실재하는 세계에 관한 그 어떤 진정한 지식이라도 얻을 수 있는가? 《순수이성비판》의 독자들은 '선험적 논리학'에 이르기 훨씬 이전 '선험적 감성론'의 끝부분에서 공간과 시간은 경험상으로는 실재적이지만 선험적으로는 관념적이라는 말을 접하면서부터 이미 이 점을 염려하기 시작한다. 이와 관련하여 칸트는 '만일 주관을 배제한다면 공간과 시간은 사라지고 말 것이다. 현상으로서의 시간과 공간은 그 자체만으로는 현존할 수 없으며 오직 우리 안에 현존한다'고 말한다.

만일 공간과 시간이 이런 의미에서 주관적이라면 단순한 현상을 넘어서는 그 무언가라도 존재할 수 있는가? 이에 답하면서 칸트는 우리가 일반적으로 경험에서 모든 인간에게 적용되는 바와 오직 하나의 관점에만 속하는 바를 구별한다고 설명한다. 비가 갠 후 나타나는 무지개는 단순한 현상일지 몰라도 비는 물자체로 간주된다. 이런 의미에서 모든 것이 단순한 경험은 아니라고 말할 수 있다. 하지만 칸트는 계속해서 현상과 실재 사이의 이런 구별이 단지 경험적인 것에 지나지 않는다고 말한다. 더욱 상세히 검토해 보면 우리는 '빗방울이 단순한 현상일 뿐만 아니라 그것의 둥근 형태, 심지어 그것이 낙하하는 공간조차도 물자체가 아니라 단지 우리의 감성적 직관이 변형된 것 또는 그런 직관의 기본 형식임을 알게 된다. 하지만 선험적 대상은 여전히 우리에게 알려지지 않은 채로 남게 된다'(A, 45).

이런 대목을 보면 칸트를 관념론자로, 즉 우리 정신 안의 관념을 제외하고는 아무것도 실재하지 않는다고 생각하는 인물로 여기는 편이 타당한 듯하다. 하지만 사실상 칸트는 이전의 관념론자들과, 데카르트와 같은 '회의적 관념론자' 든 ('나는 존재한다' 만이 유일하게 의심할 수 없는 경험적 주장이라고 보는) 아니면 버클리와 같은 '독단적 관념론자' 든 (외부 세계는 환영에 불과하다고 보는) 간에, 거리를 두려고 무척 노력한다. 칸트는 이런 두 형태의 관념론이 두 가지의 공통적인 주장, 즉 우리가 인간의 내부 세계를 외부 세계보다 더 잘 인식할 수 있다는 주장과 외부 실체가 내부 경험으로부터 (옳든 그르든 간에) 추론된다는 주장을 편다고 몰아세운다.

칸트는 사실상 우리의 내부 경험은 오직 외부 경험을 전제할 경우에만 가능하다고 주장한다. 나는 변화하는 정신적 상태를 의식함으로써 내가 시간상에서 현존함을 인식한다. 바꾸어 말하면 나는 우선 한 순간에서 경험을 한 후 그 다음 순간의 경험에로 넘어간다. 하지만 변화를 지각한다는 것은 영속적인 무언가에 대한 지각을 포함한다. 단순한 지속에 반대되는 변화가 일어나려면 처음에는 이것이었다가 후에는 다른 것으로 바뀌는 무언가가 존재해야만 한다. 하지만 이 영속적인 것이 나 자신은 아니다. 나의 경험을 통합하는 주관은 경험의 대상이 아니다. 따라서 오직 내가 외부 경험을 지닐 경우에만 나의 과거에 관한 ― 심지어 과거에 내가 지녔던 내부 경험에 대해서도 ― 판단도 가능해진다(B, 275~6).

칸트는 철학자들이 현상계(현상들)와 본체계(사고의 대상들) 사이의 구별을 시도한다고 말한다. 이들은 세계를 감각의 세계와 지성의 세계로 나눈다. 하지만 '선험적 분석론' 에서 드러나듯이 어떤 범주에도 포섭되지 않고 어떤 규칙의 적용도 받지 않는 단지 현상만의 세계 또는 단지 감각적 자료만의 세계는 결코 존재할 수 없다. 순수한 본체계 또한 어떤 적극적인 의미에서도 존재할 수 없다. 바꾸어 말하면 지성적 통찰의 대상은 감각적 의식과 무관하다. 하지만 어떤 방식으로든 현상에 관하여 언급하려면 우리는 그것이 **무언가에** 관한 현상이라고 생각하지 않을 수 없는데 칸트는 바로 이 무언가를 '선험적 대상'이라고 부른다. 그러나 이것은 단지 인식되지 않은 X, 즉 '현재 우리가 지닌 오성의 수준으로는 그것에 관하여 아무것도 인식할 수 없다는 점만을 알 수 있는 무언가에' 지나지 않는다. 우리는 그것에 관하여 아무 말도 할 수 없다. 그것에 관하여 무슨 말을 하려면 그것에 범주를 적용하여야 하는데 범주들은 오직 감각적 지각에만 적용될 수 있다. 본체계의 개념은 단지 소극적인 의미로만, 즉 우리의 감성에 한계를 설정하는 역할을 하는 제한적인 개념으로만 이해되어야 한다(A, 255~6; B, 307~10). 하지만 칸트의 주장에서 가장 중요한 바는 그가 자신을 선험적 관념론자로 여기면서도 경험적인 수준에서는 버클리와 같은 관념론자가 아니라 실재론자로 여긴다는 점이다.

칸트는 자신의 견해가 근대 초의 다른 철학자들과 다르다는 점을 보이기 위하여 무척이나 노력하였다. 이제 논의를 마무리 지으면서 버클리나 데카르트보다 그의 견해와 훨씬 더 큰 유사성을 드러내는 이전 철학자, 즉 아퀴나스와 그를 비교하는 것이 도움이 될 듯하다. 칸트와 아퀴나스는 모두 감각과 지성 사이의 협력을 통해서만 지식이 성립한다는 점에 동의한다. 아퀴나스에 따르면 개념을 획득할 뿐만 아니라 제대로 사용하기 위하여 지성은 그가 '표상'(phantasmata)이라고 부른 바에 반드시 적용해야 하는데 이는 칸트가 말한 '다양한 감각들'에 — 즉 내적, 외적 감각 능력이 우리에게 전하는 바에 해당한다. 칸트와 마찬가지로 아퀴나스도 경험이 없는 개념은 공허하며, 개념이 없는 표상은 파악할 수 없는 것이라고 생각한다.

이런 분석에 비추어 보면 아퀴나스와 칸트 모두 관념론자가 아닌가라는 의문이 떠오른다. 이들은 우리가 진정한 세계는 결코 인식하거나 파악할 수 없으며 단지 정신의 관념만을 인식할 수 있다고 믿은 것이 아닌가? 아퀴나스의 경우에는 이에 대한 분명한 대답을 손쉽게 할 수 있다. 그에게 관념은 보편이며, 이러한 보편은 정신의 창조물이다. 현실 세계에는 보편과 같은 것이 결코 존재하지 않는다. 하지만 이것이 그가 명확하게 관념론자임을 의미하지는 않는다. 보편 개념은 지성적인 지식의 대상이 아니다. 이는 우리를 둘러싼 세계에 존재하는 물질적 실체의 본성에 관한 지식을 얻기 위하여 지성이 사용하는 도구이다. 따라서 모든 사고가 관념을 사용하지만 모든 사고가 관념에 관한 것은 아니다. 자연적 대상은 그 자체로 실재하는데 우리는 경험을 통하여 이들에 관한 단편적이고 부분적인 지식을 얻는다. 하지만 자연계에 존재하는 것 대부분의 본질은 여전히 우리에게 알려지지 않은 채로 남아 있다.[5]

하지만 칸트는 오직 본체, 즉 현상의 배후에 놓여 있는 물자체가 존재한다고 주장함으로써만 자신의 견해를 버클리와 구별할 수 있게 되는데, 물자체에 대해서는 감각뿐만 아니라 지성을 통해서도 접근할 수 없으며 물자체에 대하여 어떤 언급을 하더라도 이는 무의미할 뿐이라고 생각한다. 칸트는 현상 이외의 다른 어떤 것도 존재하지 않는다는 말은 거짓이라는 점을 단호하게 강조한다. 하지만 그의 저술을 읽은 많은 독자들에게 물자체는 그것에 관하여 아무것도 말할 수 없는 무언가일 뿐만 아니라 사실상 아무것도 아닌 듯이 보였다.

관념론의 인식론

칸트가 세상을 떠나자마자 그의 체계는 심각한 비판의 대상이 되었다. 피히테는 《순수이성비판》에 근본적인 모순이 내재한다고 주장했다. 우리의 경험이 물자체에 의해서 야기된다는 주장과 원인의 개념이 오직 현상의 영역에만 적용될 수 있다는 주장이 어떻게 동시에 참이 될 수 있는가? 피히테는 이런 모순을 피하는 방법이 현상의 원인이 인식되지 않는, 정신과 무관한 무언

[5] 이 철학사 2권, 236~8면 참조 — 우리말 번역에서는 《중세철학》, 360~2면 참조 〔후반부는 옮긴이의 첨가〕.

가라는 생각을 포기하고 경험의 세계는 사고하는 주관의 창조물이라는 관념론의 견해를 진심으로 받아들이는 것이라고 주장한다.

하지만 피히테는 개별적 자아의 주관성으로부터 세계를 이끌어 낼 가능성을 확실하게 제시하지는 못했으며, 독일 관념론은 헤겔에 의해서 더욱 영향력이 큰, 세련된 형태로 발전했다. 헤겔은 피히테와 마찬가지로 물자체를 제거했지만 동시에 그와는 달리 정신의 창조 활동을 개인적 의식의 수준이 아니라 세계를 포괄하는 영역으로 끌어올렸다.

헤겔의 《정신현상학》(*Phenomelogie des Geistes*)은 형이상학적 의도에서 쓴 것이지만 일상적인 지식과 지각의 본성에 관한 몇몇 예리한 통찰을 제시한다. 이전의 관행적인 방식에 따라 헤겔은 인간의 인식 능력을 세 종류로, 즉 의식에서 자기의식, 다시 이성으로 점차 상승하는 위계질서로 파악한다. 그리고 의식은 다시 세 단계로 전개되는데 첫 단계는 감각적 의식(*Die sinnliche Gewissheit*)이고 그 다음은 지각(*Wahrnehmung*), 마지막 단계는 오성(*Verstand*)이다.

직접적인 감각적 의식, 감각적 자료를 있는 그대로 수용하는 단계를 헤겔 전후의 많은 철학자들은 가장 풍부하고 확고한 형태의 지식이라고 여겼다. 하지만 헤겔은 이것을 사실상 가장 박약하고 공허한 수준의 의식으로 여긴다. 만일 우리가 경험한 바를 오성의 범주들을 배제하고 표현하려 한다면 우리는 완전히 무능하게 침묵할 수밖에 없다. 심지어 우리는 감각적 자료를 '이것, 여기, 지금' 이라고 규정할 수조차 없다. 분류를 위한 이런 표현은 모두 사실상 보편들로서 서로 전혀 다른 경험과 장소, 시간을 지칭하기 위하여 서로 다른 경우에 대하여 사용되는 것들이다.

의식이 처음으로 지식이 될 수 있는 것은 지각의 단계에서이다. 이 단계에서 우리는 감각 대상을 여로 속성을 지닌 것으로 여긴다. 하지만 이 또한 환영에 가까운 형태의 지식에 지나지 않는다. 헤겔은 칸트와 같은 방식으로 계속해서 다양한 감각 경험을 하나의 실체에 속한 속성들로 통합하려 한다면 과학적이고 비감각적인 범주들에 호소하여 감각적 현상에 질서를 부여하는 오성의 단계로 상승해야 한다고 주장한다. 예를 들면 이 단계에서 우리는 힘의 개념에 의지하고 그것의 작용을 규정하기 위하여 자연법칙을 형성한다. 하지만 숙고해 보면 이런 법칙들은 어떤 초현상적인 객관적 체계가 아니라 오성 자체의 창조물임이 드러난다. 따라서 의식은 자기 자신에게로 되돌아와야 하며 이 결과 자기의식이 된다.

의식과 자기의식은 결국 더욱 상위의 능력인 이성을 낳는다. 이성은 의식의 대상인 자연과 자기의식의 대상인 정신 모두를 하나의 무한 정신이 표현된 것으로 파악한다. 바로 이 지점에서 인식론은 형이상학으로 변한다. 이성의 임무는 더 이상 세계를 관찰하고 인식하는 것이 아니라 세계를 창조하고 규정하는 것이다. 왜냐하면 이성은 그 자체로 모든 것을 포괄하는, 살아 있는 정신의 한 사례이기 때문이다.

지금까지 살펴본 바와 같이 근대를 거치면서 인식론은 가장 주목받는, 철학의 핵심 분과라는 위치를 차지하게 되었다. '우리는 무엇을 알 수 있으며, 그것을 어떻게 알 수 있는가?' 라는 질문은 가장 중요한 철학적 질문이 되었다. 사실 근대의 대표적인 철학 학파에 붙은 명칭 — '경험론' 과 '합리론' 이라는 — 은 바로 인식론적인 관점을 반영하는 것이다. 이런 사실은 근대철학과 고대 및 중세철학뿐만 아니라 근대철학과 헤겔 이후의 철학을 구별해 주는 중요한 차이점이기도 하다. 헤겔주의 전통에서는 인식론이 형이상학과 통합되었다. 20세기에 철학 세계의 많은 부분을 지배했던 또 다른 전통에서는 논리학과 언어에 대한 탐구가 인식론을 대신하여 철학의 핵심 분과로 자리 잡았다. 이에 관해서는 이 철학사의 마지막에 해당하는 4권에서 살펴볼 예정이다.

5장

자연학

자연철학

16세기 말에서 17세기 초에 이르는 시기는 자연 세계를 다룬 철학의 전개 과정에서 매우 중요한 위치를 차지한다. 이전에는 '자연철학'이라는 하나의 분과로 여겨졌던 학문이 이 시기부터 점차 서로 다른 두 분야로, 즉 자연과학의 철학과 자연학이라는 과학으로 나뉘기 시작했다. 이 두 분야는 서로 같은 주제를 다루지만 서로 다른 목표를 추구하며 서로 다른 방식으로 전개된다. 자연과학의 철학, 즉 좁은 의미의 자연철학은 자연 현상을 기술하고 설명하는 데 사용되는 개념들, 예를 들면 '공간', '시간', '운동', '변화' 등의 개념에 대한 이해를 추구한다. 과학으로서의 자연학 또는 물리학은 경험과 무관한 추론이나 개념의 분석을 통해서가 아니라 관찰과 실험, 가설을 통해서 자연 현상 자체의 확립과 설명을 추구한다. 이들 두 분야가 서로 대립, 경쟁하는 관계는 아니며 각각이 상대방을 필요로 한다. 하지만 이들의 목표와 방법이 서로 다르다는 사실은 반드시 기억해야 하는, 가장 중요한 요소이다.

이들 두 분야는 근대 초에 아리스토텔레스 자연철학의 권위를 둘러싼 논쟁이 벌어지면서 서로 분리되기 시작했는데 아리스토텔레스의 자연철학 자체에는 두 분야에 속하는 요소들이 서로 구별되지 않은 채 뒤섞여 있었다. 아리스토텔레스의 철학은 당시 구교와 개신교 대학들 모두에서 주도적인 위

수스테르만(Susterman)이 그린, 만년의 갈릴레오를 묘사한 초상화

치를 차지했지만 그의 영향력은 역학이나 천문학 같은 과학의 발전에는 명백히 걸림돌로 작용했다. 이런 과학들은 아리스토텔레스주의의 속박에서 벗어날 경우에만 발전의 추진력을 얻을 수 있었기 때문에 당시 학문의 주류에서 벗어나 그 외부에서 아리스토텔레스의 체계를 공격한 철학자들이 등장했는데 이에 속하는 대표적인 세 인물로는 갈릴레오와 베이컨, 데카르트를 꼽을 수 있다. 하지만 유감스럽게도 자연학의 해방은 철학의 빈곤을 낳았다. 아리스토텔레스의 자연학은 과학적인 면에서 매우 크게 잘못된 것임이 드러났지만 그의 개념 체계는 상당 부분 계속 가치를 유지했다. 거의 항상 그렇듯이 좋은 것과 나쁜 것은 함께 제거되기 마련이다.

역사가들은 오랫동안 갈릴레오에 대한 박해를 결정한 판결이 편협하고, 지나치게 종교를 옹호한 반계몽주의적인 결정이라고 비난해 왔다. 특히 스콜라주의에 집착한 교수들은 관찰과 실험보다 경험과 무관한 사변을 선호했다는 비난을 피할 수 없었다. 그리고 이들은 탐구 자체를 꺼렸을 뿐만 아니라 다른 사람의 탐구를 주의 깊게 받아들이려 하지도 않았다는 비난이 이어졌다. 갈릴레오의 망원경을 사용하기를 거부했던 한 파도바 대학 교수의 예에서 드러나듯이 이들은 심지어 손쉽게 관찰할 수 있는 경우에도 관찰을 거부했다.

이런 비난들은 다소 과장된 면이 있기는 하지만 기본적으로 정당하다. 갈릴레오에 대하여 적대적이었던 몇몇 예수회 학자들은 그들만의 세계에서는 존경받는 천문학자로 행세하기도 했다. 우리가 기억해야 할 더욱 중요한 점은 이들 후기 아리스토텔레스주의자들에게서 드러나는 반경험주의적인 편견이 아리스토텔레스 자신의 전형적인 태도가 결코 아니었다는 사실이다. 널리 알려진 한 대목에서 아리스토텔레스는 사실이 사변에 우선한다는 점을 인정한다. '우리는 이론보다는 관찰을 신뢰해야 한다. 오직 이론의 결과가 관찰된 현상과 일치할 경우에만 이론을 신뢰해도 좋다.'[1] 사실 이 대목은 갈릴레오의 비판자들이 자주 인용했던 것이기도 하다. 즉 이들은 지동설이 단지 이론에 지나지 않는 반면 태양의 운동은 우리 눈으로 직접 관찰할 수 있는 현상으로 여겼다.

아리스토텔레스 자신의 저술은 독창적이고 세심한 관찰로 가득 차 있으므로 설령 그의 자연학이 무려 18세기가 지난 후에 잘못으로 밝혀졌다 할지라도 이는 그에게 조금도 불명예가 되지 않는다. 고대 세계의 가장 위대한 과학자가 근대 초에는 과학의 발전을 가로막는 가장 큰 방해물이 되었다는 사실은 매우 역설적이다. 하지만 이는 쉽게 설명될 수 있다. 아리스토텔레스의 저술이 서구 라틴 어 세계에 등장했을 때 이들은 대체로 경전에 기초한 사회에 도입된 것으로 볼 수 있었다. 유대교나 이슬람교와 마찬가지로 기독

[1] 이 철학사 1권, 73면 참조 — 우리말 번역에서는 《고대철학》, 136~7면 참조 〔후반부는 옮긴이의 첨가〕.

교는 '경전 중심의 종교'였다. 최고의 권위를 지닌 것은 성서였으며, 교회는 성서에 포함된 내용을 유지하고, 널리 알리고, 해석하고, 성서의 이상을 실현하는 역할을 담당했다. 아리스토텔레스의 원전은 일단 라틴어 학술계에 확고하게 받아들여진 후에는 더욱 깊은 탐구를 자극하기보다는 성서의 타당성에 존경을 표시하는 도구로 사용되었다. 따라서 갈릴레오의 주장이 실제로 아리스토텔레스의 저술과 모순된다는 사실보다는 성서와 모순을 일으킬지도 모른다는 상상이 더욱 큰 소동을 불러일으켰다.

최근 수세기 동안 일반적으로 받아들여진 바에 따르면 과학적 방법은 중요한 네 단계로 구성된다. 첫째, 설명하려는 현상들에 대한 체계적인 관찰이 이루어진다. 둘째, 이런 현상들에 대한 설명을 제공하는 이론이 제시된다. 셋째, 이 이론으로부터 이미 조사된 현상에 포함되지 않았던 어떤 현상에 대한 예측이 이루어진다. 넷째, 이 예측에 대한 경험적 검증이 이루어진다. 예측이 거짓으로 판명되면 이 이론은 거부되며, 예측이 참으로 판명되면 이 이론은 확증되며 계속해서 그 이상의 검증이 이루어진다. 이들 각 단계에서 수학이 매우 중요한 역할을 한다. 설명해야 할 현상과 검증 실험을 정확하게 측정하고, 적절한 가설을 형성하여 예상되는 결과를 도출하는 일은 수학이 담당한다.

현재 논의 중인 시대의 특징을 형성하는 데 네 철학자, 즉 아리스토텔레스, 갈릴레오, 베이컨, 데카르트의 저술들이 가장 크게 기여했다는 점에는 거의 이론의 여지가 없다. 하지만 이들은 각각 체계적 종합에 필요한 이런저런 요소들을 제대로 인정하는 데 실패했다는 비판을 받기도 하는데 이들 대부분이 지닌 결정적인 결함은 과학과 수학의 관계를 올바르게 파악하지 못한 것이다.

아리스토텔레스는 실제로 경험을 중시했던 뛰어난 탐구자였지만《분석론 후서》(*Posterior Analytic*)에서 당시 가장 발전된 수학 분야였던 기하학에 기초한, 비실재적인 과학 모델을 제시했다. 그는 완성된 과학이 후에 유클리드가 전개한 것과 같은, 경험과 무관한 공리의 체계로 제시될 수 있으리라고 믿었다. 탁월한 수학자이기도 했던 데카르트는 과학이 추론과 계산의 방법을 채택하는 면에서 뿐만 아니라 간단한 산술이나 기본적인 기하학의 명제처럼 직접 직관에 호소하여 진리를 추구하는 면에서도 수학을 모방해야 한다고 생각했다.

베이컨은 앞의 두 철학자에 비하여 경험적 자료를 체계적으로 수집하고 적절한 가설을 형성하는 데 더 큰 주의를 기울였지만 이런 두 임무를 수행하는 과정에서 수학이 차지하는 중요성을 제대로 인식하지는 못했다. 그는 수학을 단지 과학의 부속물 정도로 여기면서 다음과 같이 불평한다. '수학자들은 겉멋을 부리고 잘난 체하면서 수학이 자연학을 완전히 지배하기를 원할 뿐이다' (*De Augmentis*, 476).

위의 네 인물 중 오직 갈릴레오만이 수학의 핵심적인 역할을 제대로 인정했다. 그는 널리 알려진 한 대목에서 우주라는 책은 '수학의 언어로 쓰여 있으며, 우주의 특성은 삼각형이나 원과 같은 기하학적 도형을 통해서 드러나므로 이들이 없다면 인간은 그 책에서 한 단어도 이해할 수 없을 것이다' (*Il Saggiatore*, 6). 그의 가장 큰 약점은 그를 비판했던 아리스토텔레스주의자들이 지적했던 바에서 정확하게 드러난다. 즉 그는 설령 예측에 성공한다 해도 이는 단지 가설을 확증할 뿐 확실하게 증명하는 것은 아니라는 점을 인식하지 못했다. 바로 이것이 뒤엠(Pierre Duhem)이나 포퍼(Karl Popper) 같은 20세기 과학철학자들을 사로잡았던 중요한 논점인데 이들은 이를 바탕으로 지동설 논쟁의 진정한 승리자는 위와 같은 주장을 폈던 벨라르미노(Bellarmine) 추기경이라고 판정했다. 하지만 추기경이 가설연역적 방법을 완전하게 파악했다는 이들의 주장은 지나치게 관대한 면이 없지 않다.

데카르트의 자연학

데카르트는 베이컨보다는 갈릴레오의 편에 서서 수학이 자연학의 핵심이라고 생각했지만 실험의 구성과 검증에 수학을 사용해야 한다는 갈릴레오의 견해를 받아들이지는 않았다. 데카르트는《철학의 원리》에서 다음과 같이 말한다.

> 나는 사람들이 기하학에서 크기라고 부르며 기하학적 증명의 대상으로 여기는 것, 즉 모든 방식으로 나누어질 수 있고, 모양을 지닐 수 있고, 운동할 수 있는 것 이외의 다른 어떤 것도 물질로 인정하지 않는다는 점을 밝힌다. 그런 물질의 속성으로 분할과 모양, 운동 이외의 다른 어떤 것도 고려의 대상으로 삼지 않는다는 점 또한 밝힌다. 이들과 관련하여 나는 오직 수학적 증명에서 볼 수 있는 자명함을 지닌, 의심할 수 없는 참인 공리로부터 도출되는 바만을 받아들인다. 그리고 후에 밝혀지듯이 모든 자연 현상들은 이런 방식으로 설명될 수 있기 때문에 나는 이와는 다른 어떤 것도 자연학의 원리로 요구하거나 인정해서는 안 된다고 믿는다(AT VIII.78; *CSMK* I.247).

데카르트의 자연학 체계는 역학적이다. 바꾸어 말하면 그의 체계는 모든 자연 현상이 기하학적 물체의 운동을 통해서 설명될 수 있음을 전제한다. 하지만 그의 체계는 정신 외부의 모든 것을 단순한 시계 장치와 같이 여기지는 않는다. 가장 간단한 시계조차도 역학적 체계로는 자연스럽게 설명되지 않는다. 왜냐하면 시계에는 **무게**의 개념이 포함되는데 데카르트가 보기에 무거움은 운동이나 연장성과는 다른, 주관적이고 이차적인 것으로 무시되는 많은 속성들 중 하나에 지나지 않기 때문이다.

> 나는 … 색이나 냄새, 맛 등을 비롯한 나머지 것들은 단지 나의 사고 안에만 존재하는 감각에 지나지 않으며, 마치 고통이 그것을 일으키는 도구의 형태나 운동과 서로 다르듯이 이런 것들도 물체와 서로 다르다는 사실에 주목하게 되었습니다. 마지막으로 나는 우리가 물체에서 경험하는 무거움이나 단단함, 열을 내는 능력, 인력, 정화 능력을 비롯한 다른 모든 성질들이 오직 그 물체를 구성하는 부분들의 운동이나 운동의 부재 그리고 배열과 상태에 따라 형성된다는 점을 알게 되었습니다(AT VII.440 ; *CSMK* II.397).

물체의 본질이 연장성으로 이루어진다는 점을 증명하기 위하여 데카르트는 연장성을 제외하면 그 어떤 속성을 잃더라도 어떤 물체가 계속 물체로 존재할 수 있다고 주장한다. 우리가 지닌 돌의 관념을 생각해 보자. 단단함은 돌의 본질이 아니다. 돌을 갈면 얼마든지 고운 가루로 만들 수 있다. 색 또한 돌의 본질이 아니다. 어떤 돌은 투명하다. 무거움 또한 물체의 본질이 아니다. 불은 물체이지만 매우 가볍다. 어떤 돌의 온도가 뜨겁게, 차갑게 변화하더라도 그것은 여전히 돌임을 유지한다. '이제 우리의 관념 안에 길이와 너비, 깊이로 구성되는 연장성 이외에는 아무 요소도 전혀 남지 않음을 깨닫게 된다.'

누군가는 색이나 온도가 물체의 본질이 아니라는 점에 동의하면서도 이들이 진정한, 객관적인 속성이라고 주장할지도 모른다. 이것이 데카르트 이전의 스콜라 철학자들이 내세운 견해였는데 이들은 이런 속성을 실체의 '실재적인 우연적 속성' 이라고 불렀다 — 이들이 '실재적' 인 까닭은 객관적이기 때문이며, '우연적' 인 까닭은 본질적이 아니기 때문이다. 데카르트는 이런 견해에 반대하는 몇몇 논변들을 제시한다.

우선 그는 이런 속성들이 몇 가지 감각에 의해서 지각되는 형태나 운동과는 달리 오직 한 가지 감각에 의해서만 지각된다는 점을 지적한다 — 아리스토텔레스의 표현을 빌리면 온도나 색 등은 '공통 감각'이 아니라 '개별 감각'에 속한다. 하지만 이는 매우 빈약한 논변이다. 어떤 판단이 객관적이려면 평가받고 교정될 수 있어야 한다는 점은 분명한 사실이다. 그리고 한 가지 감각에 의한 판단이 다른 어떤 감각의 작용에 의해서도 교정될 수 없다는 점 또한 사실이다. 하지만 어떤 개인이 내리는 감각-판단도 그 자신이 동일한 감각을 통하여 더욱 상세하고 엄밀하게 조사하거나 아니면 동일한 능력을 사용하는 다른 관찰자와의 협력에 의해서 얼마든지 교정될 수 있다.

개별 감각의 주관성을 보이기 위한 데카르트의 핵심 논변은 소극적인 형태를 취한다. 즉 스콜라 철학자들이 제시한 '실재적인 우연적 속성'의 개념은 모순을 포함한다는 것이다. 만일 무언가가 실재한다면 그것은 실체여야 한다. 만일 그것이 우연적이라면 그것은 실체일 수 없다. 따라서 사실상 불가능하지만 만에 하나 실재적인 우연적 속성 같은 것이 존재한다면 이는 신이 순간적으로 특별하게 창조한 것이어야만 한다(AT III.505, VII.441; *CSMK* II.298, III.208).

데카르트와 같은 시대에 활동했던 몇몇 스콜라 철학자들은 사실 이런 논변에 의해서 공격받기 쉬운 견해를 표명했다. 하지만 이보다 수세기 이전에 아퀴나스는 이미 우연적 형상이 실체임에 틀림없다는 생각이 언어상의 오해에 기인한다는 점을 지적했다.

> 많은 사람들이 실체에 관한 판단과 마찬가지로 형상에 관한 판단에서도 잘못을 저지른다. 이런 일이 일어나는 까닭은 우리가 흼(whiteness)이나 덕, 이와 같음(suchlike)이라고 말하는 경우에서처럼 형상을 마치 실체인 듯이 추상화하여 언급하기 때문이다. 따라서 일상에서 사용하는 언어 때문에 착각을 일으킨 몇몇 사람들이 형상을 실체로 여기는 잘못을 범하게 된다. 그리고 이로부터 형상이 신비하게 창조된 것이어야 한다고 생각하는 사람들의 오류가 발생한다(*Q. D.*

de Virt in *Comm*., ed. R. Pession (Turin: Marietti, 1949), 11).

데카르트는 스콜라 철학의 우연적 속성이나 형상 이론을 도입할 필요가 없는데 그 까닭은 자신이 자연 전체를 오직 운동과 연장성의 관점에서 설명할 수 있다고 주장하기 때문이다. 그는 물체와 연장성은 서로 동일하기 때문에 빈 공간이나 진공은 결코 존재할 수 없으며, 물체가 할 수 있는 유일한 운동은 궁극적으로 순환적이라고, 즉 A가 운동하여 B를 밀어내면 다시 B가 C를 밀어내는 식의 운동이 계속되어 결국에는 Z가 원래 A의 장소를 차지하게 된다고 주장한다. 태초에 신은 오직 운동 및 정지와 더불어 물체를 창조했다. 신은 세계에서 운동의 총량을 일정하게 유지하지만 자연법칙에 따라 운동의 총량을 서로 다르게 배분한다. 데카르트는 여러 자연법칙을 경험과 무관하게 신의 불변성으로부터 이끌어 낸다. 첫 번째 법칙은 외부적 원인의 영향을 받지 않는 한 모든 물체는 운동 또는 정지 상태를 동일하게 유지한다는 것이며, 두 번째 법칙은 단순하고 기본적인 운동의 형태가 항상 직선 운동이라는 것이다. 이런 법칙들에 기초하여 데카르트는 정교한 소용돌이의 체계를, 즉 크기와 형태가 다른 물질적 입자들이 소용돌이 형태로 운동하는 체계를 구성했다. 그는 이 체계가 자연계의 모든 현상을 설명하기에 적합하다고 주장한다(AT VIII.42~54, 61~8; *CSMK* I.224~33, 240~5).

데카르트가 제시한 자연의 체계는 잠시 동안 소수의 학자들에게 제한적으로 받아들여졌지만 채 한 세기도 지나지 않아 완전히 모습을 감추었다. 사실 그의 체계는 내적인 모순을 포함하는데 다양한 방식으로 이를 보일 수 있다. 간단한 예로 관성을 고찰해 보자. 데카르트의 제일법칙에 따르면 모든 것은 가능한 한 현재 자신의 운동 또는 정지 상태를 유지하려 한다. 하지만 만일 운동하는 물체가 지닌, 운동을 계속하려는 성향이 물체의 진정한 속성이 아니라면 이런 성향으로 물리적 효과를 설명할 수 없다. 반면에 이런 성향이 물체의 진정한 속성이라면 물체는 운동과 기하학적 속성을 제외한 어떤 속성도 지니지 않는다는 주장은 거짓이 되고 만다. 왜냐하면 운동하려는 성향은 실제 운동과 동일시될 수 없기 때문이다. 그런 성향이 없이도 실제로 운동이 발생할 수 있다. 여기서 데카르트는 자신이 강력히 비난했던 아리스토텔레스의 잠재성과 현실성이라는 범주를 스스로 악용하는 듯이 보인다.

데카르트가 평생 계속했던 실험과 관찰 또한 그 자신의 체계가 지닌 약점을 드러낸다. 데카르트는 인간 신체를 설명하면서 하비(William Harvey)가 당시 막 발견한 혈액 순환을 도입했다. 하지만 그는 혈액 순환을 희박과 팽창이라는 순전히 역학적인 관점에서 설명하려 했다. 이 때문에 그는 심장 박동을 설명하면서 하비의 관찰 결과와는 정반대되는 주장을 펴게 된다. 왜냐하면 그는 하비와는 달리 혈액의 배출 작용을 담당하는 것은 심장의 수축이 아니라 팽창이라고 믿었기 때문이다.

또한 데카르트는 물체와 연장성을 동일시함으로써 진공의 존재 가능성을 부정했다. 만일 신이 어떤 용기 안의 모든 물질을 밖으로 빼내고 다른 것을 전혀 집어넣지 않는다면 용기의 안쪽 표면이 서로 붙어 버릴 것이다(AT VIII.51; *CSMK* I.231). 그는 진공을 부정했기 때문에 원자가 존재한다는 가설에도 반대했다. 연장성과 동일한 것으로서의 물체는 무한히 분할 가능해야 하며, 원자가 운동할 수 있는 공간으로서의 허공 따위는 존재하지 않는다. 데카르트는 1643년 토리첼리(Evangelista Torricelli)가 기압계를 발명함으로써 진공이 존재한다는 명확한 증거를 제시했지만 이마저도 무시하려 했다.

가상디의 원자론

데카르트가 《철학의 원리》를 출판했을 무렵에 가상디(Pierre Gassendi)는 고대 철학자 데모크리토스와 에피쿠로스의 이론을 전형으로 삼아 원자론을 부활시켰다. 이들 고대철학자의 사상은 당시 재발견되어 널리 보급된, 루크레티우스가 에피쿠로스주의의 관점에서 쓴 위대한 철학시 《사물의 본성에 관하여》(*De Rerum Natura*)를 통하여[2] 학술계에 폭넓게 알려졌다. 가톨릭 성직자이면서 수학 교수직과 대성당 주교직까지 함께 맡았던 가상디는 이교도인 아리스토텔레스의 철학이 기독교와 조화를 이루었듯이 이교도인 에피쿠로스의 철학 또한 기독교와 충분히 조화를 이룰 수 있다는 점을 보이려고 했다. 이 두 이교도 철학자는 모두 세계가 영원하며 창조된 것이 아니라고 가르치는 잘못을 저질렀다. 하지만 철학적 관점에서 볼 때 물리적 현상을 실체적 형상과 실재적인 우연적 속성으로 설명하기보다는 원자의 활동으로 설명하는 편이 더욱 바람직하다. 가상디는 최초의 저술에서부터 아리스토텔레스를 공격했으며, 1647년부터 1655년 세상을 떠날 때까지 여러 저술을 통하여 에피쿠로스의 원자론뿐만 아니라 그의 윤리학과 성격까지도 옹호했다.

가상디는 에피쿠로스의 철학을 받아들여 자연의 물체들은 최소 단위의 물질들이 모인 집합체라고 말한다. 이 최소 단위는 원자이며 더 이상 분할될 수 없는 것이다. 원자들은 크기와 형태, 무게와 단단함 또는 불가입성을 지닌다. 가상디에 따르면 이런 원자들은 신성한 제일의 운동인으로부터 계속 영향을 받음으로써 운동하게 된다. 이들은 다른 원자와 충돌하거나 더욱 큰 단위로 (가상디는 이를 '분자'라고 부른다) 결합하지 않는 한 직선 운동을 한다. 모든 물체는 크기에 상관없이 원자가 결합된 분자로 구성되며, 원자들의 운동은 자연에서 일어나는 모든 운동의 근원이며 원인이다.

가상디는 자연학과 형이상학을 혼동하기 때문에 원자론에 대한 반박이 제기된다고 주장한다. 우리는 크기를 지니는 모든 것은 이론상 다시 분할 가능하다는 주장을 받아들이면서 — 어떤 직선이 아무리 짧더라도 그 직선의 중간점을 잡을 수 있다는 말은 항상 유의미하다고 생각하면서 — 동시에 신의 전능함이 아니고서는 어떤 능력으로도 분할할 수 없는 어떤 물리적 물체

[2] 이 철학사 1권, 179~80면 참조 — 우리말 번역에서는 《고대철학》, 276~8면 참조 〔후반부는 옮긴이의 첨가〕.

가 존재한다고 주장한다. 이런 두 종류의 분할 가능성 사이의 구별은 물체와 연장성을 동일시한 데카르트의 주장을 받아들일 경우에만 제거될 수 있다. 하지만 가상디는 이런 데카르트의 주장을 거부하고, 원자들의 궁극적인 구성 요소를 설명하기 위하여 '제일 질료'라는 아리스토텔레스식의 용어를 기꺼이 받아들인다.

아리스토텔레스와 데카르트 모두에 반대하는 동시에 에피쿠로스를 받아들임으로써 가상디는 원자들의 운동 공간인 허공 또는 진공이 존재하지 않는다면 원자의 운동이든 아니면 원자들이 결합한 물체의 운동이든 간에 그 어떤 운동도 존재할 수 없으리라고 주장한다. 예를 들어 공기가 압축되면 공기 안에 있던 원자들은 지금까지 비어 있던 원자들 사이의 빈 공간으로 운동하게 된다. 그는 설령 어떤 물체가 존재하지 않더라도 빈 공간은 존재한다고 생각한다. 공간은 창조 이전에도 존재했으며 시간 또한 마찬가지이다.

> 설령 어떤 물체도 존재하지 않는다 할지라도 불변하는 공간과 흐르는 시간은 여전히 남을 것이다. 따라서 시간과 공간은 물체에 의존하지 않으며 물체의 우연적 속성이 아닌 듯이 보인다. … 공간과 시간은 실재하는 것으로 또는 현실적인 실재로 여겨져야 한다. 왜냐하면 설령 이들이 흔히 실체나 우연적 속성으로 여겨지는 것과 같은 종류가 아니라 할지라도 이들은 실제로 현존하고 또한 상상이 만들어 낸 키메라(chimera)처럼 정신에 의존하지 않기 때문이다. 누군가의 정신이 이들을 생각하든 그렇지 않든 간에 공간은 굳건히 유지되며 시간은 계속 흐른다(1658, 182~3).

가상디에 따르면 공간은 광대하고 운동하지 않는다. 그리고 공간상의 어떤 영역 또한 비물질적이다 — 정신적이라는 의미에서가 아니라 단단한 물체와는 달리 불가입성을 지니지 않는다는 의미에서 비물질적이다.

뉴턴

이후에 등장한 철학자들은 물체의 본성과 진공의 가능성에 대하여 데카르트보다는 가상디의 견해에 동의하는 모습을 보였다. 하지만 17세기 중엽에 접어들면서 가상디의 체계도 데카르트의 견해에 대한 진지한 대안으로 여겨지지 않게 되었다. 데카르트의 자연학에 최후의 일격을 날린 것은 1687년에 출판된 뉴턴(Sir Isaac Newton)의 《자연철학의 수학적 원리》(*Philosophiae Naturalis Principia Mathematica*)였다. 뉴턴은 만유인력의 법칙을 확립함으로써 물체들 사이에는 서로 끌어당기는 힘이 존재하는데 이 힘은 물체들의 질량에 비례하고, 물체들 사이의 거리의 제곱에 반비례한다는 사실을 보였다. 이런 인력은 데카르트의 자연학에서 유일하게 허용된 요소였던 연장성을 지닌 물체들의 단순한 운동이라는 개념을 훨씬 뛰어넘는 대단한 것이었다. 데카르트도 물체들 사이의 인력이라는 개념을 고려했지만 그는 이 개념이 아리스토텔레스의 목적인과 마찬가지로 스스로 운동할 수 없는 물체에 의식이라는 속성을 부여하는 것으로 보고 거부했다.

뉴턴은 질적으로 동일한 단단한 물체를 구성하는 부분들이 서로 붙어 있는 이유는 무엇인가라고 묻는데, 데카르트는 이를 단지 운동의 부재 상태라고 말하며, 가상디는 원자들을 서로 묶는 고리가 있다고 말한다. 첫 번째 대답은 아무것도 설명해 주지 않으며, 두 번째 대답은 단지 질문을 되돌리는 것일 뿐이다. 뉴턴은 '나는 물체의 결합 상태로부터 차라리 물체를 구성하는 입자들 사이에 서로 끌어당기는 어떤 힘이 존재하며, 이 힘은 입자들이 서로 직접 접촉할수록 더 강해진다는 점을 이끌어 냈다'고 말한다. 서로 직접 접촉하지 않은 물체들 사이에서 작용하는 것도 바로 이와 동일한 끌어당기는 힘, 즉 중력이다. 그렇다면 이 힘은 상당히 멀리 떨어진 물체 사이에서도 작용하는가? 뉴턴은 처음에는 이를 부정했다. 하지만 《광학》(*Opticks*, 1706)을 쓰기 시작할 무렵부터 그는 중력과 자력, 전기력이 모두 사실은 멀리 떨어진 물체의 입자들 사이에서 작용하는 힘 또는 능력이라는 생각을 기꺼이 받아들인 듯하다. 하지만 그는 자신이 발견한 법칙이 진공을 가로지르는 작용에 호소하지 않고도 — 예를 들면 에테르(aether)와 같은 어떤 매질을 요청하지 않고도 — 설명될 수 있는지에 대해서는 끝까지 알 수 없다는 견해를 유지한 듯하다.[3]

모두가 잘 알고 있듯이 자연에 존재하는 힘을 물체와 운동의 관점에서 설명할 필요가 없다는 점을 받아들임으로써 뉴턴 물리학은 데카르트의 역학과 완전히 결별했다. 그리고 지상으로 낙하하는 물체의 운동뿐만 아니라 지구 주위를 도는 달과 태양의 주위를 도는 행성들의 운동까지도 오직 하나의 법칙을 가지고 설명함으로써 뉴턴은 천상의 물체와 지상의 물체가 서로 완전히 다르다는 아리스토텔레스의 견해를 영원히 잠재웠다. 그의 물리학은 경쟁 관계에 있던 다른 체계들과 전혀 달랐으며 결국 다른 모든 체계를 대신하기에 이르렀다. 그 후 두 세기 동안 물리학이라는 말은 **당연히** 뉴턴 물리학을 의미하였다.

연속이라는 미궁

갈릴레오에 의해 시작된, 자연철학에서 물리학을 분리하려는 시도는 이제 완성되었다. 하지만 뉴턴은 철학자들에게 이후 한 세기 이상에 걸쳐 심각하게 고민하지 않을 수 없었던 문제를 남겼는데 그것은 바로 공간의 본질이라는 문제였다. 진공에 관한 실험에 기초하여 뉴턴은 공간이 단지 물체들 사이의 일련의 관계가 아니라 절대적인 실재라고 굳게 믿었다. 이 점에서 뉴턴은 가상디와 유사한 견해를 보였지만 공간을 '신의 감각 기관(sensorium)' 이라

[3] Steven Nadler, 'Doctrines of Explanation', in *CHSCP*, 342~6면 참조.

고 말함으로써 가상디보다 더 멀리 나아갔다. 이 말을 통하여 그가 의미한 바가 무엇인지는 그리 명확하지 않다 — 그가 어떤 기관을 신에 속한 것으로 여기지는 않았을 듯하다 — 하지만 그가 공간을 신의 속성 중 한 종류로 여겼음은 의심의 여지가 없다. 그는 다음과 같이 썼다. '신은 영원히, 어디에나 존재한다. 그리고 공간과 영원함, 무한함을 형성함으로써 항상 어디에나 현존한다' (Newton 1723, 483).

1715년 라이프니츠는 웨일즈의 엘리자베스 공주(Princess Elizabeth Caroline of Wales)에게 보낸 편지에서 뉴턴의 이런 견해를 비판했다. 널리 알려진 바와 같이 이를 계기로 라이프니츠는 뉴턴의 지지자인 클라크(Samuel Clark)와 편지를 주고받게 되었다. 라이프니츠는 공간이 실재하지 않으며 단지 관념에 불과하다고 주장한다. 그는 다음과 같이 말한다. '나는 시간과 마찬가지로 공간 또한 단지 상대적인 것일 뿐이라고 주장한다. 나는 시간이 연속의 질서이듯이 공간은 공존의 질서라고 생각한다. 왜냐하면 가능성이라는 관점에서 볼 때 공간은 동시에 현존하는, 함께 현존한다고 여겨지는 사물들 사이의 질서를 나타내기 때문이다' (A, 25~6). 또한 그는 빈 공간은 주체가 없는 속성이라고 주장하면서 공간을 실체라거나 어떤 절대적인 존재라고 보는 견해에 반대하는 많은 논변들을 제시한다.

클라크는 이에 답하면서 시간과 공간이 신에 속한다는 뉴턴의 견해를 재확인한다.

> 공간은 실체가 아니라 속성이다. … 공간은 광대하고, 불변하고, 영원하다. 따라서 일종의 지속이기도 하다. 하지만 이로부터 신 없이도 무언가가 영원할 수 있다는 사실은 전혀 도출되지 않는다. 따라서 공간과 지속은 신 없이도 존재하는 것이 아니라 신을 원인으로 삼으며, 신의 현존이 낳은 직접적이고 필연적인 결과이다. 그리고 이들이 없다면 신의 영원성과 편재성(또는 어디에나 존재함)은 사

라지고 말 것이다.

공간과 신의 광대함을 동일시하는 주장은 별로 설득력이 없다. 왜냐하면 신은 어떤 부분으로도 나뉘지 않는 반면 공간의 한 부분이 다른 부분과 구별되어야 한다는 점은 공간 개념의 본질적인 요소이기 때문이다. 다른 한편으로 라이프니츠 자신의 견해 또한 공간에 대한 절대적인 개념과 모순될 뿐만 아니라 공간을 실재로 여길 수 있는 모든 가능성을 완전히 부정한다. 왜냐하면 그의 체계에서 유일하게 실재하는 실체는 모나드들뿐인데 이들은 서로 어떤 공간적 관계도 맺지 않으며 각각이 자신만의 세계를 지니는 존재이다. 그가 이런 관점을 채택한 까닭은 연속(continuum)의 실재성을 받아들일 수 있는 어떤 일관된 방법도 찾을 수 없었기 때문이다. 그는 '기하학자들이 이미 연장성이 점들로 이루어지지 않는다는 점을 보였지만 형이상학자들은 여전히 물질이 어떤 단일체 또는 단순 실체로 구성되어야 한다고 주장한다' 고 말한다(G II.278).

여기서 제기되는 문제는 다음과 같은 것인 듯하다. 공간은 무한히 분할될 수 있기 때문에 공간을 차지하는 물체 또한 무한히 분할될 수 있어야 한다. 따라서 물체는 무한히 많은 수의 부분들을 포함해야만 한다. 그렇다면 이런 부분들은 얼마나 큰가? 만일 이들이 점과 같이 어떤 크기도 지니지 않는다면 무한한 수의 부분을 모아도 여전히 크기가 없을 것이며 따라서 어떤 물체도 연장성을 지닐 수 없다. 다른 한편으로 부분들에 크기가 있다면 무한한 부분들을 포함하는 그 어떤 물체도 무한한 연장성을 지니게 될 것이다.

이미 오래 전 아리스토텔레스는 무한한 분할 가능성이라는 말을 두 가지 의미로 구별함으로써 이런 문제를 피하는 방법을 제시했다. 그에 따르면 '무한히 분할 가능하다' 는 말은 '끝없이 분할할 수 있음' 을 의미하며, '무한히 많은 부분으로 분할할 수 있음' 을 의미하지 않는다. 어떤 크기를 지금까지 얼마나 여러 차례 분할했든 간에 그것은 항상 다시 분할될 수 있다 — 이런 분할 가능성에는 끝이 없다. 그렇다고 해서 이런 연속적 분할이 무한히 많은 부분으로의 분할을 의미하지는 않는다. 무한은 항상 잠재적일 뿐 현실적이 아니기 때문이다.[4] 가상디는 이런 형이상학적 무한 분할 가능성이 몇몇 물리적 대상들은 어떤 물리적인 힘에 의해서도 분할될 수 없다고 주장하는 원자론과 반드시 상충할 필요는 없다는 점을 보였다.

라이프니츠의 표현대로 '연속이라는 미궁'은 두 가지에 기초한, 즉 현실성과 잠재성에 관한 아리스토텔레스의 형이상학을 거부하고 물체를 연장성과 동일시한 데카르트의 주장을 받아들인 데 기초한 일종의 환상이다. 아리스토텔레스를 거부하지 않는다면 무한 분할 가능성의 개념에서 모순이 발생한다고 생각할 아무런 이유도 없다. 또한 데카르트를 받아들이지 않는다면 공간이 무한히 분할 가능하기 때문에 물체도 무한히 분할 가능해야만 한다고 생각할 아무런 이유도 없다. 연장성의 개념을 어색하게 만들지 않으면서도 얼마든지 물체를 원자론으로 설명할 수 있다.

하지만 18세기 내내 연속의 문제는 철학의 대표적 난제 중의 하나로 여겨졌다. 이 문제에 대하여 흄은 단호한 태도를 취했다. 그는 공간과 시간의 무한 분할 가능성을 완전히 부정하면서 이는 '오직 스콜라 철학의 궤변을' 통해서나 지지되는 가장 기묘하고 설득력 없는 의견이라고 비난한다. 그는 인간 정신의 유한한 본성에 기초하여 무한 분할 가능성에 반대한다.

> **무한히** 분할될 수 있는 모든 것은 무한한 수의 부분으로 구성되어야 하며, 분할에 어떤 제한을 두지 않는다면 동시에 부분의 수에 제한을 두는 것 또한 불가능하다. 어떤 설명도 필요 없이 이로부터 바로 도출되는 결론은 우리가 형성한 그 어떤 유한한 성질에 대한 **관념**도 무한히 분할 가능하지 않으며, 무한히 분할 가능하다는 관념을 적절

[4] 이 철학사 1권, 180면 참조 — 우리말 번역에서는 《고대철학》, 278면 참조 〔후반부는 옮긴이의 첨가〕.

> 히 구별하고 분리해 보면 이 관념을 열등한 것으로 만들어 버리는, 완벽하게 단순하고 분할 불가능한 관념들에 도달할 수 있다는 점이다. 정신의 무한한 능력을 부정함으로써 우리는 관념의 분할은 결국 어떤 끝에 도달하며, 이런 결론을 피할 수 있는 어떤 증거도 성립할 수 없다고 생각하게 된다. 따라서 우리는 상상력을 발휘하여 최소한의 것에 이르며, 이로부터 더 이상 분할될 수 없는 무언가의 관념을 형성하고, 완전히 무가 되지 않으려면 이것은 결코 사라질 수 없다고 생각하는 것이 확실하다(*T*, 27).

관념에 적용되는 바는 인상에도 적용된다. '종이 위에 잉크로 점을 하나 찍은 후 그 점에 시선을 고정시켜 보라. 그리고 점점 먼 거리로 물러나 보라. 그러면 결국 그 점이 보이지 않게 될 것이다. 이때 그 점이 사라지기 직전 순간의 심상 또는 인상이 완벽하게 분할 불가능하다는 점은 확실하다' (*T*, 27).

칸트의 이율배반

칸트는 연속의 문제를 새로운 방법으로 다루었다. 그는 이전 철학자들의 논변을 (시간의 무한한 연장성에 찬성하고 반대하는 논변과 물체의 무한한 분할 가능성에 찬성하고 반대하는 논변을) 이어받아 검토한 후 이들 중 어떤 쪽을 택하는 대신 이런 논쟁은 해결이 불가능하며, 이 사실은 우주를 하나의 전체로서 언급하거나 공간과 시간을 그 자체로 실재하는 듯이 다루는 것이 잘못임을 보여 준다고 선언했다. 이것이 바로 그가 《순수이성비판》의 '선험적 변증론'에서 채택한, '순수이성의 이율배반'이라고 부른 전략이다.

첫 번째 이율배반은 시간 및 공간의 연장성과 관련된다. 공간의 문제는 잠시 제쳐 두고 시간의 문제를 고려하면 '이 세계는 시간상의 출발점을 지닌다' 는 정립과 '이 세계는 시간상의 출발점을 지니지 않는다' 는 반정립을 얻게 된다. 이 두 명제는 이미 오래 전부터 철학자들의 논쟁거리였다. 아리스토텔레스는 반정립이 증명될 수 있다고, 아우구스티누스는 정립이 증명될 수 있다고 생각했다. 아퀴나스는 둘 다 증명될 수 없다고 생각했다. 이제 칸트는 둘 다 증명될 수 있다고 주장한다. 이는 물론 서로 모순되는 두 진리가 동시에 성립한다는 점을 보이기 위한 것이 아니라 이성이 전체로서의 '세계' 에 관하여 언급할 능력이 없음을 보이기 위한 것이다(A, 426~34).

정립에 대한 논변은 다음과 같다. 무한한 계열은 결코 완결될 수 없는 것이므로 시간적 상태의 무한한 계열이 이미 완결되었다는 말은 참이 될 수 없다. 하지만 '완결된다' 는 단어가 애매하게 사용되었기 때문에 이 논변은 실패하고 만다. 시간상의 두 시점 사이를 잇는 어떤 개별적인 계열도 결코 무한할 수 없다. 하지만 이런 계열이 한 시점에서 완결되고 다른 계열이 시작되면서 영원히 이어질 수 있다. 그렇다면 지금까지 경과한 시간은 현재 종착점에 이름으로써 '완결되었지만' 이전으로는 영원히 거슬러 올라갈 수 있다.

반정립에 대한 논변 또한 별로 설득력이 없다. 만일 이 세계에 출발점이 있다면 이 세계가 존재하지 않았을 시간이 있었을 것이다. 이런 '공허한 시간' 에 속하는 어떤 순간을 다른 순간과 구별해 주는 것은 아무것도 없다. 따라서 '왜 세계는 바로 그때 시작되었는가?' 라는 질문에 대하여 어떤 대답도 할 수 없다. 누군가는 세계의 출발점을 외부에서 ('그런 공허한 시간상의 한 시점으로') 지적하는 것은 가능하지 않다는 점에 동의하면서도 내부에서 ('현재를 기준으로 수많은 시간 단위 이전의 어떤 때로') 지적하는 것은 가능하다고 주장할지도 모른다. 아우구스티누스와 아퀴나스는 아마도 공허한 시간의 개념을 부정할 듯하다. 이들은 시간이 세계와 더불어 시작되었다고 생각하기 때문이다.

두 번째 이율배반은 시간이 아니라 공간과 — 아니면 차라리 실체들의 공간적 분할 가능성과 집중적으로 관련된다. 여기서 정립은 '세계 안의 모든 복합적 실체들은 단순한 부분으로 이루어진다' 이며, 반정립은 '세계 안의 어떤 복합적 실체도 단순한 부분들로 이루어지지 않는다' 이다. 정립은 원자론을 긍정하며 반정립은 부정한다. 칸트가 이율배반의 양측을 지지하기 위하여 제시하는 논변들은 다시 한 번 완전한 결론에 이르지 못한다. 이들은 아리스토텔레스가 시도했던 구별, 즉 무언가를 무한한 부분들로 분할 가능함과 무언가를 부분들로 무한히 분할 가능함 사이의 구별을 충분히 반영하는 데 실패한다.

이율배반들은 전체로서의 세계에 관한 질문을 던지고 이에 답하는 것이 일반적으로 무의미하다는 점을 보이기 위하여 마련되었지만, 공간과 시간이라는 특수한 경우에 관하여 칸트는 이미 《순수이성비판》의 첫머리에 해당하는 '선험적 감성론' 에서 이들이 실재하지 않음을 주장했다. 그는 이전의 철학에서 물려받은, 내적 감각과 외적 감각의 구별로부터 논의를 시작한다. 그는 공간이 외적 감각의 형식이라고 주장한다. 공간은 우리 외부의 대상에 대한 인식을 성립하게 만드는 주관적인 조건이다(A, 26). 반면 시간은 내적 감각의 형식으로 이를 통하여 정신은 자신의 내적 상태를 경험한다. 내적인 상태는 공간상의 연장성을 지니지는 않지만 시간상의 질서를 지닌다.

> 그렇다면 공간과 시간은 무엇인가? 이들은 실재하는 것인가? 단지 사물에 대한 규정 또는 관계에 불과해서 설령 사물들이 직관되지 않더라도 사물들에 속하는 그런 것인가? 아니면 오직 인식의 형식에 속하는 것이며 따라서 우리 정신의 주관적인 성질에 속하는 것이어서 이런 성질이 없다면 다른 어떤 것에도 부가될 수 없는 것인가? (A, 23)[5]

[5] 〔옮긴이 주〕 인용 표시는 옮긴이가 첨가한 것이다.

칸트에 따르면 독단적인 형이상학자는 무한한 공간과 시간이 경험을 통해서 전제되므로 대상이 없는 공간과 시간을 상상할 수는 있지만 공간과 시간이 없는 대상을 상상할 수는 없다고 말할 것이다. 하지만 과연 어떻게 우리가 공간과 시간에 관한 진리를, 즉 인식에 기초하면서도 (이런 진리는 분석적이 아니므로) 아프리오리한 (이런 진리는 필연적이고 보편적이므로) 진리를 파악할 수 있는가라고 물을 수 있다. 이에 대하여 칸트는 공간과 시간에 관한 아프리오리한 종합적 진리를 인식하는 일은 오직 공간과 시간을 물자체의 속성이 아니라 감각 경험의 형식적 요소로 여길 경우에만 가능하다고 대답한다.

이런 주장은 공간과 시간이 실재하지 않음을 의미하는가? 칸트는 이들이 경험적으로는 실재하지만 선험적으로는 관념에 속한다고 답한다. '인식 주관을 제거하면 공간과 시간은 사라져 버린다. 현상으로서의 공간과 시간은

철학자들은 수세기에 걸쳐 시간이 실재하는지 그렇지 않은지를 두고 논쟁을 벌였다. 시간을 주관적인 현상으로 보는 칸트의 견해는 16세기 프랑스의 목판화에 묘사된, 시간을 인과적 작용을 미치는 존재로 의인화한 모습과는 대조를 이룬다.

물자체가 아니라 오직 우리 자신 안에 존재한다.' 현상을 넘어서서 물자체에 속하는 것은 우리가 결코 인식할 수 없는 바이다.

이미 살펴보았듯이 이 책이 다루는 근대라는 시기 동안 물질세계에 대한 철학적 탐구는 두 단계를 거치게 된다. 첫 단계에 해당하는 17세기에는 이전의 자연철학과 물리학이 점차 분리되었는데 물리학의 역할은 실제 자연법칙을 경험적으로 탐구하는 것이었으며, 물리철학의 임무는 모든 물리학적 탐구가 전제하는 개념들을 분석하는 것이었다. 두 번째 단계에서 철학자들은 공간과 시간의 개념을 뉴턴과 클라크의 극단적인 실재론에서 칸트의 주관적 관념론에 이르는 넓은 범위에 걸쳐 검토했다. 이 철학사의 마지막에 해당하는 4권에서는 물리철학을 하나의 장에 해당하는 독립적인 주제로 다루지 않을 예정이다. 19세기에 이르면 물리학은 완전히 독립적인 경험과학으로 성장하여 철학과 무관하게 전개되기 때문이다. 이때부터 물리학사는 철학사와 완전히 분리된다. 물리철학이 새로운 물리학 이론에서 사용되는 개념들의 함의를 분석함으로써 계속 자신의 길을 가고 있음은 명백하다. 하지만 이런 분야는 단지 철학사를 독자들에게 소개하는 나 같은 인물보다는 현대의 물리학 이론에 대하여 더 많이 아는 전문가가 다루는 편이 마땅하리라고 생각한다.

6장

형이상학

수아레스의 형이상학

중세 스콜라 철학의 형이상학은 직접적이든 간접적이든 간에 수아레스(Francisco Suarez)의 저술《형이상학 논쟁》(*Disputationes Metaphysicae*)을 통해 근대 초의 철학자들에게 알려졌다. 수아레스는 중세철학자들의 저술을 훤히 꿰뚫고 있었는데 이들의 견해를 요약하고, 체계적으로 정리한 후 이들이 제시한 다양한 요소들을 적절하게 선택하여 자신의 체계를 구성했다. 따라서《형이상학 논쟁》에 등장하는, 중세의 중요한 관점들에 대한 요약은 근대의 형이상학을 고려하기 위한 훌륭한 출발점을 제공한다.

수아레스는 형이상학이 존재로서의 존재에 관한 탐구라는 아리스토텔레스의 정의에서 출발한다. 그는 이에 기초하여 서로 다른 유형의 존재를 분류하고 일련의 이분법을 계속 제시함으로써 논의를 확장한다. 우선 그는 무한한 존재와 유한한 존재 또는 그가 자주 사용하는 표현에 따르면 스스로 성립하는 존재(*ens a se*)와 다른 것에 의해서 성립하는 존재(*ens ab alio*)를 구별한다. 그리고 유한한 존재들로 구성된 피조물의 세계는 무엇보다도 우선 실체와 우연적 속성으로 나뉜다. 실체는 별이나 개 또는 조약돌처럼 그 자체로 존재하는 것들이며, 우연적 속성은 밝음이나 사나움 또는 단단함처럼 오직 실체에 속할 경우에만 현존할 뿐 어떤 독립적인 내력도 지니지 못하는 것들이다. 만일 원한다면 실체를 생물과 무생물로, 다시 생물을 동물과 식물 등으로 나눔으로써 이런 분류를 계속 이어 나갈 수 있다. 또한 아리스토텔레스의 범주에 따라 최소한 서로 다른 아홉 종류의 우연적 속성을 확인할 수 있다. 하지만 이를 더 이상 세분할 경우 가장 추상적인 수준을 탐구하는 일반 형이상학의 영역을 벗어나게 된다. 이런 것들이 모두 존재이기는 하지만 형이상학은 존재를 **오직 존재라는 관점에서** 탐구하는 데에만 관심을 보이기 때문이다. 예를 들면 생명을 지닌 존재들을 생명이라는 관점에서 탐구하는 것은 형이상학보다는 자연학의 영역에 — 말하자면 생물학, 즉 동물학이나 심리학의 영역에 속한다.

수아레스는 아리스토텔레스의 정의에 일종의 자격 조건을 더한다. 엄밀하게 말하면 형이상학의 주제는 어떤 낡은 존재가 아니라 **실재하는** 존재이다. 우리가 바로 앞 문단에서 살펴본 모든 요소들은, 사나움이나 단단함 같은 요소까지도 포함하여 모두 실재하는 존재로 여겨져야 한다. 만일 그렇다면 누군가가 도대체 실재하지 않는 것이 어디 있는가라고 물을지도 모른다. 이에 대하여 수아레스는 오직 정신 안에만 존재하고 현실에는 존재하지 않는 이성의 산물(*entia rationis*)이 있다고 말한다. 예를 들면 눈이 보이지 않음은 이성의 산물이다. 이런 상태는 실재하지 않거나 허구적인 무언가를 의미하지 않는다. 하지만 이는 시각 능력이 있다는 어떤 적극적인 실재가 아니라 그런 능력의 부재를 의미한다. 어떤 유형의 관계 또한 다른 종류에 속하는 이성의 산물을 만들어 낸다. 내가 큰삼촌이 된다면 나는 새로운 관계를 얻은 셈이지만 나 자신 안에서는 어떤 진정한 변화도 일어나지 않는다. 마지막으로 상상력에 의해서 만들어진 것들이 있는데 키메라나 하늘을 나는 말 등이 이에 속한다. 따라서 이성의 산물에는 부정, 관계, 허구라는 세 종류가 있다. 이들은 그의 주요 관심사라기보다는 형이상학자들을 위한 부수적인 주제에 지나지 않는다.

이제 핵심 주제, 즉 진정한 존재라는 주제로 눈을 돌려 보자. 서로 다른 모든 종류의 존재에 대하여 동일한 의미로 적용되는, 단순하고 유일한 의미를 지니는 존재의 개념이 성립하는가? 아퀴나스는 성립하지 않는다고 답한다. '존재'는 유비적인 용어로서 신은 존재라는 말과 개미는 존재라는 말에서 존재는 같은 의미가 아니다. 반면 스코투스는 그런 개념이 성립한다고 답한다. '존재'라는 말은 피조물에 대하여 사용될 때와 정확히 같은 의미로 신에 대해서도 사용될 수 있다. 이에 대하여 수아레스는 다소 미묘한 대답을 하면서 자신이 아퀴나스와 스코투스 양쪽의 견해를 모두 받아들일 수 있다고 생각한다. 모든 것들에게 똑같이 적용되는 유일하고 추상적인 존재의 개념이 성립하므로 이 점에서는 스코투스가 옳다. 하지만 이 개념이 자신이 적용되는 대상에 관한 어떤 진정하고 새로운 사실도 우리에게 알려 주지 않으므로 이 점에서는 아퀴나스가 옳다. '이 동물은 개다'나 '이 개는 희다' 등의 문장은 유익할 수 있는데 그 까닭은 주어에서 아직 명확하게 드러나지 않은 정보를 술어가 알려 주기 때문이다. 하지만 '…은 존재한다'라는 술어는 결코 이와 같은 방식으로 유익할 수 없다. **존재한다는** 것은 **동물이다** 또는 **개이다**와 구별되는 어떤 활동 또는 속성이 아니다(*DM* 2.1, 9; 2.3, 7).

이렇게 말함으로써 수아레스는 중세에 크게 유행했던 논쟁, 즉 피조물에서 본질과 존재(*esse*) 사이의 진정한 구별이 이루어질 수 있는가라는 논쟁에 관여하게 된다. 여기서 주제 자체는 그리 명확하지 않지만 이 논쟁은 두 가지 점에서 중요성을 지닌다. 첫째, '본질'을 포괄적인 본질로 보는가 아니면 개체의 본질로 보는가 (예를 들면 '인간임'으로 보는가 아니면 '피터라는 인간임'으로 보는가)가 문제시된다. 둘째, 존재를 '현존'과 동의어로 보는가 아니면 모든 것을 포괄하는 '존재'라는 술어로 보는가도 문제시된다. 이에 대한 명확한 대답을 제공하는 선택지가 하나 있다. 즉 본질을 포괄적인 본질로, 존재를 현존으로 본다면 본질과 현존 사이에 분명한 차이가 있음을 결코 부정할 수 없게 된다. 본질은 'X는 무엇인가?'라는 질문에 대한 대답이며, 현존은 'X들이 존재하는가?'라는 질문에 대한 대답이다. 이 두 질문 사이의 차이는 무척 크므로 '진정한 구별'이 이루어지지 않는다는 말을 결코 할 수 없게 된다.

수아레스는 사실상 본질과 존재 사이의 진정한 구별을 부정하면서 이런 구별은 단지 정신적인(*tantum ratione*) 것일 뿐이라고 말한다. 이제 그가 어떤 선택지를 택하는지를 더욱 자세히 살펴보자. 그가 '본질'이라는 말을 통하여 개체의 본질을, 즉 추상적으로 인간임과 같은 무언가가 아니라 피터라는 개인의 본질을 의미한다는 점은 명백하다. 그리고 존재라는 말을 통하여 그는 형이상학의 주제에 해당하는, 모든 것을 포괄하는 술어를 의미한다. 이렇게 진정한 구별을 부정함으로써 그는 또한 피터라는 개인 안에서 **존재함**과 **피터임** 사이의 어떤 진정한 구별도 성립하지 않는다고 주장하게 된다. 이 둘은 피터에게 적용할 수 있는 서로 다른 술어일 뿐이다. 우리는 '피터는 피터이다' (Peter is Peter)라고 또한 (영어로는 자연스럽지 않을지 몰라도 라틴어로는 자연스럽게) '피터는 존재한다' (Peter is)라고 말할 수 있다. 이런 두 형태의 표현을 사용하더라도 우리가 '피터는 키가 크다' 거나 '피터는 현명하다' 라고 말할 때처럼 피터에 속하는 서로 다른 두 가지의 진정한 속성을 지시하는 것은 아니다.

몇몇 초기 스콜라 철학자들은, 대표적으로 아퀴나스라면 피터의 본질을 알려 주는 문장이 '피터는 피터이다' 가 아니라 '피터는 인간이다' 라고 주장했을 것이다. 아퀴나스는 개체화의 원리가 바로 질료라고 믿었기 때문이다. 두 개의 완두콩을 하나가 아니라 둘로 만드는 바는 이들이 지닌 어떤 속성의 차이가 아니라 이들이 두 개의 서로 다른 질료의 덩어리라는 사실이다. 아퀴나스에 따르면 피터와 같은 개인으로서의 인간은 그가 인간이라는 사실에 더하여 그에게 개체성을 부여하는 어떤 특별한 형상적 요소를 지니지 않는다. 반면 스코투스와 그의 추종자들은 피터가 인간이라는 사실에 더하여 더 이상의 어떤 개체적 특성, 즉 개별성(*haecceitas*) 또는 그 자신임(thisness)을 지닌다고 생각한다. 여기서 다시 한 번 수아레스는 이전에 등장한 위대한 두 철학자의 주장을 모두 받아들이려 한다. '적절한 개체화의 원리는 이 질료와

이 형상을 결합하는 것인데 형상은 주요 원리로서 즉자상 하나로 간주되는, 어떤 종에 속하는 개체로서의 결합체를 만들기에 그 자체로 충분하다' (*DM* 5.6, 15). 결국 수아레스는 분명히 스코투스의 편에 속하게 된다. 피터 안에는 인간이라는 종의 본성에 더하여 개체의 차이를 형성하는 형상적 요소가 실재하는데 이것이 바로 그를 폴이 아닌 피터로 만드는 요소이다(*DM* 5.2, 8~9).

방금 살펴보았듯이 스코투스는 아퀴나스가 채택한 장치를 지칭하기 위하여 특별한 형이상학적 용어를 도입했다. 이와 마찬가지로 수아레스도 자신의 특별한 용어를 더한다. 피터 안에서는 아리스토텔레스를 추종하는 모든 학자들이 받아들이는 형상과 질료, 스코투스가 받아들이는 개체화의 요소뿐만이 아니라 어떤 특별한 것이 발견되는데 바로 이것이 피터를 우연적 존재가 아니라 실체로 만들어 준다. 우연적 존재와 반대되는 실체가 특유하게 현존하는 방식인 지속을 통하여 개체의 본질에 **양태**가 더해지며, 이를 바탕으로 특별한 형태의 결합, 즉 사물에 양태가 더해짐으로써 변형이 발생하는 형태의 결합이 이루어진다. 수아레스는 육체와 더불어 현존하는 영혼과 사후 육체와 분리된 영혼의 차이를 예시하기 위하여 양태의 개념을 도입했다. 하지만 그의 새로운 용어는 이후 폭넓게 사용되었으며, 특히 데카르트에 의해서 대중화되었다.

영원한 진리에 관한 데카르트의 견해

데카르트는 스콜라 철학의 형이상학으로부터 많은 전문 용어 — 예를 들면 실체, 양태, 형상, 본질 등 — 를 물려받았지만 이들 대부분을 새로운 방식으로 사용했다. 그가 형이상학에서 이룬 가장 중요한 혁신은 생전에 출판한 저술들에서는 선명하게 드러나지 않지만 사후 공개된 방대한 편지들에서 명확하게 부각된 주제, 즉 영원한 진리의 창조에 관한 그의 이론이었다.

1630년 데카르트는 《세계》라는 저술을 완성한 후 메르센에게 다음과 같은 편지를 썼다.

> 당신이 영원하다고 부르는 수학적 진리는 신이 규정한 것이며 다른 모든 피조물과 마찬가지로 전적으로 신에게 의존합니다. … 왕이 자신의 왕국에서 법을 제정하듯이 자연에서 이런 법칙들을 규정한 존재는 바로 신이라는 주장을 어디서나 내세우고 선언하는 데 주저하지 마시기 바랍니다(AT I.135; *CSMK* III.23).

> 영원한 진리와 관련하여 나는 오직 신이 이런 진리들을 참이라고 또는 가능하다고 인식하기 때문에 이들이 참이 되거나 가능해진다고 다시 한 번 말합니다. 신은 이들이 신과 무관하게 참임을 함축하는 그 어떤 방식으로도 이들을 참인 것으로 인식하지 않습니다. … 신 안에서 무언가를 원하는 것과 인식하는 것은 오직 하나의 것이므로 신이 무언가를 원한다는 사실 자체를 통하여 신은 동시에 그것을 인식하며, 오직 이런 이유로 그것은 참이 됩니다(AT I.147; *CSMK* III.13).

논리학과 수학의 진리들이 신의 의지에 의존한다는 언급은 데카르트에게 새로운 출발점이었다. 스콜라 철학자들도 이런 진리들이 신에 의존한다는 점에는 동의했지만 이들은 신의 의지가 아니라 본질에 의존한다고 여겼다. 또한 이들은 데카르트와 달리 유클리드 기하학의 삼각형에서 세 내각의 합이 직각의 두 배가 되도록 신이 자유롭게 창조했다고 생각하지 않았다(AT IV.110; *CSMK* III.151; Aquinas, ScG II.25 참조). 더욱이 스콜라 철학자들은 세계의 창조 이전에도 논리학과 수학의 진리들이 신과 무관하게 실재한다고 믿었던 반면 데카르트는 이런 진리들 또한 신과 구별되는 신의 피조물로서 신의 창조 능력을 통하여 현존하게 되고 그 후 영원히 유지된다고 생각한다. '신은 피조물들이 현존하도록 만든 창조자일 뿐만 아니라 그들의 본질까지도 창조했음이 확실하다. 그리고 이 본질은 다름 아닌 영원한 진리들이다. … 나는 신이 모든 것의 창조자인데 이런 진리들도 무언가로 존재하므로 신이 이들의 창조자임을 분명히 인식한다' (AT I.151 ; *CSMK* III.25).

데카르트는 수학과 논리학의 진리들이 물질세계 안에 아니면 신이든 인간이든 간에 누구의 정신 안에 존재하는 것이 아니라고 생각한다. 영원한 진리들은 물질적 대상에 관한 진리가 아니다. 삼각형에 관한 정리들은 설령 삼각형의 형태를 띤 대상이 단 하나도 존재하지 않는다 할지라도 증명될 수 있으며, 기하학은 외부 세계가 순전한 환상이라 할지라도 계속 진리성을 유지한다. 영원한 진리들은 그 어떤 인간의 정신보다 앞서며 또한 인간의 정신과는 무관하다. 이들이 비록 신의 정신에 의존한다 할지라도 신의 정신 자체와는 구별된다. 영원한 진리들은 자신들만으로 이루어진 제삼의 영역에 속하는데 이는 고대의 플라톤이 생각했던 이데아의 영역과 유사하다. 아우구스티누스는 플라톤의 이데아가 신의 정신 안에 위치하는 것으로 보았는데 이후 이는 수아레스에 이르기까지 많은 기독교 철학자들 사이에서 표준적인 이론으로 자리 잡았다. 데카르트는 새로운 주장을 통하여 근대 플라톤주의의 창시자가 되었다.[1]

영원한 진리의 창조에 관한 이론은 데카르트의 형이상학과 자연학에서 매우 중요한 역할을 한다. 데카르트는 자신의 이론을 메르센에게 편지로 설명할 무렵에 실재하는 속성과 실체적 형상에 관한 아리스토텔레스의 형이상

[1] 플라톤에 관해서는 이 철학사 1권, 52~3면 참조 (우리말 번역에서는 《고대철학》, 107~9면 참조). 스콜라 철학자들 중에서는 강의 앙리(Henry of Ghent)가 (데카르트가 그의 저술을 읽었을 가능성은 거의 없는데) 데카르트와 가장 가까운 견해를 드러냈다(이 철학사 2권, 85면 참조 — 우리말 번역에서는 《중세철학》, 145면 참조).

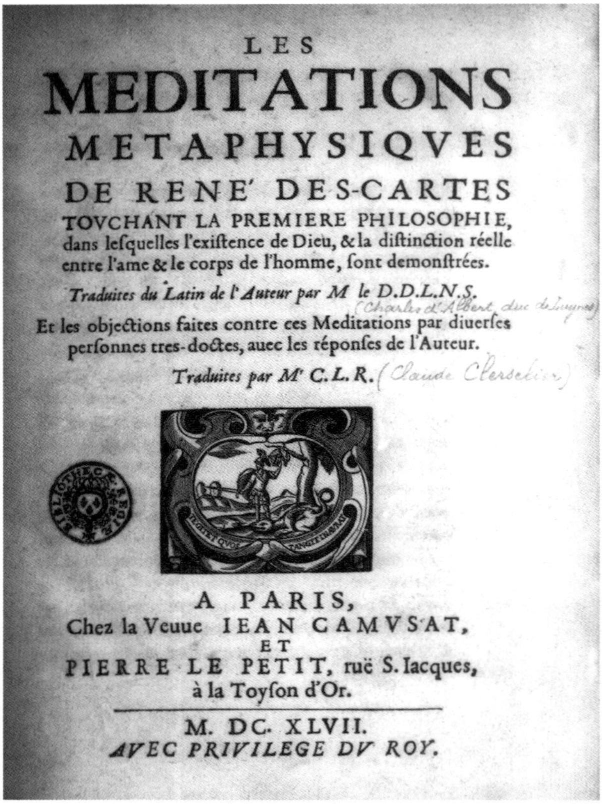

LES
MEDITATIONS
METAPHYSIQVES
DE RENE' DES-CARTES
TOVCHANT LA PREMIERE PHILOSOPHIE,
dans leſquelles l'exiſtence de Dieu, & la diſtinction réelle entre l'ame & le corps de l'homme, ſont demonſtrées.

Traduites du Latin de l'Auteur par M le D.D.L.N.S. (Charles d'Albert duc de Luynes)

Et les objections faites contre ces Meditations par diuerſes perſonnes tres-doctes, auec les réponſes de l'Auteur.

Traduites par Mr C.L.R. (Claude Clerselier)

A PARIS,
Chez la Veuue IEAN CAMVSAT,
ET
PIERRE LE PETIT, ruë S. Iacques,
à la Toyſon d'Or.

M. DC. XLVII.
AVEC PRIVILEGE DV ROY.

데카르트의 《성찰》 프랑스어 초판의 속표지

학을 계속 공격하기 위한 저술을 쓰는 중이었다. 실체적 형상을 부정하는 것은 본질 또한 부정함을 함축한다. 이들 둘은 아리스토텔레스의 체계에서 서로 밀접하게 연결되기 때문이다 — 비물질적인 존재의 경우 본질은 형상과 동일하며, 물질적인 존재의 경우 본질은 형상에 적절한 질료가 더해져서 형성되기 때문이다. 데카르트는 본질이라는 용어의 사용을 형상과 성질이라는 용어만큼이나 단호하게 거부하지는 않지만 이를 과감하게 재해석한다. 메르센에게 말한 대로 본질은 오직 영원한 진리일 뿐이다.

아리스토텔레스의 체계에서 끊임없이 변화하는 현상들 가운데 불변성을 제공하는 요소는 형상과 본질이었다 — 이런 불변성은 보편적으로 타당한 과학적 지식이 성립하기 위하여 반드시 필요한 것이었다. 이런 본질과 형상을 부정한 데카르트에게는 자연학을 위한 새로운 기초가 필요했는데 그는 이를 영원한 진리에서 발견했다. 만일 실체적 형상이 존재하지 않는다면 어떤 사물이 지닌 한 순간의 내력을 그 다음 순간으로 연결하는 것은 다름 아닌 불변하는 신의 의지이다(AT VII.80; AT XI.37).

신은 영원한 진리 안에 내재한 자연법칙을 부여했다. 이런 진리에는 논리학과 수학의 법칙뿐만 아니라 관성의 법칙을 포함한 다른 운동 법칙들도 포함된다. 따라서 이들은 역학적 자연학의 기초를 제공한다. 그런데 만일 이들이 자유롭고 아무 구속도 받지 않는 신의 의지에 의존한다면 우리는 어떻게 이들이 변화하지 않는다는 점을 인식할 수 있는가? 신이 마음을 바꿀 수도 있다는 사실에는 조금도 의심의 여지가 없다. 하지만 신은 시간상의 어떤 시점에서 자연법칙이 변화하도록 태초부터 정할 수 있지 않은가? 이런 가능성을 배제하기 위하여 데카르트는 다시 한 번 신은 우리를 속이지 않는다는 점에 호소한다. 데카르트가 제시한 아리스토텔레스 이후 체계에서 신의 성실성은 이렇게 명석, 판명하게 지각되는 진리들의 영원한 타당성을 확보하는 데 반드시 필요하다.

방금 살펴보았듯이 영원한 진리의 창조에 관한 이론은 어떤 관점에서 보면 데카르트의 대단한 혁신이었다. 하지만 이를 또한 중세 후기를 거치면서 이루어진 철학적 발전이 — 즉 신의 전능함이 적용되는 영역을 점차 확장하려는 시도가 — 최고점에 이른 것으로 볼 수도 있다. 예를 들면 도덕적 진리를 규정하는 문제와 관련하여 스코투스와 오컴이 신의 의지에 할당한 자유의 범위는 아퀴나스보다 훨씬 넓었다. 종교적인 영역에서 이런 경향은 칼뱅이 내세운, 신의 절대적인 지배를 주장하는 이론, 즉 인간을 구원할지 아니면 지옥에 떨어뜨릴지를 신이 자유롭게 예정하며 이에 대해서는 신에게 어떤 책임도 물을 수 없다는 이론에 이르러 극에 달했다. 데카르트는 신의 자유를 논리학과 수학의 영역에까지 확장했는데 이는 철학의 영역에서 칼뱅의 절대주의에 상응하는 이론으로 볼 수 있을 듯하다.

실체에 대한 세 가지 개념

아리스토텔레스의 체계에서 실체의 개념은 매우 중요하다. 모든 성질과 다른 속성들은 실체에 속하는 우연적인 것들이며, 오직 실체만이 독립적으로 실재한다. 데카르트도 실체에 핵심적인 역할을 부여한다. 그는 '그 무엇도 어떤 성질이나 속성도 지닐 수 없으므로 우리가 무언가를 지각할 때 이런 지각의 근거가 되는 어떤 사물 또는 실체가 반드시 존재해야만 한다' 고 말한다. 현존하는 것으로 밝혀지는 최초의 실체는 나는 생각한다에서 나는 존재한다로 나아가는 논증에서 등장하는 데카르트 자신의 자아이다. 그는《철학의 원리》에서 실체를 '현존하기 위하여 다른 어떤 것도 필요로 하지 않는 방식으로 현존하는 것' 으로 정의한다. 그는 엄밀하게 말해서 이런 정의에 따라 실체로 여겨질 수 있는 유일한 존재는 오직 신뿐이지만 현존하기 위하여 오직 신의 협력만을 필요로 하는 것들 또한 창조된 실체로 부를 수 있다고 생각한다(AT VIII.24; *CSMK* I.210).

아리스토텔레스주의자들은 서로 다른 많은 종류의 실체들이 존재하는데 이들 각각이 특수한 실체적 형상 — 예를 들면 인간은 인간의 형상 — 에 의해서 구체화된다고 생각했다. 데카르트에 따르면 실체적 형상 따위는 존재하지 않으며, 오직 두 종류의 실체, 즉 사고하는 실체인 정신과 연장성을 지닌 실체인 물체만이 존재한다. 이들은 실체적 형상을 지니지는 않지만 본질은 지닌다. 즉 정신의 본질은 사고이며, 물체의 본질은 연장성이다. 이들 두 종류에 속하는 특수한 실체들이 어떻게 개체화하는지는 데카르트의 체계에서 불명확한 채로 남아 있지만 물체의 경우와 관련하여 그는 때로 마치 유일한 보편적 실체가 존재하는데 우리가 마주치는 대상은 어떤 특정한 장소를 차지한 이 실체의 단편들이라는 듯이 말하기도 한다(AT VIII.54, 61; *CSMK* I.233, 240).

아리스토텔레스주의자들은 비록 실체 각각의 본성을 파악하는 데는 지성이 필요하지만 우리가 얼마든지 실체를 보거나 만질 수 있으며 감각을 통하여 실체에 접근할 수 있다고 믿었다. 내가 한 조각 금을 본다면 금이 진정으로 무엇인지는 오직 과학을 통해서 알 수 있지만 나는 실제로 어떤 실체를 보는 셈이 된다. 데카르트는 이와 다른 견해를 취한다. 그는 '네 번째 반박에 대한 답변'에서 다음과 같이 말한다. '우리는 실체를 직접 인식하는 것이 아니라 단지 형상이나 속성들에 대한 지각으로부터 인식할 뿐이다. 그리고 형상이나 속성들은 존재하기 위하여 반드시 다른 무언가에 내재해야 하는데 바로 그것을 우리는 실체라고 부른다'(AT VII.222; *CSMK* II.156). 따라서 실체는 감각을 통해서 지각되지 않는다 — 실체의 근저에 놓인 본성뿐만이 아니라 실체의 존재 자체도 오직 지성의 추론을 통해서만 확립되는 그 무엇이다.

로크는 실체를 지각할 수 없다는 주장을 훨씬 더 발전시킨다. 그는 실체의 개념이 항상 함께 등장하는 어떤 관념들을 관찰함으로써 생겨난다고 말한다. 예를 들면 우리는 '다소 희끄무레한 색과 어느 정도의 무게, 단단함, 두들겨 펼 수 있는 연성, 열에 녹는 가용성 등에 대한 단순 관념을 결합하여 납의 관념에 이르고' 이를 통하여 실체 일반에 대한 어떤 관념을 얻게 된다. 따라서 특정한 종류의 실체에 대한 관념은 항상 실체 일반에 대한 관념을 포함한다. 하지만 이는 진정한 관념, 즉 명석, 판명한 관념이 결코 아니며 단지 '우리 안에 단순 관념을 낳는 능력을 지니는 성질들의 근거가 무엇인지를 모르기 때문에 등장한 일종의 가정에 지나지 않는다. 이런 성질들은 흔히 우연적 속성으로 불린다'(*E*, 295).

그렇다면 대상을 특정한 종류의 실체로 규정하는 부분은 결국 수많은 단순 관념으로 이루어진 복합 관념이다. 예를 들면 태양의 관념은 '다양한 단순 관념들, 말하자면 밝음, 따듯함, 둥그스름함, 계속 일정하게 운동함, 우리로부터 어느 정도 떨어져 있음 그리고 어쩌면 또 다른 단순 관념들의 집합체이다'(*E*, 299). **말(馬)**이나 **금**과 같은 실체의 종류에 대한 관념은 '분류적' 관념이라고 불리는데 이는 동시에 발생하는 단순 관념들의 집합체와 알 수 없는 실체에 대한 혼동된 관념의 결합일 뿐이다. 개별적인 실체는 이런 서로 다른 종류에 속하는 구체적인 개체들이다.

서로 다른 종류의 실체들은 본질을 지닌다. 인간이 된다는 것 또는 참나무가 된다는 것은 곧 인간의 본질 또는 참나무의 본질을 지닌다는 것이다. 하지만 로크는 두 종류의 본질, 즉 실재적 본질과 명목적 본질이 있다고 생각한다. 실재적 본질은 '실재하는, 내적인, 일반적으로 실체 안에 있다고 여겨지는, 우리에게 알려지지 않은 사물의 구성으로 우리가 발견할 수 있는 여러 성질들이 이에 의존한다고 생각된다.' 명목적 본질은 사물을 어떤 종류로 분류하기 위하여 사용되는 명칭에 속하고 이에 부가되는 단순 관념들의 집합을 의미한다. 명목적 본질은 어떤 특정한 명칭을 지닐 권리를 부여하지만, 대체로 인간의 언어가 만들어 낸 임의적 기준이기도 하다.

삼각형의 경우에는 실재적 본질과 명목적 본질(**세 각을 지닌 도형**)이 서로 동일하다. 하지만 실체의 경우에는 그렇지 않다. 로크는 자신이 손가락에 낀 금반지를 예로 든다.

> 이 반지의 실재적 구성은 감각 불가능한 부분들인데 이 반지에서 발견되는 색, 무게, 가용성, 정지 상태 등의 모든 속성은 이런 실재적 구성에 의존한다. 우리는 이런 구성을 인식할 수 없으므로 이에 대한 구체적 관념을 지닐 수 없고 이를 표시하기 위한 어떤 명칭을 붙일 수도 없다. 하지만 이 대상을 금반지로 만드는 바 또는 금반지라는 명칭으로 불릴 권리를 제공하는 바는 바로 이것이 지닌 색과 무게, 정지 상태 등이므로 이들은 명목적 본질에 해당한다. 왜냐하면

> 금이라는 명칭으로 불리는 추상적인 복합 관념이 지닌 성질과 일치하지 않는 어떤 것도 금이라고 불릴 수 없기 때문이다(*E*, 419).

숨어 있는 금의 구성과 마찬가지로 사물의 실재적 본질은 일반적으로 우리에게 인식되지 않는다. 심지어 인간의 실재적 본질에 대해서조차도 우리는 시골뜨기가 교회 종을 치게 만드는 톱니바퀴와 태엽에 대하여 아는 정도 이상의 관념을 알지 못한다(*E*, 440).

본질은 개체가 아니라 종류에 속하는 것이다. 개체는 실재적 본질도, 명목적 본질도 지니지 않는다. 로크는 다음과 같이 말한다. '내가 지닌 것 중 그 무엇도 나의 본질에 속하지 않는다. 우연적 속성 또는 질병이 나의 피부색이나 모습을 매우 크게 변화시키기도 한다. 열병이나 쇠퇴가 나의 이성이나 기억을 또는 둘 모두를 앗아가기도 한다. 뇌졸중은 감각도, 지성도 심지어 생명 자체도 빼앗는다' (*E*, 440). 이로부터 진정한 로크는 배후에 놓여 있는, 파악할 수 없는, 다양한 속성을 지닌 실체라는 점이, 즉 한 인간과는 전혀 다른 무언가라는 점이 도출되는 듯이 보인다.

로크는 실체 자체는 어떤 속성도 지니지 않으므로 우리는 실체에 대하여 서술할 수 없다고 주장한다. 하지만 누군가가 실체는 어떤 속성도 지니지 않는다는 점을 논증하려 한다면 이는 별로 설득력이 없는 듯이 보인다. 왜냐하면 실체란 속성을 **지니는** 무언가이기 때문이다. 개체가 명목적 본질을 지니지 않는다는 주장이 의미하는 바는 우리가 어떤 개체 A를 확인할 수 있으며, 더 나아가 그 개체가 '인간', '산' 또는 '달'로 불릴 자격 조건에 해당하는 속성을 지니는지 그렇지 않은지를 조사할 수 있다는 것이다. 하지만 속성을 지니지 않은 개체를 도대체 어떻게 확인할 수 있는가?

아리스토텔레스의 전통에 따르면 속성을 지니지 않는 실체, 즉 어떤 분류적 관념과도 무관하게 확인될 수 있는 특정한 개체 따위는 결코 존재하지 않는다. 피도(Fido)라고 불리는 개는 오직 개인 상태를 유지하는 한에서만,

'개' 라는 분류적 관념이 진정으로 적용될 수 있는 한에서만 확인 가능한 개체일 수 있다. A가 B와 동일한 개체인지 그렇지 않은지를 물을 수 있으려면 A가 B로서의 F와 동일한 개체인지를 물을 수 있어야만 하는데 여기서 'F' 는 분류적 관념으로 '인간', '산' 또는 다른 무엇에 해당한다. 로크는 다소 혼란스러운 실체 이론을 제시함으로써 동일성 및 개체화와 관련해서도 해결 불가능한 난점에 이르고 만다. 아래의 8장에서 개인의 동일성이라는 주제를 다루면서도 다시 한 번 로크가 이러한 난점에 부딪힌다는 점을 확인하게 될 것이다.

유일한 필연적 실체

영국에서 로크가 실체의 개념을 어떤 중요한 내용도 포함하지 않는 것으로 만드는 동안 네덜란드에서 스피노자는 이 개념을 자신의 형이상학적 체계의 기초로 활용했다. 그의 《에티카》에 등장하는 최초의 정의 중 하나는 다음과 같다. '실체라는 말을 통하여 나는 자신 안에 존재하며 자신을 통해서 생각될 수 있는 것을 의미한다. 즉 다른 어떤 것의 개념과도 무관하게 스스로 자신의 개념을 형성할 수 있는 것을 의미한다' (*Eth*, 1). 데카르트는 실체를 '현존하기 위하여 자기 자신 이외의 다른 어떤 것도 필요로 하지 않는 것' 으로 정의했다. 스피노자는 이런 정의에 부합하는 존재는 오직 신뿐이라고 생각한다. 데카르트가 실체로 여겼던 유한한 정신과 물체들은 현존하기 위하여 신에 의해서 창조되고 유지되어야 한다.

데카르트와 마찬가지로 스피노자도 실체의 개념을 속성 및 양태의 개념과 연결한다. 속성은 실체의 본질로 생각되는 성질이며, 양태는 오직 실체와 관련해서만 생각될 수 있는 성질이다. 이런 정의들로 무장한 후 스피노자는 기껏해야 오직 한 종류의 실체만이 존재할 수 있다는 점을 증명한다. 만일 서로 구별되는 두 종류 이상의 실체들이 존재한다면 이들은 자신의 속성이나 양태에 의해서 서로 구별되어야만 한다. 하지만 이들은 양태에 의해서 구별될 수는 없다. 왜냐하면 실체는 양태에 앞서므로 양태들 사이의 어떤 차이도 실체의 차이로부터 도출되어야 하는 것이지 실체의 차이를 만드는 것이 아니기 때문이다. 따라서 실체는 오직 속성에 의해서 구별되어야 하는데 만일 서로 다른 두 실체가 하나의 속성을 공통적으로 지닌다면 실체들 사이의 구별은 이루어질 수 없을 것이다. 더욱이 어떤 실체도 다른 실체의 원인이 될 수 없다. 왜냐하면 결과는 원인과 공통되는 무언가를 반드시 지니는데 방금 지적했듯이 두 실체는 서로 완전히 다른 종류에 속해야 하기 때문이다.

《에티카》 1부의 정리 7은 '존재한다는 것은 실체의 본성에 속한다' 인데 이에 대한 증명은 다음과 같다.

> 실체는 다른 어떤 것으로부터도 산출될 수 없다. 따라서 실체는 자기 원인이어야 한다 — 즉 실체의 본질이 필연적으로 존재를 포함하거나 아니면 존재가 실체의 본성에 속한다(*Eth*. 4).

이 대목에 이르기까지 첫머리의 정의 부분에서 신을 무한 실체로 정의한 내용을 제외하면 《에티카》에는 '신' 이라는 단어가 등장하지 않는다. 하지만 이제부터는 스피노자가 독자들을 도대체 어디로 이끌지가 궁금하지 않을 수 없다. 바로 다음 정리에는 모든 실체가 필연적으로 무한하다는 언급이 등장한다. 이에 대하여 누군가는 만일 실체에 이런 대단한 속성을 부여한다면 과연 어떤 실체라도 존재할 수 있을지를 확인할 수 없다는 점을 들어 반박하려는 생각이 들지도 모른다. 스피노자도 이런 점을 인정한 듯하다. 《에티카》의 첫 부분에 등장하는 몇몇 정리들은 기껏해야 오직 하나의 실체만이 존재한다는 점을 보이기 위하여 제시된다. 정리 11에 이르러서야 스피노자는 최소한 하나의 실체, 즉 신이라는 실체가 존재한다는 점을 보이는 쪽으로 방향을 돌린다.

스피노자가 신의 존재와 본성을 어떻게 다루는지는 아래의 10장에서 더욱 상세히 살펴볼 예정이므로 여기서는 그가 유한한 존재들에 관한 형이상학으로부터 이끌어 내는 결론들을 주로 검토하려 한다. 정신과 물체는 실체가 아니다. 만일 이들이 실체라면 신에게 어떤 제한을 가하게 될 것인데 그러면 신은 무한한 존재가 될 수 없기 때문이다. 존재하는 모든 것은 신 안에 존재하며, 신이 없다면 다른 어떤 것도 존재하거나 생각될 수 없다. 정신과 물체의 특성으로 정의되는 사고와 연장성은 사실은 신의 속성일 뿐이며, 따라서 신은 사고하는 동시에 연장성을 지닌 존재이다. 신은 정신적인 동시에 물체적이기도 하다(*Eth*, 33). 개별적인 정신과 물체들은 신의 속성인 사고와 연장성의 양태 또는 이들의 특수한 형태이다. 따라서 어떤 개체에 대한 관념도 영원하고 무한한 신의 본질에 대한 사고를 포함한다.

스피노자의 동시대 학자들은 모두 유한한 실체들이 제일원인인 신에 의존한다는 점에 동의했다. 스피노자의 특유한 점은 신과 유한한 실체들 사이의 관계를 물리적 원인과 결과라는 관점이 아니라 주어와 술어라는 관점에서 제시한 것이다. 유한한 실체에 관한 어떤 명확한 언급도 사실은 신에 관한 서술이다. 우리와 같은 피조물에 관하여 적절하게 언급하는 방식은 명사가 아니라 형용사를 사용하는 것이다. '피조물'이라는 용어조차도 사실은 그리 적절하지 않다. 이는 창조자와 그가 창조한 것 사이의 구별을 암시하는데 스피노자는 신과 자연 사이의 구별 따위는 존재하지 않는다고 생각하기 때문이다.

스피노자의 일원론에서 핵심 요소는 유일한 실체만이 존재한다는 주장이 아니라 그것이 논리적 함축과 인과성 사이의 어떤 구별도 무너뜨린다는 점이다. 스피노자에 따르면 귀결이라는 오직 하나의 관계만이 성립한다. 원인과 결과가 결합하는 것이나 전제와 결론이 결합하는 것 모두가 이 한 가지 관계를 통해서 이루어진다. 불이 나면 연기가 뒤따르는 방식과 공리로부터

이 동판화는 스피노자를 실제보다 훨씬 더 성서에 순종하는 모습으로 묘사한다

정리를 도출하는 방식은 정확히 서로 동일하다. 따라서 자연법칙은 필연적이고 예외 없는 논리학의 법칙이다. 어떤 원인이라도 주어지면 이로부터 필연적으로 결과가 도출되며 모든 것은 절대적인 논리적 필연성의 지배를 받는다. 다른 대부분의 사상가들은 원인이 결과와 구별되어야 한다고 생각했으며 스피노자와는 달리 인과성과 논리적 함축을 동일시하지 않았다. 반면 스피노자는 명제가 자기 자신을 함축하듯이 신은 자신의 자기 원인이며, 신은 모든 것의 초월적 원인이 아니라 내재적 원인이라고 주장한다.

스피노자의 이런 체계를 이해하기란 몹시 어려우며, 이를 궁극적으로 파악될 수 없는 것으로 보는 일도 무리는 아니다. 어쩌면 스피노자가 세계의 구조를 설명하기 위하여 제시하는 또 다른 사상적 흐름에 따르는 편이 더욱 유익할 듯도 하다. 그는 우리의 신체가 서로 다른 많은 부분들로 구성되는데 이들은 종류 또한 서로 다르다고 말한다. 이런 부분들은 변화할 수 있지만 각각의 개체는 자신의 본성과 동일성을 유지한다. '따라서 우리는 큰 어려움 없이 무한으로 나아갈 수 있으며, 자연 전체를 하나의 개체로, 즉 그것을 구성하는 부분에 해당하는 모든 물체는 무한한 방식으로 변화하지만 전체로서의 개체에서는 어떤 변화도 일어나지 않는 것으로 생각할 수 있다' (*Eth*, 43). 이를 통하여 우리는 결과와 원인이라는 관점이 아니라 부분과 전체라는 관점에서 유한한 존재들과 신 사이의 관계를 파악할 수 있다.

우리는 자주 우리 신체의 각 부분들이 여러 작용을 수행하며 변화를 겪는다고 말한다 — 하지만 이런 언급 방식이 적절하지 않다는 점은 그리 어렵지 않게 발견된다. 무언가를 보는 것은 나의 눈이 아니며, 혈액을 깨끗하게 하는 것은 나의 간이 아니다. 나의 눈이나 간은 그 자체로 생명을 지니지 않으며, 이들의 활동은 나라는 유기체 전체의 활동이다. 아리스토텔레스 이래로 철학자들은 나는 눈을 가지고 보며 나의 신체는 혈액을 깨끗하게 만들기 위하여 나의 간을 사용한다는 표현이 더욱 정확한 것이라는 점을 지적해 왔다. 스피노자가 암시하는 바를 받아들인다면 그가 자연을 하나의 유기적 전체로 보도록, 우리들 각각을 이 전체의 입자이며 도구로 여기도록 이끈다는 점을 깨달을 수 있다.

자연을 하나의 전체, 즉 자신에 관한 모든 설명까지도 자신 안에 포함하는 통일된 체계로 보려는 이런 관점은 많은 사람들에게 상당히 매력적인 것으로 여겨졌다. 또한 많은 사람들이 만일 세계가 자신에 관한 설명까지도 포함한다면 자연에서 일어나는 모든 일은 결정된 것이며, 현재 실제로 일어나는 사건들의 연속과는 다른 일들이 일어날 가능성은 전혀 없다는 스피노자의 결론을 기꺼이 받아들였다. 스피노자는 다음과 같이 말한다. '자연 안에 우연적인 것은 아무것도 없다. 모든 것은 신의 본성에 의해 필연적으로 어떤 방식으로 존재하고 작용하도록 결정된다' (*Eth*, 20).

우연성을 위한 공간의 확보

스피노자와 동시대 철학자들을 통틀어 그와 가장 유사한 견해를 보인 인물은 말브랑슈(Malebranche)였다. 스피노자와 마찬가지로 말브랑슈는 원인과 결과 사이의 연결이 필연적이어야 한다고 생각한다. 그는 '내가 이해하기에 진정한 원인이란 정신이 원인과 결과 사이의 필연적인 연결을 지각하는, 그런 원인'이라고 말한다(*R de V* 6.2, 3). 인과성을 다룬 흄의 저술을 읽은 사람들은 대부분 흄 이전 시대에 원인과 결과 사이의 필연적인 연결이 존재해야 한다는 견해가 모든 철학자들의 일치된 의견이었다고 생각하기 쉽다. 하지만 사실상 스피노자와 말브랑슈는 원인으로부터 결과가 따라 나오는 것을 전제에서 결론이 따라 나오는 것과 같은 수준으로 여기는 독특한 견해를 보였다. 또 다른 예로 아퀴나스는 어떤 결과로서 등장한 사물의 정의에 원인과의 관계가 포함되지 않는다고 주장했다. 그는 사물들이 원인이 없이도 존재할 수 있음을 보이는 논증을 제시하는데 이 논증은 다음과 같이 전개된다.

> 어떤 것도 어떤 사물이 자신의 개념 안에 속하지 않는 바가 없이 존재하는 일을 막을 수 없다. 예를 들면 인간은 흰색의 개념이 없이도 얼마든지 존재한다. 그런데 원인에 대한 결과의 관계는 존재하는 사물에 대한 개념의 한 부분이 아닌 듯이 보인다. 사물들은 이런 관계가 없이도 충분히 파악되기 때문이다. 따라서 사물들은 이런 관계가 없이도 존재할 수 있다(*ST*. 1a, 44.1).

아퀴나스는 사물들이 어떤 원인이 없이는 존재할 수 없다는 생각을 받아들이지 않는다. 하지만 위의 논증에서 소전제에 잘못이 있다는 점을 깨닫지는 못했다.

이와 달리 스피노자와 말브랑슈는 원인과 결과 사이의 필연적인 연결이 진정 개념적인 것으로 생각한다. 이들 모두는 이를 참된 인과 관계의 조건으로 제시할 경우 이 세계에서 참된 인과 관계의 예를 발견하기가 더욱 어려워진다는 점을 알고 있다. 운동하는 물체 덩어리는 진정한 원인일 수 없다. 물체는 스스로 운동할 수 없는데 그 까닭은 물체의 개념에 운동의 개념이 포함되지 않기 때문이다. 그리고 어떤 물체도 다른 물체를 움직일 수 없는데 그 까닭은 한 물체의 운동과 다른 물체의 운동 사이에는 어떤 논리적 관계도 없기 때문이다. 스피노자와 말브랑슈는 모두 사실상 물리적 세계에서 작용하는 진정한 원인이 오직 하나 밖에 없으며 그것은 바로 신이라는 결론에 도달한다.

하지만 말브랑슈의 견해는 스피노자에 비하여 더욱 복잡하다. 스피노자는 신이 물리적 세계뿐만 아니라 전체로서의 세계에서도 유일한 원인이라고 생각한다(왜냐하면 그에게는 정신과 연장성이 동일한 실재의 두 측면이기 때문이다). 또한 신이 세계의 유일한 원인일 뿐만 아니라 유일한 실체이며, 신의 존재와 신의 작용은 모두 논리적 필연성의 문제라고 생각한다.

반면 말브랑슈는 신과 물질적 세계뿐만 아니라 유한한 정신들도 존재한다고 주장하는데 이런 정신들은 진정한 행위자이며 어느 정도의 자유를 누린다. 예를 들면 인간은 자신의 사고와 욕구를 저런 방향이 아니라 이런 방향으로 이끌 수 있다. 하지만 창조된 정신들은 자연 세계에 어떤 결과도 낳을 수 없다. 나는 나 자신의 팔조차도 움직일 수 없다. 내가 원할 때 내 팔이 움직이는 것은 사실이다. 하지만 말브랑슈는 내가 이런 운동의 자연적 원인이 아니라 단지 기회 원인일 뿐이라고 말한다. 바꾸어 말하면 나의 내부적인 의지 작용은 외부 세계에서 나의 팔이 움직이는 운동을 일으킬 기회를 신에게 제공한다는 것이다. 나의 신체 부분들에 적용되는 바는 당연히 다른 물질적 대상에게도 적용된다. '당신이 당신의 안락의자를 움직일 수 있다고 말한다면 모순이 발생한다. … 신이 그것을 옮기지 않거나 어딘가에 정지시키지 않는다면 어떤 힘도 그렇게 하지 못한다' (*EM*, 7, 15).

스피노자와는 달리 말브랑슈는 물리적 세계에 우연성이 존재한다고 생각하지만 이를 오직 영원히 자유로운 신의 명령으로부터 이끌어 낸다. 신은 어떤 변화나 지속 없이 모든 것이 시간의 흐름에 따라 일어나기를 원한다. 말브랑슈의 신은 (스피노자의 신과는 달리) 자연사가 어떤 방식으로 흘러가기를 원하도록 강요당하지 않는다. 하지만 신이 아닌 다른 어떤 행위자가 물질세계에 우연성을 도입하는 일은 불가능하다.

라이프니츠는 말브랑슈와 스피노자로부터 이 주제를 물려받았다. 그는 신과 인간의 자유를 조화롭게 모두 허용하기 위하여 세계 안에 우연성을 위한 공간을 확보하려 한다. 그는 《모나드론》에서 이성적 진리와 사실적 진리를 구별한다. 이성적 진리는 필연적이며 그것의 반대는 성립 불가능한 반면 사실적 진리는 우연적이며 그것의 반대도 성립 가능하다. 이성적 진리는 공리와 정의로부터 정리를 이끌어 내는 수학자의 시도와 유사한 논리적 분석을 통하여 확인된다. 이런 진리의 궁극적인 기초는 무모순의 원리이다. 사실적 진리는 이와 다른 원리에 기초한다. 즉 왜 무언가가 다른 방식이 아니라 이런 방식으로 존재하는가에 대한 충분한 이유가 없이는 아무것도 존재할 수 없다는 원리에 기초한다.

라이프니츠는 이런 충족이유율을 자신의 혁신적인 발견으로 여기면서 이에 매우 큰 중요성을 부여한다. 하지만 사실적 진리가 우연적이라는 언급과 이런 진리가 충족이유율에 의존한다는 언급이 어떻게 조화를 이룰 수 있는지는 바로 명확하게 이해되지 않는다. 우리는 우연성에 관한 새로운, 최소주의적인(minimalist) 설명을 도입하는 대가를 치러야만 우연성을 확보할 수 있다.

이 문제와 관련하여 인간은 몇몇 필연적인 속성과 더불어 다른 우연적인 속성도 지니는 듯이 보인다. 앙트완은 필연적으로 인간이지만 그가 총각인지 결혼했는지는 우연적인 문제이다. 이것이 바로 이전 스콜라 철학자들이 실체의 본질적 속성과 우연적 속성을 구별한 이유이기도 하다. 하지만 라이프니츠는 이 문제를 전혀 이런 방식으로 보지 않는다. 그는 어떤 특정한 주어에 대하여 참이 되는 모든 술어들이 사실상 어떤 방식으로 주어의 본질 중 일부를 형성한다고 생각한다. '따라서 주어의 개념을 완벽하게 파악한 사람은 누구든지 술어가 주어 개념에 속한다고 판단할 것이다' (*D* VIII).

일련의 사실적 진리로 구성되는, 알렉산드로스 대왕(Alexander the Great)에 관한 역사를 검토해 보자. 알렉산드로스라는 개인에 대한 개념을 파악함으로써 신은 알렉산드로스에게 참인 속성을 부가하는 술어들이 모두 이 개념 안에 포함됨을 파악한다. 예를 들면 그가 다리우스(Darius)를 정복할지 그렇지 않을지, 그가 자연사할지 그렇지 않을지 등이 모두 이 개념 안에 포함된다. 따라서 '다리우스의 정복자' 라는 술어는 알렉산드로스에 대한 완전하고 완벽한 관념 안에 반드시 등장해야 한다. 이 술어를 부가할 경우 참이 아닌 진술을 낳는 개인은 우리가 생각하는 알렉산드로스가 아닌 다른 어떤 사람일 것이다(*D* VIII).

라이프니츠는 기하학과 산술의 진리와 같은 필연적 진리가 분석적이라고 말한다. '어떤 진리가 필연적일 경우 그것의 근거는 분석에 의해서, 즉 이를 가장 기본적인 관념과 진리에 이를 때까지 더욱 단순한 관념과 진리로 분해함으로써 발견될 수 있다.' 이런 작업의 구체적인 예로 2+2=4에 대한 라이프니츠의 증명을 들 수 있다. 이 증명은 다음과 같은 세 가지 정의, 즉 (i) 2=1+1, (ii) 3=2+1, (iii) 4=3+1과 등식에서 어떤 쪽을 그것과 같은 것으로 대체해도 등식은 여전히 유지된다는 공리와 더불어 시작된다. 그렇다면 다음과 같은 증명을 얻는다.

2 + 2 = 2 + 1 + 1 (정의 i)
= 3 + 1 (정의 ii)
= 4 (정의 iii)[2]

반면 사실적 진리에 대해서는 이런 종류의 증명을 할 수 없다. 이에 대하여 인간은 단지 경험적 탐구만을 수행할 수 있는 듯하다. 하지만 위에서 개인의 개념을 설명하면서 라이프니츠는 모든 사실적 진술에서 술어가 암시적으로 주어 안에 포함된다고 주장했다. 따라서 사실적 진술도 어떤 의미에서는 분석적이다. 하지만 이를 드러내는 데 필요한 분석은 무한한 분석이므로 오직 신만이 이를 완성할 수 있을 것이다.

사실적 진술이 신의 관점에서 분석적이라면 이는 어떻게 우연적일 수 있는가? 이에 대하여 라이프니츠는 이런 진술에서 술어가 주어에 포함된다는 점에 대한 증명은 '수나 기하학의 증명처럼 절대적인 것이 아니라 신이 자유롭게 선택하여 최초에 내린 명령에 기초하는 사물들의 배열을 전제하는데, 신의 명령은 항상 가장 완전한 것을 행하기 위하여 도입된다고' 답한다(*D* XIII). 이런 대답에는 두 가지 중요한 요소가 포함된다. 첫째, 우리가 사실과는 달리 다리우스에게 패배한 어떤 알렉산드로스의 개념을 생각하더라도 여기에는 네 각을 지닌 삼각형의 개념을 생각할 경우에 발생하는 내적인 모순은 등장하지 않는다. 둘째, **우리가 지닌** 알렉산드로스의 개념에 어떤 술어를 포함시킬 수 있는 것은 그런 개인을 창조한 신의 자유로운 명령의 결과이다. 이를 통하여 알렉산드로스의 정복이 필연적이라는 점은 명백해진다. 하지만 여기서 필연성은 형이상학적 필연성이 아니라 도덕적 필연성일 뿐이다. 즉 신은 최선의 것을 선택하지 않을 수 없는데 그 까닭은 신의 전능한 능력에 어떤 제한이라도 가해지기 때문이 아니라 오직 신이 선하기 때문이다(*T*, 367).

그렇다면 우리에게 남겨진 우연성의 영역은 매우 좁은 듯이 보인다. 알렉산드로스가 실제로 소유한 각각의 속성들과 그가 살면서 겪은 각각의 사건들 중에 우연적인 것은 아무것도 없다. 우연적인 것은 신이 창조했을 수도

[2] 후에 프레게(Frege)가 지적하듯이 이 증명에는 결함이 있다. 라이프니츠는 $2+(1+1)=(2+1)+1$이라는 점을 암묵적으로 전제하는데 이는 덧셈의 결합 법칙에 의존하는 내용이다.

있는 다른 가능한 알렉산드로스가 아니라 이런 특정한 알렉산드로스가 이런 특정한 내력을 지닌 모습으로 존재했다는 사실이다. 이는 신의 관점에서조차 우연적인 무언가에 속한다. 유일한 필연적 존재는 오직 신 자신의 존재뿐이다.

이런 논의 과정에서 등장하는 동일성의 개념은 분명히 주목할 만한 것이다. 라이프니츠의 표현을 빌리면 만일 내가 지금의 나보다 턱에 수염이 한 가닥 많은 나 자신을 상상한다 해도 나는 나와는 전혀 다른 개인을 상상하는 것이다. 라이프니츠는 동일성의 논리를 상당히 깊이 있게 고찰했으며 이에 관한 두 가지 정리를 제시했다. 그중 하나는 만일 A와 B가 서로 동일하다면 A에 대하여 참인 모든 것이 B에 대해서도 참이며 또한 B에 대하여 참인 모든 것이 A에 대해서도 참이라는 것이다. 다른 하나는 역으로 만일 A에 대하여 참인 모든 것이 B에 대해서도 참이라면 A와 B는 서로 동일하다는 것이다. 흔히 '라이프니츠의 법칙'으로 불리는 첫 번째 원리는 그가 살았던 시대 전후에 폭넓게 받아들여졌다. 또한 일반적으로 구별 불가능한 것의 동일성 원리(the principle of the identity of indiscernibles)로 불리는 두 번째 원리는 항상 심각한 논쟁의 대상이 되었다. 왜냐하면 이는 어떤 두 개체도 서로 완전히 동일한 속성을 지닐 수는 없다는 주장이기도 하기 때문이다. 라이프니츠 자신은《형이상학 논고》(IX)에서 이에 관한 논의를 시작하면서 두 개의 실체가 서로 완전히 동일한데 오직 수적으로만 하나가 아니라 둘이 되는 일은 결코 불가능하다고 말하면서 이를 '중요한 역설'로 표현한다.

하지만 그는 이전의 권위 있는 저술을 인용함으로써 자신의 견해를 지지할 수도 있을 듯하다. 스콜라 철학의 아리스토텔레스주의자들은 개체화의 원리, 즉 하나의 개체를 다른 개체와 구별해 주는 원리가 질료라고 주장했다. 두 개의 완두콩이 서로 아무리 비슷하더라도 하나가 아니라 둘인 까닭은 이들이 서로 다른 질료의 덩어리이기 때문이다.[3] 이 결과 아퀴나스 같은 철학자는 만일 비물질적인 실체들 — 예를 들면 천사들 — 이 존재한다면 이런

라이프니츠는 궁정의 귀족 부인들에게 두 장의 나뭇잎이 서로 정확하게 동일한 경우는 없음을 예로 들어 구별 불가능한 것의 동일성 원리를 설명한다.

실체는 각각의 종류에 오직 하나만이 존재한다고 주장했다. 왜냐하면 어떤 종류에 속하는 한 개체를 다른 개체와 서로 구별할 질료가 존재하지 않기 때문이다. 라이프니츠는 개인의 개념 또는 본질에 관한 자신의 이론을 다음과 같이 일반화하지 않을 수 없었다. 즉 아퀴나스가 예를 든 천사뿐만이 아니라 모든 실체가 자신의 종류를 드러내는 하나뿐인 표본이다. 라이프니츠는 만일 자연 안에 서로 구별 불가능한 두 개의 것이 존재한다면 신이 하나를 다른 하나와 구별할 충족 이유가 없이 작용하는 셈이 되리라고 주장한다(G VII.393).

그렇다면 구별 불가능한 것의 동일성 원리 자체는 필연적인가 아니면 우연적인가? 라이프니츠는 이에 대한 견해를 결정하지 못한 듯이 보인다. 이 원리를 확립하기 위하여 그는 무모순의 원리가 아니라 충족 이유율에 호소하는데 이럴 경우 이 원리는 우연적인 것이 된다. 한 편지에서 그는 서로 구별 불가능한 두 실체가 존재한다고 가정하는 것은 거짓일지 몰라도 이런 두 실체를 상상하는 일은 가능하다고 말한다(G VII.394). 하지만 《신인간지성론》에서는 만일 두 개체가 완벽하게 동일하여 서로 구별 불가능하다면 이들 사이의 어떤 구별도 성립하지 않을 것이라고 말하면서 이로부터 원자론은 명백히 틀린 것이라는 결론까지 이끌어 낸다. 그는 하나의 원자가 다른 원자와는 서로 다른 시간과 장소에 존재한다고 말하는 것만으로는 충분하지 않으며, 어떤 내적인 구별의 원리가 존재하거나 아니면 둘이 아닌 오직 하나의 원자만이 존재해야 한다고 주장한다(G. V.214).

[3] 이 철학사 2권, 204~6면 참조 — 우리말 번역에서는 《중세철학》, 313~7면 참조 〔후반부는 옮긴이의 첨가〕.

버클리의 관념론

라이프니츠의 철학은 고대의 관념론, 즉 진정한 존재가 궁극적으로 정신적인 실재들로 구성된다는 이론 이후 최초로 등장한 체계적인 관념론으로 진정한 존재는 비물질적인 지각자의 지각들로 이루어진다고 보았다. 라이프니츠가 활동한 시기에 또 다른 형태의 관념론이 등장하는데 이는 버클리 주교가 제시한 것이다. 두 철학자의 체계는 서로 유사하기도 하지만 동시에 중요한 차이점도 드러낸다. 라이프니츠의 관념론이 이성주의적 관념론이라면 버클리의 관념론은 경험주의적 관념론이다. 이런 차이는 두 철학자가 서로 다른 지점에서 출발하기 때문에 발생한다. 따라서 두 체계를 상세히 비교하기에 앞서 우선 버클리가 결론에 도달하기 위하여 사용하는 논증들을 추적할 필요가 있다.

버클리가 쓴《하일라스와 필로누스의 세 대화편》중 두 번째 대화에서 하일라스는 이미 제일성질과 제이성질 모두가 단지 정신적인 것임에 동의하게 되었으면서도 여전히 물질적 실체의 개념을 옹호하려 한다. 물체가 존재한다는 점을 지지하는 그의 논증은 곧바로 반박된다. 그는 이미 오직 관념들만이 지각된다는 점에 동의했기 때문에 물체를 지각한다고 주장할 수 없다. 따라서 물체는 감각이 아니라 이성을 통해서 발견되는 무언가이다. 그렇다면 물체가 감각의 원인이라고 말할 수 있는가? 물체는 스스로 운동할 수 없으며 사고하지 않는다. 따라서 그것은 사고의 원인이 될 수 없다. 하지만 하일라스가 항변하듯이 어쩌면 물체의 운동이 최고의 원인인 신의 도구로 사용되는지도 모른다. 그러나 물체는 어떤 감각 가능한 성질도 지니지 않으므로 운동이나 심지어 연장성조차도 지닐 수 없다. 그리고 오직 무언가를 원하는 것만으로도 작용을 미칠 수 있는 신은 생명이 없는 도구를 필요로 하지 않는다. 그렇다면 말브랑슈처럼 물체가 신이 작용할 기회를 제공한다고 말할 수는 없는가? 전지전능한 신은 결코 이런 계기를 필요로 하지 않는다! 이제 필로누스는 하일라스를 다음과 같이 비웃는다. '이제 당신은 물체의 개념을 받아들이기 위하여 제시한 이런 모든 방식에서 전혀 이성적인 태도를 보이지도 못하고 이성을 조금도 사용하지 못하면서 당신이 전혀 알지 못하는 바를 그저 가정하였을 뿐이라는 점을 충분히 깨닫지 않았는가? 필로누스는 자신의 논증을 의기양양하게 다음과 같이 요약한다.

> 당신은 물체의 존재를 직접 또는 간접적으로 지각한다. 만일 직접 지각한다면 과연 어떤 감각을 통해서 지각하는지를 부디 알려 주기 바란다. 만일 간접적으로 지각한다면 당신이 직접 지각한 바로부터 도대체 어떤 추론을 거쳐 물체를 이끌어 내는지 알려 달라. 지각에 대해서는 이 정도 해 두자. 이제 물체 자체에 대하여 나는 물체가 대상인지 아니면 실체, 원인, 도구 또는 기회인지를 물었다. 당신은 이미 이들 각각에 호소했지만 당신의 개념을 계속 바꾸고, 물체를 때로는 이런 모습으로 다른 때는 다른 모습으로 만들었을 뿐이다. 그러면서 당신이 제시한 바를 당신 스스로 부인하고 거부했다(*BPW*, 184).

하일라스는 물체의 존재를 계속 옹호하려 하지만 결국 자신이 '물체' 또는 '존재' 라는 용어를 통하여 무엇을 의미하려는지도 모르는 상태에 이를 뿐이다(*BPW*, 187).

나는 버클리가 불쌍한 하일라스를 희생양으로 삼아 로크의 실체 개념을 성공적으로 공략했다는 점에는 동의해야 한다고 생각한다. 하지만 필로누스가 하일라스 대신 아리스토텔레스와 논쟁을 벌인다고 가정해 보자. 그러면 그는 과연 어떤 대답을 들을 것인가? 물질적 실체가 실제로 감각을 통해서 지각된다는 대답을 듣게 될 것이다. 한 마리 고양이를 예로 들어 보자. 나는 그것을 보고, 듣고, 느끼고 냄새 맡고, 만일 진정 원한다면 맛볼 수도 있다.

내가 그것이 어떤 종류의 실체인지를 아는 것은 감각이 아니라 지성을 통해서 이루어진다 — 내가 그것이 고양이임을 아는 까닭은 동물을 분류하는 법을 배웠기 때문이다. 하지만 이런 사실이 내가 추론을 통하여 그것이 고양이임을 이끌어 낸다는 점을 의미하지는 않는다. 물질적 실체에 대해서는 이 정도 해 두고 물체 자체, 즉 질료에 대하여 검토해 보자. 나는 질료 또한 감각을 통해서 지각하는데 이것이 의미하는 바는 실체가 질료의 덩어리이며, 위의 경우에는 고양이라는 형상을 지닌 질료라는 점이다. 단순 질료, 즉 어떤 형상도 지니지 않은 질료는 어떤 감각을 통해서도 지각되지 않는다. 하지만 그 까닭은 단순 질료가 결코 실제로 존재하지 않기 때문이다. 단순 질료는 실체의 변화를 분석하기 위하여 도입된, 추상적인 철학 개념이다.[4]

물론 실체와 질료에 관한 아리스토텔레스의 설명이 17세기 과학자들이 설명하고 분석한 운동과 변화의 개념을 통해서 이루어진 발전과 조화를 이룬다거나 부합한다는 점을 당연시해서는 안 된다. 여기서 내가 강조하려는 점은 단지 전통적인 실체 개념이 로크가 제시한, 이것과는 전혀 다르며 내적인 모순을 포함하는 실체 개념을 철저히 부정한 버클리에 의해서 완전히 폐기되지는 않는다는 사실이다.

사실 물체 개념에 대한 비판은 버클리가 구성한 관념론에서 핵심적인 위치를 차지하지 않는다. 그것은 단지 관념론을 받아들이는 데 방해가 되는 요소를 제거하는 역할을 할 뿐이다. 물체는 우리가 지니는 관념의 근거를 제공하기 위하여 상상을 통해서 도입된 것이다. 그런데 버클리의 체계에서는 이 역할을 물체가 아니라 신이 담당한다. 이런 결론에 이르는 논증에서 첫 번째 전제는 인간이 오직 관념들만을 인식한다는 점이며, 이 전제는 버클리가 물질적 실체의 개념에 대한 맹공을 퍼붓기 훨씬 이전에 이미 도입되었다. 《인간 지식 원리론》의 1권은 다음과 같이 시작된다.

[4] 이 철학사 1권, 192면 참조 — 우리말 번역에서는 《고대철학》, 314~5면 참조 〔후반부는 옮긴이의 첨가〕.

> **인간 지식의 대상**에 대하여 탐구하는 사람은 누구나 그것이 실제로 감각들에 각인되는 **관념**인가 아니면 정념과 정신의 작용을 동반함으로써 지각되는 다른 어떤 것인가 또는 마지막으로 기억과 상상력의 도움을 받아 형성되는 관념인가에 대하여 탐구하게 되리라는 점은 명확하다(*BPW*, 61).

하지만 이 점은 전혀 명확하지 **않다**. 원한다면 '관념'이라는 용어를 매우 넓은 의미로 사용하여 내가 X를 지각하거나, 기억하거나, 생각할 때마다 나는 X의 관념을 지닌다는 주장 또는 내가 *p*를 배우거나, 믿거나, 인식할 때마다 그것에 대응하는 관념을 지닌다는 주장을 얼마든지 참인 것으로 만들 수도 있다. 이로부터 인간 지식의 대상이 오직 관념이라는 점은 전혀 도출되지 않는다. 이렇게 관념을 매우 넓은 의미로 정의할 경우 이로부터 도출되는 바는 모든 인식 작용 또는 인식의 상태가 내가 관념을 지닌다는 사실을 포함한다는 점뿐이다. 하지만 이는 모든 인식 작용 또는 인식의 생태가 그런 관념에 **관한** 것이라거나 관념을 **대상**으로 삼는다는 점을 의미하지 않는다. 관념을 위와 같은 의미로 사용할 경우 내가 만일 한 마리 기린을 본다면 나는 기린에 대한 관념을 지닌다고 말할 수 있다. 하지만 내가 보는 바는 한 마리 기린이지 어떤 관념이 아니다. 내가 만일 정원 끝에 서 있는 낙엽송에 관하여 생각한다면 마찬가지로 나는 그 나무에 대한 관념을 지닌다고 말할 수 있다. 하지만 내가 지금 생각하는 바는 그 나무이지 그것에 대한 관념이 아니다. 분명히 나는 그런 관념에 대하여 생각할 수도 있다. 예를 들면 나는 그 관념이 다소 흐릿하다고 생각할 수 있지만 이는 전혀 다른 종류의 생각이며 관념에 대한 생각이지 나무에 대한 생각이 결코 아니다. 즉 이렇게 생각하면서 나는 그 나무가 다소 흐릿하다고 생각하는 것이 아니다. 관념에 대하여 이런 방식으로 말해야 한다면 관념은 우리가 그것과 **더불어** 생각을 전개하는 것이 되며 일반적으로 우리가 그것에 **관하여** 생각하는 대상은 아닌 셈이 된다.

이렇게 보면 위에서 인용한 《인간 지식 원리론》의 첫 대목은 결론에 이르기 위하여 상당히 긴 논증을 필요로 하는 관념론을 이미 전제하고 있다. 관념론은 정신적 작용과 그것의 대상을 처음부터 혼동하는 대목에서도 은연중에 드러난다. 버클리가 이런 비판이 제기되리라는 사실을 몰랐다고 말할 수는 없다. 《하일라스와 필로누스의 세 대화편》 중 첫 번째 대화의 끝부분에서 하일라스는 대상과 감각을 구별하면서 다음과 같이 말한다.

> 나는 감각을 정신의 지각 작용 중 하나로 여긴다. 이와 더불어 지각되는 무언가가 존재하는데 나는 이를 **대상**이라고 부른다. 예를 들어 어떤 튤립이 빨간색과 노란색을 띤다고 하자. 하지만 그런 색을 지각하는 작용은 오직 나의 안에 있는 것이지 튤립 안에 있는 것이 아니다(*BPW*, 158).

필로누스는 이런 주장을 매우 모호한 방식으로 부정한다. 그는 '작용'(act)이라는 용어를 꼬투리 잡아 감각은 — 예를 들면 튤립의 냄새를 맡는 것은 — 능동적(active)이 아니라 수동적인 일이라는 주장을 펼친다.

이런 주장 자체도 의심스럽지만 어쨌든 하일라스는 자신의 구별을 옹호하기 위하여 논쟁을 벌일 필요가 없다. 그가 해야 할 바는 기껏해야 '정신 안에서 일어나는 사건'을 '정신의 작용'이라는 표현으로 대체하는 것뿐이다. 하지만 필로누스는 모호한 용어 '지각'을 마찬가지로 모호한 용어 '관념'으로 대체함으로써 자신의 결론을 밀어붙이고, 지각의 대상이 지각의 **일부**임을 거리낌 없이 당연시한다(*BPW*, 159).

만일 우리가 오직 관념만을 인식할 수 있다면 그리고 만일 관념들이 오직 정신 안에만 존재할 수 있다면 버클리는 그리 어렵지 않게 우리가 존재한다고 인식하는 모든 것은 신의 정신 안에 들어있다는 결론에 도달한다.

> 내가 감각 가능한 것들이 정신의 외부에 존재한다는 점을 부정할 때 여기서 정신은 특별히 나의 정신이 아니라 모든 정신을 의미한다. 이제 이런 것들이 나의 정신 외부에 존재한다는 점은 명백하다. 왜냐하면 나는 경험을 통하여 이들이 나의 정신과는 무관하다는 점을 발견하기 때문이다. 따라서 내가 이들을 지각하는 시간 사이의 간격 동안 이들이 계속 존재하려면 다른 어떤 정신이 필요하다. 내가 태어나기 이전과 어쩌면 내가 죽은 후에 대해서도 마찬가지로 생각할 수 있다. 동시에 이는 다른 모든 유한한, 창조된 정신에 대해서도 참이므로 이로부터 항상 어디에나 있으며, 영원한 정신이 존재하는데 이 정신은 모든 것을 인식하고 파악한다는 사실이 필연적으로 도출된다.[5]

《하일라스와 필로누스의 세 대화편》 중 마지막 대화에서 버클리는 필로누스에게 유한한 또는 무한한 정신 안에 존재하는 것은 오직 관념뿐이라는 주장이 세계에 대한 우리의 상식적 신념과 완벽하게 양립할 수 있다는 점을 보이라는 임무를 부여한다. 그리고 여기에는 일상 언어에 대한 근본적인 재해석이 포함된다. 물질적 실체에 관한 언급은 관념들의 집합에 관한 언급으로 번역되어야 한다. 예를 들면 버찌는 감각적 인상들 또는 다양한 감각을 통하여 지각한 관념들의 집합에 지나지 않는다(*BPW*, 211). 필로누스는 이런 일이 물질적 실체를 스스로 운동하지 못하는 로크적인 실체로 해석하여 언급하는 것보다 훨씬 더 쉽다고 주장한다. '실재하는 것은 내가 감각을 통해서 보고, 느끼고, 지각하는 바로 그런 것들이다. … 예를 들면 나의 위 안에 있는, 감각 가능한 조각 빵이 당신이 말하는, 감각할 수 없고 파악할 수 없지만 실재하는 빵보다 몇 만 배나 더 확실하다' (A, 192). 버클리는 오직 자신의 현상

[5] 신의 존재에 대한 버클리의 증명은 10장에서 더욱 상세히 살펴볼 예정이다.

론적 체계를 통해서만 우리가 진정으로 눈은 희며 불은 뜨겁다고 말할 수 있다고 확신한다.

그렇다면 물질적 실체는 다양한 감각을 통해서 감각 가능한 관념들의 집합, 즉 서로 항상 결합되므로 우리의 정신이 하나의 단위로 여기는 집합이라고 할 수 있다. 버클리는 이런 주장이 과학적 도구의 사용이나 자연법칙의 형성과도 완벽하게 들어맞는다고 생각한다. 자연법칙은 사물들 사이의 관계가 아니라 현상들, 즉 관념들 사이의 관계를 언급한다. 그리고 과학적 도구는 우리가 새로운 현상을 이전의 낡은 현상과 연결하는 데 도움을 준다. 설령 우리가 현상과 실재를 구별하더라도 이를 통하여 실제로 행하는 바는 더욱 생생한 관념과 덜 생생한 관념을 대비하고, 우리의 관념에 동반되는 서로 다른 정도의 자발적 통제 능력을 비교하는 것일 뿐이다. 숨겨진 실재 따위는 존재하지 않으며 모든 것은 현상에 지나지 않는다. 이것이 바로 '현상론'으로 불리는 이론의 핵심 주장이지만 '현상론'이라는 용어 자체는 19세기에 이르러서야 사용되기 시작했다.

라이프니츠와 버클리는 모두 물질적 세계를 실재가 아닌 현상의 영역에 속한다고 보는 점에서 현상론자이다. 하지만 이들은 현상의 본질과 현상의 배후에 놓인 원인에 관하여 서로 다른 설명을 제시한다. 경험론자인 버클리는 관념을 무한히 분할할 수 없다고 생각한다. 왜냐하면 감각을 통하여 무언가를 정확히 식별하는 우리의 능력은 유한하다는 한계를 지니기 때문이다. 반면 합리론자인 라이프니츠는 이런 식의 원자론을 거부한다. 그에 따르면 현상적 세계는 기하학과 산술을 통해서 드러나는 속성을 지닌다. 현상의 본성에 대한 이런 차이는 현상을 지속시키는 원인에 대한 차이로 이어진다. 라이프니츠는 배후의 실재가 무한히 많은, 살아 있는 모나드라고 생각한 반면 버클리는 그것이 모든 것을 파악하는, 유일한 신이라고 생각한다.

인과성에 관한 흄의 견해

이들 두 철학자의 체계 중 어떤 것도 결국 신뢰받지 못했는데 그것은 이들의 천재성이 부족했기 때문이 아니다. 이들 각각의 결함은 오히려 동일한 근거에서 시작되는 듯하다. 즉 관념에 대한 혼란스러운 인식론에서 시작되는데 이는 합리론자들에게는 데카르트가, 경험론자들에게는 로크가 남긴 유산이기도 하다. 이런 인식론이 낳은 결과를 가장 적나라하게 드러내는 철학자는 흄이다. 널리 알려진 그의 견해, 즉 모든 것은 단지 관념과 인상들의 결합일 뿐이라는 견해는 터무니없이 황당한 주장에 지나지 않는다. 하지만 흄은 이런 철학 체계가 자신에게 부과한 큰 어려움과 여러 제한에도 철학에 매우 중요한 기여를 했다는 점에서 천재성을 여실히 드러낸다. 그리고 그의 천재성이 가장 명확하게 드러나는 대목은 인과성을 다룬 부분이다.

흄 이전의 여러 철학자들은 대체로 원인에 관한 다음의 명제들을 받아들였다.

1. 모든 우연적 존재들에게는 반드시 원인이 있어야 한다.
2. 원인과 결과는 서로 유사해야 한다.
3. 어떤 원인이 전제되면 그것의 결과는 필연적으로 따라 나와야 한다.

처음 두 명제는 아리스토텔레스주의를 지지한 철학자들과 반대한 철학자들이 모두 받아들인 공통의 근거였다. 아리스토텔레스가 제시한 동력인의 전형적인 예는 생물의 생식과 네 원인의 작용에 관한 것이었다. 모든 동물에게는 부모가 있으며 부모와 자식은 서로 유사하다. 개는 개를, 고양이는 고양이를 낳는다. 일반적으로 같은 것은 같은 것을 낳는다. 불은 타오르며, 물은 축축하게 만든다. 즉 뜨거운 것은 다른 것을 뜨겁게 만들며, 축축한 것은 다른 것 또한 축축하게 만든다. 다시 한 번 같은 것은 같은 것을 낳는다. 근대

초의 철학자들은 인과 관계를 드러내는 더욱 섬세한 다른 예들을 제시했지만 이들도 계속 명제 (1)과 (2)를 받아들였다.

세 번째 명제는 결코 이렇게 간단한 문제가 아니다. 스피노자는 '명확한 원인이 주어지면 결과는 필연적으로 따라 나온다' 고 말했으며(E I,3), 홉스는 어떤 상황에서 모든 인과적 요소들이 등장한다면 '그에 따른 결과가 산출된다는 점을 받아들이지 않을 수 없다' 고 주장했다. 하지만 아리스토텔레스는 스피노자나 홉스 정도로 결정론의 관점을 택하지 않았으며, 자연적 원인과 이성적 원인을 구별했다. 그에 따르면 불과 같은 자연적 원인은 '오직 하나만을 행하도록' 결정된다. 반면 인간과 같은 이성적 원인은 자신의 능력을 두 가지 방식으로 드러낼 수 있다. 즉 자신의 능력을 발휘할 수도 있고 의도적으로 발휘하지 않을 수도 있다. 하지만 어떤 경우든 간에 아리스토텔레스는 원인과 필연성의 개념을 서로 연결하려 한다. 이성적 능력의 소유자가 그것을 발휘하려 할 경우에도 필연적으로 그렇게 한다고 본다.[6]

흄은 위에서 제시한 세 명제 모두를 완전히 부정하려 한다. 그는 인과성을 드러내는 대표적인 예를 바꿈으로써 이런 작업에 착수한다. 그는 원인의 전형적인 예가 행위자가 (개나 난로 같은) 아니라 사건이라고 (당구공이 당구대 위를 굴러가는 것과 같은) 생각한다. 하지만 그는 원인과 결과를 '대상' 이라고 말함으로써 이렇게 전형적인 예를 바꾼 일을 교묘하게 숨긴다. 엄밀하게 말하자면 흄이 생각하는 세계에서 일어날 수 있는 유일한 사건은 오직 관념 및 인상의 발생뿐이다. 하지만 다행스럽게도 이 규칙은 인과성에 관한 논의에서 항상 주목의 대상이 되지는 않는다. 이 논의에 확고하게 적용되는 규칙은 원인과 결과가 서로 독립적으로 확인되는 두 사건이라는 것이다.

인과성에 관한 전통적인 설명을 공격하면서 흄은 우선 존재하기 시작하는 모든 것은 존재의 원인을 지녀야만 한다는 주장을 거부한다.

[6] G. E. M. Anscombe, 'Causality and Determination', in *Metaphysics and the Philosophy of Mind* (Oxford: Blackwell, 1981), 133~47면 참조.

> 모든 판명한 관념들이 서로 분리 가능하며 원인과 결과의 관념 또한 판명한 관념임에 틀림없으므로 우리는 원인 또는 생성의 원리라는 판명한 관념을 도입하지 않고도 이 순간에 존재하지 않다가 바로 다음 순간에 존재하는 어떤 대상을 손쉽게 상상할 수 있다(*T*, 79).

관념들이 분리될 수 있으므로 대상 또한 마찬가지이다. 따라서 어떤 원인도 없이 현실적으로 존재하기 시작하는 존재가 있다는 가정은 아무런 모순도 일으키지 않는다. '원인'과 '결과'가 '남편'과 '아내'와 마찬가지로 상관관계를 나타내는 용어임은 명백하다. 모든 남편에게 아내가 있듯이 모든 결과에는 원인이 있어야 한다. 하지만 이 사실이 모든 사건에 원인이 있어야만 함을 의미하지는 않으며 이는 모든 남자가 반드시 결혼해야 하지 않음과 마찬가지이다.

어떤 원인도 없이 존재하게 되는 무언가를 상상하는 일이 전혀 불합리하지 않다면 어떤 특정한 종류의 원인이 없이 존재하게 되는 무언가를 상상하는 일은 더욱더 불합리하지 않다. 흄은 어떤 것이든 다른 어떤 것이라도 낳을 수 있다고 말한다. 같은 것이 같은 것을 낳는다고 믿어야 하는 논리적 근거는 존재하지 않는다. '대상들이 서로 모순되지만 않는다면 아무것도 이들을 서로 전적으로 의존하는 원인과 결과라는 관계로 계속 연결하는 것을 막지 못한다'(*T*, 173). 어떤 특정한 원인으로부터 생기는 수많은 서로 다른 결과를 논리적으로 생각할 수 있기 때문에 오직 경험을 통해서만 실제 발생하는 결과를 예상할 수 있다. 하지만 어떤 근거에서 그것이 가능한가?

이제 흄은 원인과 결과를 판단하는 자신의 세 규칙을 제시한다.

1. 원인과 결과는 시간, 공간상 근접해야 한다.
2. 원인은 결과에 앞서야 한다.
3. 원인과 결과 사이의 결합이 계속 이어져야 한다(*T*, 173).

이들 중 세 번째 규칙이 가장 중요하다. '근접성과 연속성이라는 두 관계가 서로 다른 경우들에서 계속 유지되는 것을 지각하지 못한다면 이 두 관계만으로는 어떤 두 대상을 원인과 결과라고 말하기에 충분하지 않다.' 하지만 이로부터 어떻게 더 이상 전진할 수 있는가? 만일 인과 관계가 어떤 한 경우에서 발견되지 않는다면 어떻게 이어지는 다른 경우에서 발견되리라고 예상할 수 있는가?

이에 대하여 흄은 계속 이어지는 연결을 관찰함으로써 **우리의 정신 안에** 새로운 인상이 형성된다고 답한다. 우리는 A에 뒤따라 B가 발생하는 충분히 많은 경우를 관찰하게 되면 그 다음에 A를 접할 때 바로 B를 떠올리는 일종의 성향을 얻게 된다. 이것이 바로 앞에서 소개한, 인과성에 관한 전통적인 명제 중 세 번째에서 등장하는 필연적 연결이라는 관념의 근원이다. 필연성이란 '단지 정신의 내적인 인상 또는 우리의 사고를 어떤 대상으로부터 다른 대상에로 옮기려는 성향에 지나지 않는다.' 이런 설명을 통하여 흄은 선행하는 인상이 없이는 관념도 존재할 수 없다는 자신의 주장을 다시 한 번 확인한다. 원인이 등장하면 결과를 기대하게 되는 것은 습관적인 결합에 의해서 형성된 일종의 인상이며 필연적 연결이라는 관념의 근거로 작용하는 인상이기도 하다.

흄은 인과성을 두 가지로 정의함으로써 논의를 요약한다. 첫 번째 정의는 다음과 같다. 원인은 '다른 대상에 앞서며 그것에 근접한 대상으로서, 이때 원인과 유사한 모든 대상은 결과와 유사한 모든 대상과 우선성과 근접성이라는 유사한 관계를 맺게 된다.' 이 정의에서는 필연적 연결에 관한 내용은 전혀 등장하지 않으며 정신의 활동도 전혀 언급되지 않는다. 따라서 더욱 명확한 철학적 분석을 시도하려면 두 번째 정의로 눈을 돌려야 한다. 두 번째 정의에 따르면 원인은 '다른 대상에 앞서며 그것에 근접한 대상인데, 원인에 속하는 대상의 관념이 결과에 속하는 대상의 관념을 정신 안에 형성하도록 결정하는 상상력을 통해서 대상은 다른 대상과 결합된다. 그리고 전자의 인상은 후자에 대한 관념을 더욱 생생하게 만든다' (*T*, 170, 172).

하지만 이런 두 정의 모두에서 문제점이 발견된다. 우선 두 번째 정의를 검토해 보자. 여기서는 정신이 다른 어떤 관념의 존재에 의해서 어떤 관념을 형성하도록 '결정된다' 는 언급이 등장한다. 그런데 '결정' 은 '인과성' 과 크게 다르지 않기 때문에 여기서 일종의 순환론이 등장하는 것이 아닌가? 흄이 필연적 인과성에 관한 이론이 자연적 필연성뿐만 아니라 도덕적 필연성에도, 물리적 인과성뿐만 아니라 정신적 인과성에도 적용된다고 가정한다는 점을 떠올리면 더욱 그렇다. 이제 첫 번째 정의로 눈을 돌리면 여기서는 유사성의 개념을 더욱 엄밀히 검토할 필요가 있다. 흄의 정의를 곧이곧대로 받아들이면 내 어린 아들이 키우는 흰 쥐가 자기 집 안에서 치즈 조각이 사라지게 한 원인이라는 식의 주장을 거부해야 할지도 모른다. 왜냐하면 모든 흰 것들은 아들의 쥐와 유사하지만 모든 흰 것들이 치즈를 사라지게 하지는 않기 때문이다. 따라서 유사성의 개념이 인과적 개념들과 전혀 암묵적인 관련도 없이 적절하게 정의되었는지는 (특히 자연적 종류의 사물과 관련해서) 반드시 짚고 넘어가야 한다.

칸트의 대응

인과성에 관한 흄의 설명은 철학적으로 철저한 검토의 대상이 되었으며 충분히 그럴만한 가치를 지닌다. 칸트는 시간적 연속이 인과성을 정의하는 데 사용될 수 있다는 생각을 비판하면서 이와는 반대로 오히려 우리가 시간상의 순서를 규정하기 위하여 인과적 개념들을 사용한다고 주장한다. 더욱 최근에도 원인이 없이 어떤 것이 존재하기 시작할 수 있는지 그렇지 않은지가 문제시되었다. 여기서도 마찬가지로 우리가 언제 사물들이 시작되는지를 규정하기 위하여 인과적 개념들을 사용한다는 점이 설득력 있게 제시된다.[7] 하지만 흄은 인과성에 관한 철학적 논의에 완전히 새로운 접근 방식을 도입했으며, 이런 논의 주제는 오늘날까지도 그가 제시한 대로 계속 유지된다.

흄에 대한 칸트의 대응은《순수이성비판》중 원칙들의 체계를 논의하는 부분에서 등장하는데 이 절에는 내용을 파악하는 데 그다지 도움이 되지 않는 '경험의 유추'라는 제목이 붙어 있다. 이 절의 목적은 오직 우리의 지각들 사이에 필연적 연결이 발견될 경우에만 경험이 성립 가능하다는 주장을 확립하는 것이다. 이에 대한 증명은 세 단계로 이루어지는데 칸트는 이를 각각 제일, 제이, 제삼유추라고 부른다. 처음 두 유추의 내용은 다음과 같다. (a) 만일 내가 어떤 경험이라도 지니려 한다면 나는 객관적 영역에 관한 경험을 지녀야 하며 이는 지속하는 실체를 포함해야만 한다. (b) 만일 내가 어떤 객관적 영역에 관한 경험을 지니려 한다면 나는 인과적으로 질서 지어진 실체에 관한 경험을 지녀야만 한다. 이들 각 단계는 시간에 대한 우리의 의식을 성찰하는 데서 출발한다. 첫 단계에서 시간은 지속으로, 그 다음 단계에서는 연속으로 간주된다. 처음 두 유추에서 제시된 논증을 보충하는 형태로 등장한 제삼유추는 시간상의 공존을 검토하는 것으로부터 시작된다. 같은 시간에 각각 존재하는 서로 구별되는 대상들은 공간상 공존해야 하는데, 이렇게 공존하기 위하여 이들은 상호 작용의 체계를 형성해야 한다.

칸트는 시간 자체는 지각될 수 없다는 점을 지적함으로써 논의를 시작한다. 경험의 독립적인 원자로 여겨지는 순간적인 감각에서 그 감각이 언제 일어났는지 또는 그것이 다른 어떤 내부적인 사건 이전에 일어났는지 아니면 이후에 일어났는지를 알려 주는 것은 아무것도 없다. 그렇다면 우리는 오직 이런 현상들을 어떤 영속적인 토대와 관계 지을 경우에만 시간을 의식할 수 있다. 더욱이 만일 단순한 연속과 반대되는 진정한 변화가 성립하려면 처음에는 이랬다가 후에는 다르게 되는 무언가가 존재해야만 한다. 하지만 우리

[7] G. E. M. Anscombe, 'Times, Beginnings and Causes', in *Metaphysics and the Philosophy of Mind* (Oxford: Blackwell, 1981), 148~62면 참조.

의 경험이 이런 영속적인 요소를 제공할 수는 없다. 왜냐하면 경험 자체가 끊임없이 변화하기 때문이다. 따라서 객관적인 무언가가 영속적인 요소를 제공해야 하는데 우리는 이를 '실체'라고 부른다. '시간상의 모든 존재와 시간상의 모든 변화는 단지 계속 유지되고 존속하는 무언가가 존재하는 방식으로 여겨져야 한다'(A, 184).

제일유추의 결론이 충분히 명확하지는 않다. 칸트는 자신이 변화하는 경험의 배후에 놓여 있는, 단일한 영속적인 것이 — 양적으로 변화하지 않고 계속 유지되는 물체와 같은 무언가가 — 틀림없이 존재한다는 점을 보여 주었다고 생각하는가? 아니면 그의 결론은 단지 최소한 어떤 영속적인 것, 예를 들면 우리가 일반적으로 바위나 나무가 그렇게 존재한다고 생각하듯이 순간을 넘어서서 지속하는 객관적인 실재가 틀림없이 존재한다는 점을 보여 줄 뿐인가? 경험주의적 원자론을 반박하기 위해서는 후자의, 다소 약한 결론만으로도 충분하다.

제이유추는 단순한 관찰에 기초하는데, 칸트는 이런 관찰의 중요성을 파악한 최초의 철학자이다. 만일 내가 가만히 서서 강을 따라 배가 나아가는 모습을 지켜 본다면 나는 서로 다른 광경을 연속해서 보는 셈이 된다. 배는 처음에는 상류에 있었다가 후에는 하류에 있게 된다. 하지만 내가 어떤 집을 볼 경우도 이와 마찬가지로 나의 경험에는 일종의 연속이 이루어진다. 처음에 나는 지붕을 보다가 그 다음에는 위층과 아래층을, 마지막에는 지하층을 보게 된다. 이런 경우 단지 주관적으로 이루어지는 현상들의 연속과 (즉 내가 집의 여러 부분을 보는 것) 변화를 객관적으로 관찰하는 일은 (즉 배가 나아가는 운동을 보는 일) 과연 어떻게 구별되는가? 전자의 경우에서는 내가 지각의 순서를 마음대로 바꾸는 것이 가능하지만 후자의 경우에서는 불가능하다. 따라서 오직 어떤 필연적인 인과적 질서를 도입할 경우에만 이런 구별의 기초를 제공할 수 있다.

이 그림은 캘커타의 윌리엄 요새(Fort William)를 묘사한 18세기 작품인데, 우리는 여기서 무엇이 정지 상태에 있으며 무엇이 움직이는지를 쉽게 알 수 있다. 하지만 칸트는 무엇이 우리에게 이런 사실을 알려 주는지를 묻는다.

> 어떤 것도 한 사건보다 앞서 일어나지 않으며 구칙에 따라 그 사건으로부터 따라 나온다고 가정해 보자. 그렇다면 지각상의 모든 연속은 단지 우리의 통각에 의해서 규정될 뿐이며 따라서 단지 주관적일 것이다. 이 경우 어떤 지각이 실제로 먼저 발생하며 어떤 지각이 나중에 발생하는지를 규정할 아무런 방법도 없다. 따라서 우리는 어떤 대상과도 관련되지 않는 인상의 유희만을 얻을 뿐, 우리의 지각에서 한 현상과 다른 현상을 시간상으로 구별할 수 없을 것이다(A, 194).

이를 통하여 칸트는 우리가 사건들 사이에 시간상의 연속성을 먼저 지각한 후 사건 중 하나를 원인으로 다른 하나를 결과로 여기게 된다는 흄의 생각이 심각하게 잘못되었음을 보여 준다. 실상은 흄의 생각과 정반대이다. 원인과 결과라는 관계가 없다면 시간상의 질서를 확립할 수 없다. 칸트는 계속해서 설령 이런 질서를 확립하더라도 순전히 시간상의 연속만으로는 인과성을 설명하기에 충분하지 않다고 주장한다. 왜냐하면 원인과 결과가 동시에 발생할 수도 있기 때문이다. 이미 오래전 아우구스티누스는 발이 발자국의 원인이지 그 반대는 결코 아니라고 말했다. 그리고 칸트는 그와 한목소리를 내면서 무거운 공을 쿠션 위에 놓자마자 쿠션은 공의 모양대로 움푹 들어가게 되는데 이때 공이 원인이고 움푹 들어간 자국은 결과라고 말한다. 우리가 이를 알게 되는 까닭은 그런 공은 모두 자국을 만들지만 모든 자국이 공 때문에 생기는 것은 아니기 때문이다.

제삼유추는 제이유추와 같은 지점에서 출발하지만 정반대되는 방향으로 나아간다.

> 나는 달을 먼저 지각한 후 지구를 지각할 수도 있고 아니면 반대로 지구를 먼저 지각한 후 달을 지각할 수도 있다. 이런 대상들에 대한 지각은 얼마든지 서로 순서를 바꾸어 이루어질 수 있기 때문에 나는 이런 대상들이 공존한다고 말한다(B, 258).

하지만 이런 지각들 자체에는 이들 사이의 순서가 바뀔 수도 있다는, 즉 이들이 서로 공존한다는 사실을 알려 주는 요소는 아무것도 없다. 이로부터 칸트는 어쩌면 다소 성급하게 다음과 같이 결론짓는다. '따라서 실체들이 공간상 서로 공존한다는 사실은 실체들 사이의 상호 작용을 전제하지 않는 한 결코 경험을 통해서 인식되지 않는다' (B, 258).

칸트가 제시한 유추들의 세부 내용에 대하여 다양한 비판이 제기될 수 있겠지만 이들이 시간과 인과성 사이의 관계가 흄이 생각했던 것보다 훨씬 복잡하다는 사실과 실체의 개념을 제거하려는 버클리의 시도가 이런 시도와 더불어 현상들 사이의 질서 있는 연속, 즉 그가 자신의 관념론 안에서 참된 세계의 영역을 확보하기 위하여 주장했던 내용까지도 파괴한다는 사실을 분명히 밝혔다는 점에는 의심의 여지가 없다.

칸트가 《순수이성비판》에서 경험에 의해서 제한된 세계와 무관한 지식을 주장하는 것이 얼마나 무익한지를 보이려고 애썼던 반면 헤겔은 특히 《정신현상학》에서 절대적인 것에 관한 무제한적인 지식을 제공하는 형이상학의 권위를 확립하려 했다. 어떤 의미에서 헤겔의 관념론은 형이상학적 사변의 정점으로 여겨지기 때문에 형이상학에 반대하는 철학자들은 자주 그의 저술 중 일부를 발췌하여 형이상학적 체계가 지닐 수밖에 없는 모호함과 무익함의 대표적인 예로 제시했다. 그리고 이 장에서 다루어 온 인식론과 관련되는 어떤 통찰을 드러내는 대목을 그의 저술에서 선택하여 인용하기란 지극히 어려운 일이다. 그 까닭은 헤겔의 천재성이 부족하기 때문이 아니라 그의 사상을 지배하는 전체론적인 특성 때문이다. 헤겔은 모든 단계에서 각각의 부분들은 오직 전체의 일부로서만 파악될 수 있다고 주장한다. 만일 부분과 전체 세계 사이의 관계를 이해하지 못한다면 우리는 가장 작은 부분에 대해서조차 어떤 진정한 지식도 지닐 수 없다. 전체 진리가 없이는 어떤 진리도 성립하지 않는다. 그의 몇몇 저술은 황금과도 같은 통찰을 캐내는 채석장의 역할을 할 수 있을지도 모르지만 그의 형이상학적 체계는 전체를 다루거나 아니면 아예 다루지 않는 편이 낳을 듯하다.

데카르트에서 헤겔에 이르는 시기는 다양한 형이상학적 체계가 구축된 위대한 시대였다. 중세에도 수많은 천재적인 형이상학자들이 등장했지만 이들은 자신들이 어떤 새로운 체계를 창조한다기보다는 교회나 아리스토텔레스라는 천재의 가르침을 통해서 이미 주어진 체계를 조금 개선했다고 여겼다. 반면 데카르트와 스피노자, 칸트와 헤겔은 자신들이 인식 가능한 모든 근본적 진리를 조화시킬 수 있는 완전한 체계를 최초로 제시했다고 생각했다. 이들 중 누구의 체계도 이런 거대한 임무에 성공했다고 말하기는 어렵지만 이들의 영웅적인 실패로부터 배울 점이 많다는 것은 명백하다.

유럽 대륙과 영어권에서 서양철학이 서로 대립하는 여러 전통으로 나뉘었던 19세기와 20세기를 살펴보면 중세와 같은 유형을 채택했던 전통도 발견되고 근대 초 형이상학자들과 같은 태도를 보인 다른 전통도 발견된다. 독일과 프랑스에서 철학자들은 계속해서 이전 철학자들을 체계를 대신할 만한 새로운 체계를 창조하는 일을 자신들의 임무로 여겼다. 영국과 미국에서는 대부분의 철학자들이 자연과학자들의 저술과 우리가 매일 사용하는 언어를 통해서 드러나는 구조에 포함된 특별한 요소들을 해명하고 수정하려는 태도를 보였다. 하지만 많은 철학자들은 이런 두 전형에 의해서 일방적으로 평가받는 데 저항하기도 했다. 어떤 전형에서 생겨난 압박이든 간에 이를 피하는 최선의 방법은 철학사를 긴 안목으로 탐구하는 것이다.

7장

정신과 영혼

정신에 관한 데카르트의 견해

근대 초 철학의 여러 영역 중 가장 의미 있고 중요한 발전이 이루어진 분야는 심리철학이었는데 이런 발전은 특히 데카르트의 저술에 힘입은 바 크다. 데카르트의 자연학은 큰 영예를 누리지 못하고 단명한 반면 데카르트의 심리학은 널리 전파되었을 뿐만 아니라 오늘날에도 그의 저술을 한 번도 접해 본 일이 없거나 그의 체계를 명백히 거부하는 많은 학자들의 사고에까지도 여전히 강력한 영향을 미치고 있다.

데카르트는 정신과 육체 사이의 경계를 새롭게 확립했고, 정신적인 것을 특징짓는 새로운 방식을 도입했다. 그의 시대 이래로 심리학을 중세나 르네상스 시대의 아리스토텔레스주의 철학자들이 채용한 것과는 전혀 다른 방식으로 구성하는 것은 철학자들과 과학자들 사이에서 자연스러운 일이 되었다.[1] 데카르트의 체계는 심지어 인간 본성과 자연 세계에 관한 일상적인 사고에도 영향을 미쳤다.

아리스토텔레스주의자들은 정신을 인간과 다른 동물을 구별해 주는 일종의 능력 또는 능력들의 집합으로 여겼다. 말 못하는 동물들도 인간이 지닌 능력을 지니며 인간과 유사한 활동을 한다. 개나 소, 돼지도 우리와 마찬가

[1] 이 철학사 2권, 7장 참조 — 우리말 번역에서는《중세철학》, 7장 정신과 영혼 참조. 원서에는 8장으로 표시되었는데 이는 명백한 잘못이므로 옮긴이가 바로잡았다〔후반부는 옮긴이의 첨가〕.

지로 보고, 듣고, 느낀다. 이런 동물들은 인간과 마찬가지로 감각 능력 또는 능력들을 지닌다. 하지만 오직 인간만이 추상적인 사고를 하고 이성적 결정을 내린다. 인간은 지성과 의지를 지닌다는 점에서 다른 동물들과 구별된다. 아리스토텔레스주의자들이 인간 정신의 본질에 해당된다고 여긴 것은 바로 이 두 능력이다. 지적인 활동은 어떤 특별한 의미에서 비물질적인 반면 감각은 물질에 해당하는 육체가 없이는 불가능하다.

데카르트와 그의 추종자들은 정신과 물체 사이의 경계를 다른 방식으로 설정한다. 이들은 정신적인 것을 정의하는 기준이 지성이나 이성적임이 아니라 의식이라고 주장한다. 인간의 내부를 보여 주는 것이면 무엇이든 정신의 영역에 포함된다. 따라서 정신은 인간의 지성이나 의지 활동뿐만 아니라 인간이 무언가를 보고나, 듣거나, 느끼는 활동과 쾌락 및 고통까지도 포함한다. 데카르트에 따르면 모든 형태의 인간 경험에는 물질적인 요소, 즉 육체의 원인, 표현, 구조 등과 단지 우연적으로 연결되는 현상적 구성 요소가 아닌 정신적인 요소가 포함된다.

이전의 아리스토텔레스주의 철학자들과 마찬가지로 데카르트도 정신이 인간을 다른 동물과 구별해 주는 바라고 생각한다. 하지만 그는 전혀 다른 근거에서 이렇게 생각한다. 아리스토텔레스주의자들은 정신을 오직 지적인 영혼으로 한정하면서 오직 인간만이 이런 능력을 소유한다고 본 반면 데카르트는 정신을 감각에까지 확장하면서 오직 인간만이 진정한 감각을 지닌다고 주장한다. 인간이 지닌, 감각을 동반하는 육체적 장치는 동물의 육체에서도 발견될지 모른다. 하지만 동물의 경우 고통과 같은 현상은 어떤 의식도 동반하지 않는, 순전한 기계적 사건에 지나지 않는다.

동물을 단순한 기계로 여기는 데카르트의 생각에는 그리 많은 사람들이 동조하지 않았지만 정신을 정의하는 특성을 이성적임에서 의식으로 대체한 그의 주장에는 많은 사람들이 동의했다. 그리고 이는 정신에 특별한 사적인 공간을 부여하는 결과를 낳았다. 언어 사용자의 특징인 지적 능력은 어떤 특별한 사적 영역도 전제하지 않는다. 내가 양자물리학을 이해하는지 그렇지 않은지 또는 나의 동기가 야심인지 그렇지 않은지에 대하여 나보다 다른 사람이 더 잘 알 수도 있다. 반면 만일 내가 어떤 사람이 무엇을 경험했는지 알고 싶어 한다면 나는 그가 한 말에 특별한 지위를 부여해야 한다. 만일 상대가 자신이 보고 들은 바 또는 자신에 대하여 상상하거나 언급하는 바를 말한다면 상대가 말하는 바는 결코 잘못일 수 없다. 물론 그의 말이 반드시 참일 필요는 없다 — 상대방이 거짓말을 하거나 자신이 사용하는 단어의 의미를 오해할 수도 있다. 하지만 상대방의 발언 자체가 오류를 범할 수는 없다. 따라서 경험은 의심 불가능성이라는 일종의 속성을 지니는데 데카르트는 바로 이 속성을 사고의 본질적인 특성으로 여기며 자신의 인식론 체계의 기초로 사용했다.[2]

데카르트가 이런 혁명적인 변화를 이끈 방식을 살펴보려면 다시 '제이성찰'로 되돌아가야 한다. 자신이 존재한다는 점을 만족스럽게 증명하고 난 후 데카르트는 계속해서 다음과 같이 묻는다. '나는, 존재한다는 사실을 인식하는 나는 무엇인가?' 그리고 이에 대하여 곧바로 나는 사고하는 존재(res cogitans)라고 대답한다. '사고하는 존재란 무엇인가? 그것은 회의하고, 이해하고, 생각하고, 긍정하고, 부정하고, 원하고, 거부하고 또한 상상하고 감각하는 존재이다'(AT VII.28; *CSMK* II.19). 항상 그렇듯이 데카르트가 사용하는 '사고'라는 용어는 넓은 의미로 이해되어야 한다. 사고는 항상 이렇게 또는 저렇게 생각하는 것만을 의미하지는 않으며, 여기에는 지적인 성찰뿐만 아니라 의지 작용, 감각 그리고 감정 등이 모두 포함된다. 데카르트 이전의 어떤 철학자도 사고라는 용어를 이렇게 넓은 외연을 지닌 것으로 사용하지 않았지만 데카르트는 자신이 이 용어의 의미를 변경했다고 생각하지 않는다. 그가 일반적으로 사고로 여겨지지 않는 요소들을 사고에 포함시킨

[2] 4장 참조.

까닭은 이들이 사고의 가장 중요한 특성으로 간주되는 것, 즉 직접적인 의식이라는 특성을 지니기 때문이다. '사고라는 용어를 통하여 나는 우리 안에서 우리가 직접 의식하는 모든 것을 의미한다' (AT VII.160; *CSMK* II.113).

이제 데카르트가 사고하는 존재의 특징으로 나열하는 활동들을 검토해 보자. 그는 아리스토텔레스주의자들과 마찬가지로 이해와 개념의 형성 — 개념을 원활히 적용하고 명확한 사고를 행하는 일 — 을 지성의 작용으로 꼽는다. 따라서 명석한 동시에 판명한 사고와 지각은 지성이 탁월하게 작용한 결과이다. 그 다음 요소인 긍정과 부정 또한 데카르트 이전에는 지성의 작용으로 여겨진 듯하다. 하지만 데카르트는 판단을 내리는 일은 지성이 아니라 의지의 임무로 생각한다. 예를 들면 '115+28=143' 이라는 명제를 이해하는 것은 지성의 지각이다. 하지만 이 명제가 참이라고 판단하는 것은, 즉 115 더하기 28은 143이라는 점을 실제로 긍정하는 것은 의지의 작용이다. 지성은 오직 어떤 관념의 내용을 제공할 뿐이며 이에 대한 판단을 내리는 것은 의지이다(AT VII.50; *CSMK* II.34). 자신의 사고를 정신이 스스로 의식하는 일은 판단의 경우에 속하지 않는다. 관념과 실재하는 세계 사이의 관계에 긍정하거나 부정하지 않고 단지 관념 또는 일련의 관념들을 갖기만 하는 것은 판단을 내리는 것이 아니다. 그렇다면 데카르트의 목록에서 '긍정하고 부정하는 것' 은 그 앞에 등장하는 '이해하고 생각하는 것' 보다는 오히려 그 다음에 등장하는 '원하고 거부하는 것' 과 관련되는 요소이다. 의지는 어떤 명제에 대하여(사실이 어떤지에 관하여) 또는 어떤 계획에 대하여(무엇을 해야 할지에 관하여) '예' 또는 '아니오' 라고 말하는 능력이다.

그렇다면 지성은 인식 능력(*facultas cognoscendi*)이며, 의지는 선택 능력(*facultas eligendi*)이다. 많은 경우에 의지는 지성이 제시하는 관념들에 대하여 어떤 판단도 내리지 않는 쪽을 선택하기도 한다. 회의(데카르트가 보편적 회의로부터 자신의 존재를 확보하기 때문에 그의 목록에서 맨 처음에 등장하는) 또한 지성이 아니라 의지의 작용이다. 하지만 지성의 지각이 명석, 판명한 경우 회의는 불가능하다. 명석, 판명한 지각은 의지를 강제하는, 아무리 엄격하게 회의하려 해도 결코 회의할 수 없는 지각이다. 이에 속하는 대표적인 것은 '나는 생각한다'로부터 도출되는 자기 자신의 존재에 대한 지각이다. 하지만 의지는 명석, 판명한 지각이 없는 상태에서 어떤 판단을 내릴 수도 있는데 이런 판단은 그릇된 것이다. 이런 잘못을 피하려면 적절하게 명석, 판명한 지각에 이를 때까지 판단을 연기해야 한다(AT VII.50; *CSMK* II.34).

데카르트는 의지가 자유롭다고 생각한다. 하지만 그의 생각을 이해하기 위해서는 무관심성의 자유(여러 대안들 사이에서 선택을 내리는 자유)와 자발성의 자유(자신의 욕구에 따를 자유) 사이의 구별을 기억해야 한다. 데카르트는 무관심성의 자유에는 그리 큰 가치를 부여하지 않는다. 이는 특정한 선택에 찬성하고 반대하는 근거가 균형을 이루기만 하면 성립 가능한 것에 지나지 않는다. 의지로 하여금 오직 동의하는 것 이외에 다른 대안을 선택할 수 없도록 만드는 명석, 판명한 지각은 무관심성의 자유를 제거하지만 자발성의 자유까지 제거하지는 않는다. '만일 무언가가 우리에게 좋다는 사실을 명석하게 인식한다면 이런 생각을 계속 유지하는 한 그것을 향한 우리의 욕구를 멈추는 일은 매우 어려우며 — 내 생각으로는 거의 불가능한 듯이 보인다.' 인간의 정신은 명석, 판명한 지각이 제시하는 바에 무관심하게가 아니라 자발적으로 동의할 때 최고의 능력을 발휘한다.

지성과 의지 능력에 대해서는 이 정도만 다루기로 하자. 하지만 사고하는 존재의 활동에는 상상과 감각도 포함된다. 그리고 이와 관련하여 데카르트는 가장 놀라운 혁신적인 주장을 전개한다. 아리스토텔레스주의자들은 육체가 없이는 감각이 불가능하다고 보았는데 그 까닭은 감각에 신체 기관의 작용이 포함되기 때문이다. 데카르트는 독자들이 아직 아리스토텔레스주의의 선입견에서 완전히 벗어나지 못했다고 보고 때로 '감각하다'(sentire)라는 동사를 아리스토텔레스와 유사한 방식으로 사용하기도 한다. 하지만 데카르트의 체계 안에서 감각이란 엄밀하게 말하자면 사고의 양태일 뿐이다. 우리는 데카르트가 회의에서 벗어나려고 노력하는 대목에서 등장하는, 다음과 같은 언급을 이미 살펴보았다. '나는 지금 빛을 보며, 소리를 듣고, 뜨거움을 느낀다. 만일 내가 잠자고 있다면 이런 대상들은 실재하지 않는다. 하지만 최소한 나는 보고, 듣고, 뜨거움을 느끼는 듯이 보인다. 이 사실은 실재적이 아닐 수 없다. 그리고 바로 이것이 내가 엄밀하게 나의 감각이라고 부르는 바이다.' 여기서 그는 의심할 수 없는 직접적인 경험만을 추출한 후, 빛을-보는-듯이-보인다는-점은 결코 거짓일 수 없으며, 이는 실제 경험과 환상에 불과한 경험 모두에 공통되는 요소라는 점을 주장한다. 이 과정에는 어떤 판단도 포함되지 않는다. 내가 데카르트적인 회의의 일부로서 어떤 판단도 전혀 내리지 않을 수 있는 것 또한 일종의 사고이다. 하지만 사고는 판단을 동반하기도 하며, 아직 아리스토텔레스주의에서 벗어나지 못한 사람은 세계 안에 사물들이 실재하는데 이들은 나의 지각과 전적으로 유사하다는 그릇된 판단을 사고에 동반하려 든다(AT VII.437 ; *CSMK* II.295).

인간의 감각은 신체의 운동을 동반하며 그런 운동에 의해서 발생한다. 예를 들면 시각은 시신경의 말단에서 일어나는 운동에 의한 것이다. 하지만 이런 기계적인 사건은 순전히 정신적인 사고와 오직 우연적으로 연결될 뿐이며, 데카르트는 자신에게 신체가 있는지, 외부 세계가 존재하는지를 여전히 회의하는 단계에서도 감각이 발생한다는 점을 확신한다. 그는 신의 성실성에 대하여, 그리고 그런 신이 자신에게 부여한 능력의 본성에 대하여 성찰한 이후에야 비로소 신체를 동반한 정신 안에서 일어나는 감각에 포함된 기계적인 요소를 명확히 언급할 만한 위치에 서게 된다.

이와 유사한 기계적인 운동이 인간이 아닌 동물의 신체에서도 일어날 수 있다. 원한다면 이를 넓은 의미의 감각이라고 부를 수 있을 것이다. 하지만 동물은 사고할 수 없는데, 엄밀하게 말하자면 감각을 구성하는 것은 사고이다. 이로부터 데카르트는 동물의 신체라는 일종의 기계 장치가 인간이 고통을 표현할 때 보이는 것과 유사한 방식의 반응을 보인다 할지라도 실제로 고통을 느낄 수는 없다고 주장한다.

> 동물들도 우리와 마찬가지로 눈과 귀, 혀를 비롯한 다른 감각 기관을 지니므로 우리와 유사하게 감각하는 듯이 보이는데 사고는 감각의 양태에 포함되므로 동물들도 우리와 유사하게 사고하리라고 짐작하는 것을 제외하고는 동물도 사고한다는 점을 지지하는 다른 어떤 논변도 나는 알지 못한다. 이 논변은 매우 명백한데 모든 사람이 최초의 시기부터 정신을 지닌다는 점을 전제한다. 반면 이와는 정반대되는 내용을 주장하는 다른 논변들도 있는데 이들은 더욱 강력하고 수가 많기는 하지만 모든 사람이 명백하다고 여기지는 않는다.

동물이 감정과 의식을 지니지 않는다는 주장은 오늘날 대부분의 사람들에게는 무척 충격적으로 들리겠지만 데카르트와 동시대 사람들은 그리 충격적으로 여기지 않았다. 하지만 데카르트 추종자들 중 일부가 동물뿐만이 아니라 인간도 복잡한 기계에 지나지 않는다고 주장하자 이에 대해서는 공포와 전율에 가까운 반응을 보였다.

이원론과 그것의 문제점

데카르트는 인간의 경우 정신과 육체가 뚜렷하게 구별된다고 주장한다. '제6성찰'에서 그는 만일 자신이 어떤 것을 다른 것이 없이도 명석, 판명하게 이해한다면 이는 최소한 신이 이 둘을 분리할 수 있다는 점을 보여 주기 때문에 두 대상이 서로 구별된다는 점을 드러낸다고 말한다. 데카르트는 자신이 존재한다는 사실은 인식하지만 자신이 사고하는 존재라는 점 이외에는 자신의 본성에 대하여 다른 아무것도 알지 못하기 때문에 자신의 본성 또는 본질이 오직 사고하는 존재라는 사실에 있다고, 그리고 자신은 자신의 육체와 진정으로 구별되며 육체가 없이도 존재할 수 있다고 결론짓는다. 이런 논변을 상세히 검토해 보면 데카르트가 '나는 B를 명석, 판명하게 지각하지 않고도 A를 명석, 판명하게 지각할 수 있다는 점'과 '나는 B가 없이도 A를 명석, 판명하게 지각할 수 있다는 점'을 서로 혼동한다는 결론을 피할 수 없다.

이 세계의 인간들은 정신과 육체의 결합으로 이루어지는데 이는 우연적인 사실이라는 점에 데카르트도 동의한다. 하지만 인간이라는 결합체, 정신과 육체 사이의 '긴밀한 결합'으로 이루어진 인간의 본성이 무엇인가라는 문제는 데카르트의 체계에서 가장 풀기 어려운 난제 중 하나이다. 데카르트는 정신이 두뇌 안에 있는 송과선(the pineal gland)을 제외하고는 육체의 다른 어떤 부분에도 직접 영향을 미치지 않는다고 말함으로써(AT XI.353; *CSMK* I.340) 문제를 훨씬 더 모호하게 만든다. 모든 감각과 감정은 신경을 통하여 송과선에 이르는, 육체에서 일어나는 운동으로 이루어지며 이를 통하여 어떤 경험을 일으키는 신호가 정신에 전달된다.

데카르트는 시각의 체계를 다음과 같이 설명한다.

> 어떤 동물이 우리에게 다가오는 것을 볼 경우 그 동물의 몸에서 반사된 빛이 우리의 두 눈 각각을 통해서 들어와 그 동물을 묘사하는 두 개의 상을 만든다. 그리고 이 두 개의 상은 시신경을 거쳐 동공에 관련하는 뇌의 내부 표면에 두 개의 상을 형성한다. 그 다음에는 이 상들이 동공을 채우고 있는 정기를 통해 정기에 둘러싸인 작은 샘을 향해 방사된다. 그래서 상들 가운데 어느 하나에 의해서 어떤 한 점을 구성하는 운동은 다른 상에서 그와 동일한 점을 구성하는 운동과 더불어 샘의 동일한 점을 향한다. 이런 방법으로 두뇌 안에 있는 두 상은 샘 위에 단 하나의 상만을 형성하며 이 상이 영혼에 직접 작용

하여 우리가 동물의 모습을 볼 수 있게 된다(*AT* XI.355; *CSMK* I.341).

영혼이 두뇌 안의 상들을 보거나 또는 판독한다고 말하는 것은 영혼을 한 명의 매우 작은 인간, 즉 극미인(homunculus)으로 상상하는 것이다. 그런데 이는 데카르트 자신이 《굴절 광학》(*Dioptrics*)에서 망막에 상이 형성되는 과정을 설명하면서 경고했던 오류에 해당한다. 여기서 그는 독자들에게 이런 상들은 세계로부터의 정보를 두뇌에 전달하는 과정의 일부이며, 이들은 원래의 대상과 어느 정도의 유사성을 유지한다고 말한다. 그러면서 그는 다음과 같이 경고한다. '우리가 이런 상들을 통해서 대상을 인식하는 까닭이 — 마치 우리가 두뇌 내부에 그것들을 보는 또 다른 한 쌍의 눈이 있다는 듯이 생각하여 — 바로 이런 유사성 때문이라고 생각해서는 안 된다.'

그런데 바로 이런 극미인의 오류가 영혼과 송과선 사이의 상호 관계를 다루면서도 영혼이 무언가를 보거나 판독하는 경우와 마찬가지로 정확하게 재현된다. 정신과 물체 사이의 상호 작용은 실제의 눈 몇 센티미터 뒤에 또 다른 눈이 있다는 주장에서 드러나듯이 철학적으로 몹시 난해한 문제이다. 데카르트는 송과선을 도입함으로써 심신 문제를 해결한 것이 아니라 단지 축소했을 뿐이다.

데카르트가 생각한 대로라면 정신과 물체 사이의 상호 작용은 대우 신비한 것이 되고 만다. 데카르트의 자연학 체계에서 허용되는 유일한 형태의 물질적 인과성은 운동의 전달뿐인데, 정신은 결코 공간 안에서 운동하는 사물에 속하지 않는다. 엘리자베스 공주는 '어떻게 영혼이 육체를 움직일 수 있는가?' 라고 물었다. 운동은 접촉을 포함하며, 접촉은 연장성을 포함하는데 영혼은 연장성을 지니지 않는다는 점은 명백하다. 이에 답하면서 데카르트는 공주에게 무게의 경우를 생각해 보라고 말한다. 무거운 물체는 어떤 표면과 접촉하지 않은 상태에서도 무게 때문에 아래쪽으로 떨어지게 된다. 이에

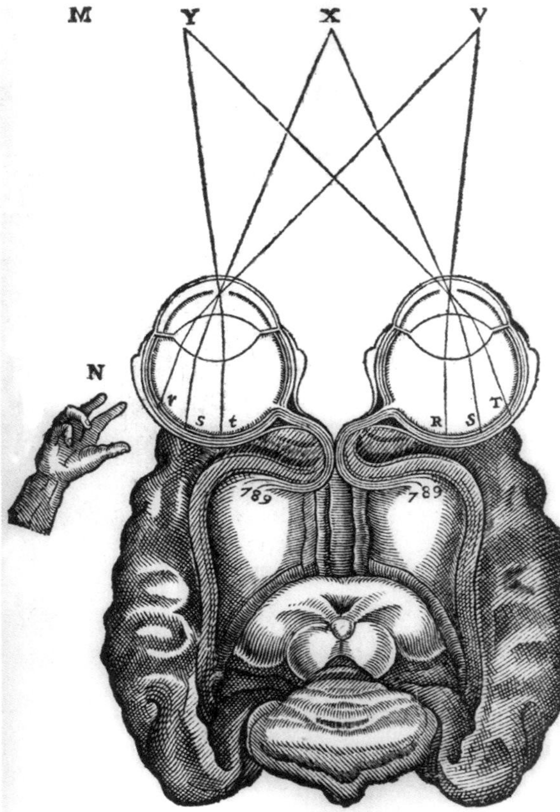

《방법서설》에 등장하는, 시각 체계를 설명하기 위하여 데카르트가 제시한 그림

대하여 공주는 곧바로 그런 무게의 개념은 데카르트 자신이 스콜라 철학의 혼란스러운 주장으로 여겼던 바임을 지적한다. 몇 차례 더 편지를 주고받은 후에 데카르트는 더 이상 이 문제로 공주의 아름다운 머리를 괴롭히지 말라고 말하면서 도피하기에 이른다.

사실상 엘리자베스 공주는 데카르트 심리철학의 근본적인 약점을 정확하게 지적하였다. 데카르트의 체계는 이원론이며 달리 말하면 서로 분리된 두 세계 — 즉 물체를 포함하는 자연세계와 개인의 정신적 사건을 포함하는 정신세계 — 가 존재한다고 믿는 이론이다. 이 두 세계는 철저히 서로 다른 방식으로 정의되고 서술되므로 정신적, 물질적 실재들은, 설령 상호 작용을 주고받는다 할지라도 일반적인 인과성의 규칙과 증거를 넘어서는 단지 신비스러운 방식으로 주고받을 수밖에 없다. 이런 이원론은 근본적으로 잘못된 철학이다. 엘리자베스 공주가 발견한 모순은 이후 여러 세기에 걸쳐 칸트와 비트겐슈타인에 의해서 철저히 지적되고 폭로되었다. 하지만 데카르트의 이원론은 21세기에도 여전히 잘 유지되는 듯하다.

결정론, 자유 그리고 양립 가능론

데카르트 생전에 이원론을 가장 강력하게 비판했던 인물은 유물론자인 홉스였는데 그는 데카르트가 생각한 정신과 같은, 비연장적이고 정신적인 그 어떤 실재의 존재도 철저히 부정했다. 데카르트가 인간과 동물 사이의 차이를 극대화했다면 홉스는 이를 극소화했다. 홉스는 인간의 행위를 동물적 행동의 특수한 한 형태로 여겼다. 그에 따르면 동물의 운동에는 두 종류가 있는데 하나는 생명 운동으로, 다른 하나는 의지 운동으로 불린다. 생명 운동에는 호흡, 소화, 혈액 순환 등이 속한다. 의지 운동은 '우리의 정신이 이런 것들을 먼저 상상하였다는 듯이 가고, 말하고, 팔다리를 움직이는 모든 운동을' 의미한다. 데카르트는 이런 작용이 이성에 속한다고 (그 이전 아리스토텔레스주의자들도 이렇게) 여겼지만 홉스는 이를 상상력에 속한 것으로 본다. 상상력은 순전히 물질적인 모든 동물이 공통적으로 지닌 능력이며, 모든 종류의 사고는 두뇌 안에서 일어나는 작은 운동이다. 어떤 특수한 상상이 단어나 다른 기호에 의해서 생겨날 경우 이는 '이해'로 불린다. 하지만 이 또한 모든 동물에게 공통되는 것이다. '왜냐하면 개도 길들여지면 주인이 부르는 소리나 야단치는 표현을 이해하듯이 다른 많은 동물들도 그럴 것이기 때문이다'(*L*, 3, 10).

여기서 인간과 동물의 차이는 인간은 무언가를 상상할 경우 그것으로 무엇을 할 수 있는지를 계속해서 생각한다는 점뿐이다. 하지만 이는 지성이 아니라 의지의 문제이다. 의지는 인간만이 지닌 고유한 능력이 아니다. 의지는 단지 욕구에, 계속 이어지는 심사숙고의 과정에서 제일 마지막에 등장하는 욕구에 지나지 않으므로, '이런 심사숙고를 하는 동물들도 당연히 의지를 지님에 틀림없다.' 인간과 동물의 욕구는 기계론적 힘의 결과라는 점에서 유사하다. 인간이 상상력의 도움을 받아 더욱 다양한 것들을 폭넓게 원한다는 점에서만 차이가 날 뿐이다. 인간이 동물보다 큰 의지의 자유를 누리는 것은 결코 아니다.

하지만 이런 주장에 대한 강력한 비판이 제기되었는데, 특히 이를 두고 왕당파 지지자로 홉스와 함께 망명 생활을 하기도 했던 데리(Derry)의 주교 브램홀(John Bramhall)과 격렬한 논쟁이 벌어졌다.[3] 홉스는 '필연성에서 벗어나는 것으로서의 자유는 인간의 의지에서도, 동물의 의지에서도 발견되지 않는다고' 주장하면서도 자유와 필연성이 반드시 양립 불가능하지는 않다고 생각한다.

> 자유와 필연성은 양립할 수 있다. 물은 물길을 따라 흘러갈 자유뿐만 아니라 필연성도 지니는데 인간의 모든 자발적인 행위 또한 이와 마찬가지이다. 인간의 행위는 그의 의지에서, 즉 자유에서 비롯되는 것이긴 하지만 다른 한편으로 인간의 의지에서 비롯되는 모든 행위, 모든 욕구와 성향은 어떤 원인에서 비롯되고, 이 원인 또한 다른 어떤 원인에서 비롯되는 연쇄를 이루며, 그 최초의 고리는 제일원인인 신의 손 안에 있으므로 인간의 행위도 필연성에서 비롯된다고 할 수 있다(L, 140).

[3] 브램홀의 비판은 1663년 《자유, 필연성 그리고 우연에 관한 질문들》(*The Questions Concerning Liberty, Necessity and Chance*)라는 제목으로 출판되었다. 아래의 인용문은 이 저술에 등장한다.

이에 반대하여 브램홀은 '이런 자유는 날개가 잘린 새도 날 수 있는 자유를 지닌다는 것과 같은, 지극히 수준 낮은 자유이다. 이는 진정 우스꽝스러운 자유가 아닌가?' 라고 말한다. 이에 대하여 홉스는 인간이 자신의 의지에 따를 자유는 지니지만 무언가를 원할 자유는 지니지 않는다고 대답한다. 예를 들면 한 개인이 지니는 무언가를 쓰려는 의지 또는 쓰지 않으려는 의지는 그 이전 어떤 의지의 결과로 생겨나는 것이 아니다. 홉스는 콧방귀를 뀌면서 '**자신이 원할 경우 무언가를 할 수 있는 자유**와 **그것을 원할 자유**조차 구별하지 못하는 사람은 지금 진행되는 논쟁을 들을 자격이 없으며, 논쟁에 참여하여 글을 쓸 자격은 더더욱 없다고' 말한다.

자유를 이런 방식으로 설명함으로써 홉스는 '양립 가능론' 으로 불리는 이론, 즉 자유와 결정론이 서로 양립할 수 있다는 주장의 창시자로 인정받게 되었다. 하지만 그는 이 이론을 매우 수준 낮은 형태로 제시했을 뿐이며, 브램홀이 지적했듯이 생명이 없는 원인이 작용하는 방식과 인간과 같은 이성적 행위자가 작용하는 방식 사이의 명백한 차이를 제대로 구별하지 못했다. 홉스의 양립 가능론은 일련의 사건들이 연속해서 뒤이어 발생하는데 각각의 사건이 그 다음 사건과 인과 관계를 통해서 연결된다는, 직선적인 인과성 모델에 의존한다. 따라서 나의 행위는 그보다 앞선 나의 의지를 원인으로 삼으며, 나의 의지는 그보다 앞선 나의 심사숙고를 원인으로 삼고, 나의 심사숙고는 다시 그보다 앞서 일어나는, 내가 통제할 수 없는 일련의 운동들을 원인으로 삼는데, 이런 과정이 궁극적인 제일원인인 신에 이를 때까지 계속된다. 나의 행위가 자유로운 까닭은 행위 직전의 사건이 나의 의지 작용이기 때문이며, 또한 나의 행위가 필연적인 까닭은 그것이 결국 그보다 앞서 등장하는 일련의 필연적 요소들의 결과이기 때문이다.

이런 방식으로 정신적 사건과 물리적 사건 사이를 오가는 일련의 개념들은 많은 문제를 일으킨다. 홉스가 생각한 정신적 사건들이 (사고든 아니면 의지든 간에) 데카르트의 경우와는 달리 물질적 공간 밖에 있는 정신적 영역에서 일어나지 않는다는 점은 분명하다. 홉스는 정신의 모든 운동이 사실상 육체 안에서 일어나는 운동이라고 생각한다. 하지만 이런 방식으로 정신적 사건과 물리적 사건을 단지 동일시하는 것은 더욱 심각한 문제들을 일으키며 이는 이후 여러 철학자들이 지적한 바이기도 하다. 더욱이 많은 경우의 자발적인 행위에서는 행위에 앞서 홉스식의 양립 가능론이 의지에 대하여 요구하는 인과적 역할을 충족시키는 정신적 사건을 확인하기가 어렵다. 양립 가능론에 찬성하거나 반대하는 견해들은 후에 대표적으로 칸트와 같은 철학자가 발전시킨, 더욱 복잡한 형태의 이론을 통해서 제대로 평가될 수 있을 듯하다.[4]

로크가 의지를 다룬 내용에서도 이미 홉스의 견해를 개선한 부분이 발견된다. 로크는 우리 안에서 '오직 정신의 질서에 대하여 생각하거나 그것이 선호하는 바를 드러냄으로써 또는 이른바 이런 저런 특정한 행위를 하거나 하지 말라고 명령함으로써' 우리의 정신 및 육체의 활동을 시작하거나 멈추게 만드는 능력이 발견된다고 말한다. 우리는 이런 능력을 의지라고 부르며, 이런 능력의 발휘 — 즉 정신의 질서를 드러내는 일 — 를 의지 작용 또는 의욕 작용이라고 부른다. 그리고 이런 질서에 따르는 행위는 자발적이라고 불린다. 어떤 사람이 정신의 지시에 따라 생각하거나 생각하지 않을 또는 운동하거나 운동하지 않을 능력을 지닌다면 바로 그런 점에서 그는 자유롭다(*E*, 236~7).

자유는 두 가지를 필요로 하는데 그중 하나는 행위하려는 의지 작용이며 다른 하나는 행위하거나 하지 않을 능력이다. 테니스공은 이 둘 중 어떤 것도 지니지 못하므로 자유롭지 않다. 무너진 다리에서 추락하는 사람에게는 추락을 멈추려는 의지 작용은 있지만 그렇게 할 능력은 없으므로 그의 추락은 자유로운 행위가 아니다. 설령 내게 무언가를 하려는 의지 작용이 있고

4 아래의 365~6면 및 나의 저서 *Will, Freedom and Power* (Oxford: Blackwell, 1975), 145~61면 참조.

실제로 그 행위를 한다 할지라도 이것만으로는 나의 행위가 자유롭다고 보기에 충분하지 않은 경우도 있다.

> 한 사람이 깊이 잠든 사이에 어떤 방으로 옮겨졌다고 가정해 보자. 그 방 안에는 그가 진심으로 만나서 함께 얘기하기 원했던 다른 사람이 있다. 그런데 방문이 단단히 잠겨서 그의 힘으로는 밖으로 나갈 수 없다. 그는 잠에서 깨어 다른 사람을 발견하고 바라던 교제를 나누게 되어 몹시 기뻐한다. 따라서 그는 기꺼이 방 밖으로 나가는 쪽보다 방 안에 머무는 쪽을 선호한다. 이제 나는 다음과 같이 묻는다. 그가 방 안에 머무는 행위는 자발적이 아닌가? 어느 누구도 이를 의심하지 않으리라 생각한다. 하지만 방문이 굳게 잠겨 있으므로 그에게 방 안에 머물지 않을 자유가, 즉 방 밖으로 나갈 자유가 없다는 점은 명백하다(*E*, 238).

이 이야기는 어떤 행위가 자발적이긴 하지만 자유롭지 않을 수도 있음을 보여 준다. 자유는 필연성과 반대되는 개념이지만 자발성은 필연성과 양립 가능하다. 즉 어떤 사람이 필연성 때문에 현재의 상황을 변경할 수 없지만 자발적으로 다른 상황이나 변화된 상황보다 더 선호할 수도 있다. 그렇지만 자발성이 자유의 충분조건이 아니라 할지라도 필수적인 전제조건임에는 틀림없다. 아무런 사고나 의지 작용을 하지 않는 행위자는 완전히 필연적인 행위자일 뿐이다.

우리는 인간의 의지가 자유로운가 그렇지 않은가라는 질문에 어떻게 대처해야 하는가? 로크는 이 질문이 잠이 빠른가 또는 덕이 네모인가 등의 질문처럼 매우 부적절한 것이라고 말한다. 의지는 능력이지 행위자가 아니며 자유는 오직 행위자에게만 속하는 성질이다. 우리는 의지가 일종의 능력이라고 말하면서 의지를 의인화하지 않도록 주의해야 한다. 우리는 원한다면 노래하는 능력, 춤추는 능력 등의 표현을 사용할 수 있지만 노래하는 능력이 노래 부른다거나 춤추는 능력이 춤춘다는 말은 매우 어색한 표현이다. 의지가 무언가를 선택한다거나 자유롭다는 표현 또한 이에 못지않게 어리석은 것에 지나지 않는다.

여기서 로크는 홉스가 몰두했던 문제를 피해 가려는 듯이 보인다. 로크 자신의 설명에 따르면 의지 작용은 특정한 행위를 명령하거나 금지하는 정신의 작용이다. 그렇다면 행위자는 그런 특정한 정신의 작용을 자유롭게 수행하거나 억제한다고 말할 수 있는가? 이에 대하여 로크는 만일 특정한 사고를 통해서 우리가 자신의 선호에 따라 그런 사고를 시작하거나 중지할 수 있는 능력을 지닌다는 사실이 드러난다면 우리는 자유롭다는 일반적인 주장으로 답한다. 하지만 그는 의지 작용은 이런 사고에 속하지 않는다고 말한다. '의지 또는 의지 작용의 측면에서 인간은 자신의 능력으로 행할 수 있는 어떤 행위의 경우에도 이 행위가 그의 사고에 의해서 촉발되어 행해졌다면 자유로울 수 없다' (*E*, 245).

이는 우리가 깨어 있는 동안에는 항상 이것 또는 저것을 원하지 않을 수 없다는 수준의 문제가 아니다. 로크는 우리가 행하는 특정한 의지 작용을 스스로 도울 수는 없다고 말한다. '어떤 사람이 운동이나 정지를 또는 말하거나 침묵하는 일을 마음대로 자유롭게 원할 수 있는가 그렇지 않은가를 묻는 것은 곧 그가 자신이 원하는 바를 원할 수 있는가 그렇지 않은가를 묻는 것이다' — 그리고 이는 대답이 필요 없는 질문이다. 여기서 로크는 다른 많은 위대한 철학자들도 범했던 오류의 덫에 빠진 듯이 보인다. 즉 '필연적으로, 만일 내가 X를 선호한다면 나는 X를 선호한다' 는 참인 전제로부터 '만일 내가 X를 선호한다면 나는 필연적으로 X를 선호한다' 는 의심스러운 결론을 이끌어 내는 부당한 논증을 행하는 듯하다.

하지만 로크는 의지가 지닌 선택의 자유를 부정하는 적극적인 근거를 제시한다. 그는 어떤 행위를 수행하기로 하는 모든 선택은 그 이전의 정신적 상태에 의해서, 즉 현재의 상태에 대하여 느끼는 불만에 의해서 결정된다고 주장한다. 오직 이런 불만이 의지에 작용하여 의지의 선택을 결정한다. 우리는 끊임없이 다양한 불만을 느끼며 이 때문에 괴로워하는데 이들 중 우리에게 가장 큰 부담을 주는 것 중의 하나는 '우리의 삶을 구성하는, 끊임없이 이어지는 자발적인 행위의 과정에서 의지가 계속 무언가를 결정해야 한다는 것' 이므로 이는 마땅히 제거되어야 한다. 우리가 할 수 있는 바는 기껏해야 어떤 특정한 욕구에 따라 행위하는 것이 장기적으로 볼 때 우리를 행복하게 만들지 그렇지 않을지를 결정하기 전에는 그런 욕구에 따르는 일을 미루는 정도뿐이다. 로크는 이것이 모든 자유의 근원이며, 이것이 바로 (사람들이 부적절하게) 자유 의지라고 부르는 바라고 말한다. 하지만 어떤 욕구가 지닌 장단점을 평가하고 나면 그 결과가 의지를 규정한다(*E*, 250~63).

로크는 자신의 체계에 대하여 설령 어떤 사람이 자신이 원하는 바에 따라 행위할 수 있다 할지라도 그가 자유롭게 무언가를 원할 수 없다면 그는 전혀 자유로운 것이 아니라는 식의 반박이 제기되리라는 점을 충분히 알고 있다. 그는 이런 반박에 직접 대응하지는 않으며, 그 대신 사람들을 잘못된 선택으로 이끄는 요소가 무엇인지에 대하여 상당히 길게 논의한다. 그의 주요 설명은 플라톤이 《프로타고라스》(*Protagoras*)에서 제시한 바와 일치한다. 즉 시각적 환상을 현실과 동일시하는 지적인 오류 때문에 우리는 현재의 쾌락 및 고통과 미래의 쾌락 및 고통 사이의 관계를 잘못 판단한다는 것이다. 그는 이 점을 숙취를 예로 들어 설명한다.

> 우리가 술잔을 드는 바로 그 순간부터 느끼는 술 마시는 즐거움이 어떤 사람에게는 그리 오랜 시간이 지나지 않은 후에 확실하게 복통이나 두통을 일으킨다는 사실을 기억한다면 아무리 술 마시는 즐거움이 크다 할지라도 이런 상황에서는 어느 누구도 포도주로 입술을 적시지 않으리라고 생각된다. 하지만 사람들은 여전히 매일 술을 들

이킨다. 단지 시간상의 사소한 차이를 구별하지 못하기 때문에 이런 잘못된 행위를 선택하게 된다(*E*, 276).

개인의 동일성에 관한 로크의 견해

로크가 인간에 관한 철학적 탐구에 가장 크게 기여한 바는 의지의 자유 문제가 아니라 개인적 동일성의 본질과 관련된다. 동일성과 차이에 관하여 논의하면서 로크는 동일성이 절대적이라기보다는 상대적이라는 점을 인정한다. A는 F의 측면에서는 B와 동일하지만, G의 측면에서는 B와 동일하지 않을 수도 있다. 물체의 동일성에 대한 기준과 (즉 어떤 입자도 더해지거나 빠져나가지 않았다는 기준과) 생명체의 동일성에 대한 기준은 서로 다르다.

> 생명체들의 경우 이들의 동일성은 같은 입자로 이루어진 덩어리라는 사실이 아니라 이와 다른 어떤 것에 의존한다. 왜냐하면 생명체는 그것을 이루는 물질의 여러 부분들이 크게 변화하더라도 동일성을 잃지 않기 때문이다. 한 그루의 참나무는 어린 묘목에서 큰 나무로 자라고 그 다음에는 잘려서 목재가 되더라도 여전히 동일한 참나무임을 유지한다. 망아지 한 마리가 자라서 큰 말이 되는데 그 과정에서 뚱뚱해지기도 하고 마르기도 한다. 하지만 그 말은 항상 동일한 말로 간주된다. 이런 경우에서 알 수 있듯이 참나무나 말을 이루는 부분들에서는 명백한 변화가 일어난다. 그러므로 전자의 참나무나 후자의 말 중에 어떤 경우를 보더라도 동일성의 근거는 동일한 물질의 덩어리가 아니라는 점이 명백히 드러난다(*E*, 330).

식물과 동물의 경우 동일성의 기준은 유기체의 특징인 신진대사 작용을 하면서 지속적인 생명을 유지한다는 것이다. 인간 또한 동물에 속하는 유기체이므로 로크는 '같은 인간(man)이라는 동일성'에 대해서도 이와 유사한 설명을 한다. (여기서 로크가 **'인간'**(man)이라는 용어를 통하여 단지 남성만이 아니라 남성과 여성 모두를 의미한다는 점은 당연하다.) 인간의 동일성은 '오직 육체를 이루는 물질의 입자들이 끊임없이 변화하는 가운데 하나의 동일한 육체로 결합되어 계속 동일한 생명을 유지하는 것일 뿐이다.' 로크는 오직 이런 정의를 통해서만 우리가 동일성에 대한 거의 증명할 수 없는 기준들에 휘말리지 않고 어떤 사람을 태아로부터 시작해서 '일생의 어떤 시기에나, 제정신일 때나 그렇지 않을 때나 상관없이' 동일한 한 사람으로 여길 수 있다고 말한다.

지금까지는 인간의 동일성에 대한 로크의 기준이 매우 건전하며 명확한 듯이 보인다. 하지만 로크는 이를 영혼의 환생 및 윤회에 관한 고대의 이론들, 육체와 분리된 영혼의 불멸성 및 오래 전 죽은 육체가 최후의 심판을 통하여 부활할 것이라는 기독교의 교리와 관련시킴으로써 매우 복잡하게 만든다. 로크는 인간 영혼의 동일성에 기초하여 인간의 동일성을 설명할 수는 없다고 말한다. 만일 영혼이 한 육체에서 다른 육체르 윤회한다면 소크라테스, 그리스도를 십자가에 매단 유대 총독 빌라도(Pontius Pilate) 그리고 15세기 이탈리아 귀족인 보르자(Cesare Borgia)가 서로 다른 사람이 아니라고 확신할 수 없다. 어떤 사람들은 사악한 사람의 영혼 — 예를 들면 헬리오가발루스(Heliogabalus) 같은 로마 황제의 — 은 죽은 다음에 동물의 몸으로 들어가 처벌받는다고 생각했다. '하지만 나는 어느 누구도 헬리오가발루스의 영혼이 그의 돼지 중 한 마리에 깃들었다고 여겨 돼지를 보고 인간이라거나 헬리오가발루스라고 부르지는 않을 것이라고 생각한다'(*E*, 332). 인간은 어떤 특정한 형태를 지닌 특정한 종류의 동물이다. 어떤 앵무새가 아무리 이성적이고 지적이라 할지라도 그 앵무새는 결코 인간일 수 없다.

하지만 인간의 동일성 문제가 해결되었다고 해서 개인의 동일성 문제까

넬러(Kneller)가 그린 로크의 초상화. 크라이스트 처치 홀 소장.

지 해결된 것은 아니다. 로크는 **인간**의 개념과 **개인**의 개념을 분명히 구별한다. 개인은 '사고하는 지적 존재로서, 이성과 반성 능력을 지니며, 자기 자신을 자아로 여길 줄 알며, 서로 다른 시간과 공간에서 동일한 사고하는 존재임을 유지한다.' 자기의식은 개인의 특징이며, 개인의 동일성은 곧 자기의식의 동일성이다. '이 의식이 과거의 어떤 행위나 사고에까지 거슬러 올라가 확장될 수 있는 한 개인의 동일성은 바로 그 지점까지 이르게 된다. 이런 경우 현재의 **자아**는 이전의 자아와 동일하다. 따라서 과거에 무언가를 행한 자아와 현재 그것에 대하여 반성하는 자아는 서로 동일한 **자아**이다' (*E*, 335).

따라서 만일 (현재의) A가 (과거의) B와 동일한 개인인지 그렇지 않은지를 알고 싶다면 A의 의식이 B의 행위에까지 거슬러 올라가 확장될 수 있는지 그렇지 않은지를 물어보면 된다. 만일 확장된다면 A는 B와 동일한 개인이며, 확장되지 않는다면 동일한 개인이 아니다. 그런데 의식이 시간을 거슬러 올라가 확장된다는 말의 의미는 무엇인가? 나의 의식이 계속 이어지는 내력을 지니는 한 이 의식이 과거로 거슬러 올라가 확장된다는 사실을 반박하기는 어려운 듯이 보인다. 하지만 **이** 의식을 개인의 의식으로 만드는 것은 무엇인가? 로크는 **이** 의식이 **이** 인간의 의식이라고 답할 수는 없다. 왜냐하면 그는 이미 **인간**과 **개인**을 구별했기 때문이다.

따라서 로크는 내가 무언가를 기억하는 한 현재 나의 의식은 그 지점까지 거슬러 올라가 확장될 수 있다고 말해야 하는 듯이 보인다. 그는 이런 생각을 받아들여 만일 내가 태어나기 이전에 살았던 어떤 사람의 경험을 기억한다면 나는 그 사람과 동일한 개인이라고 주장한다.

> 한 사람이 현재와 과거의 행위에 대한 의식을 모두 지닌다면 그는 동일한 개인이며, 현재와 과거의 행위는 모두 그 개인에게 속한 것이 된다. 만일 내가 대홍수와 노아의 방주를 보았을 때와 지난 겨울 템스 강(Thames River)이 범람한 것을 보았을 때 그리고 내가 지금 글을 쓰면서 동일한 의식을 지닌다면 나는 지금 글을 쓰는 나와 지난 겨울 템스 강의 범람을 본 나 그리고 노아가 겪은 대홍수를 본 나가 동일한 자아임을 더 이상 의심할 수 없다. … 이는 지금 이 글을 쓰는 나의 자아와 어제 글을 썼던 … 나의 자아가 서로 동일한 자아

임과 마찬가지이다(*E*, 341).

이런 주장을 뒤집으면 내가 만일 나의 과거를 망각할 경우 그것은 더 이상 나의 과거가 아니며, 내가 더 이상 떠올릴 수 없는 행위는 나의 행위일 수 없다는 말이 된다. 내가 잊어버린 행위를 한 인물은 나와 동일한 개인이 아니라 단지 나와 동일한 인간일 뿐이다.

로크는 처벌과 보상이 인간이 아니라 개인에 대하여 행해져야 한다고 생각한다. 그렇다면 이로부터 내가 잊어버린 행위를 근거로 나를 처벌해서는 안 된다는 점이 도출되는 듯이 보인다. 그는 이런 주장을 기꺼이 받아들이는 듯하지만 이를 보이기 위하여 그가 선택한 예는 명확한 의도를 드러내는, 매우 특수한 경우에 속한다. 만일 어떤 사람이 정신 착란의 성향을 보인다면 인간에게 적용되는 법은 '정상적인 사람의 행위를 기준으로 미친 사람을 처벌해서도, 미친 사람의 행위를 기준으로 정상적인 사람을 처벌해서도 안 되며 이들 둘을 서로 다른 개인으로 여겨야 한다.' 하지만 로크는 자신의 주장이 낳는 더 이상의 복잡한 결과를 검토할 마음은 없는 듯하다. 예를 들어 만일 내가 이전에 헤롯 왕(King Herod)이었으며 죄 없는 유아들을 학살한 일을 기억한다고 잘못 생각한다면 나는 유아 학살의 죄로 처벌받을 수 있을 듯이 보인다. 다른 측면에서 로크가 내린 개인에 대한 정의에 따르면 아직 자기의식이 없는, 매우 어린 유아는 아직 개인이 아니므로 개인이 누리는 인간으로서의 권리와 법적인 보호를 누리지 못한다. 이런 결론에 대하여 — 이후 철학자들 중 일부는 이를 개인과 인간 사이를 구별한 로크의 주장을 일종의 귀류법으로 여긴 반면 다른 철학자들은 유아 살해를 정당화한 것으로 여기기도 했다.

하지만 개인과 자기의식을 동일시하려는 로크의 주장을 선뜻 받아들이기 어려운 이유가 오직 이런 윤리적 고려 때문만은 아니다. 이보다 더욱 중요한 난점은 — 18세기에 버틀러 주교(Bishop Joseph Butler)가 적절히 지적했듯이 — 로크가 기억에 부여한 역할과 관련해서 발생한다. 티샤라는 한 개인이 무언가를 행했다는 사실을 또는 어디에 있었다는 사실을 기억한다고 하자. 그러면 우리는 그녀의 기억이 정확한지를 검토하기 위하여 그녀가 실제로 그런 행위를 했는지 또는 실제로 그곳에 있었는지를 조사할 것이다. 이런 조사는 그녀의 신체가 남긴 흔적을 추적함으로써 이르어진다. 하지만 만일 로크의 주장이 옳다면 이런 조사는 티샤라는 개인에 관해서는 아무것도 알려주지 않으며 단지 티샤라는 인간에 관해서만 알려 줄 뿐이다. 티샤 자신의 내부에서 진정한 기억과 기만적인 기억을 낳는, 과거의 사건에 대한 잘못된 현재의 심상을 구별할 수도 없다. 자기의식에 관한 로크의 설명은 진실한 기억과 거짓된 기억을 전혀 구별할 수 없도록 만든다. 이런 구별은 오직 로크의 주장을 완전히 폐기하고 개인이 곧 인간임을 기꺼이 받아들일 경우에만 가능하다.

개인과 인간을 구별한 로크의 시도가 어떤 장점을 지니든 간에 이런 시도는 개인의 동일성에 관한 그의 설명에 포함된 복잡한 문제를 제대로 해소하지 못한다. 왜냐하면 로크는 제 삼의 범주, 즉 정신이라는 범주도 도입하기 때문이다. 로크에 따르면 나는 인간(즉 인간이라는 동물)임과 동시에 정신(영혼 또는 비물질적인 실체)이고 또한 개인(자기의식의 주체)이기도 하다. 이들 세 실재는 모두 서로 구별되며, 로크는 이들을 다양하게 서로 결합함으로써 논의의 변화를 유도한다. 헬리오가발루스의 영혼이 그의 돼지 중 한 마리에게 옮겨갔다고 말함으로써 하나의 영혼이 두 육체에 깃든 경우를 제시한다. 또한 하나의 정신이 두 개인을 결합하기도 한다. 로크의 친구 중 한 명은 소크라테스의 영혼을 물려받았다고 생각했지만 소크라테스의 경험 중 어떤 것도 기억하지 못했다. 다른 한편으로 만일 현재 퀸즈보러(Queensborough)의 시장이 소크라테스의 삶 전반을 떠올려 기억하는 의식을 지닌다면 두 정신이 한 개인에게 깃들었다고 말할 수도 있다. 로크는 이보다 더욱 복잡한 결합도 탐구하지만 우리가 그런 경우까지 살펴볼 필요는 없는 듯하다. 영혼을 비물질적인, 정신적 실체로 여기려는 경우 많은 어려움이 등장하는데 이는 결코 로크의 체계에서만 발견되는 것이 아니다. 현재 로크를 추종하는 여러 학자들 중에 개인의 동일성에 관한 그의 이론을 그대로 유지하려는 사람은 거의 없다.

영혼을 육체의 관념으로 보는 스피노자의 견해

스피노자에게로 눈을 돌리면 데카르트와 로크의 체계에서 문제가 되었던 영혼과 육체 사이의 관계가 가장 모호한 형태로 드러남을 발견한다. 하지만 스피노자가 이에 관하여 언급한 표현은 아름다울 정도로 단순하고 명쾌하다. 영혼은 한 마디로 육체의 관념이다. 이 말의 의미는 그리 명확하지 않지만 최소한 스피노자가 영혼을 이해하려면 우선 육체를 이해해야 한다고 생각한 점은 분명히 드러난다(*Eth*, 40). 인간은 육체를 지니는데, 육체는 다른 물체들과 관련되며 또한 다른 물체들에 의해서 제한된다. 이런 물체들은 모두 연장성이라는 신의 속성의 양태이다. 모든 물체 그리고 모든 물체의 모든 부분은 신의 정신 안에 있는 관념을 반영한다. 바꾸어 말하면 연장성이라는 신의 속성을 드러내는 모든 요소에는 사고라는 신의 속성을 드러내는 요소가 대응된다. 사고라는 신의 속성을 드러내는 요소에는 연장성이라는 신의 속성을 드러내는 요소가 대응되므로 피터의 육체는 피터의 정신으로 구성된다. 스피노자는 이로부터 인간의 정신은 무한한 신의 지성의 일부라는 점이 도출된다고 말한다(*Eth*, 39).

개인의 영혼과 개인의 육체 사이의 관계를 구성하는 '대응'이라는 말은 정확하게 무엇을 의미하는가? 스피노자는 그것이 다름 아닌 동일성이라고 생각한다. 피터의 영혼과 피터의 육체는 하나의 동일한 것을 단지 서로 다른 관점에서 본 것일 뿐이다. 스피노자는 이미 사고하는 실체와 연장성을 지닌 실체는 하나의 동일한 — 말하자면 신이라는 — 실체인데 이를 사고와 연장성이라는 서로 다른 속성의 측면에서 본 것일 뿐이다(*Eth*, 35). 이런 속성들의 양태에 대해서도 같은 내용이 적용된다. 피터의 영혼은 사고라는 속성의 양태이며, 피터의 육체는 연장성이라는 속성의 양태이다. 이 둘은 하나의 동일한 것인데 두 가지 방식으로 표현되었을 뿐이다. 이런 식의 주장은 데카르트를 괴롭혔던 질문, 즉 정신과 육체가 상호 작용을 주고받는 방식을 어떻게 설명할 것인가라는 질문 자체를 아예 배제하게 된다. 이 질문에 대하여 스피노자는 정신과 육체는 바로 하나의 것이기 때문에 어떤 상호 작용도 전혀 주고받지 않는다고 답한다.[5]

인간의 육체는 수많은 부분들로 구성되는데, 각각의 부분은 복합적이며 다른 물체들에 의해서 다양한 방식으로 변형되기도 한다. 인간의 정신을 구성하는 관념 또한 복합적이며 수많은 관념들이 합성된 것이다(*Eth*, 44). 스피노자에 따르면 정신은 육체에서 발생하는 모든 일을 완벽하게 지각한다(*Eth*, 39). 다소 놀라운 듯이 보이는 이 정리에 대하여 후에 등장하는 정리는 일종의 제한 조건을 부가하는데(*Eth*, 47), 이 정리에는 오직 육체에 영향을 미치는 관념의 변형을 통해서만 인간의 정신이 육체에 대한 지식을 얻으며 육체의 존재를 인식한다는 언급이 등장한다. 하지만 여전히 우리는 — 상식적으로 생각하듯이 — 왜 정신이 인식할 수 없는 여러 과정이 육체에서 진행되어서는 안 되는지를 의문스럽게 생각한다. 왜 모든 육체적 사건에 대응하는 관념이 반드시 존재해야만 하는가?

사실 스피노자도 육체에 대하여 우리가 알지 못하는 바가 무척 많다는 점을 인정한다. 그는 육체가 인상들을 받아들이는 수많은 방식에 비례하여 정신 또한 자신의 육체 이외에도 많은 것들을 지각할 수 있다고 말한다. 내가

[5] 하지만 이런 형이상학적 주장이 X에 대한 관념은 X 자체와는 분명히 구별되는 무언가라는 인식론적 주장과 어떻게 조화될 수 있는지는 그리 명확하지 않다. 어쩌면 위의 306면에서 확인했던, 'X에 대한 관념'이라는 표현의 애매함을 다시 한 번 접하는 듯하다.

무언가를 지각할 때 나의 정신이 받아들이는 관념에는 다른 물체들의 본성뿐만 아니라 나 자신의 육체가 지닌 본성도 포함된다. 스피노자는 이로부터 우리가 외부의 물체에 대하여 갖는 관념은 외부 물체의 본성보다는 오히려 우리 자신의 육체를 구성하는 요소들을 알려 준다는 사실이 도출된다고 말한다(*Eth*, 45). 더욱이 정신은 오직 육체의 변형인 관념을 지각하는 한에서만 자기 자신을 인식한다. 이런 관념들은 명석, 판명하지 않으며, 우리가 지닌 관념들의 총체가 다른 물체에 대한, 우리 자신의 육체에 대한 또는 우리 자신의 영혼에 대한 적절한 지식을 제공하지도 않는다(*Eth*, 51). '인간의 정신은 일반적인 자연의 질서에 따라 사물들을 지각할 때 자기 자신에 대하여, 자신의 육체에 대하여, 외부 물체에 대하여 적절하지 못한, 단지 혼란스럽고 단편적인 지식만을 지닐 뿐이다' (*Eth*, 51).

영혼이 육체의 관념이라는 점에 대한 스피노자의 설명은 수많은 독자들을 혼란에 빠뜨린 의문을 불러일으킨다. 예를 들면 피터라는 개인의 영혼을 그 자신의 개별적인 영혼으로 만드는, 바꾸어 말하면 폴의 영혼이 아니라 피터의 영혼으로 만드는 것은 과연 무엇인지가 의문스럽다. 관념은 본성상 어떤 특정한 개인에게 속함으로써 또는 그에게 고유한 것이 됨으로써 개체화한다. 내가 지닌 태양의 관념은 당신이 지닌 태양의 관념과 구별되는데 그 까닭은 그저 그것이 당신의 관념이 아니라 나의 관념이기 때문이다. 하지만 스피노자는 모든 관념이 오직 신에게 속한 것으로 보기 때문에 이렇게 말할 수 없다. 그렇다면 관념을 개체화하는 것은 관념의 소유자가 아니라 관념의 내용이어야 한다. 하지만 피터의 정신이 아닌 다른 많은 사람들의 정신이 피터의 육체에 대한 관념을 지니는데, 그렇다면 어떻게 피터의 육체에 대한 관념이 피터의 영혼일 수 있는가?

이에 대하여 스피노자는 다음과 같이 답한다.

> 우리는 예를 들면 피터가 지닌 정신의 본질을 구성하는 피터의 관념

> 과 다른 어떤 사람, 말하자면 폴이 동일한 피터에 대하여 지니는 관념 사이의 차이를 명확히 이해한다. 전자는 피터 자신의 육체가 지닌 본질을 직접 표현하며, 오직 피터가 존재하는 한에서만 존재한다. 반면에 후자는 피터의 본성이라기보다는 피터의 육체가 어떤 모습인지를 나타내며 따라서 피터의 이런 모습이 유지되는 한 설령 피터가 존재하지 않더라도 지금처럼 그를 떠올릴 수 있다(*Eth*, 46).

이 인용문에서 결정적인 문구는 피터의 영혼을 구성하는 피터의 관념이 '오직 피터가 존재하는 한에서만 존재한다'는 언급이다. 이는 피터가 죽으면 그의 영혼 또한 사라진다는 점을 의미하는가? 이런 주장은 인간이 영혼과 육체로 구성되는데 이 둘은 하나의 동일한 것을 서로 다른 두 관점에서 본 것일 뿐이라는 스피노자의 언급으로부터 도출되는 듯하다. 이런 설명에 따르면 피터와 피터의 영혼 그리고 피터의 육체는 함께 등장했다가 함께 사라지는 것이어야 한다. 하지만 과연 영혼이 불멸하는가라는 질문에 대하여 스피노자는 이에 대하여 완전히 명확한 대답을 하지 않는다. 다른 한편으로 그는 '우리의 정신은 오직 육체가 지속되는 한에서만 지속될 수 있다'고 말한다 — 하지만 이런 언급은 '인간의 정신은 육체와 더불어 완전히 파괴될 수는 없으며, 정신 중 무언가가 계속 유지되는데 이는 영원하다'는 정리에 대한 주석에서 등장한다(*Eth*, 172). 하지만 이는 결국 우리의 영혼은 일종의 관념인데 모든 관념은 궁극적으로 신의 정신에 속하며, 신은 영원하므로 우리의 영혼이 전혀 존재하지 않는 때는 과거에도 없었고 앞으로도 없을 것이라는 점을 의미하는 것으로 밝혀진다. 우리의 삶은 영원한 신의 삶을 구성하는 작은 부분에 지나지 않으며, 우리가 죽더라도 신의 삶은 계속 유지된다. 그런데 이는 대중들이 종교적인 삶을 살면서 강력하게 소망하는, 내세에서의 개인적인 영생과는 전혀 다른 것이다.

정신과 육체가 동일한 하나라고 선언함으로서 스피노자는 오늘날에도 여전히 유지되는 한 학파, 즉 정신과 육체 사이의 관계를 일종의 동일성으로 여기는 학파를 창시했다는 평가를 받는 듯하다. 하지만 그의 주장은 신과 자연이 동일하다는 더욱 일반적인 이론과 너무나 깊이 연관되므로 그의 주장을 현대의 동일성 이론과 정확하게 비교하기란 무척 어렵다. 오히려 그의 심리철학에서 드러나는 또 다른 중요한 주장, 이른바 심리적 결정론과 연결하여 그의 위치를 평가하는 것이 훨씬 쉬울 듯하다.

홉스와 마찬가지로 스피노자는 우리의 모든 사고와 행위 하나하나가 논리적 결론이 지닌 필연성과 같은 정도의 엄격한 필연성에 의해서 미리 결정된다고 생각한다. 스피노자는 사물의 질서와 관념을 질서가 하나의 동일한 것이라는 자신의 일반적 이론에 비추어 봄으로써 우리 삶의 필연성이 **사실상** 논리적 결론의 필연성이라고 굳게 믿는다. '모든 것들이 신의 영원한 법칙에 따라 이루어진다는 사실은 삼각형의 본질로부터 삼각형의 내각의 합이 직각의 두 배와 같다는 사실이 따라 나오는 것과 동일한 필연성을 지닌다' (*Eth*, 14). 이를 바탕으로 두 철학자는 모두 동일한 결론에 이른다. 의지의 자유는 무지에서 비롯된 환상에 지나지 않는다.

> 사람들은 자신이 자유롭다고 잘못 생각한다. 이런 생각은 자기 자신의 행위를 의식함으로써 생겨나지만 동시에 행위를 결정하는 원인에 대하여 무지하기 때문에 생기는 것이기도 하다. 사람들이 지닌 자유의 관념은 단지 행위의 원인에 대한 지식이 부족함을 드러낼 뿐이다(*Eth*, 53).

홉스를 비롯하여 후에 그를 추종한 많은 학자들은 비록 우리가 자신이 원하는 바를 자유롭게 행할지는 몰라도 자신이 원하는 바를 자유롭게 원할 수는 없다고 주장했다. 여기서 다시 한 번 스피노자는 이들보다 더 멀리 나아간다. 즉 의지 따위는 아예 존재하지 않는다고 주장한다.

> 사람들이 인간 행위가 의지에 의존한다고 말할 때 이런 언급은 어떤 관념도 이에 대응되지 않는 공허한 것에 불과하다. 의지가 무엇이며, 어떻게 의지가 육체를 움직이는지에 대하여 아는 사람은 아무도 없다. 또한 사람들은 계속해서 영혼이 어디에 있는지를 상상하지만 이는 조롱과 조소를 불러일으킬 뿐이다(*Eth*, 53).

여기서 스피노자는 영혼이 송과선에 위치한다고 생각하며, 지성과 의지의 구별을 매우 중요하게 여겼던 데카르트를 공격 대상으로 삼는다. 스피노자가 보기에 의지라는 능력은 아예 존재하지 않는다. 사실 개인이 무언가를 원하는 작용은 존재하지만 이는 앞선 관념들에 의해서 생겨난 관념에 지나지 않으며, 앞선 관념들 또한 다른 관념들에 의해서 결정된 것일 뿐이다. 그리고 이런 과정이 무한히 이어진다. 데카르트가 의지의 작용으로 여겼던 활동 — 즉 판단을 형성하거나 보류하는 — 은 계속 이어지는 관념의 연쇄 중 일부로서 무언가를 지각하거나 아니면 지각이 부족한 상태일 뿐이다. 특정한 의지 작용과 특정한 관념은 하나의 동일한 것이며 따라서 의지와 지성 또한 하나의 동일한 것이다(*Eth*, 63).

라이프니츠의 모나드론

스피노자는 지성과 의지를 하나로 여겼으며, 영혼과 육체를 하나의 실체라는 관점에서 서로 동일시했는데 라이프니츠는 스피노자 철학의 여러 요소들 중 특히 이 점을 거부했다. 하지만 라이프니츠는 정신과 물체를 서로 대비되는 두 요소로 보면서 세계를 이원론적으로 파악하는 데카르트의 체계로 되돌아가지도 않았다. 그 대신 그는 정신에 전례가 없을 정도의 특권을 부여한다. 데카르트가 생각한 정신과 물체 사이의 동반 관계에서도 우위를 차지한 것은 항상 정신이었다. 라이프니츠가 보기에 물체는 지극히 무력한 동반자에 지나지 않는다.

라이프니츠는 《형이상학 논고》에서 물체가 연장성이라는 데카르트의 기본 주장에 대하여 다음과 같이 논의한다.

> 물체의 본질은 오직 연장성으로만, 즉 크기와 형태 그리고 운동만으로 구성되지 않으며 물체에도 영혼과 유사한, 즉 일반적으로 실체적 형상이라고 불리는 것과 유사한 무언가가 존재한다는 점을 인정하지 않을 수 없다. 이것이 현상 세계에 아무런 변화를 일으키지 않는다 할지라도 이는 동물에게 영혼이 있다고 해도 이 영혼이 동물에게 어떤 변화도 일으키지 않는 것과 마찬가지이다(*D*, 12).

라이프니츠는 계속해서 연장성과 운동의 개념이 데카르트가 생각했던 것만큼 명확하지는 않다고 주장한다. 색이나 열과 같은 제이성질의 개념 못지않게 연장성과 운동 같은 제일성질의 개념에도 주관적인 요소가 포함된다. 그리고 이는 후에 버클리가 더욱 발전시킨 논점이기도 하다.[6]

라이프니츠는 물체와 연장성을 동일시하는 데 반대하는 두 가지 주요 논변을 제시한다. 첫째, 만일 물체가 오직 크기와 형태만을 지닌다면 물체는 서로 저항하지 않을 것이다. 이럴 경우 굴러가는 작은 돌이 큰 바위와 충돌하더라도 자기 자신의 힘만 잃지 않는다면 운동을 계속하여 큰 바위 안으로 파고들어 갈 것이다. 둘째, 만일 물체가 단지 연장성에 지나지 않는다면 우리는 개체적 물체를 결코 확인할 수 없을 것이다. 왜냐하면 연장성은 무한히 분할 가능하기 때문이다. 이런 분할을 어떤 지점에서 멈추든 간에 우리는 단지 집합체만을 접하게 될 것인데 — 집합체는 (예를 들면 대무굴 다이아몬드

[6] 이 책의 231~2면 참조.

(the diamond of the Great Mogul)와 대공의 다이아몬드(the diamond of Great Duke)가 한 쌍을 이루듯이) 실재하는 존재가 아니라 단지 상상적인 대상일 뿐이다. 오직 영혼과 유사한 무언가만이 물체에 개체적 단일성과 활동 능력을 부여할 수 있다(D, 21 ; G II. 97).

이런 이유를 들어 라이프니츠는 당시를 주도했던 철학자들이 그토록 경멸했던 실체적 형상을 철학에 다시 도입하지 않을 수 없다고 생각했으며, 이를 지칭하기 위하여 아리스토텔레스의 용어 '형상의 실현'(entelechy)에서 유래한 명칭을 채택한다. 하지만 그는 당시의 아리스토텔레스주의자들과 두 가지 점에서 차이를 보인다. 첫째, 라이프니츠는 물체의 활동을 설명하는 데 실체적 형상이 필요하지만 이것만으로는 충분하지 않다고 생각한다. 특정한 현상을 설명하려면 당시 유행했던 입자 과학의 수학적, 역학적 이론에 의지해야 한다. 그는 어떻게 시계가 시간을 알려 주는가라는 질문에 답하려면 추와 톱니바퀴가 어떻게 작동하는지를 설명하기보다는 시계가 시간을 표시하는 방식을 설명하는 편이 더 유용하리라고 말한다(D, 10 ; G V. 61). 둘째, 그는 인간이 단지 하나가 아니라 무한히 많은 수의 실체적 형상을 지닌다고 생각한다. 각각의 신체 기관도 자신의 형상을 지니며, 아르노에게 쓴 편지에서 밝히듯이 각각의 기관 또한 '자기 자신만의 형상을 부여받은, 무한히 많은 수의 다른 물질적 실체들로 가득 차 있다'(G II. 120).

라이프니츠가 데카르트 체계의 가장 큰 허점으로 여긴 바는 힘의 개념을 그리 중요하게 생각하지 않는다는 점이다. 그는 1691년에 쓴 한 저술에서 다음과 같이 말한다. '독일어로는 크라프트(Kraft), 프랑스어로는 라 포르스(la force)로 표현되는 힘 또는 효력의 개념은 내가 계획한, 역학이라는 특별한 과학을 설명하기 위하여 도입한 것인데 실체를 제대로 이해하는 데에도 큰 도움이 된다'(G IV. 469). 실체적 형상이라는 개념이 다시 도입되어야 하는 이유도 바로 이 때문이다. 힘의 역할이 충분히 인정되기만 하면 환상에 불과한 것은 형상이 아니라 질료라는 점이 판명된다. 라이프니츠는 아르노에

게 데카르트가 생각한 연장성은 무지개와 같은, 순전한 현상일 뿐이라고 말한다.[7]

하지만 아직도 라이프니츠는 데카르트의 그릇된 이원론, 정신과 물체의 이원론에 사로잡힌 모습을 보인다. 단순한 연장성의 세계 안에서는 힘의 설 자리를 발견할 수 없기 때문에 라이프니츠는 힘을 정신적인 영역에 속한 것으로 여긴다. 그는 힘을 인간의 욕구나 의지 작용과 유사한 형태를 지닌 것으로 파악한다. 이 점은 그가 더욱 성숙한 철학적 견해를 드러낸 저술《모나드론》에서 명백히 제시된다. 그의 철학 체계의 기초를 형성하는 모나드 또는 형상들은 오직 정신적인 속성만을 지닌다. 우리가 주변에서 보거나 느끼는, 스스로 운동하지 못하는 물체들은 단지 현상일 뿐이며, 볼 수도 만질 수도 없는 모나드들의 집합체에 지나지 않는다. 물체들이 환상에 불과한 실재는 아니다 — 라이프니츠 자신의 표현을 빌리면 이들은 확고한 기초를 지닌 현상이다. 하지만 진정한 실체는 오직 모나드뿐이다.

모나드는 독립적이며, 분할될 수 없으며, 다른 것을 모방하지 않는다. 모나드에는 부분이 없으므로 성장하거나 쇠퇴할 수 없다. 모나드는 오직 생성되거나 소멸될 뿐이다. 모나드도 변화하지만 오직 영혼이 변화하는 방식으로만 변화한다. 모나드는 변화하는 물리적 속성을 지니지 않으므로 모나드의 변화는 오직 정신적 상태의 변화일 뿐이다. 라이프니츠에 따르면 모나드의 활동은 지각의 연속이다. 지각은 세계 안의 다른 요소들에 대한 표상으로 이루어진 내적인 상태이다. 주위 환경이 변화하면 내적인 상태도 따라서 변화하는데 그 까닭은 환경의 변화 때문이 아니라 신이 모나드 안에 이미 심어 놓은 내적인 충동 또는 '욕구' 때문이다.

모나드는 비물질적인 자동 기계이다. 모나드는 어디에나 존재하며, 셀 수 없을 정도로 많은 수가 존재한다.

[7] 이와 관련하여 나는 Daniel Garber, 'Leibniz on Body, Matter, and Extension', *PASS* (2004): 23~40에서 큰 도움을 받았다.

> 물질의 가장 작은 부분 안에 피조물들의 세계 — 즉 생명체의 세계, 동물의 세계, 형상과 영혼의 세계 — 가 존재한다. 물질의 조각들은 각각 식물로 가득 찬 정원, 물고기로 가득 찬 연못으로 생각될 수 있다. 하지만 이 식물들의 모든 가지, 이 동물들의 모든 부분, 그 체액의 모든 방울은 그 자체가 다시 유사한 정원 또는 연못을 이룬다(G VI.66).

인간의 육체가 각각 개별적인 생명을 유지하는 세포들의 집합이라는 생각을 한 학자가 라이프니츠 혼자는 아니었지만 당시 이런 생각은 상당히 새로운 것이었다. 라이프니츠의 체계에서 인간의 육체에 대응되는 모나드들은 개별적인 삶의 내력을 지닌다는 점에서 세포와 유사하다. 하지만 모나드는 비물질적이며 불멸한다.

지금까지 우리는 데카르트의 출발점에서 시작하여 먼 길을 달려왔다. 데카르트는 인간의 정신이 피조물의 세계에 존재하는 유일한 영혼이며, 다른 모든 것들은 생명이 없는 기계라고 생각했다. 반면 라이프니츠는 가장 작은 벌레의 가장 작은 부분에도 영혼이 깃들어 있다고 — 그리고 하나의 영혼이 아니라 무수히 많은 영혼이 존재한다고 생각한다. 우리는 오직 생명체에게만 영혼이 있다고 생각했던 아리스토텔레스보다 사실상 훨씬 더 멀리 나아간 셈이다. 이제 우리는 모든 나무줄기와 돌멩이의 배후에도 수많은 영혼이 존재한다고 생각하기에 이르렀다. 그런데 이렇게 많은 모나드의 거대한 소용돌이 안에서 인간의 정신을 특별하고 고유한 존재로 만드는 것은 무엇인가?

라이프니츠의 관점에서 생명체와 무생물의 차이는 다음과 같다. 유기체는 단순한 모나드들의 집합체가 아니다. 유기체에는 하나의 지배적인 모나드가 있는데 이것이 그 유기체를 하나의 개체로 만드는 실체적 단일성을 부여한다. 인간의 경우 지배적인 모나드는 바로 인간의 영혼이다. 모든 모나드는 지각과 욕구를 지니지만 인간을 지배하는 모나드는 특히 생생한 생명력과 더욱 강력한 욕구를 지닌다. 이런 모나드는 단지 지각이 아니라 '통각', 즉 지각을 구성하는 내적 상태에 대한 자기의식적이고 반성적인 지식을 지닌다. 우리는 다른 모나드들이 존재한다는 사실은 오직 철학적 추론을 통해서만 인식하는 반면 우리 자신의 실재성은 이런 자기의식을 통해서 인식한다. 라이프니츠는 한 편지에서 '우리는 실체에 대하여 명석하지만 판명하지는 않은 관념을 지니는데 내 생각에 이런 관념은 우리가 우리 안에서 이런 관념을 감지한다는 사실로부터 생기는 듯하다'고 말한다(G III.247).

영혼의 선은 자기 자신의 활동뿐만 아니라 자신이 지배하는 다른 모든 모나드들의 활동이 추구하는 목표 또는 목적인이다. 하지만 영혼은 다른 어떤 모나드에 대해서도 결코 동력인으로는 작용하지는 않으며, 사실 어떤 모나드도 다른 모나드에 대하여 동력인으로 작용하지 않는다. 영혼의 선은 육체와 주변 환경 그리고 세계 전체에 신이 미리 부여한 예정조화에 따라 이루어진다. 여기서 다시 한 번 라이프니츠는 아리스토텔레스를 도입함과 동시에 아리스토텔레스 자신보다 더 멀리 나아간다. 아리스토텔레스의 체계에서 목적인은 그저 네 원인 중에 하나일 뿐이었다. 데카르트는 과학의 영역에서 사원인설을 추방했지만 이제 이는 **오직** 생명체에서 작용하는 목적인의 형태로 다시 도입되어 가장 높은 지위를 차지하게 되었다.

이런 모든 설명에서 과연 자유 의지의 설 자리가 확보되는가? 이론상 라이프니츠는 자유 의지론을 충분히 옹호하는 듯이 보인다.

> 절대적으로 말한다면 필연성과 반대되는 것으로 여겨지는 우리의 의지는 무관심성의 상태에 놓여 있으며, 의지는 다르게 행위할 능력 또는 행위를 완전히 연기할 능력을 지니므로 이런 저런 대안이 존재하며 그런 대안을 택하는 것이 항상 가능하다(*D*, 30).

하지만 인간은 유한하거나 무한한 다른 모든 행위자들과 마찬가지로 행위의 이유를 필요로 한다. 이런 사실은 충족이유율로부터 도출된다. 라이프니츠는 자유로운 행위자의 경우 행위에 대한 충족이유를 제공하는 동기는 '어떤 성향을 지니기는 하지만 강제되지는 않는다고' 주장한다. 하지만 그가 어떻게 인간의 자유라는 특별한 종류의 자유를 위한 공간을 만들 수 있는지를 파악하기란 몹시 어렵다. 사실상 그의 체계에서는 어떤 종류의 행위자도 외부로부터 영향을 받아 행위하지 않는다. 모든 행위자는 완벽하게 자기결정적이다. 하지만 동시에 이성적이든 그렇지 않든 간에 어떤 행위자도 예정조화가 자신에게 부과한 삶의 틀에서 단 한 치도 벗어날 수 없다. 따라서 라이프니츠는《형이상학 논고》에서 제시된 무관심성의 자유를 우리가 충분히 누린다는 점을 일관성 있게 주장할 수 없는 듯이 보인다. 그렇다면 남는 것은 오직 '자발성의 자유' — 즉 스스로 자신의 동기에 따라 행위할 능력 — 뿐이다. 하지만 브램홀이 홉스에 반대하면서 주장했듯이 무관심성의 자유가 동반되지 않는 한 자발성의 자유는 단지 환상에 지나지 않는다.

정신과 자아에 관한 버클리와 흄의 견해

버클리가 생각한 세계에는 오직 두 종류의 것만이, 즉 정신과 관념만이 존재한다. 그는 '전자는 **능동적인, 보이지 않는 실체**인 반면 후자는 **수동적인**, 순간적이고 의존적인 존재로서 그 자체로서는 유지되지 못하며 정신의 지원을 받아 정신 또는 정신적인 실체 안에 현존한다'고 말한다(*BPW*, 98). 버클리의 형이상학 체계는 다른 어떤 철학보다도 **정신**의 개념에 더 큰 비중을 두므로 정신의 개념에 관한 충분한 설명이 제시되리라고 기대하는 사람이 있을지 모른다. 하지만 사실상 그의 철학에서 정신에 관한 언급은 지극히 빈약하다. 실제로 그는 우리가 정신이 무엇인지에 대하여 어떤 관념도 지니지 않는다고 말한다.

하지만 이런 주장이 겉보기처럼 불가지론으로 이어지지는 않는다. 왜냐하면 버클리는 자주 그렇게 하듯이 여기서도 '관념' 이라는 용어를 심상을 의미하는 것으로 사용하기 때문이다. 그는 우리가 정신이라는 단어의 의미를 이해한다는 측면에서 정신의 개념을 지닌다는 점을 인정한다. 정신은 실재하는 것으로서 관념 또는 관념과 유사한 무언가가 아니라 '관념을 지각하고, 관념과 관련하여 무언가를 원하고 추론하는 존재이다' (*BPW*, 120). 일관성을 유지하기 위해서 버클리는 물체가 관념들의 집합이라고 말했듯이 정신 또한 그렇다고 말해야만 했다. 하지만 그는 정신의 경우 물체와 달리 관념과는 구별되고, 관념을 소유하는 근저에 놓인 실체로서의 정신이라는 개념을 기꺼이 받아들인다. 버클리의 철학에서 '정신' (spirit)과 '마음' (mind)은 서로 구별되지 않는다. 그는 단지 정신의 비물질성을 강조하기 위하여 전자의 용어를 선호할 뿐이다.

그렇다면 어떻게 우리는 정신과 같은 것이 존재한다는 사실을 알 수 있는가? '우리는 내부의 감각 또는 반성을 통해서 우리 자신이 현존한다는 점을 파악하며, 다른 정신이 현존한다는 점은 추론을 통해서 파악한다.' 하지만 버클리는 어떻게 나의 정신이나 다른 사람의 정신에 관해서 일관되게 말할 수 있는지를 깨닫기란 상당히 어렵다고 말한다. 내가 지각하고 반성할 수 있는 유일한 것은 오직 관념들뿐이다. 그리고 버클리는 '내가 곧 관념이거나 개념' 이라고 말하는 것은 가장 어리석은 일이 되리라고 주장한다. 그가 다른 사람의 정신이 존재한다는 점을 확립하기 위하여 채택한 추론 방식은 논의를 원래의 상태로 되돌리는 듯하다.

버클리에 따르면 내가 내 아내를 바라볼 때 나는 결코 그녀 자체를 보는 것이 아니다. 내가 보는 바는 단지 내가 항상 서로 연결된 것으로 관찰하는, 나 자신의 관념이 모인 집합일 뿐이다. 내가 아내의 존재나 다른 사람들의 존재를 인식하는 까닭은 '내가 다양한 운동과 변화 그리고 관념들의 결합을

버클리를 클로인(Cloyne) 주교의 모습으로 그린 이 초상화는 또한 대서양을 건너 신대륙으로 진출하려는 그의 야망을 암시한다.

지각하기 때문이며, 이들이 나 자신과 유사한 어떤 특정한 행위자, 즉 나와 같이 관념을 지니며 관념들의 생성에 대하여 나와 의견이 일치하는 행위자가 존재한다는 사실을 내게 알려 주기 때문이다.' 하지만 내가 보는 관념들은 나의 관념이지 내 아내의 관념이 아니다. 그녀의 존재 근거를 제공하는 관념들은 그녀의 관념인데 나는 그것에 결코 접근할 수 없다. 버클리는 그녀가 '내 관념의 생성에 대하여 나와 의견이 일치한다고' 주장할 수 없다. 나 자신 또는 신 이외에는 다른 어느 누구도 내가 어떤 관념을 지니도록 만들 수 없기 때문이다.

인과성에 대한 버클리의 설명은 최소한에 그친다. 이것이 원인이며 저것이 결과라고 말하면서 우리는 관념들 사이의 관계를 언급할 뿐이다. '관념들 사이의 연결은 원인과 결과라는 관계를 함축하지는 않으며 단지 관념이 의미하는 표시나 기호 사이의 연결에 지나지 않는다. 내가 보는 불이 불에 가까이 다가갈 때 내가 느끼는 고통의 원인은 아니다. 하지만 내게 고통을 미리 경고하는 표시로 작용한다.' 하지만 내 아내에 대한 나의 지각을 구성하는 관념들이 어떻게 내가 결코 지각할 수 없는 그녀의 관념이나 심지어 그녀 자신조차도 지각하지 않는 그녀의 정신에 관하여 내게 알려 줄 수 있는가? 다른 사람의 정신이라는 문제는 버클리가 이후 등장한 현상론자들에게 남긴, **큰 부담이 되는 상속물**이다.

반면 흄은 경험론이 다른 사람의 정신이라는 문제뿐만 아니라 우리 자신의 정신에 관한 문제도 일으킨다는 점을 보이려 했다. 유아론(唯我論, solipsism), 즉 오직 자기 자신의 자아만이 진정으로 존재한다는 믿음은 항상 경험론의 논리적 결론이었는데 이는 은연중에 정신이 오직 자신의 지각만을 인식한다는 주장을 함축한다. 흄은 이런 주장을 이전 경험론자들보다 더욱 진솔하게 확장하여 유아론에서 인정하는 자아조차도 환상에 불과하다는 결론에 이르렀다.

데카르트와 로크 이래 철학자들은 감각이 지각하는 사람과 외부 세계 대상 사이의 관계가 아니라 정신이 우리 내부의 어떤 지각이나 인상 또는 관념을 사적으로 수용하는 것이라고 생각해 왔다. 말을 보는 것은 사실은 말과 유사한 시각적인 감각 자료를 관찰하는 것이며, 장난감 곰의 감촉을 느끼는 것은 사실상 장난감 곰과 유사한 촉각적 감각 자료를 받아들이는 것이다. 사고하는 사람과 사고 사이의 관계는 내부의 눈으로 내부의 화랑을 둘러보는 관계와 같다. 흄은 이런 전통에 충실히 따르면서 서로 다른 정신적 활동, 사건, 상태 등의 차이점에 대하여 순전히 내부적인 설명을 제시하려고 노력한다. 이런 사실은 특히 정념에 관한 설명에서 명확하게 드러난다.

흄은 정념과 정념이 속한 정신 사이의 관계를 지각되는 바와 지각하는 사람 사이의 관계로 여긴다. 그는 '지각 또는 인상 그리고 관념들 외에는 정신 안에 결코 아무것도 존재하지 않는다. … 증오하고, 사랑하고, 생각하고, 느끼고, 보는 것, 이들 모두는 오직 지각하는 것에 지나지 않는다' 고 말한다(*T*, 67). 누군가는 이런 언급으로부터 한 여성을 보는 것이 그녀를 지각하는 방식 중 하나인 것과 마찬가지로 그녀를 사랑하는 것 또한 그녀를 지각하는 방식 중 하나라는 결론을 이끌어 낼지도 모른다. 하지만 이는 전혀 흄이 의미한 바가 아니다. 우리가 어떤 정념을 느낄 때 지각하는 바는 정념 자체이다. 정신은 자신이 지니는 정념을 지각하는 관찰자에 해당한다.

이런 식으로 생각할 경우 자아는 본질상 이런 내적 관찰의 주체가 된다. 자아는 내적 시각의 눈이며, 내적 청각의 귀가 된다. 아니면 자아는 차라리 내적인 눈과 귀 그리고 경험론의 인식론이 요구하는 내적 감각 기관을 모두 소유한 것으로 여겨진다. 이런 식의 자아 개념이 단지 환상에 불과하다는 점을 보이기 위하여 노력한 철학자가 바로 흄이었다. 경험론에 따르면 오직 내적, 외적 감각을 통해서 발견될 수 있는 것만이 실재한다. 그런데 내적 주체로서의 자아는 외적 감각을 통해서는 지각될 수 없음이 명백하다. 하지만 이런 자아는 내적 관찰에 의해서 발견되는가? 흄은 가장 상세한 탐구를 거친 후에도 이런 자아를 찾아내는 데 실패한다.

> 내가 **나 자신**이라고 부르는 바에 가장 가까이 다가갈 때마다 나는 이런 저런 특수한 지각을, 즉 열기와 냉기, 빛과 그림자, 사랑과 미움, 고통과 쾌락 등에 대한 지각과 마주치게 된다. 나는 지각이 없을

> 때에는 언제라도 나 자신을 결코 포착하지 못하며, 지각을 제외한 다른 어떤 것도 관찰하지 못한다. … 설령 누군가가 진지하고 편견 없이 숙고하여 **그 자신**에 대하여 나와는 다른 개념을 갖는다고 생각할지라도 나는 더 이상 그처럼 추론할 수 없다는 점을 고백하지 않을 수 없다. 내가 그에게 허용할 수 있는 바는 단지 나와 마찬가지로 그도 당연히 자기 나름대로 생각할 자격이 있으며, 이 특수한 문제에 대하여 우리는 본질적으로 서로 다른 견해를 보인다는 점뿐이다. 어쩌면 그는 그가 **그 자신**이라고 부르는, 단순하고 지속적인 무언가를 지각할 수 있을지도 모른다. 하지만 나는 내 안에는 그런 원리가 없다고 확신한다(*T*, 252).

자아를 지각할 수 없다는 점은 내적인 감각자로서의 자아 개념이 낳은 결과이다. 우리는 혀를 맛볼 수 없으며, 눈을 볼 수 없다. 눈이 보이지 않는 감각기관이듯이 자아는 관찰되지 않는 관찰자이다. 하지만 흄이 제시하듯이 체계적인 경험론을 엄밀하게 적용하면 경험론에서 생각하는 자아는 사라지고 만다. 자아는 내적이든 외적이든 어떤 감각을 통해서도 발견될 수 없으므로 결국 형이상학이 만들어 낸 괴물에 지나지 않는 것으로 배제되어야 한다. 버클리는 관념이 정신 외부의 어떤 것에도 근거하지 않는다고 주장했다. 이제 흄은 정신 안에 관념의 근거가 될 만한 것이 아무것도 없음을 보인다. 자아에 대한 인상도 없으며, 자아에 대한 관념도 없다. 오직 인간과 관념의 다발만이 있을 뿐이다.

흄은 내적인 자아가 환상에 불과하다는 점을 보였지만 경험론자들로 하여금 자아라는 신화를 옹호하도록 이끈, 배후에 놓인 오류를 드러내지는 못했다. 이런 곤경에서 벗어나는 진정한 방법은 정신이 오직 자신의 관념만을 인식할 수 있다는 주장을 거부하고, 사고하는 사람이 혼자만의 내적인 지각자가 아니라 공적인 세계에서 살아가는 구체적인 개인이라는 사실을 인정하는 것이다. 흄은 자기 자신과 다른 어떤 자아도 없다고 생각한 점에서 옳았다. 하지만 흄 자신 또한 단지 인상들의 다발이 아니라 18세기 중엽의 사회에 속했던 엄연한 한 개인이었다.

인상의 다발로서의 개인은 어떤 종류의 능동적 행위자와도 너무 크게 다르므로 그런 개인이 자유 의지를 지니는지 그렇지 않은지에 대한 논의는 무의미하다고 생각하는 사람이 있을 듯하다. 하지만 흄은 자신이 심리철학에서 주장한 바를 완전히 잊어버린 듯 자유와 필연성이라는 주제에 대한 논의를 거리낌 없이 진행한다. (이는 난해한 철학적 주제를 다룰 때 자주 드러나는 그의 습관이기도 한데 — 이런 유익한 모순점에 대해서는 감사해야 할 듯하다.) 그의 전반적인 주장은 인간의 결정과 행위가 생명이 없는 자연적 대상의 작용과 조금도 다름없이 인과 법칙에 의해서 강제되며 따라서 마찬가지로 예측 가능하다는 것이다.

> 나와 친한 친구 사이이며 그가 정직하고 부유하다는 점을 내가 잘 아는 한 사람이 내가 하인들에게 둘러싸여 살아가는 내 집을 방문한다면 그가 나의 은제 장식품을 훔쳐 달아나기 이전까지 나는 그가 결코 내 마음을 아프게 할 사람이 아니라고 확신할 것이다. … 또한 어떤 사람이 정오에 금화로 가득 찬 지갑을 런던 번화가인 채링 크로스(Charing Cross)의 보도 위에 떨어뜨렸다면 한 시간 후에 지갑이 아무도 손을 대지 않은 채 발견되기보다는 마치 깃털처럼 날아가 사라져 버릴 것이라고 예상하는 편이 나을 것이다(*E*, 91).

흄은 우리가 무엇을 하든 간에 그것은 동기와 상황 그리고 행위 사이의 인과적 연결에 의해서 강제된다고 주장한다. 특히 사람이 속한 계층이 성격과 행동을 결정하는 데 중요한 요소로 작용한다. '일하는 노동자의 피부와 모공, 근육과 체력은 상류층 사람들과는 크게 다르다. 그의 정서나 행위, 태도 또한 마찬가지이다.' 흄은 결정론을 강력하게 주장함으로써 다소 납득하기 어려운 결론에 이른다. 예를 들면 그는 노동자들이 파업을 계속하는 것은 아무 지지대도 없는데 무거운 물체가 떨어지지 않기를 바라는 것만큼이나 황당한 일로 여긴다.

흄은 인간의 행위가 결정된다고 믿으면서도 우리가 일종의 자유를 누릴 수 있다는 점을 기꺼이 받아들인다. 그의 후계자들 중 일부와 마찬가지로 그는 '양립 가능론자', 즉 자유와 결정론을 각각 제대로 이해한다면 이 둘이 양립 가능하다고 주장하는 인물이다. 그는 우리가 본성상 자신의 행위가 강제된다는 사실을 받아들이기 꺼려하는 까닭은 필연성과 강제를 혼동하기 때문이라고 생각한다.

> 학교에서 사용되는 표현을 빌리면 **자발성**의 자유와 **무관심성**의 자유, 즉 강제에 반대되는 자유와 필연성과 원인의 부정을 의미하는 자유를 제대로 구별할 줄 아는 사람이 거의 없는 듯하다. 전자는 자유라는 용어가 지닌 가장 상식적인 의미를 나타내는데, 우리가 유지하려 애쓰고, 지금까지 우리의 사고가 주로 지향해 온 바는 바로 이런 종류의 자유였다. 그런데 이 점을 거의 모든 사람이 보편적으로 혼동해 왔다(*T*, 408).

우리가 자발성의 자유를 지닌다는 점은 경험을 통해서 알 수 있다. 우리는 자주 우리가 원하는 바를 아무런 강제도 없이 행한다. 하지만 경험은 무관심성의 자유, 즉 우리가 지금 실제로 행하는 바와 다르게 행위할 능력에 대한 확실한 증거를 제공하지 못한다. 우리는 자신의 내부에서 이런 자유를 느낀다고 상상할지 모른다. '하지만 우리의 행위를 지켜보는 관망자는 우리의 동기와 성격으로부터 우리의 행위를 손쉽게 추론할 수 있다. 설령 그렇게 하지 못할 경우에도 관망자는 대체로 만일 자신이 우리가 처한 상황과 우리의 기질을 모두 완벽하게 파악한다면 그리고 우리의 인색과 성향에서 드러나는 가장 비밀스러운 동인까지를 안다면 충분히 그렇기 할 수 있으리라고 결론 짓는다' (*T*, 408).

이런 주제에 관하여 논의하면서 행위의 '비밀스러운 동인'이라는 표현을 사용하는 것을 보면 흄은 자신이 심리 이론이나 인과성 이론에 관하여 이전에 공식적으로 언급한 바를 완전히 잊어버린 듯하다. 사실 인간의 의지에 대한 그의 정의 자체가 이전의 이론과는 양립할 수 없는 듯이 보이기도 한다. 그는 의지를 다음과 같이 정의한다. '**의지**라는 용어를 통하여 나는 단지 **우리가 의도적으로 우리의 육체에 어떤 새로운 운동이라도 일으키거나 우리의 정신에 어떤 새로운 지각이라도 일으킬 때 느끼고 의식하는 내부의 인상을** 의미한다' (*T*, 399). 인과성에 관한 그의 견해를 전제할 때 과연 흄이 운동이나 지각을 '일으킨다고' 말할 자격이 있는지 의심하지 않을 수 없다. 그러나 '우리가 의도적으로 우리의 육체에 어떤 새로운 운동이라도 일으킨다'는 대목을 '어떤 새로운 운동이라도 일어나는 것을 관찰한다'는 것으로 대체하면 정의 자체가 전혀 적절하지 않은 것이 되고 만다.

칸트가 시도한 정신의 해부

칸트 자신이 정신의 해부라고 표현한 바에는 많은 전통적인 요소들이 포함된다. 그도 지성과 감성을 구별했으며, 내적 감각과 다섯 가지 외적 감각을 구별했다. 이런 구별을 거부한 철학자도 있었지만 이 구별은 중세 이후 거의 일반적으로 받아들여졌다. 지금까지 칸트의 혁신은 전통적인 능력에 새로운 인식론적 역할을 부여하는 데 그쳤다. 하지만 그는 계속 새로운 구별을 도입함으로써 심리철학과 관련해서도 새로운 통찰을 제시한다.

《판단력비판》에서 칸트는 인간 정신의 능력을 (a) 인식 능력, (b) 쾌락과 고통을 느끼는 능력 그리고 (c) 욕구 능력으로 분류한다. 이런 맥락에서 '인식 능력' 은 지적인 능력을 의미하는데 칸트는 이를 다시 오성(*Verstand*), 이성(*Vernunft*) 그리고 판단력(*Urteil*)으로 삼분한다. 오성은 경험을 개념화하는, 지성의 정당한 작용을 수행한다. 오성의 작용에 관해서는《순수이성비판》을 통해서 알 수 있는데 동시에 여기서 '이성' 은 선험적 사변에 관여하는 지성의 부당한 작용을 지칭하는 전문적인 용어로 사용된다.《실천이성비판》에서는 이성에게 윤리적 행위의 중재자라는 긍정적인 역할이 부여된다. 하지만 이들 두《비판》에서는 판단력의 기능이 그리 명확하게 드러나지 않는다. 이전 철학자들은 '판단' 을 (칸트 자신도 자주 그러듯이) 어떤 종류의 명제든 간에 그것에 동의하는 것을 의미하는 용어로 사용하였다.《판단력비판》에서 칸트는 미적 취미 판단에 집중한다. 이를 통하여 우리는 새로운 삼분법에 이르게 된다. 즉 진리를 대상으로 삼는 능력(오성), 선을 대상으로 삼는 능력(실천 이성) 그리고 아름다움과 숭고를 대상으로 삼는 능력(판단력)을 얻게 된다(M, 31 이하).

지성의 모든 작용은 자기의식을 동반한다. 칸트는 이 점을 오성의 경우와 관련하여 가장 명확하게 제시한다. 경험의 개념화에는 인식의 모든 요소를 하나의 의식으로 통합하는 과정이 포함된다.《순수이성비판》중 '통각의 근원적, 종합적 통일' 이라는 제목이 붙은, 난해하지만 독창적이고 매우 깊이 있는 내용의 절에서 칸트는 자기의식의 통일이라는 말이 무엇을 의미하는지를 분석한다(B, 132~43).

무언가가 **내** 의식의 구성 요소라는 점을 내가 **발견하는** 일은 불가능하다. 내가 의식의 구성 요소를 직접 대면한다는 생각은 불합리하므로 그 의식이 누구에게 속한 것인지를 의문시하거나 그것이 내가 아닌 다른 어떤 사람에게도 속하지 않는다는 결론에 대하여 탐구하는 일이 이어진다. 반성 작용을 통하여 나는 나의 의식적 경험이 지닌 많은 특징(예를 들면 그것은 고통스러운가?, 그것은 명확한가? 등등)을 인식할 수 있을지도 모르지만 그것이 **나**

의 것이라는 점을 인식하지는 못한다. 우리가 자신의 지각에 관하여 발견할 수 있는 내용 중 자기의식적인 부분을 칸트는 '통각'이라고 부른다. 칸트는 우리가 자신의 의식이 명백히 자기 자신의 의식이라는 점을 경험에 의존해서 확인할 수는 없다고 말한다. 따라서 우리 자신의 의식을 우리가 명백히 소유한다는 것은 경험적 통각이 아니라 '선험적 통각'에 속한다.

나의 경험들을 하나의 의식에 속하도록 통일하는 바는 경험 자체가 아니다. 칸트는 나의 경험들 자체는 '다양하며 잡다할 뿐이라고' 말한다. 경험의 통일은 직관들을 결합하고 종합하는 오성의 아프리오리한 활동에 의해서 이루어지는데 칸트는 이를 '통각의 선험적 통일'이라고 부른다. 하지만 이것이 우리가 어떤 선험적 자기 인식을 지닌다는 점을 의미하지는 않는다. 통각의 근원적 통일은 나에게 단지 나 자신이라는 개념을 부여할 뿐이다. 어떤 구체적인 자기 인식을 얻기 위해서도 경험은 반드시 필요하다.

칸트는 데카르트에 동의하여 '나는 생각한다'라는 사고가 다른 모든 사고에 동반되어야 한다고 생각한다. 자기의식은 사고와 분리될 수 없는데 그 까닭은 사고에 대하여 사고하기 위해서는 자기의식이 필요하기 때문이며, 경험에 앞서 우리는 사물에 대하여 사고하는 데 필요조건으로 작용하는 속성들을 사물들에 부여하기 때문이다. 하지만 칸트는 데카르트가 '나는 생각한다'로부터 이끌어 낸 결론에는 단호히 동의하지 않는다. '순수이성의 오류추리'라는 제목이 붙은 선험적 변증론의 한 절에서 칸트는 데카르트의 심리학에 대하여, 더 나아가 아프리오리한 이성주의 심리학 전반에 대해여 계속 공격을 퍼붓는다.

경험주의 심리학은 영혼을 내적 감각의 대상으로 다루는 반면 이성주의 심리학은 영혼을 사고하는 주체로 다룬다. 칸트에 따르면 이성주의 심리학은 '스스로를 나는 생각한다는 단 하나의 명제 위에 건설된 학문이라고 공언한다.' 하지만 이런 심리학은 선험적인 사고의 주체가 '사고하는 나인지 그인지 아니면 그것(사물)인지도' 모르는 채 그저 알려지지 않은 X에 대하여 탐구할 뿐이다.

경험주의 심리학의 한계를 넘어서려는 본성적인 충동 때문에 우리는 오류에 빠진다 — 칸트는 이를 '오류 추리' 또는 허위 삼단논법이라고 부른다. 칸트는 순수 이성의 오류 추리로 네 가지를 드는데 이를 간략히 요약하면 다음과 같다. (1) '사고하는 주체는 필연적으로 하나의 주체이다' 로부터 '사고하는 주체는 필연적인 주체이다' 를 이끌어 내는 경우, (2) '자아를 분할하는 것은 무의미한 일이다' 로부터 '자아는 분할 불가능한 실체이다' 를 이끌어 내는 경우, (3) '내가 무언가를 의식할 때마다 의식하는 존재는 동일한 나이다' 로부터 '내가 무언가를 의식할 때마다 나는 동일한 나를 의식한다' 를 이끌어 내는 경우, (4) '나는 육체가 없는 나 자신을 생각할 수 있다' 로부터 '육체가 없이도 나는 나 자신에 관하여 생각할 수 있다' 를 이끌어 내는 경우.

각각의 오류 추리에서 무해한 분석 명제가 교묘한 논리적 술책에 의해서 얼마든지 논쟁거리가 될 만한, 아프리오리한 종합 명제로 변질된다. 이런 오류 추리에 기초하여 이성주의 심리학은 자아가 비물질적이고, 파괴될 수 없고, 개인적이고, 불멸하는 실재라는 결론을 이끌어 낸다.

영혼의 불멸성에 대한 이성주의적 증명은 망상에 지나지 않는다. 하지만 이런 사실이 우리가 실천 이성이 요청하는 내세에 대한 믿음을 가질 수 없음을 의미하지는 않는다. 현세에서 행복은 결코 덕에 비례하지 않는다. 따라서 우리가 올바르게 행위할 동기를 지니려면 내세에 다른 어딘가에서 덕과 행복이 서로 비례하는 보상이 이루어지리라는 사실을 믿어야 한다. 칸트는 이성주의 심리학에 대한 반박이 내세를 향한 믿음에 방해가 되기보다는 오히려 도움이 된다고 주장한다. '왜냐하면 그저 사변적일 뿐인 증명은 일반인들의 이성에 아무런 영향도 미치지 못했기 때문이다. 그런 증명은 단지 머리 위에 세워진 것이므로 그것을 주장하는 학파조차도 마치 팽이처럼 쉬지 않고 그 주위를 도는 한에서만 그것을 유지할 수 있다' (B, 424).

칸트의 심리철학 중 가장 오랫동안 영향을 미친 중요한 요소는 자유와 결정론을 다룬 부분이다. 이에 관한 그의 언급은 《순수이성비판》 중 이성주의 및 경험주의 심리학을 다룬 절이 아니라 우주를 하나의 전체로 여기면서 탐구하려 할 때 발생하는 모순을 보이기 위하여 제시된 이율배반을 다룬 부분에서 등장한다. 세 번째 이율배반은 세계가 하나의 결정론적 체계라는 생각과 원인이 없는 자유로운 행위가 가능하다는 믿음 사이의 관계를 다룬다. 이 주제는 후에 톨스토이(Tolstoy)가 《전쟁과 평화》(*War and Peace*)의 마지막 부분에서 유려하게 언급한 것이기도 하다.

> 자유 의지 문제는 오래 전부터 인류 최고의 지성들이 몰두해 온 문제이며 오래 전부터 가장 큰 중요성을 지닌 것으로 여겨져 왔다. 사실상 이 문제가 발생하는 이유는 다음과 같다. 인간을 어떤 관점에서 관찰하든 간에 — 신학적, 역사적, 윤리적 또는 철학적 관점 중 어떤 것이든 — 인간을 주체로 여긴다면 우리는 필연적인 보편 법칙을 발견하며 인간 또한 (존재하는 다른 모든 것들과 마찬가지로) 이 법칙에 따르지 않을 수 없음을 깨닫는다. 반면 인간을 우리 자신의 내부에서 — 즉 우리 자신의 내적 의식의 대상으로 — 바라보면 우리는 자신이 자유롭다고 느낀다.

톨스토이는 이성이 우리에게 가르친 필연적인 법칙이 우리로 하여금 환상적인 자유를 포기하고 우리가 무의식 중에 보편적인 법칙에 의존한다는 사실을 인정하도록 강요한다고 생각한다.

반면 칸트는 결정론과 자유가 서로 조화할 수 있다고 생각한다. 처음 두 이율배반과는 달리 세 번째 이율배반에서는 정립과 반정립이 적절하게 해석된다면 모두 참이 될 수 있음이 드러난다. 여기서 정립은 자연적 인과성만으로는 세계의 현상을 설명하기에 충분하지 않으므로 결정론적 원인에 더하여 자유와 자발성을 고려해야 한다는 것이다. 반정립은 선험적 자유를 요청하는 것은 우리 자신을 맹목적인 무법칙성에 내던지는 것이라고 주장한다. 톨스토이가 표현했듯이 '만일 한 사람이 천년 동안 수백만 번의 경우 중에 단 한 번만이라도 자유롭게 행위하는 능력을 발휘하여 자신이 선택한 바를 행한다면 법칙을 벗어난 이 하나의 자유로운 행위만으로도 인간의 모든 행위를 지배하는 법칙이 결코 존재할 수 없다는 점을 증명하기에 충분하다.'

톨스토이와 마찬가지로 칸트 또한 결정론자이지만 강한 결정론자가 아니라 약한 결정론자이다. 바꾸어 말하면 그는 결정론이 인간의 자유 및 자발성과 양립 가능하다고 생각한다. 그는 인간의 의지가 감각적이지만 자유롭다고, 즉 정념의 영향을 받지만 정념에 의해서 강제되지는 않는다고 말한다. '인간에게는 감각적 충동에서 생겨난 그 어떤 강제와도 무관한 자기 결정의 능력이 있다.' 하지만 이런 자기 결정 능력은 두 측면으로, 경험적 (경험상에서 지각 가능한) 측면과 예지적 (오직 지성을 통해서만 파악 가능한) 측면으로 발휘된다. 자유로운 행위자로서 우리는 감각적 결과를 낳는 예지적 원인이다. 이런 감각적 현상들 또한 불변하는 법칙에 따라 전개되는, 끊임없이 이어지는 연속의 한 부분이다. 인간의 자유와 결정론에 따르는 자유를 서로 조화시키기 위하여 칸트는 자연은 시간상에서 작용하는 반면 인간의 의지는 시간을 넘어서는, 비현상적 자아에 속한다고 말한다.

수세기에 걸쳐 신학자들은 인간의 자유와 신의 전지함을 조화시키기 위해 신의 지식은 시간을 넘어선 것이라고 말해 왔다. 이제 인간의 자유가 시간을 넘어선 것이라고 말함으로써 인간의 자유와 자연의 전능함을 조화시키려는 한 철학자의 시도는 분명히 새로운 것이다. 하지만 인간의 의지는 시간과 무관한 것이라는 칸트의 주장과 그가 직접 자유로운 행위의 예로 든 경우, 말하자면 책상 의자에서 일어나는 경우를 조화시키기란 그리 쉬운 일이 아니다. 그러나 오늘날에 이르기까지 철학자들이 추구해 온 가장 인상 깊은 사고 유형 중 하나는 칸트처럼 자유와 결정론이 서로 양립 가능하다고 보는 이론이다. 인과적 설명('나는 무언가에 밀렸기 때문에 그를 넘어뜨렸다')과 근거에 의한 설명('나는 그에게 낙법을 가르치기 위하여 그를 넘어뜨렸다')이 근본적으로 서로 다른 설명 방식이며, 이들 중 하나를 다른 하나로 환원할 수 없다는 점은 분명히 옳다. 이런 차이를 강조하고, 이런 차이가 자유와 결정론을 조화시키려는 모든 시도의 기초라고 보는 점에서 칸트는 명백히 옳다.

자유와 결정론 사이의 조화는 헤겔의 형이상학에 이르러 바로크 양식처럼 복잡하고 기이한 형태를 띠게 된다. 헤겔에 따르면 루비콘 강을 건너기로 한 카이사르(Caesar)의 결정과 같은 개인의 선택은 알고 보면 자신이 의도한 결과를 낳기 위하여 '이성의 간지'를 사용하는 세계정신이 결정한 것이다. 하지만 개인의 수준에서 작용하는 필연성은 자유가 가장 높은 형태로 표현된 것이다. 왜냐하면 자유는 정신의 본질적 속성이며, 점차 고양되는 자유의 표현은 역사를 이끄는 힘이기 때문이다.

헤겔이 세계정신에 관하여 언급한 바는 단지 초개인적인 역사적 힘을 은유적으로 표현한 것에 그치지 않는다. 헤겔의 정신은 칸트가 말한 선험적으로 통일된 통각, 즉 모든 경험의 주체가 되면서도 그 자신은 경험의 대상이 될 수 없는 통각과 유사하다. 칸트는 각각의 개별적인 정신 안에 그런 분리된 초점이 존재한다는 점을 가정하는 정도로 만족했다. 하지만 헤겔이라면 과연 어떤 근거에서 그런 가정이 성립하는가를 물을 듯하다. 칸트가 말한 선험적 자아의 배후에는 데카르트의 자아가 있는데, 이에 대하여 '나는 생각한다, 그러므로 존재한다'는 데카르트의 주장을 비판했던 최초의 인물 중 한 사람이 이미 적절한 질문을 던졌다. 지금 사고하는 것이 당신 안에 있는 세계영혼이 아니라 당신 자신이라는 점을 당신은 어떻게 알 수 있는가? 헤겔이 말하는 정신은 그 어떤 개인의 의식에도 앞서는 의식의 핵심을 의미한다. 데카르트와 칸트의 철학에서는 하나의 동일한 정신이 서로 다른 다양한 방식으로 사고하는 듯이 보이는데 차라리 이를 단일한 개인인 나로 여겨, 예를 들면 이런 내가 나 자신의 서로 다른 부분에서 치통과 통풍의 고통을 동시에 느낀다고 보는 편이 나을지도 모른다. 하지만 정신이 자신을 표현하는 행위가 세계 전체를 구성한다는 헤겔식의 견해를 경험적 또는 분석적 심리학과 조화시키기란 몹시 어려운 일이다. 헤겔은 심리철학(a philosophy of mind)을 제시하기보다는 오직 자신의 고유한 정신의 철학(a Philosophy of Mind)을 제시한다.

근대철학 전반에서 인간 정신에 관한 철학에 가장 크게 기여한 인물이 칸트라는 점은 의심의 여지가 없다. 17, 18세기를 거치면서 심리철학은 인식론 아래 놓인 부속물이 되었는데 이는 데카르트적인 확실성의 추구가 낳은 결과이기도 하다. 이런 추구 과정에서 데카르트를 비롯한 합리론자들은 감각의 역할을 과소평가한 반면 영국의 경험론자들은 지성의 역할을 배제했다. 이렇게 흩어진 이전 철학자들의 정열을 다시 한데 모아 인간 정신의 다양한 능력들을 공평하게 다룬 설명을 제시한 인물이 바로 칸트라는 탁월한 천재였다. 중세의 가장 뛰어난 저술들에서 그랬듯이 그의 저술을 통하여 인식론과 철학적 심리학은 다시 서로 만나게 되었다.

8장

윤리학

여러 윤리학사에서 16세기를 대충 다루고 넘어가는 일이 자주 일어난다. 중세 전성기에 도덕철학은 아리스토텔레스의 《니코마코스 윤리학》에 대한 주석과 신의 자연법 또는 계시법에 대한 저술의 형태로 제시되었다. 아퀴나스의 《신학대전》에서는 이 두 요소가 서로 결합된 모습을 볼 수 있지만 그의 체계는 법칙의 개념보다는 덕의 개념을 중심으로 형성되었다. 신이 부여한 법칙에 관한 이론을 기독교 도덕의 중심에 놓은 학자들은 둔스 스코투스를 필두로 한 아퀴나스의 후계자들이었다.[1] 하지만 중세 윤리학의 전통은 종교 개혁과 반종교 개혁의 영향 아래서 큰 충격을 받았으며 결코 원래 모습을 회복하지 못했다.

루터와 칼뱅은 모두 오직 기독교만이 부여할 수 있는 신의 은총이 없다면 인간 본성이 얼마나 타락하게 되는지를 강조했다. 이들은 인간이 구원과 행복에 이르는 길이 도덕적 노력이 아니라 신앙에 있으며, 어떤 철학 체계에서도 윤리학이 차지할 부분은 거의 없다고 생각했다. 이들에 따르면 아리스토텔레스는 선한 삶을 살아가는 유일한 방식에 도움이 되는 것이 아니라 방해가 된다. 다른 고대 성인들의 가르침도 우리를 덕으로 인도하지 못한다. 아

[1] 이 철학사 2권, 263~77면 참조 — 우리말 번역에서는 《중세철학》, 398~417면 참조 〔후반부는 옮긴이의 첨가〕.

우구스티누스가 지적했듯이 이들은 기껏해야 악덕을 화려하게 장식하는 데 그칠 뿐이다.

가톨릭은 인간이 선을 향해 나아갈 가능성이 인간의 타락과 함께 완전히 사라졌다는 데 동의하지 않았으며, 트렌토(Trent) 공의회는 비기독교도의 모든 행위는 죄악이라는 주장은 이단이라고 선언했다. 하지만 이 공의회가 발표한 교리 규정은 가톨릭의 도덕적 신학을 새로운 방향으로 이끌었는데 이는 아리스토텔레스와 아우구스티누스의 윤리학을 종합한 아퀴나스의 태도와는 동떨어진 것이었다. 1551년의 교령은 1215년에 열렸던 라테란(Lateran) 공의회의 규정을 더욱 강화하여 모든 가톨릭교도에게 정기적으로 성직자에게 고해성사를 할 의무를 부과했다. 또한 이 교령은 죄를 두 종류로, 대죄와 소죄로 구별했다. 대죄는 더욱 무거운 죄로, 만일 참회하지 않는다면 죄인은 지옥에 떨어져 영원한 처벌을 받게 된다. 새로운 규정에 따르면 참회자는 자신이 저지른 대죄의 종류, 횟수, 상황 등을 낱낱이 모두 고백해야 한다. 이후로 가톨릭 도덕철학자들은 덕보다는 서로 다른 종류의 죄를 상세히 분류하고 하나씩 나열한 후 상황에 따라 죄를 가중하거나 경감하는 일에 더욱 치중하게 되었다.

결의론

트렌토 공의회의 교령은 완전히 새로운 윤리적 분과, 즉 결의론(casuistry)이라는 학문을 발전시켰다. 일반적으로 결의론이란 도덕 원리를 적용하여 특수한 결정을 내리는 것을, 특히 도덕 원리들이 상충하는 듯이 보이는 '양심상의 경우들'에서 어떤 결정을 내리는 것을 의미한다. 넓은 의미에서 특수한 도덕적 딜레마를 해소하기 위하여 어떤 전문적인 충고라도 제시한다면 이를 결의론의 실행으로 여길 수 있다. 예를 들면 한 무리의 신학자들이 신성 로마 제국의 황제였던 카를로스 5세(Charles V)에게 새로 얻은 아메리카의 백성들을 어떻게 대해야 할지를 충고한 경우나 로드(Laud) 대주교가 영국 왕 찰스 1세(Charles I)에게 스트래퍼드(Strafford) 백작에 대한 탄핵이 정당하다고 조언한 경우도 결의론의 일종으로 볼 수 있다. 하지만 현재 여러 학자나 역사가들이 결의론에 관하여 언급할 때 이는 대체로 16세기와 17세기에 걸쳐 많이 출판된 원전과 소책자들에 등장하는, 고해를 받는 성직자나 종교적 지도자가 참회자나 평신도를 인도하는 데 도움을 주기 위하여 실제의 결정이 아니라 가상적인 경우를 다룬 내용을 지칭한다.

서로 다른 종교 교단에 속한 많은 신학자들이 결의론을 다룬 소책자를 썼지만 결의론은 당시 새롭게 형성된 반종교 개혁 교단인 예수회와 특별히 관련되며 이런 관련은 이후에도 계속 이어졌다. 예수회의 교육 체계를 보면 학문에 자질이 있는 학생들에게는 아퀴나스의 도덕 이론을 가르쳐 성직에 임명한 반면 학문과 무관한 일을 맡게 될 사람들은 양심과 관련되는 문제를 탐구하고, 결의론 서적을 읽고, 결의론자들의 강의를 듣고, 구체적인 사례를 연습함으로써 평신도들에게 적절한 충고와 조언을 하도록 훈련시켰다. 예수회는 특히 고위층 인물들의 고해성사를 담당할 성직자가 많이 필요했다. 1602년 예수회의 수장은 《군주들의 고해성사에 관하여》(*On the Confession of Princes*)라는 특별한 교재를 출판하지 않을 수 없을 정도였다. 이런 과정을 거쳐 결의론은 윤리적 중요성뿐만 아니라 정치적 중요성을 지니게 되었다.

16세기 동안 결의론자들은 수많은 새로운 도덕적 문제에 직면했다. 가장 중요한 문제 중 하나는 당시 새로 발견된 아메리카 대륙의 원주민들과 기독교도 사이의 관계였다. 스페인과 포르투갈의 식민지 개척자들에게 원주민들의 땅을 차지하고 그들을 노예로 삼을 권리가 있는가? 1550년 신성 로마 제국의 황제였던 카를로스 5세는 이 문제를 논의하기 위해 바야돌리드(Valladolid)에서 신학자 회의를 소집했다. 카를로스 5세의 궁정에서 사료 편찬 임무를 담당했던 세풀베다(Sepulveda)는 어떤 사람들은 다른 사람을 통치하기

아스텍 필사본(the Codex Azcatitla)에 등장하는 이 그림은 인디언 원주민이 삭발한 가톨릭 수사들 사이에서 세례받는 모습을 보여 준다.

보다는 다른 사람에게 복종하는 데 더욱 적합하므로 노예의 본성을 타고난다는 아리스토텔레스의 가르침에 근거하여 미개하고 열등한 삶을 살며 기독교를 전혀 모르는 아메리카 인디언을 노예화하고 강제로 개종시키는 것이 정당하다고 주장했다. 당시 실제로 아메리카에서 선교 활동을 했던 바르톨로메 데 라스 카사스(Bartolome de las Casas)는 즉시 이런 견해를 반박했으며, 당시 가장 큰 영향력을 지녔던 스페인의 두 신학자, 즉 도미니크회 소속이었던 비토리아(Francisco de Vitoria)와 예수회 소속이었던 수아레스(Francisco Suarez) 또한 이런 견해를 강력하게 비판하는 저술을 출판했다.

비토리아는 사후에 출판된 저술 《인디언에 관하여》(*De Indis*, 1557)에서 우선 이교도를 강제로 개종시키는 것은 부당하다는 아퀴나스의 주장을 옹호하고, 계속해서 교황이든 황제든 간에 어느 누구도 인디언들에 대한 지배권을 지닐 수 없다고 역설한다. 그는 기독교도들과 똑같이 인디언들도 소유권과 재산권을 지닌다고 주장한다. 인디언들도 진정한 정치 공동체를 구성하여 살아가며, 그들의 문명적 질서를 보면 그들도 이성을 충분히 발휘한다는 점이 드러난다.

> 그들에게도 삶의 문제에 대처하는 나름대로의 방식이 존재한다. 그들도 질서 있게 배열된 정치 체제를 지니며, 명확한 결혼 제도, 사법 조직, 군주, 법률, 작업장, 물물 교환 체계도 갖추고 있다. 이들 모두는 이성의 발휘를 필요로 한다.[2]

비토리아는 이들 이교도 인디언들은 재산에 대한 진정한 소유권을 누릴 수 없다는 명분을 내세워 이들의 땅과 소유물을 몰수하는 일은 결코 정당화될 수 없다고 결론짓는다. 예수회 소속인 수아레스도 전쟁의 옳고 그름에 관하여 논의하면서 이와 유사한 견해를 내세운다.[3]

16세기에 바다 너머 신세계에 대한 탐험과 국제 무역이 폭발적으로 증가하면서 결의론자들은 모험적인 해상 사업에 대한 경제적 후원 방법을 윤리적으로 검토하는 데 초점을 맞추었다. 성서에 등장하는 구절과 금전에 대한 아리스토텔레스의 분석에 기초하여 아퀴나스는 돈을 빌려 주고 이자를 받는 일을 강력하게 비판했다.[4] 하지만 아퀴나스도 인정했듯이 어떤 사업을 후원하는 방법에는 서로 뚜렷하게 구별되는 두 가지 방식이 있다. 그중 하나는 사업가에게 돈을 빌려 주는 것이며(이 경우 사업이 성공하든 실패하든 간에

[2] *De Indis Recenter Inventis*, 1.23; Bull et al., *Hugo Grotius and International Relations* (Oxford: Oxford University Press, 1990), 46면에서 재인용.

[3] 아래의 421~2면 참조. 라스 카사스와 비토리아, 수아레스의 견해가 기독교 식민주의자들에게 현실적으로 더욱 큰 영향을 미치지 못했음은 몹시 유감스러운 일이다.

[4] 이 철학사 2권, 271면 참조 — 우리말 번역에서는 《중세철학》, 409~10면 참조 〔후반부는 옮긴이의 첨가〕.

사업가는 빚을 갚아야 한다), 다른 하나는 사업의 일정 지분을 사는 것이다(이 경우 후원자는 사업 실패의 위험을 함께 부담한다). 전자는 이자 놀이를 하는 것이므로 사악하다. 후자는 동업 관계를 맺는 것으로서 충분히 칭찬할 만하다(*ST* 2.2.78 ad 5).

이자 놀이를 금지하는 일은 중세 내내 이어졌으며, 15세기 거대한 은행 사업을 주도했던 메디치(Medici) 가문의 고향인 피렌체의 대주교였던 안토니누스(St. Antoninus)도 이를 유지했다. 하지만 그는 특수한 경우에는 대출금에 대한 비용을 받는 것을 허용했다. 즉 대출에 대한 상환이 늦어져 채권자가 예상하지 못한 피해를 당할 경우에는 비용을 받을 수 있다고 보았다(이를 긴급 손실(*damnum emergens*)이라는 전문 용어로 표현했다). 이는 대출금 자체에 대한 이자라기보다는 이미 입은 피해에 대한 보상으로 여겨졌다. 하지만 이자 금지 조항을 이렇게 사소하게 완화한 일이 계기가 되어 그 다음 세기에 이르면 결의론자들은 이자 금지를 완전히 철폐하기에 이른다.

그 첫 번째 단계는 기회비용의 개념을 도입한 것이었다. 한 사람이 돈을 대출해 줄 경우 그 사람은 그 돈을 달리 사용하여 얻을 수 있는 이익을 포기하는 셈이 된다. 따라서 긴급 손실은 이익의 정지(*lucrum cessans*)를 변제해야 한다는 개념과 연결되었다. 16세기에 자본주의가 급격히 팽창하면서 또 다른 투자의 기회가 무척 늘어났고 따라서 결의론자들은 이런 저런 이유를 들어 거의 모든 경우에서 이자를 받는 일을 정당화했다.

결의론자들의 논리는 그들 자신의 표현을 빌리더라도 매우 의심스러운 것이었다. 물론 나는 상대방에게 빌려 주려는 돈을 달리 사용할 수도 있다. 다른 사람에게 빌려 줄 수도 있고, 동업자에게 투자할 수도 있다. 하지만 첫 번째 전제에서 내가 상대방에게 돈을 빌려 줌으로써 이익을 잃게 된다는 생각 자체가 이미 불법적인, 즉 이자 놀이를 통한 이익을 전제한다. 두 번째 전제와 관련하여 내가 상대방에게 돈을 빌려 줌으로써 무언가를 잃게 된다는 생각 또한 전혀 확실하지 않다. 내가 대안으로 선택한 사업이 실패하여 아무런 이익을 얻지 못할 수도 있고 심지어 원금 자체를 모두 날릴 수도 있다. 상대방이 내게 빌린 돈을 그대로 갚는 것이 오히려 나에게 큰 이익이 될 수도 있다.

하지만 일부 결의론자들은 주요 은행 가문에 고문으로 고용되기까지 하면서 이자 금지 조항을 교묘히 회피하기 위한 더욱 복잡한 계략을 꾸미기도 했다. 1580년 이런 계략이 난무했던 바이에른 지방의 공작이 예수회의 교리 위원회에 다음과 같은 경우를 판정해 달라고 요청했다. 이는 이른바 전형적인 '양심의 문제'에 속하는 경우이므로 이를 그대로 인용하여 소개할 만한 가치가 있을 듯하다.

> 독일인 티티우스(Titius)는 심프로니우스(Sympronius)에게 얼마의 돈을 빌려주었다. 심프로니우스는 상당히 부유한 인물이었으며, 어떤 특정한 목적을 위해 돈을 빌린 것은 아니었다. 티티우스는 빌려준 돈 100플로린 당 매년 5플로린을 받았으며, 후에 빌려 주었던 원금을 모두 다시 받았다. 원금은 어떤 위험한 상황에도 놓이지 않았으며, 심프로니우스가 빌린 돈으로 이익을 얻었든 그렇지 않든 간에 티티우스는 원금의 5%를 받았다.[5]

이에 대하여 이 계약은 합법적인가라는 질문이 제기되었다. 교리 위원들은 상당히 숙고한 끝에 대답을 했지만 결국 예수회 교리에 근거하여 이 계약은 합법적이라고 선언했다. 이후 이자 금지는 로마 가톨릭교도들 사이에서 유명무실해졌다.

[5] Jonsen and Toulmin, *The Abuse of Casuistry* (Berkeley: University of California Press, 1988), 189면에서 재인용.

신비주의와 스토아주의

결의론의 전성기는 1550년부터 1650년에 이르는 한 세기 동안이었다. 물론 이 기간 동안 삶의 지침서로서 오직 결의론 책자만이 출판되지는 않았다. 한편으로는 현실적인 도덕적 충고를 포함하는 많은 소책자들이 등장했고, 다른 한편으로는 고대 그리스의 윤리학 저술들을 찬미하는 학자들도 등장했다. 이런 두 경향을 대표하는 예로 십자가의 성 요한네스(St. John of the Cross)와 데카르트를 들 수 있다.

요한네스(1542~91)는 아빌라의 성 테레사(St. Teresa of Avila)가 정신적 지도자로 여겼던 인물로 카르멜(Carmelite) 수도회를 개혁하기도 했던 시인이며 신비주의자였다. 그의 저술 《영혼의 어두운 밤》(*The Dark Night of the Soul*)은 신과의 합일에 이르는 멀고 험한 여정을 상세히 묘사한다. 그는 신과의 합일이라는 목표가 주는 환희를 파악할 수 없는 황홀함으로 묘사하지만 이에 이르는 길은 오직 고통의 인내와 극기뿐이라고 분명히 밝힌다. 우리는 우선 감각을 닫음으로써 어두운 밤 안으로 들어가야 하는데 이는 영혼의 어두운 밤으로 들어가기 위한 초보 또는 예비 단계이다. 영혼의 어두운 밤 또한 신비적인 상승의 첫 단계에 지나지 않는다. 그는 정신적 사람의 첫 단계를 다음과 같이 묘사한다.

> 항상 다음의 것을 얻기 위하여 노력하기를.
> 가장 쉬운 것이 아니라 가장 어려운 것을,
> 가장 맛있는 것이 아니라 가장 맛없는 것을,
> 가장 큰 쾌락이 아니라 가장 작은 쾌락을 주는 것을,
> 가장 편안한 것이 아니라 가장 불편한 것을 …
> 모든 것에서 쾌락을 얻으려면
> 아무것에서도 쾌락을 바라서는 안 된다.

모든 것을 소유하려면

아무것도 소유하기를 바라서는 안 된다.

모든 것이 되려면

아무것도 바라서는 안 된다.

요한네스의 저술은 16세기에 등장한 신앙 지침서 중에 가장 엄격한 것이었으므로 수도원 생활을 하는 소수의 사람들만이 이에 호응했다. 하지만 프랑스의 주교였던 성 프랑수아 드 살레(St. Francis de Sales)는《경건한 삶을 위한 입문서》(*Introduction to the Devout Life*, 1608)에서 요한네스와 유사한 가르침을 다소 부드러운 형태로 변형하여 제시했는데 이는 세속의 삶을 살아가는 평신도들을 겨냥하여 경건함을 강조한 최초의 저술이었다.

데카르트는 순종적인 가톨릭교도였지만 전혀 다른 근거로부터 자신의 도덕적 영감을 이끌어 냈다. 그는 모든 것을 회의해 보려는 자신의 계획을 실천에 옮기면서 이른바 잠정 도덕을 이끌어 내어 자신을 지키려 하는데 이는 다음과 같은 세 가지 주요 규칙으로 구성된다. 첫째, 자신이 사는 나라의 법률과 관습에 따를 것, 둘째, 일단 결정을 내린 후에는 결정한 바를 단호히 행동으로 옮길 것, 셋째, '항상 운명보다는 나 자신을 이기려 하고, 세계의 질서보다는 나의 욕구를 바꾸려 할 것' (AT VI.26; *CSMK* I.124).

데카르트가 가톨릭교도의 삶에 충실했다는 점은 단지 '자신이 사는 나라의 법률과 관습에 따르라' 는 대목에서 드러날 뿐이다. 젊은 시절 그가 윤리적 인도자로 삼았던 것은 고대 스토아학파였다. 10년 후 엘리자베스 공주와 편지를 주고받으면서도 그는 여전히 스토아학파의 태도를 보인다. 그는 자신의 세 규칙을 거듭 말하면서 공주에게 진정한 행복의 본질을 가르치고, 세네카(Seneca)의《행복한 삶에 관하여》(*De Vita Beata*)를 읽으라고 권한다. 도덕적 충고를 담은 편지들에서 그는 정념을 적절히 조절하는 이성의 역할을 계속 강조하고, 이를 통해서 몇몇 선들이 더욱 바람직한 것임을 깨달을 수 있으리라고 확신한다. 그는 다음과 같이 말한다. '살면서 행하는 여러 행위에서 이성의 진정한 역할은 그런 행위를 통해서 얻을 수 있는, 육체와 영혼의 모든 완전성이 지닌 가치를 정념에 사로잡히지 않고 제대로 검토하고 고려하는 것이다. 이렇게 함으로써 어떤 선을 획득하기 위해서는 다른 선을 포기할 수밖에 없는 우리는 항상 더 나은 선을 선택하게 될 것이다'(AT IV.286; *CSMK* III.265).

데카르트는 엘리자베스 공주와 주고받은 편지에서 등장한 몇몇 생각들을 발전시켜 《정념론》에서도 이런 태도를 이어 나간다.[6] 이 저술의 주제는 도덕철학보다는 사변적 생리학이다. 데카르트는 우리의 정념을 낳는 육체적 원인을 이해하는 것이 정념을 이성의 통제 아래 두는 데 크게 도움이 되는 가치 있는 일이라고 생각한다. 또한 그는 이렇게 정념을 상세히 검토한 것이 고대의 도덕철학보다 자신의 도덕철학을 우월하게 만드는 분야 중 하나라고 생각한다(AT XI.286; *CSMK* I.328~9).

데카르트는 관대함(générosité)이라는 정념에 관한 설명을 통해서 자신의 도덕적 이상을 가장 잘 드러내는데 이 개념을 정확하게 번역할 만한 용어가 영어에는 없는 듯하다. '관대한'을 의미하는 프랑스어 형용사(généreux)가 'generous'라는 영어에 해당한다는 점은 분명하지만 데카르트가 생각한 관대한 사람은 'generous'라는 영어가 의미하는 것보다 훨씬 더 많은 것을 포함한다. 대소 복고풍으로 말하자면 관대한 사람은 완벽한 신사라고 할 수 있다. 데카르트는 다음과 같이 말한다.

> 관대한 사람은 자연스럽게 큰일을 떠맡게 되지만 스스로 가능하다고 생각하지 않는 것은 시도하지 않는다. 그리고 그는 다른 사람에게 선을 베푸는 것과 자신의 이익을 무시하는 일을 가장 높이 평가

[6] 〔옮긴이 주〕 마침 이 부분을 번역하는 동안 《정념론》의 훌륭한 우리말 번역이 새로 출간되었다. 르네 데카르트, 김선영 옮김, 《정념론》(문예출판사, 2013).

하기 때문에 항상 다른 모든 사람에게 완벽하게 정중하고, 친절하고, 호의적이다. 더욱이 그는 자신의 정념을 완벽하게 지배한다. 특히 그는 자신의 욕구와 시기, 질투를 완전히 조절하고 통제한다. 왜냐하면 그는 오직 자신의 힘으로 획득할 수 있는 것만을 스스로 추구할 만한 가치가 있다고 높이 평가하기 때문이다(AT XI.448; *CSMK* I.385).

예수회에 반대한 파스칼

데카르트가 이상적으로 생각한 관대하고, 평온하고, 초연하고, 자족적인 사람은 결의론자들이 주장했던 참회자, 즉 죄의 바다에서 허우적대면서 고해성사를 담당하는 성직자에게 충고와 죄 사함을 간구하는 사람과는 전혀 다른 세계에 사는 사람이었다. 하지만 데카르트의 《정념론》이 등장할 무렵 결의론자들은 매우 나쁜 평판에 시달리게 되었는데 이런 상황은 1655년 파스칼이 《시골 친구에게 보내는 편지》(*Lettres Provinciales*)를 출판하면서 극에 달했다. 결의론자들은 세 가지의 현실적 방안, 즉 이중 표현(equivocation), 개연설(probabilism) 그리고 의도의 통제를 추천했는데 파스칼뿐만 아니라 다른 많은 사람들이 이를 말도 안 되는 수치스러운 일로 여겼다. 이제 이들 각각을 차례대로 검토해 보자.

기독교의 전통적인 가르침은 거짓말을 엄격하게 금지했다. 아우구스티누스와 아퀴나스는 의도적으로 거짓말하는 것은 어떤 경우라도 죄를 짓는 것임을 인정했다. 항상 모든 진실을 말해야 할 의무는 없지만 설령 무고한 사람을 구하기 위해서라도 거짓말해서는 안 된다. 16세기에 이르러 많은 사람들은 이 교리가 지나치게 가혹하다고 여겼다. 엘리자베스 여왕 치하의 잉글랜드에서 가톨릭이나 예수회 성직자를 나라 안으로 들이는 것은 중범죄에 속했으므로 가톨릭 선교사들은 은밀하게 움직였으며 자주 시골의 은신처에 숨기도 했다. 정부 관리가 숨은 성직자를 찾으려고 은신처를 급습한 경우 집주인이 집안에 성직자가 없다고 거짓말하는 것이 정당한가?

1595년 영국 예수회의 수장이었던 가넷 신부(Father Henry Garnet)는 익명으로 출판한 소책자《이중 표현 또는 거짓말하지 않기와 기만적 위선에 관하여》(*A Treatise of Equivocation or Against Lying and Fraudulent Dissimulation*)에서 위의 질문에 긍정적으로 대답한다. 집주인은 '우리 집에는 성직자가 없다' 고 답해야 하며, 이는 '누구든 그에 관해서 당신에게 말해야 하는 그런 성직자는 우리 집에 없다' 는 점을 의미한다는 것이다. 가넷은 이런 대답은 거짓말이 아니라고 주장한다. 왜냐하면 거짓말이란 내가 믿는 바와 다르게 말하는 것이기 때문이다. 이 경우 발언된 명제는 발언자의 마음 안에 있는 명제와 완전히 일치하지는 않는다. 이 발언은 마음 안에 있는 명제의 일부를 드러낸 것에 지나지 않는다. 하지만 **모든 진실을 말하는 것**이 무고한 제삼자에게 피해를 입힌다면 그렇게 해서는 안 된다는 것이 신학자들 사이의 공통된 견해이다. 따라서 이런 유형의 이중 표현은 완벽하게 정당하다.

이중 표현에 대한 가넷의 해석은 당시 많은 동료 결의론자들에게 큰 충격으로 받아들여졌다. 다른 사람들은 실제로 애매한 단어를 포함하는 대답을 제시한다는 의미에서의 이중 표현을 옹호하려는 준비를 하기도 했다. 하지만 몇몇 단어를 순전히 사적으로 더하거나 뺌으로써 (이는 이후 '정신적 유보' (mental reservation)로 불리게 되었는데) 발언한 문장의 자연적인 의미를 완전히 변경하는 것은 이와는 전혀 다른 문제이다. 많은 사람들이 이런 종류의 이중 표현은 기만 위에 위선을 더하는 것으로서 거짓말보다 더욱 나쁘다고 생각했다. 1605년 가넷이 화약음모사건에 연루되어 재판받고 처형당하자 영국의 개신교도들은 그를 기만적인 예수회 성직자의 전형으로까지 여겼다. 셰익스피어의《맥베스》에서 덩컨(Duncan) 왕을 살해한 후 술 취한 문

예수회 소속의 가넷 신부가 화약음모사건(Gunpowder Plot)에[7] 연루되어 교수형을 당하기 직전 교수대에 선 모습

[7] 〔옮긴이 주〕 1605년 11월 5일 영국의 가톨릭교도들이 의회에 화약을 장치하여 제임스 1세와 왕비를 살해하려고 꾸민 음모 사건을 의미한다.

지기는 자신이 지옥의 문을 지키는 문지기가 아닌가하고 상상한다. 그러면서 지옥의 문을 두드리는 사람 중 하나로 이중 표현자를 든다.

> 거기 누구냐? 옳거니, 저울의 양편에 거짓 맹세를 매달아 놓고 모호한 말을 일삼는 이중 표현자구나. 신의 이름을 팔아 대역죄를 범했지만 모호한 말로 하늘을 속일 수는 없지. 지옥으로 들어오너라, 이 이중 표현자야(II.iii).

이른바 정신적 유보를 옹호한 가넷의 주장은 결의론자들 사이에서도 소수 의견에 속했다. 하지만 결의론자들이 폭넓게 주장한 이차적인 도덕 원리가 있는데 이는 소수 의견에 특별한 중요성을 부여했다. 예를 들어 도덕철학자들이 어떤 특정한 행위가 죄인지 아닌지에 대하여, 달리 말하면 합법적인지 아닌지에 대하여 서로 의견을 달리 한다고 가정해 보자. 이에 대하여 결의론에 속하는 한 학파는 우리가 위험을 최소화하는 방식을 택해야 하며 따라서 행위를 자제해야 한다고 대답한다. 이런 견해는 '안전 채용설' (tutiorism)로 불리는데 이 명칭은 '더욱 안전한' 을 의미하는 라틴어 '*tutior*' 에서 유래했다. 반면 다른 학파는 다수의 권위자가 합법적이라고 여기는 행위를 수행해야 한다고 주장했는데 이는 '엄격 개연설' (probabiliorism), 즉 우리가 더욱 개연성이 높은 의견을 따라야 한다는 이론이다. 하지만 많은 결의론자들 사이에서 유행했던 제삼의 이론이 있는데 이 이론은 비록 어떤 의견이 덜 개연적이라 할지라도 최소한 개연적이기만 하면 그런 의견에 따른 행위도 합법적일 수 있다고 주장한다. 설령 대다수의 전문가가 반대하더라도 권위 있는 위치에 있는 누군가가 어떤 의견을 주장하기만 하면 그 의견은 충분히 '개연적' 이 된다. 이것이 바로 '개연설' 이다. 이 이론은 1577년 도미니크회 소속의 아퀴나스 주석가였던 살라망카 출신의 바르톨로메오 메디나(Bartolomeo Medina of Salamanca)가 처음 주장했다. 그는 '어떤 의견이 개연적이기만

하다면 설령 그와 반대되는 의견이 더욱 개연적이라 할지라도 그 의견에 따르는 것 또한 합법적' 이라고 말한다.[8]

개연설의 활용은 어쩌면 오늘날의 경영과 정치에서 이루어지는 일반적 관행과 그리 크게 다르지 않은 듯하다. 예를 들면, 우리는 이미 어떻게 하기로 결정한 후 그런 행위 방식이 완벽하게 합법적이라고 말해 주는 변호사를 찾을 때까지 계속 여러 변호사 사무실의 문턱을 넘나든다. 하지만 파스칼과 같은 사상가에게 개연설은 종교적 도덕 전체의 토대를 갉아먹는 것으로 보였다. 경건한 사람들은 중요한 주제에 대하여 도덕철학자들이 서로 다른 의견을 보이는 것 자체를 수치스럽게 여길 텐데 개연설 학자들은 이를 재미있고 유용한 기회로 가정한다. 파스칼은 《시골 친구에게 보내는 편지》에서 가상적인 한 예수회 학자에게 다음과 같이 말한다. '나는 이제 왜 예수회에 속한 박사들이 모든 주제에 대하여 의견 대립을 보이는지 그 이유를 알겠습니다. 그들 중 한 사람은 항상 당신 편을 들고, 다른 사람들은 당신에게 아무런 해가 되지 않기 때문입니다' (*LP* V.51). 몇몇 결의론자들은 오직 한 사람의 도덕철학자가 어떤 의견을 제시하더라도 그가 상당한 비중을 지닌 인물이기만 하면 그 의견은 개연적이 된다고까지 말한다. 파스칼도 지적하듯이 이는 어떤 어중이떠중이 학자라도 도덕신학 교수직 따위를 차지하기만 하면 이전 모든 교부들의 가르침을 뒤집을 수 있음을 의미한다.

이른바 고해성사하는 사람들을 단골 고객처럼 상대하는 예수회 성직자들의 방종을 공격하면서 파스칼은 특히 '의도의 통제' 라는 관행을 집중적인 공격 목표로 삼는다. 그의 저술에 등장하는 가상적인 예수회 학자는 다음과 같이 말한다. '우리가 의도를 통제하는 방법은 상대방 스스로 자신의 행위 목적을 허용 가능한 대상으로 정하도록 제안하는 것이다. 우리는 가능한 한 상대방이 금지된 행위를 하지 않도록 유도한다. 하지만 그런 행위를 막을 수

[8] Jonsen and Toulmin, 164면에서 재인용.

없을 경우 최소한 의도만이라도 정화하려 한다.' 예를 들면 성서에 악을 악으로 되갚지 말라는 말이 등장하지만 모욕을 되갚기 위하여 살인하는 일은 허용될 수 있다. '당신이 해야 할 바는 오직 당신의 의도를 범죄에 해당하는 복수의 욕구로부터 얼마든지 허용되는, 자신의 명예를 지키려는 욕구로 전환하는 일뿐이다.' 결투는 금지되지만 만일 누군가로부터 결투 신청을 받는다면 결투를 하려는 의도에서가 아니라 비겁한 자로 여겨지지 않으려는 의도에서 결투 장소에 나가면 된다. 이럴 경우 상대방으로부터 위협받는다면 자기방어 차원에서 상대방을 죽여도 좋다.

이른바 의도의 통제란 진정한 의도와 아무 상관없이 순전히 의도를 상상으로 만들어 내어 어떤 행위라도 마음대로 행하는 것에 지나지 않으며, 달리 말하면 자신의 목적을 위한 수단을 제멋대로 선택하는 것일 뿐이다. 이 이론과 이에 대한 파스칼의 공격은 이른바 이중결과 이론(the doctrine of double effect)에 대한 악평으로 이어졌는데, 이중결과 이론이란 우리의 행위가 낳은 결과 중 의도한 결과와 의도하지 않은 결과 사이에는 중요한 도덕적 구별이 있다고 주장하는 이론이다. 이 이론이 의도의 통제와 결합하면 목적이 수단을 정당화한다는 위선적인 가면을 만들어 낼 뿐이다.

하지만 결의론을 둘러싼 논쟁을 보면 양측 모두에게서 일종의 위선이 드러난다. 파스칼은 《시골 친구에게 보내는 편지》에서 세상 물정에 밝은 사람이라면 예수회 성직자들의 지나치게 느슨한 방종에 충격을 받으리라고 주장한다. 하지만 사실상 파스칼은 얀센주의자(Jansenist)로서 예수회 성직자뿐만 아니라 인간의 나약함을 조금이라도 인정하려 하는 모든 도덕철학자들을 사탄의 도구로 여겼다. 그를 비롯한 포르루아얄(Port Royal)[9]의 동료들은 자신들을 특별히 선택받은 소수로 여기면서 오직 자신들만이 구원을 향한 험한 길을 걸어 나가는 반면 대다수의 다른 사람들은 좌충우돌하면서 지옥으

[9] 〔옮긴이 주〕 파리 서쪽에 있었던 시토 수도회 수녀원을 의미하는데 이곳은 17세기에 얀센주의의 중심지였다.

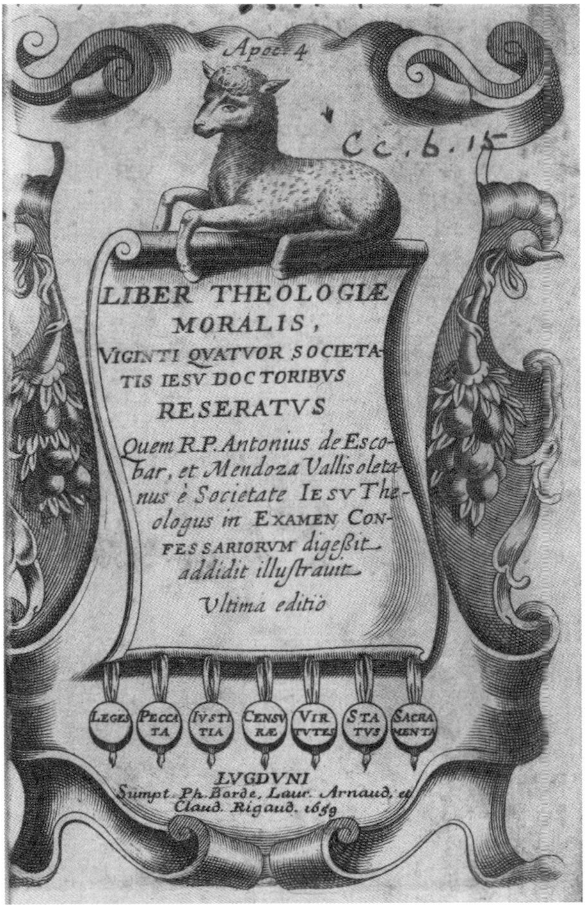

결의론의 악명 높은 고전인 에스코바르(Escobar)의 저술《도덕적 신학》의 속표지

로 떨어질 뿐이라고 생각했다.

17세기의 포르루아얄과 20세기의 블룸즈버리 (Bloomsbury)[10] 사이에는 묘한 유사성이 발견된다. 두 경우 모두 소수의 상류층 지식인들이 집단을 형성하여 — 전자는 금욕주의자, 후자는 쾌락주의자 집단이었지만 — 오직 자

10 〔옮긴이 주〕 영국 런던에 런던 대학이 있는 지역으로, 20세기 초 버지니아 울프(Virginia Woolf), 경제학자 케인즈(Keynes), 러셀 등이 이 지역에 살면서 이른바 블룸즈버리 그룹이라는 지식인 집단을 형성했다.

신들만을 이 혼탁한 세계에서 유일하게 계몽된 소수로 여겼다. 두 집단 모두에 뛰어난 문학적 소질을 지닌 문인과 타고난 예술적 재능을 지닌 예술가들이 있었다. 또한 두 집단의 주변에는 대단한 수학적 소양을 지닌 철학자 — 포르루아얄의 경우에는 파스칼이, 블룸즈버리의 경우에는 러셀(Bertrand Russell) — 가 있었다. 두 집단은 각각 잠시 동안 찬란한 빛을 내며 세상의 이목을 끌었지만 점차 그 빛을 잃고 모호한 어둠 속으로 사라졌다. 이들이 뒤에 남긴 것은 화려하게 포장된 지적인 속물근성이 풍기는 케케묵은 곰팡이 냄새뿐인 듯하다.

스피노자의 윤리 체계

스피노자를 어떤 배타적 학파에 속했다고 비난할 사람은 아무도 없을 것이다. 위대한 지적인 용기를 지닌 고독한 사상가로서 그는 정교하고 우아하면서도 우리에게 많은 것을 요구하는 윤리 체계를 고안했다. 데카르트와 마찬가지로 그는 윤리학의 영역에서 정념을 상세히 검토하는 일을 매우 중요하게 여겨 《에티카》의 3부에서 이런 작업을 수행한다. 하지만 정서에 대한 분석이 지닌 철학적 기초와 이런 분석이 낳은 실천적 결론 모두에서 스피노자는 데카르트와는 크게 다른 견해를 보이며 따라서 이 결과로 등장한 윤리 체계 또한 근대의 다른 어떤 체계와도 다른 모습을 보인다.

스피노자의 윤리 체계가 근거로 삼는 형이상학적 기초는 존재를 향한 관성의 원리이다. 모든 것은 자신의 능력이 닿는 한 자기 자신의 존재를 보존하려고 노력한다. 각각의 존재가 지닌, 이런 자기 보존의 노력이 바로 그것의 본질을 형성한다(*Eth*, 75). 이런 노력을 인간에 적용하면 인간 행위의 기본적인 동기가 자기 보존임을 알 수 있다. 스피노자는 이와 관련하여 욕구를 영혼과 육체의 존재를 보존하려는 자기의식적 노력으로 정의한다. 그런데 우리는 존재를 향한 이런 욕구뿐만 아니라 우리의 활동 능력이 증가하거나 감소하는 것 또한 의식한다. 자신의 활동 능력이 증가하는 것에 대한 의식이 쾌락이며, 감소하는 것에 대한 의식이 고통이다(*Eth*, 77). 욕구와 쾌락 및 고통은 인간의 가장 근본적인 충동이다. 다른 모든 정서들, 예를 들면 사랑과 미움, 의망, 공포 등은 모두 이 세 요소로부터 나온다.

하지만 정서는 서로 다른 두 종류로, 즉 능동적 정서와 수동적 정서로 나뉜다. 수동적 정서 또는 정념은 '부딪히는 바람에 일렁이는 바다의 파도처럼 우리를 뒤흔든다' (*Eth*, 103). 수동적 정서의 경우 육체의 양태가 자신에게 대응되는 관념을 정신 안에 일으키는데 — 이런 관념은 부적절하고 혼란스럽다. 반면 능동적 정서도 존재하는데 이는 정신이 명석, 판명한 관념을 통하여 자신의 이해를 증가시키려는 정신 자신의 노력으로부터 등장한다. 능동적 정서는 오직 욕구와 쾌락으로부터 도출되며, 인간이 지닌 정신적, 육체적 능력의 감소를 나타내는 슬픔은 능동적 정서를 만들어 내지 못한다. 능동적 정서로부터 등장한 행위는 강건함(*fortitudo*)의 표현이다. 이 강건함은 자기를 보존하는 행위로 표현될 경우 '용기' (*animositas*)로, 다른 사람들의 이익을 목표 삼는 행위로 표현될 경우 '관대함' (*generositas*)으로 불린다.

관대함의 개념은 《에티카》의 3부 끝부분에서 도입되는데 언뜻 보기에 《에티카》의 대부분을 차지하는, 정념에 관한 냉정하고 이기적인 분석과는 조화를 이루기 어려운 듯하다. 예를 들면 스피노자는 '자신이 미워하는 누군가가 고통을 느끼는 상상을 하면서 우리는 쾌락을 느낀다' 거나(*Eth*, 82) '오직 한 사람만 소유할 수 있는 어떤 대상을 얻어서 기뻐하는 사람을 상상할 때 우리는 그 사람이 그 대상을 소유하지 못하도록 만들기 위하여 노력한다' 고(*Eth*, 87) 말한다. 이런 종류의 냉소적인 언급이 나름대로 상당한 통찰력을 드러내는 것도 사실이다. 예를 들면 그는 '어떤 사람이 이전에 사랑했던 것을 더 이상 사랑하지 않고 증오하게 될 경우 그는 그것을 이전에 한 번도 사랑했던 일이 없었던 것보다 더 크게 증오한다' 고 지적한다(*Eth*, 90). 하지만 관대함의 개념에 이르는 길을 준비하는 언급은 매우 드물게 등장할 뿐이다. 기껏해야 '증오는 서로 증오할 경우 더욱 커지며, 오직 사랑에 의해서만 사라진다'는(*Eth*, 93) 정도의 언급이 발견된다.

이기주의와 이타주의 사이의 화해는 각각 '인간의 굴레에 관하여'와 '인간의 자유에 관하여'라는 제목이 붙은《에티카》의 4부와 5부를 통해서 전개된다. 이 두 부분을 관통하는 가장 중요한 주제는 다음과 같다. 우리가 수동적 정서를 느끼는 한 우리는 굴레에 얽매이는 반면 능동적 정서를 느끼는 한 우리는 자유롭다. 우리가 어떤 정서에 대하여 명석, 판명한 관념에 이르게 되면, 바꾸어 말해서 그 정서의 원인을 제대로 이해하게 되면 그 정서는 더 이상 정념이 아니다. 역설적으로 굴레에서 벗어나기 위한 열쇠는 모든 것이 필연적임을 인정하는 데 있다. 어떤 경우든 우리는 무언가에 의해서 결정되지 않을 수 없는데 도덕적 진보는 외부적 결정을 내부적 결정으로 대체함으로써 이루어진다. 우리에게 필요한 바는 모든 것을 포괄하는 필연적이고 자연적인 전체 도식을 조망하는 신의 관점을 채택하는 것, 즉 그것을 '영원의 빛 안에서' 조망하는 것이다.

모든 정념들이 정서로 전환될 수는 없지만 이들이 결코 제거될 수 없는 것은 아니다. 예를 들면 증오는 고통의 형태를 띠는 수동적 정서이다. 하지만 다른 사람들의 행위가 결정된 것이라는 점을 이해하기만 하면 나는 나에게 손해를 입히는 다른 사람들의 행위에 대하여 더 이상 증오를 느끼지 않을 것이다. 서로 다른 많은 사람들의 정념은 서로 충돌하기도 하지만 이성에 의해서 인도되어 정념보다는 정서를 느끼는 사람들은 서로 충돌하지 않을 것이다(*Eth*, 132). 자기 보존은 어떤 덕보다도 앞서는 기본적인 충동으로 남는다(*Eth*, 127). 하지만 우리는 오직 덕을 그 자체로서 원해야 하는데 그 까닭은 자기 보존이라는 목표에 덕보다 더 유용하고 도움이 되는 것은 없기 때문이다. 그리고 여기서 바로 이기주의와 이타주의가 서로 화해하는 방법이 발견된다. 즉 우리가 거대한 자연 전체의 일부로서 자신의 지위를 깨달음으로써 자기 보존이 계몽될 때 관대함의 영역이 성립하게 된다.

> 인간에게 인간보다 더 유익한 것은 없다. 거듭 말하자면 인간이 자신의 존재를 보존하기 위해서는 모든 사람이 모든 것에서 하나가 되는 것, 즉 모든 사람의 정신과 육체가 하나가 되어 마치 하나의 정신과 하나의 육체를 형성하고 모든 사람이 동시에 모든 사람의 공통된 이익을 추구하는 것보다 더 유익한 것은 아무것도 없다. 따라서 이성의 지배를 받는 — 즉 이성의 인도에 따라서 자신의 이익을 추구하는 — 사람들은 자신이 나머지 인류 전체를 위해서 바라지 않는 바를 자신을 위해서 바라지 않으므로 공정하고, 충실하고, 정직하게 행위한다(*Eth*, 125).

'인간의 굴레' 에서 스피노자는 다양한 정서들을 검토하면서 어떤 것이 선하며 어떤 것이 악한지를 설명한다(스피노자에게 '선' 과 '악' 은 당연히 자기보존에 도움이 되는 것과 그렇지 않은 것을 의미한다). 예를 들면 환희는 아무리 많이 느껴도 좋을 만큼 선한 것이다. 반면 우울은 항상 악하다(*Eth*, 138). (스피노자는 우울을 치료하는 방법으로 음악을 추천한다(*Eth*, 115).) 경쟁하지 않고 얻을 수 있는 선을 향한 욕구가 오직 한 개인만이 소유할 수 있는 선에 대한 욕구보다 선호되어야 함은 당연한 일이다. 최고선은 덕에 따르는 모든 사람에게 공통되는 것이며, 이를 통해서 모든 사람이 똑같이 기쁨을 얻게 된다. '정신의 최고선은 신에 대한 지식이며, 정신이 이를 수 있는 최고의 덕은 신을 인식하는 것이다(*Eth*, 129). 여기서 스피노자가 말하는 신은 당연히 자연과 동일한 것이므로 우리는 자연을 더 많이 인식할수록 더 큰 기쁨을 느낀다. 신에 관한 사고를 원인으로 동반하는 이런 기쁨을 스피노자는 '신에 대한 지적인 사랑 '이라고 표현한다.

스피노자가 생각하는 이상적인 인간, 즉 신에 대한 지적인 사랑에 몰두하는 자유로운 개인은 더 이상 굴레에 묶인 사람이 빠지는 것과 같은 가장 저급한 정념에 의해서 결정되지 않는다. 자유로운 개인은 명석, 판명하게 지각되는, 외부적이 아닌 내부적 원인에 의해서 결정된다는 점에서 굴레에 묶인 사람과 차이를 보인다. 명석, 판명한 지각이 인간이 처한 상황에 미치는 영향 중 하나는 더 이상 시간을 문제 삼지 않는다는 것이다. 과거와 현재, 미래가 모두 서로 동일하다. 우리는 흔히 과거는 바꿀 수 없는 것으로, 미래는 여러 선택이 가능한 것으로 생각한다. 하지만 스피노자의 결정론적 세계에서는 미래 또한 과거와 마찬가지로 정해져 있다. 따라서 과거와 미래의 차이는 현명한 사람의 숙고에 아무런 영향도 미치지 못한다. 우리는 미래를 걱정할 필요도, 과거를 후회할 필요도 없다.

자유로운 사람이 반드시 버려야 할 정념 중 하나는 두려움이다. 두려움은 어떤 경우에도 이성적인 정서일 수 없다. 두려움의 대상은 미래의 불행인데 스피노자는 미래와 불행 모두가 궁극적으로 실재하지 않는다고 생각한다. 자유로운 사람은 오직 긍정적인 동기만 지닌다. 그가 잘 먹고, 건강을 위한 운동을 하는 까닭은 오래 살기 위해서가 아니라 오직 그것 자체를 즐기기 때문이다. '자유로운 사람은 죽음에 대하여 가장 적게 생각한다. 그의 지혜는 삶을 성찰하지 죽음을 성찰하지 않는다' (*Eth*, 151).

스피노자의 윤리적 저술에서 드러나는 아름다움을 찬미하지 않기는 어려운 일이지만 동시에 그의 주장을 삶의 진정한 인도자로 받아들이는 것 또한 어려운 일이다. 스피노자는 자신이 거둔 성공의 희생양이 되었다. 그의 윤리학은 자신의 형이상학과 너무나 밀접하게 연결되므로 이 중 어느 하나를 받아들이고 다른 하나를 거부하기란 몹시 어렵다. 러셀은 스피노자의 형이상학을 철저히 거부했지만 그를 철학사에 등장한, 진정으로 가장 찬탄할 만한 인물로 평가하면서 《에티카》에서 실천적 도덕을 이끌어 내기 위하여 상당한 노력을 아끼지 않았다. 러셀은 다음과 같이 말한다.

> 전체를 생각하는, 아니면 최소한 우리 자신이 겪는 고뇌와 슬픔보다 훨씬 큰 것을 생각하는 스피노자의 원리는 우리에게 큰 도움이 된다. 오직 계속되는 불행과 고통으로 점철된 인간의 삶이 우주 전체의 삶 중 지극히 작은 일부일 뿐이라는 생각은 많은 경우 우리에게 적지 않은 위안을 준다. 이런 생각은 하나의 종교를 이루기에는 부족할지 몰라도 이 고통스러운 세계에서 완전히 절망하여 정신적으로 마비되지 않고 건강한 정신을 유지하는 데 크게 기여한다(*HWP*, 562).

이성, 정념, 덕에 관한 흄의 견해

고대의 소크라테스와 마찬가지로 스피노자는 모든 그릇된 행위는 무지의 결과라고 생각했다. 사악한 행위는 궁극적으로 말하면 이성의 실패이다. 이런 생각과 정반대되는 대척점에는 흄이 서 있다. 흄에 따르면 이성은 옳고 그름을 또는 덕과 악덕을 구별하는 일과는 전혀 아무런 관련이 없다. 이성은 단지 기술적인 역할을, 즉 우리의 정념이 설정한 목표에 도달하는 것을 돕는 역할을 할 뿐이다. 목표 자체를 평가하는 일 또한 이성과 무관하다. '내 손가락에 작은 상처가 나는 편보다 전 세계가 멸망하는 편을 택한다 해도 이는 이성에 어긋나지 않는다. 어떤 인디언이나 내가 전혀 모른 사람의 사소한 걱정을 덜기 위하여 내가 완전히 파멸하는 길을 택한다 해도 이는 이성에 어긋나지 않는다' (*T*, 416). 이성은 정념에 대하여 판단할 수도, 정념을 통제할 수도 없다. 정념은 오직 더욱 강한 다른 정념에 의해서만 극복된다. 그렇다면 왜 사람들은 — 단지 철학자들뿐만 아니라 일반인들까지도 — 이성과 정념의 상충에 대하여 그토록 많은 말을 하는가? 이에 대하여 흄은 사람들이 사실상 온화하며 비폭력적인 정념의 근거에 대하여 잘못 생각하기 때문이라고 답한다.

> 진정으로 정념에 속하지만 정신 안에 거의 정서를 산출하지 않고, 직접적인 느낌이나 감각보다는 자신이 낳는 결과를 통해서 더욱 잘 알려지는 그런 평온한 욕구 또는 성향이 존재한다. 이런 욕구는 두 종류로 나뉘는데 그중 하나는 우리의 본성 안에 원래부터 들어 있는 본능과 같은 것들, 예를 들면 자비심이나 분노, 삶에 대한 애착, 어린아이에게 친절한 태도 등이며, 다른 하나는 선에 대한 일반적 애정과 악에 대한 혐오로 여겨지는 것들이다. 이런 정념들은 모두 평온하며 영혼 안에 어떤 무질서도 일으키지 않기 때문에 무척 손쉽게 이성의 결정으로 여겨진다(*T*, 417).

도덕 판단은 이런 종류의 평온한 정념에 속한다. 도덕 판단은 관념이 아니라 인상이다. 우리가 도덕을 판단하기보다는 느낀다고 말하는 편이 더욱 적절하다. 덕은 우리에게 쾌락을 주지만 악덕은 고통을 준다. '어떤 행위나 정서 또는 특성은 덕에 속하기도 하고 악덕에 속하기도 한다. 왜 그런가? 그것을 봄으로써 특별한 종류의 쾌감이나 불쾌감이 생겨나기 때문이다.' 하지만 우리에게 쾌감을 주는 모든 행위나 개인 또는 사물이 덕을 지닌 것이 아님은 당연하다. 포도주와 여인, 노래는 우리에게 쾌락을 주는 듯하지만 이런 쾌락이 도덕적 의미를 지닌 특별한 종류의 쾌락은 아니다. 그렇다면 우리가 선호하는 도덕 판단에 포함된 **특정한** 종류의 쾌락은 어떤 특징을 지니는가? 흄은 그 특징으로 두 가지를 든다. 그것은 공평성을 지녀야 하며, 시인을 받아야 한다. 도덕 판단의 특징을 미적 판단으로부터 이끌어 내는 것은 충분하지 않은 듯하다. 도덕이 단지 취향의 문제가 아니라면 두 판단을 당연히 구별해야 한다.

흄은 도덕 판단을 구별하는 데 적용되는 일반적인 기준을 제시하지는 않지만 개별적인 덕들에 대하여 계속 탐구한다. 가장 중요한 두 가지의 덕은 자비심과 정의(正義)이다. 자비심은 보편적으로 칭찬받는 덕이다. 우리 모두는 어려움을 겪는 사람을 돕고, 고통 받는 사람을 위로하고, 낯선 사람에게도 친절을 베푸는 사람을 높이 평가한다. 하지만 자연 상태에서 자비심은 우리와 어느 정도 가까운 사람들에 대해서만 발휘된다. '인간의 정신 안에는 개인적인 성격이나 직책, 다른 사람들과의 관계와 무관한 오직 그 자체로서의 인류애와 같은 정념은 없는 듯하다' (*T*, 481). 그렇다면 자비심만으로는 정의의 기초를, 예를 들면 심지어 모르는 사람이나 적에게까지도 빚을 졌으면 갚아야 한다는 의무의 기초를 제공할 수 없다. 따라서 정의는 자연적인 덕이 아니라 인위적인 덕이라는 결론을 내려야 한다.

인간은 사회 밖에서는 지극히 무능하다. 하지만 사회적 규칙이, 특히 소유권에 관한 규칙이 준수되지 않으면 사회는 유지될 수 없다. 각자가 자신의 행운과 근면함을 통해서 획득한 외형적 재화를 사회의 모든 구성원들이 기꺼이 그의 소유로 인정하는 규약이 반드시 필요하다. 따라서 정의는 효용에, 넓게 해석된 자기 이익에 기초한다.

> 다른 사람들의 소유물을 인정하지 않음으로서 우리 자신 및 가장 가까운 친구들의 이익을 포기하는 대신 소유권에 관한 규약을 만드는 것이 모두의 이익을 보장하는 최선의 방법이다. 이런 규약은 우리 자신뿐만 아니라 다른 사람들의 복지와 안녕에 필요한 것으로서 우리 사회를 유지하는 수단이기 때문이다(*T*, 439).

정의가 '인위적인 덕' 인 까닭은 효용을 위하여 도입된 일종의 규약에 기초하기 때문이다.

반면 온화함, 자비심, 관대함, 관용 등의 본성적인 덕들은 효용에 기초하는 것이 아니라 인간 본성의 더욱 기본적인 특성인 동정심(sympathy)으로부터 생겨난다. 마치 악기의 여러 현들이 공명하여 화음을 이루듯이 각 개인의 정념은 다른 사람들에게도 반영된다. 본성적인 덕과 인위작인 덕 사이의 차이는 다음과 같다. 개인의 자비로운 행위는 개별적인 선을 행하는 것인 반면 사회 전반의 행복을 증진하는 것은 오직 정의의 전체 체계이다. '판사들은 가난한 사람의 것을 빼앗아 부자에게 주거나 근면한 사람이 일한 대가를 게으른 사람에게 주는 판결을 내리기도 하고, 자기 자신과 다른 사람에게 큰 해악을 끼치는 수단을 사악한 사람의 손에 넘기는 일이 일어나기도 한다. 하지만 법률과 정의의 전체 체계는 사회에 이익을 낳는다.' 정의가 높이 평가되는 이유는 바로 이런 사회적 이익 때문이다. 하지만 정의는 단지 목적을 위한 수단에 지나지 않는다.

> 오직 목적이 적절할 경우에만 그 목적을 위한 수단 또한 적절한 것이 된다. 우리 자신의 이익이나 우리 친구들의 이익과 무관하게 사회 전체의 이익은 동정심이 기꺼이 수용하는 유일한 것이다. 이로부터 동정심은 우리가 모든 인위적인 덕들에 대하여 내리는 높은 평가의 근원이라는 점이 도출된다(*T*, 577).

《도덕 원리 연구》의 부록에서 흄은 자비심도 단지 자기애를 가장한 것에 지나지 않는다고 주장하는 사람들에 반대하는 논변을 제시하기 위하여 상당히 애쓴다. 심지어 동물들도 자기 이익과 무관한 자비심을 드러낸다. 따라서 과연 왜 우리가 인간이 보이는 감사와 우정, 모성애 등의 진정성을 의심해야 하는가? 이를 통하여 오랫동안 이어진 철학적 전통인 행복주의(eudaimonism) — 모든 인간 행위의 궁극적인 목표는 결국 행위자 자신의 행복이라는 주장 — 를 거부한 흄은 어쩌면 우연한 일일지도 모르지만 자신과 같은 지역 출신인 중세 철학자 둔스 스코투스의 견해에 따른다.[11] 하지만 스코투스가 자기애와 무관한 본유적 동기가 정의에 대한 사랑이라고 생각했던 반면 흄은 자비심이라는 동기가 인간의 본성에 더욱 깊이 뿌리내리고 있다고 보았다.

도덕, 의무, 법칙에 관한 칸트의 견해

칸트는 흄과 전혀 다른 윤리 체계를 제시하면서도 행복주의를 거부한 흄의 견해에는 동의한다. 칸트는 《도덕 형이상학 기초》에서 행복이 도덕의 궁극 목표가 될 수 없음을 주장한다.

> 이제 이성과 의지를 소유한 어떤 존재가 자신의 보존과 복지를, 한마디로 말하면 자신의 행복을 자연의 진정한 목적으로 여긴다고 가정해 보자. 이 경우 자연은 자신의 목적을 실현하는 수단으로 그 존재의 이성을 선택하는 매우 잘못된 조치를 취한 셈이 된다. 왜냐하면 그 존재가 이런 목적을 위하여 수행해야 할 모든 행위와 행위의 모든 규칙들은 본능을 통해서 훨씬 더 정확하게 규정될 수 있었으며, 행복이라는 목적 또한 이성보다는 본능을 통해서 훨씬 더 잘 유지될 수 있었을 것이다(*G*, 395).

칸트의 도덕 전체를 관통하는 개념은 행복이 아니라 의무이다. 윤리학의 영역에서 이성의 역할은 어떤 더 이상의 목적을 위한 최선의 수단을 의지에게 알려 주는 것이 아니다. 이성은 그 자체로 선한 의지를 산출하며, 의지는 오직 의무를 동기로 삼을 경우에만 선하다. 칸트에 따르면 선의지는 아무 제한 조건도 없이 선한 유일한 것이다. 행운과 능력, 지성, 용기 그리고 모든 전통

[11] 이 철학사 2권, 272면 참조 — 우리말 번역에서는 《중세철학》, 412～13면 참조 〔후반부는 옮긴이의 첨가〕.

적인 덕들은 나쁜 목적을 위하여 사용되기도 한다. 심지어 행복도 타락하기도 한다. 선의지가 선한 까닭은 무언가를 성취하기 때문이 아니다. 선의지는 오직 그 자체만으로 선하다.

> 설령 특별히 불행한 어떤 운명이나 계모와도 같은 자연의 인색한 지원 때문에 이 의지가 자신의 의도를 실현할 능력을 전혀 지니지 못한다 할지라도, 이 의지가 최선의 노력을 다했지만 아무것도 이루지 못하고 오직 선의지만 남는다 할지라도 … 선의지는 그 자체만으로도, 그 자신 안에 온전한 가치를 지닌 무언가로 마치 보석처럼 여전히 빛날 것이다(*G*, 394).

선의지는 최고선이며, 행복을 포함한 다른 모든 선들의 조건이 된다.

만일 의지가 오직 의무를 동기로 삼을 경우에만 선하다면 의무로부터 행위하는 것은 무엇인가라고 묻지 않을 수 없다. 이에 대한 첫 번째 대답은 도덕 법칙이 명령하는 대로 행위한다는 것이다. 하지만 이것만으로는 충분하지 않다. 칸트는 의무와 일치하게 행위하는 것과 의무라는 동기로부터 행위하는 것을 구별한다. 정직을 최선의 신조로 선택한 상점 주인과 다른 사람들을 즐겁게 만드는 데서 최고의 기쁨을 느끼는 박애주의자는 의무와 일치하는 행위를 행할지 모른다. 이런 행위는 도덕 법칙과 일치하지만 도덕 법칙을 존중한다는 동기에서 행해진 것은 아니다. 칸트는 이런 종류의 행위가 아무리 옳고 호감을 주는 것이라 할지라도 도덕적 가치를 지니지는 않는다고 생각한다. 성격의 가치는 누군가가 자신의 성향으로부터가 아니라 의무로부터 선한 행위를 할 경우에만 드러난다. 어떤 사람이 매우 비참한 상태에 빠져 죽기를 간절히 바라면서도 오직 의무감에서 생명을 계속 유지하는 것 — 칸트는 이를 선의지가 발휘된 전형으로 생각한다(*G*, 398).

따라서 칸트의 경우 행복과 의무는 단지 서로 다른 동기가 아니라 서로 대립하는 동기가 된다. 아리스토텔레스는 덕이 있는 행위가 자신의 성품과 조화를 이루지 못하는 사람은 진정으로 덕을 갖춘 것이 아니라고 가르쳤다. 그가 생각한, 덕을 갖춘 인물의 전형은 덕을 향한 노력을 실천에 옮기는 행위를 진정으로 즐기는 사람이었다. 반면 칸트는 선행에 따르는 고통이 진정한 덕을 드러낸다고 생각한다. 설령 덕이 행복을 낳더라도 행복은 단지 부산물로 여겨야 한다. '계몽된 이성이 삶과 행복을 누리려는 목표에 얽매일수록 인간은 점점 더 진정한 만족에서 멀어진다' (*G*, 395). 이웃을 사랑하라고 말하는 성서의 내용도 곧이곧대로 받아들여서는 안 된다. 이것이 실제로 명령하는 바는 다소 냉정하고, 감정과 무관한, 자선 차원의 도움이다(*G*, 399).

우리가 의무감으로부터 행위하는지 그렇지 않은지를 검토하는 방법은 우리의 준칙 또는 행위 원리, 즉 우리의 행위를 인도하는 명령이 무엇인지를 살펴보는 것이다. 이런 명령은 '만일 당신이 이런저런 것을 이루려 한다면 이런저런 방식으로 행위하라' 는 가언적인 형태를 취하기도 한다. 이런 명령은 어떤 특정한 목적을 위한 수단으로서의 행위를 부과한다. 따라서 정직한 상점 주인의 준칙은 다음과 같은 가언 명령일지도 모른다. '만일 당신이 단골손님을 계속 유지하려면 상품에 비싸게 팔지 말라.'

하지만 의무로부터 행위하는 개인은 가언 명령이 아니라 정언 명령에 따르는데 이는 '당신이 무엇을 이루려 하든지 간에 이런저런 방식으로 행위하라' 고 명령한다. 의무를 규정하는 정언 명령은 선량한 가언 명령과 사악한 가언 명령을 구별하는 상위의 명령이다. 칸트는 정언 명령을 다음과 같이 정식화한다. '오직 당신이 동시에 보편 법칙이 될 것을 원할 수 있는 그런 준칙에 따라 행위하라.'

칸트는 정언 명령의 작용을 설명하기 위하여 다양한 예를 든다. 내가 지금 어떤 어려움에서 벗어나기 위하여 지킬 마음이 전혀 없는 거짓 약속을 하려는 유혹에 빠졌다고 가정해 보자. 그리고 나는 이런 거짓 약속이 의무와 조화를 이루는지 그렇지 않은지를 검토한다.

> 이제 나는 나 자신에게 다음의 질문을 던진다. '나는 내 준칙이 (즉 거짓 약속을 하여 어려움에서 벗어나려 하는 준칙이) 보편 법칙으로 (나 자신과 다른 사람 모두에게 타당한 법칙으로) 적용되는 것에 진정으로 만족할 것인가? 그리고 나는 누구든지 거짓 약속 이외의 다른 방법으로는 벗어날 수 없는 어려움에 처한다면 그런 약속을 해도 좋다고 진심으로 나 자신에게 말할 수 있는가? 이를 통하여 나는 곧바로 설령 내가 거짓말을 할 수 있을지는 몰라도 결코 거짓말이 보편 법칙이 되기를 원할 수는 없다는 점을 깨닫는다. 만일 거짓말이 보편 법칙이 된다면 약속 자체가 아예 성립할 수 없을 것이기 때문이다(*G*, 403).

두 번째 예는 다음과 같다. 한 부유한 사람이 몹시 어려움을 겪는 다른 사람을 도와야 하는가라고 자문한다. 그는 이 질문에 다음과 같이 대답하고 싶은 유혹에 빠진다. '그 사람의 어려움이 나와 무슨 상관인가? 모든 사람은 하늘이 원하는 만큼 또한 자신이 스스로 할 수 있는 만큼 행복을 누릴 뿐이다. 나는 그에게 어떤 손해도 입히지 않을 것이며 또한 어떤 도움도 주지 않을 것이다.' 하지만 이 부유한 사람은 정언 명령을 고려함으로써 자신이 '손해도 입히지 않고 돕지도 않겠다'는 것을 보편적인 준칙으로 원할 수 없음을 깨닫게 된다. 왜냐하면 그 자신이 다른 사람들의 도움과 동정을 필요로 하는 상황도 많기 때문이다(*G*, 423).

위의 두 예는 정언 명령이 서로 다른 두 가지 방식으로 작용함을 보여 준다. 첫 번째 경우에서 사악한 준칙이 보편화될 수 없는 까닭은 그 준칙을 보편화할 경우 일종의 모순이 발생하기 때문이다. 만일 아무도 약속을 지키지 않는다면 약속과 같은 것은 존재하지 않을 것이다. 반면 두 번째 경우에서는 아무도 다른 사람을 돕지 않는다 할지라도 어떤 자기모순도 발생하지 않는다. 하지만 어느 누구도 이런 상황이 발생하기를 이성적으로 **원할 수는** 없다. 칸트는 이렇게 서로 다른 두 경우가 서로 다른 두 종류의 의무, 즉 엄격한 의무(즉 거짓말을 해서는 안 되는 의무)와 공적에 속하는 의무(어려움을 겪는 사람을 도울 의무)에 각각 대응한다고 말한다(G, 424).

칸트는 정언 명령에 따를 경우 우리는 자살해서는 안 된다고 주장한다. 하지만 그가 앞서 제시한 정식만 가지고는 왜 그런지를 명확하게 설명하기 어렵다. 모든 사람이 보편적으로 자살하는 상황을 예상하더라도 어떤 자기모순이 발생하지는 않는다. 인류를 혐오하는 사람이 있다면 그는 이런 상황에 환호를 보낼 것이다. 하지만 칸트는 보편화 가능성에 호소하지 않는 또 다른 정언 명령의 정식을 제시한다. '너 자신의 인격이나 다른 모든 사람의 인격 안에 있는 인간성을 단지 수단으로서가 아니라 항상 동시에 목적으로 대우하도록 행위하라.' 이 정식은 자살을 배제하는 데 더욱 큰 효과를 발휘한다. 왜냐하면 자신의 생명을 제거하는 것은 자기 자신의 인격을 불행과 고통에서 벗어나기 위한 수단으로 사용하는 것이기 때문이다. 이 정식은 노예제도 또한 명백히 배제하며, 칸트는 《영원한 평화를 위하여》에서 이 정식이 침략 전쟁에도 반대한다고 주장한다. 하지만 이 정식이 정확히 무엇을 배제하는지를 파악하기란 쉬운 일이 아니다. 우리 모두는 매일 다른 사람들을, 청소부에서 변호사에 이르기까지 수많은 다른 사람들을 우리의 목적을 위한 수단으로 사용한다. 따라서 사람들을 '동시에 목적으로 대우한다'는 말의 의미를 더욱 분명히 밝힐 필요가 있다.

칸트는 한 인간으로서 내가 단지 나 자체로서 목적이 아니라 목적의 왕국의 구성원이 된다. 이성적으로 나의 준칙을 선택하면서 나는 보편 법칙에 따르는데 나뿐만 아니라 다른 모든 이성적 존재들도 그렇게 한다. 보편 법칙은 나의 의지와 같은 이성적 의지를 통해서 형성되는 법칙이다. 칸트는 '이로부터 공통적인 객관적 법칙 아래 이성적 존재들이 함께 결합하는 체계적인 연합이 등장한다 — 이는 일종의 왕국이다'라고 말한다. 이성적 존재는 오직 자신이 형성했지만 동시에 보편적인 법칙에만 따른다. 도덕적 의지는 자율적이므로 자신이 따르는 법칙을 스스로 자신에게 부과한다. 목적의 왕국에서 우리 모두는 입법자인 동시에 법칙의 지배를 받는 존재이다. 도덕적 의지가 자율적이라는 생각은 매우 매력적이다. 하지만 서로 다른 모든 이성적 존재가 자신의 준칙을 선택하는 일이 보편 법칙들로 구성된 하나의 체계를 산출하리라는 점을 칸트가 어떻게 그토록 확신할 수 있는지는 다소 의심스럽다. 칸트는 우리가 충분히 다음과 같이 하리라고 말하지만 과연 우리는 '이성적 존재들 사이의 개인적인 차이와 또한 모든 개인적인 목적의 내용으로부터 벗어날 수 있는가' (*G*, 433)?

칸트는 '목적의 왕국에서는 모든 것이 가격 또는 가치를 지닌다' 고 말한다. 만일 어떤 것이 가격을 지닌다면 공정하게 교환함으로써 그것을 다른 어떤 것으로 대체할 수 있다. 반면 어떤 것이 가격을 넘어서서 교환 불가능한 것이라면 그것은 가치를 지닌다. 가격에는 두 종류가 있는데 하나는 욕구의 만족과 관련된 시장 가격이며, 다른 하나는 취향의 만족과 관련된 애호 가격이다. 도덕은 이들 중 어떤 것보다도 상위에 놓이며 이들을 넘어선다.

> 도덕과, 도덕적일 수 있는 한에서의 인간성만이 가치를 지닌다. 숙련과 근면은 시장 가격을 지닌다. 기지와 상상력, 해학은 애호 가격을 지닌다. 그러나 (본능이 아니라) 원리에 기초하는 약속의 준수나 자비심은 본래적 가치를 지닌다(*G*, 435).

칸트는 목적의 왕국에서 (한편으로는 다른 구성원들과 마찬가지로) 입법자이지만 (다른 한편으로는 다른 구성원들과는 달리) 법칙의 지배를 받지 않으며 의무로부터 행위하지도 않는 어떤 통치자 또는 지도자가 존재할 공간을 허용한다. 이런 통치자가 바로 신이라는 점은 의심의 여지가 없지만 신은 도덕 법칙을 규정하는 과정에서는 어떤 특별한 역할도 하지 않는다. 다음 세기에 등장한 칸트의 후계자들은 자율적 의지가 도덕 법칙의 입법자라는 견해에 대한 비판에 맞서 이런 통치자를 조용히 자리에서 내리고, 목적의 왕국을 목적의 공화국으로, 즉 어떤 입법자도 다른 사람들보다 상위의 특권적 위치를 차지하지 않는 나라로 전환하려 했다.

헤겔의 윤리적 종합

앞서 우리는 칸트의 윤리학이 아리스토텔레스의 윤리학과 대척점에 서 있다는 사실을 확인했다. 아리스토텔레스의 윤리학을 관통하는 개념은 행복이었으며 이는 충분히 이성적인 모든 인간 행위의 궁극 목표였다. 반면 칸트는 행복을 이런 위치에서 끌어내리고 대신 그 자리에 의무를, 즉 도덕적 가치를 지니기 위하여 모든 행위가 지녀야 하는 필수적 동기인 의무를 놓았다. 아리스토텔레스는 선한 사람이 자신의 선한 행위에서 느끼는 기쁨에서 덕이 드러난다고 여겼던 반면 칸트는 덕을 실천하기 위하여 얼마나 많은 노력을 했는가에 따라서 덕을 측정할 수 있다고 보았다.

헤겔은 아리스토텔레스의 윤리학과 칸트의 윤리학을 정립과 반정립의 관계로 보고 자신은 이를 종합해야 한다고 생각했다. 아리스토텔레스와 마찬가지로 헤겔은 인간의 탁월성을 드러내는 것을 윤리학의 기초로 보았지만 이 탁월성을 자유로운 자아의 실현, 즉 칸트가 도덕적 삶에서 강조했던 자율과 일치하는 것으로 여겼다. 하지만 헤겔은 칸트와는 달리 도덕 이론의 영역에서 의무가 아니라 법의 개념에 최고의 위치를 부여한다. 아리스토텔레스와 마찬가지로 헤겔은 각 개인이 지닌 인간 본성의 자유로운 발현을 최고의 것으로 보고 바로 그 다음으로 법의 준수를 중요하게 생각했다.

헤겔이 도덕철학에서 이룬 위대한 개혁은 '인간 본성'의 개념에 사회적, 역사적 요소를 도입한 점이다. 한 개인이 추구하고 발전시킬 수 있는 목표와 능력은 그가 살아가는 사회의 제도에 의존하는데, 이 제도는 시대와 지역에

헤겔을 그린 이 초상화는 자신의 사상이 인간의 자기의식이 최고점에 도달한 상태를 드러냈다고 생각하는 철학자에게 어울리는 자신감을 발산하는 듯하다.

따라 서로 다르다. 헤겔의 윤리학에서 기본적인 요소로 작용하는 법은 개인의 선택을 '외부적 영역'에서 발휘하는 것이라고 할 수 있다 — 그리고 이 영역은 대체로 개인이 속한 사회의 형태에 의해서 규정된다. 헤겔은 이 점을 《정신현상학》의 유명한 한 대목에서 설명하는데 여기서 그는 어떻게 개인의 자기의식이 다른 사람과의 관계에서 자신의 역할을 의식하는 단계로 발전하는지를 제시한다. 헤겔이 이를 예증하기 위하여 선택한 사회적 관계의 예는 주인과 노예 사이의 관계이다.

처음에 주인은 충분히 자기의식을 지니지만 노예를 단지 하나의 사물로만 여긴다. 노예는 주인을 의식하지만 오직 주인의 목적과 관련해서만 자신의 자아를 파악한다. 주인은 오직 자신 안에서만 자아를 인식하며, 노예는 오직 주인 안에서만 자아를 인식한다. 하지만 노예가 주인의 이익을 위한 노동을 시작하면서 이런 관계는 변화하게 된다. 노예는 자신의 노동을 통해서 단순한 재료가 유용한 생산물로 변형된다는 점을 깨닫고 자신의 능력을 인식하게 된다. 하지만 그의 목표는 여전히 주인의 명령에 의해서 제한된다. 반면 주인은 자신의 무능력함에 의해서 자기의식이 제한됨을 깨닫고 노예에게서 이에 대응하는 자기의식을 발견하려 한다. 주인과 노예의 관계는 이들이 각각 완전한 형태의 자기의식을 지닌다는 점을 부정한다(*PG*, 178~96).

헤겔은 주인-노예 관계 때문에 등장한 자기의식의 방해물을 제거하려는 여러 시도를 역사에서 추적한다. 스토아학파는 사람들에게 마음의 평안함을 얻기 위해서는 자신에게 주어진 사회적 지위를 우주적 필연성의 일부로 받아들이라고 가르쳤다. 노예였던 에픽테토스(Epictetus)와 황제였던 마르쿠스 아우렐리우스(Marcus Aurelius)가 모두 스토아학파를 받아들였다. 하지만 자신의 내부만을 응시하고 사회로부터 등을 돌린다고 해서 주인-노예 관계에 내재한 모순이 진정으로 해소되지는 않는다. 이는 두 번째 형태의 그릇된 자기의식, 즉 겉으로는 사회의 요구에 따르는 듯하지만 속으로는 사회가 규정하는 규범의 실재성을 부정하는 회의적인 태도를 낳을 뿐이다. 내적 태도와 외적 태도 사이의 대립은 견딜 수 없는 것이므로 의식은 세 번째의 그릇된 단계, 즉 헤겔이 '불행한 의식'이라고 부른 단계로 넘어가는데 이는 중세 기독교에서 전형적으로 드러난다.

불행한 의식의 단계에서 주인-노예 관계의 모순은 하나의 개인적인 자아 내부에서 재현된다. 한 개인은 이상적 자아와 자신의 불완전한 자아 사이의 간격을 의식하는데, 후자를 그릇된 자아로, 전자를 진정하기는 하지만 실현 불가능한 자아로 여긴다. 따라서 이상적 자아는 이 세계가 아닌 다른 세계에 투영되어 현실적인 자아와는 전혀 무관한 신과 동일시된다. 이런 과정을 거치면서 개인의 의식은 분열되며, 개인은 자아로부터 '소외된다.' 이렇게 등장한 소외의 개념 — 당연히 자신과 동일시되어야 할 무언가와 동떨어진 것으로 여겨진다는 — 은 헤겔의 여러 이론 중 이후 가장 강력한 영향을 미치게 된다.

이런 모든 형태의 그릇된 의식은 오직 사회적 제도의 변화를 통해서만 해결될 수 있는 문제를 내면화하려는 시도를 반영한다. 이런 해결을 실현하려는 태도는 권리를 강조하는 헤겔의 설명을 통해서도 잘 드러난다. 한 개인은 생명과 노예에서 벗어날 자유 그리고 최소한의 개인적 재산을 누릴 양도 불가능한 권리를 지닌다. 이런 권리를 보장하는 사회만이 각 개인이 번영할 수 있는 환경을 제공한다(*PR*, 46).

이런 권리들이 필수적인 까닭은 개인이 자신의 자유로운 정신을 표현하는 일은 오직 외적인 자유의 영역이 확보될 경우에만 가능하기 때문이다. 넓은 의미로 해석할 경우 권리란 무언가를 소유할 권한이다. 헤겔은 개인의 신체, 생명, 자유 등도 물질적 대상과 마찬가지로 개인의 재산으로 여긴다. 어떤 권리는, 예를 들면 자신의 노동을 통하여 무언가를 생산할 권리는 포기될 수도 있다. 하지만 어느 누구도 노예 상태를 받아들임으로써 자신의 자유를 완전히 포기할 수는 없다.

헤겔은 소유권 외에도 다른 두 형태의 권리를, 즉 계약권과 처벌권을 인정한다. 전자는 민법을 통해서, 후자는 형법을 통해서 구체화된다. 처벌에 관한 헤겔의 견해는 보복에 기초한다. 범죄자가 저지른 범죄는 그 자체로 보편적 의지를 위반한 것이므로 범죄자가 스스로 은연중에 원했던 악행을 처벌함으로써 악행을 상쇄시켜야 한다(*PR*, 99~100).

권리에 관한 이론은 헤겔에게 중요한 것이기는 하지만 그의 윤리학을 구성하는 세 부분 중 단지 하나에 지나지 않는다. 다른 둘은 도덕(*Moralitat*)과 인륜(*Sittlichkeit*)에 관한 이론이다. 도덕은 헤겔의 체계에 포함된 칸트적인 요소이며, 인륜은 아리스토텔레스적인 요소이다. 도덕은 주로 형식적 용어들을 통해서 정의되며, 인륜은 더욱 구체적인 예들을 통해서 묘사된다. 또한 도덕은 의무와 관련되며, 인륜은 덕과 관련된다.

헤겔은 도덕이 주로 도덕적 행위자의 동기와 관련된다고 생각한다. 헤겔은 목표(*Absicht*)와 의도(*Vorsatz*)를 구별한다. 목표는 나의 복지를 위한 행위와 관련되는 포괄적인 동기인 반면 의도는 어떤 수단을 선택하게 만드는 직접적인 목적이다(따라서 어떤 특수한 약물 치료를 받을 경우 나의 의도는 콜레스테롤 수치를 낮추는 것이며, 나의 목표는 건강을 유지하는 것이다). 헤겔은 의도가 지식과 관련해서 정의된다고 생각한다. 나의 행위가 낳는 예상하지 못한 결과는 의도적인 것이 아니다. 어떤 행위가 도덕적으로 선하기 위해서는 좋은 목적이 반드시 필요하다.

헤겔은 목표 또는 궁극적인 동기의 중요성을 강조한다는 점에서 칸트와 유사하다. 하지만 헤겔은 오직 의무만이 도덕적으로 가치 있는 유일한 동기라는 칸트의 견해에 동의하지 않으며, 보편화 가능성의 원리에 호소하여 도덕적 수용 가능성의 기준을 제시하지도 않는다. 헤겔은 칸트의 보편 법칙의 정식이 매우 의심스러운 준칙까지도 허용한다고 비판한다(*PR*, 148).

단지 우리의 목표가 선하다는 믿음만으로는 어떤 행위를 도덕적으로 올바른 것으로 만들기에 충분하지 않다. 우리의 양심에 따르는 것은 덕을 갖춘 행위의 필요조건이기는 하지만 충분조건은 아니다. 헤겔은 자신의 전후에 등장했던 주관주의자들, 즉 개인의 양심이 우리가 호소할 수 있는 최후의 궁극적인 법정이라고 주장하는 학자들과 어느 정도 거리를 둔다. 다른 곳에서와 마찬가지로 여기서도 헤겔은 개인의 판단에 포함된 사회적 맥락을 충분히 인정한다.

헤겔의 윤리 체계를 구성하는 세 번째 부분인 인륜으로 눈을 돌리면 사회적 요소가 이 영역을 지배한다는 점이 분명해진다. 왜냐하면 인륜은 우리의 사회생활에서 드러나는 자기 조화로 구성되기 때문이다. 인륜은 윤리적 행위의 구체적, 외부적 측면과 관련되므로 인륜은 어떤 제도적 장치 안에서 형성되지 않을 수 없다. 《법철학》(*Philosophy of Right*)이 등장하는, 인륜을 다룬 부분에서는 개인이 그 안에서 자신을 발견하게 되는 세 종류의 사회 구조, 즉 가족과 시민 사회 그리고 국가의 본질이 상세히 검토된다. 따라서 인륜에 관한 더 이상의 설명은 윤리학을 다룬 이 장보다는 정치철학을 다룰 다음 장에서 언급하는 편이 나을 듯하다.

이 책에서 살펴본 근대는 형이상학이 윤리학을 인도하는 데 어느 정도의 영향을 미쳤는지를 탐구하려는 사람에게 무척 큰 도움이 되리라고 생각된다. 17세기에 등장한 위대한 형이상학자들 중 데카르트는 비록 최근 들어 그를 높이 평가하는 학자들이 늘어나는 추세지만 대체로 삶의 지침으로 삼기에는 상당히 미흡한 윤리 체계를 제시했으며, 스피노자는 형이상학과 서로 지나치게 복잡하게 얽힌 윤리학을 마련함으로써 오직 그의 세계관을 받아들이는 사람만이 따를 수 있도록 만들었다. 다른 한편으로 18세기를 장식한 두 위대한 철학자는 오늘날까지도 여전히 도덕철학에 큰 영향을 미치는데 그 까닭은 이들이 형이상학과 거리를 둔 윤리학을 제시했기 때문임이 분명하다. 흄은 도덕의 규정들이 어떤 사실 판단과도, 물리적 사실이든 아니면 (만에 하나 이런 사실이 가능하다면) 형이상학적 사실이든 간에, 철저히 분리되어야 한다고 강력히 주장했다. 그에 따르면 '당위'는 결코 '존재'로부터 도출되지 않는다. 반면 칸트는 모든 시대를 통틀어 가장 위대한 형이상학자이면서도 자신의 철학 중 다른 어떤 영역과도 굳이 관련될 필요가 없는 도덕 체계를 구성했다. 이런 사실에도 어쩌면 이 때문인지도 모르지만 칸트가 도덕철학에 기여한 바는 지금까지 살펴보았던 모든 철학자들을 압도적으로 뛰어넘는다. 그가 제시한 의무의 윤리는 오늘날에도 플라톤과 아리스토텔레스의 행복주의적 덕 윤리와 19세기와 20세기에 가장 큰 영향을 도덕 체계로 발전한 결과주의적인 공리주의 윤리와 당당하게 맞서는 가장 중요한 이론의 지위를 유지한다.

9장

정치철학

마키아벨리의 《군주론》

이른바 1511년에서 20년에 이르는 10년 사이에 근대 정치철학의 출발을 알리는 두 저술이 등장했는데 그중 하나는 마키아벨리의 《군주론》이며, 다른 하나는 모어의 《유토피아》이다. 이 두 저술은 제일원리로부터 이상 국가의 본질과 훌륭한 통치자의 특징을 이끌어 내는, 도식화된 스콜라철학의 저술과는 전혀 다른 모습을 보여 준다. 전자는 간략하면서도 현실적인 통치 방법을 알려주는 지침서이며, 후자는 낭만적인 환상으로 가득 찬 저술이다. 이 두 저술은 정치적 영역에서 서로 정반대되는 극단에 위치한다. 마키아벨리가 생각한 군주는 절대 권력을 지닌 전제적 통치자인 반면 유토피아에서는 민주적 공산주의의 청사진이 펼쳐진다. 이 때문에 이 두 저술은 이후 정치철학과 관련된 논쟁에서 정치적 견해를 평가하는 기준을 제시하는 것으로 여겨졌다.

《군주론》이 마키아벨리가 쓴 유일한 정치적 저술이 아니라는 점을 기억할 필요가 있다. 그는 리비우스(Livy)에 관한 저술에서 군주제를 위한 처방과 대비되는, 공화정을 위한 자신의 처방을 제시한다. 그는 여기서 자신의 논의를 전개하면서 다음과 같은 원칙을 확립한다.

> 자신이 사는 나라 전체의 안전이 좌우되는 결정을 내릴 경우 그 결

> 정이 정의로운지 그렇지 않은지, 관대한지 잔인한지, 자랑스러운지 부끄러운지 등에 대해서는 전혀 주의를 기울일 필요가 없다. 다른 모든 것은 고려할 필요 없이 나라의 생존을 확보하고 자유를 보장해 주는 방법을 채택하면 된다.[1]

'국민의 복지가 최고의 법' (*Salus populi suprema lex*)이라는 생각이 완전히 새로운 것은 아니었다. 키케로는 이론상으로도 이렇게 주장했고 실제로도 이에 따라 행동했다. 하지만《군주론》에서는 나라의 복지뿐만 아니라 통치자의 복지 또한 다른 모든 요소를 압도하는 것으로 등장한다. 전제적 통치자는 그렇게 하는 것이 필요한 상황에서는 합법성과 도덕성 그리고 여론 등을 모두 무시해도 좋다.

관리와 외교관을 지낸 경험과 고대역사에 관한 독서를 바탕으로 마키아벨리는 여러 지역을 얻거나 잃는 방법과 가장 잘 통치하는 방법을 서술한다. 만일 어떤 군주가 자유로운 자치 국가를 넘겨받게 된다면 그는 즉시 그 국가를 무너뜨려야 한다. 그렇게 하지 않으면 자유를 기억하는 국민들이 항상 반역을 일으키려 할 것이다. 일단 권력을 잡게 되면 군주는 실제로 덕을 갖추기보다는 그런 듯이 보이도록 만들기 위해 노력해야 한다. 군주는 당연히 잔인하기보다는 자비롭게 보이기를 원하겠지만 사실상 사랑받기보다는 무섭게 보이는 편이 훨씬 안전하다.

하지만 무섭게 보이기 위하여 반드시 증오의 대상이 될 필요는 없다. 군주는 증오의 대상이 되지 않으면서도 얼마든지 무섭게 보일 수 있다.

> 시민이나 국민들의 재산이나 여성 문제에 쓸데없이 관여하지 않으면 군주는 무섭게 보인다. 그리고 국민 중 누구라도 사형에 처해야

[1] Janet Coleman, *A History of Political Thought from the Middle Ages to the Renaissance* (2000), 248면에서 재인용.

> 한다면 오직 합리적이고 정당한 근거와 명백한 이유가 있을 경우에만 그렇게 해야 한다. 그리고 무엇보다도 군주는 다른 사람의 재산을 탐내서는 안 된다. 사람들은 아버지의 죽음은 곧 잊어버리지만 아버지가 남긴 유산을 잃어버린 일은 결코 잊지 않기 때문이다(*P*, 17장).

군주에게 가장 중요한 일은 자비, 훌륭한 신앙, 인간적임, 진실함, 경건함 등의 덕을 지닌 듯이 보이는 것이며, 군주는 항상 이런 탁월한 특성을 충분히 드러내는 말만을 골라서 하도록 주의해야 한다. 하지만 사실상 국가를 수호하기 위하여 군주는 자주 신앙을 버리지 않을 수 없고 자비와 인간적임, 종교에 거스르는 죄를 짓기도 한다. 그러나 많은 사람들이 군주의 파렴치한 실제 모습을 보고 고통을 느끼기보다는 칭송할 만한 언행을 보고 듣기를 원하므로 군주는 나름대로 규칙을 준수하는 듯이 보여 국민의 칭찬을 들어야 한다(*P*, 18장).

특히 군주는 어떤 약속을 했더라도 그 약속을 지키는 것이 자신에게 해가 되거나 약속의 근거가 사라져 버리면 굳이 약속을 지킬 필요가 없다. 군주는 사자 못지않게 여우를 닮아야 하며, 신앙을 버린 데 대하여 변명할 수 있는 그럴듯한 이유를 항상 준비해 두어야 한다. 하지만 군주가 약속을 밥 먹듯이 어긴다면 과연 누가 그를 신뢰할 것인가? 역사를 들여다보면 이는 단지 속이는 기술과 관련되는 문제임이 드러난다. 속이려고 마음먹은 사람은 누구나 기꺼이 속기를 바라는 사람들을 항상 발견하기 마련이다.

다소 냉철한 냉소주의를 드러내는 마키아벨리의 가르침은 무척 인상적이다. 그는 군주에게 순전한 기만을 추천하는 데 그치지 않는다. 그의 충고는 모든 사람들이 무척 잘 속아 넘어가면서도 동시에 오직 자기 이익에 따라 행위한다는 가정에 기초한다. 어떤 사람들은 《군주론》에 등장하는 비도덕적인 내용에 충격을 받았으며, 다른 사람들은 그의 솔직한 고백을 신선하게 여겼다. 하지만 교황 알렉산데르 6세(Alexander VI)나 그의 아들 체사레 보르자(Cesare Borgia)를 훌륭한 통치자의 전형으로 칭찬한 마키아벨리의 견해를 받아들인 사람은 거의 없었다. 그는 알렉산데르 6세를 본심을 드러내지 않는 대표적 인물로 칭찬한다. '여러 약속을 가장 효과적으로 이용하고, 이보다 더 엄숙한 서약도 마다하지 않았지만 약속이나 서약을 그보다 더 많이 어긴 사람은 없다.' 중부 이탈리아를 보르자 가문의 차지로 만들기 위하여 뇌물이나 암살 등의 방법도 거리낌 없이 사용했지만 오직 예상치 못한 불운 때문에 실패하고만 체사레는 정치적 기법의 전형을 보인 인물로 그에게는 마땅히 경의를 표해야 한다. '체사레 공작의 모든 행위를 검토해 보아도 나는 비난할 만한 행위를 전혀 발견하지 못했다. 오히려 정반대로 그를 우리가 모방해야 할 전형으로 삼는 것이 적절한 듯하다' (*P*, 18장).

보르자 가문 출신 교황인 알렉산데르 6세와 그의 뒤를 이은 교황인 동시에 그의 강력한 적수였던 율리우스 2세(Julius II) 치하에서 전개된 교황령(papal states)[2]의 역사를 보면 이런 역사가 《군주론》의 한 장에 등장하는, 성직자가 곧 군주인 국가에 관한 간략한 언급과 부합하지 않는다는 점을 발견한다. 마키아벨리에 따르면 성직자인 군주는 자신의 나라를 직접 방어해서는 안 되며, 국민들을 직접 통치해서는 안 된다. 하지만 성직자가 방어하지 않더라도 나라를 빼앗기는 일은 일어나지 않으며, 성직자가 통치하지 않더라도 국민들이 국가에 충성하지 않는 일은 일어나지 않으며 생각조차 될 수 없다. '따라서 오직 그런 군주국만이 안전하고 행복하다' (*P*, 11장).

[2] 〔옮긴이 주〕 755년부터 1870년까지 교황이 다스린 중부 이탈리아 지역을 의미한다.

모어의 《유토피아》

위와 같은 마키아벨리의 언급이 단지 반어적인 의미를 지니는지 아니면 율리우스 2세의 뒤를 이은, 메디치 가문 출신의 새 교황 레오 10세(Leo X) 치하의 로마에서 어떤 직위를 얻으려는 다소 몰염치한 시도인지를 판별하기란 쉽지 않다. 이와 상당히 유사한 언급이 모어의 《유토피아》에도 등장하는데 이 저술이 유럽 전역에서 진지하게 받아들여진 이유 중 하나는 성직자들의 통치권을 존중했기 때문이라는 점을 기억할 필요가 있다.

> 여러 성직자들은 서로 아무런 약속을 하지 않고도 종교적으로 동일한 활동을 수행한다. 따라서 군주가 아무리 현명하더라도 성직자들이 모든 군주에게 약속을 준수할 것을 가르치고 훈계해야 한다. 약속을 지킬 것을 거부하고 부정하는 군주가 있다면 성직자들의 권능과 권위로 그렇게 하도록 강요해야 한다(*U*. 116).

여기서 모어의 의도는 반어적임에 틀림없다. 모어는 교황의 자리를 옹호하기 위해 기꺼이 목숨을 버렸다. 그는 16세기의 다른 몇몇 인물들처럼 교황에게 등을 돌림으로써 자신을 속이려 하지 않았다.

당시의 사악한 관행과 제도에 대한 직설적이고, 완곡하고, 반어적인 비판이 《유토피아》의 대체적인 특징이다. 플랑드르(Flanders) 지방에서 외교 임무를 마치고 막 돌아온 모어와 앤트워프(Antwerp)의 법률 고문인 자일스(Peter Gilles), 가공의 항해사인 히드로다에우스(Raphael Hythlodaye) 사이의 대화로 구성되는 이 저술은 두 부분으로 나뉜다. 1권에서는 당시 사회에 대한 직접적인 비판이 이루어지며, 2권에서는 당시의 왜곡된 사회상을 폭로하고 비웃기 위한 반면교사로서 일종의 이상향이 그려진다.

1권에 등장하는 바에 따르면 히드로다이우스는 당시 새 대륙을 발견하여 자신의 이름에 따라 아메리카라고 명명한 베스푸치(Amerigo Vespucci)와 함께 항해했던 포르투갈 출신의 항해사였다. 베스푸치가 그를 브라질에 남겨 둔 채 돌아오자 그는 인도를 비롯한 수많은 나라를 거쳐 고향으로 돌아왔는데 그중 가장 기억에 남는 나라가 바로 유토피아였다. 모어와 자일스는 빨리 유토피아에 대한 이야기를 들려 달라고 안달했지만 히드로다에우스는 그 이야기에 앞서 당시 영국의 몇 가지 관행에 대하여 느낀 바를 언급한다. 특히 그는 도둑을 사형에 처하는 일을 강력하게 비판한다. 그것은 너무나 가혹한 처벌이며 도둑질하지 않으면 굶어 죽을 수밖에 없는 비참한 사람들의 범죄를 저지하기에는 불충분하다. 또한 누군가가 입는 금전상의 손실을 보상하기 위하여 다른 사람이 생명을 잃어야 한다는 것은 결코 정의롭지 못하다. 도둑질은 그 원인, 즉 가난을 제거함으로써 근절되어야 마땅하다. 도둑질은 귀족들의 탐욕과 다른 사람의 노동을 착취하면서 살아가는 무위 도식자들 때문에 일어난다. 이들은 가난한 농부들을 내쫓고 땅에 울타리를 쳐서 양을 사육한다. 이 때문에 양모와 식품 가격이 모두 상승한다.

히드로다에우스는 도둑질을 사형으로 처벌하는 데 반대하는 두 가지 논변을 제시한다. 첫 번째는 사형이 '살인하지 마라'는 신의 명령에 위배된다는 것이다. 두 번째는 다음과 같다.

> 도둑과 살인자가 같은 처벌을 받는다는 것이 얼마나 불합리한 일인지, 심지어 국가에 얼마나 위험한 일인지를 모든 사람이 다 안다. 도둑은 자신의 범죄가 살인을 저질렀을 때와 똑같이 무거운 처벌을 받으며 따라서 자신이 무척 큰 위험에 처하리라는 점을 잘 안다. 이 때문에 그는 만일 상황이 이렇지 않다면 그저 도둑질만 하고 말 경우에도 결국 살인까지 저지르고 만다. … 도둑질을 사형으로 처벌하기 때문에 도둑은 상대방을 죽이는 편이 훨씬 더 안전하며, 범행을 증언할 사람을 살려 두지 않는 편이 범행을 은폐할 가능성을 훨씬 높

인다고 생각한다(*U*, 30).

19세기에 이르러 영국 의회에서 절도 행위 대한 사형을 완전히 폐지할 때까지 사회 개혁가들은 이 논변을 반복해서 주장했다.[3] 하지만 모어를 더욱 유명하게 만든 것은 《유토피아》의 1권이 아니라 2권이다. 왜냐하면 여기에는 모어가 상상해서 만들어 낸 이상적인 나라에 대한 상세한 묘사가 등장하기 때문이다.

'유토피아'(Utopia)라는 이름은 그리스어를 라틴어로 번역한 것이다. 첫 머리의 'U'는 그리스어 *ου*를 나타낼 수도 있고 *ευ*를 나타낼 수도 있는데 전자로 해석하면 유토피아는 '어디에도 없는 나라'를, 후자로 해석하면 '행복한 나라'를 의미한다. 이런 이중성은 어쩌면 의도적인 것인지도 모른다.

유토피아는 남북이 500마일에 이르고, 동서로는 가장 넓은 곳이 200마일에 이르는 초승달 모양의 섬나라이다. 유토피아에는 모두 54개의 도시가 있는데 이들은 각각 6천 가구로 구성되며, 도시다다 농사를 짓기 위한 경작지가 있다. 도시 거주자들은 순번제로 20명이 한 조를 이루어 농장에 가서 2년 동안 농사를 짓는다. 각 도시는 해마다 세 사람의 연장자를 수도 아마우롯(Amaurot)으로 보내는데 이들이 의회를 연다. 아마우롯은 모어가 살았던 당시의 런던과 유사하지만 깜짝 놀랄 차이점이 하나 있다. 아마우롯에는 사생활이나 사유 재산이 없다. 모든 집은 개방되며, 잠긴 문은 어디에도 없다.

남성이든 여성이든 모든 시민은 농사 외에도 재봉이나 목공 등의 기술을 배운다. 오직 학자와 성직자 그리고 선출된 행정관만이 노동을 면제받는다. 무위 도식자는 결코 있을 수 없으며, 모든 사람이 반드시 노동을 해야 한다. 하지만 하루 노동 시간은 여섯 시간에 그친다. 유토피아 사람들은 이렇게 적은 시간을 일하고도 어떻게 생필품을 충분히 얻을 수 있는가? 유럽에서 일하

[3] 예를 들면 Macaulay, *Notes on the Indian Penal Code*, in his *Collected Works* (London, 1898), XI.23 참조.

지 않고 놀고먹는 사람들이 얼마나 많은지 보면 이를 쉽게 이해할 수 있다.

> 우선 전체 인구의 반을 차지하는 거의 모든 여성들이 그렇다. 혹시 그렇지 않고 여성들이 바쁘게 일하는 곳에서는 그 대신 남성들이 대체로 게으르다. 이외에도 성직자 또는 종교인을 자처하는 사람들이 얼마나 많고 얼마나 게으른가. 여기에 모든 부자들, 특히 일반적으로 신사와 귀족으로 불리는 지주 계급도 놀고먹는 부류에 속한다 — 그리고 그들의 하인까지도 이 부류에 포함시켜야 한다. 나는 거만하게 허풍을 떠는 군인 등도 이에 속한 것으로 본다. 그리고 병에 걸린 체 하면서 지극히 게으른 삶을 살아가지만 실제로는 건강하고 씩씩한 거지들도 이에 속한다(*U*, 71～2).

유토피아에서 행해지는 노동은 많은 사람들이 함께 할 뿐만 아니라 매우 소박한 생필품을 만드는 것이기 때문에 전혀 힘들지 않다. 공동으로 사용하는 주거 건물은 오래토록 잘 유지되며, 새 거주자의 취향에 따라 개축될 필요가 전혀 없다. 옷을 만드는 일에도 큰 수고가 들지 않는다. 유토피아 사람들은 거칠고 염색되지 않은 옷감으로 지은 수수하고 튼튼한 옷을 즐겨 입는다.

유토피아와 플라톤이 생각한 국가 사이의 큰 차이점은 가정이 사회의 기본 단위를 형성한다는 점이다. 유토피아에서 소녀들은 성장하여 일정한 나이가 되면 신랑의 집으로 들어간다. 하지만 아들과 손자는 같은 가정 안에서 나이 많은 부모 슬하에 계속 머무르며, 자신이 한 가정을 제대로 이끌 수 있을 때가 되어야 비로소 독립한다. 한 가정은 열 명에서 열여섯 명 정도의 성인들로 구성된다. 이 수를 넘어서는 인원은 가족 수가 모자라는 다른 가정으로 옮겨가서 생활한다. 한 도시의 가구 수가 6천 가구를 넘어설 경우에도 마찬가지로 다른 작은 도시로 이주하여 살아간다. 유토피아 섬의 모든 도시에 인구가 가득 차게 되면 해외 식민지를 개척한다. 식민지로 만들려는 지역의

모어의 《유토피아》 초판의 속표지 그림

원주민들이 저항할 경우 유토피아 사람들은 이를 무력으로 제압한다. '왜냐하면 그들은 이를 가장 정의로운 전쟁의 이유로 여기기 때문이다. 누구든 간에 한 조각의 좁은 땅이라도 유용하고 유익하게 사용하지 않고 헛되이 비워둔 채 다른 사람들이 이를 소유하여 사용하는 것을 가로막는다면 자연법에 따라 그 땅을 얻어 기름지게 변화시키는 것이 마땅하다' (*U*, 76).

앞서 언급했듯이 각 가정은 유용한 기술을 한 가지씩 익힌다. 각 가정의 생산품은 도시의 중앙에 위치한 가게에 모이는데 이 가게에서 누구나 자신에게 필요한 것을 무상으로 받아 온다. 유토피아 사람들에게는 화폐가 필요 없다. 금과 은은 오직 변기나 범죄자들의 족쇄를 만드는 데 사용된다. 국내의 다른 도시를 여행하려면 증명서가 필요하다. 허가받은 여행자라면 다른 어떤 도시에서도 따듯하게 환영받는다. 하지만 어느 누구든 간에 여행 중에도 정해진 하루의 노동을 할 경우에만 음식을 얻을 수 있다.

가정의 여성들은 식사를 준비하는데 식사는 많은 사람들이 공동으로 사용하는 넓은 방에서 함께 한다. 남성들은 등이 벽을 보도록 바깥쪽에 앉고 여성들은 남성과 마주보도록 앉는다. 어린아이가 있는 어머니들과 5세 이하의 어린이들은 별도의 육아실에서 식사를 하며, 5세 이상의 어린이들은 식탁 주변에서 기다린다. 식사 전에는 선행이나 미덕에 관한 명언을 짧게 낭독하며, 식사 후에는 음악을 연주하거나 향을 피우기도 한다. '이들은 이런 관행을 기꺼이 받아들이며, 해악만 낳지 않는다면 어떤 종류의 쾌락도 금지하지 않는다' (*U*, 81).

유토피아 사람들은 결코 금욕주의자가 아니며, 오직 그 자체만을 위한 육체적 고행을 사악한 것으로 여긴다. 하지만 도로 건설이나 환자 간호처럼 다른 사람들이 꺼리는 힘든 일을 수행하는 헌신적인 사람을 사는 사람들을 존경한다. 일부 사람들은 독신으로 살면서 금욕하거나 채식주의를 실천하기도 하며 다른 사람들은 고기를 먹고 평범한 가정을 꾸리면서 살아간다. 유토피아 사람들은 전재를 신성하다고, 후자를 현명하다고 말한다.

유토피아에서 남성은 22세에, 여성은 18세에 결혼한다. 혼전 성행위는 금지되지만 결혼 전에 '처녀든 과부든 간에 신부는 성실한 다른 부인이 함께 한 자리에서 벗은 몸을 신랑에게 보여 주며, 마찬가지로 신랑도 슬기롭고 사려 깊은 다른 남성과 함께 벗은 몸을 신부에게 보여 준다.' 유토피아 사람들은 자세히 살펴보지 않고 망아지를 덜렁 사는 것과 마찬가지로 평생을 함께 할 배우자를 단지 얼굴만 보고 선택하는 것을 최고의 어리석은 일로 여긴다(*U*, 110). 원칙상 결혼은 평생 유지된다. 하지만 간통이 발생하면 이혼할 수 있다. 이 경우 무고한 쪽은 재혼할 수 있지만 간통을 저지른 쪽은 재혼하지 못한다. 간통은 엄한 처벌 대상이며 거듭해서 간통을 저지른 사람은 사형에 처할 수 있다. 무척 드물기는 하지만 서로 합의하면 이혼이 허락되기도 한다.

가족과 관련된 법을 제외하면 유토피아 사람들에게는 다른 법이 거의 없으며 법조인도 없다. 이들의 법은 해석이 필요 없을 정도로 단순하며, 이들은 재판받는 사람이 사건과 관련된 내용을 변호사에게 이야기하기보다는 직접 판사 앞에서 이야기하고 자기 자신을 변호하는 편이 더 낫다고 생각한다.

유토피아 사람들은 평화주의자는 아니지만 전쟁을 명예스러운 것이 아닌 반드시 필요할 경우에만 하는 것으로 여긴다. 전쟁은 침략자를 물리치거나 폭군의 압제에 신음하는 사람들을 해방시키기 위한 경우에만 정당화된다. 외국 어디서든 유토피아 사람이 살해되거나 상해를 입었을 경우 사실을 조사하고 범죄자를 압송하기 위한 대사가 파견된다. 만일 상대방 국가가 이를 거부하면 곧바로 선전 포고가 이루어진다. 하지만 유토피아 사람들은 실제로 피를 보는 전투보다는 뇌물을 통한 매수나 암살 등의 방법으로 전쟁에 이기는 편을 선호한다. 해외에서 격렬한 전투를 피할 수 없다면 돈을 주고 외국인 용병을 고용하여 대신 싸우게 한다. 나라를 방어하기 위한 전쟁에서는 남편과 아내가 함께 전투에 나선다. '아내를 잃고 남편만 고향으로 돌아오거나 아니면 남편을 잃고 아내만 돌아오는 것은 가장 큰 비난의 대상이 되며 또한 가장 불명예스러운 일이다'(*U*, 125).

《유토피아》의 마지막 장에서 히드로다에우스는 유토피아 사람들의 종교에 관해서 설명한다. 사람들은 대부분 '신적인 능력을 지니며, 인식할 수 없고, 영속하며, 파악할 수 없고, 설명할 수 없고, 인간의 지성이 지닌 능력과 범위를 훨씬 뛰어넘는' 어떤 존재를 '모든 것의 아버지'라고 부르면서 숭배한다. 유토피아 사람들은 자신의 종교적 믿음을 다른 사람들에게 결코 강요하지 않으며, 관용은 명확한 규칙으로 보장된다. 지옥의 형벌을 위협하는 설교를 하면서 기독교로 개종할 것을 주장하는 사람은 체포되어 재판받고 추방당하는데 '그 까닭은 그가 유토피아의 종교를 경멸하기 때문이 아니라 사람들 사이의 종교적 대립을 조장하는 선동적인 인물이기 때문이다'(*U*, 133). 하지만 종교적 관용에는 한계가 있다. 육체의 죽음과 함께 영혼까지 사라져 버린다고 공언하는 사람은 침묵해야 하는 처벌을 받으며 공직을 맡는 것이 금지된다. 순전히 개인적인 결단으로 자살하는 것은 허용되지 않지만 치료 불가능한 질병으로 고통 받는 사람은 상담을 거친 후에 스스로 삶을 마감할 수 있다. 죽음을 기꺼이 수용하지 못하는 것은 양심의 죄를 지었다는 증거로 여겨진다. 반면 죽음의 순간을 즐겁게 맞이한 사람은 기쁨의 찬송과 더불어 화장된다. '그의 평생 중 즐겁게 죽음을 맞이한 일이 가장 자주 기꺼이 얘기된다면' 그는 선한 삶을 산 사람이다.

유토피아에도 성직자가 있다 — 이들은 특별한 신성함을 지닌 사람들이므로 '극소수에 불과하다.' 사실 도시마다 직접 선거 방식의 비밀 투표를 통해서 선출된 13명의 성직자가 있다. 남성뿐만 아니라 여성도 성직자가 될 수 있지만 적절한 나이에 이른 과부에게만 자격이 주어진다. 남성 성직자들은 특별히 선발된 여성을 부인으로 맞이한다. 남성이든 여성이든 간에 성직자는 어린이들의 교육을 담당하며, 비도덕적 행위를 파문하고, 군대를 지휘할 권리를 지닌다. 큰 축제가 열리면 성직자들은 미국 인디언 추장처럼 새의 깃털로 만든 예복을 입는다. 축제가 최고조에 달하면 성직자가 경건한 기도자로 나서 가장 행복한 나라에 사는 것을 신에게 감사하고 가장 참된 신앙 고백을 한다(*U*, 145).

플라톤이 제시한 국가와 마찬가지로 모어의 유토피아는 현실을 고발하면서, 실현 가능한 제도와 공상적인 장치들을 적절히 섞어서 무척 매력적인 특성을 지닌 대안적 이상 국가의 모습을 그린다. 하지만 독자들은 플라톤과 마찬가지로 모어가 얼마나 진지하게 정치적 개혁을 제시했는지 그리고 현실 사회의 불합리와 타락을 비판하기 위하여 공상적인 요소들을 얼마나 적절하게 사용했는지를 곰곰이 생각해 보지 않을 수 없다.

정의로운 전쟁과 정의롭지 않은 전쟁

전쟁에 대한 유토피아 사람들의 태도에 관하여 논의하면서 모어는 다음과 같이 말한다. '그들이 전쟁을 하는 유일한 목적은 오직 사전에 확보했더라면 선전포고를 막을 수 있었을 상황을 얻기 위함이다' (*U*, 120). 이런 규칙에 따를 경우 무조건 항복이나 전쟁 중 다른 형태로 임무를 변경할 가능성 등은 완전히 배제된다. 모어 자신 또한 헨리 8세가 일으킨 전쟁에 여러 차례 참여했던 정치가였지만 정의로운 전쟁과 그렇지 않은 전쟁을 구별하기 위한 윤리적 원리를 체계적으로 제시하지는 않았다. 이런 원리를 제시한 인물은 16세기 말에 등장한 예수회 소속의 신학자 수아레스(Francisco Suarez)였다.

수아레스는 아퀴나스에게서 발견되는 생각을 더욱 발전시켜 정의로운 전쟁에 관한 고전적인 이론을 다음과 같이 요약한다.

> 어떤 전쟁이 정당하게 발생했다고 말할 수 있는 몇몇 조건들을 고찰해 보면 다음의 세 가지로 요약된다. 첫째, 합법적인 권위를 지닌 당사자에 의해서 선전 포고가 이루어져야 한다. 둘째, 정당한 원인과 명분이 있어야 한다. 셋째, 전쟁의 개시와 진행 및 승리의 과정에서

적절한 수단과 균형이 드러나야 한다(《사랑에 관하여》(*De Caritate*), 13.1.4).

수아레스가 말한 합법적인 권위를 지닌 당사자라는 조건은 오직 통치권을 지닌 정부만이 전쟁을 일으킬 수 있음을 의미한다. 한 나라 안의 개인이나 집단은 자신들 사이의 불화를 무력을 통해서 해결할 권리가 없다. 하지만 교황은 초국가적인 권위를 지니므로 기독교 국가들 사이의 대립을 해소하는 데 개입할 권리를 지닌다.

수아레스는 전쟁의 정당한 원인으로 두 가지를 인정한다. 자신의 나라가 공격받을 경우 우리는 무력을 사용하여 나라를 방어할 권리를 지닌다. 또한 다른 나라를 공격하는 전쟁이 정당한 경우도 있다. 자신의 나라 또는 동맹국이 당하리라고 예상되는 중대한 부당 행위를 막을 수 있는 유일한 방법이 다른 나라를 공격하는 것이라면 통치자는 그렇게 하라는 명령을 내릴 수 있다. 하지만 승리하리라는 희망이 충분할 경우에만 전쟁을 시작해야 한다. 그렇지 않은 상태에서 무력에 의지한다면 처음에 전쟁의 근거를 제공했던 부당 행위를 막지 못하게 된다.

세 번째 조건은 다시 세 요소로 구성된다. 전쟁을 시작하기에 앞서 통치자는 잠재적인 적국이 지탄의 대상이 되는 사악함을 바로잡을 기회를 주어야 한다. 그렇게 했음에도 사악한 일이 계속될 경우에만 상대방을 공격할 수 있다. 전쟁 중에는 오직 승리를 쟁취하는 데 반드시 필요한 폭력만을 사용해야 한다. 전쟁이 끝난 후에는 적절한 보상과 정당한 처벌이 이루어져야 하며, 전시에 악행을 저지른 사람은 처형당하기도 한다.

수아레스는 이들 중 두 번째 요소가 전쟁과 무관한 사람들에 대한 의도적인 공격을 금지한다고 말한다. 하지만 누가 전쟁과 무관한 사람인가? 이에 대하여 수아레스는 이후의 몇몇 학자들에 비하여 다소 좁은 듯한 정의를 내린다. 자연법은 어린이와 여성들 그리고 무력에 저항할 수 없는 사람들은 전쟁과 무관하다고 선언한다. 실정법에 따르면 대사와 성직자들에 대한 공격은 금지된다. 하지만 수아레스는 이들을 제외한 모든 사람들은 정당한 공격 대상이 된다고 주장한다. '다른 모든 사람들은 전쟁과 관련된다고 여겨진다. 왜냐하면 무기를 들 능력이 있는 모든 사람은 실제로 그럴 수 있기 때문이다'(13.7.10). 또한 수아레스는 전쟁 중 공격 과정에서 발생하는 부수적인 결과로 전쟁과 무관한 사람들이 죽는 일도 일어날 수 있다고 생각한다. 전쟁과 무관한 사람들을 의도적인 공격 목표로 삼는 일만 배제하면 충분하다.

수아레스는 자신의 규칙들이 기본적으로 통치자들에게 적용된다고 생각한다. 스스로 전쟁에 대하여 숙고하고 다양한 가능성을 고려하여 전쟁을 정의롭게 만드는 조건을 충족시켜야 하는 의무를 지는 사람들은 바로 통치자들이기 때문이다. 전투 명령을 받는 일반 병사들은 전쟁이 명백한 불의를 드러내지 않는 한 정의롭다고 여기기 마련이다. 그리고 용병들은 자신이 정의로운 전쟁에 참전하는지는 의문시하지 않으며 자신이 속한 군대의 명령에 따를 뿐이다.

전쟁의 도덕성에 관한 수아레스의 주장은 제대로 인정받지 못했지만 그로티우스(Hugo Grotius)로 이어지면서 훨씬 폭넓게 전파되었다. 네덜란드 출신의 법학자이며 외교관이었던 그로티우스는 1625년 위대한 저술 《전쟁과 평화의 법》(*De Iure Belli et Pacis*)을 출판했다. 여기서 그는 종교에 기초한 신성한 법의 개념으로부터 벗어나기 위하여 세심한 주의를 기울인 도덕 이론을 제시하면서 이런 이론의 맥락에서 정의로운 전쟁을 규정한다. 이런 사실이 그가 종교적 신앙이 없었음을 의미하는 것은 결코 아니다. 하지만 그는 종교전쟁을 겪은 후 기독교의 통합을 위한 노력을 경주하면서 특정한 종교에 대한 신앙은 안정적인 국제 질서를 확립하는 데 도움이 되지 않는다는 결론에 이르게 되었다.

사회적 혼란과 통치권에 관한 홉스의 견해

수아레스와 그로티우스는 여러 나라들이 서로 합의한 도덕적 체계 안에서 조화롭게 공존하는 자연적 질서를 유지하려면 때로는 전쟁도 필요하다는 견해를 보였다. 17세기를 대표하는 정치철학자인 홉스는 정치의 본질에 대하여 이와는 정면으로 반대되는 견해를 드러낸다. 그에 따르면 자유로운 개인들이 모인 자연 상태에서는 오직 전쟁이 계속 이어질 뿐이며, 도덕철학자의 가장 중요한 임무는 정부에 복종함으로써 평화로운 삶을 유지하려는 개인들 사이의 합의를 정당화하는 것이다. 홉스의 대표적 저술《리바이어던》은 바로 이 문제를 다룬다.

홉스는 인류의 자연 상태를 매우 비관적인 모습으로 묘사한다. 본성상 인간이 지닌 정신적, 육체적 능력은 대체로 평등하다. '이렇게 능력이 평등하기 때문에 우리의 목적을 성취하리라는 희망도 대체로 평등하다. 그리고 어떤 두 사람이 같은 것을 원하는데 둘 모두가 그것을 누릴 수 없을 경우 두 사람은 서로 적이 된다.' 쾌락을 추구하든 아니면 단지 자기 보존을 목표 삼든 간에 인간들은 서로 경쟁하지 않을 수 없다. 각 개인은 경쟁하는 상대방을 불신하며 그의 공격을 두려워하므로 자신이 먼저 공격하여 그를 압도하려 한다. 또한 각 개인은 동료들로부터 칭찬받기를 원하며 동료들이 조금이라도 경멸한다는 사실을 알게 되면 원한을 품는다. '인간의 본성 안에서 우리를 서로 다투게 만드는 주요 원인 세 가지가 발견되는데 첫째는 경쟁, 둘째는 불신, 셋째는 공명심이다' (*L*, 82~3).

사람들을 위압하는 공통 권력이 없는 한 그리고 그런 권력이 형성되기 이전까지 사람들은 재화와 권력, 명예를 둘러싼 끊임없는 다툼과 통제할 수 없는 경쟁에 휘말린다. 이는 모든 사람이 모든 사람에 대하여 벌이는 전쟁 상태라고 할 수 있다. 홉스는 이런 상황에서는 산업도, 농업도, 상업도 이루어질 수 없다고 말한다.

> 이런 상황에서는 지구 표면에 관한 지식, 시간의 측정, 예술이나 학문이 전혀 성립할 수 없으며 사회도 존재하지 않는다. 그리고 가장 나쁜 것은 끊임없는 공포와 생사의 갈림길에서 인간의 삶이 고독하고, 가난하고, 험악하고, 잔인하고, 짧다는 점이다(*L*, 84).

어떤 독자들은 이런 묘사가 너무 비관적이라고 생각할지도 모른다. 물론 이렇게 전 세계가 전쟁에 휩싸인 시기는 결코 존재하지 않았다. 홉스도 인정하듯이 전 세계가 이런 상황은 아니라 할지라도 당시의 아메리카는 바로 이런 전쟁 상태에 놓여 있었으며, 심지어 문명국가들에서도 사람들은 항상 동료들을 경계한다. 홉스는 독자들에게 다음과 같은 경우를 생각해 보라고 말한다. '사람들은 여행할 때 무장을 하고 여러 사람이 함께 가는 편을 선호한다. 잠자리에 들기 전에는 반드시 문단속을 한다. 집에 있을 때조차도 금고문을 단단히 잠가 둔다. 우리 사회에 엄연히 법률이 있으며 치안을 담당하는 공무원들이 있다는 사실을 잘 알면서도 이렇게 한다'(*L*, 84).

홉스는 자연의 전쟁 상태를 묘사하면서 인간이 어떤 사악한 본성 때문에 이런 상태에 빠지는 것은 아니라고 주장한다. 법이 없는 곳에서는 죄가 성립할 수 없으며, 정부가 없는 곳에서는 법이 성립할 수 없다. 자연 상태에서는 옳고 그름 또는 정의와 불의 개념이 설 자리가 없다. '공통의 권력이 없는 곳에서는 법이 성립할 수 없다. 법이 없는 곳에서는 불의가 존재하지 않는다. 폭력과 기만은 전쟁에서 이기기 위한 두 가지 기본적인 덕이다.' 마찬가지로 자연 상태에서는 재산이나 소유권 또한 존재하지 않는다. '대신에 누구든지 무언가를 얻고 지킬 수 있는 한 그것을 자신의 소유로 여긴다'(*L*, 84).

철학자들은 습관적으로 자연법(*lex naturalis*)과 자연권(*ius naturalis*)을 함께 언급한다. 하지만 홉스는 법과 권리를 구별하는 일이 매우 중요하다고 주장한다. 권리란 무언가를 행하거나 행하지 않을 자유를 의미한다. 반면 법이란 무언가를 반드시 하거나 하지 말라는 명령이다. 엄밀하게 말하면 자연

자연 상태에서 험악하고, 잔인하고, 짧은 인간의 삶을 묘사한 코시모(Piero di Cosimo)의 그림

상태에서는 법도 권리도 존재하지 않는다. 하지만 '자연법'은 존재하는데 이는 합리적인 자기 이익을 추구하기 위한 원리, 즉 생존의 기회를 최대화하려는 처방이다. 그리고 각 개인이 자신의 이익을 원하는 자연적 필연성이 존재하므로 각 개인은 모든 능력을 다하여 자신의 생명과 신체를 보존할 자연권을 지닌다. 각 개인은 이런 목적을 추구할 권리를 지니므로 이를 위하여 필요한 모든 수단을 사용할 권리, 심지어 다른 사람의 신체를 사용할 권리까지도 지닌다(*L*, 87).

인간들이 이런 권리를 유지하는 한 어느 누구도 자연 상태에서의 삶을 안

전하게 영위할 수 없다. 따라서 합리적으로 자기 이익을 추구하려는 인간은 자연권이 부여한 무제한의 자유 중 일부를 포기하고 결국 다른 사람들과 같은 수준의 자유를 누리는 양보를 받아들인다. 이를 통해 자연법이 등장한다.

> 인간은 평화와 자기방어가 보장되는 한, 또한 다른 사람들도 다함께 그렇게 하는 한 모든 것에 대한 자신의 권리를 기꺼이 포기하고, 자신이 다른 사람들에게 허락한 정도의 자유를 자신도 다른 사람에 대하여 갖는 정도로 만족해야 한다(*L*, 87).

이를 비롯한 다른 자연법을 통해서 사람들은 기본적인 자기방어의 권리를 제외한 자신의 모든 권리를 중앙의 권력에게 양도하게 되며, 중앙의 권력은 처벌이라는 제재를 통하여 자연법의 준수를 강제할 수 있게 된다.

다른 여러 자연법들 중 (홉스는 모두 19개의 자연법을 제시하는데) 가장 중요한 것은 '사람들은 자신이 한 약속을 지켜야 한다'는 제삼의 자연법이다. 홉스는 약속(covenant)을 특별한 형태의 계약(contract)으로 여긴다. 계약이란 상호 이익을 고려하여 자신의 권리를 다른 사람에게 양도하는 것이다. 약속은 일종의 계약인데 — 예를 들면 상품을 사고파는 직접적인 행위와는 달리 — 신뢰라는 요소를 포함한다. 약속을 할 경우 당사자 중 최소한 어느 한 쪽은 다른 한쪽과 약속한 바를 즉시 수행하지 않고 이후에 수행할 여지를 남기게 된다. 홉스는 제삼의 자연법이 없다면 '약속은 헛되고 공허한 말에 그칠 것이다. 모든 것에 대한 모든 사람의 권리는 그대로 유지될 것이며 따라서 우리는 여전히 전쟁 상태에 머물 것'이라고 말한다. 또한 정의와 불의의 개념이 성립하는 기초를 제공하는 것 또한 바로 이 자연법이다. 왜냐하면 불의란 약속을 이행하지 않는 것이며, 불의에 해당하지 않는 모든 것은 정의이기 때문이다(*L*, 95~6).

하지만 자연 상태에서처럼 약속의 당사자들이 약속을 이행하지 않고도 두려움을 느끼지 않는다면 약속은 구속력을 지니지 못한다. '따라서 정의의 개념에 앞서 불의의 개념이 먼저 확립되어야 하며, 약속을 어김으로써 얻을 것으로 예상되는 이익보다 훨씬 더 큰 처벌의 공포를 강조하여 모든 사람들이 다함께 약속을 이행하도록 만드는 어떤 강제적 권력이 존재하야 한다.' 국가가 확립되기 이전에는 이런 권력이 존재할 수 없다. '권력의 칼이 없다면 약속은 공허한 말에 지나지 않으며, 사람들의 안전을 보장할 힘을 전혀 갖지 못한다'(*L*, 95~6, 111).

공통의 권력을 형성하는 유일한 방법은 사람들이 '자신의 모든 권력과 힘을 한 사람 또는 하나의 합의체에 양도하는 것인데, 이를 통하여 모든 사람들의 의지와 다양한 목소리를 하나의 의지로 환원할 수 있다.' 각 개인은 다른 모든 사람들 앞에서 '나는 나 자신들 다스릴 권리를 이 사람 또는 이 합의체에 완전히 양도하는데, 오직 당신도 당신의 권리를 그에게 양도하고 그의 모든 활동을 나와 마찬가지로 승인한다는 조건하에 그렇게 한다'고 말해야 한다. 이를 통하여 중앙의 권력은 다수의 사람들 전체를 대표하게 되며, 다수의 사람들은 국가라고 불리는 하나의 인격으로 통합된다. '이리하여 저 위대한 리바이어던이 탄생한다. 아니 좀 더 경건하게 말하자면 영원불멸하는 신의 가호 아래 인간의 평화와 안전을 보장하는 지상의 신이 탄생하는 것이다.' 국가의 구성원들이 국가를 형성하기 위하여 맺은 계약을 통하여 통치자가 등장하며, 계약을 맺은 구성원들은 모두 그의 국민이 된다.

하지만 홉스의 이런 설명에는 일종의 악순환이 포함되는 듯하다. 그는 약속을 강제하는 통치자가 없다면 어떤 약속도 구속력을 지닐 수 없다고 말한다. 또한 구속력을 지니는 계약을 통하여 권력을 양도받지 않는 한 어떤 통치자도 존재할 수 없다. 이런 어려움을 해결하려면 계약과 통치자가 동시에 등장하는 것으로 보아야 한다. 통치자 자신은 계약의 당사자가 아니기 때문에 계약을 위반할 수 없다. 그의 임무는 국가를 구성하기로 한 최초의 계약뿐만 아니라 국민들이 서로 맺은 개별적인 계약까지도 준수하도록 강제하는 것이다.

홉스는 자신이 왕정주의자라는 점을 일부러 숨기려 하지는 않았지만 자신의 정치 이론에서 통치자가 한 개인인지 아니면 집합체인지는 의도적으로 분명히 밝히지 않은 채 남겨 둔다. 만일 그렇게 하지 않았더라면 그는 1652년 당시 의회파가 지배했던 영국으로 안전하게 돌아올 수 없었을 것이다. 하지만 그가 생각한 통치 체제가 군주정이든 아니면 귀족정이나 민주정이든 간에 그는 통치권은 절대적이어야 한다고 주장한다. 통치자의 권력은 결코 몰수될 수 없으며, 어떤 국민도 불의를 저질렀다는 이유로 통치자를 비난하거나 고소할 수 없다. 통치자는 다수의 국민을 대표하므로 통치자의 모든 행위는 곧 모든 국민이 행하는 것과 같으므로 국민은 통치자의 행위에 대하여 어떤 불평도 할 수 없다. '통치권을 소유한 사람은 결코 국민에 의해서 처형되거나 또는 다른 어떤 방식으로도 처벌될 수 없다. 통치자의 행위는 곧 모든 국민이 행한 것이므로 국민이 통치자를 처벌하는 것은 자신의 행위에 대한 책임을 물어 다른 사람을 처벌하는 것이 되고 만다' (*L*, 118).

홉스에 따르면 통치자는 모든 법률과 재산권의 근원이다. 그는 국가를 방어하는 데 어떤 수단이 필요한지를 결정하며, 다른 나라와 전쟁을 할지 아니면 평화를 유지할지를 결정하는 것도 그의 고유 권한이다. 그는 모든 소송의 판정자이며, 국가 안에서 어떤 여론이나 이론을 허용하거나 금지하는 것 또한 그의 임무이다. 오직 통치자만이 모든 공직자나 공무원을 임명하고 상을 주거나 처벌할 권한을 지닌다. 만일 통치 형태가 군주정이라면 왕위계승자를 지명하는 것도 통치자의 권한에 속한다(*L*, 118~20).

마지막으로 통치자는 종교 문제에서도 최고의 권위를 지닌다. 어떤 책을 성서로 받아들일지, 그 내용을 어떻게 해석할지를 결정하는 것은 장로나 주교가 아니라 통치자이다. 영국도 광신적인 이단자들의 지극히 오만한 성서 해석 때문에 내전에 휩싸이게 되었지만 종교의 이름을 내세워 통치권을 빼앗은 가장 중대한 강탈 행위는 로마에서 발견된다. '만일 누군가가 이 거대한 교회 왕국의 출발점을 조사해 본다면 그는 교황의 지위가 무덤 위에 왕관을 쓰고 앉은, 멸망한 로마 제국의 유령에 지나지 않는다는 점을 손쉽게 발견할 것이다' (*L*, 463).

그렇다면 홉스가 생각한 통치자 아래에서 국민에게는 어떤 자유가 남을 것인가? 자유란 단지 법에 저촉되지 않는 상태를 의미한다. 국민은 통치자가 법을 통하여 규제하지 않은 것이면 무엇이든 할 수 있는 자유를 지닌다. 따라서 국민은 무언가를 사거나 팔 자유와, 거주지, 음식, 직업 등을 마음대로 선택할 자유를 누린다. 부모는 자신이 적절하다고 생각하는 방식으로 자녀를 교육할 자유를 지닌다. 하지만 국민에게는 통치자의 명령에 따르지 않을 자유가 있는가? 이에 대하여 우리는 홉스가 '결코 없다' — 즉 그렇게 하는 것은 자기 자신을 거스르는 것이다 — 라는 대답을 하리라 예상한다. 하지만 실제로 홉스는 국민들이 통치자에게 불복종할 자유를 상당히 인정한다.

> 만일 통치자가 어떤 사람에게 (설령 그가 정당하게 유죄 판결을 받은 사람이라 할지라도) 자기 자신을 죽이거나 손상하거나, 불구로 만들라는 명령을 내린다면, 또는 자신에게 폭력을 가하는 사람에게 저항하지 말라거나 생명을 유지하는 데 필수적인 음식이나 공기, 약품 또는 그 외의 어떤 것이라도 사용하지 말라는 명령을 내린다면 그 사람은 이런 명령에 따르지 않을 자유를 지닌다(*L*, 144).

국민은 자신의 유죄를 자백하라고 강요당할 수 없으며, 통치자의 명령을 받더라도 군인으로 전쟁에 나가 싸우지 않아도 된다. 홉스는 여성뿐만 아니라 '여성처럼 나약한' 남성도 천성적으로 겁이 많다는 이유를 들어 참전을 거부할 수 있다고 말한다. 전쟁 중 도망치는 것은 비겁할지는 몰라도 부당한 행위는 아니다. 군인으로 참전하는 것이 의무로 부과되는 유일한 경우는 무기를 들 수 있는 사람이면 누구나 전쟁에 참여해야만 국가를 방어할 수 있는 위급한 상황뿐이다. 마지막으로 '통치자에 대한 국민의 의무는 통치자의 권력이 국민을 보호할 수 있는 한에서만 유지되며, 더 이상 지속되지는 않는 것으로 이해되어야 한다.' 따라서 만일 통치자가 국민을 보호한다는 자신의 주요 임무를 수행하지 못할 경우에는 통치자에 대한 의무 또한 효력을 상실하게 된다.

《리바이어던》에 등장하는 국가에 관한 이론은 무척 독창적이며 강력한 지적 체계를 드러내며 그것이 지닌 구조는 홉스 당시부터 오늘날에 이르기까지 여러 정치철학자의 저술에 크게 반영되었다. 홉스의 체계는 비록 절대적인 통치권을 강조하지만 전체주의적인 것은 아니다. 왜냐하면 그의 체계에서 국가는 오직 국민들을 위해서 존재하며 그 반대는 결코 아니기 때문이다. 홉스는 비록 스튜어트 왕조의 통치자들에게 충성을 바치기는 했지만 왕조의 창시자인 제임스 1세(James I)가 내세운 왕권신수설을 전혀 받아들이지 않았다. 홉스는 통치자의 권리가 신이 아니라 통치자의 국민이 되기로 선언한 개인들의 권리로부터 도출된다고 보았다. 홉스와 가장 유사한 이론을 주장했던 이전 철학자는 파도바 출신의 마르실리우스(Marsilius of Padua)였는데 그는 이미 14세기에 통치자가 제정한 법의 정당성은 직접 신으로부터가 아니라 오직 국민들의 동의라는 매개를 거쳐 확보된다고 주장했다.[4] 하지만 홉스는 통치자의 정당성을 신의 권위에 조금도 호소하지 않고, 더욱이 인간 본성의 궁극적 원인이라는 신의 역할에도 전혀 의존하지 않고 오직 국민들 사이의 계약으로부터 직접 이끌어 낸 최초의 철학자이다.

스피노자의 정치적 결정론

스피노자가 1670년에 쓴 저술 《신학정치론》(*Tractatus Theologico Politicus*)에서 제시한 정치 이론은 그보다 20년 전에 홉스가 《리바이어던》에서 제시한 것과 상당히 유사하다. 두 철학자는 모두 결정론자였으며, 둘 모두 인간의 본성은 근본적으로 이기적이라는 관점에서 논의를 시작했다. 스피노자는 '각 개인이 다른 어떤 것과도 무관하게 오직 자신을 있는 그대로 보존하려고 노력하는 것은 자연의 지배적인 법칙이며 권리' 라고 말한다. 스피노자가 자연 법칙이라고 말할 때 그것이 의미하는 바는 인간이 반드시 따라야만 하는 일련의 명령이나 원리가 아니다. 오히려 그는 생명이 있든 없든 간에 모든 것의 행위를 규정하는, 모든 것의 기초를 형성하는 자연의 질서를 의미한다.

[4] 이 철학사 2권, 93면 참조 — 우리말 번역에서는 《중세철학》, 155~6면 참조 〔후반부는 옮긴이의 첨가〕.

물고기도 인간과 똑같이 자연적 권리를 지니며, 영원한 자연의 질서라는 관점에서 보면 인간은 티끌 한 점보다 조금도 나을 것이 없다(E I. 200~13).

한 개인의 자연권은 이성이 아니라 욕구와 능력에 의해서 규정된다. 현명하든 어리석든 간에 누구나 자신이 원하고 얻을 수 있는 모든 것에 대한 권리를 지닌다. 자연은 어느 누구도 원할 수 없고 이룰 수 없는 것만을 금지할 뿐이다. 하지만 인간은 이성의 법칙과 명령에 따라 살아가는 편이 더 낫다. 왜냐하면 설령 원한이나 증오, 분노, 기만 등이 정당한 자연 상태라 할지라도 이런 것에 둘러싸여 살아가는 사람은 쉽게 병들기 때문이다. 따라서 인간은 이성의 인도에 따라 다른 사람과 합의하고, 해로운 욕구를 억누르고, 다른 사람이 자신에게 해 주기를 바라는 대로 다른 사람에게 행하면서 살아야 한다.

하지만 스피노자는 한 개인과 다른 개인 사이의 합의는 오직 유용한 한에서만 타당하다고 주장한다. 약속을 지킴으로써 얻는 이익이 사라진다면 나는 어떤 약속이라도 어길 수 있다. 따라서 어떤 계약을 준수하지 않으면 그것을 위반하도록 유혹하는 악보다 더 큰 어떤 악이 발생하리라고 위협함으로써 계약을 뒷받침할 필요가 있다. 이런 일은 오직 '각 개인이 자신의 모든 권력을 어떤 정치 체제에 양도하고, 이 체제가 모든 것에 대한 지배적인 자연권을 소유할 경우에만' 이루어질 수 있다. 이렇게 해서 권력을 지니게 된 체제는 홉스의 통치자와 마찬가지로 어떤 법의 지배도 받지 않으며, 모든 사람은 모든 것과 관련하여 이 체제에 따라야만 한다.

하지만 시민 사회에서 통치자의 권리는 자연 상태에서 개인의 권리와 마찬가지로 자신의 권력이 미치는 한에서만 효력을 지닌다. 만일 통치자가 자신의 의지를 강요할 권력을 잃게 되면 그의 권리 또한 사라진다. 바로 이 때문에 개인으로부터 국가에로의 권력 양도는 결코 완벽하게 이루어질 수 없다. 예를 들면 통치자는 국민의 내적 정서에 대해서는 어떤 명령을 내릴 수 없다(E I. 214). 여기서 스피노자는 홉스와 명백히 다른 견해를 드러낸다. 어느 누구의 정신도 결코 완전히 다른 사람의 성향에 의해서 좌우될 수 없다. 왜냐하면 어느 누구도 자유로운 추론과 판단을 할 자연권을 자진해서 양도할 수 없으며 또한 그렇게 하라고 강요당할 수 없기 때문이다. 스피노자가 가장 자연스러운 정부 형태라고 믿는 민주정 아래에서는 '어느 누구도 자신의 자연권을 완전히 양도하여 자신과 관련되는 여러 일들에서 더 이상 어떤 선택도 할 수 없는 상황이 발생하지 않는다. 개인은 자연권을 오직 사회의 다수에게 양도하고 자신 또한 그 일원이 된다. 따라서 모든 개인은 자연 상태에서와 마찬가지로 평등한 존재로 남는다' (E II. 368). 더욱이 스피노자는 개인이 국가의 통치에 복종해야 하는 이유를 홉스보다 더욱 적극적으로 제시한다. 다른 사람들의 공격으로부터 자신의 안전을 지키는 것은 간단한 일이 아니다. 또한 국가의 통치는 개인이 완전한 자기실현의 삶을 살 수 있는 계기를 제공한다.

스피노자는 자신의 다소 추상적인 국가 이론을 역사에 관한, 특히 히브리인들의 역사에 관한 고찰과 결합함으로써 수많은 매우 구체적인 결론을 이끌어 낸다. 그중 하나는 성직자가 정치적 권력을 쥐면 항상 문제가 발생한다는 것이다. 또 다른 결론으로는 훌륭한 정부는 종교적 신앙과 철학 사상의 자유를 허용한다는 것을 들 수 있다. 모든 사람은 자신의 종교나 신조를 자유롭게 선택할 수 있어야 한다. 왜냐하면 개인의 자유로운 의견을 가로막는 법률은 어떤 범죄도 방지하지 못한 채 단지 올바르고 정직한 사람들을 분노하게 만들 뿐이기 때문이다. 마지막으로 스피노자는 일단 군주정을 확립하고 나면 그것으로부터 벗어나기가 몹시 어렵다고 경고한다. 이런 사실을 증명하면서 그는 정당한 군주가 강제로 퇴위당하고 그보다 훨씬 사악한 폭군이 왕위를 계승한 당시 영국의 역사를 예로 지적한다.

시민 정부에 관한 로크의 견해

스피노자가 《신학정치론》을 쓴 것은 영국의 찰스 2세(Charles II)가 왕좌에 복위한 후였는데, 영국 철학자들 사이에 왕권신수설이 주요 주제로 부각된 것은 바로 그의 재위 기간 중이었다. 홉스가 세상을 떠난 다음 해인 1680년 《가부장제 또는 왕의 자연적 권력》(*Patriarcha, or the Natural Power of Kings*)이라는 제목의 책이 출판되었다. 이 책은 왕정주의자이며 지주였던 필머(Sir Robert Filmer)가 꽤 오래 전에 써 두었던 것이었으며, 필머는 공화국 시절인 1653년에 이미 세상을 떠났다. 여기서 필머는 국가에 대한 군주의 권력을 가족에 대한 아버지의 권력에 비유한다. 군주의 권위는 성서에 등장하는 아담의 권위에서 유래한 가부장적인 권위로부터 도출되므로 그것은 의회와 같이 선거를 통해서 구성된 모든 집단의 구속에서 자유로워야 한다. 필머의 책은 당시에 정치적으로 가장 큰 영향을 미쳤던 철학자인 로크의 손쉬운 공격 대상이 되었다.

로크는 《시민 정부에 관한 두 논고》(*Two Treatises of Civil Government*)에서 홉스와 마찬가지로 자연 상태에 대한 고찰을 논의의 출발점으로 삼는다. 그는 필머의 커다란 잘못이 본성상 인간이 자유로우며 서로 평등하다는 점을 부정한 것이라고 주장한다. 자연 상태에서 사람들은 어떤 현실적인 우열 관계도 없이 함께 살아간다. 그는 '모든 사람들이 자연스럽게 그런 상태를 이루어 살아가며, 자신들을 어떤 정치 사회의 구성원으로 만드는 합의를 이루면서 평온함을 유지한다고' 주장한다(*TG*, 2, 15).

자연 상태에 관한 로크의 견해는 홉스에 비하여 훨씬 더 낙관적이다. 로크에 따르면 자연 상태는 전쟁 상태가 아니다. 왜냐하면 모든 사람들이 평등하며 독립적이며, 어느 누구도 다른 사람의 생명이나 자유, 재산을 침해해서는 안 된다는 점을 가르쳐 주는 자연법을 누구나 알기 때문이다. 이 자연법은 어떤 세속적 통치권이나 시민 사회보다도 앞선 구속력을 지닌다. 그리고 자연법은 자연권을, 널리 알려진 대로 생명과 자기방어 그리고 자유에 대한 권리를 사람들에게 부여한다. 어느 누구도 자신의 생명에 대해서든 아니면 다른 사람의 생명에 대해서든 생명권을 침해할 수 없으며, 또한 어느 누구도 자신이나 다른 사람을 노예를 만듦으로써 자유권을 침해할 수 없다.

자연 상태에서 재산권은 어떤가? 이전의 정치철학자들이 주장했듯이 지상의 모든 것은 인류의 공동 소유인가? 아니면 신이 서로 다른 사람과 가족에게 서로 다른 정도의 재산을 할당했는가? 아니면 사회가 조직되기 이전에는 개인의 재산 같은 것이 전혀 존재하지 않는가?

이에 대한 로크의 대답은 매우 독창적이다. 자연 상태에서조차 무언가에 개인의 재산이라는 지위를 부여하는 것은 바로 노동이다. 나의 노동이 나의 것이라는 점은 명백하다. 그리고 나의 노동과 자연적 재화를 혼합함으로써, 예를 들면 물을 퍼 올리거나, 숲을 개간하거나, 땅을 갈거나, 열매를 따 모음으로써 나는 내가 일한 바와 그 결과 만들어 낸 것에 대한 권리를 획득한다. 하지만 나의 권리는 무제한적이지는 않다. 나는 오직 내가 소비할 수 있는 정도에 한해서만 나의 노동 결과에 대하여, 예를 들면 내가 경작하고 사용할 수 있는 정도의 땅에 대해서만 권리를 주장할 수 있다(*TG*, 5, 49). 하지만 나는 이렇게 획득한 바를 내 자녀에게 물려줄 수 있다. 상속권은 자연적이며 어떤 성문법보다도 앞선다.

따라서 로크는 홉스와 달리 재산권이 어떤 계약보다도 앞서며 계약에 의존하지 않는다고 생각한다. 하지만 자연 상태에서 사람들이 소유하는 재산은 매우 불안정하고 위태롭다. 자연법의 가르침을 잘 알면서도 다른 사람들이 내 재산을 침해할 수도 있는데 이를 저지할 중앙의 권력은 없는 상태이기 때문이다. 이론상 개인은 처벌권을 지닌다. 하지만 이를 실행할 능력이 부족할 수도 있고, 모든 사람이 자신의 경우에 대하여 스스로 판단하는 것은 그리 만족스럽지 못한 결과를 낳는다. 이것이 바로 사람들이 국가를 형성하게 되는 이유이다. 이런 사태를 방지할 수 있는 유일한 수단이 바로 국가이기 때문이다. 사람들은 이른바 자신의 자연적 자유 중 일부를 포기하기로 합의함으로써 '서로 안락하고 안전하며 평화로운 삶을 누리며, 재산을 안전하게 향유하고 안전을 저해하는 모든 것에 맞서 더욱 큰 안전을 보장할 수 있는 공동체를 형성하고 그 일원이 된다'(*TG*, 8, 95).

따라서 사회의 개별 구성원들은 자연법의 준수를 강제하기 위해 자신의 모든 권력을 중앙 정부에 양도한다. 이를 통해 정부는 더 큰 권력을 지니게 되며, 개인들이 서로 고립되어 있을 경우보다 더욱 공정하게 개인의 재산권을 보장할 것으로 예상된다. 사람들의 동의에 의해서 형성된 중앙 정부는 자연 상태에서는 정당성이 의문시 되었던 두 제도를 확립하게 되는데 그중 하나는 토지의 경계를 결정하는 것이며 다른 하나는 화폐를 도입하는 것이다. 이 두 제도는 한 개인이 생존하는 데 직접 필요한 것 이상의 재화를 생산하고 향유하는 일을 합법적으로 만들며 이는 결국 사회 전체에 이익을 낳는다.

시민들은 공동선을 위하여 법률을 제정할 권리는 입법부에, 제정된 법률을 집행할 권리는 행정부에 양도한다(로크는 정부 안에서 이 두 영역이 분리되어야 하는 근거를 이미 잘 알고 있었다). 입법부와 행정부는 얼마든지 서로 다른 형태를 취할 수도 있다. 어떤 형태를 채택할지를 결정하는 것은 다수 시민의 (또는 최소한 재산 소유자들의) 의견이다. 하지만 만일 행정부가 법률을 집행하면서 범죄자를 사형에 처할 권리를 지닌다면 — 로크는 그래야 한다고 믿었는데 — 문제가 발생한다. 최초에 계약을 한 사람들은 오직 자신이 소유한 권리만을 양도할 수 있는데 자연법에 따르면 어느 누구에게도 자살할 권리는 없다. 그런데 어떻게 어느 누구라도 다른 사람에게 자신을 죽일 권리를 — 설령 조건적인 권리라 할지라도 — 양도할 수 있는가? 오직 신만이 그런 권리를 부여할 수 있다는 점은 명백하다. 그리고 이것이 바로 신으로부터 통치자의 권위를 직접 이끌어 내는 필머의 논거 중 하나였다.

하지만 이는 로크의 동시대인들과 이후 학자들이 그의 사회 계약 이론에 대해서 제기했던 반박 중 하나에 지나지 않는다. 가장 일반적인 비판은 그런 계약이 이루어졌다는 역사적인 기록이 전혀 없다는 것이었다. 로크는 거의 현실성이 없는 몇몇 역사적 예들을 들기도 하지만 이보다 더욱 중요한 것은 그가 명시적 동의와 암묵적 동의를 구별했다는 점이다. 그는 어떤 정부라도 유지하려면 각 세대의 시민들이 지속적으로 동의하는 일이 필요하다고 주장한다. 그는 이런 동의가 명시적으로 이루어지기 어렵다는 점에 동의하면서도 사회가 주는 이익을 누리려는 사람은 누구나, 예를 들면 유산을 물려받는 사람은 물론 그저 고속도로를 이용하여 여행하는 사람조차도 암묵적 동의를 하리라고 생각한다. 물론 사람들은 다른 나라로 이주하거나 또는 사회생활을 버리고 자연 상태의 거친 삶을 살아가는 쪽을 선택함으로써 이런 동의를 거부할 수도 있다.

사회 계약에 대한 로크의 견해가 홉스의 계약과 가장 큰 차이를 보이는 부분은 홉스의 통치자와 달리 로크의 통치자는 최초의 계약에 직접 참여하는 당사자라는 점이다. 로크가 생각한 통치자는 공동체의 신뢰를 받는 관리자로서 권력을 유지한다. 만일 정부가 이런 신뢰를 저버린다면 국민들은 얼마든지 정부를 제거하거나 바꿀 수 있다. 정부가 제정한 법률은 다음 세 조건을 충족시켜야 한다. 법률은 모든 사람에 대하여 평등해야 한다. 법률은 국민들의 이익을 위하여 제정되어야 한다. 그리고 법률은 국민들의 동의가 없이는 어떤 세금도 부과해서는 안 된다. '아무리 최고의 권력이라 할지라도 당사자의 동의가 없이는 어느 누구로부터 어떤 재산도 결코 빼앗을 수 없다.' 국민들은 이런 규칙들을 어기면서 공통의 이익이 아니라 오직 자신의 이익을 위하여 국가를 통치하는 통치자와는 전쟁을 벌이지 않을 수 없는데 이런 반란은 국민이 취하는 일종의 자기방어로 충분히 정당화된다. 《시민 정부에 관한 두 논고》를 출판하면서 로크가 스튜어트 왕조의 전제 정치와 1688년의 명예혁명을 염두에 두었음은 명백하다.

이후 많은 비판자들이 지적하듯이 로크의 체계는 독창적이지도 않으며 일관적이지도 않다. 그는 중세 자연법 이론과 르네상스 이후 등장한, 국가들 사이의 자발적 연합 이론을 불편하게 연결하는 수준에 그쳤다. 하지만 그의 체계는 상당한 영향력을 발휘했으며, 사람들이 자연 상태 이론과 그것의 기초를 제공하는 자연법 이론을 신뢰하지 않게 된 이후에도 계속 큰 영향을 미쳤다. 미국의 헌법을 제정한 지도자들은 로크의 《시민 정부에 관한 두 논고》 중 특히 두 번째 논고에 크게 의존하여 영국의 조지 3세(George III)가 스튜어트 왕조에 못지않게 전제적인 정부를 운영하면서 미국 지도자들의 대표성을 인정하지 않고 오직 세금만을 징수함으로써 미국에 대한 통치권을 상실했으며 결국 자신을 미국민들의 적으로 만들었다고 주장했다.

법에 관한 몽테스키외의 견해

미국의 헌법은 또한 프랑스 철학자인 몽테스키외(Montesquieu)로부터도 큰 영향을 받았는데 그는 로크보다 거의 60년 후에 활동했다. 몽테스키외는 신뢰성의 정도와 상관없이 방대한 지리적, 역사적 사회학적 자료를 수집한 후 이에 기초하여 국가의 본질에 관한 이론을 구성한다. 그는 다음과 같이 말한다. '인간은 다양한 요소의 지배를 받는다. 이런 요소로는 기후, 종교, 법률, 정부의 명령, 과거의 사건들, 관습, 태도 등을 들 수 있다. 이런 요소들이 서로 결합하여 일반 정신(general spirit)이 생겨난다.' 어떤 특정한 사회의 일반 정신은 그 사회에 적합한 법을 통해서 표현된다. 따라서 일반 정신은 '법의 정신'을 낳는데 이는 또한 몽테스키외의 대표적인 정치적 저술의 제목이기도 하다.

몽테스키외는 신이 확립한 정의로운 기본법이 존재한다고 믿었는데, 마치 삼각형의 속성이 기하학자가 규정한 정의에 앞서듯이 이 기본법은 인간이 제정한 실정법에 앞선다. 하지만 이런 보편적인 원리들만으로는 특정한 사회에 적합한 체계를 규정하기에 충분하지 않다. 모든 시대, 모든 장소에 적합한 특정한 사회적 제도를 골라내는 일은 불가능하다. 정부는 한 나라의 기후와 부의 수준, 민족성에 적합한 형태를 지녀야 한다.

아리스토텔레스는 국가의 형태를 폭넓게 탐구한 후에 이를 세 종류로, 즉 군주정과 귀족정 그리고 민주정으로 분류했다.[5] 이와 마찬가지로 몽테스키외도 다양한 사회학적 탐구를 거친 후에 세 종류의 국가 형태를 제시하는데 그가 제시한 유형은 공화정, 군주정, 폭군에 의한 전제정이다(하지만 그는 아리스토텔레스에게 경의를 표하면서 공화정을 다시 민주적 공화정과 귀족적 공화정으로 나눈다(EL, II.1)). 이들 세 유형은 각각 덕과 명예 그리고 공포라는 대표적인 특성을 드러낸다.

이 세 특성은 각각 세 종류의 정부가 지닌 원리이다. 하지만 공화정이 덕을 원리로 삼는다고 해서 어떤 공화정 아래에서 사는 모든 사람들이 덕이 있다는 것은 아니며 오히려 덕을 갖추어야 함을 의미한다. 또한 이는 어떤 군주정 아래에서 모든 사람들이 명예심을 지니며, 어떤 특정한 전제정 아래에서 모든 사람들이 공포감을 지닌다는 사실을 증명하는 것이 아니라 이런 특성을 지녀야만 함을 의미한다. 이런 특성들이 없으면 정부는 불완전해진다(EL, III.2).

전제정의 국가는 법률이 아니라 오직 종교나 관습을 근거로 삼을 뿐인 통치자의 명령에 의해서 통치된다. 군주정을 선택한 정부는 서로 다른 다양한 직위와 지위를 지닌 공직자들의 위계질서에 의해서 구성된다. 공화정에서는 모든 시민들이 시민적 가치에 대한 교육을 받고 공적인 임무를 수행할 수 있도록 훈련되어야 한다.

몽테스키외에 따르면 공화정은 추운 기후의 작은 나라에 어울리며, 전제정은 더운 기후의 큰 나라에 적합하다. 시칠리아 사람들에게 적합한 체제는 스코틀랜드 사람들에게는 어울리지 않는다. 바다로 둘러싸인 섬과 산이 많

[5] 이 철학사 1권, 82면 이하 참조 — 우리말 번역에서는 《고대철학》, 153면 이하 참조 〔후반부는 옮긴이의 첨가〕.

은 본토 지역은 서로 전혀 다르기 때문이다. 하지만 몽테스키외 자신은 군주정, 특히 자신이 잉글랜드에서 확인한 '혼합적 군주정' 을 선호한다.

몽테스키외가 크게 칭찬한 영국 헌법의 특징, 또한 이후 미국 헌법으로까지 이어진 특징은 삼권 분립의 원칙이었다. 영국에서는 1688년 혁명 이후 입법권은 오직 의회에 속한 것이 되었으며, 행정권은 실제로 상당 부분을 왕이 임명한 장관이 행사하게 되었다. 그리고 사법권은 정부의 간섭으로부터 크게 벗어나 자유를 누리게 되었다. 영국 헌법에는 정부를 구성하는 입법부, 행정부, 사법부가 한 개인 또한 한 기관에 집중되어서는 안 된다는 어떤 명확한 언급도 등장하지 않았으며 — 오늘날에도 그런 언급은 없으며 — 각 부사이의 견제와 균형에 관한 이론도 엄밀하게 규정되지 않았다. 하지만 몽테스키외는 당시 하노버 공국의 정치 체제, 즉 통치자가 임명한 장관들이 지니는 권력이 본질적으로 의회의 동의에 의존하는 체제를 무척 높이 평가함으로써 전 세계 다른 많은 나라의 헌법 제정에 계속 큰 영향을 미쳤다.

몽테스키외가 삼권 분립을 중요하게 여긴 까닭은 이것이 폭군을 막는 최선의 방파제인 동시에 국민의 자유를 보장하는 최선의 방책이라고 생각했기 때문이다. 그렇다면 자유란 무엇인가? 몽테스키외는 '자유란 법이 허용하는 것이면 무엇이든 행할 수 있는 권리' 라고 답한다(EL XI.3). 이에 대하여 폭군 아래서도 시민들이 이런 자유를 충분히 누릴 수 있지 않은가라는 의문이 제기된다. 하지만 우리는 우선 몽테스키외가 폭군에 의한 전제정을 법률이 아니라 통치자의 명령에 의해서 통치되는 국가라고 정의했음을 기억해야 한다. 그는 독립적인 입법부가 제정한 바만을 진정한 법률로 여긴다. 둘째, 당시 몽테스키외가 살았던 프랑스를 비롯한 많은 나라들에서 시민들은 자주 완벽하게 합법적이지만 권력자에게 반대하는 것으로 여겨지는 행위 때문에 임의로 체포될 위험 아래 놓여 있었다.

몽테스키외는 자유에 대한 또 다른, 더욱 본질적인 정의를 제시한다. 자유는 모든 구속으로부터 해방되는 것이 아니라 '우리가 원해야 하는 바를 행하고, 원해서는 안 되는 바를 행하도록 강요당하지 않는 능력이다' (EL XI.3). 자유로운 사회적 제도와 이상적인 형태의 개인적인 의지 사이의 이런 연결은 루소의 《사회계약론》에서 더욱 중요한 정치 이론으로 발전된다.

루소와 일반 의지

루소가 '인간은 자유롭게 태어나지만 모든 곳에서 사슬에 묶여 있다' 는 말로 《사회계약론》을 시작했을 때 문명이 낳은 타락한 결과를 다룬 그의 초기 저술을 접했던 독자들은 이 사슬을 사회적 제도로 해석하여 루소가 사회적 질서를 거부할 것을 조장하는 주장을 편다고 예상했을 듯하다. 하지만 이런 예상과는 반대로 루소는 모든 다른 권리의 기초는 신이 부여한 권리라고 말한다. 그리고 루소는 이제 사회 제도가 우리를 노예로 만들기보다는 자유롭게 만든다고 생각한다.

홉스나 로크와 마찬가지로 루소 또한 자연 상태에서 인간이 처한 상황을 논의의 출발점으로 삼는다. 이른바 고귀한 미개인(noble savage)에 대한 그의 초기 견해를 반영하여 그는 자연 상태를 홉스보다 훨씬 더 낙관적인 모습으로 설명한다. 자연 상태에서 인간들은 서로 적대시할 필요가 없다. 이들이 자기애에 따라 행위한다는 점은 분명하지만 이들의 자기애는 이기주의와는 다르다. 인간과 동물 모두에서 자기애는 자신의 동료들에 대한 동정 및 연민과 결합된다. 자연 상태에서 인간은 오직 단순한 동물적인 욕구만을 지닌다. '자연 상태에서 인간이 인정하는 재화는 오직 음식과 여성 그리고 잠뿐이다. 그가 두려워하는 악은 오직 고통과 배고픔뿐이다.' 이런 욕구들은 본성상 더욱 복잡해진 사회에서 이루어지는 권력 추구와는 달리 경쟁적이 아니다.

루소는 로크에 반대하고 홉스에 동의하여 자연 상태에서는 재산권이 존재하지 않으며 따라서 정의도 불의도 성립하지 않는다고 생각한다. 하지만 원시적 상태에서 사회가 점점 발전하면서 재산권의 필요성이 감지되기 시작한다. 경제적 협동과 기술적 진보가 이루어지면서 개인의 인격과 소유물을 보호하기 위한 일종의 연합을 형성할 필요성이 제기된다. 연합에 속한 각 구성원들의 자유를 이전처럼 계속 허용하면서 어떻게 이런 일이 가능할 것인가? 루소는 《사회계약론》에서 일반 의지의 개념을 제시함으로써 이 질문에 대하여 답하려 한다.

일반 의지는 '우리들 각각이 모두 함께 자신의 인격과 모든 능력을 일반 의지가 내리는 최고의 명령 아래 두고, 이렇게 통합된 능력 안에서 우리 각각을 전체의 분할 불가능한 부분으로 여김으로써' 등장하게 된다(*SC* 1. 6). 이런 계약을 통하여 공적인 인격체이며 도덕적인 집합체인 국가 또는 통치자가 형성된다. 모든 개인은 시민인 동시에 피통치자인 국민이 된다. 시민으로서 그는 통치의 권리를 공유하며, 국민으로서 그는 국가의 법에 복종해야 할 의무를 진다.

루소의 통치자는 홉스의 통치자와 달리 통치권을 구성하는 시민들의 계약이 없이는 존재할 수 없다. 따라서 통치자는 시민들의 이익과 무관한 어떤 이익도 추구해서는 안 된다. 통치자는 일반 의지를 표현하며, 공공의 이익을 추구하는 데 오류를 범해서는 안 된다. 사람들은 자신이 원하는 모든 것들 마음대로 차지하는 자연 상태의 자유를 잃는 대신 시민적 자유, 즉 재산을 안정적으로 소유하는 것을 허용하는 자유를 얻는다.

하지만 일반 의지란 과연 무엇이며, 그것을 어떻게 확인할 수 있는가? 일반 의지는 시민들 모두가 만장일치로 드러내는 의지와 같지 않다. 루소는 '일반 의지'와 '모두의 의지'를 서로 구별한다. 한 개인의 의지는 일반 의지와 반대되기도 한다. '모두의 의지와 일반 의지는 자주 서로 상당한 차이를 보이기도 한다. 후자는 오직 공동의 이익과 관련하는 반면 전자는 일부의 이익과, 즉 특수 의지의 총합에 지나지 않는 이익과 관련한다'(*SC* 3. 3). 그렇다면 일반 의지가 시민들 다수의 의지와 동일하다고 말할 수 있는가? 그렇지

루소가 활동했던 당시 만들어진 이 동판화에서 그는 바닥에 내팽개쳐진 《사회계약론》보다 자신이 작곡한 오페라 《마을의 점쟁이》(*Le Devin du Village*)를 더욱 자랑스럽게 여기는 인물로 묘사된다.

않다. 대중의 집합이 드러내는 의견이 절대 오류를 범하지 않는다는 말은 결코 성립될 수 없다. 선거에 참여하는 사람들이 무지할 수도 있고 개인적인 이익에 휘말려 동요할 수도 있다.

이로부터 심지어 투표를 통해서도 일반 의지를 확인할 수 없으며, 일반 의지는 어떤 현실적인 가치도 없는 추상적인 것에 불과하다는 결론이 도출되는 듯하다. 하지만 루소는 두 가지 조건을 만족시키는 투표를 통해서 일반 의지를 결정할 수 있으리라 믿는데 첫 번째 조건은 투표자들이 충분한 정보를 지니는 것이며, 두 번째 조건은 투표 전에 어떤 투표자들 사이에도 상호 교류가 없어야 한다는 것이다. 두 번째 조건은 전체 공동체보다 작은 어떤 집단의 형성도 금지하기 위하여 도입되었다. 루소는 다음과 같이 말한다. '일반 의지를 확인하려면 국가 안에 어떤 편향적인 공동체도 없어야 하며, 각각의 시민들이 오직 스스로 자신의 사고를 전개할 수 있어야 한다는 점이 반드시 필요하다' (*SC* 2. 3). 따라서 투표를 통하서 일반 의지를 확인하려면 모든 정당뿐만 아니라 어떤 종교 집단도 금지되어야 한다. 오직 전체 사회라는 맥락만이 강조되며 개인들의 자기 이익 사이의 차이는 완전히 무시되고 전체를 대표하는 통치권의 자기 이익에 굴복하여야 한다.

루소는 삼권 분립의 원리를 결코 지지하지 않는다. 그는 사람들을 다스리는 통치권은 분할되어서는 안 된다고 주장한다. 만일 권력이 입법권과 행정권으로 분산된다면 통치권은 기형적이 되고 만다. 하지만 루소는 현실적으로 통치자는 오직 매우 일반적인 사안에 대해서만 법률을 제정하고, 개별적인 문제와 관련된 행정권은 국민과 통치자 사이에서 매개 역할을 하는 정부의 손에 넘겨야 한다고 요구함으로써 책임의 분할은 인정하는 듯하다. 그러나 정부는 항상 국민의 대리인으로 활동해야 하며, 대중이 모인 의회가 정기적으로 열려 헌법을 제정하고 공직자를 새로 임명하거나 해고하는 것이 이상적이다.

여기서 루소가 제시한 정치 체제는 오직 스위스의 칸톤(canton)이나 제네바 같은 도시 국가에서만 실현 가능한 듯이 보인다. 하지만 루소는 몽테스키외와 마찬가지로 모든 상황에 적합한 오직 하나의 정부 형태를 지정할 수는 없다고 주장한다. 그런데 일반 의지 이론의 적용과 관련하여 이보다 훨씬 더 폭넓은 문제가 제기된다. 루소가 생각한 국가에서 시민은 자신이 반대했지만 통과된 것을 포함하여 모든 법률에 동의한다(*SC* 4. 2). 이런 정치 체제에서 의견을 달리하는 소수의 권리는 어떻게 되는가?

루소는 사회 계약이 은연중에 계약에 복종하기를 거부하는 사람들도 동료들의 강제에 의해서 계약에 따른다는 내용을 포함한다고 말한다. '이것이 의미하는 바는 오직 복종을 거부하는 사람도 자유롭지 않을 수 없다는 점이다.' 만일 내가 어떤 사안에 반대하는 쪽에 투표했는데 선거에서 그 사안이 승리를 거두어 통과된다면 이는 내가 나의 진정한 이익과 참된 자유가 어디에 있는지에 대하여 잘못 판단했음을 보여 준다. 하지만 감옥에 갇힌 범인이 누리는 정도의 자유를 보면 일반 의지에 대한 혐오를 표현할 자유가 상당히 희박하다는 점을 알 수 있다.

루소는 일반 의지를 매우 중요시하면서도 사실상 민주주의를 전적으로 지지하지는 않았다. '만에 하나 신과 같은 사람들이 있다면 그들은 민주주의를 통치 체제로 택할 것이다. 하지만 그런 완벽한 정부는 인간에게는 적합하지 않다'(*SC* 3. 4). 대중의 구성한 의회에 의해서 통치되는 직접 민주주의 체제에서 정부는 지나친 논쟁에 빠져 비효율적이기 쉽다. 이보다 나은 정체는 현명한 소수가 다수를 통치하는, 선거를 허용하는 귀족정의 형태이다. '백 명의 선발된 사람들이 더 잘 할 수 있는 일에 이만 명을 동원하는 것은 아무런 의미가 없다'(*SC* 3. 4). 귀족정은 시민들에게 민주정이 요구하는 것보다 훨씬 더 적은 덕목을 요구한다 — 귀족정은 오직 부유한 사람에게는 겸양의 덕을, 가난한 사람에게는 만족의 덕을 요구할 뿐이다. 자연스럽게 여유 시간이 많은 부유한 사람이 통치의 대부분을 맡는다.

이는 인류를 사슬에서 해방시키겠다는 선언으로 시작된 책의 결론으로는 지나치게 나약하고 부르주아적인 성향을 드러내는 결론인 듯하다. 하지만 일반 의지의 개념은 폭발적이고 혁명적인 잠재성을 지닌 것임에 틀림없다. 상세히 검토해 보면, 이 개념은 이론적으로는 일관성이 없으며 실천적으로는 공허하다. 만일 A가 A의 이익을 원하고, B가 B의 이익을 원한다면 A와 B는 공동으로 A와 B의 이익을 원한다는 주장은 논리적으로 참이 아니다. A와 B가 아무리 서로 잘 안다 해도 각각의 이익 사이에 진정 피할 수 없는 양립 불가능성이 존재할 수도 있기 때문에 루소의 주장은 결코 성립될 수 없다.

일반 의지가 명령하는 바를 파악하기가 어렵다는 바로 이 이유 때문에 일반 의지의 개념은 선동가의 손에 들어갈 경우 매우 위험한 도구로 변하기도 한다. 이 때문에 로베스피에르(Robespierre)는 프랑스 혁명기에 폭력이 난무하는 정점에서 자신이 일반 의지를 표현하며 시민들의 해방을 주도한다고 주장할 수 있었는지도 모른다. 과연 당시에 누가 그에게 반기를 들 수 있었겠는가? 루소가 일반 의지의 표현에 덧붙인 조건은 모든 시민들이 충분한 정보를 지녀야 하며, 어떤 시민들도 서로 결합하지 말아야 한다는 것이었다. 첫 번째 조건은 신이 만든 완벽한 공동체가 아니고서는 결코 실현 불가능한 것이며, 두 번째 조건은 본성상 시민들의 모든 것을 지배하는 폭군이 강요할 경우에만 가능하다.

어쨌든 간에 《사회계약론》은 프랑스뿐만 아니라 다른 여러 곳에서 혁명가들의 성서가 되었으며, 루소는 막강한 영향력을 발휘했다. 자신의 중요성을 단 한 번도 과소평가한 일이 없었던 나폴레옹(Napoleon)은 전 유럽이 18세기에서 19세기로 넘어가면서 겪은 거대한 격변의 책임이 같은 정도로 자기 자신과 루소에게 있다고 말했다. 나폴레옹은 임종 무렵 다음과 같은 질문을 던졌다. '만일 나와 루소가 태어나지 않았더라면 세상이 더 나아졌을지 아니면 더 나빠졌을지를 누가 말할 수 있겠는가?'

민족 국가에 대한 헤겔의 견해

루소가 생각했던 일반 의지의 개념을 칸트와 헤겔은 서로 다른 방식으로 받아들였다. 칸트는 일반 의지를 상상적 요소들을 배제한 형태로, 즉 자신과 다른 모든 사람을 위하여 보편 법칙을 형성하는 도덕적 행위자 각각의 보편적인 동의라는 형태로 바꾸려 했다. 헤겔은 일반 의지를 인류사를 통하여 자신을 드러내는 세계정신의 자유로 변형하려 했다.

헤겔은 더욱 큰 자유와 자기의식을 향해서 나아가는 정신의 진화라는 자신의 주장과 실제 역사에서 드러나는 암울한 광경 사이에는 큰 차이가 있음을 깨달았다. 그는 이 세계에서 일어나는 모든 일들이 자기 이익을 추구하는 개인들의 행위가 낳은 결과라는 사실을 받아들인다. 또한 그는 기꺼이 역사를 사람들의 행복, 국가의 지혜, 개인들의 덕을 희생양으로 삼는 대학살의 도살장으로 묘사한다. 하지만 그는 역사에 대한 비관적 예측은 결코 정당화될 수 없다고 주장한다. 왜냐하면 자기 이익을 추구하는 개인의 행위는 단지 세계의 이념적 운명을 실현하기 위한 수단에 지나지 않기 때문이다. '역사의 그물망에서 이념은 날실을, 인간의 열정은 씨실을 제공한다.'

인간은 사회적 맥락에서 행위를 수행하는데, 자기 이익이 반드시 이기적일 필요는 없다. 우리는 자신에게 주어진 사회적 역할을 수행하는 데서 자기만족을 느낀다. 내 가족을 사랑하고 내 직업에 긍지를 느끼는 일은 이기심의 형태를 전혀 띠지 않으면서도 나의 행복에 기여한다. 역설적으로 사회 제도는 나의 자유를 제한하지 않는다. 그것은 내가 행위할 수 있는 가능성의 범위를 더욱 넓힘으로써 오히려 나의 자유를 확장한다. 이런 사실은 가족을 보면 잘 알 수 있으며, 헤겔이 시민 사회라고 부른 것 — 즉 여러 모임과 기업과 같은 자발적인 조직을 통해서도 잘 드러난다. 무엇보다도 국가를 보면 이런 사실이 명백해진다. 국가는 가장 폭넓은 행위의 자유를 제공하는 동시에 세계정신(*Weltgeist*)의 목적을 실현한다.

이상적으로 말하자면 국가는 시민들의 사적인 이익과 국가의 공적인 이익을 서로 일치시킬 수 있도록 조직되어야 한다. 역사라는 관점에서 국가와 민족 자체는 세계정신이 무의식적으로 자신의 목표를 실현하는 수단으로 삼는 개인들을 통해서 형성된다. 또한 몇몇 탁월한 인물들이 등장하는데 이들은 카이사르(Caesar)나 나폴레옹 같은 위대한 인물들로서 세계정신의 전개 과정에서 특별한 역할을 담당하며, 자신이 살았던 당시에 무르익은 역사적 발전 단계가 무엇이었는지를 제대로 인식한다.

하지만 이런 인물들은 예외적인 경우에 속하며 세계정신은 일반적으로 특정한 민족이 소유한 민족정신(*Volksgeist*)을 통해서 발전한다. 민족정신은 한 민족의 사회 제도뿐만 아니라 문화, 종교, 철학 등을 통해서도 드러난다. 민족과 국가가 반드시 일치하지는 않는다 — 실제로 헤겔은 독일 민족이 아직 진정한 국가를 형성하지 못했다고 말한다. 하지만 오직 국가를 형성함으로써 한 민족은 자기의식을 지니게 된다.

국가의 형성은 세계정신이 개인이나 민족을 수단으로 삼아 추구하는 최고의 목적이다. 헤겔은 국가가 단지 평화를 유지하고 재산을 보호하기 위한 강제적 장치에 그친다고 생각하지 않는다. 국가는 개인의 삶에 새로운 차원을 부여함으로써 개인의 자유를 확장하다는 더욱 높은 새 목적으로 나아가기 위한 출발점이다. 자유의 구체적 실현으로서의 국가는 오직 그 자체만을 위하여 존재한다. 개인으로서의 시민은 자신의 모든 가치와 모든 정신적인 실재를 오직 국가를 통해서만 소유할 수 있다. 왜냐하면 그는 사회적, 정치적 삶에 참여함으로써만 자신의 합리성을 충분히 의식하고, 자기 자신을 표현하고, 민족정신을 통하여 세계정신을 드러내기 때문이다. 헤겔은 국가가 지상에 존재하는 신성한 이념이라고까지 말한다.

하지만 신성한 이념은 아직 충분히 실현되지 않았다. 헤겔은 독일 정신이 무제한의 자유를 통하여 절대적인 진리를 실현하는 새로운 세계의 정신이라고 믿었다. 그러나 프로이센 왕국조차도 세계정신의 마지막 단계가 아니다.

부분보다는 전체를 선호하는 헤겔의 지속적인 성향을 전제할 때 그의 도식에서 민족 국가는 결국 세계 국가에 길을 내주게 되리라고 예상하는 사람이 있을지도 모른다. 하지만 헤겔은 세계 국가라는 개념을 별로 달가워하지 않는데 그 까닭은 세계 국가가 역사의 변증법적 발전 과정에서 필수적인 단계인 전쟁의 기회를 제거하기 때문이다. 헤겔에 따르면 전쟁은 단지 필요악에 그치는 것이 아니라 유한한 존재의 우연적 본성을 다시 떠올리게 만드는 긍정적인 가치를 지닌다. 전쟁은 '우리로 하여금 순간적인 이익과 존재의 공허함을 진지하게 받아들이도록 만드는 상황을 제공한다' (PR, 324). 이를 통하여 헤겔은 영원한 평화를 추구하려는 칸트의 시도를 비판한다. 또한 헤겔은 인류의 미래는 독일 또는 통합된 세계가 아니라 아메리카에 놓여 있다고 단정한다. '우리 앞에 놓인 미래 시대에는 세계사의 핵심이 그곳에서 드러날 것이다' — 어쩌면 헤겔은 북아메리카와 남아메리카 사이의 거대한 갈등을 예상했는지도 모른다.

헤겔 사후 한 세기 이상에 걸쳐 독일의 역사는 헤겔의 정치철학에 연속적인 불명예를 안겨 주었다. 국가를 목적 자체로 미화한 시도, 독일 민족이 세계사적인 역할을 하리라는 믿음, 전쟁을 긍정적으로 평가한 관점 등에 비추어 볼 때 헤겔은 20세기를 크게 손상시킨 두 차례의 세계대전에 대한 책임을 완전히 면제받을 수는 없을 듯하다. 그가 추천한 프로이센의 정치 체제는 입헌 군주정이었으며, 그가 역설한 민족주의가 나치의 인종주의적인 전체주의와 상당히 거리가 있음은 분명한 사실이다. 하지만 루소와 마찬가지로 그의 철학적 이력을 보면 상당한 결점을 포함한 형이상학으로부터 등장할 수 있는 치명적인 결과를 떠올리지 않을 수 없다. 오직 국가를 어떤 인격체로, 더욱이 평범한 개인보다 상위의 형태를 지닌 인격체로 여길 경우에만 국가가 그 자체로 본질적인 가치를 지닌다는 점을 받아들일 수 있다. 또한 민족정신에 생기를 불어넣는 종족정신들 사이의 상호 작용을 통해서 유지되는 세계정신이 존재한다는 헤겔의 형이상학적 주장을 믿을 경우에만 이를 합리적으로 수용할 수 있다.

철학사를 현재의 관심사에 영향을 미친 주제와 관련해서 파악하려는 사람의 관점에서 보면 마키아벨리에서 헤겔에 이르는 시기는 정치철학의 전성기였다. 고대와 중세 세계의 정치 제도는 현재 우리의 제도와 몹시 큰 차이를 보이므로 이에 대한 고대와 중세철학자들의 사상을 현대의 정치철학과 직접 관련짓는 일은 쉽지 않다. 한편 다음 권에서 볼 수 있듯이 19세기의 위대한 철학자들에 대한 정치적 평가는 여전히 순수한 정치철학의 핵심을 차지하는 개념적 도식 못지않게 막 모습을 드러낸 경제학이나 사회학 같은 분과와 관련해서 이루어짐을 알 수 있다.

10장

신

전지와 자유에 관한 몰리나의 견해

인간의 행위를 미리 아는 신의 예지와 인간의 자유 사이에 조화를 발견하는 문제는 중세의 모든 위대한 스콜라 철학자들을 곤혹스럽게 만들었던 주제였다. 아퀴나스는 신이 우리가 행할 바를 미리 아는 까닭은 우리의 모든 행위가 신의 관점에서는 영원의 한 순간인 현재에 발생하는 것이기 때문이라고 주장했다. 둔스 스코투스는 오직 시간이 근본적으로 실재하는 것이 아닐 경우에만 이런 해법이 성립할 수 있다고 비판했다. 그는 이런 해법 대신 신은 자신이 태초부터 명령한 바를 모두 인식하기 때문에 피조물의 행위를 알 수 있다고 주장했다. 오컴은 신이 이런 지식을 지닌다는 점에 반대했다. 왜냐하면 신이 인간의 행위를 미리 아는 일은 인간의 행위가 예정되어 있고 따라서 자유롭지 않을 경우에만 가능하기 때문이다. 오컴 자신은 이 문제에 대한 어떤 해결책도 제시하지 않았다. 그는 신의 예지를 맹목적으로 믿을 수밖에 없는 교리로 여겼다. 데 리보(Peter de Rivo)는 미래에 관한 우연적 명제는 설령 신이 인식하더라도 어떤 진리치도 지니지 않는다고 주장함으로써 신의 전지함을 받아들이는 동시에 인간의 자유를 유지하려 했다. 하지만 이는 논점을 회피하는 것에 지나지 않았으며 교회는 이를 정죄했다. 인간의 자유와 신의 전지함을 조화시키는 문제에 대하여 발라(Lorenzo Valla), 에라스무스, 루터 등도 이전 철학자들에 비하여 조금도 나은 견해를 제시하지 못했다. 이들 모두는 자신들의 전후에 등장한 거의 모든 신학자들이 이 주제를 곤혹스럽게 여기면서 인용했던 사도 바울로의 말을 다시 인용하는 정도에 그쳤다. '오! 하느님의 풍요와 지혜와 지식은 심오합니다. 누가 그분의 판단을 헤아릴 수 있으며 그분이 하시는 일을 이해할 수 있겠습니까?' (로마서 11장 33절).[1]

이 문제에 대한 매우 독창적이고 정교한 해결책이 16세기 말 예수회 소속의 몰리나(Luis Molina)에 의해서 제시되었다. 몰리나는 오컴의 주장에 동조하여 아퀴나스와 스코투스의 설명을 거부하며, 미래에 관한 우연적인 명제들도 진리치를 지닌다는 교회의 가르침을 받아들인다. 그의 독창적인 면은 미래에 관한 신의 지식이 반사실적(counterfactual) 조건문의 진리치에 대한 신의 지식에 의존한다고 주장한 것이다. 신은 가능한 모든 피조물이 가능한 모든 상황에서 자유롭게 행위하리라는 점을 안다. 이를 알고 또한 자신이 어떤 피조물을 창조할지, 어떤 상황에서 창조할지를 앎으로써 신은 현실적인 피조물이 현실적으로 어떻게 행위할지를 알게 된다.

몰리나는 신의 지식을 세 종류로 구별한다. 첫째, 신은 본성적인 지식을 지니는데 이를 통하여 신은 자신의 본성뿐만 아니라 자신의 직접적인 작용을 통해서든 아니면 자신이 창조하는 자유로운 피조물의 작용을 통해서든 간에 자신이 할 수 있는 모든 것에 관하여 인식한다. 이 지식은 신의 어떤 창조 활동보다도 앞선다. 그 다음으로 신은 자유로운 지식을 지닌다. 이는 신이 어떤 자유로운 피조물을 어떤 특수한 상황에 놓인 형태로 창조할 것인지를 자유롭게 결정한 다음에 실제로 어떤 일이 일어날지를 아는 지식이다. 이런 두 종류의 지식 사이에 신의 '중간적 지식'이 존재한다. 이는 모든 가능한 피조물이 모든 가능한 상황에서 어떻게 행위할지에 관하여 신이 지니는 지

[1] 이 철학사 2권, 298~301면 참조 — 우리말 번역에서는《중세철학》, 447~55면 참조. 또한 원서에는 인용 표시가 로마서 11장 35절로 되어있지만 33절이 맞으므로 옮긴이가 바로잡았다〔후반부는 옮긴이의 첨가〕.

식을 의미한다. 중간적 지식은 피조물 자신의 가정적인 결정에 의존하므로 인간의 자율은 유지된다. 또한 중간적 지식은 신이 내리는 창조의 결정에 앞서므로 현실 세계에 대하여 모두 아는 신의 전지함도 보존된다.

몰리나가 '상황들' 또는 '사건의 질서들' 이라고 부른 바를 이후 철학자들은 '가능 세계들' 이라고 불렀다. 따라서 몰리나의 이론은 본질상 현실 세계에서 일어날 일에 대한 신의 지식이 모든 가능 세계에 대한 신의 지식에 어떤 가능 세계를 실현하기로 결정할지에 대한 지식이 더해져서 성립한다고 주장한다. 예를 들면 아담과 이브를 창조하기 이전에 신은 이브가 뱀의 유혹에 넘어가고, 아담이 이브의 유혹에 넘어가리라는 사실을 알고 있다. 신이 이를 아는 까닭은 아담과 이브에 관한 모든 반사실적 조건문을 알기 때문이다. 즉 신은 이들이 모든 가능 세계에서 어떻게 행위할지를 안다. 예를 들면 신은 아담이 이브를 거치지 않고 직접 뱀의 유혹을 받았더라도 여전히 금단의 열매를 먹었으리라는 사실을 안다. 몰리나의 해결책이 지니는 약점은 모든 반사실적 조건문 — '만에 하나 A라는 사건이 일어났더라면 B도 일어났을 것이다' 라는 형식을 취하는 명제 — 이 진리치를 지닌다고 가정한다는 점이다. 이런 조건문들 중 일부는, 예를 들면 '만에 하나 지구가 태양과 충돌한다면 인류는 더 이상 생존할 수 없을 것이다' 와 같은 것은 명백히 참이다. 반면 다른 조건문은, 예를 들면 '만에 하나 이집트의 대피라미드(the Great Pyramid)의 밑면이 정육각형이라면 그것은 17개의 면을 지닐 것이다' 와 같은 것은 명백히 거짓이다. 이런 조건문의 진리치를 결정하면서 우리는 논리법칙이나 자연법칙에 의지한다. 하지만 자유로운 행위자에 관한 반사실적 조건문을 형성할 경우에는 사정이 전혀 다르다. 즉 이런 경우에는 조건문에 적용되는 배중률, 즉 '(만에 하나 A가 일어났더라면 B도 일어났을 것이다) 이거나 아니면 (만에 하나 A가 일어났더라도 B는 일어나지 않았을 것이다) 이다' 와 같은 일반 원리가 성립하지 않는다.

데카르트는 엘리자베스 공주의 질문에 답하면서 몰리나와 유사한 방식으로 신의 예지와 인간의 자유 사이에 조화를 발견하려 한다. 그는 다음과 같이 말한다.

> 어떤 왕이 결투를 금지했는데 그 왕은 자신이 다스리는 왕국 안의 서로 다른 마을에 사는 두 신사가 항상 서로 반목하고 적대적이어서 만일 둘이 만난다면 반드시 결투가 벌어지리라는 사실을 분명히 알고 있다. 만일 이 왕이 둘 중 한 신사에게 어느 특정한 날 다른 신사가 사는 마을로 가라고 명령하고, 다른 신사에게는 같은 날 앞의 신사가 도착할 장소로 가라고 명령한다면 왕은 이들 둘이 서로 만나서 결투를 벌이고 따라서 결투를 금지한 자신의 명령을 어기리라는 사실을 확실히 알고 있다. 그렇지만 왕이 이들에게 결투를 강요한 것은 아니며, 이들을 이렇게 행위하도록 만든 왕의 지식이나 심지어 왕의 의지도 마치 이들이 왕이 전혀 알지 못하는 어떤 기회에 우연히 자발적으로 자유롭게 서로 만나 결투를 벌이게 되었다고 생각하는 일을 가로막지 않는다. 따라서 이들은 결투를 금지한 왕의 명령을 어긴 데 대한 처벌을 결코 면할 수 없다. 이제 왕이 두 신사의 자유로운 행위와 관련해서 행한 바를 무한한 예지와 권능을 지닌 신이 모든 인간의 모든 자유로운 행위에 대하여 조금의 오류도 없이 행하는 바에 비유할 수 있다(AT IV.393; *CSMK* III.282).

하지만 데카르트는 몰리나처럼 신은 우리가 모든 가능 세계에서 어떻게 행위할지를 이미 알기 때문에 우리가 실제로 어떻게 행할지를 안다고 말하지는 않는다. 그는 계속해서 신이 우리가 행할 바를 아는 까닭은 자신이 인간에게 어떤 욕구를 부여했으며 인간을 어떤 상황에 두었는지를 알기 때문이라고 말한다. 하지만 이런 주장은 위의 이야기에서 왕과 신을 대비하여 비유한 논점을 손상시킨다. 위의 비유가 성립하는 까닭은 오직 결투를 벌이는 두 신사의 특성을 형성하는 다른 모든 행위들이 왕의 욕구나 통제와 무관하므로 왕은 두 신사의 최후 결투에 책임이 없으며 따라서 두 신사를 결투 금지 명령을 위반한 죄로 처벌할 수 있는 듯이 보이기 때문이다. 만일 위의 두 신사가 벌이는 최후 결투와 마찬가지로 모든 인간의 모든 행위가 단계별로 신에 의해서 지배된다면 신은 인간이 범하는 죄의 책임에서 벗어나기가 몹시 어려운 듯이 보인다.

데카르트의 이성신학

데카르트가 철학적 자연신학에 기여한 바는 크게 두 영역으로 나뉜다. 첫째, 그는 전통적인 창조의 개념을 재구성했다. 둘째, 그는 신 존재 증명 중 존재론적 증명 방식을 부활시켰다.

신학자들은 대체로 창조와 보존을 구별해 왔다. 태초에 신은 하늘과 땅을 창조한 후 하늘과 땅이 계속 존재하도록 나날이 보존한다. 하지만 세계를 보존하는 신의 작용은 새로운 창조를 포함하지 않는다. 존재는 일단 창조되고 나면 다른 것의 방해를 받지 않는 한 스스로 계속 존재하려는 성향을 지닌다. 즉 존재는 계속 존재하려는 일종의 관성을 지닌다.

하지만 데카르트는 '제삼성찰'에서 자신의 근원을 탐구하면서 이와 같은 주장을 거부한다.

> 내 삶의 모든 과정은 무한히 많은 부분들로 나뉠 수 있는데 이들 중 어떤 부분도 결코 다른 부분에 의존하지 않는다. 따라서 현재 이 순간에 나를 존재하게 만드는, 즉 나를 새롭게 창조하는 어떤 원인이 없이는 내가 방금 전에 존재했다는 사실로부터 내가 지금도 존재함에 틀림없다는 사실을 이끌어 낼 수 없다(AT VII.50; *CSMK*

II.334).

데카르트에 따르면 한 사람의 삶은 연속적인 지속이 아니라 마치 영화가 일련의 사진으로 형성되듯이 수많은 순간들로 이루어진다. 위의 대목에서 데카르트가 염두에 두는 원인은 당연히 신이다. 따라서 데카르트는 창조와 보존을 서로 구별하지 않는다. 순간 마다 나는 신에 의해서 새롭게 창조된다. 자연학에서 데카르트는 원자론에 반대했다. 그는 물체를 연장성과 동일시하는데 연장성은 무한히 분할 가능하므로 분할 불가능한 물체의 부분 따위는 존재하지 않는다. 하지만 연속적인 창조 이론은 일종의 형이상학적 원자론을 포함하는 듯이 보인다. 즉 역사는 무한히 많은 시간의 순간들로 이루어지는데 이런 순간들은 각각 이전의 순간이나 이후의 순간과 전혀 무관하다.

위의 인용문은 '제삼성찰'에서 데카르트가 자신의 정신 안에 신의 관념이 있다는 사실로부터 신의 존재를 증명하는 대목에서 등장한다.[2] 하지만 '제오성찰'에서 그는 다른 형태의 신 존재 증명을 제시하는데 이는 칸트의 시대 이후로 '존재론적 증명'이라고 불린 유명한 증명 방식이다. 이 증명은 이미 《방법서설》에서 윤곽을 드러낸다.

> 어떤 삼각형을 떠올릴 때 나는 그것의 세 내각의 합이 직각의 두 배와 같다는 점을 매우 잘 안다. 그렇지만 나는 어떤 삼각형이 현실 세계에 존재한다는 점을 보증해 주는 증거를 전혀 발견하지 못한다. 반면 내가 지닌 완전한 존재의 관념을 거슬러 올라가 검토해 보면 나는 이 관념에 그런 존재의 현존이 포함된다는 점을 깨닫는다. 이는 삼각형의 관념에 세 내각의 합이 직각의 두 배와 같다는 점이 포함되는 것과 마찬가지이다. … 따라서 현재 논의의 대상이 되는 완

[2] 이 책의 37면 참조.

> 전한 존재로서의 신이 존재하거나 현존한다는 점은 최소한 기하학에서 이루어지는 모든 증명만큼이나 확실하다(AT VI.36; *CSMK* I.129).

이를 '제오성찰'에서 더욱 확장하면서 데카르트는 자신이 지닌 신의 관념, 즉 최고로 완전한 존재의 관념을 고찰함으로써 영원한 현존이 신의 본성에 속한다는 점을 명석, 판명하게 지각한다고 말한다. 현존은 신의 본질과 결코 분리될 수 없는데 이는 세 내각의 합이라는 개념이 유클리드 기하학의 삼각형과 분리될 수 없는 것과 마찬가지이다. '신이 (즉 최고로 완전한 존재가) 현존하지 않는다고 (즉 현존이라는 일종의 완전성이 부족하다고) 생각하는 것은 계곡이 없는 언덕을 (즉 내리막길이 없는 오르막길을) 생각하는 것만큼이나 불합리한 일이다.'

이 논증이 단지 신의 현존과 관련하여 논점을 선취한 오류가 아니라는 점을 보이기 위해서는 데카르트가 현실 세계나 정신의 세계와 무관하게 플라톤적인 본질의 세계가 실재한다고 믿었음을 기억해야 한다.[3] '내가 삼각형을 상상할 때 그런 도형이 나의 사고 외부의 어디에도 존재하지 않거나 아니면 아예 결코 존재하지 않을 수도 있다. 하지만 삼각형의 명확한 본성과 본질, 형태 등은 확실히 존재하며 이들은 영원불변한다. 이들은 내가 만들어 낸 허구가 아니며, 나의 정신에 의존하지도 않는다.' 삼각형에 관한 정리들은 이 세계에 삼각형이 존재하든 그렇지 않든 간에 증명 가능하다. 이와 마찬가지로 신이 존재하든 그렇지 않든 간에 추상화된 신에 관한 정리들은 얼마든지 언급할 수 있다. 그런 정리 중 하나가 신은 전적으로 완전한 존재라는 것, 즉 신은 모든 완전성을 포함한다는 것이다. 그런데 현존 자체는 일종의 완전성이다. 따라서 모든 완전성을 포함하는 신은 반드시 현존한다.

[3] 이 책의 283면 참조.

이 논증의 큰 약점은 바로 현존이 일종의 완전성이라는 주장이다. 이는 《성찰》에 대한 '다섯 번째 반박'을 썼던 가상디가 이미 비판했던 바이기도 하다. '신의 경우든 다른 어떤 것의 경우든 간에 현존은 완전성이 아니며, 오히려 현존하지 않는 것에 대해서는 완전성이 성립할 수 없다. … 현존은 완전성처럼 현존한다고 말할 수 있는 것이 아니다. 만일 무언가가 현존하지 않는다면 그것은 단지 불완전하거나 완전성이 없는 것이 아니라 아무것도 아닌 것이다.' 이런 반박에 대하여 데카르트는 어떤 설득력 있는 대답도 전혀 제시하지 못했는데, 이 문제에 대한 결정적인 해결책은 후에 칸트와 프레게(Gottlob Frege)에 의해서 제시된다.[4]

신에 관한 파스칼과 스피노자의 견해

데카르트가 활동했던 16세기의 대륙 철학자들은 신의 현존에 관한 데카르트의 견해로부터 출발하여 서로 다른 두 방향으로 나아갔다. 파스칼은 신의 현존을 증명하려는 시도를 아예 포기한다. 우리에게 주어진 이성은 능력이 제한될 뿐만 아니라 타락했으므로 그런 증명은 아무 소용이 없다. 그 대신 그는 증명하지 않고도 신의 현존을 믿지 않을 수 없게 만드는, 지적인 형식에 얽매이지 않는 주장을 펼친다. 반면 스피노자는 존재론적 증명을 자신의 고유한 방식으로 변형하여 가장 엄밀하게 형식화된 모습으로 제시한다.

파스칼은 우리가 이성이라는 자연의 빛을 통해서는 신이 어떤 존재인지를 인식할 수 없을 뿐만 아니라 과연 신이 존재하는지조차도 전혀 알 수 없다는 점을 인정한다. 하지만 신의 존재에 대한 믿음이 아무 근거 없는 것은 아니다. 그는 신의 존재를 믿지 않는 사람들에게 다음과 같이 말한다.

[4] 이 책의 484면 참조.

> 신은 현존하거나 현존하지 않는다. 우리는 어떤 쪽을 선택해야 하는가? 여기서 이성은 아무것도 결정할 수 없다. 무한한 심연이 우리를 갈라놓지만 이 무한한 거리를 뛰어넘으려면 동전의 앞면 아니면 뒷면을 택하는 것과 같은 일종의 내기를 해야 한다. 당신은 어느 쪽에 걸 것인가? (*P*, 680)

신을 믿지 않는 사람은 아예 내기를 하지 않으려 할지도 모른다. 하지만 그럴 수는 없다. 내기는 이미 시작되었고 누구나 어떤 쪽에든 걸어야 한다. 이성이 알려주는 한에서 양쪽의 확률은 똑같다. 하지만 얻게 되는 결과는 크게 다르다. 당신의 삶을 신이 존재한다는 쪽에 걸었다고 가정해 보자. 만일 당신이 내기에서 이겨 실제로 신이 존재한다면 당신은 영원한 행복을 얻는다. 만일 당신이 내기에서 져서 신이 존재하지 않는다 할지라도 당신은 아무것도 잃지 않는다. 따라서 신이 존재한다는 쪽에 거는 편이 유리하다. 하지만 이 내기에 어느 정도를 걸어야 하는가? 현재의 삶을 거는 대가로 앞으로 세 번의 삶에서 행복을 누린다면 충분히 받아들일 만한 가치가 있다. 하지만 사실상 당신이 얻는 바는 단지 세 번의 삶에서 행복을 누리는 것이 아니라 영원토록 행복을 누리는 것이므로 대가는 무한히 매력적임에 틀림없다. 앞에서 우리는 신의 존재에 대한 내기를 걸 경우 이길 확률과 질 확률이 50 대 50이라고 가정했다. 하지만 무한한 행복이라는 대가는 우리가 내기에 거는 현재의 삶과 비교해 볼 때 엄청나게 큰 것이므로 우리가 유한하다는 점을 고려하면 설령 내기에서 질 확률이 더 크다 할지라도 신이 존재한다는 편에 거는 것이 훨씬 더 나은 선택이다.

파스칼도 가정하듯이 우리는 신의 존재에 대한 판단을 미룰 수는 없는가? 유신론이나 무신론에 대한 확고한 증명이 없는 상태라면 불가지론이, 즉 위의 내기에서 어떤 쪽에도 걸지 않는 편이 오히려 합리적이지 않은가? 파스칼은 이는 신이 존재하지 않는다는 쪽에 거는 것과 마찬가지라고 주장한다.

파스칼이 활동했던 시대에는 도박이 크게 유행했다. 하지만 조르주 드 라 투르(George de la Tour)가 그린 이 풍속화에 등장하는 동료들과 도박을 하는 것은 그리 현명하지 못한 일이었을 듯하다.

만일 실제로 신이 존재하여 불가지론자들에게 지옥의 고통을 명령한다면 그럴 수도 있다. 하지만 이는 논의의 출발점이 아닌 결론에 해당하는 것이다.

하지만 자신의 삶을 신이 존재한다는 쪽에 건다는 것은 과연 무엇을 의미하는가? 파스칼에게 이것은 엄격한 얀센주의자의 삶을 살아가는 것을 의미한다. 그러나 이성만으로는 신에 관하여 아무것도 알 수 없다면 그런 종류의 삶에 대하여 신이 영원한 행복이라는 보상을 내리리라는 점을 어떻게 확신할 수 있는가? 어쩌면 우리는 그냥 신이 아니라 얀센주의자가 생각하는 신이 존재하는지 그렇지 않은지에 대하여 내기를 걸라는 요구를 받는지도 모른다. 그렇다면 이 내기는 더 이상 오직 두 가능성 중 하나에 거는 내기가 아니다. 우리는 얼마든지 예수회의 신, 칼뱅주의자의 신, 심지어 이슬람의 신 쪽에 내기를 걸라는 요구를 받을 수도 있다. 파스칼의 독창적인 호교론은 임무를 제대로 완수하지는 못했지만 진리의 증거를 제공하는 여러 근거들과는 전혀 무관한 영역에서도 어떤 명제를 믿게 만드는 훌륭한 근거를 제시할 수 있다는 사실을 보임으로써 상당히 주목받았다. 이후에 등장한 종교철학자들 중 특히 키르케고르(Søren Kierkegaard)나 뉴먼(John Henry Newman) 같은 인물은 파스칼의 시도를 더욱 정교하게 발전시켰다고 말할 수 있다.

반면 스피노자는 내기 따위는 전혀 고려하지 않는다. 그는 자신이 생각하는 근거를 가능한 한 깔끔하고 단호하게 제시하기를 좋아한다. 그는 신의 존재를 유클리드 기하학의 정리가 지닌 진리성과 같은 정도로 확실하게 증명할 수 있다고 믿는다. 이를 보이기 위하여 그는 존재론적 논증을 자신만의 고유한 형태, 즉 기하학적 형식으로 변형하여 《에티카》의 1부에서 제시한다.

1부의 정리 11은 다음과 같다. '각각이 영원하고 무한한 본질을 표현하는 무한한 속성들로 구성된 실체로서의 신은 필연적으로 존재한다.' 신에 대한 이런 기술은 1부의 첫머리에 제시된 일련의 정의들 중 여섯 번째 정의로부터 도출된다.

정리 11은 귀류법에 의해서 증명된다.

> 이를 부정하여 신이 존재하지 않는다고 생각해 보자. 그러면 (공리 7에 의해서) 신의 본질은 존재를 포함하지 않는다. 하지만 이는 (정리 7에 의해서) 불합리하게 된다. 따라서 신은 필연적으로 존재한다. 증명 끝(*Eth*, 7).

공리 7은 '만일 어떤 것이 존재하지 않는다고 생각될 수 있다면 그것의 본질은 존재를 포함하지 않는다'이다. 정리 7은 '존재는 실체의 본성 중 일부이다'인데 이는 상당한 논쟁의 대상이 된다. 이를 증명하기 위하여 스피노자는 실체는 다른 어떤 것에 의해서도 생성될 수 없으며 오직 자신만을 원인으로 삼아야 한다고, 바꾸어 말하면 실체의 본질은 반드시 존재를 포함해야 한다고 말한다. 하지만 왜 실체는 다른 어떤 것 — 말하자면 다른 어떤 실체 — 에 의해서도 생성될 수 없는가? 이제 정리 5와 (동일한 속성을 지닌 둘 또는 그 이상의 실체는 존재할 수 없다) 정리 3을 (만일 A가 B의 원인이 되려면 A는 B와 공통적인 무언가를 지녀야만 한다) 검토해 보자. 이들은 결국 실체에 대한 최초의 정의인 정의 3에 의존하는데 이 정의는 다음과 같다. '실체란 그 자체로 존재하고, 그 자체에 의해서 생각될 수 있는 것이므로 실체의 개념은 다른 어떤 것의 개념과도 무관하게 형성될 수 있다' (*Eth*, 1).

스피노자의 논증에는 우리의 직관에 반대되는 두 요소가 포함된다. 우선 우리 주변에서 다른 실체로부터 생겨난 수많은 실체들을 볼 수 있지 않은가? 가장 분명한 예로 다른 생명체로부터 태어난 수많은 생명체가 있지 않은가? 그리고 왜 우리는 만일 B가 A의 원인이라면 B의 개념이 A의 개념 중 일부여야 한다는 주장을 받아들여야 하는가? 폐가 무엇인지를 모른다면 폐암이 무엇인지 결코 알 수 없다. 하지만 폐암의 원인이 무엇인지를 모르더라도 폐암이 무엇인지 아는 일은 얼마든지 가능하지 않은가? 스피노자는 인과적 관계와 논리적 관계를 동일시하는데 이에 대한 확실한 정당화의 근거를 제시하지는 않는다. 물론 그가 무심코 두 관계를 동일시한 것은 결코 아니다. 논리적 결론과 인과적 결론을 동일시하는 것은 그의 형이상학 체계에서 핵심적인 요소로 작용한다. 하지만 그는 이를 지지하는 논증을 제시하지는 않으며, 실체에 대한 최초의 정의를 통하여 이를 은연중에 도입한다.

스피노자가 첫머리에 제시한 일련의 정의에는 신에 대한 새로운 정의도 포함되는데 그것은 신이 무한히 많은 속성을 지닌다는 점이다. 우리는 이런 속성들 중 오직 두 가지만을, 즉 사고와 연장성만을 파악할 수 있기 때문에 이런 무한한 속성들이 그의 체계에서 더 이상의 어떤 중요한 역할을 하지는 않는다. 스피노자는 일단 자신이 신의 존재를 만족스럽게 증명했다고 여기고 계속해서 전통적인 유신론에서 신에 속한 것으로 여기는 많은 속성들을 이끌어 낸다. 그에 따르면 신은 무한하고, 보이지 않으며, 유일하고, 영원하고, 모든 것을 파악한다. 신은 자신이 파악하는 모든 것에 대하여 최초의 동력인으로 작용한다. 그리고 신은 본질과 존재가 서로 동일한 유일한 실재이다(*Eth*, 9~18). 하지만 스피노자는 또한 신을 정통설에 완전히 위배되는 방식으로 묘사하기도 한다. 그는 이미 《지성개선론》에서 신인동형론에 기초한 신의 개념에 반대하는 주장을 펼쳤지만 이제 이보다 더 나아가 신은 연장성을 지니며 따라서 물체적인 요소를 지니는 무언가라고 말한다(*Eth*, 33). 신은 유대-기독교적 전통에서 상상하는 만물의 창조자가 아니다. 신은 이 세계가 존재하도록 선택하지 않았지만 존재하는 모든 것은 신의 본성으로부터 필연적으로 도출된다. 신은 오직 자신의 본성 외부에 있는 어떤 것에 의해서도 규정되지 않는다는 의미에서 자유롭다. 하지만 신은 우리가 현재 살아가는 세계를 아예 창조하지 않거나 이 세계와는 다른 세계를 창조할 수는 없었다(*Eth*, 21~2). 신은 사물의 내재적 원인이지 초월적 원인이 아니다. 그리고 창조의 목적 따위는 결코 존재하지 않는다.

스피노자가 자연신학의 영역에서 이룬 획기적인 주장은 바로 신과 자연을 동일시했다는 것이다. 범신론이라는 용어 자체는 스피노자보다 한 세기쯤 후에 처음 사용되었지만 그의 신 이론을 '범신론', 즉 신은 모든 것이고 모든 것은 신이라는 이론의 전형으로 볼 수 있다. 하지만 그의 철학 체계에 등장하는 다른 많은 요소와 마찬가지로 그가 생각한 '자연' 개념은 매우 미묘하다. 브루노(Bruno)와 마찬가지로 스피노자는 능산적 자연(Natura Naturans, 직역하면 '생성하는 자연'인데 이를 '능동적 자연'으로 부를 수 있을 듯하다)과 소산적 자연(Natura Naturata, 직역하면 '생성된 자연'인데 이를 '수동적 자연'으로 부를 수 있을 듯하다)을 구별한다. 신이라는 유일 실체의 무한한 속성들은 능동적 자연에 속한다. 유한한 존재를 형성하는 일련의 양태들은 수동적 자연에 속한다. 신이 없이는 세계라는 커다란 양탄자의 재로가 되는 유한한 존재들이 존재하거나 생각될 수 없듯이 양탄자를 이루는 실과 같은 각각의 유한한 존재들이 없이는 신 또한 존재하거나 생각될 수 없다. 더욱 중요한 점은 스피노자가 지성과 의지를 능동적 자연이 아니라 수동적 자연에 속한 것으로 여긴다는 점이다. 다라서 스피노자의 신은 유대교나 기독교의 독실한 신자가 믿는 인격신이 아니다.

그렇다면 이는 신이 우리를 사랑하지 않는다는 사실을 의미하는가? 앞서 살펴보았듯이 스피노자는 신에 대한 지적 사랑을 인간 활동의 최고점으로 여겼다. 하지만 그는 뒤이어 신을 사랑하는 사람은 이에 대한 보답으로 신이 자신을 사랑하기를 원해서는 안 된다고 말한다. 만일 신이 우리를 사랑하기를 원한다면 신은 더 이상 신이 아니기를 원하는 것이다(*Eth*, 169~70). 그러나 신은 자기 자신을 사랑한다고 말할 수 있는데 신에 대한 우리의 사랑은 신의 이런 자기애의 표현으로 볼 수 있다. 이런 의미에서 인간에 대한 신의 사랑은 신에 대한 인간의 지적 사랑과 정확하게 동일한 것이다.

라이프니츠의 낙관주의

1676년 라이프니츠가 스피노자를 방문했을 때 둘이 논의한 주제 중 하나는 신의 존재에 대한 데카르트의 존재론적 증명 방식이었다. 데카르트는 신은 정의상 모든 완전성을 소유한 존재라고 주장했다. 그런데 존재는 일종의 완전성이므로 신은 반드시 존재한다. 라이프니츠는 이 논증의 전제가 의심스럽다고 생각한다. 우리는 어떻게 모든 완전성을 소유한 존재라는 관념이 논리적 일관성을 지닌다는 사실을 인식할 수 있는가? 그는 스피노자를 위해서 쓴 한 글에서 이런 결점을 보완하려 한다. 그는 완전성을 '적극적이고 절대적인 단순한 성질'로 정의한다. 그는 양립 불가능성이 오직 복합적 성질 사이에서만, 즉 분석해 보면 서로 모순되는 요소를 포함하는 것으로 드러나는 성질들 사이에서만 발생할 수 있다고 주장한다. 하지만 단순한 성질은 분석이 불가능하다. 따라서 모든 단순한 성질들을 포함하는 존재의 개념, 바꾸어 말하면 가장 완전한 존재의 개념은 결코 불가능한 것이 아니다(G VII.261~2).

라이프니츠는 이런 보충 사항을 더한 후에 존재론적 논증을 받아들인다. 그는 존재가 일종의 완전성이라는 생각을 문제시하지는 않는다 — 하지만 이런 생각은 동시대의 가상디를 비롯하여 칸트로부터 현대에 이르기까지 수많은 철학자들이 데카르트의 추론 중 가장 취약한 부분으로 지적한 것이기도 하다. 라이프니츠가 이를 지적하지 않은 것은 매우 놀라운 일이다. 왜냐하면 앞서 살펴보았듯이 라이프니츠 자신의 체계에서도 존재는 어떤 주어에 부가되어 그것의 정의를 형성하는 모든 술어와 전혀 다른 것으로 규정되기 때문이다.

라이프니츠는 우주론적 증명, 즉 세계의 제일원인으로 작용하는 신을 증명하려는 방식에 대해서도 새로운 요소를 첨가한다. 그는 유한한 원인들의 연속이 그 자체로 유한한 연속이어야 한다고 가정하지 않는다. 예를 들면 현재와 과거의 무한한 상태와 운동이 자신이 《모나드론》에서 다룬 동력인의 일부를 형성한다고 말한다. 하지만 이런 연속에서 각각의 요소들은 그 자체로 자신의 존재에 대한 충족이유를 지니지 않는 우연적 실재에 지나지 않는다. 궁극적인 충족이유는 이런 연속의 외부에서, 즉 어떤 필연적인 존재 안에서 발견되는데 우리는 이 존재를 신이라고 부른다(G VI.613). 이런 논증 방식은 충족이유율의 성패와 더불어 유지되거나 실패하게 됨이 분명하다.

라이프니츠는 신의 존재를 증명하는 다른 두 가지 방식을 제시하는데 그중 하나는 전통적인 것이며 다른 하나는 새로운 것이다. 전자는 영원한 진리로부터의 논증인데 이것의 근원은 아우구스티누스까지 거슬러 올라간다.[5]

[5] 이 철학사 2권, 278~80면 참조 — 우리말 번역에서는 《중세철학》, 418~22면 참조 〔후반부는 옮긴이의 첨가〕.

이 논증은 다음과 같다. 여러 가지 진리가 정신 안에 내재한다. 하지만 논리적, 수학적 진리는 인간의 정신에 앞서므로 이들은 영원한 신의 정신 안에 어떤 장소를 차지하고 있음에 틀림없다. 두 번째의 새로운 논증은 예정조화설에 의존한다. '서로 아무런 연락도 주고받지 않는 수많은 실체들이 이루는 이 완벽한 조화는 오직 공통의 원인으로부터만 생겨날 수 있다'(G IV.486). 이 논증은 물론 창문 없는 모나드들의 체계라는 라이프니츠의 주장을 받아들인 사람에게만 설득력을 지닌다.

스피노자와 달리 라이프니츠는 신이 자연과는 철저히 구별되며, 신이 자유로운 피조물들의 세계를 자유롭게 창조했다고 생각한다. 창조를 결정하기에 앞서 신은 무한히 많은 수의 가능한 피조물들을 검토한다. 가능한 피조물 중에는 예를 들면 수많은 가능한 카이사르들(Julius Caesars)이 있으며, 이들 중에 루비콘 강을 건너는 카이사르도, 건너지 않는 카이사르도 있다. 가능한 카이사르들은 각각 어떤 이유에 따라서 행위하며 이들 중 누구도 어떤 방식으로 행위하도록 강요당하지 않는다. 그러므로 신이 루비콘 강을 건너는 카이사르를 존재하게 만들기로 결정할 때 신은 자유롭게 선택한 카이사르를 현실화하는 셈이 된다. 따라서 우리가 아는 카이사르가 루비콘 강을 건넌 행위는 자유롭다.

신이 스스로 창조할 수 있는 무수히 많은 다른 가능 세계들을 제쳐 두고 현재 우리가 살아가는 현실 세계를 존재하도록 선택한 근거는 과연 무엇인가? 라이프니츠는 이성적 행위자로서의 신은 모든 가능 세계들 중에 최선의 가능 세계를 창조하기로 결정하고 이를 선택한다고 대답한다. 《변신론》 중 1부의 8장에서 라이프니츠는 신은 최고의 지혜와 무한한 선이 결합된 존재이므로 최선의 것을 선택하는 데 결코 실패할 수 없다고 말한다. 덜 악한 것이 일종의 선인 것과 마찬가지로 덜 선한 것은 일종의 악이다. 따라서 신은 약간의 악을 행하는 고통을 감수하면서도 최선의 세계를 선택했음에 틀림없다. 만일 최선의 세계가 존재하지 않았다면 신은 세계를 창조하려는 선택을 아예 내리지 않았을 것이다. 죄와 고통이 전혀 없는 세계가 현재 우리의 세계보다 더 선한 듯이 보일지도 모른다. 하지만 이런 세계는 일종의 환상에 불과하다. 만일 현재의 세계에 최소한의 악이라도 존재하지 않는다면 그것은 전혀 다른 세계일 것이다. 영원한 진리는 물리적, 도덕적 악이 가능한 세계를 요구하며 따라서 무한히 많은 가능 세계들은 이런 악들을 포함하지 않을 수 없다. 이를 통하여 우리가 보일 수 있는 바는 모든 가능 세계들 중 최선의 세계도 이런 두 종류의 악을 모두 포함한다는 사실이다(G VI.107 이하).

라이프니츠가 현재 우리가 사는 세계가 가능한 최선의 세계라고 주장한 최초의 철학자는 아니다 — 이미 12세기에 아벨라르는 신에게는 자신이 실제로 창조한 세계보다 더 나은 세계를 만들 능력이 없다고 주장했다.[6] 하지만 라이프니츠는 현재의 현실 세계가 아닌 다른 세계들도 가능하다고 — 형이상학적으로 가능하다고 — 말함으로써 자신과 아벨라르를 구별한다. 신으로 하여금 최선의 세계를 선택하지 않을 수 없도록 만드는 필연성은 형이상학적 필연성이 아니라 도덕적 필연성이다. 신은 능력이 부족하기 때문이 아니라 자신의 무한한 선 때문에 최선의 세계를 선택하도록 규정된다. 따라서 라이프니츠가《형이상학 논고》에서(*D*, 3) 제시한 주장, 즉 신은 세계를 자유롭게 창조한다는 주장이 가능해진다. 신의 자유는 이성의 지배에 따라 완전하게 행위할 최고의 자유이다. 신이 자유로운 까닭은 비록 최선의 세계를 창조할 수밖에 없다 할지라도 반드시 세계를 창조할 필요는 전혀 없기 때문이다.

라이프니츠는 자신의 이론이 전통적인 악의 문제, 즉 전능하고 인간을 사랑하는 신이 왜 죄와 고통을 허용하는가라는 문제를 해결했다고 믿었다. 그는 사전에 가능했던 모든 것이 함께 실현될 수 없는 경우도 있다는 점을 지적한다. 그의 표현대로 A와 B 각각이 모두 가능하지만 A와 B가 동시에 가능

[6] 이 철학사 2권, 296면 참조 — 우리말 번역에서는《중세철학》, 445면 참조 〔후반부는 옮긴이의 첨가〕.

하지는 않을 수도 있다. 모든 창조된 세계는 동시에 양립 가능한 것들의 체계이며, 최선의 세계는 악을 능가하는 선의 분량이 최대인 체계이다. 때로는 잘못 사용되어 죄를 범하는 자유 의지가 존재하는 세계가 자유도 죄도 없는 세계보다 더 선하다. 따라서 이 세계에 존재하는 악은 신의 선함에 반대하는 논증의 근거를 제공하지 못한다.

라이프니츠의 '낙관주의'에 대하여 그가 데카르트의 존재론적 논증에 대하여 제기한 것과 같은 종류의 반박을 시도하려는 사람이 있을지도 모른다. 즉 '모든 가능 세계들 중 최선의 세계'가 논리적 일관성을 지니는 개념이라는 점을 어떻게 알 수 있는가? 라이프니츠 자신도 모든 가능한 운동들 중 가장 빠른 운동과 같은 것은 존재하지 않는다는 사실에 대한 증명을 제시했다. 속도라는 것이 존재한다고 가정하고 일정한 속도로 회전하는 바퀴를 상상해 보자. 이제 만일 바퀴의 원주에 긴 못을 하나 박는다면 못의 끝부분은 항상 원주보다 더 빠르게 회전할 것이다. 그리고 이는 가장 빠른 운동의 개념이 불합리하다는 점을 보여 준다(G IV.424). 이른바 최선의 가능 세계가 E라는 악을 포함한다면 우리는 다른 모든 면에서는 동일하지만 E라는 악이 없는 세계를 얼마든지 상상할 수 있지 않은가? 만일 신이 전능하다면 그가 후자의 세계를 존재하도록 만드는 것이 왜 불가능한가?

버클리의 신

앞서 우리는 라이프니츠가 버클리의 초기 저술에 등장하는 내용 대부분에 동의했음을 살펴보았다. 하지만 버클리는 라이프니츠에 대하여 그리 호의적인 태도를 보이지 않은 듯하다. 버클리는 라이프니츠가 제시한 존재론적인 신 존재 증명을 경멸하면서 그 대신 자신의 새로운 증명 — 신의 존재에 대한 '직접적이고 즉각적인 증명' — 을 제시하는데, 이는 아우구스티누스의 영원한 진리로부터의 증명을 라이프니츠를 통해서 수용한 후 크게 확장한 것이라 할 수 있다.《하일라스와 필로누스의 세 대화편》에서 감각적 사물들은 오직 우리의 정신 안에만 존재할 수 있다는 점을 나름대로 만족스럽게 확립한 후 버클리는 이어서 다음과 같이 말한다.

> 이제 이로부터 나는 감각적 사물들이 전혀 실제로 존재하지 않는 것이 아니라 나의 사고에 의존하지 않으며, 내가 지각하는 것과는 구별되는 방식으로 존재한다고 보려 하므로 이들이 그 안에 존재하는 다른 어떤 정신이 있음에 틀림없다고 결론지으려 한다. 따라서 감각적 세계가 진정으로 존재한다는 사실이 확실한 것과 마찬가지로 이런 세계를 포함하고 떠받치는 무한하고 보편적인 정신이 존재한다는 사실 또한 확실하다(*BPW*, 175).

따라서 논리학과 수학의 엄격한 진리뿐만 아니라 가장 평범한 경험적 진리, 예를 들면 지금 이 순간 무당벌레 한 마리가 내 책상을 가로질러 걸어간다는 사실까지도 일종의 관념으로 신의 정신 안에 존재한다. 여기서 버클리는 단지 신이 이런 사소한 진리까지도 인식한다는 점을 — 비록 이것이 오랫동안 대다수 신학자들의 견해였지만 — 말하려는 것이 아니다. 그가 말하려는 바는 이를 참인 명제로 만드는 것이 바로 신의 정신 안에 있는 일련의 관념들이라는 — 즉 무당벌레에 대한 신의 관념과 내 책상에 대한 신의 관념이라는 — 점이다. 그리고 이는 진정 혁신적인 견해이다. '사람들은 일반적으로 신의 존재를 믿기 때문에 신이 모든 것을 인식하고 지각한다고 믿는다. 나는 이와는 정반대로 모든 감각적 사물들이 신에 의해서 지각되어야 하기 때문에 신이 존재한다고 직접 그리고 필연적으로 결론짓는다'(*BPW*, 175).

신 존재 증명을 위하여 감각적 세계가 오직 관념들로 구성된다는 버클리의 주장을 받아들이더라도 그의 신 존재 증명에는 여전히 한 가지 결함이 있는 듯하다. '그 안에 모든 것이 존재하는 유한한 정신은 존재하지 않는다'는 전제로부터 '따라서 그 안에 모든 것이 존재하는 무한한 정신이 존재한다'는 결론을 이끌어 낸다면 오류를 피할 수 없다. 즉 어떤 유한한 정신도 모든 존재를 수용하기에 충분할 정도로 크고 넓지 않다 할지라도 존재하는 모든 것이 어떤 유한한 정신 안에 일부 존재하고 다른 유한한 정신 안에 일부 존재하는 것은 가능한 듯하다. 예를 들면, 버클리의 논증과 유사한 형태를 취하는 다음의 논증을 받아들일 사람은 거의 없을 것이다. '모든 사람은 시민이다. 모든 사람을 시민으로 삼는 민족 국가는 없다. 따라서 모든 사람을 시민으로 삼는 초민족 국가가 존재한다.'

어쩌면 버클리가 진정으로 의도한 바는 만일 존재하는 것들이 단지 유한한 정신 안에 존재한다면 이들의 존재는 단편적이고 일시적인 것이 되어버린다는 점이었는지도 모른다. 예를 들면 어떤 사람의 마구간 안에 있는 말은 그가 지켜보는 동안에 존재하고 잠시 후 다시 그의 말 관리인이 주목하는 동안에는 존재하지만 이 두 시점 사이에는 존재하지 않는지도 모른다. 오직 모든 장소와 시간에 항상 존재하는 무한한 정신만이 모든 것이 계속 존재한다는 사실을 보증할 수 있다. 이것이 바로 녹스(Ronald Kncx)가 버클리의 주장을 요약해서 쓴 유명한 한 쌍의 5행시의 주제이기도 하다.

> 한 젊은이가 다음 같이 말한다네.
> '숲 주변에 아무도 없는데도
> 이 나무가 계속 있다고 생각한다면
> 신께서는 이를 보고
> 매우 이상한 일로 생각하시겠지.'

이에 대한 대답은 다음과 같다.

사랑하는 젊은이여, 자네 생각이 오히려 이상하이.
내가 항상 숲 주변에 있으며
그 때문에 이 나무는 계속 있는 것이라네
바로 내가 지켜보는 한.
자네의 충실한 신으로부터.

버클리가 자신의 방식을 통해서 그 존재를 증명한 신은 전통적인 유신론의 신과는 중요한 측면에서 상당한 차이를 보이는 듯하다. 만일 현재 어떤 유한한 정신도 지각하지 않는 대상이 오직 신이 그것을 지각함으로써 계속 존재한다면 신의 정신 안에는 지각 가능한 모든 것들의 관념 — 책상이나 무당벌레 같은 대상뿐만 아니라 색, 형태, 냄새, 쾌락과 고통을 비롯한 모든 종류의 감각적 자료들의 — 이 존재해야만 한다. 반면 기독교 사상가들은 일반적으로 신이 감각적 경험을 한다는 사실을 부정한다. 구약 성서 중 시편의 저자는 '귀를 붙여 주신 분이 듣지 못하시겠느냐? 눈을 끼워 주신 분이 보지 못하시겠느냐?' 라고 묻는다. 물론 이는 '그렇지 않다는 대답을 예상하는 수사학적인 질문' 이지만 이 질문에 대하여 아퀴나스를 비롯한 많은 신학자들이 '그렇다' 고 답했다. 이 부분에 대한 주석에서 아퀴나스는 다음과 같이 썼다. '신의 눈은 단지 비유일 뿐이다. 성서에서 신체의 여러 기관을 신에 속한 것으로 표현할 경우 이는 그런 기관의 기능을 나타내는 은유로 보아야 한다. 예를 들면 눈은 보는 기능을 하므로 "신의 눈"이라고 말할 때 이것은 신의 시각 능력을 의미한다. 하지만 신의 시각 능력은 감각적 활동이 아니라 지적 활동에 속한다' (Ia 3.1 ad 3).

아리스토텔레스주의자의 관점에서 보면 신이 어떤 감각이나 감각적 경험도 하지 않는다는 점은 명백하다. 왜냐하면 보고, 듣고, 느끼고, 맛보고, 다른 어떤 감각이라도 갖기 위해서는 반드시 신체가 필요한데 신은 신체가 없기 때문이다. 하지만 데카르트 이래로 인간이 지니는 감각 작용의 핵심 요소들이 사실은 순전히 정신적인 사건이라는 생각이 유행하면서 더 이상 이 문제에 대한 명확한 대답을 할 수 없게 되었다. 하지만 버클리는 신도 감각 경험을 한다는 결론을 피하기 위하여 몹시 노력하는 모습을 보인다.

《하일라스와 필로누스의 세 대화편》 중 세 번째 대화에서 버클리에 반대하는 견해를 대변하는 하일라스는 버클리의 이론에 따르면 완전한 정신인 신이 일종의 불완전성인 고통을 겪는다는 사실이 도출된다고 말한다. 이에 버클리의 견해를 대변하는 필로누스는 다음과 같이 답한다.

> 신이 모든 것을 인식하고 파악한다는 점 따라서 신이 특히 고통이 무엇인지, 심지어 모든 종류의 고통스러운 감각이 무엇이며, 피조물이 고통을 겪는다는 것이 무엇인지를 인식한다는 점을 나는 전혀 의심하지 않는다. 하지만 비록 신이 고통이 무엇인지를 알며 때로 우리에게 고통스러운 감각을 일으킨다 할지라도 신 자신이 고통을 겪을 수 있다는 점을 나는 단호히 부정한다. … 신의 정신 안에서 일어나는 고통과 쾌락의 감각에는 어떤 신체적 운동도 수반되지 않는다. 인식할 수 있는 모든 것을 인식한다는 것은 명백히 일종의 완전성이다. 반면 감각을 통하여 무언가를 경험하고, 겪고, 느낀다는 것은 일종의 불완전성이다. 나는 전자는 신에 속하지만 후자는 신에 속하지 않는다고 말하려 한다. 신은 관념들을 인식하거나 지닌다. 하지만 신은 우리와는 달리 감각을 통해서 관념을 얻지 않는다(*BPW*, 202~3).

이런 주장이 어떻게 버클리의 인식론과 일치할 수 있는지를 발견하기란 쉽지 않다. 우리가 접하는 관념 중에는 뜨거움과 차가움, 단맛과 신맛의 관념도 있다. 만일 모든 관념들이 신의 정신 안에 있다면 이런 관념들도 어떤 방식으로든 신의 정신 안에 있어야 한다. 그런데도 만일 신이 감각을 느끼지 않는다면 이런 관념들을 지닌다는 사실은 감각을 통해서는 설명될 수 없다. 만일 이것이 사실이라면 일상인이 지니는 감각에 대한 버클리의 설명은 지극히 부적절한 것이 되고 만다.

종교에 관한 흄의 견해

버클리와는 달리 흄은 비록 부정적이기는 하지만 자연신학에 지속적으로 큰 영향을 미쳤다. 신 존재 증명에 대한 그의 비판적 고찰, 계시의 권위를 확립하는 과정에서 기적이 담당하는 역할에 대한 그의 논의 등은 여전히 유신론적 종교철학자와 무신론적 종교철학자가 서로 결별하는 지점으로 남아 있다. 우선 기적에 관한 그의 글을 살펴보려 하는데 이는 그의 《인간 지성에 관한 탐구》 중 10장에 수록된 것이며 초기 저술인 《인간 본성에 관한 논고》에는 이에 상응하는 부분이 등장하지 않는다.

흄은 기적을 자연법칙에 어긋나는 것으로 여긴다. 그가 든 기적의 예는 죽은 사람이 다시 살아나거나 집 또는 배가 공중에 뜨는 것 등이다. 놀랍게도 그는 기적이 가능하다는 점을 부정하지 않는다 — 흄을 추종한 몇몇 철학자들은 설령 명백히 기적에 속하는 사건이 일어났다는 점이 증명되더라도 이는 그 사건이 자연법칙을 넘어섰음을 보이는 것이 아니라 우리가 자연법칙을 너무 단순하게 표현했음을 보이는 것이라고 주장했지만 흄은 이렇게 주장하지 않는다. 그가 진정으로 관심을 보인 바는 기적이 일어날 수 있는가가 아니라 기적이 일어났다고 볼 수 있는가의 문제이다. 따라서 그는 호교론자들이 특정한 종교적 내용에 초자연적인 권위를 부여하기 위하여 기적을 사용하는 것을 공격 대상으로 삼는다.

흄은 기적에 관한 글의 첫 대목을 다음과 같은 언급으로 끝맺는다.

> 그것이 확립하려고 하는 사실보다 그것의 거짓이라는 사실이 더욱 기적적인 그런 종류의 증거가 존재하지 않는 한 어떤 증거도 기적을 입증하기에 충분하지 않다. … 누군가가 나에게 죽은 사람이 살아난 것을 보았다고 말한다면 나는 곧바로 그 사람이 나를 속이는지 아니면 그가 속았는지 또는 그가 증언하는 내용이 과연 실제로 일어날 수 있는지 중에 어떤 것이 가장 큰 개연성을 지니는지를 생각해 보게 된다. … 그의 증언이 거짓이라는 점이 그가 증언하는 사건보다 더욱 기적적일 경우에만 비로소 그는 나의 믿음이나 의견을 바꿀 수 있을 것이다(W, 212).

여기서 흄은 기적이 증명될 수 있다는 사실을 배제하지 않으며, 기적이 일어날 수 있다는 사실은 더더욱 배제하지 않는다. 사실 그는 모든 사람이 인정하는 적절한 증거가 주어진다면 자신이 기적으로 여기는 바, 예를 들면 온 세상이 8일 동안 완전히 암흑에 휩싸이는 일을 충분히 믿고 받아들일 준비가 되어있다. 이는 매우 놀랍게 보일지도 모른다. 흄 자신의 정의에 따르면 기적은 자연법칙에 어긋나는 것인데, 누군가를 속이거나 누군가에게 속임을 당하는 것은 결코 자연법칙에 어긋나는 것일 수 없다. 따라서 어떤 기적에 반대하는 증거가 그것을 지지하는 증거보다 항상 더욱 강력해야만 한다. 하지만 인간 의지에 관한 흄의 설명에 따르면 인간의 행위는 어떤 물리적 사건보다도 자연법칙에 어긋날 가능성이 크다는 점을 기억해야 한다.

만일 자연법칙에 어긋나는 어떤 사건 E가 일어났다는 주장이 제기된다면 E가 일어날 확률은 E가 일어날 경우 그것이 자연법칙에 어긋나게 될 확률에 반비례한다는 흄의 주장은 분명히 옳다. 왜냐하면 만일 E가 일어나면 그것이 자연법칙에 어긋나게 될 확률은 그 자체로 E가 일어나지 않을 확률이기 때문이다. 하지만 여기서 흄이 자신의 경우를 과장하여 언급한다는 점 또한 명백하다. 그렇지 않다면 과학자들이 자연법칙에 대한 잘못된 믿음을 바로

잡는 일이 결코 불가능할 것이다. 흄의 견해에 따른다면 과학자들은 어떤 동료가 실험을 통해서 자연법칙에 어긋나는 예를 발견했다고 주장할 경우 그것이 진정으로 자연법칙에 어긋난 것인지를 따지기보다는 그 동료가 거짓말을 하거나 잘못을 저질렀기 때문에 그것은 기적이 아니라는 식으로 그의 증거를 무시하려 들 것이다.

기적에 관한 글의 두 번째 부분에서 흄은 자신이 내세운 기준을 충분히 만족시킬 정도의 증거에 기초하여 확립된 기적은 지금까지 결코 일어나지 않았다는 점을 보이기 위한 세 가지 사실적인 논변을 제시한다. 첫째 그는 만일 거짓 증언을 했다는 사실이 밝혀지면 많은 것을 잃고 그런 사실이 온 세상에 알려져 크게 망신을 당할 정도의 탁월한 증인이 충분히 확실하게 증언한 기적은 결코 없었다고 단호하게 말한다. 둘째, 그는 거의 사기에 가까운 기적이 끊임없이 등장하는 데서 드러나듯이 기이한 일이라면 무엇이든 쉽게 믿고 받아들이는 사람들의 성향을 지적한다. 셋째, 그는 초자연적이고 기적적인 이야기들이 주로 무지하고 미개한 민족들 사이에서 많이 발견된다는 점을 지적한다. 흄은 자신의 주장들 각각이 실제 역사적인 근거를 통해서 충분히 검증될 수 있고 또한 검증되어 왔다고 생각한다.

더욱 흥미로운 것은 흄의 네 번째 논변인데 이는 서로 모순되는 종교가 동일한 것을 기적이라고 주장하는 의심의 여지없는 사실에 기초한다. 만일 기적이 신이 계시한, 따라서 반드시 참인 교리를 증명하는 것이라면 기적은 결코 이와는 정반대되는 교리를 증명할 수 없다. 따라서 하나의 특정한 종교를 지지하는 데 사용된 기적에 관한 모든 이야기는 다른 종교를 지지하는 데 사용된 모든 이야기를 반증하는 근거가 되어야 한다.

흄은 자신의 주장을 증명하기 위하여 세 가지 예를 든다. 첫째는 타키투스(Tacitus)가 전한 것으로서 장님과 절름발이를 치료한 베스파시아누스(Vespasian) 황제 이야기이며, 둘째는 다리가 잘린 사람의 절단 부위에 성유를 발라 새로운 다리가 자라나게 만든 드 레츠(de Retz) 추기경 이야기이고,

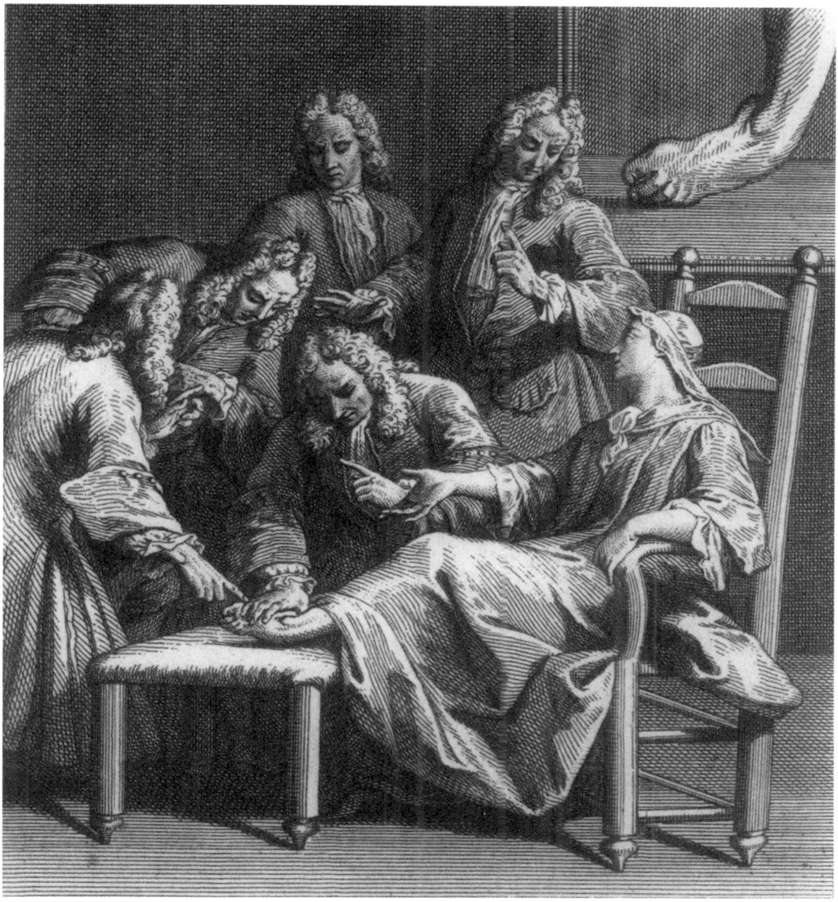

흄이 기적에 관한 글에서 인용한, 얀센주의자의 치료 모습을 그린 그림 중 하나

셋째는 독실한 얀센주의자였던 파리 대수도원장의 무덤에서 일어난 여러 기적에 관한 이야기이다. 세 경우 모두 큰 관심을 끌지만 처음의 두 기적에 관한 증언은 몇 백 단어를 넘지 않는 반면 세 번째 기적에 대해서는 책으로 몇 권 분량에 해당할 정도로 많은, 공식적으로 인정된 증언이 남아 있다. 이들 사건에 대하여 흄은 다음과 같이 묘사한다.

> 병든 사람이 낫고, 귀머거리가 듣게 되고, 장님이 다시 보게 되는 일이 그 성스러운 무덤의 확실한 효험으로 모든 사람의 입에 오르내렸다. 그러나 더욱 놀라운 점은 많은 기적들이 이 계몽된 시대에 높은 지위의 심판자들 앞에서 신망 높은 증인에 의해 직접 증언될 뿐만 아니라 심지어 현재 세계에서 가장 유명한 극장에서까지도 이런 증언이 이루어진다는 사실이다(W, 220).

여기서 흄이 묘사한 모습은 다소 과장된 면이 있으며 오직 미개한 사람들만이 기적을 전한다는 이전의 주장과도 꼭 들어맞지는 않는다. 하지만 독실한 가톨릭 신앙을 지닌 역사가들은 기적에 관한 그의 설명 중 주요 내용이 여러 교황들이 거듭해서 정죄했던 이단설을 지지한다고 확정했다. 내가 보기에는 이 마지막 논변이 기적에 관한 흄의 견해, 즉 기적을 결코 이런 방식으로 종교의 기초를 마련하는 데 사용해서는 안 된다는 견해를 확립하는 듯하다. 물론 유신론자들이 신이 존재한다는 사실을 보인다는 의미에서 기적이 종교의 기초를 제공한다고 생각했던 것은 아니다. 이들은 우리가 기적이 아닌 다른 것에 의해서 신이 존재한다는 사실을 알게 될 경우 신이 전능하며 기적을 일으키는 것이 신의 능력 안에 포함된다는 사실을 보이기 위하여, 어쩌면 자신들이 속한 종파가 다른 종파보다 더 큰 권위를 지닌다는 사실을 보이기 위하여 기적을 도입했을 뿐이다.

그렇다면 우리는 다른 어떤 근원으로부터 — 예를 들면 전통적인 논증들로부터 신을 인식할 수 있는가? 흄은 만일 현존하지 않는다면 모순을 함축하는 그런 존재는 없다고 생각한다. 따라서 그는 신의 존재에 대한 존재론적인 논증에 별로 공감하지 않는다. 하지만 그는 이 논증에 대하여 직접 맹공을 퍼붓지는 않는다. 《논고》의 한 절에서 이 논증과 가장 밀접하게 관련되는 언급을 하면서 흄은 믿음의 본질을 확립하려는 시도를 보인다. 믿음은 관념이 아니라는 점을 보인 후에 그는 우리가 무언가를 상상하고 그것이 존재한다고 생각하더라도 처음의 관념에 아무것도 더하지는 않는다고 주장한다.

> 따라서 신이 존재한다는 점을 긍정할 때 우리는 단지 우리에게 표상되는 바대로 그런 존재의 관념을 형성할 뿐이며, 우리가 어떤 특수한 관념을 생각하고 그 관념을 신의 성질로 부여하듯이 현존을 신의 속성으로 부여하는 것은 아니다. 따라서 우리는 얼마든지 다시 현존과 신의 관념을 서로 분리하고 구별할 수 있다. … 내가 신에 관하여 생각할 때, 내가 신이 존재한다고 생각할 때 그리고 내가 신이 존재한다고 믿을 때 신에 대한 나의 관념은 조금도 증가하거나 감소하지 않는다(*T*, 94).

믿는 것과 상상하는 것의 내용이 서로 다를 필요가 없다는 주장은 옳다. 나는 신이 존재한다고 믿는 반면 상대방은 그렇게 믿지 않는다면 흄의 표현대로 우리는 동일한 관념에 대하여 서로 다른 의견을 보일 뿐이다. 하지만 신에 대하여 생각하는 것과 신이 존재한다고 믿는 것은 서로 전혀 다른 별개의 것이다 — '만일 신이 존재한다면 신은 잔인하거나 아니면 허풍선이일 뿐이다' 라고 말하는 무신론자는 전건의 조건절에서 신이 존재할 수 있다는 생각은 하지만 그것에 동의하지 않음을 표현한다. 또한 현존하는 것의 개념과 구별되는 현존의 개념은 존재하지 않는다는 흄의 견해는 옳지 않다 — 만일 흄이 옳다면 우리는 어떻게 무언가가 현존하지 **않는다는** 판단을 내릴 수 있겠는가? 하지만 현존의 개념이 신의 개념 또는 상상상의 동물인 일각수의 개념과 전혀 다른 종류에 속한다는 사실은 참일 뿐만 아니라 매우 중요하다. 일각수가 현존한다고 말하는 것은 일각수는 길들이기 어렵다는 말과는 전혀 다른 논리적 형식을 지니는 언급을 하는 것이다. 여기서 흄이 통찰한 바는 후에 칸트나 프레게 같은 철학자에 의해서 더욱 엄밀하고 정교한 형태로 표현되는데 이들은 이것을 존재론적 논증을 무너뜨리는 결정적인 도구로 사용한다.

흄이 상당히 중요시하면서 더욱 상세히 다룬 신 존재 증명 방식은 설계 논증이다. 그의 저술 《자연종교에 관한 대화》에는 클레안테스(Cleanthes), 필로(Philo), 데미아(Demea)라는 이름의 세 인물이 등장한다. 이런 방식으로 저술을 구성한 까닭은 이들 셋 중 누가 자신의 견해를 대변하는지를 확인하기 어렵게 만들려는 흄의 의도가 반영되었기 때문인 듯하다. 이들 셋 중 데미아는 흄의 견해에 가장 동조하지 않는 인물로 묘사된다. 따라서 흄을 연구하는 학자들은 내부적, 외부적 근거에 비추어 볼 때 필로와 클레안테스 둘 모두가 흄의 견해를 드러낸다는 결론을 기꺼이 받아들이려 한다. 또한 이들 둘이 모두 설계 논증을 진지하게 고려한다는 점은 주목할 만하다.

이 대화편의 2부에서 클레안테스는 세계를 무한히 많은 작은 기계들로 이루어진 큰 기계에 비유한다.

> 이런 모든 다양한 기계들은 심지어 가장 미세한 부분까지도 서로 정확하게 들어맞기 때문에 이들을 고안해 낸 모든 사람들을 몹시 기쁜 마음으로 칭찬하지 않을 수 없도록 만드네. 목적과 수단의 정교한 일치는 모든 자연에 걸쳐 이런 다양한 기계들과 정확히 유사하네. 물론 자연에 속한 것들은 인간이 고안한 발명품을, 따라서 인간의 설계, 사고, 지혜 그리고 지성을 크게 뛰어넘기는 하지만. 이렇게 결과가 유사하기 때문에 우리는 유비의 모든 규칙을 동원하여 원인 또한 유사하리라고 추론하는 쪽으로 이끌리네. 자연의 창조자가 이루어놓은 위대한 장관에 비례하여 그가 인간보다 훨씬 더 큰 능력을 지닌다 할지라도 어쨌든 그는 인간의 정신과 유사한 듯이 보이네 (W, 116).

필로는 이런 논증에 대하여 비판적이며 대화편의 마지막 부분에서 설계 논증에 대한 반박으로 악의 문제를 상세히 제시하지만 결국에는 신적인 존재가 '자기 자신이 자연이라는 형언할 수 없는 발명품을 만들어 내었음을 발견하게 된다'고 기꺼이 말한다(W, 189). 하지만 자연신학에 동의하면서 그는 매우 신중한 태도를 유지한다. 그는 세계의 질서를 낳은 원인 또는 원인들이 그리 뚜렷하지는 않지만 인간의 지성과 어떤 유사성을 지닐지도 모른다는 점에 동의한다. 하지만 그는 이 명제에 동의하면서 여러 조건을 덧붙인다. 즉 그는 (1) '이 명제가 확장되거나 변경되거나 더욱 구체적인 설명으로 변화하지 않는 한에서', (2) '이 명제가 인간의 삶에 영향을 미치거나 또는 우리가 행위를 하거나 하지 않는 데 원천이 되는 어떤 추론도 제공하지 않는 한에서', 그리고 (3) '이 불완전한 유사성이 인간의 지성을 넘어서까지 전개되지 않는 한에서만' 설계 논증의 결론을 받아들이겠다고 말한다. '가장 호기심 많고, 사색적이고 종교적인 사람들이 자주 그렇게 하듯이 이 명제에 대하여 명확하게 철학적으로 동의하고, 이 명제를 지지하는 논거들이 이 명제에 대한 반론을 능가한다는 사실을 믿는 것 이상의 무엇을 할 수 있겠는가?' (W, 203).

아마도 이것이 흄 자신의 견해를 드러내는 듯하다. 흄의 저술 여기저기서 성직자들을 칭찬하는 표현이 등장하지만 이는 비꼬기 위한 것에 지나지 않는다. 실제로 그가 성직자들을 괴롭히는 일을 즐겼고 기독교 자체를 몹시 혐오했다는 점에는 의심의 여지가 없다. 하지만 신의 존재와 관련하여 그는 무신론이 아니라 불가지론의 태도를 취한다. 무신론자가 설계 논증에 대항할 효과적인 무기를 얻었다고 안도하게 된 것은 그 다음 세기에 등장한 다윈주의가 승리를 거둔 후의 일이다.

칸트의 신학적 변증론

칸트의 《순수이성비판》에서 선험적 변증론 중 3장의 제목은 '순수 이성의 이상'인데 이 부분의 핵심 주제는 이성신학, 즉 순수 이성을 통하여 초월적인 신의 존재를 확립하려는 시도를 비판하는 것이다. 칸트는 신의 존재를 증명하려는 모든 시도들이 세 종류로 나뉜다는 주장과 더불어 논의를 시작한다. 우선 존재론적 논증이 있는데 이는 최고의 존재라는 아프리오리한 개념을 출발점으로 삼는다. 그 다음으로 우주론적 논증이 있는데 이는 경험적 세계의 일반적 본성으로부터 진행되는 논증이다. 마지막으로 특정한 자연 현상에 기초한 논증이 있는데 이를 '자연신학적 증명'으로 부를 수 있다. 칸트는 모든 종류의 증명에서 이성은 '그저 사변적 사고의 힘만 믿고 감각의 세계 너머로 상승하기 위하여 헛되이 날개를 펼친다고' 말한다(M, 346).

칸트의 설명대로 존재론적 논증은 신을 절대적으로 필연적 존재로 정의하면서 출발하며 이런 존재가 존재하지 않는 일은 불가능하다고 주장한다. 하지만 칸트는 과연 이런 정의에 의미를 부여할 수 있는가라고 묻는다. 사실 필연성이란 어떤 대상이 아니라 명제에 속하는 성질이다. 따라서 '삼각형에는 세 각이 있다'는 명제가 지닌 논리적 필연성을 이전하여 이를 실재하는 어떤 존재의 속성으로 만들 수는 없다. 또한 논리적 필연성은 단지 조건적인 필연성에 지나지 않는다. 그 무엇도 절대적으로 필연적일 수는 없다.

> 어떤 삼각형이 존재하는데 그것이 세 각을 지니지 않는다는 가정은 자기모순적이다. 하지만 삼각형과 각이 모두 존재하지 않는다는 가정은 얼마든지 허용될 수 있다. 이와 같은 내용이 절대적으로 필연적인 존재의 개념에 대해서도 적용된다. 그런 존재가 현존하지 않는다고 생각하는 것은 그 존재 자체뿐만 아니라 그것의 모든 속성까지도 현존하지 않는다고 생각하는 것인데 이런 생각에는 어떤 모순도

등장하지 않는다(M, 348).

존재론적 논증이 타당하려면 '신은 존재한다'는 것이 분석 명제여야 한다. 즉 '존재한다'는 술어가 '신'이라는 주어에 은연중에 포함되어 있어야 한다. 하지만 칸트는 실제로 존재한다는 것에 관한 모든 언급은 종합적이라고 주장한다. 순수한 개념으로부터 그것이 실제로 존재한다는 점을 결코 이끌어낼 수 없다. 이에 대하여 최소한 개념으로부터 그것이 존재하지 않는다는 점은 이끌어낼 수 있다는 반박이 가능할지도 모른다. 만일 **사각형**과 **원**의 개념을 파악한다면 우리는 사각형인 원은 존재하지 않는다는 점을 인식할 수 있다. 만일 '사각형인 원은 존재하지 않는다'가 분석 명제라면 '어떤 필연적인 존재가 현존한다'는 왜 분석 명제일 수 없는가?

칸트는 존재론적 논증에 대한 진정한 반박이 '신은 존재한다'가 종합명제라는 주장이 아니라 그 명제가 아예 주어-술어 형식의 명제일 수 없다는 주장이라고 생각한다. '신은 전능하다'는 명제에는 두 개념이 등장하며 이들이 '은'이라는 계사를 통해서 연결된다. 하지만

> 만일 내가 신을 주어로 선택하고 전능함을 포함한 신의 모든 술어까지 받아들인 후에 '신은 있다' 또는 '신은 존재한다'고 말한다면 나는 신의 개념에 어떤 새로운 술어도 더한 것이 아니며 단지 주어에 속하는 모든 술어와 더불어 주어의 존재를 전제하고 확인한 것에 지나지 않는다. 즉 나는 나의 개념에 대응하는 대상을 전제했을 뿐이다(M, 350).

사실 존재에 관한 명제가 항상 단지 '전제'에 그치는 것은 아니다. 어떤 경우에는 주문장을 제한하는 종속절에 등장하기도 한다('만일 신이 존재한다면 죄인은 벌을 받을 것이다'에서처럼). 하지만 신의 존재를 긍정하거나 부정하

는 것이 신의 개념을 구성하는 술어들에 아무것도 더하지 않는다는 점은 분명히 참이다. 이런 논점은 어떤 특수한 신의 개념이 일관적인지 그렇지 않은지를 (칸트가 **필연적 존재**의 개념이 일관적이지 않다고 생각했듯이) 검토하는 데도 유효하다. 설령 신이 가능하다는 점을 허용하더라도 여전히 문제가 남게 되는데 칸트는 이를 현실적인 백 탈러는 결코 가능적인 백 탈러 이상의 무언가를 포함할 수 없다는 기념비적인 언급을 통해서 표현한다.

흄의 견해를 반영하여 다음과 같이 말한다. '우리가 무언가를 아무리 많은 술어를 통해서 생각하든 간에 — 심지어 그것을 완벽하게 규정한다 할지라도 — 그것이 **존재한다고** 선언함으로써 그것에 최소한의 것이라도 더한다고 생각해서는 안 된다. 만일 그렇지 않다면 그것은 존재하는 것과 정확하게 동일한 것이 아니라 우리가 개념을 통해서 생각하는 것 이상의 무언가가 될 것이다. 따라서 내가 지니는 개념의 정확한 대상이 존재한다고 말해서는 안 된다' (M, 350). 어떤 대상의 개념에 존재를 더하려는 시도는 — 설령 가능적 존재라 할지라도 — 항상 부당한 것임에 틀림없다. 존재는 그런 개념에 부가될 수 있는 술어가 결코 아니다.

12세기의 아벨라르와 19세기의 프레게는 존재에 관한 언명을 변형하여 '존재한다' 를 아예 술어처럼 보이지 않도록 만들려고 했다. 예를 들면 '천사들이 존재한다' 는 '무언가가 천사이다' 로 바꿀 수 있다. 이는 또한 '천사들은 존재하지 않는다' 라고 말할 때 우선 천사를 전제하고 그 다음에 그것을 거부하는 과정을 거치지 않아도 되는 장점을 지닌다. 하지만 이런 방법이 존재론적 논증을 둘러싼 문제를 완전히 해결하지는 못하는데 그 까닭은 가능성에서 현실성을 이끌어 내는 논증과 관련된 문제가 '무언가' 를 무엇으로 볼 것인가라는 문제로 되돌아가기 때문이다. 이 문제를 고려하면서 현실적 대상뿐만 아니라 가능적 대상도 포함시킬 것인가? 몇몇 최근 철학자들은 가능적 대상을 논의의 영역에 포함시킴으로써 존재론적 논증을 새로운 방식으로 재구성하려는 시도를 보였다. 이들은 필연적 존재를 모든 가능 세계에서 현존하는 것으로 여긴다. 이렇게 정의하면 필연적 존재는 우리가 사는 현실 세계에서도 현존해야 한다. 우리의 세계는 만일 가능하지 않다면 결코 현존하지 않을 것이다. 따라서 만일 신이 모든 가능 세계에서 현존한다면 신은 우리의 세계에서도 현존해야 한다.

어떤 것에 대한 나의 개념에 대응하는 무언가가 실제로 존재하든 그렇지 않든 간에 그것이 내 개념의 일부일 수는 없다는 칸트의 주장은 분명히 옳다. 개념은 실재와 비교되기 이전에 결정되어야 한다. 만일 그렇지 않다면 우리는 **어떤** 개념을 실재와 비교해야 하며 **어떤** 개념이 실재와 대응되는지 또는 대응되지 않는지를 알 수 없을 것이다. 신이 존재한다는 사실은 우리가 '신'이라는 말을 통하여 의미하는 바의 일부일 수 없다. 따라서 '신이 존재한다'는 분석명제일 수 없으며 존재론적 논증은 실패할 수밖에 없다.

하지만 칸트는 자신의 비판이 지닌 힘을 과대평가한 면이 있다. 그는 존재론적 논증을 반박함으로써 신 존재에 대한 훨씬 더 대중적인 증명, 즉 세계의 우연성으로부터의 증명 또한 충분히 반박할 수 있다고 생각했다. 칸트는 이 증명을 다음과 같이 간략하게 제시한다.

> 만일 무언가라도 현존한다면 절대적으로 필연적인 존재 또한 반드시 현존해야 한다. 지금 최소한 나는 현존한다. 따라서 절대적으로 필연적인 존재도 현존한다. 여기서 소전제는 경험을 포함하는 반면 대전제는 경험 일반으로부터 필연적인 것의 현존을 이끌어 내는 추론을 포함한다. 따라서 이 증명은 사실 경험에서 출발하며, 순전히 아프리오리하게 존재론적인 것이 아니다. 이 때문에 그리고 모든 가능한 경험의 대상은 세계라고 불리기 때문에 이 증명에는 **우주론적** 증명이라는 명칭이 어울린다(A, 605).

칸트는 경험에 호소하는 것이 환상에 불과하다고 주장한다. 우주론적 논증의 설득력은 오직 존재론적 논증으로부터 도출된다. '필연적 존재'가 의미하는 바는 무엇인가? 그것은 자신의 본질 안에 현존을 포함하는 존재, 바꾸어 말하면 자신의 현존이 존재론적 논증을 통해서 확립될 수 있는 존재임이 분명하다. 하지만 여기서 칸트는 '필연적 존재'를 달리 정의할 수 있는 가능성, 즉 생성되어 현존하거나 현존하다가 소멸되지 않는 존재 따라서 어떤 종류의 변화도 겪지 않는 존재로 정의할 수 있는 가능성을 무시한다. 그런데 사실상 이런 정의가 칸트와 마찬가지로 존재론적 논증을 거부했던 중세철학자들이 필연적 존재에 대하여 내린 표준적인 정의였다. 이런 존재는 생성되고 변화하므로 단지 우연적일 뿐인 경험적 세계의 요소들과는 크게 다른 존재로 여겨지는 것이 당연하며, 우리가 사는 변화무쌍하고 덧없는 세계에 필연적이고 확고한 기초를 제공하는 것으로 간주된다.

하지만 칸트는 우주론적 논증이 존재론적 논증을 가장한 것이라는 자신의 주장과 무관한, 우주론적 논증에 대한 또 다른 비판을 제시한다. 모든 형태의 우주론적 논증은 우연적 원인들의 연쇄가 아무리 계속 이어지더라도 오직 어떤 필연적 원인에 의해서만 완결될 수 있다는 점을 보이려고 한다. 그러나 이 필연적 원인이 원인들의 연쇄 중 일부를 차지하는가 그렇지 않은가라는 질문을 받게 되면 우리는 궁지에 몰리고 만다. 만일 필연적 원인이 연쇄 중의 일부라면 다른 원인들의 경우와 마찬가지로 필연적 원인에 대해서도 그것은 왜 존재하는가라고 물을 수 있다. 하지만 우리는 자기 자신에게 다음과 같이 말하는 최고의 존재를 상상할 수 없다. '나는 영원부터 영원까지 존재하며, 나의 외부에는 순전히 나의 의지에 의한 것 말고는 아무것도 없다. **그러나 나는 도대체 어디에서 왔는가?**'(A, 613). 반면에 만일 필연적 원인이 원인들의 연쇄 중 일부가 아니라면 최고의 존재와 더불어 종결되는 연쇄와 최고의 존재 사이의 연결을 어떻게 설명할 것인가?

신 존재 증명 중 칸트가 가장 우호적인 태도를 보이는 것은 자연신학적 증명인데 그는 이 증명이 항상 중요하게 여겨져 왔다고 말하면서 그 자신 또한 이를 매우 유려한 표현을 사용하여 언급한다.

> 이 세계는 무한한 공간 안에서 그리고 무한히 분할될 수 있는 부분 안에서도 우리가 헤아릴 수 없는 다양성, 질서, 합목적성과 아름다움의 장관을 제시하므로 사람들은 이들을 추적하려 하지만 우리의 부족한 지성이 얻을 수 있는 지식의 수준에서는 도저히 헤아릴 수 없는 수많은 경이로운 것들을 접하고 나면 우리의 모든 언어는 표현의 힘을 잃고, 모든 숫자는 측정의 힘을 잃고, 모든 사고는 정확함을 잃게 되므로 결국 이런 전체에 대한 우리의 판단은 오직 침묵으로써 웅변을 대신하는 경탄에 빠질 수밖에 없다. 우리는 어디에서나 결과와 원인의 연쇄, 목적과 수단의 연쇄, 생성과 소멸의 규칙성을 발견한다. 그런데 어떤 것도 스스로 우리가 발견하는 이런 상태에 놓이게 되지는 않으므로 우리는 항상 이들 배후에 있는 무언가를 이런 상태의 원인으로 지적하려 한다. 그리고 이 원인은 우리로 하여금 배후의 원인을 거듭해서 추구하는 동일한 탐구를 계속하지 않을 수 없도록 만든다. 따라서 사람들이 이런 무한한 우연성의 연쇄 외부에서 이를 유지하고 지속시키는 무언가 — 즉 근원적이고 독립적이며 스스로 존재하는, 세계의 근원적 원인일 뿐만 아니라 세계의 지속을 보장하는 — 를 발견하지 못한다면 세계 전체는 무의 심연으로 가라앉고 말 것이다(A, 622).

이 논증은 몇 가지의 전통적인 신 존재 증명 — 예를 들면 제일원인으로부터의 논증과 설계 논증 — 을 결합한 것인 듯하다. 우리가 세계 어디에서나 명확히 합목적적이어서 크나큰 지혜를 통해서 실현된 듯이 보이는 질서의 흔적을 발견한다는 점은 분명한 사실이다. 이 질서는 세계를 구성하는 개체들과는 전혀 다른 것이므로 우리는 자연처럼 맹목적으로가 아니라 인간처럼 자유롭게 작용하는 하나 또는 그 이상의 숭고하고 현명한 존재인 어떤 원인이 이런 질서를 부여했다고 결론짓지 않을 수 없다. 칸트는 자연의 작용과 인간의 인위적 기법 사이의 구별로부터 유추를 통하여 신의 존재를 이끌어내는 이 논증에 대하여 다양한 문제를 제기한다. 하지만 이 증명에 대한 그의 진정한 비판은 증명의 권위를 부정하는 것이 아니라 적용 범위를 제한하는 방향을 취한다. 이 논증은 기껏해야 '자신의 관념 아래 모든 것이 종속되도록 만드는 세계의 **창조자**가 아니라 자신이 가공하는 재료의 적합성에 의해서 항상 크게 제한받는 세계의 **건축가**가 존재한다는' 사실을 증명하는 데 그친다. 종교를 믿는 많은 사람들은 합리적인 회의를 넘어서서 이런 위대한 건축가의 존재를 확립한 사실에 대하여 충분히 만족할지도 모른다.

하지만 칸트는 《순수이성비판》에서 신에 관한 어떤 최후의 결론을 내리지 않는다. 그는 《실천이성비판》에서 실천 이성의 요청들을, 즉 도덕 법칙에 따르는 것을 이성적 활동으로 만들기 위하여 필요한 가정들을 몇 가지 제시한다. 이런 요청들은 결국 자연 형이상학의 전통적인 주제들, 신, 자유, 영혼의 불멸성과 동일한 내용을 다루는 것으로 판명된다. 우리는 덕과 행복의 일치를 포함하는 완전한 선을 추구할 의무를 지닌다. 그런데 우리는 오직 성취할 수 있는 무언가에 대해서만 그것을 추구할 의무를 지닐 수 있다. 칸트는 이 점을 '**해야만 한다는 것**은 그것이 **할 수 있는 것임**을 함축한다'는 기념비적인 언급을 통해서 표현한다. 그런데 오직 전지전능한 신만이 덕과 행복의 일치를 보장할 수 있다 — 그리고 이런 신조차도 오직 현세 이후에 내세가 이어질 경우에만 그렇게 할 수 있다. 따라서 신의 존재를 가정하는 일은 도덕적인 면에서 반드시 필요하다.

칸트는 이런 주장과 《순수이성비판》에서 제시한, 사변 이성이 신의 존재와 속성을 증명할 수 없다는 주장 사이에 어떤 모순도 등장하지 않는다고 생각한다. 도덕적 삶이 요구하는 신의 존재를 요청한 것은 신앙과 관련되는 행위이다. 이미 《순수이성비판》의 머리말에서 칸트는 신학에 접근하는 두 방식

블레이크(William Blake)가 그린 《태곳적부터 계신 이》(*The Ancient of Days*)에 등장하는 우주의 건축가

사이의 차이를 지적하며, 형이상학에 대한 자신의 비판적 접근이 사실상 신이 존재한다는 도덕적으로 중요한 믿음을 받아들이기 위한 필요조건에 해당한다고 주장한다.

> 만일 내가 동시에 사변 이성으로부터 자신의 과장된 통찰을 자랑하는 가식적 행위를 제거하지 않는 한 나는 나의 이성에게 반드시 필요한 실천적 사용을 위해서라도 신과 자유 그리고 영혼의 불멸성을 결코 가정할 수 없다. … 따라서 나는 신앙의 설 자리를 마련하기 위해 지식을 제한하지 않을 수 없었다. 형이상학의 독단 — 순수 이성을 비판하지 않고도 형이상학에서 진보를 이룰 수 있다는 생각 — 이야말로 도덕에 어긋나는 독단적 무신앙의 진정한 원천이다(B, xxix-xxx).

칸트는 도덕적 행위를 위한 전제 조건으로 신을 요청하는데 이는 이전에 파스칼이 처음 펼쳤던 전략, 이른바 우리가 신이 존재한다고 믿어야 하는 까닭은 '신이 존재한다'는 명제가 참이라고 믿을 근거가 있기 때문이 아니라 그렇게 믿는 것이 우리에게 도움이 되기 때문이라는 전략을 더욱 세련되게 만든 것이기도 하다.

헤겔의 절대자

헤겔은 기독교적인 언어를 즐겨 사용했다. 예를 들면 그는 독일의 역사를 세 시기로 나누면서 카를 대제(Charlemagne)에 이르기까지의 시기를 성부의 왕국 시대, 카를 대제로부터 종교 개혁까지의 시기를 성자의 왕국 시대, 종교 개혁부터 프로이센 왕국에 이르는 마지막 시기를 성령의 왕국 시대라고 부른다. 때로 그는 절대자를 신이라고 지칭하며, 절대자는 자기 자신을 생각하는 사고라는 그의 표현은 기독교 사상가들이 신에 대한 정의에 접근하는 데 자주 사용했던 아리스토텔레스의 문구를 떠올리게 만든다. 하지만 상세히 검토해 보면 헤겔이 말한 절대자는 기독교의 신과 전혀 다른 존재임이 드러난다.

기독교에서 생각하는 전통적인 신은 영원불변하며, 세계나 인간의 존재와는 전혀 무관하게 독립적으로 현존하는 존재이다. 아담과 아브라함이 존재하기 이전에도 신은 완전한 자기의식과 더불어 이미 존재하고 있었다. 반면 헤겔의 절대자는 오직 인간들의 삶을 통해서 살아가는 정신이며, 절대자의 자기의식은 일상적인 세계를 살아가는 철학자들의 반성을 통해서 등장한다. 하지만 이 정신을 단지 인간 사고의 총체로 환원할 수는 없다. 절대자는 어떤 인간 사상가도 지니지 못하며 어떤 인간 활동도 무의식적으로 기여하지 못하는 목적을 지닌다. 하지만 정신이 지닌, 이 세계를 위한 계획은 어떤 초월적 창조자에 의해서 외부로부터 부과되는 것이 아니다. 그것은 마치 DNA와 유사한 우주적인 무언가에 의해서 진행되는 내적인 진화라고 할 수 있다.

헤겔은 자신의 체계가 종교에서 상징적으로 전달한 진리를 이성적이고 과학적으로 제시한다고 생각한다. 철학과 종교는 서로 동일한 영역을 포괄한다.

> 철학의 대상은 전반적으로 종교의 대상과 서로 동일하다. 신이, 오직 신만이 진리라는 최고의 의미에서 이들 둘 모두가 추구하는 대상은 진리이다. 둘 모두는 유사한 방식으로 자연과 인간 정신의 유한한 세계를, 이들의 상호 관계를 그리고 신 안에서 이들의 진리를 다루어 나간다.

철학과 종교 모두를 통하여 인류는 자신의 보편적인 우주적 이성을 형성하는 것을 목표로 삼는다. 종교는 숭배를 통하여, 철학은 이성적 반성을 통하여 이를 수행한다.

최초에 종교는 우리에게 신화와 신의 형상을 제공했다. 이 때문에 고대 그리스 시대의 호메로스(Homer)와 헤시오도스(Hesiod)는 그리스의 여러 신과 여신들로 가득 찬 판테온(pantheon)을 만들어 냈다. 신화와 신의 형상에 대한 철학의 최초 반응은 이들이 있는 그대로의 진리를 전하는 체 가장한다는 사실을 폭로하는 것이었다. 따라서 플라톤은 시인과 조각가들의 신학을 비판했다. 이런 일은 다른 문화에서도 반복된다. 예를 들면 계몽주의 철학자들은 유대교와 기독교에서 등장하는 여러 이야기들을 경멸했다. 하지만 종교와 반종교적인 철학 사이의 이런 대립과 반목은 신앙과 이성을 하나의 영원한 진리를 표현하는 서로 다른 방법으로 여기고 받아들이는 헤겔 자신의 진정한 철학을 통해서 극복된다.

철학이 사고를 통하여 표현하는 바를 종교는 신의 형상을 통하여 표현한다. 헤겔의 체계에서 자연 개념의 객관화로 여겨지는 바가 유일신교의 형태를 취하는 위대한 종교들에서는 초월적인 신의 자유로운 세계 창조로 표현된다. 유한한 정신이 무한한 정신의 삶에서 드러나는 한 순간이라는 헤겔의 통찰은 기독교에서는 신이 그리스도라는 한 인간으로 태어났다는 교리로 표현된다. 하지만 철학이 결코 종교를 필요 없게 만들지는 않는다. '종교라는 형식은 본질적으로 그리고 그 자체로 정신이 필요로 하는 바이다. 그것은 모든 사람이 그리고 모든 의식의 양태가 필요로 하는 진리의 형식이다.' 헤겔은 자신이 루터교의 신자이며 또 계속 그렇게 남기를 원한다고 자랑스럽게 선언한다(*LHP*, I.73).

따라서 헤겔은 기독교의 교리에 대하여 공감을 표시하면서 겸허하게 수용하는 태도를 취한다. 그리고 전통적인 신 존재 증명에 대해서도 마찬가지의 태도를 보인다. 하지만 신이 절대자이고 절대자가 곧 모든 존재라면 신의 현존은 거의 증명을 필요로 하지 않는다. 이것이 헤겔식으로 변형된 존재론적인 논증이기도 하다. 그는 다음과 같이 말한다. '만일 우리가 신이라고 부르는 구체적인 총체가 존재라는 낮은 범주를 포함하지 않을 정도로 충분하지 못하다면 그것은 모든 것들 중 가장 열악하고 추상적인 것이 되고 만다' (*Logic* 1975, 85). 헤겔은 자신의 체계 전체가 곧 신의 현존에 대한 진정한 증명이라고 생각한다.

근대 초기는 자연신학의 가능성을 검토한 시기였다. 자연신학은 전통 종교의 여러 요소에 대하여 점점 더 회의적인 태도를 보이게 된 철학자들뿐만 아니라 자연종교를 통하여 신앙의 공간을 확보할 수 있다는 주장을 과소평가하려는 신학자들에 의해서도 비판받았다. 계몽주의 철학자들은 신학적 교리들이 인식론, 심리학, 생물학, 윤리학, 정치학 등의 영역에 개입하는 것을 과소평가하려고, 어쩌면 완전히 배제하려고 했다. 하지만 프랑스 혁명과 그 여파를 거치면서 유럽의 사상가들은 전통 종교와 계몽주의의 기획 모두를 재평가하게 되었다. 다음 권에서 살펴보게 되듯이 이런 재평가는 19세기에 과학의 신봉자들이 종교에 대한 도전을 강화하는 결과와 종교적 태도를 취하는 지성인들이 이에 적극적으로 대응하는 결과 모두를 낳았다.

연표

1513 마키아벨리의 《군주론》이 출간됨.

1516 모어의 《유토피아》가 출간됨.

1520 교황이 루터를 정죄함.

1540 예수회가 창설됨.

1543 코페르니쿠스가 지동설을 발표함.

1545-63 트렌토 공의회가 개최됨.

1561 라무스가 학살당함.

1569 몽테뉴의 《에세》가 출간됨.

1588 몰리나의 《조화》가 출간됨.

1600 브루노가 화형당함.

1605 베이컨의 《학문의 진보》가 출간됨.

1625 그로티우스의 《전쟁과 평화의 법》이 출간됨.

1638 갈릴레오의 《새로운 두 과학에 관한 논의와 수학적 증명》이 출간됨.

1641 데카르트의 《성찰》이 출간됨.

1650 데카르트가 사망함.

1651 홉스의 《리바이어던》이 출간됨.

1662 파스칼이 사망함.

1677 스피노자의 《에티카》가 출간됨.

1686 라이프니츠의 《형이상학 논고》가 출간됨.

1687 뉴턴의 《자연철학의 수학적 원리》가 출간됨.

1690 로크의 《인간지성론》 및 《시민 정부에 관한 두 논고》가 출간됨.

1713 버클리의 《하일라스와 필로누스의 세 대화편》이 출간됨.

1714 라이프니츠의 《모나드론》이 출간됨.

1739 흄의 《인간 본성에 관한 논고》가 출간됨.

1750 몽테스키외의 《법의 정신》이 출간됨.

1764 리드의 《상식의 원리에 기초한 인간 정신 탐구》가 출간됨.

1764 루소의 《사회계약론》이 출간됨.

1781 칸트의 《순수이성비판》이 출간됨.

1785 칸트의 《도덕형이상학 기초》가 출간됨.

1804 피히테의 《지식학》이 출간됨.

1807 헤겔의 《정신현상학》이 출간됨.

1831 헤겔이 사망함.

저술의 생략형과 인용 표시

일반적 저술

HWP Bertrand Russell, *History of Western Philosophy*《서양철학사》

PASS *Supplementary Proceedings of the Aristotelian Society*

ST Thomas Aquinas, *Summa Theologiae*《신학대전》, 부, 질문, 항목 번호에 따라 인용

CHSCP *The Cambridge History of Seventeenth-Century Philosophy*, ed. D. Garber and M. Ayers

루터(Luther)

E *Erasmus-Luther: Discourse on Free Will*, ed. E. F. Winter (London: Constable, 1961), 면수에 따라 인용

WA Weimarer Ausgabe, 루터 저술의 표준판

마키아벨리(Machiavelli)

P *Il Principe*《군주론》, 장 번호에 따라 인용

몽테뉴(Montaigne)

ME *Essais*《에세》, Flammarion edition (1969), 면수에 따라 인용

모어(More)

U *Utopia*《유토피아》, ed. E. Surtz (New Haven, Conn.: Yale University Press, 1964)의 면수에 따라 인용

라무스(Ramus)

L *Peter Ramus: The Logike 1574* (Menton: Scolar Press, 1970), 면수에 따라 인용

수아레스(Suarez)

DM *Disputationes Metaphysicae* = vol. 25 of *Opera Omnia* (Hildesheim: Olms, 1965), 논쟁, 절, 항목 번호에 따라 인용

베이컨(Bacon)

B Oxford Authors *Bacon*, 면수에 따라 인용

데카르트(Descartes)

AT 아당(Adam)과 타네리(Tannery)가 편집한 데카르트 전집 표준판, 권수와 면수에 따라 인용

CSMK 3권으로 구성된 데카르트 저술 영역 표준판, 권수와 면수에 따라 인용

홉스(Hobbes)

L *Leviathan* 《리바이어던》, Oxford World Classics edition, ed. J. C. A. Gaskin, 면수에 따라 인용

G *Human Nature and De Corpore Politico*, ed. J. C. A. Gaskin (Oxford World Classics, 1994), 면수에 따라 인용

로크(Locke)

E *Essay Concerning Human Understanding* 《인간지성론》, Oxford edition, ed. P. H. Nidditch, 면수에 따라 인용

T *Two Treatises on Government* 《시민 정부에 관한 두 논고》, Yale University Press edition (2003), 면수에 따라 인용.

파스칼과 말브랑슈(Pascal and Malebranche)

EM *Essai de la Metaphysique*《형이상학에 관한 대화》, 면수에 따라 인용

LP *Lettres Provinciales*《시골 친구에게 보낸 편지》, ed. H. F. Stewart (Manchester: Manchester University Press, 1919), 면수에 따라 인용

P *Pensées*《팡세》, Oxford World Classics edition, 항목 번호에 따라 인용

R de V *De la Recherche de la Verité*《진리의 탐구》, *Oeuvres Complètes de Malebranches*, ed. André Robinet (Paris: Vrin, 1958-84)

TNG *Treatise on Nature and Grace*《자연 및 은총론》, Oxford translation (1992), 면수에 따라 인용

스피노자(Spinoza)

CPS *The Cambridge Companion to Spinoza*, ed. D. Garett (Cambridge: Cambridge University Press, 1996)

E *Ethics*《에티카》, Curley' s Penguin translation (1996), 면수에 따라 인용

Ep The Letters, ed. A. Wolf, 면수에 따라 인용

라이프니츠(Leibniz)

A *The Leibniz Clarke Correspondence*, ed. H. G. Alexander (Manchester: Manchester University Press, 1956)

D *Discourse on Metaphysics*《형이상학 논고》, Manchester edition (1988), 절의 번호에 따라 인용

G 게르하르트(Gerhardt)가 편집한 라이프니츠 전집, 권수와 면수에 따라 인용

T *Theodicy*《변신론》, trs. E. M. Huggard (Lasalle, Ill.: Open Court Press, 1985)

버클리(Berkeley)

BPW *Berkeley's Philosophical Writings*, ed. D. A. Armstrong (New York: Collier Macmillan, 1965), 면수에 따라 인용

흄(Hume)

T *Treatise of Human Nature*《인간 본성에 관한 논고》, ed. S. Bigge and P. H. Nidditch, 권, 부, 절의 번호에 따라 인용

E *Enquiry Concerning Human Understanding*, 《인간의 이해력에 관한 탐구》, 위와 같은 편집자들의 편집, 면수에 따라 인용

W *Hume on Religion*, ed. R. Wollheim (London: Collins, 1963)

스미스와 리드(Smith and Reid)

I Thomas Reid, *Inquiry and Essays*, ed. R. E. Beanblossom and K. Lehrer

TMS Adam Smith, *Theory of Moral Sentiments* (Oxford: Oxford University Press, 1976), 면수에 따라 인용

계몽주의자들(The Enlightenment)

PD Voltaire, *Philosophical Dictionary*, ed. T. Besterman (Harmondsworth: Penguin, 1971), 면수에 따라 인용

EL Montesquieu, *Esprit des lois*《법의 정신》, ed. G. Truc (Paris: Payot, 1945)

루소(Rousseau)

SC *Social Contract*《사회계약론》, 장과 절의 번호에 따라 인용

칸트(Kant)

A *Critique of Pure Reason*《순수이성비판》 초판의 면수

B *Critique of Pure Reason*《순수이성비판》 재판의 면수

G *Groundwork of the Metaphysics of Morals*《도덕 형이상학 기초》, 독일 학술원 판 면수에 따라 인용

M *Critique of Judgement*《판단력비판》, ed. J. H. Meredith (Oxford: Oxford University Press, 1978)

헤겔(Hegel)

LHP *Lectures on the History of Philosophy*《철학사 강의》, trs. E. S. Haldane and F. H. Simpson, 1966

PG *The Phenomenology of Spirit*《정신현상학》, trs. A. V. Miller, 면수에 따라 인용

PR *Philosophy of Right*《법철학》, trs. H. B. Nisbet, ed. A. Wood (Cambridge: Cambridge University Press, 1991), 면수에 따라 인용

참고문헌

일반적 저술

Bennett, Jonathan, *Locke, Berkeley, Hume: Central Themes* (Oxford: Oxford University Press, 1971).

Copleston, Frederick, *History of Philosophy*, 9 vols. (London: Burns Oates and Search Press, 1943-7).

Cottingham, John, *The Rationalists* (Oxford: Oxford University Press, 1988).

Craig, E. G., *The Mind of God and the Works of Man* (Oxford: Oxford University Press, 1987).

Garber, Daniel and Ayers, Michael, *The Cambridge History of Seventeenth-Century Philosophy*, 2 vols. (Cambridge: Cambridge University Press, 1998).

Gribbin, John, *Science, a History 1543-2001* (Harmondsworth: Penguin, 2002).

Kenny, Anthony, *The God of Philosophers* (Oxford: Clarendon Press, 1979).

_____, *The Metaphysics of Mind* (Oxford: Clarendon Press, 1989).

Kneale, William and Kneale, Martha, *The Development of Logic* (Oxford: Clarendon Press, 1979).

Popkin, R. H., *The History of Scepticism from Erasmus to Spinoza* (Leiden: Gorcum van Assen, 1979).

Schmitt, Charles B., and Skinner, Quentin, *The Cambridge History of Renaissance Philosophy* (Cambridge: Cambridge University Press, 1988).

Woolhouse, R. S., *The Empiricists* (Oxford: Oxford University Press, 1988).

_____, *Descartes, Spinoza, Leibniz: the Concept of Substance in Seventeenth-Century Metaphysics* (London: Routledge, 1993).

16세기 철학

Coleman, Janet, *A History of Political Thought from the Middle Ages to the Renaissance* (Oxford: Blackwell, 2000).

Copenhaver, B. P. and Schmitt, Charles B., *Renaissance Philosophy* (Oxford: Oxford University Press, 1992).

McConica, James, *Renaissance Thinkers* (Oxford: Oxford University Press, 1993).

Machiavelli, Niccolò, *Il Principe* (Milano: Mondadori, 1994).

More, Thomas, *Utopia*, ed. Edward Surtz (New Haven, Conn.: Yale University Press, 1964).

데카르트(Descartes)

데카르트 전집의 표준판은 Adam과 Tannery가 12권으로 편집한 것이다(개정판, Vrin/CRNS, Paris, 1964-76). 현재 영어 번역의 표준판은 케임브리지 대학 출판부에서 1985년에서 1991년에 걸쳐 3권으로 출판한 것이다. 처음 두 권은 J. Cottingham, R. Stoothoff, D. Murdoch가 편집했으며, 3권은 이들 세 사람과 더불어 A. Kenny가 편집했다. 각각의 개별적 저술에 대한 매우 편리한 프랑스어 판본은 Pleiade text, ed. A. Bridoux (Paris: Gallimard, 1973)이다. 몇몇 저술을 선별하여 영어로 번역한 E. Anscombe and P. T. Geach, *Descartes, Philosophical Writings* (London: Nelson, 1969)도 자주 사용된다.

Cottingham, John, *The Cambridge Companion to Descartes* (Cambridge: Cambridge University Press, 1992).

_____(ed.), *Descartes: Oxford Readings in Philosophy* (Oxford: Oxford University Press, 1998).

_____, *Descartes* (Oxford: Blackwell, 1986).

Curley, Edwin, *Descartes against the Sceptics* (Oxford: Blackwell, 1978).

Davies, Richard, *Descartes, Belief, Scepticism and Virtue* (London: Routledge, 2001).

Frankfurt, Harry, *Demons, Dreamers and Madmen* (Indianapolis: Bobbs-Merrill, 1970).

Garber, Daniel, *Descartes' Metaphysical Physics* (Chicago: University of Chicago Press,

1992).

Gaukroger, Stephen, *Descartes: An Intellectual Biography* (Oxford: Clarendon, 1995).

Kenny, Anthony, *Descartes* (New York: Random House, 1968; reprinted by Thoemmes, 1993).

Rozemond, Marleen, *Descartes's Dualism* (Cambridge, Mass.: Harvard University Press, 1998).

Williams, Bernard, *Descartes: the Project of Pure Inquiry* (Harmondsworth: Penguin, 1978).

Wilson, Margaret, *Descartes* (London: Routledge and Kegan Paul, 1976).

홉스(Hobbes)

홉스의 저술 전집은 1839년에서 1845년에 걸쳐 W. Molesworth가 편집한 것으로서, 11권의 영어 저술, 5권의 라틴어 저술로 구성되었다. 옥스퍼드 대학 출판부에서 그의 저술을 새롭게 편집하여 출판 중인데 지금까지 출판된 것은 *De Cive* (1984), *Writings on Common Law and Hereditary Right* (2005) Noel Malcolm이 두 권으로 편집한 *the Correspondence* (1994)에 그친다. 더욱 이용이 편리한 판본으로는 Oxford World Classics 중 J. C. A. Gaskin이 편집한 *Leviathan* (1996)과 *Human Nature and De Corpore Politico* (1999)이 있다.

Aubrey, John, *Brief Lives*, ed. Oliver Lawson Dick (Harmondsworth: Penguin, 1962; London: Folio Society, 1975).

Gauthier, David, *The Logic of Leviathan* (Oxford: Oxford University Press, 1969).

Oakeshott, Michael, *Hobbes on Civil Association* (Oxford: Oxford University Press, 1975).

Raphael, David D., *Hobbes, Morals and Politics* (London: Routledge, 1977).

Sorell, Tom, *Hobbes* (London: Routledge, 1986)

_____, *The Cambridge Companion to Hobbes* (Cambridge: Cambridge University Press, 1996).

Tuck, Richard, *Hobbes* (Oxford: Oxford University Press, 1989).

Warrender, Howard, *The Political Philosophy of Hobbes* (Oxford: Oxford University

Press, 1957).

로크(Locke)

로크의 모든 저술을 모은 전집은 Clarendon 판인데 30권으로 출판될 예정이며 여기에는 그의 일기와 편지까지 포함된다. 이 전집은 현재 거의 완성 단계이며(Oxford: Oxford University Press, 1975-), 주요 저술들은 이미 거의 출판되었다. P. H. Nidditch가 편집한 《인간지성론》은 1975년 페이퍼백으로 출판되었다. 《시민 정부에 관한 두 논고》와 《관용에 관한 편지》의 편리한 페이퍼백 판이(ed. Ian Shapiro) 2003년 Yale University Press (New Haven, Conn.)에서 출판되었다.

Ayers, Michael, *Locke*, 2 vols. (London: Routledge, 1991).

Chappell, Vere, *The Cambridge Companion to Locke* (Cambridge: Cambridge University Press, 1994).

Cranston, Maurice, *John Locke: a Biography* (Oxford: Oxford University Press, 1985).

Dunn, John, *The Political Thought of John Locke* (Cambridge: Cambridge University Press, 1969).

______, *Locke* (Oxford: Oxford University Press, 1984).

Mackie, John, *Problems from Locke* (Oxford: Oxford University Press, 1976).

Rogers, G. A. J., *Locke's Philosophy: Content and Context* (Oxford: Oxford University Press, 1974).

Woolhouse, R. S., *Locke* (Brighton: Harvester, 1983).

Yolton, John, *John Locke and the Way of Ideas* (Oxford: Oxford University Press, 1956).

______, *John Locke: Problems and Perspectives* (Cambridge: Cambridge University Press, 1969).

______, *Locke, an Introduction* (Oxford: Blackwell, 1985).

______, *A Locke Dictionary* (Oxford: Blackwell, 1993).

파스칼과 말브랑슈(Pascal and Malebranche)

파스칼의 전집 중 가장 완벽한 것은 *Oeuvres Complètes*, ed. Louis Lafuma (Paris:

Editions du Seuil, 1963)이다. 이 전집에서 《팡세》의 단상에 붙인 번호가 일반적으로 사용된다. 《시골 친구에게 보낸 편지》는 H. F Stewart가 편집한 판(Manchester: Manchester University Press, 1919)과 A. J. Krailsheimer가 번역한 판(Harmondsworth: Penguin, 1967)이 있다. Honor Levi가 번역한 《팡세》의 새 영역본이 Oxford World Classics (Oxford University Press, 1995)에서 출판되었다. 말브랑슈의 표준판 전집은 *Oeuvres Complètes*, ed. André Robinet, 20 vols (Paris: Vrin, 1958-84)이다. 《자연 및 은총론》은 Patrick Riley의 영역본(Oxford: Clarendon Press, 1992)이 있다.

Krailshaimer, Alban, *Pascal* (Oxford: Oxford University Press, 1980).

McCracken, C. J., *Malebranche and British Philosophy* (Oxford: Oxford University Press, 1983).

Mesnard, J., *Pascal, His Life and Works* (London: Collins, 1952).

Nadler, Steven, *Malebranche and Ideas* (Oxford: Oxford University Press, 1992).

스피노자(Spinoza)

스피노자 전집의 표준판은 *Spinoza Opera*, ed. Carl Gebhardt, 4 vols. (Heidelberg: Carl Winter, 1925)이다. 사용하기 좋은 영어 번역은 2권으로 구성된 *The Chief Works of Benedict de Spinoza* (New York: Dover, 1951)인데 R. H. M. Elwes가 번역했다. Edwin Curley가 편집, 번역한 새 영역본을 프린스턴 대학 출판부에서 출판 중인데 첫 권이 1985년에 간행되었다. 《에티카》의 펭귄 출판사 영역본은 1996년에 출판되었다. 스피노자가 주고받은 편지는 A. Wolf의 편집과 번역으로 1928년에 처음 출판되었는데 1966년 재판이 간행되었다(London: Frank Cass).

Bennett, Jonathan, *A Study of Spinoza's Ethics* (Indianapolis: Hackett, 1984).

Curley, Edwin, *Spinoza's Metaphysics: An Essay in Interpretation* (Cambridge, Mass.: Harvard University Press, 1969).

Delahunty, R. J., *Spinoza* (London: Routledge and Kegan Paul, 1985).

Donagan, Alan, *Spinoza* (Chicago: Chicago University Press, 1988).

Hampshire, Stuart, *Spinoza* (Harmondsworth: Penguin, 1951).

Wolfson, Harry A., *The Philosophy of Spinoza*, 2 vols. (Cambridge, Mass.: Harvard University Press, 1934).

라이프니츠(Leibniz)

현재 라이프니츠의 철학 저술의 표준판은 *Die Philosophischen Schriften*, 7 vols. ed. C. I. Gerhardt (Hildesheim: Olms, 1963)인데 머지않아 독일 학술원 판 전집인 *Samtliche Schriften und Briefe* (1923-)으로 대체될 듯이 보인다. 그의 저술의 영역본으로는 다음과 같은 것들이 있다. *G. W. Leibniz: Philosophical Papers and Letters*, ed. and trs. L. E. Loemker (Dortrecht: Reidel, 1969); *G. W. Leibniz: Discourse on Metaphysics and related Writings*, ed. and trs. R. Martin and others (Manchester: Manchester University Press, 1988); *Leibniz: Philosophical Writings*, ed. and trs. G. H. R. Parkinson (London: Dent, 1973); *Leibniz: Logical Papers*, ed. and trs. G. H. R. Parkinson (Oxford: Clarendon Press, 1966); *Theodicy*, trs. E. M. Huggard (Lasalle, Ill.: Open Court Press, 1985); *Monadology and other Philosophical Essays*, trs. P. and A. M. Schrecker (Indianapolis: Bobbs-Merrill, 1965).

Adams, Robert, *Leibniz: Determinist, Theist, Idealist* (Oxford: Oxford University Press, 1994).

Ariew, Roger, *The Cambridge Companion to Leibniz* (Cambridge: Cambridge University Press, 1995).

Brown, Stuart, *Leibniz* (Brighton: Harvester Press, 1984).

Ishiguro, Hide, *Leibniz's Philosophy of Logic and Language* (London: Duckworth, 1972).

Mates, Benson, *The Philosophy of Leibniz: Metaphysics and Language* (Oxford: Oxford University Press, 1986).

Parkinson, G. H. R., *Logic and Reality in Leibniz's Metaphysics* (Oxford: Oxford University Press, 1965).

Russell, Bertrand, *A Critical Exposition of the Philosophy of Leibniz*, 2nd edn. (London: Allen and Unwin, 1937).

버클리(Berkeley)

버클리의 저술은 A. A. Luce와 T. E. Jessop이 편집한 9권의 전집으로 출판되었다(Edinburgh: Thomas Nelson, 1948-57). 그의 저술 중 《인간 지식 원리론》과 《하일라스와 필로누스의 세 대화편》은 Oxford World Classics로도 출판되었다(Oxford: Oxford University Press, 1999).

Berman, D., *George Berkeley: Idealism and the Man* (Oxford: Clarendon, 1994).

Martin, C. B. and Armstrong, D. S. eds., *Locke and Berkeley: A Collection of Critical Essays* (New York: Doubleday, 1968).

Pitcher, George, *Berkeley* (London: Routledge and Kegan Paul, 1977).

Urmson, James, *Berkeley* (Oxford: Oxford University Press, 1982).

Warnock, Geoffrey, *Berkeley* (Harmondsworth: Penguin, 1953).

Winkler, K., *Berkeley, An Interpretation* (Oxford: Oxford University Press, 1989).

흄(Hume)

현재 가장 완전한 흄 전집은 *The Philosophical Works of David Hume*, ed. T. H. Green and T. H. Grose (London: Longman Green, 1875)이다. Clarendon Press가 새 전집을 출판 중인데 《인간의 이해력에 관한 탐구》, ed. Tom Beauchamp (1999, 2001)와 《인간 본성에 관한 논고》, ed. D. and M. Norton (2006)은 이미 출판되었다. 사용하기 편리하게 편집된 주요 저술로는 *Treatise of Human Nature*, ed. L. A. Selby Bigge and P. H. Nidditch (3rd edn.; Oxford: Oxford University Press, 1978)과 *Enquiry Concerning Human Understanding*, ed. L. A. Selby Bigge and P. H. Nidditch (2nd edn.; Oxford: Oxford University Press, 1978)이 있다. 또한 *Hume on Religion*, ed. Richard Wollheim (London: Collins, 1963)은 *The Natural History of Religion*과 *Dialogues Concerning Natural Religion*을 포함하는 유용한 선집이다.

Ayer, Alfred J., *Hume* (Oxford: Oxford University Press, 1980).

Flew, Antony, *Hume's Philosophy of Belief* (London: Routledge and Kegan Paul, 1961).

Kemp Smith, Norman, *The Philosophy of David Hume* (London: Macmillan, 1941).

Pears, David, *Hume's System* (Oxford: Oxford University Press, 1990).

Strawson, Galen, *The Secret Connexion* (Oxford: Clarendon Press, 1989).

Wright, J. P., *The Sceptical Realism of David Hume* (Manchester: Manchester University Press, 1983).

스미스와 리드(Smith and Reid)

글래스고 대학에서 편집한 아담 스미스의 전집은 옥스퍼드 대학 출판부에서 계속 출판중이다. 이 전집에서 《도덕감정론》은 1976년 출판되었다. 《국부론》은 Oxford World Classics, ed. K. Sutherland (Oxford: Oxford University Press, 1993)로도 출판되었다. 리드의 《인간의 지적 능력에 관한 시론》과 《인간 정신의 행위 능력에 관한 시론》은 최근 다시 출판되었다(Cambridge, Mass.: MIT Press).

Lehrer, Keith, *Thomas Reid* (London: Routledge, 1989).

Raphael, D. D., *Adam Smith* (Oxford: Oxford University Press, 1985).

계몽주의자들(The Enlightenment)

볼테르의 몇몇 원전은 Flammarion collection (Paris, 1964-)으로 출판되어 편리하게 이용 가능하다. 영어 번역은 Oxford World Classics에 등장하며, Penguin Classic에는 그의 *Philosophical Dictionary*, ed. T. Besterman (1971)이 포함되어 있다. 루소의 원전 또한 Flammarion collection을 이용할 수 있으며, 그의 《정치경제론》과 《사회계약론》의 영어 번역은 Oxford World Classics에 등장한다. 그의 《고백록》은 Penguin Classic으로 1966년 출판되었다. 레싱의 《라오콘》은 trs. E. A. McCormick, Library of Liberal Arts (Indianapolis: Bobbs-Merrill, 1962)로 출판되었다.

Wade, I., *The Intellectual Development of Voltaire* (Princeton, NJ: Princeton University Press, 1969).

Wokler, R., *Rousseau* (Oxford: Oxford University Press, 1995).

칸트(Kant)

칸트 전집의 비판적 표준판은 독일 학술원 판(*Kant's Gesammelte Schriften*)인데 모두 29권이며, 1900년부터 출판되었다(Berlin: Reimer/de Gruyter). 휴대하기 편리한 독일어 소형판으로는 12권으로 구성된 선집이 있다(Wiesbaden: Insel Verlag, 1956). 칸트 저술의 대표적 영역본인 케임브리지 판은 1991년 《도덕 형이상학》(ed. M. Gregor)의 출판과 더불어 간행되기 시작했다. 이 시리즈에서 《순수이성비판》은 Paul Guyer와 A. W. Wood의 편집과 번역으로 1998년 케임브리지 대학 출판부에서 간행되었다. 이전에 등장한 영역본 중 *The Critique of Practical Reason*, trs. Lewis White Beck (Indianapolis: Bobbs-Merrill, 1956)과 *The Critique of Judgement*, trs. J. C. Meredith (Oxford: Oxford University Press, 1978)은 지금도 여전히 사용된다.

Bennett, Jonathan, *Kant's Analytic* (Cambridge: Cambridge University Press, 1966).

_____, *Kant's Dialectic* (Cambridge: Cambridge University Press, 1974).

Caygill, Howard, *A Kant Dictionary* (Oxford: Blackwell, 1994).

Guyer, Paul, *Kant and the Claims of Knowledge* (Cambridge: Cambridge University Press, 1987).

_____(ed.), *The Cambridge Companion to Kant* (Cambridge: Cambridge University Press, 1992).

Kitcher, Patricia, *Kant's Transcendental Psychology* (Oxford: Oxford University Press, 1990).

Körner, Stephan, *Kant* (Harmondsworth: Penguin, 1955).

O'Neill, Onora, *Constructions of Reason: Explorations Kant's Practical Philosophy* (Cambridge: Cambridge University Press, 1989).

Paton, H. J., *The Moral Law* (London: Hutchinson 1955).

Scruton, Roger, *Kant* (Oxford: Oxford University Press, 1982).

Strawson, Peter, *The Bounds of Sense* (London: Methuen, 1966).

Walker, Ralph, *Kant* (London: Routledge and Kegan Paul, 1978).

Wood. Allen, *Kant's Rational Theology* (Ithaca, NY: Cornell University Press, 1978).

헤겔(Hegel)

독일 연구협회는 1968년 이래 헤겔의 비판적 전집을 계속 간행 중이다(Hamburg: Meiner). 사용하기에 가장 편리한 독일어 판은 *Werkausgabe*, 20 vols, ed. E. Moldenhauer and K. Michel (Frankfurt: Suhrkamp, 1969-72)이다. 헤겔 저술의 영

어 번역으로는 다음의 것들이 있다. *Logic*, trs. William Wallace (Oxford: Oxford University Press, 1975); *Phenomenology of Spirit*, trs. A. V. Miller (Oxford: Oxford University Press, 1977); *Lectures on the History of Philosophy*, trs. E. S. Haldane and F. H. Simpson (3 vols. London: Routledge, 1966); *Philosophy of Right*, trs. H. B. Nisbet, ed. Allen Wood (Cambridge: Cambridge University Press, 1991).

Findlay, J. N., *Hegel: A Re-examination* (London: George Allen and Unwin, 1958).

Inwood, Michael, *Hegel* (London: Routledge and Kegan Paul, 1983).

Kaufmann, Walter, *Hegel: A Re-examination* (Garden City, NY: Doubleday, 1965).

Popper, Karl, *The Open Society and its Enemies* (London: Routledge and Kegan Paul, 1966).

Rosen, Michael, *Hegel's Dialectic and its Criticism* (Cambridge: Cambridge University Press, 1982).

Solomon, Robert, *In the Spirit of Hegel* (Oxford: Oxford University Press, 1983).

Taylor, Charles, *Hegel* (Cambridge: Cambridge University Press, 1975).

_____, *Hegel and Modern Society* (Cambridge: Cambridge University Press, 1979).

Walsh, W. H., *Hegelian Ethics* (London: Macmillan, 1969).

수록된 그림 및 소장처

317면 캘커타의 윌리엄 요새
British Library

330면 시각 체계를 설명하기 위하여 데카르트가 제시한 그림
The Syndics of Cambridge University Library
(René Descartes *La Dioptrique* 1637, M 10 42)

340면 넬러가 그린 로크의 초상화. 크라이스트 처치 홀 소장
The Governing Body of Christ Church, Oxford (LP94)

357면 클로인 주교 시절의 버클리
By Permission of Lampeth Palace Library. Photograph:
Courtauld Institute of Art

374면 아스텍 필사본에 등장하는 그림
Bibliothèque nationale de France

383면 예수회 소속의 가넷 신부가 교수형을 당하기 직전 교수대에 선 모습
Mary Evans Picture Library

387면 에스코바르의 저술 《도덕적 신학》의 속표지
The Syndics of Cambridge University Library (Escobar *Liber Theologiae* Cc 6 15)

404면 헤겔의 초상화
Time Life Picture/Getty Images

417면 모어의 《유토피아》 초판 속표지 그림
The Syndics of Cambridge University Library (More *Utopia* Re 1.c.51.3)

426-427면 코시모, 《사냥 장면》

The Metropolitan Museum of Art, Gift of Robert Gordon, 1875 (75.7.2)

Photograph, all rights reserved, The Metropolitan Museum of Art

444면 루소를 그린 수채화

Akg-images

461면 사기 도박, 1635-40년경의 그림

Louvre, Paris, Giraudon/Bridgeman Art Library

477면 성 메다르 성당에서 행해진 기적

Bibliothèque nationale de France

489면 블레이크, 《태곳적부터 계신 이》

The Whitworth Art Gallery, The University of Manchester

속표지 1770년 리옹 근처의 라 로셰코르동 공원에서 명상에 잠긴 루소를 그린 뒤누이(DuNouy)의 그림

Musée Marmottan, Paris/Archives Charmet/Bridgeman Art Library

찾아보기